SPANISH LIVERPOOL

SERGIO ANDRÉS

Libros de Ruta

Director editorial: Eneko Garate Iturralde
Corrección: Beñat Gutiérrez
Portada: estudiodavinci
Maquetación: Miguel Andréu

Ctra. Palma del Río, Km 4.
Parque Logístico de Córdoba.
C/ 8, Nave L2, Módulo 6 y 7, Buzón 3
14005 Córdoba
info@librosderuta.com
www.librosderuta.com
Primera edición: agosto 2025

ISBN: 978-84-12905-72-4
Depósito legal: CO-945-2025

Impreso en España por Liberdúplex

A mi perro, Obi. Compañero leal e infatigable que se fue durante la elaboración de este libro.

«Nunca caminarás solo, pequeño»

CONTENIDO

PRÓLOGO

Conocí al Rafa Benítez entrenador estando en el Valencia, pero descubrí a la persona a partir del verano de 2004, con su llegada al Liverpool. Por aquel entonces, muchos en Inglaterra aún no sabían quién era. Había ganado dos Ligas y una Copa de la UEFA con el Valencia, sí, pero la Premier League vivía, en gran medida, de espaldas a Europa. Si no habías triunfado en las islas, simplemente no existías.

Yo sabía que su llegada iba a remover los cimientos de un fútbol que aún se dejaba llevar por la intuición, por el aura de los entrenadores carismáticos y por la tradición del «espíritu inglés». Es verdad que Arsène Wenger o Gerard Houllier empezaban a marcar un camino nuevo, pero existía todavía mucho recelo hacia lo desconocido. Rafa no venía a ser simpático. Venía a cambiar las cosas. A profesionalizarlo todo. A dar forma, fondo y método a un deporte que, en muchos sentidos, aún vivía anclado en el pasado.

Al llegar a Liverpool empecé a observar de cerca su metodología. Desde el primer día supe que no estaba ante un técnico cualquiera. En él había una mezcla poco común: el rigor del científico, la pasión del fanático y la calma del pensador. Lo que algunos confundían con frialdad era, en realidad, una concentración total. Rafa solo quería vivir en el mundo que empezaba a crear en el norte de Inglaterra, lleno de rigor, trabajo, insistencia, adaptación y creencia en lo que proponía. Un hombre que pensaba en fútbol incluso cuando dormía. Alguien que, en un contexto de urgencias y presión mediática, jamás perdió de vista el objetivo: construir algo duradero, algo sólido, algo que fuera más allá del resultado inmediato.

Su primer día en la ciudad deportiva del Liverpool, Melwood, «coincidió» con una visita mía. En realidad, me habían dicho que su cuerpo técnico y el propio Rafa llegarían ese día y me hice el encontradizo. La vida del periodista está llena de esperas y encuentros más o menos forzados. Fue un día de observación, de primeras impresiones, y también de contrastes.

Su cuerpo técnico estaba formado por personas excepcionales: Pako Ayestarán, Paco Herrera, y José Manuel Ochotorena. Los tres eran excepcionales en lo suyo, pero, por encima de todo, buena gente, con una curiosidad por el mundo poco común. En aquella época, no era habitual dejar a la familia para irse a trabajar a Inglaterra, pero los tres entendieron que era una oportunidad extraordinaria.

Al terminar la jornada, me preguntaron si conocía algún sitio donde pudiéramos cenar. Yo, escritor con agujero en los bolsillos, solía ir a lugares humildes, así que los llevé a un restaurante chino de los que conocía bien. Pregunté si Rafa vendría. «No, Rafa no viene», me dijeron. Esa frase se fue repitiendo hasta hoy. Es alguien para quien cada hora del día es una oportunidad de aprender, de planificar, de preparar. Pero también es cierto que la vida social le lleva a un lugar incómodo, quizá sea el triunfo de una timidez inesperada para alguien tan público que le impide dejarse llevar.

Aquella noche, mientras cenábamos entre risas y platos que atraían una mirada inquisidora, uno de ellos me dijo en tono de broma: «Guillem, nunca más te vamos a pedir recomendación culinaria». Y yo me reí, descubriendo que ellos, hombres de fútbol, estaban acostumbrados a otra cosa. Fue una de esas escenas que te muestran lo distintas que pueden ser las vidas de quienes viven el fútbol desde dentro y quienes lo contamos desde fuera.

Es cierto que Rafa no vino, pero ese día nació una relación que, con sus momentos más intensos y otros más pausados, con silencios de por medio y encuentros en los lugares más variados, ha durado hasta hoy.

Durante más de dos décadas he seguido de cerca su evolución. He hablado con él decenas de veces, he observado sus entrenamientos, he entrevistado a sus jugadores y a sus colaboradores más cercanos. He sido testigo de su capacidad de análisis, de su compromiso obsesivo con el trabajo, de su habilidad para mejorar futbolistas y de su voluntad constante de aprender. Hemos escrito un libro juntos sobre su primera temporada en el Liverpool y la victoria en la Champions en Estambul, publicado de nuevo 20 años después de aquella gesta (*A season on the brink*).

Puedo decir, sin temor a equivocarme, que Benítez ha sido uno de los entrenadores más influyentes de su generación. Uno de esos pocos que no solo ganan, sino que transforman.

La noche de Estambul, en 2005, es hoy parte del imaginario colectivo del fútbol. Pero detrás de aquel milagro había muchísimo trabajo. Rafa llegó a Liverpool con un presupuesto modesto, un idioma que apenas dominaba, y una plantilla desequilibrada. Sin embargo, en apenas unos meses construyó un equipo competitivo, inteligente, solidario. Ganó la Champions League contra todo pronóstico, sí, pero más allá del título, lo que cambió fue la mentalidad del club y de sus aficionados. Se pasó de la nostalgia del pasado a la ambición del presente.

Él lo explica con claridad: no fue cuestión de suerte. Fue preparación. Trabajo meticuloso. Automatismos bien entrenados. Táctica cuidada al milímetro. Ejercicios planificados con base científica. Dietas, datos, estudios antropométricos, análisis del rival. Mientras otros aún entrenaban con chutes, centros y carreras, Rafa ya aplicaba principios de periodización táctica y entrenamientos con balón orientados a objetivos concretos. Hoy parece normal. Entonces, era revolucionario en Inglaterra, y más allá.

Lo que ocurrió después fue igualmente importante. La Supercopa de Europa, la FA Cup, otra final de Champions, el crecimiento sostenido de un equipo que, sin grandes presupuestos, se codeaba con los gigantes. En la Premier League, su Liverpool empezó a competir de tú a tú con los clubes mejor financiados. Aquella temporada 2008-09 en la que Liverpool rozó el título fue el resultado de una madurez colectiva, de un grupo que había interiorizado sus ideas y que jugaba casi de memoria.

Rafa sabía que no podía permitirse errores en el mercado. Su presupuesto era limitado y cada decisión tenía que estar milimétricamente pensada. Eso exigía una planificación quirúrgica, pero también valentía. Su apuesta por jugadores como Mascherano, Torres o Xabi Alonso fue clave. Y su capacidad para sacar el máximo rendimiento de jugadores que no siempre llegaban con el cartel de estrellas, fue uno de sus grandes talentos.

En paralelo, su figura creció también en los debates del fútbol inglés. La ya clásica rueda de prensa de los *facts*, donde denunció el trato de favor al Manchester United de Alex Ferguson, fue una muestra de su convicción. No todos entendieron su mensaje, pero lo cierto es que tenía razón. Rafa fue de los pocos que se atrevieron a cuestionar las estructuras de poder de la Premier. Lo hizo con datos, con frialdad, pero también con el coraje de quien no se calla ante la injusticia. Sí fuera inglés, se hubiera convertido en un héroe popular.

Hay personas que cambian el fútbol. No lo dicen ellos. No lo proclaman sus allegados. No hace falta que lo griten desde los tejados. Se nota. Lo sabemos los que nos fijamos en lo importante. Los que miramos más allá del resultado, de la portada, de la rueda de prensa. Los que tenemos la suerte de estar lo suficientemente cerca para detectar las revoluciones silenciosas. Y Rafa Benítez es uno de ellos.

Este libro es un recorrido por una vida dedicada obsesivamente al fútbol. Una vida llena de títulos, sí, pero también de decisiones valientes, de incomprensiones, de lealtades inquebrantables, de aprendizaje constante. Conozco al Rafa entrenador, al Rafa comunicador, al Rafa obsesivo, al Rafa padre, al Rafa amigo. Y en todos ellos encontré la misma esencia: un hombre que quiere entender el mundo a través del fútbol. Y cambiarlo a través del conocimiento.

Rafa no vino a encajar en el sistema. Vino a cuestionarlo. A mejorar cada detalle. A dejar huella. Y lo hizo. En España, en Inglaterra, en Italia, en China. No siempre fue entendido. Nunca fue indiferente. Están a punto de leer la historia de una trayectoria única, vanguardista, con sus luces y sombras, con sus aciertos y errores. Pero siempre con la mirada puesta en un objetivo: evolucionar el fútbol. Y dejarlo mejor de lo que lo encontró.

Por eso, para mí, Rafa Benítez no es solo un entrenador. Es un pionero. Un revolucionario tranquilo. Un adelantado a su tiempo que, en muchos sentidos, aún está construyendo su legado.

Guillem Balagué

INTRODUCCIÓN

Hay equipos de fútbol y generaciones de jugadores que perduran en el imaginario colectivo de los aficionados. Ya sea en este siglo o en el anterior, a todos nos suenan algunos equipos que han trascendido a su época, y muchas de sus alineaciones y formaciones aún se recuerdan.

Ya sea en blanco y negro, como el Real Madrid de las seis Copas de Europa en los 60, o en color como el Milán de Sacchi a finales de los 80 o el *Dream Team* de Johan Cruyff en los 90, hay conjuntos que ya incluso en su apogeo son considerados equipos de leyenda.

En nuestro país hay un equipo que caló ya entrado el siglo XXI y que curiosamente no es español: el Liverpool. Y caló en el aficionado no porque se hinchase a ganar, que lo hizo, ¡y de qué forma!, sino porque una gran parte de su éxito y encanto provenía de España.

En verano de 2004 y procedente del Valencia, al mítico equipo inglés llegaba un Rafa Benítez que, sin saberlo, se iba a convertir en una leyenda no solo en Merseyside, sino en toda Inglaterra. Ese equipo que, ya en su primera temporada, logró lo impensable tras remontarle un 3-0 al Milán en la final de la Copa de Europa, y que contaba en sus filas con hasta cinco futbolistas españoles, además del cuerpo técnico, pasó a ser conocido como el *Spanish Liverpool*.

Históricamente Inglaterra y su liga, rebautizada Premier League en 1992, había sido un territorio casi desconocido para el futbolista español. Se podría decir que Albert Ferrer, a finales de los 90 en el Chelsea, había sido el único español en triunfar plenamente en el fútbol inglés.

Hasta entonces, solo unos pocos se atrevían a intentarlo por diversos factores como el clima o el idioma, pero poco a poco la tendencia fue cambiando con jugadores como Iván Campo, en el Bolton, o los jóvenes José Antonio Reyes o Cesc Fábregas, en el Arsenal, que parecían encajar en el fútbol inglés. Sin embargo y a pesar de estos casos aislados, aún no había ningún entrenador español que tuviese la oportunidad de probar en el exigente y físico fútbol inglés. Hasta que apareció él.

En 1995, Rafa Benítez era un joven entrenador que se estrenaba en Primera División dirigiendo al Real Valladolid, tras haberse formado en la antigua Ciudad Deportiva del Real Madrid. El debut en tierras pucelanas no fue el mejor y Benítez era cesado tras 23 jornadas. Tampoco fue positiva ni larga su estancia en Pamplona la temporada siguiente, donde apenas duró nueve jornadas siendo el entrenador de Osasuna en Segunda División.

A la tercera, no obstante, fue la vencida, y Rafa Benítez lograba ascender en 1998 de manera directa al Extremadura de Segunda a Primera División. Aunque a la siguiente volvió a descender, en la temporada 2000-2001, lograba subir otra vez a Primera, esta vez con el Tenerife. De ahí pasaría a ser el entrenador del Valencia donde su reputación creció debido a sus famosos planteamientos técnicos y a un juego vistoso que le reportó al Valencia dos ligas y una Copa de la UEFA.

Tras triunfar en Mestalla, en 2004 llegaba al mítico Anfield con un proyecto a largo plazo acompañado de algunos de sus ayudantes en Valencia. Un proyecto en el que no muchos creían y que finalmente se alargaría seis temporadas.

Ese equipo que ya en su primer año logró la mencionada Copa de Europa tenía una buena representación de españoles, ya fuese en el terreno de juego o fuera de él. No todos triunfaron ni llegaron como estrellas, pero desde el comienzo cada uno de esos futbolistas aportó su grano de arena. Año a año, el *Pool* se iba renovando y entre las salidas y los fichajes, algunos con más glamur que otros, siempre había jugadores españoles. Para el primer equipo o para la cantera, pero todos miembros del *Spanish Liverpool.*

Eso es lo que perdura de esos años. Un equipo y una generación de futbolistas, varios de ellos españoles, que quizás pudo haber ganado más como conjunto, pero que, aun así, todo el mundo recuerda. Por sus jugadores, por muchas de sus victorias, por su estilo y, evidentemente, por su entrenador.

Además, ese Liverpool que se convertiría en el segundo equipo de muchos aficionados en nuestro país, sería también una de las bases de la selección española, como se comprobaría en las Eurocopas de 2008 y 2012, o en el Mundial 2010, con mucho protagonismo de varios de los integrantes del equipo inglés durante los años de Rafa Benítez.

Todo eso es lo que se leerá y recordará en estas páginas. La leyenda de un histórico club inglés dirigido por un pionero y, para muchos, desconocido entrenador español que, en seis temporadas, dirigió a un equipo que caló y triunfó abriendo también la puerta de la Premier League al fútbol español. Un equipo de leyenda. El *Spanish Liverpool.*

CAPÍTULO UNO

DE LOS BEATLES A LOS BENITLES

Liverpool. Para muchos jóvenes españoles, escuchar hablar del Liverpool a comienzos del siglo XXI no significaba lo mismo que en la actualidad, donde el equipo del noroeste de Inglaterra ha conseguido en unas pocas temporadas, de la mano de Jürgen Klopp, encumbrarse como uno de los clubes más potentes del mundo, a la altura del Real Madrid o el Bayern de Múnich, por ejemplo.

El Liverpool de Klopp, que estuvo en Anfield desde octubre de 2015 hasta el final de la temporada 2023-2024, ha conseguido desde 2018 alcanzar tres finales de Champions League, logrando en Madrid la de 2019.

En las nueve temporadas que dirigió al Liverpool, el técnico alemán ha vuelto a colocar al club inglés en el lugar que merece logrando un total de ocho títulos, algo que hace que las temporadas anteriores al entrenador de Stuttgart hayan «perdido» cierta relevancia de cara al seguidor más joven, que no vivió y evidentemente tampoco sufrió, y sobre todo disfrutó, esa época.

Hace algo más de dos décadas, los equipos que dominaban con puño de hierro el fútbol inglés eran el Manchester United de Alex Ferguson y el Arsenal de Arsène Wenger. Incluso el Chelsea empezaba a ser uno de los equipos a tener en cuenta tras hacerse con los servicios de José Mourinho, que venía de ganar la Champions en 2004 con el Oporto, y contar con el talonario de Roman Abramovich.

En una época en la que navegar por Internet, aunque estaba consolidado, no era lo que vivimos en la actualidad, muchos adolescentes, futboleros por nuestra edad, solo teníamos de referencia al Liverpool por la final de la UEFA frente al Alavés, por ser el equipo en el que jugó Michael Robinson antes de hacerlo en Osasuna, y aunque no sea un tema netamente deportivo, por ser la ciudad de Los Beatles. También porque uno de sus jugadores, Michael Owen, había sido el Balón de Oro en 2001, justo por delante de Raúl González, quizás en su mejor momento futbolístico.

Sin embargo, en 2004, todo esto cambió. Rafa Benítez, que venía de ganar dos Ligas con el Valencia y la Copa de la UEFA, llegaba a Merseyside para ocupar el banquillo de Gérard Houllier, que había sido su inquilino durante las últimas seis temporadas. El técnico francés había ganado la mencionada final de la UEFA frente al Alavés del famoso 5-4, en una temporada 2000-2001 con un triplete histórico junto a la League Cup y la FA Cup, además de la Supercopa de Europa y la Charity Shield una temporada después, y una segunda League Cup en el curso 2002-2003.

Benítez se convertía en el primer entrenador español en la historia de la Premier League y, evidentemente, en el primer y único hasta la fecha entrenador de nuestro país que dirigía al Liverpool. También, en el segundo técnico extranjero en toda la historia del *Pool,* pues Houllier había sido el primero.

A raíz de su experiencia, otros muchos españoles han entrenado con más o menos éxito y regularidad en Inglaterra: Pep Guardiola, Mikel Arteta, Unai Emery, Quique Flores, Javi Gracia, Juande Ramos, Aitor Karanka, etc.... pero Benítez sería el primero de todos ellos.

«Es cierto que ellos me fichan porque jugamos dos partidos oficiales y un amistoso con el Valencia y la verdad es que apenas nos crean ocasiones y yo creo que les impresiona», recuerda Rafa Benítez sobre cómo se forjó su llegada. «Luego ya ahí tenían mucha influencia Carra y Gerrard, hablaban mucho con Rick Parry, el *Chief Executive* (CEO o director general), y entonces un poco le animan a que vengan a verme y me planteen la oferta».

DESTINO LIVERPOOL: «UN VIAJE AL FIN DEL MUNDO»

«Tenía cuatro ofertas en ese momento, tres equipos más, y elijo Liverpool. Recuerdo llegar a la ciudad con Montse, mi mujer, un día de tormenta tremenda y decir: *«¡Uff!, ¿dónde nos hemos metido?»* pensando en el clima de Inglaterra y acostumbrados a Valencia y la impresión de esos partidos», continúa rememorando sus primeras sensaciones al aterrizar en Merseyside. «Teníamos informes del club, era un buen equipo, pero cuando a mí me llaman, lo hacen para competir en tres años; no me dicen: «tienes que ganar, tienes que tal...», el club era muy profesional, «tómate tu tiempo, intenta construir un equipo», y eso es un poco lo que queríamos hacer, pero la verdad es que rápidamente empezamos a construir y a competir», explica.

«Benítez, para una gran parte del aficionado al fútbol británico, era un entrenador casi desconocido. El hecho de que el Valencia le acababa de quitar la liga al Madrid de los Galácticos le daba un peso y una importancia y creo que en aquel momento el Liverpool necesitaba algún cambio», explica el periodista inglés afincado en nuestro país, Sid Lowe.

«La gente tenía bastante claro que era el momento. Habían estado con Gerrard Houllier, un entrenador extranjero más o menos desconocido o con poco renombre en el sentido que no son estrellas y, por lo tanto, había una mentalidad de aceptar eso como idea, de que viniera uno que posiblemente no tuviera un gran nombre», argumenta el colaborador de medios como la revista *World Soccer*.

This is Anfield es seguramente el portal web referencia en cuanto a la información del Liverpool. Matt Ladson es su fundador, editor y jefe de contenidos y nos ilustra perfectamente lo que se esperaba de Benítez cuando vino desde España: «En las dos temporadas anteriores, no quiero decir que se perdiera el estilo de juego o la identidad del equipo, pero en términos de expectativas, con Benítez era volver a recuperar el estilo para The Kop y la filosofía de lo que queríamos».

«Creo recordar a la gente de Anfield aplaudiendo al Valencia fuera del estadio viendo lo que Rafa pudo hacer en la Copa de la UEFA un par de años antes, porque reconocían lo vistoso que era el estilo de juego del Valencia. Cuando los periódicos hablaban de que venía Rafa Benítez, hubo gente que decía: *«¿Quién es ese?»*, «Es el entrenador que dirigía al Valencia cuando nos ganó en Anfield en la UEFA». *«¡Ah, vale, eso ilusiona!»*, explica Matt Ladson.

Además, el preparador madrileño no llegaba solo a las Islas. Benítez vino con parte de su equipo técnico con el que ya había trabajado anteriormente en su etapa valencianista, como Pako Ayestarán y José Manuel Ochotorena, y también reclutó a Paco Herrera para que fuera su segundo entrenador y el responsable del equipo reserva, lo que aquí en España es el equipo filial o «B».

Paco Herrera, barcelonés de nacimiento y extremeño de adopción, conocía a Benítez de haberse sacado juntos el carné de entrenador. «Hicimos una muy buena amistad y después coincidió que estuvimos un año cerca. Yo iba a verle de cuando en cuando, y hablábamos sin pensar en el futuro que se nos venía encima», rememora. «Cuando Rafa fichó por el Liverpool, él ya trabajaba con Pako Ayestarán de segundo entrenador y con Ochotorena en el Valencia, estaban los tres allí, y necesitaba un segundo entrenador», continúa explicando el veterano técnico.

«Me llamó y aparte de hablar de nuestras cosas, me dijo: «Paco, voy a hacer un viaje al fin del mundo. ¿Te apuntas?», recuerda con cariño Paco Herrera. «Fue así, siempre me acordaré y creo que no me equivoco ni en una coma en aquello que me dijo», explica detalladamente quien sería uno de los cerebros de ese *Spanish Liverpool*.

«Venga, Rafa, déjate de hostias, dime de qué estás hablando», le contestó. «Mira, me han llamado del Liverpool, llevamos tres o cuatro días hablando, hoy hemos solucionado todo, y necesito una persona como tú para que venga a echarnos una mano de segundo entrenador».

Paco Herrera no lo dudó. «Por supuesto no lo pensé ni un segundo. Le dije que sí y ahí empezó todo», relata pormenorizadamente y con cierta emoción en su voz, el que fuera también futbolista de equipos como el Badajoz o el Sabadell.

De hecho, hoy en día, Herrera sigue estando agradecido a Benítez por esa oportunidad y por contar con él. «Al llegar allí, la verdad es que me demostró toda su confianza en ese momento, porque yo no estaba informado de algunas cosas de Inglaterra, como el equipo reserva, que era un equipo con chicos más jóvenes y que entrenaba algunas veces en horas distintas a nosotros, y me pidió que yo fuera el entrenador», explica.

«Me pidió que yo fuera el director deportivo del club, el *Chief Scout*, y ahí estuvo mi trabajo. La verdad es que era todo el día porque había que hacer fichajes y, como aparte de entrenador yo ya había hecho de director deportivo y él lo sabía, no quería a su lado a nadie que no fuera de su confianza y ahí empezó mi trabajo: ser segundo entrenador, ser entrenador del equipo reserva que jugábamos los martes normalmente con chavales jóvenes, y ser el director deportivo», explica orgulloso quien fuera uno de los hombres de confianza del entrenador madrileño.

Por su parte, José Manuel Ochotorena estaba trabajando como preparador de porteros en la selección española cuando le llegó la llamada de Benítez. «Yo estaba en la Eurocopa de Portugal con la selección, me llamó allí y me dijo el interés de que fuera a trabajar con él y bueno, ya nos pusimos en marcha», comenta Ochoto. «Además, creo recordar que llegué un poquito más tarde porque ellos ya estaban en Liverpool y yo llegué al acabar la Eurocopa, y me incorporé porque la pretemporada se iniciaba antes», apunta el antiguo cancerbero vasco.

Aunque tanto Benítez como sus ayudantes llegaban con un bagaje y una experiencia muy extensa, pronto vieron que el trabajo que iban a hacer en Inglaterra era bastante diferente al que venían desarrollando en España. «Es que no conoces el ambiente. No te das cuenta de lo que es el fútbol inglés y lo que es ser un mánager hasta que estás ahí y tienes el día a día», aclara. «Todos nos encontramos una situación atípica porque estábamos acostumbrados al trabajo de entrenador, y el trabajo de mánager era totalmente distinto. Tenías muchas responsabilidades, tenías que supervisar todos los departamentos y, con la coordinación con Rick Parry, fuimos poco a poco estructurando un equipo serio, un equipo que iba creciendo e incorporando jugadores, en general, sin mucho presupuesto», argumenta un Benítez que, en parte, tuvo que cambiar su forma de trabajar.

De hecho, el limitado dinero para comprar y gestionar la parcela técnica fue un problema al que no le quedó más remedio que acostumbrarse: «Nosotros teníamos un presupuesto de 20 millones de libras cuando los demás equipos fuertes pues tendrían a lo mejor 50 o 60 millones en aquella época, y luego terminamos en los seis años con 17 millones cuando los otros equipos a lo mejor tenían 100, así que teníamos que competir comprando y vendiendo jugadores. Por ejemplo, el United pagó 30 millones por Ferdinand y 30 por Rooney en distintos años. ¡30 por Rooney y con 17 años!, el Chelsea ya no te digo nada el dinero que tenía... entonces tú competías con ellos realmente en el campo, pero no podías competir en los despachos», señala el antiguo entrenador del Valladolid, entre otros conjuntos.

Eso en la parcela técnica (y económica) para poner sus cimientos en el nuevo proyecto. En la deportiva, el club se fijó en una serie de futbolistas españoles a petición del propio Benítez para, en parte, facilitar la tarea a un hombre que ya dos temporadas antes, como decían Matt Ladson o él mismo, había llamado la atención cuando su Valencia se impuso al equipo inglés tanto en la ida en Mestalla, como en la vuelta en Anfield en la primera fase de la Champions. Esas dos actuaciones, al margen de que ya era un nombre a seguir para muchos grandes clubes, fueron muy importantes de cara al interés que ya tenía el Liverpool en él.

Tras Benítez, a Merseyside llegarían una serie de futbolistas españoles de distintos perfiles que, con mayor o menor éxito, iban a dar lugar a una de las épocas más importantes de la historia del mítico equipo inglés: el *Spanish Liverpool.* Una generación de jugadores que tuvo en Xabi Alonso, Pepe Reina o Fernando Torres a algunos de sus máximos exponentes durante las seis temporadas que Rafa Benítez iba a ocupar el banquillo del conjunto *red*.

Su papeleta al llegar a Liverpool no era sencilla. Venía de triunfar en España con el Valencia, con dos en Ligas en tres temporadas, además de con un gran cartel en Europa tras la Copa de la UEFA lograda también en su última campaña en Mestalla, la temporada 2003-2004, por lo que las expectativas eran muy altas. Además, el Liverpool era un equipo puntero e histórico de Inglaterra, aunque su última liga en el campeonato doméstico hubiera sido en la temporada 89-90. No obstante, Houllier, como mencionábamos anteriormente, logró un buen puñado de trofeos, pero no la Premier League. En su etapa en Merseyside, el galo había conseguido la Copa de la UEFA, dos Copas de la Liga, una FA Cup, una Supercopa de Europa y una Charity Shield, y aunque desde el club el plan era que el equipo empezase a estar en condiciones de competir de tú a tú en la Premier con los grandes, es decir, United, Arsenal y Chelsea, en dos o tres temporadas, la exigencia para el preparador madrileño y todo su equipo técnico iba a ser muy alta.

El curso anterior, el equipo había finalizado cuarto con 60 puntos, a 30 del campeón, el Arsenal de Bergkamp, Reyes y Henry, a 29 del Chelsea de Ranieri, Lampard y Hasselbaink, y a 15 del United de Ferguson, Giggs, Van Nistelrooy y un joven Cristiano Ronaldo convertido ya en realidad. Mucha distancia respecto a los otros grandes de las islas, pero aun así la cuarta plaza le daba la opción de disputar en agosto la tercera ronda clasificatoria de la Champions League donde se enfrentaría en doble partido al Grazer AK austriaco, buscando el billete para la fase de grupos que arrancaría en septiembre.

El equipo era joven y potente, pero a la vez con experiencia y con una notable calidad. De hecho, nueve jugadores de la plantilla habían sido campeones de la UEFA en 2001. Entre los futbolistas había hombres experimentados como el alemán Dietmar Hamman, el checo Vladimir Smicer o el finlandés Sami Hyypiä; jóvenes jugadores que ya eran una realidad como el pichichi de la Eurocopa de Portugal con la República Checa, Milan Baros, el infatigable noruego John Arne Riise, los locales Steven Gerrard o Jamie Carragher, o un Michael Owen que en agosto vio cómo su destino iba a ser un Real Madrid que se estaba aficionando a fichar galácticos, y él lo era. Sobre todo, con ese Balón de Oro de 2001, bastante «discutido» en España y, en particular, en el club al que se iba a marchar y en el que el otro futbolista que lo merecía era capitán y emblema: Raúl González.

Benítez llegó a Inglaterra en junio de 2004 y enseguida, tanto él como sus ayudantes, se pusieron manos a la obra para dar forma a su equipo. De hecho, su primera labor como mánager y entrenador del Liverpool, antes incluso de pisar Melwood, fue intentar convencer a su capitán para que no se marchase. «Lo primero que hice fue viajar a Portugal, donde estaba concentrada la selección inglesa, para hablar con Gerrard, con Carra y con Michael Owen para intentar convencer a Gerrard de que se quedase. Ese fue mi primer trabajo, porque el Chelsea le quería fichar», recuerda Benítez. «Michael Owen ya estaba encaminado hacia el Real Madrid por lo que era imposible, y Carra por supuesto se quedaba, y allí hablamos un poco de táctica y tal para intentar convencerle de que se quedase».

Entre la plantilla que había, que sin duda la integraban unos jugadores con experiencia y talento, Benítez quería dar unos retoques personales, y para ello, a pesar de defenderse bastante bien en inglés, intentó desde el comienzo contar con una serie de futbolistas españoles para facilitar esa transición al fútbol inglés y dirigir a un equipo en un idioma totalmente distinto.

El Liverpool necesitaba reforzar varias posiciones, entre ellas la delantera con la baja de Emile Heskey que se marchaba al Birmingham, la del senegalés Diouf que lo hacía cedido al Bolton, y la inminente de Michael Owen que, a pesar de iniciar la pretemporada con el equipo, se marcharía traspasado al Real Madrid. El centro del campo también precisaba de refuerzos dado que Danny Murphy se iba al Charlton Athletic, mientras que el galo Bruno Cheyrou regresaba a la liga francesa en calidad de cedido para jugar en el Olympique de Marsella.

En lo referente a las llegadas, en mayo, antes de que se hiciera oficial la llegada de Benítez, el Liverpool ya contaba con uno de los fichajes que más importancia debería tener esa temporada. Djibril Cissé, que había completado un curso muy notable en Francia con el Auxerre, siendo el máximo artillero del campeonato, llegaba a Anfield con la misión de convertirse en una de las referencias en la parcela ofensiva, además de ser hasta la fecha el fichaje más caro de la historia del Liverpool: 14 millones de libras. Eso sí, el galo no era una petición expresa del técnico madrileño, sino de Houllier, que lo había firmado días antes de ser cesado.

Otro jugador que llegaba a la disciplina *red*, o mejor dicho regresaba tras una cesión, era el antiguo canterano Stephen Warnock, quien había hecho una temporada muy buena con el Coventry City en la First Division y volvía a Liverpool en busca de minutos. Además, otros jóvenes de la cantera como Neil Mellor, Paul Harrison, Zak Whitbread o John Welsh se incorporaban a la plantilla y empezarían la pretemporada jugando en el primer partido de la era Rafa Benítez, el 21 de julio de 2004 en Gales, derrotando al Wrexham por un 1-2, y siendo parte de la expedición que viajaría a las giras de Estados Unidos y Canadá, ganando al Celtic de Glasgow, 5-1, perdiendo 0-1 frente al Oporto, y venciendo a la Roma, 2-1, antes de arrancar oficialmente la competición.

Eso es lo que se encontraron el entrenador español y sus ayudantes al llegar a un club que debería tener cierto fondo de armario ya que pelearía en cuatro frentes: La Premier League, la Champions y las dos Copas de Inglaterra: la prestigiosa FA Cup y la Copa de la Liga que en aquellos años llevaba el nombre su patrocinador Carling, es decir, la Carling Cup, por lo que era evidente que además de la plantilla disponible, se necesitaban más fichajes para apuntalar algunas posiciones.

JOSEMI Y NÚÑEZ, LOS PRIMEROS Y CON «Ñ»

En esos años, el Málaga que había ganado la Copa Intertoto en la temporada 2002-2003 con Joaquín Peiró y los Contreras, Fernando Sanz, Darío Silva o Dely Valdés, había tenido en el joven lateral derecho Josemi a un baluarte y a un futbolista totalmente fiable que había disputado 41 partidos la temporada anterior con

Juande Ramos en el banquillo. Tanto es así, que el futbolista andaluz llegó a estar en una prelista de Luis Aragonés y cuando sonaba para varios equipos, se convertía para sorpresa de muchos, a sus 24 años, en el primer fichaje de la era Benítez en Anfield por un precio de dos millones de libras. Nadie lo sabía por aquel entonces, pero Josemi iba a ser el primero de una serie de futbolistas españoles que tocarían el cielo meses después en Estambul, además de ser el primer futbolista también español que defendía el escudo del Liverpool.

De hecho, el jugador por aquel entonces del Málaga, aunque sabía que había equipos interesados en él, no tenía conocimiento del interés de los *reds* y se encontraba en Holanda de pretemporada cuando recibió una llamada: «Una noche me llamó Rafa y me comentó que estaba intentando cerrar mi fichaje por el Liverpool, que él había firmado y que qué pensaba yo, si me gustaba o no. A partir de ahí estuve hablando con el club los días siguientes y con mi representante, y cuando llegó la oferta formal el club la aceptó al momento», explica el exfutbolista andaluz.

«Nosotros le fichamos por el físico, porque es agresivo, potente… en el Málaga lo hizo muy bien, lo trajimos aquí y pensamos que era un fichaje que en la Premier podía funcionar», comenta Benítez sobre el futbolista malagueño.

No obstante, las dudas por un cambio tan importante a nivel personal y profesional eran evidentes en el joven lateral. Sobre todo, por el idioma y la cultura. «Es verdad que me costó mucho dar el paso porque estaba jugando en España, tenía 24 años, era un paso importante el irte fuera de tu país sin saber el idioma y también antes no era como ahora, que está un poco más desarrollado todo», argumenta el que fuera primer fichaje de Rafa Benítez.

«Los chavales de hoy en día sí estudian más que en nuestra época, que la verdad que los que jugaban al fútbol no estudiaban y ese era mi caso; yo llevaba trabajando desde los 14-15 años que salí del colegio y no sabía idiomas, tenía mucho miedo y me costó un poco tomar esa decisión porque no estaba muy seguro», recuerda Josemi. «Estaba en Málaga bastante bien, era uno de los capitanes, llevaba unos cuatro o cinco años jugando en Primera División, y a un muy buen nivel... era todo un cambio muy drástico y me costó una semana tomar la decisión», asegura.

Las dudas y el respeto que da una decisión así eran evidentes, pero el saber que no iba a ser el único español en el vestuario del Liverpool hacía ver ese desafío y ese cambio con otros ojos. «El que hubiera allí un cuerpo técnico con Rafa, Ochotorena, Pako Ayestarán y Paco Herrera, era un apoyo importante. Cuando firmé, Rafa me comentó que quería traer algunos jugadores españoles, pero que allí había estado Gerard Houllier y hubo un problema de tener tantos jugadores franceses y no quería hacer lo mismo. Quería un vestuario unido, un vestuario en el que no tuviéramos problemas y quería tener tres o cuatro españoles para cambiar un poco la dinámica y la mentalidad del grupo», rememora el futbolista de Torremolinos que tendría sus primeros minutos en un amistoso de preparación el 4 de agosto de 2004 frente a la Roma, en el Giants Stadium en Nueva Jersey, durante la gira norteamericana de pretemporada, sustituyendo en la segunda parte a Henchoz.

Seis días después, el 10 de agosto, arrancaba oficialmente la temporada 2004-2005 para el Liverpool, disputando la ida de la tercera ronda de clasificación para la Champions ante el Grazer austriaco, con victoria para los *reds* con un doblete de Gerrard, y en el que, a pesar de tener pie y medio en Madrid, Michael Owen estaba en el banquillo, aunque no llegaría a jugar.

Josemi, que debutó oficialmente en ese partido, llevaría el número 17. «Había dorsales libres y dentro de los que me dijeron, yo siempre había llevado el 3 en el Málaga, pero ya lo tenía Finnan, que llevaba muchos años», comenta el exfutbolista malagueño. «Cuando llegas nuevo a un club te ofrecen elegir dos o tres dorsales y elegí ese que era el que más me gustaba», afirma un Josemi que jugaría los 90 minutos en el estreno en Premier League en White Hart Lane (Tottenham 1-1 Liverpool).

Firmado el lateral andaluz, Benítez precisaba de más hombres para su nuevo proyecto, y el segundo fichaje, para alegría del propio Josemi, también era español. Antonio Núñez, otro joven futbolista, este procedente del Real Madrid, aterrizaba en el aeropuerto John Lennon de Liverpool por petición del entrenador madrileño y también como parte de la operación que llevó a Michael Owen al club blanco. Su valor de mercado eran dos millones de libras que abarataban el coste del delantero inglés por el equipo merengue.

Núñez había completado su primera temporada en el primer equipo del Real Madrid en un año bastante convulso. Además, no era un Real Madrid cualquiera, ya que el club en esa temporada 2003-2004 recibió el apelativo del Madrid de los Galácticos, sobre todo tras la llegada de David Beckham, que se unía a los Figo, Ronaldo, Zidane, Raúl o Roberto Carlos. A pesar de tanta estrella, Carlos Queiroz, que era el encargado de dirigir la nave blanca, y tras la salida de bastantes jugadores de la llamada «clase media», los Morientes, Celades, Makelele o McManaman, tuvo que echar mano de la cantera.

Tanto es así que hasta siete jugadores formados en las categorías inferiores debutaron oficialmente esa temporada con el equipo blanco. Uno de ellos era el madrileño Antonio Núñez, que no pudo tener mejor debut, pues se estrenó con gol nada más salir del banquillo en El Madrigal el 2 de septiembre de 2003, en la jornada dos, rematando un córner botado por Beckham.

Núñez disputó un total de quince partidos entre Liga y Copa con el primer equipo del Real Madrid, en los que solo consiguió el gol del debut. No fue uno de los jugadores más usados, sin embargo, su compromiso, versatilidad y, sobre todo, su duro disparo llamaron la atención de unos cuantos equipos. Y eso fue lo que pasó en la pretemporada del curso 2004-2005, una vez Emilio Butragueño le comunicó que Camacho no contaba con él y necesitaba buscar una salida. «Tenía una oferta del Mallorca y para mí estaba bien, desde luego era jugar en Primera División, una gran oferta», recuerda el exfutbolista madrileño. Sin embargo, la forma por la que se enteró del interés del Liverpool fue inesperada: «Con la mente puesta en Mallorca, estaba comentando un partido en la radio del Madrid porque jugaba la previa de la Champions ese año contra el Wisla de Cracovia. Estaba en los estudios de Radio Marca y me llamó Petón, que era mi representante, me salí del estudio para atender esa llamada que era importante y, entonces, me dijo que lo tenía hablado con Benítez y con el Liverpool; que qué me parecía irme para allá», explica el por aquel entonces aún futbolista del Real Madrid.

«Pensaba que era broma. Cuando entré al estudio, estaba también mi hermano, que en aquel momento trabajaba en Radio Marca y estaba también metido en la *pecera*; entonces me miró preguntándome qué era, porque él sabía que era algo importante», continúa explicando con detalle el antiguo canterano blanco. «Yo se lo escribí en un papel "Liverpool" y se lo enseñé; y entonces el periodista que estaba atento lo vio y se enteró también. Fue un poco así como me enteré del interés del Liverpool», rememora sonriendo el que se iba a convertir en el segundo fichaje de Rafa Benítez para su nuevo proyecto.

En aquel momento Michael Owen estaba siendo traspasado al Real Madrid y para compensar el coste de la operación, dado que Benítez quería fortalecer la banda derecha, Núñez fue el elegido al no poderse hacer la operación con Juanfran, que jugaba en el Real Madrid B en ese momento y había sido la primera opción. «Mi primera idea era Juanfran y el Madrid no me dejaba ficharle, entonces ya dentro de las alternativas estaba Antonio (Núñez), que por características podía encajar», afirma el entrenador madrileño.

Aunque Núñez no tuvo las dudas de Josemi para emprender esa nueva etapa, dado que siempre le había gustado el Reino Unido y había pasado dos veranos estudiando inglés en Irlanda cuando era pequeño, el hecho de que se fuera a encontrar con más compatriotas era un aliciente. «Josemi llevaba allí ya unas semanas y recuerdo muy bien cuando me vio aparecer en la ciudad deportiva, y no nos conocíamos de nada, me dio un abrazo: "¡Menos mal que has llegado!, ¡estaba deseando un español!", me dijo, y ya esa noche me fui a su casa a conocer a su familia, y nos hicimos muy amigos», recuerda con cariño el exfutbolista también del Celta de Vigo o Recreativo de Huelva.

Desde el primer momento, la ciudad le cautivó: «No conocía Liverpool, no había estado nunca y no sabía muy bien qué me iba a encontrar, pero me encantó», admite el por aquel entonces joven futbolista madrileño. «La ciudad me gustó mucho y eso que no era lo que es ahora. Antes era mucho más industrial, todo mucho más oscuro, pero a mí me parece que tenía muchísimo encanto», continúa explicando Núñez, que se atrevió a dar su primera rueda de prensa en inglés. «Los periodistas estaban expectantes: "¿Por qué hablas inglés?", me comentaban, porque normalmente cuando alguien llegaba allí no hablaba inglés; entonces les expliqué que había estudiado en Irlanda de pequeño. Aquellos fueron unos días muy bonitos, lo que pasa es que también es verdad que en seguida me lesioné y ahí se me empezó a complicar un poco todo», comenta con cierta amargura un Núñez que en la segunda sesión preparatoria en Melwood, justo después de ser presentado, se dañaba los ligamentos de su rodilla izquierda, una lesión que le mantendría fuera de los terrenos de juego durante varias semanas. Un palo para el exmadridista, que veía cómo su aventura en tierras británicas empezaba de forma accidentada a pesar del entusiasmo inicial.

«El empezar lesionado es muy difícil porque nadie te ha visto ni entrenar ni debutar, porque además cuando llegué casi todos los jugadores del equipo estaban fuera al haber partidos de selecciones», rememora Núñez sobre ese fatídico entrenamiento. «Éramos cuatro o cinco y los chicos del filial entrenando con nosotros, faltaba todo el mundo; entonces yo me lesioné ahí», explica con cierto pesar el excanterano del Real Madrid.

«Digamos que todos me habían conocido lesionado porque yo no podía entrenar, o sea, yo llevaba mucho tiempo sin ni siquiera entrenar con mis compañeros y hasta noviembre fueron unos meses muy difíciles porque llegar a un sitio nuevo y no poder entrenar...», argumenta un Antonio Núñez que una vez recuperado luciría el dorsal 18. «Yo siempre fui el 7, si hubiera podido coger el 17 lo cojo, pero como Josemi tenía el 17, cogí el 18 porque era el que había tenido en el Madrid», aclara Núñez.

ALONSO Y GARCÍA, QUÍMICA INSTANTÁNEA

Al margen de la pena de la lesión de Núñez nada más llegar, otros dos fichajes eran inminentes. En esas primeras semanas de pretemporada y planificación deportiva, Paco Herrera, como el resto de los técnicos, no paraba de trabajar: «Para mí eran sesiones completas, porque yo me fui solo sin la familia. Hablo de llegar a las ocho de la mañana y salir a las ocho de la noche porque tenía que ayudar a Rafa a preparar el entrenamiento, terminarlo, trabajar a veces un poquito más con los *reservas* y por la tarde hacer de director deportivo por teléfono, hasta ir encontrando los jugadores que nos vinieran bien», relata el entrenador asistente de Benítez en ese nuevo e ilusionante proyecto.

Y de esos jugadores, el que sonaba con más fuerza era el realista Xabi Alonso, también pretendido por el Real Madrid, tras brillar en el centro del campo del equipo donostiarra las últimas temporadas. A pesar de su juventud, el mediocentro guipuzcoano, hijo de Periko Alonso, uno de los referentes de la Real al comienzo de los 80 con dos títulos de Liga, mostraba un saber estar, un aplomo, visión de juego y una calidad en los pases que no pasó inadvertido para casi nadie. Rafa Benítez pidió su fichaje.

El otro futbolista que reclamó fue el barcelonés Luis García. El técnico madrileño le conocía bien, pues ya le tuvo a sus órdenes en Tenerife, en Segunda División, logrando el ascenso a Primera. Era un jugador que en los últimos años había crecido exponencialmente, como reflejaban sus números las dos anteriores campañas en Atlético de Madrid y Fútbol Club Barcelona, respectivamente, y, además, veía puerta con cierta facilidad, por lo que era una apuesta con mucho fundamento.

Ambos jugadores llegaban a Liverpool juntos y eran presentados el 20 de agosto, justo antes de la segunda jornada liguera donde el *Pool* se imponía al City por 2-1 en Anfield. Alonso, que llegó por 10,7 millones de libras esterlinas, llevaría el dorsal 14 que estaba libre y que ya le acompañaría durante casi toda su carrera (menos en el primer año en el Real Madrid, que ese número era de Guti), mientras que Luis García (seis millones de libras fue su precio) no tuvo reparo en coger un dorsal con solera, galones y que pesaba mucho: el 10. Un número que habían llevado leyendas como John Barnes, o unas semanas antes, Michael Owen, justo antes de salir rumbo a Madrid.

Era curioso ver cómo los dos jóvenes futbolistas españoles parecían encajar tan bien y tan rápido en el club y con la afición. Además de por su calidad, parte del éxito de que los jugadores españoles se integraran tan pronto en el equipo fue «culpa» del buen trabajo y la dedicación de Paco Herrera: «Creo que excepto a Luis García, al resto de los españoles prácticamente no les conocía, pero mientras se iban acercando las fechas de comienzo de los entrenamientos, yo había hablado con todos ellos unas 50 veces para decirles: "Estamos buscándoos casa, esto va así, esto va asá, esto va de esta manera...", en fin, preparándoles para los que yo también estaba conociendo, pero para que fuera más fácil para ellos su entrada en el club», relata el entrenador afincado en Badajoz.

En apenas dos meses, Benítez ya tenía su pequeña Armada española instalada en Merseyside. Ahora habría que comprobar si esa apuesta daría sus frutos, pues la sombra de Houllier, que hizo algo similar y bastante criticado con jugadores franceses, seguía presente.

La tercera jornada de la Premier era aplazada para los de Benítez pues el Liverpool tenía que recibir en casa al Grazer en la vuelta de la tercera ronda de clasificación para la Champions League. El 0-1 definitivo no le valió al equipo austriaco y el Liverpool, sin españoles, hizo bueno el resultado de la ida metiéndose en el bombo de Mónaco para estar presente en una competición que marcaría la temporada.

Ahora sí, Xabi Alonso y Luis García finalmente debutaron en la jornada cuatro el 29 de agosto de 2004 ante el Bolton, que por aquel entonces contaba con otros dos españoles ilustres en sus filas: Fernando Hierro e Iván Campo. También Josemi era de la partida, por lo que quedaba claro que Benítez confiaba en sus compatriotas. Faltaba solo Nuñez, que todavía debería estar alejado de los terrenos de juego varias semanas.

Desde el comienzo, los dos encajaron a la perfección en el esquema del técnico madrileño y Luis García incluso vio puerta ya en su segundo partido como *red*, en la quinta jornada, en la victoria por 3-0 ante el West Bromwich Albion, donde el catalán cerró el triunfo del Liverpool cuatro días antes del inicio de la fase de grupos de la Champions, tras haber conseguido la clasificación en la ronda previa en agosto.

El Liverpool había quedado encuadrado en el grupo A junto al subcampeón de la anterior edición, el Mónaco, ya sin Morientes, de vuelta en Madrid, aunque por poco tiempo, el Olympiakos griego, que contaba con el aún talentoso Rivaldo, y con el Deportivo de la Coruña de Jabo Irureta y los eternos Fran y Mauro Silva o los peligrosos Valerón, Tristán o Luque. Es decir, un grupo bastante complicado; de hecho, viendo los rivales del grupo, los equipos que había en la competición y el nivel mostrado por el conjunto inglés hasta la fecha, poca gente se habría atrevido a pronosticar lo que pasaría en algo menos de nueve meses.

Los *reds*, de nuevo con los tres españoles de inicio, se impusieron al Mónaco en Anfield merced a los tantos de Cissé y Baros. Siempre es bueno arrancar la máxima competición europea ganando y más contra quizás, con permiso del *Dépor*, uno de los conjuntos más fuertes del grupo. Sin embargo, en Premier, derrota contra el todopoderoso United de Cristiano, Scholes o Van Nistelrooy, en el que Alonso por poco consigue un gol desde el centro del campo intentando sorprender a un adelantado Carroll. El pase y el potente disparo del tolosarra encajaban perfectamente en el juego físico e intenso del fútbol inglés.

También Luis García había aterrizado de pie en el Liverpool, pues volvió a ver puerta frente al Norwich en la victoria *red* en la jornada séptima. No obstante, las alegrías eran efímeras dado que en la segunda jornada de Champions en Grecia, visitando al Olympiakos, llegó la primera derrota. El equipo no acababa de lograr una estabilidad y ya en octubre volvió a pinchar, aunque esta vez estaba dentro de lo previsible pues lo hacía en Stamford Bridge ante un Chelsea que aún no había perdido. Sin duda, los choques esa temporada contra el equipo londinense serían una constante de emoción, polémica y rivalidad. En aquel aún temprano octubre, no se había vivido lo que ambos conjuntos experimentarían en los siguientes meses, por lo que es curioso echar la vista atrás y ver cómo empezó la cosa y cómo acabó en cuanto a los duelos con el equipo de Mourinho.

A pesar de la derrota, el equipo se repuso en la jornada siguiente ganando 2-4 al Fulham en Craven Cottage en un partido que tuvo casi de todo para los futbolistas españoles: remontando un 2-0 a la media hora, Josemi fue expulsado por doble amarilla, mientras que Xabi Alonso lograba su primer gol como jugador del Liverpool con un gran libre directo contra el que nada pudo hacer Van der Sar tras tocar en Diop.

En Champions, la tercera jornada traía al Deportivo de la Coruña a Anfield, donde el empate sin goles dejaba al equipo inglés tercero de grupo con cuatro puntos y, de nuevo, con sus tres españoles jugando el encuentro completo.

Por su parte, en la Premier, Luis García volvía a marcar para ganar por 2-0 al Charlton Athletic en Anfield. El noruego Riise adelantaba a los de Benítez con un golazo desde fuera del área en el 51, pero aún mejor fue el del exfutbolista del Barcelona cuando, tras un pase de Alonso, avanzaba unos metros y desde la frontal con su pie derecho, se sacaba un zapatazo poniendo el balón en la escuadra defendida por el irlandés Kiely.

Era la cuarta victoria del Liverpool en casa en cuatro partidos, doce puntos, lo que los colocaba en la quinta posición de la tabla y dejaba claro que frente a The Kop, los de Benítez eran un conjunto más que fiable. Además, Xabi Alonso era nombrado *Man of the Match*. Ya nadie dudaba de que tanto Luis García como él estaban siendo dos de los mejores jugadores del equipo hasta el momento.

«No había españoles que se hubiesen adaptado bien a la Premier. Pensar que estos jugadores llegasen y se adaptasen a ese nivel, pues era muy difícil», explica Benítez sobre el rápido impacto de sus dos compatriotas tanto en el equipo como entre la afición. «Luis García era un jugador que tenía cosas de genio y luego errores muy sencillos, pero es ese jugador distinto, un jugador de talento, de calidad, capaz de lo mejor y de lo peor, y en el caso de Xabi Alonso teníamos dudas en cuanto a su lentitud física, pero como era inteligente, muy seguro, se colocaba bien y luego tenía la calidad… ese jugador mediocentro de manejo en Inglaterra no existe mucho, son jugadores *box to box*, por eso él va funcionando», comenta con detalle un Benítez que poco a poco iba dejando su sello personal en la forma en la que el equipo competía.

Durante la semana, el equipo se estrenaba en la League Cup que, en esos años, como decíamos antes, llevaba el nombre de su patrocinador, la cerveza Carling. Benítez cambió prácticamente el equipo entero que venció al Charlton y solamente Traoré repetía titularidad. De nuestros protagonistas, Josemi, que no jugó por suspensión en liga, fue el único que se vistió de corto ese día en el que los de Benítez vencían 0-3 al Millwall colándose en cuarta ronda.

Octubre se cerraba empatando a dos goles en Ewood Park ante el Blackburn Rovers en un partido en el que Cissé se rompía la pierna izquierda, lo que propiciaría que Benítez empezara a necesitar otro delantero centro para su proyecto, puesto que el francés iba a estar fuera de los terrenos de juego varios meses.

De nuevo, el concurso de los españoles fue determinante, pues tanto Alonso, con un pase en diagonal marca de la casa, como Luis García fueron los asistentes de los tantos que consiguieron Riise y Baros.

La baja de Cissé fue un contratiempo inesperado y enseguida la prensa empezó a especular al respecto colocando al madridista Fernando Morientes como el principal objetivo, dado que apenas estaba teniendo minutos en el Real Madrid. Otros delanteros que también podrían encajar si lo de Morientes, que parecía la primera opción, no llegaba a cuajar, eran el joven asturiano David Villa, en las filas del Real Zaragoza, el inglés Andy Johnson, que estaba haciendo una buena temporada en el Crystal Palace, e incluso, el sevillano del Deportivo de la Coruña Diego Tristán.

Así se llegaba a la tercera jornada europea donde el Liverpool viajaba precisamente a España, a A Coruña, donde esperaba un *Dépor* al que solo le valía la victoria, pero un autogol de Jorge Andrade colocaba a los de Benítez líderes con siete puntos, al igual que el Olympiakos. El Mónaco era tercero con seis y el Deportivo continuaba último con solo dos puntos.

Tras el compromiso europeo en tierras gallegas llegaba una mala racha en Premier que comenzaba cayendo en casa ante el

Birmingham, a lo que le siguió la victoria en Anfield en cuarta ronda de la League Cup ante el Middlesbrough. Aunque en la jornada siguiente un *hat-trick* de Milan Baros salvaba tres puntos ante el Crystal Palace, otra vez las derrotas volvían a ser la tónica habitual: primero en liga visitando al Middlesbrough, que le devolvía la moneda de diez días antes en Carling Cup, y luego también en Champions en la quinta jornada en el Principado frente al Mónaco, en la que tanto Luis García como Josemi, que sustituyó al catalán a los cinco minutos de partido, acabaron lesionados. Además, esa derrota dejaba bastante tocado al equipo que debía ganar al Olympiakos por dos goles en la sexta y decisiva última jornada de esta fase de grupos si querían permanecer vivos en Champions y pasar a octavos.

La senda de la victoria volvió en la decimoquinta jornada en Anfield frente al Arsenal, en el que un joven Cesc Fábregas ya empezaba a destacar en el equipo londinense. En el minuto 41, Xabi Alonso, desde la frontal, con un derechazo que entraba por la escuadra de la portería defendida por Lehmann, hacía el 1-0. Su segundo gol como futbolista *red*. No veía puerta con frecuencia; ese no era su cometido, pero cuando lo hacía, ¡menudos goles conseguía el ex de la Real!

Ya en la segunda mitad, Patrick Vieira empataba tras una gran jugada colectiva en lo que estaba siendo un vibrante encuentro muy abierto. Precisamente en el potente centrocampista galo personaliza Antonio Núñez su primera jugada en el que era su estreno con el Liverpool y en Inglaterra. Tras casi cuatro meses en el dique seco, por fin podía debutar con la camiseta *red*. Lo hacía en el minuto 70 sustituyendo a Sinama - Pongolle. «Siempre recuerdo la primera vez que cogí el balón e intenté irme en velocidad de Vieira. Noté que yo todavía no estaba bien físicamente, y simplemente me puso el brazo y fue como chocar con un muro y me quitó de en medio y me dije: "¡Madre mía lo que me va a costar esto hasta que pueda coger este ritmo!"», comenta el exfutbolista madrileño.

«Siempre recuerdo esa primera jugada y cómo Vieira me paró en seco con la fuerza que tenía, y bueno, a partir de ahí, intentando coger el ritmo de los demás, que realmente creo que nunca llegué a coger la forma de verdad», expresa un jugador que ya sabía lo que era la exigencia y compartir vestuario con primeros espadas en su etapa merengue. De vuelta al choque, y ya con el tiempo cumplido, Mellor lograba el 2-1 con una volea salvando de forma agónica dos puntos que muchos ya daban por perdidos.

LOS BENITLES

En esos primeros meses de temporada, «la aventura» de los cuatro futbolistas españoles en Liverpool empezaba a llamar la atención de los medios de comunicación. La prensa local y los tabloides británicos, muy amigos de hacer juegos de palabras, empezaron a denominar al cambio que el club estaba dando desde que Benítez cogiera el timón respecto al bloque que había formado Houllier las anteriores campañas, como *Rafalution*, haciendo un símil con el tema de Los Beatles, *Revolution*.

En cuanto a nuestro país, en unos tiempos en los que Internet no era lo que es hoy en día, no era raro que periodistas españoles informasen de la actualidad del Liverpool o, incluso, viajasen a Merseyside para comprobar de primera mano cómo el *Spanish Liverpool* iba poco a poco calando entre la hinchada *red*. El seguimiento del equipo inglés en España era llamativo a pesar de ser un club extranjero y era frecuente que los jugadores apareciesen en la prensa en entrevistas o reportajes.

«Aunque Internet ya iba, todavía no había redes sociales y la Premier se veía aún en Canal Plus, pero el éxito de Rafa Benítez y todos los españoles que fueron allí se siguió con gran expectación», recuerda Javier Gómez Matallanas. «Salvo Morientes, que era *el nueve* de la selección, que lo compartía ya en aquella época con Fernando Torres, eran futbolistas que no habían dado el golpe en la mesa», comenta Matallanas. «Luis García no la había roto aquí totalmente en España; Josemi, por ejemplo, no cuajó y le costó mucho adaptarse, o Antonio Núñez, sí tuvo sus minutos, pero no era titular, pero claro, dentro de la leyenda, fue donde Xabi Alonso se destapó como uno de los mejores mediocentros del mundo, por poner nombres», señala un Matallanas que en ese momento trabajaba en la Cadena Cope.

«Al poco tiempo de estar en Liverpool yo creo que empezamos a tener esa sensación de que estábamos cambiando algo para los españoles respecto al fútbol inglés, y también empezábamos a ser conscientes del seguimiento que teníamos y la responsabilidad que nos creaba decir: "Somos pioneros en esto, vamos a tratar de hacerlo lo mejor posible no solamente por nosotros, sino porque estamos abriendo una puerta muy grande", como así fue, porque a partir de entonces empezaron a aparecer muchos más españoles, tanto jugadores como entrenadores», señala Paco Herrera, en referencia al interés que iban despertando en España.

De hecho, el que fueran cuatro, Alonso, Josemi, Luis García y Núñez, invitaba a hacer otro juego de palabras con los cuatro muchachos de Liverpool más icónicos de la historia, Los Beatles, pero usando el apellido del responsable de ese proyecto, Rafa Benítez, *fan* declarado además del grupo, por lo que al cuarteto español también se le empezó a llamar Los Benitles.

«Yo soy de Los Beatles y escuchaba las canciones y me aprendía las letras del LP *Rojo*, y del LP *Azul*», comenta. «Conozco al hermano de Paul McCartney, he estado cenando con él y es íntimo amigo de unos amigos nuestros. La relación estaba ahí», señala Benítez preguntado por su afición al grupo musical, quizás, más influyente e importante de la historia.

Cada vez empezaba a ser más frecuente ver reportajes, fotos o entrevistas de los futbolistas en sitios icónicos de la ciudad como la zona de Albert Dock o en la archiconocida The Cavern donde Los Beatles tocaron exactamente 292 veces y donde todavía a día de hoy, colgadas en sus icónicas paredes abovedadas de ladrillos, se pueden ver fotografías del mismo Rafa Benítez o de Pepe Reina.

De hecho, el diario *Marca* realizó en la previa del Deportivo de la Coruña - Liverpool de la Champions en noviembre de ese 2004, un fotorreportaje con los integrantes del *Spanish Liverpool* en el famoso pub, tanto en su mítico y pequeño escenario, como en su entrada, con los cuatro jugadores, Luis García, Núñez, Josemi y Alonso, recreando la famosa portada de Abbey Road.

Incluso semanas después, cuando llegó Fernando Morientes en el mercado invernal, muchos se referirían al cacereño como el quinto Beatle, que en el universo de los cuatro de Liverpool: Paul McCartney, John Lennon, Ringo Starr y George Harrison, correspondería al anterior batería, Pete Best. (No obstante, otros aficionados o periodistas locales considerarían como tal a Mauricio Pellegrino, quien también llegaría en apenas un mes y que era un fan reconocido de los «*Fab-Four*»).

Con todo, esta relación del *Spanish Liverpool* y el grupo musical no deja de ser algo curiosa, pues se cree que «los muchachos» como también se les conoce a los cuatro músicos, no eran muy futboleros que digamos.

Para saber más sobre esto, qué mejor que preguntar a alguien del mismo Liverpool, que ha crecido con la música de Los Beatles y con los éxitos de los *reds* en los 70 y los 80. Jeff Goulding es un aficionado *scouser*, colaborador *This is Anfield* y escritor de varios libros sobre el equipo inglés. «Hay una afirmación controvertida, Paul McCartney ahora dice que él apoya a los dos clubs: Liverpool y Everton. Siempre hay algo de discusión entre lo rojo y lo azul en Liverpool. Siempre la ha habido», apunta Goulding. ¿Serán entonces los discos *Rojo* y *Azul* de Los Beatles un guiño a ambos clubes?

«Todo el mundo quiere afirmar que su Beatle favorito apoyaba a su equipo, aunque en realidad, no estoy seguro de que a ellos les gustase el fútbol», añade en la misma línea que mencionábamos anteriormente. «No recuerdo tampoco que el término "Los Benitles" se hiciese popular entre los aficionados en ese momento. Nosotros no nos referíamos a esos jugadores de esa manera, no como lo recuerdo ahora».

En cuanto a cómo eran vistos los futbolistas españoles por prensa y afición, hay unanimidad: «A Josemi y a Núñez, Benítez los ve como unos futbolistas útiles y por eso se les ficha, más que por dar un salto de calidad. Luis García venía con más caché y Xabi Alonso, aunque es poco conocido, viene de una Real Sociedad que casi ha ganado la liga en España. Son futbolistas más o menos desconocidos, pero luego sí que es verdad que se ponen a jugar, y la gente está absolutamente encantada de que hayan venido», comenta Sid Lowe.

«Xabi Alonso y Luis García encajan perfectamente, y los aficionados van inventado canciones para que los futbolistas se sientan arropados», continúa argumentando el periodista y escritor inglés. «También es verdad que es una manifestación de la imaginación de la afición en Inglaterra; hacen canciones individuales como la de «Luis García / he drinks sangría», o la del todo el equipo: «*Rafa Benítez / Rafa Benítez- Xabi Alonso / García - Núñez and Josemi…*». Hay una sensación como que el Liverpool se abraza a lo español, pero eso pasa porque juegan bien y también para que se encuentren cómodos y para alabarlos, incluso antes de tiempo en algunos casos», matiza el columnista de *The Guardian*.

«Al final las expectativas de los nuevos fichajes suelen estar relacionadas directamente a cuánto se ha pagado por ellos», explica de manera similar Matt Ladson. «Josemi y Núñez fueron dos fichajes de poco dinero, y las expectativas sobre ellos eran que vinieron a hacer equipo más que nada. Obviamente el hecho de que fueran españoles ayudó ya que Rafa los conocía», comenta el director de la web *This is Anfield*.

«Creo que la ilusión real era con Xabi Alonso, que en ese tiempo costó una cantidad significativa, pero después obviamente Xabi superó las expectativas con su debut en Anfield contra el West Bromwich, con una *masterclass* sublime de cómo pasar el balón; y con Luis García, lo mismo; era muy bueno, un jugador muy ilusionante, el tipo de futbolista al que no estábamos acostumbrados con Gerrard Houllier. Con García pasaban cosas inesperadas e impredecibles; viniendo del Barcelona, sabes que se trataba de un jugador muy bueno», continúa opinando Matt Ladson sobre la adaptación e impacto de los cuatro futbolistas españoles en la plantilla *red*.

«Es verdad que los fichajes de Josemi y de Núñez fueron recibidos de lejos con menos entusiasmo que los de Alonso y García, o posteriormente el de Morientes», afirma Jeff Goulding. «Josemi fue visto como un jugador de equipo y le costó inicialmente jugar debido a las lesiones y a la forma en la que estaba Steve Finnan, mientras que Núñez llegó como parte del acuerdo que llevaba a

Michael Owen a Madrid, y creo que eso le dio el peor comienzo posible a su carrera en el Liverpool», señala.

«Los aficionados estaban enfadados con Owen y sintieron que el club había sido estafado en el trato viendo como un activo preciado se marchaba por solo ocho miserables millones de libras más un jugador que en el Madrid no era importante», explica el colaborador de *This is Anfield*.

«Aunque estaba claro que el fichaje de Alonso era un golpe en la mesa, fue Luis García quien rápidamente consiguió alcanzar un estatus de jugador de culto. Tenía facilidad para marcar goles geniales en partidos grandes, y su gol fantasma contra el Chelsea en la semifinal es ya parte de la leyenda», argumenta Jeff Goulding, haciendo referencia a un gol y a un partido histórico que llegaría en unos meses…

EL *SCOUSE* NO SE ENSEÑA EN LOS COLEGIOS

Por otra parte, llamaba la atención ver al propio Benítez durante los partidos escribir notas y apuntes en pequeños papeles, que además de para señalar aspectos del juego que había que modificar, le ayudaban para comunicarlo correctamente en el vestuario. «Es un poco las dos cosas. Yo tenía las frases en inglés, y le dije a mi ayudante Alex Miller que me las pusiese, por ejemplo: "Apretad al perder: *Press when losing*", para repetir cosas siempre estandarizadas y que los futbolistas me entendiesen.

«Tomo las notas de todo lo que veo en el primer tiempo y luego me centro en lo más importante para trasladárselo a los jugadores en el descanso o después en el segundo tiempo, o lo mismo, de cara a los siguientes partidos ir corrigiendo y trabajando cosas, e ir reforzando lo que hacemos bien. Lo hago siempre; en este caso lo hacía en español, pero siempre te apuntas algo en inglés, o preguntas, «voy a decir esto», para intentar decirlo bien porque si no, pierdes la fuerza del mensaje», explica el técnico español que, a día de hoy, reside en Liverpool.

Y es que el idioma era otro asunto importante para todos. Tanto los futbolistas como los entrenadores, cada uno a su forma y a su ritmo, tuvieron que acostumbrarse al *scouse*, el típico acento cerrado de Liverpool; uno bastante más complicado que el de Londres, que escuchamos en emisoras como BBC Radio o diferentes podcasts, o el que vemos por la televisión en películas o series en versión original que suele ser por lo general «más americano» y para muchos, más fácil.

«Yo escuchaba Los Beatles en casa. Tuvimos algún profesor de inglés algún año esporádico, pero habíamos estudiado francés y de vez en cuando yo ponía Los Beatles, me gustaban las canciones, cogía las letras… pero claro, en ese momento no eres consciente de que Los Beatles tienen más o menos acento *scouse*. Lo cambiaban un poco, pero, aun así, es distinto. Antes mandábamos a los hijos a estudiar inglés a Dublín y sitios así, pero no tiene nada que ver si hablas el inglés de Liverpool, el de Newcastle o el de Irlanda», comenta Benítez sobre el tipo de inglés que se habla en esa zona de Inglaterra.

Un buen ejemplo, y además de los complicados, era poder entender a personas nacidas en Liverpool con acento muy cerrado como el de Jamie Carragher, quien además hacía pocas pausas al hablar. «A Carra es muy difícil, de hecho, hacemos un partido en Rusia, no recuerdo cuál era, y cuando hablo yo y cuando habla Gerrard, la intérprete va traduciendo, pero cuando habla Carra, la veo que abre los ojos como platos porque no entendía nada. El acento *scouse* y encima él habla rápido, costaba más, luego poco a poco te vas acostumbrando. Luego, ya usas muchas señas y muchos infinitivos para hacerte entender», recuerda Benítez sobre las dificultades del idioma y de más concretamente, entender al zaguero inglés.

«Ochotorena y yo éramos los que teníamos más dificultades con el idioma», afirma Paco Herrera. «Yo me incorporé un poquito antes que Ochoto al *scouse*, ese acento terrible que te hacía confundir cualquier palabra en inglés, pero bueno, poco a poco lo vas cogiendo», reconoce el entrenador catalán. Además de en el *verde* de Melwood junto al mánager del equipo de *reservas,* Hugh McAuley, y los futbolistas, Paco Herrera trabajaba mucho con el teléfono: «Después de entrenar, tenía que estar todo el día al teléfono para a ver si encontrábamos los jugadores que necesitábamos y no siempre era en inglés, pero a veces cuando era el inglés de Liverpool había que estar muy atento porque efectivamente es un poquito más complicado; es como un andaluz cerrado que incluso parece que se comen algunas palabras», explica con gracia.

«Desde luego, el acento *scouse* que lo llaman ellos es muy cerrado, un acento muy especial de Liverpool y eso también hace que sea aún más difícil», explica en la misma línea José Manuel Ochotorena. «Tenía que ser una adaptación rápida con el inglés porque era lo que realmente necesitabas. Sobre todo, para trabajar, después ya en la vida te puedes defender un poco pero evidentemente, hay un léxico y hay un vocabulario inglés para trabajar muy concreto», afirma el preparador de porteros.

Naturalmente, la diferencia del idioma y vivir en otra cultura con horarios y costumbres muy distintas a las españolas hacía normal, sobre todo en esos primeros meses, que los españoles, ya fueran futbolistas o miembros del *staff* técnico y sus respectivas familias, compartieran muchas vivencias y tiempo libre juntos.

«Efectivamente, nos juntábamos y tratábamos de preparar una merienda, o un día que teníamos libre, que era difícil encontrarlo, irnos a comer todos juntos… en fin, hicimos una muy buena amistad», recuerda Paco Herrera.

«Nosotros estábamos todos los días juntos», dice Josemi. «El día que no comíamos, cenábamos, porque claro, también estábamos juntos con las familias, en la casa de Luis, en mi casa… estábamos viendo todos los fines de semana fútbol español o la Premier, la Champions… entonces pasábamos muchísimas horas juntos», rememora el malagueño. «Siempre que nos quedábamos solos, íbamos a la casa de Luis a jugar a la *Play*, al final éramos como hermanos. 24 horas del día juntos todo, pues era mucho más intenso aquello», añade el de Torremolinos.

«Hicimos un muy buen grupo entre todos los españoles, no solo los jugadores, es que teníamos una buena relación lógicamente las familias, pero también, toda esta gente del cuerpo técnico: Paco Herrera, su mujer y sus hijas, Ayestarán, Ochotorena… nos juntábamos bastante, íbamos a comer o a cenar a casa de uno, a casa de Luis, a casa de Morientes... eso efectivamente lo hace más fácil», explica también Núñez.

No obstante, a Rafa Benítez no le gustaba que los futbolistas hablasen entre ellos en castellano en presencia del resto de futbolistas del equipo: «A veces en estos casos tiendes a juntarte demasiado con los de tu país, y al final haces grupito», señala el exjugador madrileño. «Nos metía mucha caña con eso: si pasaba por allí y nos oía hablar en español cuando había gente delante, nos echaba la bronca. Y es verdad, porque si hablas en español estás excluyendo prácticamente a los que están por ahí, entonces, sí que lo intentábamos, lo teníamos siempre en cuenta, pero también es muy difícil. Igual que los franceses, porque había unos cuantos que venían de la época de Gérard Houllier, y también hacían grupito, entonces lo haces un poco involuntariamente», comenta Antonio Núñez.

Diciembre arrancaba con un empate a un gol ante el Tottenham, en un encuentro fuera de casa correspondiente a los cuartos de final de la Carling Cup en el que Antonio Nuñez fue titular por primera vez. En los penaltis, los *reds* superaron a los *spurs* con Sinama Pongolle, nuevamente decisivo. El Liverpool ya estaba en semifinales y parte de la afición empezaba a reconocer el gran trabajo táctico que Benítez imprimía a sus jugadores.

Ya en Premier, y esta vez frente a *los villanos*, de nuevo empate a uno con Núñez repitiendo titularidad, aunque en la segunda parte dejaba su lugar a un Josemi que esperaba en el banquillo. El chip se cambiaba rápidamente, pues cuatro días después se jugaba el sexto y decisivo partido de la fase de grupos en la Champions. El Olympiakos de Giovanni y sobre todo, de Rivaldo, llegaba a Anfield con muchas opciones de estar en octavos de final, pues era el líder del grupo A con diez puntos, mientras que a los de Benítez, que eran terceros con siete, todo lo que no fuera ganar por más de dos goles, no les servía.

Aunque el equipo inglés arrancó muy bien y atacando, Rivaldo adelantaba al conjunto heleno de libre directo mediada la primera parte y el miedo a caer eliminados se apoderó de Anfield. El técnico madrileño movió el banquillo y Sinama Pongolle, que acababa de salir tras el descanso, ponía las tablas tras una buena internada del *aussie* Harry Kewell por la izquierda.

Poco después, a Gerrard le anularon un gol que despertó, si no lo estaba ya, a The Kop, antes de que Mellor, que había sustituido a Baros, diese la vuelta al marcador tras un buen remate de cabeza de Núñez que rechazó Nikopolidis. 2-1, pero este resultado no le valía al equipo del norte de Inglaterra. Con la afición empujando para ese necesario tercer gol, Steven Gerrard, con un punterazo desde fuera del área, mataba el partido a cuatro del final con el 3-1 definitivo. ¡Anfield se caía! El Liverpool le había dado la vuelta al marcador y se metía en octavos de final. Ese partido y esa remontada serían uno de los puntos de inflexión aquel curso... Hasta febrero ya no volvería la Champions, ahora había que centrarse en la Premier, en la FA Cup, y en la Carling Cup, donde el club ya estaba en semifinales.

Pero el subidón europeo se truncó en el derbi 200 en Merseyside ante el Everton de David Moyes, y el primero para Benítez y el resto de los españoles, que pudieron comprobar la rivalidad y pasión que se viven en estos partidos cayendo 1-0 ante unos *toffees* que se colocaban segundos. «Con el Everton hay una rivalidad espectacular, muy grande. No sabía que era tan grande hasta que llegué allí», apunta Núñez. «Sin llegar nunca a problemas, porque ya en aquella época se habían superado los problemas de peleas y de *hooligans* como en los 80 o en los 90, estaba mucho más controlado y realmente veías gente con la camiseta del Everton alrededor de Anfield sin ningún problema, pero sí que se notaba mucho a pie de calle esa gran rivalidad que suele haber entre equipos de la misma ciudad pero que ellos lo llevan muy a rajatabla».

Tres días después del derbi, el Liverpool empataba en Anfield ante el Portsmouth, 1-1, en el que iba a ser el último partido de Josemi en varios meses debido a una lesión. El malagueño, aunque todavía no estaba plenamente adaptado al fútbol inglés, estaba siendo uno de los fijos de Benítez. «Es verdad que hasta ahora había jugado todo con los partidos de Champions entresemana», explica Josemi. «El llevar domingo-miércoles, domingo-miércoles era súper complicado y yo venía de jugar en Málaga cada siete días, y jugar cada tres días un partido era difícil de llevar», reconoce el lateral andaluz que se perdería parte de lo que restaba de temporada. «El momento que me lesioné en el menisco intenté seguir jugando, pero no me llegaba a encontrar bien al 100%, y entonces decidimos que lo mejor era operar para en seis semanas estar bien y lo que eran seis semanas, se convirtió en seis meses», afirma un Josemi que vio cómo Finnan aprovecharía esa oportunidad para jugar prácticamente todo lo que quedaba de curso en la posición de lateral derecho.

Después, y ya entrando en Navidad, llegarían tres victorias seguidas: la primera ante el Newcastle en casa por 3-1, remontando el tanto inicial de Patrick Kluivert; la segunda, a domicilio goleando al West Bromwich Albion por 0-5 en *Boxing Day*, con el quinto obra de Luis García; y la tercera, en Anfield ante el Southampton con gol del joven Sinama Pongolle, que estaba aprovechando los minutos que le daban la ausencia de Cissé. Era evidente que el equipo necesitaba un delantero y parte de la afición pedía la vuelta de Nicolas Anelka o el fichaje del neerlandés Jimmy Floyd Hasselbaink. Sin embargo, el radar de Benítez parecía estar de nuevo en España y más concretamente, en Madrid.

Terminaba así 2004 con el Liverpool en la sexta posición a quince puntos del Chelsea, líder con 49 puntos, y que precisamente era el rival de los *reds* en el primer partido de 2005 justo el día de año nuevo.

El conjunto londinense se impondría en Anfield; sin embargo, el solitario gol de Joe Cole a diez del final no fue lo peor, sino la lesión de Xabi Alonso tras una dura entrada de Frank Lampard que le rompió el tobillo izquierdo, lo que mantendría al centrocampista tolosarra fuera de los terrenos de juego hasta aproximadamente el mes de abril. Un duro golpe tanto para el equipo como para el joven futbolista español que se había adaptado a la perfección al fútbol inglés.

No obstante, la senda de la victoria regresaba en el segundo partido del año con la victoria por 1-2 ante el Norwich con un buen gol de Luis García tras una acertada vaselina. La atención, sin embargo, estaba esos días en Madrid, donde era un secreto a voces que Fernando Morientes estaba a un paso de convertirse en jugador *red*. El Liverpool llevaba semanas buscando un delantero tras la lesión de Cissé y el jugador cacereño parecía que era el elegido por Rafa Benítez, dado que apenas contaba con minutos en el Real Madrid, en parte por el fichaje de Michael Owen.

A pesar de que los medios daban por hecho de manera inminente el traspaso del futbolista extremeño al conjunto inglés, el delantero madridista era de la partida el día 5 de enero ante la Real Sociedad, en un Santiago Bernabéu hasta la bandera en ese minipartido de ocho minutos que se jugó tras la amenaza de bomba que hubo dos semanas antes, e incluso, disputaría cuatro minutos la jornada siguiente ante el Atlético de Madrid antes de que se oficializase su salida a Inglaterra.

Ya con el fichaje de Morientes (entre otros) a punto de hacerse realidad, el Liverpool encaraba el partido de ida de semifinales de la Carling Cup venciendo por la mínima al Watford con otro gol, cómo no, del capitán Steven Gerrard que en esos momentos estaba en un momento de forma que le situaba entre los mejores futbolistas del continente.

Núñez había sido parte de la plantilla del Madrid de los Galácticos y había compartido vestuario con futbolistas como Zinedine Zidane, Raúl González, Luis Figo o Roberto Carlos. «Venía realmente de estar con los jugadores más top del mundo, entonces al salir del Madrid esperas que todo sea un escalón por debajo, que en cierta manera lo es en muchas cosas a nivel de club y de todo, pero claro, te encuentras efectivamente a jugadores de primerísimo nivel como Gerrard», apunta el excanterano blanco. «Todos sabíamos que era un gran jugador, pero verle de cerca todos los días entrenando, para mí Gerrard me parecía una cosa espectacular que no tenía absolutamente nada que envidiar a los Galácticos y que podría haber estado en ese Real Madrid perfectamente», admite Núñez que puede hablar con propiedad del nivel de esos jugadores, y más con el interés real que había del club madrileño de hacerse con los servicios del centrocampista inglés en esas semanas.

«Me parece un jugador completísimo que lo hacía todo bien. Espectacular, la verdad, y era todavía muy joven para tener esa importancia, los galones de capitán que tenía y que sabía serlo», explica el exfutbolista afincado en Huelva. «Era un poco esa misma posición que tenía Raúl en el Real Madrid; un capitán respetado, todo el mundo tenía claro quién era el líder y además en el campo lo correspondía con su rendimiento. Un jugador espectacular», sentencia un Antonio Núñez que empezaba a contar con bastantes minutos de juego.

Ahora sí, ya había que mirar al mercado invernal con los movimientos que dejarían perfilada la plantilla para la segunda mitad de la temporada. El senegalés Diao se iba cedido al Birmingham y el suizo Henchoz se marchaba al Celtic de Glasgow. Además, el portero Kirkland recalaba en el West Bromwich como cedido, al igual que el también joven guardameta del *Reservas*, Paul Harrison, (sin duda «un nombre muy de Beatle») que se iba al Leeds en una cesión que entraba en la operación de Scott Carson.

Eso en cuanto a las bajas, en lo referente a las llegadas, Mauricio Pellegrino se volvía a reunir con Rafa Benítez tras coincidir en el Valencia rindiendo a un gran nivel, mientras que el joven guardameta Scott Carson al que nos referíamos antes, llegaba para reforzar la portería. Pero el gran fichaje del mercado invernal era el de Fernando Morientes, procedente del Real Madrid.

De hecho, aunque Morientes fue el elegido para apuntalar la delantera *red* en ese mercado invernal, su idea en ese curso 2004-2005 era jugar en el Real Madrid tras haber sido subcampeón de Europa con el Mónaco la temporada anterior. «En octubre-noviembre fue más o menos cuando yo veo ya que mi salida tiene que ser lo antes posible. Cuando llego al Real Madrid después del Mónaco sabía que la temporada iba a ser difícil, pero uno siempre piensa que va a ir bien y pasado el primer y segundo mes que veía que no jugaba, pues quería forzar la salida porque me encontraba en mi mejor momento; entonces desperdiciarlo en el banquillo no me hacía mucha ilusión y aceleré para ver qué ofertas podía haber», reconoce.

Aunque el Real Madrid contaba con el mejor *nueve* del mundo en aquellos años como era Ronaldo Nazario, y con Raúl, Morientes confiaba en tener minutos y más sabiendo que José

Antonio Camacho iba a ser el entrenador merengue. Sin embargo, la llegada de Michael Owen, precisamente del Liverpool, y la temprana salida del técnico murciano, sumado a la necesidad del equipo inglés de buscar un delantero de garantías tras la lesión de Cissé, provocaron que en pocas semanas la situación cambiase para el Moro. «En el momento en el que llego del Mónaco, ahí sí que intento forzar mi salida, pero me convence Camacho de continuar y por eso me quedo... por Camacho, por Hierro, por Raúl, que tenemos todos una reunión y me convencen para quedarme, entonces yo ya en ese momento digo que no quiero escuchar ofertas», explica el ahora comentarista deportivo. «Después es verdad que los acontecimientos pues se desencadenan un poco en contra porque Camacho se va, el baluarte que yo tenía en el vestuario no es el mismo, entonces ya empieza el problema y fue a los dos meses cuando ya decido que sí, que quiero salir, que la decisión la había tomado anteriormente, pero me quedé por el convencimiento del entrenador. Porque sabía que me iba a poner bastantes minutos y por los amigos que tenía en el vestuario, y al ver que eso no llegaba a buen puerto, pues lo que hago es decidir salir y empiezo a moverme un poco y a escuchar lo que puede haber, y es cuando entonces sale no sé si era el Olympique de Lyon, el Bayer Leverkusen o el Tottenham, y el Liverpool, y a mí me hace mucho tilín lo del Liverpool», recuerda el máximo goleador de la Champions League la temporada anterior.

UN GALÁCTICO LLEGA A MERSEYSIDE

La llegada de Morientes fue, sin duda, la más sonada de toda la temporada no solo para el Liverpool, sino prácticamente en toda la Premier League. El delantero de 28 años venía con la vitola de ser un Galáctico, en parte por su gran curso anterior en Francia con el Mónaco, así como por su comprobada y exitosa trayectoria madridista.

«En ese momento, especialmente cuando llegó, había muchas expectativas por lo que había hecho la temporada anterior cedido en el Mónaco y llegando con ese pedigrí de delantero», explica

Matt Ladson sobre las esperanzas que había en el fichaje del delantero español. «Además, habiendo perdido a Michael Owen en el verano anterior, era muy ilusionante pensar que podíamos tener alguien aquí que podría ser el próximo delantero centro para los años venideros», señala el periodista de *This is Anfield*.

En la presentación, donde después acudieron centenares de aficionados para verle ya enfundado con su nueva camiseta, se atrevió incluso a soltarse en inglés, «*I am very happy to be here*» y pidió que le llamasen «Nando». Llevaría el dorsal 19. «Cuando llegué solo quedaba el 19 y otro número extraño por ahí, entonces el 19 mezclaba un poco el diez que lo había llevado en el Mónaco y normalmente llevaba el nueve, entonces era la mezcla perfecta», añade Morientes en referencia al dorsal que luciría en principio durante las próximas tres temporadas y media por las que había firmado por un precio de seis millones y medio de libras que el *Pool* pagaría al Real Madrid.

Además, casi sin apenas tiempo para entrenar y conocer a sus nuevos compañeros, Benítez ya estaba dispuesto a que el exjugador del Albacete o Zaragoza jugase el siguiente partido. Y no era uno cualquiera, sino nada más y nada menos que la visita del Manchester United.

El frío sábado 15 de enero de 2005, el Liverpool, quinto en la clasificación, recibía a un United que se encontraba en tercera posición. Partido y debut por todo lo alto para dos de los fichajes *red* en ese mercado invernal como eran el central argentino Mauricio Pellegrino y el hombre en el que estaban puestas todas las miradas y al que seguían todas las cámaras: Fernando Morientes. Una pancarta que decía «Bienvenido Nando», con el escudo del club sobre una bandera española, destacaba en las gradas, y es que la llegada del tricampeón de Europa con el Real Madrid estaba rodeada de una gran expectación.

El Moro compartía delantera con el checo Milan Baros y con Luis García un poco más retrasado. En frente, el United de Ferguson con gente como Paul Scholes, Cristiano Ronaldo o Wayne Rooney. El ritmo fue muy intenso desde el principio e incluso el propio delantero criado en Sonseca, tuvo una de cabeza en los primeros minutos que detuvo bien Carroll.

En el minuto 21, Rooney conseguía el primer gol de su carrera ante el Liverpool con un buen disparo desde fuera del área en el que Dudek pudo hacer más, y demostraba su pasado *toffee* encarándose y provocando en la celebración a los aficionados en The Kop. El resultado ya no se movería y eso que el United se quedaba con diez hombres en el minuto 65 por expulsión de Brown. A quince del final, con los aplausos de una afición ilusionada a pesar de que no había estado muy acertado en su debut, Morientes era sustituido por Núñez, con quien había coincidido brevemente en el Real Madrid.

Antonio Núñez, que lucía su apellido en la camiseta sin tilde y sin ñ, «Nunez», recuerda una anécdota en esos primeros partidos precisamente con el recién llegado Fernando Morientes: «Un día antes de un partido, Morientes me dijo: "Tenemos que ponerle la Ñ a esto, vamos a ver cómo lo hacemos", y entonces trajo un esparadrapo blanco y empezó a hacer un apaño para poner la Ñ, y le dije:"Vamos a dejar esto, ¿cómo voy a salir al campo con el esparadrapo?", porque allí lo que es la Ñ, no lo tenían en la serigrafía», comenta riendo el exjugador madrileño.

Con Josemi y Alonso fuera del equipo varias semanas por lesión, Luis García, Antonio Núñez y ahora Fernando Morientes serían los encargados de poner el acento español en el equipo del río Mersey durante los siguientes partidos.

Sin embargo, esos siguientes compromisos no serían en la prestigiosa FA Cup, donde el Liverpool entraba en tercera ronda ante el Burnley, conjunto de la Championship, lo que viene siendo la Segunda División del fútbol inglés. Con el equipo compitiendo en varios frentes como eran la liga, clasificado para octavos en Champions y para la final de la Carling Cup, Benítez alineó a un once con bastantes de los jugadores con menos protagonismo, con solo Hyypiä o Traoré de los habituales titulares. Partido para olvidar en el que un autogol del propio Traoré echaba por la borda la participación del Liverpool en el torneo.

Las críticas por esa temprana eliminación y más en FA Cup, con la importancia que tiene en Inglaterra, fueron bastante sonadas tanto por el planteamiento de Benítez como por el papel de algunos de los jugadores. Entre ellos Núñez, que fue de la partida y además terminó expulsado. «Todavía no estaba entrando de titular en partidos de liga y ese tipo de encuentros es donde eres titular. Recuerdo que nos eliminaron, me expulsaron, fue un partido muy difícil, muy complicado», comenta el exjugador madrileño.

«Hay partidos de esos que se complican muchas veces: juegas contra un equipo de una categoría inferior, pero en su casa, muy bien arropado, muy intenso, tú vas con el equipo menos habitual, gente con menos ritmo y pasa mucho, que un gran equipo cae contra un equipo inferior por estas circunstancias», reconoce Núñez. «Fue duro por eso, porque caes en la Copa, eres bastante responsable por haber estado allí de titular, y son partidos que no son nada fáciles», recuerda el antiguo canterano merengue, que, por otra parte, iba acumulando más minutos y tiempo de juego. Además, en ese encuentro Neil Mellor, que había hecho algunos goles decisivos saliendo como suplente, se lesionaba de gravedad perdiéndose lo que quedaba de temporada.

Regresando a la Premier, el Liverpool volvería a caer en la visita a Southampton por 2-0 antes de la vuelta de semifinales de la Carling Cup ante el Watford. Allí, otra vez Gerrard metía al conjunto de Rafa Benítez en la final con su decisivo gol. 0-2 en el global de la eliminatoria y el equipo se acercaba a uno de sus objetivos en ese irregular arranque del año. La final les esperaba en Cardiff a finales de febrero.

No obstante, en ese encuentro Sinama Pongolle se lesionaba gravemente y decía adiós a la temporada. Otro delantero más, como Cissé o Mellor, que se perdería varios meses por lesión. Al menos ahora la plantilla contaba con Morientes, aunque eso sí, solo para la liga y la Carling Cup.

Ya en febrero, el Liverpool visitaba a un Charlton Athletic que contaba con los mismos puntos en la clasificación y con idéntico bagaje en cuanto a victorias, empates y derrotas. Los locales se adelantaban en el minuto 20 pero en la segunda mitad, en el 61, Fernando Morientes conseguía su primer gol con la camiseta *red,* que en esta ocasión era amarilla.

Baros recuperó un balón fuera del área que recogió el delantero extremeño y tras un recorte y desde la media luna, soltaba un zapatazo con el pie izquierdo batiendo a Kiely. ¡Menudo golazo! Lo celebró con ganas junto a Riise y Gerrard, y enseguida se sumaron el resto de los compañeros que abrazaban y felicitaban al delantero español. ¡Este era el nivel de Morientes! Por eso vino y por goles así había tanta ilusión en su llegada.

Poco después, a diez del final, Riise conseguía el segundo en una jugada en la que intervinieron el propio Morientes y Luis García, y el Liverpool volvía a ganar en liga tras dos jornadas seguidas cosechando derrotas.

Cuatro días después, frente al Fulham, en Anfield, Luis García ponía en el minuto nueve un buenísimo balón desde la derecha a Morientes que, suspendido en el aire, cabeceaba poniendo el balón lejos del alcance del gigante Van der Sar con un remate marca de la casa. Anfield se caía con el gol del punta criado en Sonseca; su segundo tanto desde que llegó hacía apenas tres semanas. Cole empató minutos después, pero Hyypiä con otro buen testarazo conseguía su primer gol de la temporada, mientras que Baros, a trece del final, dejaba el marcador en el definitivo 3-1 con un gran juego.

Nuevamente tropiezo en liga ante el Birmingham, 2-0, antes del regreso de la Champions con la ida de los octavos de final en casa ante el Bayer Leverkusen. Sin Gerrard, ausente por acumulación de tarjetas, y sin Morientes que no podía jugar por haberlo hecho meses antes con el Madrid, el Liverpool se iba al descanso ganando 2-0 con goles de Luis García y de Riise. Hamann en el descuento anotaba el tercero, pero França, un minuto después, aprovechaba un balón que no blocaba Dudek, maquillando lo que habría sido una victoria más que contundente.

PRIMERA FINAL: DECEPCIÓN, PERO ILUSIÓN

Y de nuevo había que cambiar el chip porque ahora llegaba la final de la Carling Cup en Cardiff ante el Chelsea. Para muchos no solo era la final entre dos de los equipos más potentes de Inglaterra, sino un nuevo cara a cara de sus respectivos entrenadores: Rafa Benítez y José Mourinho. «En aquel momento Benítez y Mourinho vienen a la vez y de alguna manera hay como una especie de «La llegada de los ibéricos» a Inglaterra. Está la idea de que son dos tipos con cartel que han triunfado en Europa, que han demostrado cosas, pero que no dejan de ser una incógnita», matiza Sid Lowe.

Nada más arrancar el partido llegaba el primer gol. Aún no se había cumplido un minuto cuando Morientes pone un buen balón a Riise que el noruego empala batiendo a Petr Čech. ¡Menudo comienzo!

Gerrard hacía en propia puerta el 1-1 en el minuto 79 y el encuentro se iba a la prórroga. Drogba conseguía en el 107 adelantar a los londinenses y cinco minutos después Kezman ponía el 1-3 en el marcador. Ya con el tiempo cumplido, Núñez recortaba distancias con un remate de cabeza con su primer y único tanto como jugador *liverpudlian*.

«Desde mi punto de vista, el *Pool* fue mejor», dice Jeff Goulding. «El resultado fue engañoso. No sé qué equipo jugó mejor, pero a los 80 minutos de juego creía que el Liverpool se llevaría la final. La forma de empatar fue horrible, con Gerrard metiendo gol en propia puerta. Para *Stevie* (Gerrard) debió ser durísimo con los *reds* a punto de conseguir el primer título con Rafa Benítez y él dándole vida al Chelsea. Lo importante, al menos, es que el Liverpool estaba de vuelta en otra final y Rafa estaba mostrando que su equipo podía competir con el Chelsea de Mourinho», afirma el escritor nacido en Liverpool.

La derrota fue un palo para Benítez y sus chicos y una final que se le iba al equipo… así las cosas, el Liverpool continuaba quinto en la Premier con 43 puntos, lejos del Everton, cuarto con 51 puntos, y ya sin opciones de liga con el Chelsea gobernando la clasificación con 68 puntos. Estaba claro que no era la liga de los *reds*, por lo que el objetivo era meterse en Europa y acabar entre los cuatro primeros, y llegar lo más lejos posible en Champions.

En marzo, el primer partido del mes traía una derrota en casa del Newcastle con solo un español en el once inicial, Luis García, aunque Núñez saltaría al césped de Saint James Park en el último tramo del encuentro.

Regresando a la Champions, cuatro días después llegaba la vuelta de los octavos de final visitando al Bayer Leverkusen en un encuentro que supondría el primer golpe en la mesa para anunciar que este equipo iba en serio en Europa (el segundo realmente tras la remontada ante el Olympiakos). Todo eso a pesar de que el conjunto alemán se había impuesto en casa al Real Madrid, Roma y Dinamo de Kiev en la fase de grupos; por lo que no eran pocas las voces que avisaban de la peligrosidad de los germanos en su estadio y ante su afición.

A pesar de esos datos, el Liverpool fue muy superior desde el principio y Luis García hacía el primero del equipo británico en el 22 de la primera mitad, adelantándose al argentino Placente y rematando un genial pase desde la banda derecha de Gerrard. Gran gol del catalán que estaba de dulce, ya que cuatro minutos después conseguía el segundo tocando en el área pequeña el esférico después de un remate de Biscan batiendo nuevamente a Butt.

Baros anotaba el tercero mediada la segunda mitad antes de que Krzynowek maquillase el marcador en las postrimerías del encuentro. Al final, 1-3 en el Bay Arena de Leverkusen, y 2-6 en el global de la eliminatoria, y el Liverpool que ya estaba en cuartos de final, y con un nivel, al menos en Europa, que empezaba a ser tenido bastante en cuenta…

Regresando a la liga, comenzaba una buena racha que empezó con el empate sin goles en casa ante el Blackburn Rovers, a lo que le siguió la victoria frente al Everton en un vibrante derbi. Gerrard a balón parado abría el marcador mediada la primera mitad y poco después Luis García haría el segundo aprovechando un rebote del esférico en el larguero tras un trallazo de Morientes que no pudo blocar Martyn. Un disparo, el del cacereño, que le supuso una lesión que le daría bastante guerra en lo que quedaba de temporada.

«Me acuerdo de que fue un chut desde fuera del área espectacular y en el rechace marcó Luis García, ahí noté un pinchazo, me lesioné», comenta con cierta amargura Morientes. «Fue de esas lesiones musculares que te apartan varias semanas y no terminas de recuperarte bien, y va pasando la temporada y cuando te quieres dar cuenta, pues no has hecho lo que tenías que hacer en cuanto a rendimiento», explica el ahora popular comentarista que, no obstante, aprovechando el parón por selecciones, estaría en el siguiente encuentro.

Aunque el australiano Tim Cahill recortaba distancias a poco del final, el equipo de Benítez sacaba adelante los tres puntos ganando el derbi de Merseyside ante su afición, pero terminando con tres lesionados, Warnock, Hamann y Morientes, y con diez hombres por expulsión de un acelerado Milan Baros. La piña de los jugadores en el centro del campo al término del encuentro celebrando la trabajada y sufrida victoria era muestra del nivel de moral que empezaba a tener el equipo cuando se aproximaba la recta final del curso.

ORGULLO DE AMIGO

La buena racha se prolongó una jornada más venciendo por la mínima en Anfield al Bolton, en un encuentro en el que Fernando Morientes se reencontraría con un buen amigo como era Iván Campo. Ambos jugadores, suplentes ese día, charlaban amistosamente en la banda mientras estiraban antes de saltar al campo en la segunda mitad, en una bonita instantánea llena de complicidad.

«Casualidades de la vida, el Moro se viene también a Inglaterra y se pone a jugar en el Liverpool. Para mí, lo vivido con el Moro en el Madrid, y a parte verle jugar en un equipo como el Liverpool y cada fin de semana poder ver vídeos y partidos suyos, y ver que es un jugador que ha triunfado en el mundo del fútbol donde ha jugado, pues es una alegría gigantesca», comenta con cariño y orgullo de amigo el exjugador del Valencia, Mallorca o Real Madrid.

Tras esa victoria ante el Bolton, la Champions volvía a la primera plana con la ida de los cuartos de final ante toda una Juventus de Turín. Era la primera vez que ambos equipos se enfrentaban tras la desgracia de Heysel 20 años antes. Con un emotivo minuto de silencio y bajo el lema «*In memory and friendship*» (en memoria y en amistad), comenzó un bonito choque europeo en el que el finlandés Sami Hyypiä ponía el 1-0 en el electrónico de Anfield a los 10 minutos de juego, tras un córner botado por Gerrard que peinó Luis García. Las cámaras, además de a Hyypiä y al catalán, enfocaban a Xabi Alonso, que estaba en el banquillo por primera vez desde la lesión de enero en el tobillo.

Poco después, Luis García marcaba el que era sin duda uno de los goles del año en Europa, de volea con su zurda y sorprendiendo a Buffon. ¡Vaya golazo y menudo año que estaba completando el mediapunta barcelonés! Ya en la segunda parte, Cannavaro, de cabeza, recortaba distancias y dejaba todo abierto para la vuelta en Turín que se disputaría en ocho días.

En la Premier, el esfuerzo europeo pasaba factura y el Manchester City se imponía por la mínima con un gol de Musampa en el 90 y los *reds*, de esta manera, perdían la oportunidad de dar caza al Everton en la cuarta plaza con la novena derrota a domicilio de la temporada.

EN EUROPA, SÍ

Y llegaba quizás, uno de los test más importantes del año hasta la fecha: la vuelta de los cuartos en Champions League ante la Juventus en Delle Alpi, donde el equipo inglés quería defender la renta de la ida para meterse en semifinales, y donde Xabi Alonso regresaba a la titularidad casi tres meses y medio después de su lesión. «Lo recuperamos para el partido de la Juventus que jugué con 5-3-1-1, y allí lo puse para que no corriese mucho de medio centro», explica Benítez.

«Ellos jugaban con dos delanteros y un mediapunta: Ibrahimovic, Del Piero y Nedved, que luego nos pasa con el Milán, y nos hace daño; entonces yo le meto defensa de cinco porque como Xabi no puede correr, le digo: «*tú quédate aquí quieto*», y pongo los tres centrales para trabajar sobre los dos delanteros y tener un hombre extra; y Xabi en el centro, para trabajar sobre la posición de mediocentro sin moverse, porque físicamente no iba a estar bien, y luego meto a Luis (García) con Baros y juegan Antonio

(Núñez) y Biscan; entonces, ahí cambio el sistema para dar entrada a Xabi que llevaba mucho tiempo parado», relata meticulosamente un Benítez que varió su sistema de juego para dar cabida al centrocampista tolosarra.

También Luis García era de la partida, aunque eso no era noticia. Lo que sí llamaba la atención era ver a Antonio Núñez de titular en uno de los encuentros clave de la temporada. «Si Benítez consideraba que para ese partido le encajabas bien en la idea que tenía en mente, no tenía miedo ninguno de meterte, o quitar incluso del once titular a jugadores importantísimos si consideraba que para ese partido era mejor usar a otros, o sea, utilizaba a toda la plantilla», explica Núñez sobre un Rafa Benítez que si lo veía oportuno daba minutos en partidos importantes a jugadores menos habituales.

Y ahí estaba el madrileño junto a sus compañeros en el momento en el que las cámaras enfocan uno a uno a los 22 protagonistas mientras suena la melodía de la Liga de Campeones. «Para mí era un partido muy importante, probablemente el más importante que haya jugado de titular. No es un partido cualquiera unos cuartos de final contra un equipo como la Juve», recuerda el por aquel entonces centrocampista *red*.

El choque fue un examen de resiliencia para los hombres de Benítez que por momentos sufrieron, como cuando Fabio Cannavaro metió el miedo en el cuerpo con un cabezazo que pegaba en el poste de la portería defendida por Dudek, pero finalmente era el conjunto británico quien se metía en semifinales haciendo bueno el resultado de la ida.

Pasada la euforia y como venía siendo habitual, en Premier, el equipo no competía como lo hacía en Champions y no pudo pasar del empate a dos goles ante el Tottenham en Anfield, en una jornada donde todos los españoles a excepción de Josemi, que ultimaba su recuperación, partían como titulares.

En un día en el que se cumplían 16 años de la tragedia de Hillsborough y tras recordar a los 96 fallecidos en un respetuoso minuto de silencio, el sueco Edman adelantaba a los londinenses con un obús desde fuera del área que sorprendió a todo el mundo,

Dudek incluido, pero Luis García con su séptimo tanto en Premier League con otro trallazo desde fuera del área, empataba justo antes del descanso.

En la segunda mitad, Keane adelantaba nuevamente a los *spurs*, pero otra vez Hyypiä, que en las últimas jornadas estaba viendo puerta con cierta frecuencia, igualaba el marcador. 2-2 y el equipo que no terminaba de encontrarse en liga. Al menos los últimos minutos sirvieron para que Cissé reapareciera después de varios meses tras su lesión en octubre.

Cuatro días después, en la jornada 34, la victoria regresó, y además con sabor español y por partida doble, en la visita al estadio del Portsmouth. Morientes en dos tiempos y desde el suelo abría el marcador en el cuarto minuto de juego tras una internada de Riise por la banda derecha. Era el tercer gol del delantero cacereño en la Premier Legue.

Kamara empataba a la media hora, pero justo antes del descanso Luis García de un buen testarazo ponía el 1-2 definitivo en el marcador del Fratton Park tras un medido pase, esta vez desde la banda izquierda, del polivalente Riise. Solo faltó el gol de Alonso que lo intentó para completar el triplete español de goles. El donostiarra ya parecía el de siempre tras volver de su lesión y su regreso sería fundamental para lo que quedaba por delante…

Con las semifinales de Champions en el horizonte, el Crystal Palace vencía en su casa por la mínima a los *reds* con lo que acabar cuartos empezaba a ser bastante difícil para los hombres de Rafa Benítez ya que el Everton continuaba cuatro puntos por delante. Y ahora sí, llegaba uno de los partidos clave del año: la ida de las semifinales de la Champions en Stamford Bridge ante el Chelsea. Hasta entonces, ambos equipos se habían visto las caras en tres ocasiones, los dos partidos de liga y la final de la Carling Cup, con los tres enfrentamientos siendo derrotas para los *liverpudlians*.

El Chelsea fue mejor en la primera mitad y Lampard perdonaba una de las que no solía fallar, antes de que Baros probase a Čech con un gran remate de cabeza. Xabi Alonso era amonestado a tres del final por una falta sobre Gudjohnsen que le supondría perderse la vuelta. Fue el único lunar de un 0-0 que dejaba todo en el aire, pero con bastantes opciones para los *reds* si Anfield jugaba su parte como tantas veces había hecho.

En Premier, otra vez después de Europa, el Liverpool se enredaba en casa empatando a uno ante un Middlesbrough que se adelantaba en los primeros minutos, pero Gerrard, con otro golazo marca de la casa, empataba al poco de comenzar la segunda parte con un trallazo que entraba por la escuadra. La hinchada *red* vibraba con el golazo de su capitán que, semana tras semana, dejaba claro que estaba entre los mejores de Europa y quizás del mundo, en su demarcación.

Benítez, en las declaraciones pospartido, mostraba su enfado por los dos puntos perdidos: «Estoy muy descontento, honestamente no sé cómo no podemos jugar bien después de un partido en Europa. Habrá muchos cambios la temporada que viene», comentaba el técnico ligeramente molesto por la mala actuación de algunos de sus jugadores. Y es que, al concluir el curso, futbolistas como Baros o Smicer terminaban contrato y otros como Dudek continuaban con dudas sobre su futuro. De hecho, ya sonaban otros porteros, siendo el joven Pepe Reina del Villarreal, el que lo hacía con más fuerza. Sin contar con Gerrard, quien a pesar de ser uno de los capitanes y jugadores franquicia e intocable para Benítez, no le faltaban ofertas de equipos importantes, sobre todo del Chelsea, además del interés latente del Real Madrid.

Con ese empate los *reds* continuaban quintos con 55 puntos a tres del Everton, que cerraba la zona Champions a falta de dos jornadas para la conclusión de la liga.

EL MEJOR PARTIDO DE LA ERA RAFA BENÍTEZ

Y de nuevo el equipo se ponía en «modo Champions» para encarar la vuelta de las semifinales de la Liga de Campeones ante el Chelsea. Los aledaños de Anfield eran un hervidero con un ambiente espectacular a la llegada de los equipos en sus respectivos autobuses. Había ganas de eliminar al conjunto londinense tras todo lo acontecido durante la temporada, sumado a la derrota en

Carling Cup, y muchos confiaban en que Anfield jugara su rol para lograr el pase a la final de Estambul.

«Ese año hubo una rivalidad muy grande entre el Liverpool y el Chelsea», afirma Núñez. «Se creó una rivalidad que yo creo que ahora ya no es la misma, pero en aquel momento era como el máximo rival del Liverpool; casi diría que más que el Everton», explica. «Se creó una rivalidad muy grande por todos esos partidos que jugamos en la misma temporada y sobre todo por ese gol fantasma que todavía a día de hoy siguen recordándolo y protestando», rememora un Núñez que llegó a jugar los minutos finales de ese histórico encuentro.

El Chelsea por su parte llegaba con la Premier bajo el brazo tras lograr matemáticamente el campeonato en la jornada anterior al derrotar 0-2 al Bolton. Con la Carling Cup y la liga ya en el zurrón, Mou buscaba su triplete, pero para eso tenía que ganar en Anfield a un Liverpool que, a pesar de estar 33 puntos por debajo en la liga, en Europa mostraba otro nivel mucho más competitivo.

Benítez sabía que el Chelsea era batible y tendrían sus ocasiones, pero el gol llegó quizás antes de lo esperado. Minuto cuatro: Riise desde la banda izquierda combina con Gerrard que de primeras la toca para Baros. El delantero checo evita la salida de Peter Čech y la eleva intentando marcar. Todo pasa muy rápido. Con el esférico en el aire, Luis García se adelanta a Terry y la toca con su pie izquierdo. Aunque Gallas parece sacarla antes de que el cuero atraviese la línea de gol, el árbitro da el tanto por válido.

1-0 y Anfield que estallaba con el tanto del mediapunta español. Gol fantasma que las cámaras no acertaban a aclarar si el balón había entrado o no. El VAR en aquellos años aún no existía, por lo que la duda siempre quedó en el aire, a pesar de las airadas protestas del equipo londinense y sobre todo de un Mourinho al que The Kop recibió con «especial entusiasmo».

Así hasta el final, el Chelsea lo intentó, pero entre Dudek, Carragher y una afición que era uno más en el terreno de juego, el Liverpool pudo aguantar el marcador. Incluso, en los seis minutos de tiempo añadido en los que The Kop parecía que vibraba y el estadio se movía, Gudjohnsen la tuvo tras un rechace de Dudek en el último suspiro, pero su disparo se fue fuera. Cuando Lubos Michel pitó el final, Anfield rugía de júbilo como pocas veces lo había hecho esa temporada.

Rafa Benítez había metido al equipo en una final de Copa de Europa en su primer año, 20 años después, para pelear su quinta Champions. La celebración de toda la plantilla frente a las gradas con el *You'll never walk alone* era la manera de dar las gracias a una afición única en el mundo. El Liverpool estaría en la final de Estambul el 25 de mayo, donde se enfrentaría al Milán de Kaká, Pirlo o Maldini, que un día después certificarían su clasificación tras eliminar en semifinales al PSV Eindhoven.

«La semifinal en Anfield frente al Chelsea en Champions League de 2005 es sin duda el mejor partido que vi en persona durante los años de Rafa», declara Jeff Goulding. «El ruido en el estadio ese día estaba completamente a otro nivel. Todos fuimos temprano, y al descanso algunos ya no teníamos voz de tanto gritar. Nos habíamos desgarrado las cuerdas vocales con ese constante bombardeo de ruido. Cada vez que el Chelsea tocaba el balón, era abucheado y cantamos cada canción que se entonaba en The Kop».

«Ese partido personificó la era Benítez: ingenio y lucha, fe, determinación, aptitud, un compromiso implacable al plan y también, un poco de suerte», reconoce el escritor inglés. «El ruido y el sonido de la celebración tras el pitido final, y el Liverpool de vuelta a la cumbre del fútbol europeo, vivirán conmigo hasta que me muera. Los *reds* estaban de vuelta, el Chelsea fue vencido y todo el fútbol europeo tomaría nota. Fue el poder y la mística de Anfield, sí, pero la persona que encendió la mecha esa temporada fue Rafa Benítez. Le estaremos eternamente agradecidos», afirma con pasión y orgullo.

Tras esa victoria que marcó un punto de inflexión en el devenir de la irregular temporada, se organizó una fiesta donde se celebró el pase a la final. En ella, además de los futbolistas y, entre ellos, los miembros del *Spanish Liverpool*, había un periodista español que fue testigo de una noche inolvidable.

Javier Gómez Matallanas era en esa etapa reportero de la Cadena Cope, en *El Tirachinas* de José Antonio Abellán, para la que cubriría esa histórica semifinal en Anfield, además de estar presente en la posterior celebración: «La fiesta se hace en Albert Dock en un local de allí donde iban la mayoría de los españoles y además de futbolistas, también estaba García Quilón, que es quien llevaba a Benítez, e hizo bastantes de las operaciones de ahí y hacía medio de intermediario», explica Matallanas.

Con lo que Mata no contaba, era a quién vería allí. «Me acuerdo de que en aquella fiesta estaban Robbie Fowler y Steve McManaman, dos de los históricos del Liverpool», comenta el periodista madrileño. A pesar de que en esa temporada 2004-2005 ambos eran futbolistas del Manchester City, los dos jugadores *scouser* quisieron estar en la celebración aquella noche junto a algunos de sus excompañeros y amigos, algo que vuelve a demostrar la pasión y apego al club que sienten los propios jugadores y exjugadores del Liverpool. Y más siendo canteranos y chicos de la ciudad. Y es que ya se sabe el dicho: *Once a red, always a red* (una vez *red*, siempre un *red*).

«Yo en mi caso, de pequeño, me gustaba mucho el Liverpool, igual que la Roma, no me digas por qué», señala el comunicador en aquella etapa en la Cadena Cope. «Mi equipo de Inglaterra era el Liverpool, pero estar allí pues molaba un montón», recuerda Matallanas.

«Había seguido toda la evolución de la Premier desde que arranca en Canal Plus, que lo veía con mis hermanos Gonzalo y Carlos, que era muy del Liverpool. Siempre hemos tenido una cierta vinculación afectiva con el Liverpool en mi familia; entonces vivir esa fiesta en la que se acaban de volver a meter en la final otra vez después de muchos años, fue la leche, estuvo muy bien, muy bonita», nos cuenta un Matallanas que hizo sus pinitos como futbolista en la cantera del Atlético de Madrid.

«A McManaman le conocía de la etapa del Madrid, y Fowler era un bromista que no veas. Le dije que era mi ídolo y se cachondeaba de mí, en plan como son los ingleses así guasones», cuenta el antiguo redactor de *Marca* o *AS*. «Lo pasé muy bien en aquella fiesta que encima te sirve para trabajar», rememora con pasión el único periodista español en esa celebración.

Ya solo quedaban dos partidos de liga y la final de la Champions, pero todavía el equipo buscaba terminar entre los cuatro primeros y Benítez no guardó a ninguno de sus titulares de cara al penúltimo partido de Premier.

El Arsenal ya no se jugaba nada pues iba a terminar igualmente segundo, pero los de Wenger fueron superiores en todo momento. Pires de falta y el gran José Antonio Reyes con una fantástica jugada personal ponían al equipo londinense dos goles por delante en la primera mitad. Aunque Gerrard recortaba distancias, Cesc Fábregas hacía el definitivo 3-1 para los *gunners*. Además, el Everton se imponía al Newcastle por lo que la cuarta plaza ya era imposible.

La última jornada liguera se cerraba en Anfield recibiendo al Aston Villa. Era también un ensayo de cara a la final de la Champions, y aunque se jugaba diez días antes, Benítez tenía que optar por dar descanso a algunos de sus hombres titulares, a la vez que buscaba que otros jugadores importantes llegasen con más rodaje al partido de Estambul.

Así las cosas, muchos de los habituales que serían fijos en la final no se vistieron de corto ese día, por lo que solo Carragher, Riise y Alonso, de los a priori titulares, estaban en el once inicial que dispuso Rafa Benítez. Núñez empezaba de inicio, al igual que Josemi, que desde diciembre no había jugado en liga con el equipo. «Me acuerdo de que a ese último partido llegué bien físicamente porque llevaba mucho tiempo preparándome bien de la rodilla», comenta el malagueño. «Jugué, di la asistencia a Cissé de un gol... como que volvía a encontrarme otra vez y parecía que salía del túnel porque me recuperaba, pero seguía teniendo líquido en la rodilla, entonces no terminaba de estar al 100% y muchas veces al final te crea un poco de dudas el no competir si no estás del todo bien. En esa liga, que es tan exigente como la Champions, si no estás al 100% al final te pasan por encima y ese era mi miedo, no dar mi mejor versión y no jugar hasta estar totalmente recuperado», explica el que fuera lateral del Málaga o Villarreal, entre otros equipos.

Cissé también era titular por primera vez tras su lesión y sería el francés precisamente el autor de los dos goles *red*; el primero de penalti y el segundo tras una gran jugada de Josemi por la banda derecha. Barry recortaba distancias en el segundo tiempo, pero el marcador ya no se movería dejando el electrónico de Anfield en esa soleada tarde en 2-1 ante *los villanos.*

Así terminaba la temporada doméstica del Liverpool, que finalizaba quinto con 58 puntos, a 37 puntos del campeón, el Chelsea de Mourinho, a 25 del Arsenal, segundo, y a 19 del Manchester United que era tercero. Incluso terminó a tres puntos del Everton que quedó cuarto, por lo que a priori, los de Benítez se quedaban fuera de la zona Champions, al margen de lo que ocurriese en Estambul el 25 de mayo.

Ahora sí, finiquitada la liga, ya solo quedaba el último partido de la temporada, el más importante, el más difícil… el que nunca se olvidará de esa temporada: la final de la Champions ante el Milan.

En aquellos años, el equipo italiano que buscaba su séptima Orejona ya no era el mismo que había arrasado en Europa a finales de los 80 con los Rijkaard, Gullit o Van Basten metiéndole cinco al Madrid de la Quinta del Buitre en las semifinales de la Copa de Europa en 1989, o el de mediados de los 90 que le endosó un 4-0 al Barcelona de Cruyff en la final de 1994, pero seguía siendo un conjunto muy temido con *jugadorazos*. De hecho, salió campeón dos temporadas antes con prácticamente el mismo bloque que había logrado el pase a la final de Estambul.

El equipo entrenado por Carlo Ancelotti había terminado segundo en el campeonato italiano, a siete puntos del campeón, la Juventus de Turín. Contaba entre sus filas con jugadores veteranos como Paolo Maldini, Cafú, o Jaap Stam, con futbolistas en su madurez como Seedorf, Rui Costa o Alessandro Nesta, y con el joven brasileño Ricardo Kaká que ya llevaba varias temporadas siendo uno de los mejores centrocampistas ofensivos del mundo. Sin contar con toda la pólvora que tenían arriba con el argentino Hernán Crespo, el ucraniano Andriy Schevcheko o el italiano Filippo Inzaghi.

«Cuando llega la Champions de 2005, Shevchenko es en ese momento el vigente Balón de Oro, llegaba en su sumun, y siete jugadores de ese equipo de la Champions de 2003 continuaban en la plantilla y repetían en el once», explica el analista deportivo José David López. «Lo curioso de todo esto es que es un Milan al que se le está acabando la mecha. Es claramente la segunda resurrección del Milan después del de Sacchi. La segunda etapa es esta, la del Milan de Ancelotti, que es brutal en el sentido de que todavía es capaz de atraer jugadores que están un poco de vuelta, es decir, sí que es un equipo que tiene esa aureola de haber sido uno de los grandes, pero vive de lo que representan muchos jugadores que ya son veteranos», aclara.

«Ese Milan era un equipo tan experto que sabía gestionar muy bien las limitaciones en eliminatorias y en partidos clave, pero para nada era un equipo que fuera excesivamente vistoso, ni tampoco un equipo que dominara los partidos con una capacidad de circulación de balón rápida o con mucho entusiasmo», añade el colaborador de *Estudio Estadio* o *Carrusel Deportivo*.

Además, no solo destaca el dato de los siete que repiten titularidad como, apunta el periodista talaverano, los otros cuatro que no estarían de inicio en el Atatürk seguían siendo parte del equipo e incluso tres de ellos esperarían en el banquillo. El único que no se vestiría de corto esa noche, era Inzaghi. Sin embargo, Pippo, aparecería curiosamente años después. (¡Y de qué manera!)

Por otra parte, era la primera final de Copa de Europa en la que volvían a enfrentarse un equipo inglés y uno italiano desde lo acontecido en Heysel en 1985. A pesar de ese triste antecedente que nadie olvida, miles de aficionados de ambos conjuntos viajaron a Turquía para presenciar el encuentro, siendo los ingleses mayoría con más de 35 000 *liverpudlians, scousers* y *koppites*, presentes en Estambul.

Aunque una final de Champions siempre es un evento que cubren la mayoría de los medios deportivos españoles, incluso los generalistas, no es evidentemente igual ni tiene el mismo tirón entre la audiencia española una final en la que participe algún equipo de nuestra liga, que una en la que ambos contendientes sean de otros países.

Sin embargo, la final de la Champions League en 2005 sí que tocaba de cerca a España por razones obvias, aunque no hubiera ningún equipo de nuestro país sobre el verde del Atatürk. El hecho de que varios futbolistas, así como el cuerpo técnico, fueran españoles hacía que muchísimos aficionados animasen decididamente al Liverpool esa noche. No obstante, en 2005 no había el seguimiento que hay hoy día con la proliferación de más canales y plataformas digitales y no todos los medios acreditaban a sus periodistas para cubrir esa final. Es lo que le pasó a Javier Matallanas, que sería el encargado de cubrir la final de la Liga de Campeones para la Cadena Cope… ¡sin acreditación ni entrada!

«Cuando me manda Abellán para allá con la Cope, tú cuando estás con una emisora tienes que comprar los derechos para retransmitir el partido para tener una posición, porque en prensa escrita no se paga, y tú te acreditas con unos plazos», explica el periodista madrileño. «Me fui para Estambul y no tenía posición y ya no había tiempo, y no lo íbamos a pagar porque no íbamos a retransmitir ese partido, no estaba contemplado», relata un Matallanas que tendría un golpe de suerte.

«Yo llego al aeropuerto y no tenía ni cómo entrar. Iba solo, y había hecho mis contactos con Benítez, con Xabi Alonso o con Morientes para que me dejasen una entrada para ver el partido; no iba a poder entrar en zona mixta ni nada, la otra logística la tenía pensada para el pospartido, para trabajar en la radio… pero yo tenía que entrar al campo», sigue contando meticulosamente Javier Gómez Matallanas, que se movía y se mueve en estos asuntos como pez en el agua.

«Cuando llego al aeropuerto, me encuentro con José Ángel de la Casa, que era el narrador ya que el partido lo daba Televisión Española y era muy amiguete, y me dio dos invitaciones de TVE que era patrocinador al ser el que transmitía. "Toma, tú entras seguro ya", me dijo José Ángel. Y ya en Madrid al coger el vuelo, tenía mi entrada. "¡Ya veo el partido!"», relata el periodista en aquella etapa de la Cadena Cope.

«Sabía que los jugadores del Liverpool me podían conseguir alguna entrada, pero lo mismo era con la afición del Liverpool, que tampoco pasaba nada, pero estas eran de patrocinadores. Entonces, mi logística para cuando acabase el partido era tener un móvil o alguien a quien llamar dentro que me pasase al teléfono a todos los jugadores españoles», comenta Matallanas, que como todos los que presenciaron el partido, ya fuese en directo o por la televisión, no tenía ni idea de la final que estaba a punto a de ver…

Como decíamos antes, aquí en nuestro país cualquier final de la Champions tiene un seguimiento muy alto. Si es un equipo español, mucho más, pero con ese Liverpool de los españoles era en parte como si jugase un equipo de nuestra liga. «A mí me recuerdan esa final casi a diario, es el típico partido en que todo el mundo se acuerda de dónde estaba», dice Antonio Núñez. «Incluso, aunque no era un equipo español, éramos cuatro españoles, por lo que aquí en España se vivió con bastante intensidad», añade el exjugador madrileño que en principio esperaría en el banquillo.

SEGUNDA FINAL: EL MILAGRO DE ESTAMBUL

El once que dispuso Rafa Benítez, confirmado 90 minutos antes del inicio del partido, fue el siguiente: Dudek en la portería con Finnan en la banda derecha, Traoré por la izquierda, con Carragher y Hyypiä en el centro de la zaga. Xabi Alonso llevaría la manija en el centro del campo junto a Gerrard, con Luis García y Riise para las bandas, mientras que Kewell sería el enganche justo detrás de Milan Baros, quien actuaría como único delantero nato. Una alineación de garantías que, no obstante, era la primera vez (y la única) que jugaría de inicio en toda la temporada. Ya fuera por rotaciones, lesiones, decisiones técnicas o sanciones, Benítez, entre todas las competiciones, nunca había usado ese once. ¿Le saldría bien su apuesta? Kewell no jugaba desde finales de febrero y era titular mientras que Hamman, a pesar de su experiencia, se quedaba en el banquillo.

Junto al alemán, Smicer, Cissé, Biscan, Carson, Núñez como mencionábamos antes, y un recuperado Josemi esperarían su oportunidad por si eran requeridos para saltar al césped.

Por su parte, Fernando Morientes también era parte de la expedición del equipo inglés, pero en vez de ver el partido junto a los no convocados en las gradas, optó por hacerlo desde la cabina de radio de la Cadena Ser, donde comentaría el partido junto a Manolo Lama y Juan Antonio Alcalá, que en aquellos años trabajaban en la emisora del Grupo Prisa.

Sin embargo, el guion planteado por Benítez cambió muy pronto. De hecho, no había pasado ni un minuto cuando Paolo Maldini adelantaba a los italianos rematando al fondo de las mallas de la portería defendida por Dudek un centro de Pirlo a balón parado desde la banda derecha. ¡Menudo comienzo! El gol de *Il Capitano* era el más rápido en las 50 finales que entre la Copa de Europa y las Champions League se habían disputado.

Además, en el minuto 22 Harry Kewell tenía que abandonar el terreno de juego lesionado. Su sustituto sería el checo Vladimir Smicer, que jugaba su último partido como futbolista *red*. Por si esto fuera poco, tras una posible mano de Nesta en el 39, Kaká conectaría con Shevchenko y este con Crespo para que el argentino hiciese el segundo. 2-0 y el equipo inglés se empezaba a hundir en Estambul.

Antes del descanso, nuevamente Kaká le mete un gran pase a *Valdanito* Crespo que resuelve con clase picando ligeramente el balón por encima de Dudek. ¡Otra vez el argentino! Dos goles en la final precisamente de un jugador en propiedad del Chelsea cedido ahora en el Milan. Para muchos, era una especie de venganza por la eliminación del conjunto londinense en semifinales.

No terminaba de convencer a Mourinho en Stamford Bridge y Ancelotti lo reclutó para el Milan dado que ya le conocía tras coincidir ambos en el Parma en las temporadas 96-97 y 97-98 en la primera experiencia europea del argentino con apenas 21 años. Ahora, nueve años después y cerca de la treintena, estaba tocando el cielo en uno de los mejores partidos de su vida con un doblete en cinco minutos liquidando (supuestamente) al Liverpool.

Llega el final de los primeros 45 minutos y el descanso. 3-0 y el equipo de Ancelotti ya acariciaba la Champions dando un repaso al de Benítez. Las caras de los futbolistas de uno y otro equipo lo dicen todo al entrar en el túnel de los vestuarios.

«Por cómo fue la primera parte, parecía que nos iban a meter otros tres o cuatro en la segunda mitad», reconoce Núñez. «La primera parte fue un baño, entonces piensas: "Hemos llegado hasta aquí y ahora nos están metiendo esta paliza que nos van a hacer otros tres o cuatro", entonces entras al vestuario pensando con la incertidumbre de qué nos dirán», afirma Núñez.

En la misma línea está Matt Ladson de *This is Anfield*: «En el descanso, honestamente, pensabas que, por favor, no nos cayesen más goles, que el Milan no metiese cinco o seis goles y que fuese recordada como la derrota más grande en una final europea, algo que no habría encajado en ningún récord del Liverpool en las grandes ocasiones, así que era más intentar no recibir ningún gol más y salir de aquí, o quizás hacer un gol en la segunda mitad y volver a casa habiendo perdido 3-1», reconoce el jefe de contenidos del popular sitio web.

«Nosotros es verdad que recibimos un gol nada más empezar el partido y un poco nos descuadró todo lo que teníamos pensado, y claro, llegas al descanso con un 3-0 con unas sensaciones malas de que ellos te podrían haber marcado cinco o seis goles en la primera parte», comenta Josemi.

El colaborador de *This is Anfield* Jeff Goulding no pudo estar en Estambul y siguió la final desde Liverpool, sin embargo, su perspectiva al término de la primera mitad no era mejor: «Mis sensaciones al descanso eran una mezcla de ansiedad y abatimiento. Ansiedad porque temía que el Milán consiguiera algún récord goleando. Parecía que podían marcar goles a su voluntad y en el Liverpool parecían conejos deslumbrados por la luz de los coches. Después de un memorable camino hasta la final, temía que todo acabara en una completa humillación. Mi abatimiento me hizo preguntarme si podría incluso ver la segunda parte», confiesa.

«Salí de casa y me quedé parado en la puerta y me di cuenta de que, en casi todas las casas en mi calle, había hombres y mujeres con el mismo dilema, si apagar la tele e irnos a dormir. Imagino que muchos aficionados dentro del Atatürk se enfrentarían a una elección similar: si quedarse y ser testigos de lo que iba a ser una derrota inevitable y humillante, o irse a un bar o volver al hotel. Eligieron quedarse», continua un Jeff Goulding que lleva varias décadas siendo un asiduo de Anfield. «Entonces vi a un vecino con su hijo en una puerta justo enfrente de la mía, y ambos asentimos con la mirada, y volví dentro para ver la segunda parte... Lo que siguió, fue la remontada más grande que he podido ver nunca y por la que lloré cuando terminó el partido», nos cuenta contagiando la emoción.

LA CHARLA

Sin lugar a dudas, una de las claves de lo que iba a pasar en el segundo tiempo sería el discurso, charla o arenga de Benítez a sus jugadores. Mucho se ha dicho y escrito al respecto... El propio Rafa Benítez lo cuenta así para este libro: «Antes del descanso, primero estaba apuntando con 2-0 qué voy a decir porque claro, tengo que hacerlo en inglés, y mi inglés lógicamente no era muy bueno y en ese momento nos meten el 3-0», recuerda.

«Entonces ya entro en el vestuario y de las cosas que digo: Uno: Nos quedan 45 minutos y no tenemos nada que perder, o sea, hay que salir y dar la cara. Dos: Hay que meter un gol. Si metemos un gol estamos otra vez en el partido. Tres: Hemos trabajado tantísimo para estar aquí, que chicos, tenemos que dar lo que queda y ya está, y tratar de hacer las cosas bien», rememora Benítez con calma en su voz.

«A Pako (Ayestarán) le dije que estuviese atento a que en cuanto terminase la charla táctica, íbamos a pasar a tres atrás y sacase a Hamann a calentar. Expliqué la táctica, salió Pako, y a mí me quedaba en la cabeza que Smicer había entrado, pero no tenía el físico para aguantar en la banda», señala. «Entonces tengo que meter a Cissé para echar una mano, pero ya habíamos hecho el cambio de Kewell, y el segundo iba a ser el de Traoré por Hamann».

«Pensaba en meter a Cissé, pero no conté con Luis (García) que lo tenía en el centro, por lo que quité a Cissé de los planes. Cuando termino todo eso, me llega Dave Galley, el *fisio*, y me dice que Finnan no va a aguantar los 45 minutos y que lo voy a tener que cambiar, y entonces le digo a Traoré que salga de la ducha y cambio a Finnan, por lo que salgo con tres igual, pero con Traoré (de nuevo listo tras en principio asumir que ya no iba a jugar) en la izquierda en vez de Finnan en la derecha y ya está. Y sale Hamman a calentar y bueno, nos van saliendo bien poco a poco las cosas y ya tenemos el control», relata con muchos detalles tácticos un Benítez que tuvo que sacar lo mejor de sí mismo para hacer que sus hombres creyeran que aún había alguna opción de meterse en el partido.

«Rafa dio la charla perfecta desde la calma y desde la tranquilidad porque todos nosotros nos dábamos cuenta de que no estábamos siendo peores», apunta Paco Herrera. «Desde la calma y la tranquilidad, vuelvo a insistir, Rafa fue ordenando dónde había que ordenar algo y dando cabida a todo lo que se había hecho bien, continuar con ello y cambiar un par de cosas: el centro del campo un poquito más adelantado, pequeños detalles así... Pero seguramente, ese apartado táctico y técnico de Rafa estaba dando sus frutos porque lo hacía desde una tranquilidad que no era normal», aclara el técnico barcelonés que era, por primera vez, parte del *staff* de un equipo que peleaba por conseguir la Copa de Europa nuevamente.

«Nos quedaban 45 minutos, pero supo tener mucha calma para transmitir todo eso, y nada más terminar, es que apareció Steve Gerrard y empezó a gritar animando: "¡Podemos, somos capaces, le vamos a dar la vuelta!", y se formó una revolución en el vestuario que a mí todavía se me pone la piel de gallina», explica todavía con emoción en sus palabras el entrenador catalán.

En el descanso, en los minutos en los que ambos equipos están en los vestuarios, hay un sonido en el ambiente del estadio que destaca sobre el resto: el de los aficionados ingleses que son mayoría, 40 000 frente a 12 000 italianos, que cantan al unísono el *You'll never walk alone*, buscando quizás dar un último aliento a sus jugadores, o seguramente, hacer más llevadero ese rato y los siguientes 45 minutos en los que prácticamente, salvo milagro, el Milan se proclamará campeón de Europa; si es que no acaba humillando y haciendo más daño al Liverpool entre medias.

«En el descanso el público ya estaba cantando y lo escuchamos en el vestuario, entonces salimos y vimos las caras de la gente», recuerda Josemi. «Tú les ves las caras de decepcionados cuando te vas, y cuando vuelves, parece que no ha pasado nada, y es lo que te choca, ellos cantando y como que eso nos dio fe y fuerza porque yo personalmente estaba en el banquillo y cuando vi la gente cantando me dije: "¿Y esta gente?"», rememora el exfutbolista malagueño.

«Ver esa mentalidad es impactante; te llega adentro y es como que te da fuerza. Te da ese plus para seguir compitiendo, seguir exigiéndote al máximo y es un poco lo que nos ayudó a sacar ese sentimiento de grandeza, ese plus para dar un poco más», matiza Josemi.

«El público de Liverpool fue espectacular también en la final. Seguir con el 3-0 como seguían... El público es un factor importantísimo en ese club», comenta Antonio Núñez. «La afición del Liverpool gana partidos a veces. Es un club que tiene algo. Y lo transmite y se te contagia. Yo estuve solo un año y se me contagió», explica Núñez sobre la energía que transmitían los aficionados a pesar de estar perdiendo por tres goles la final.

Empieza a rodar el esférico y el Liverpool sale con otra cara. En parte, por el acierto del cambio táctico de Hamman por Finnan, sin duda una de las claves de la final. El alemán, con su experiencia y su presencia física, le dio una notable mejoría al control del centro del campo.

SEIS MINUTOS

Está claro que deben marcar rápido si quieren meterse aún en el partido. En el 54 Gerrard remata con un gran giro de cabeza un balón que Riise pone desde la izquierda. ¡Gol del Liverpool! 3-1. Los gestos del capitán animando a sus compañeros y pidiendo la complicidad y el empuje de su afición al celebrar el tanto, eran una muestra de lo que estaba por venir en los siguientes minutos. La narración de Clive Tyldesley en la ITV con el ya histórico: «*Hello, hello... here we go!*», es ya también un clásico de esta final.

«Yo estaba sentado en el banquillo y siempre tenía a Rafa al lado y a Ochotorena a mi izquierda y le decía: «Ochoto, esto va para delante», recuerda emocionado Paco Herrera. «Fue salir al campo y fue un cambio total. Fue un equipo que hizo 45 minutos como pocos se han visto», exclama.

Aún se celebra el gol del capitán del Liverpool, cuando Smicer logra el segundo dos minutos después tras un potente disparo con la derecha desde fuera del área contra el que nada puede hacer Dida, a pesar de su estirada en la que logra tocar el balón. 3-2. El futbolista checo grita de rabia al igual que hacen cientos y cientos de aficionados en las gradas del Atatürk, y miles y miles de seguidores *red* en Inglaterra (y en España) que ven el partido por la tele en las casas o en los bares y pubs.

Se percibe que pueden pasar cosas, el ánimo es otro. En el minuto 59 Gatusso en el área derriba a Gerrard, que llegaba para rematar una dejada de Baros de tacón, y el colegiado Mejuto Rodríguez pita penalti. ¡Menuda locura!

Toda la responsabilidad es para Xabi Alonso, quien es el encargado del lanzamiento desde los once metros. El donostiarra está concentrado y la presión no le puede. Le viene de familia y la conoce desde pequeño. El tolosarra le pega con la derecha ajustado al palo del gigante Dida que, estirado y con esos brazos, parece aún más largo. El meta carioca logra blocar el cuero, pero Alonso, atento al rechace y con la izquierda, ahora sí, consigue golpear el balón lejos y arriba del brasileño. Inalcanzable a pesar de esos brazos kilométricos. ¡Gol!, ¡3-3!, ¡qué emoción!

Nadie daba crédito a lo que se estaba viviendo en esa final y sobre todo en esos seis minutos. Del 54 al 60, el Liverpool le había dado la vuelta al marcador. La realización se centraba en el electrónico del Atatürk con ese 3-3 impensable solo 15 minutos antes.

De ahí al final, el Liverpool bajó un poco la intensidad, comprensible por otra parte; y el Milan casi hace el cuarto, pero Traoré, con Dudek ya vencido tras un lanzamiento de Shevchenko, y luego Carragher, providencial ante otra vez el ucraniano, lo evitaron con sendas acciones salvadoras.

Con el 3-3, el Liverpool se daba por satisfecho de llegar a la prórroga. Calambres, cansancio, imprecisiones en los pases... el esfuerzo en la segunda parte de los de Benítez hace mella y el Milan es superior en la prórroga. En el 27, a tres del final, se produce otra de las claves de ese partido cuando Dudek le detiene una doble ocasión a Shevchenko.

La cara del portero tras esas dos paradas milagrosas es la de quien sabe, o al menos presiente, que ese día están destinados a hacer historia. «En la primera acción, yo creo que es una gran parada, muchas veces hay una parte intuitiva de reacción y de velocidad porque él era un portero de mucha velocidad de reacción, un portero muy ágil», detalla Ochotorena. «En la segunda parada influye el azar, que tú te incorporas y Shevchenko realmente viendo que es una ocasión tan clara, creo que comete ese error tal vez, y el acierto de Dudek de incorporarse y seguir y bueno... hay un poco de azar y son jugadas que sí, muchas veces entrenas esa capacidad de mejorar la velocidad de reacción, que en su caso era una de las condiciones más llamativas», continúa explicando detalladamente un Ochoto que tiene también «su culpa» en esas determinantes paradas, debido a esos entrenos en las porterías de Melwood.

«Es verdad que ese año Dudek había tenido una temporada irregular, un poco como el equipo; habíamos tenido momentos buenos, momentos peores... pero a él, se le recordará siempre por esa final», apunta el que fuera portero del Real Madrid o Valencia, entre otros conjuntos.

«Yo ahí ya sentí que íbamos a ganar», dice Núñez. «El fútbol tiene un factor anímico importantísimo y eso pasa casi siempre. Cuando hay una remontada y se llega a una prórroga, casi siempre el equipo que ha remontado es el que acaba ganando porque viene con toda la inercia positiva, y al otro equipo se le ha escapado un 3-0, ¡nada menos!», argumenta el exfutbolista madrileño. «Eso anímicamente es muy difícil de recuperarse, entonces digamos que ya de repente te ha invadido toda la sensación negativa con la que tienes que afrontar la prórroga y los penaltis», explica Núñez.

«Cada vez que veo eso, que un equipo consigue meterse en la prórroga en la final, casi siempre gana ese equipo. Y fue al final un poco eso, veías el golpe anímico para los jugadores del Milán que entraron al descanso dando gritos y voces, y ya se veían ganadores», cuenta Núñez sobre los jugadores del equipo italiano.

Mejuto González pita el final de los 120 minutos añadiendo solo uno más. Penaltis. Un poco más de sufrimiento antes de saber quién será el campeón. Los lanzamientos son en el fondo donde se congregan una gran mayoría de aficionados *rossoneri*, es decir, en la misma portería donde se han marcado los seis goles esa noche.

DUDEK Y SU BAILE

Empieza lanzando el Milan y Serginho la manda fuera, mientras que Hamman la pone lejos de Dida. 0-1. Llega el turno de Pirlo y Dudek empieza a moverse de forma extraña, con una especie de baile bastante llamativo. El cancerbero polaco parece emular a Grobbelar, el portero del Liverpool que ganó la Copa de Europa ante la Roma en 1984 con las «*Spaguetti legs*», y le paraba a Pirlo su lanzamiento mientras que Cissé engañaba a Dida, 0-2.

Tommason batía a Dudek de punterazo, y Dida le adivinaba a Riise su lanzamiento situando la tanda en 1-2 para los ingleses en ese momento.

Era el turno de Kaká cuando Dudek de repente vuelve a moverse de esa manera con el baile de las «*Spagueti legs*». «En la tanda, antes que habíamos hecho el corrillo, Carragher se le acercó y dijo: "¡Haz como Grobbelaar, muévete un poco así! ...", bueno, como un consejo», destaca Ochotorena, pero el mediapunta carioca, serio y concentrado, a pesar de ese movimiento desconcertante, igualaba la contienda, 2-2.

Smicer, acalambrado en su último servicio para los *reds*, conseguía el tercero de los de Benítez y se besaba el escudo en una mezcla de celebración, rabia contenida y despedida.

Y llegaba el momento de Andrey Shevchenko, quizás, el jugador más determinante del conjunto italiano. Ya lanzó el penalti decisivo en la final de 2003, y ahora debía marcar para mantener vivo a los de Ancelotti. El ucraniano le pegaba al centro de la portería confiando en que Dudek, que de nuevo hacía el baile de «*Spaguetti legs*», se venciese a un lado, pero el cancerbero polaco aguantaba hasta el final, antes de lanzarse a su derecha y blocaba el lanzamiento del exdelantero del Dinamo de Kiev con su mano. ¡¡El Liverpool era campeón de Europa por quinta vez!!

Al final, el 2-3 definitivo de los penaltis tras remontar tres goles pasaba a la historia como una de las hazañas no solo de la Copa de Europa, sino de la historia del fútbol.

«No creo que nadie esperase lo que iba a pasar, eso seguro», admite Matt Ladson. «El Milan era ciertamente el mejor equipo con los mejores futbolistas de Europa en esos momentos, y el Liverpool solo tenía para salir adelante su espíritu y todos los intangibles que tiene este club», explica.

«Hay muchas historias sobre lo que se dijo en ese vestuario en el descanso que se han extendido sobre la ciudad», comenta Jeff Goulding. «Desde la charla motivadora de Rafa, a una discusión, hasta la de los jugadores escuchando el *You'll never walk alone*. Todas son brillantes y por supuesto, no todas pueden ser verdad. O quizás sí... De cualquier manera, nos dicen que este partido, y Rafa, están ya ligados al folklore e historia del club, y en este sentido, Rafa ha aportado su parte a nuestra historia de la misma manera que lo hicieron Shankly, Paisley, Fagan, Dalglish, Houllier y luego Klopp. Desde esa noche, Rafa Benítez se convirtió en miembro del panteón de los más grandes del Liverpool».

En el césped, todos los jugadores corrían esprintando a abrazar a Dudek, aunque algunos tardaron más que otros debido a las sobrecargas y los calambres. Gerrard alababa públicamente el trabajo de Benítez dándole un beso ante las cámaras: «*Credit to this man!*» (¡Reconocimiento para este hombre!), dijo.

La fiesta en las gradas era total con aficionados llorando de emoción o abrazados y cantando, al mismo tiempo que el terreno de juego se iba inundado de gente, y los periodistas y reporteros a pie de campo preguntaban a Dudek cómo lo había hecho y el polaco solo reía sin poder explicarlo.

Morientes se unía a sus compañeros en la celebración después de haber comentado el partido en la cabina de radio adelantando lo que haría años después. Todo era una fiesta, risas y alegría. Josemi se ataba una bandera española a la cintura, mientras el *You'll never walk alone* sonaba en la megafonía del estadio turco.

Después llegaba el momento esperado durante años, cuando Lennart Johansson, presidente de la UEFA, entregaba a Gerrard la deseada Copa de Europa y este la alzaba al cielo del Atatürk con un grito de alegría y rabia. Enseguida se le unieron sus compañeros al tiempo que se lanzaba confeti rojo por detrás de ellos para una foto inolvidable. Un momento e instantánea en el que, en primer plano junto al capitán inglés y a Riise, aparece Josemi con su puño a lo alto y su bandera española. Una imagen que perdura y que salió en todas las portadas. «Yo estaba en un lateral, pero como estábamos arriba y después abajo había un escalón, cuando él ya lo celebró, pues bajamos corriendo y ya te enganchas al primero que hay ahí, y al final pues salgo al lado de Gerrard», rememora con gracia y con orgullo el malagueño. «La verdad es que no era premeditado, pero hoy en día lo agradezco porque es un recuerdo que está en todos los lados», afirma quien fue el primer fichaje de Rafa Benítez para esa temporada que llegaba a su ocaso de la mejor manera posible.

La victoria del Liverpool, además de por los aficionados, también fue celebrada por los periodistas españoles que cubrían la final, uno de ellos, Javier Matallanas. Tras lograr la entrada al estadio aun sin estar acreditado y ser testigo de una remontada histórica, el bueno de Mata consiguió lo que prácticamente ningún reportero de otras emisoras españolas que daban el partido lograría: entrevistar y meter en directo antes que nadie a prácticamente la totalidad de integrantes del *Spanish Liverpool.*

«Acaba la final y yo estoy por la grada pululando conectado a la emisora metiendo protagonistas; meto uno tras otro a los españoles: empieza Morientes, pasa Luis García, Núñez... todos los españoles del Liverpool creo que los metí sin haber pasado por zona mixta», comenta con orgullo y con una sonrisa en su voz el periodista madrileño. «Ellos tenían un teléfono dentro del vestuario y yo estaba como si estuviese con ellos», confiesa Matallanas. «De ahí nos fuimos al hotel del Liverpool toda la prensa española, después ellos cenaron, tuvieron fiesta y luego nos dieron entrevistas a todos más sosegadas», recuerda con cariño y emoción el reportero en aquellos meses de la Cadena Cope.

Además, el periodista madrileño, que ha estado en decenas de finales, ya sea con equipos españoles o extranjeros, de distintas competiciones, a nivel de club o de selección, destaca esta de la Champions de 2005 como una de las mejores que ha presenciado, sino la que más. «He cubierto cientos de partidos que han sido muy emocionantes, he tenido la fortuna de estar en las tres finales que ganó España con lo que eso supone; pero la del Milan - Liverpool fue, sobre todo por el cambio de guion brutal, de las finales más emocionantes junto a la del 99 del Bayern de Múnich y el Manchester United», argumenta Matallanas.

«En teoría sin afectarte nada o sin irte nada, que sí te iba, por los españoles, pero es que el Milan era un equipazo», apunta el versátil comunicador. «Estaba *Valdanito* Crespo, Maldini, Pirlo, Cafú... lo del Milan era una locura, era mejor equipo sobre el papel y de hecho en el primer tiempo les pegan un buen repaso, pero sí, abstrayéndome de todas las connotaciones sentimentales y de gustos personales de hincha rojiblanco, se puede decir que el Milan - Liverpool fue el partido más emocionante que he cubierto profesionalmente», añade.

Tras la celebración, las ruedas de prensa y las entrevistas a los medios, ya en el hotel algunas horas después en plena fiesta, una anécdota recordada a menudo por Benítez describe perfectamente el nivel de idolatría que, desde ese día, el entrenador español despierta entre los aficionados: «Cuando vamos a la fiesta, se quedan fuera unos amigos míos y salgo para hacerlos entrar, pero al regresar yo no tengo la acreditación, y el de seguridad dice: "No pueden entrar". Richard, que era mi abogado y amigo, y que ha fallecido con el COVID, está fuera y le dice al de seguridad:

- ¿Pero usted sabe quién es este señor?

- No.

- ¡Este señor es Dios!

» Luego ya nos dejan entrar», rememora Benítez sonriendo y recordando también a su amigo. «De hecho, hay por ahí un cartel que dice: "Rafa es el invento más importante desde que llegó la patata a Europa"; ellos estaban entusiasmados, incluso la gente del

Everton luego te trataba bien. Es que eso fue la final más importante de la historia de la Champions», exclama.

Tras la noche de fiesta, en Estambul y evidentemente en Liverpool, al día siguiente la ciudad entera se echó a la calle para recibir a sus héroes con la Copa de Europa. Después de aterrizar en el aeropuerto John Lennon, un autobús descapotable llevaría a la expedición del Liverpool desde Anfield y sus aledaños hasta el centro de la ciudad donde el desfile acabaría en Saint George´s Hall.

«Me acuerdo de que el utillero me dijo: «Ochoto, tú has vivido cosas, pero el recibimiento que vas a vivir hoy en Liverpool, no lo vas a vivir nunca. O va a ser difícil», y así fue. La verdad que fue increíble», señala José Manuel Ochotorena que, como parte del *staff* técnico, también estaba presente en el autobús para ese desfile triunfal.

UNA CELEBRACIÓN HISTÓRICA

Miles y miles de aficionados esperaban a los jugadores que, apenas menos de 24 horas antes, habían levantado ese 3-0 ante el Milan en la primera parte, proclamándose unas dos horas después campeones de Europa. En las calles, en los balcones, en los tejados, en los semáforos e incluso en los árboles, se congregaban aficionados *red* dando la bienvenida a sus héroes.

Lo que vieron y vivieron los jugadores, así como los aficionados que no habían visto levantar al equipo ninguna de las anteriores cuatro Copas de Europa, fue algo inolvidable. Casi toda la ciudad, menos los aficionados al Everton, se echó a la calle. El rojo lo inundaba todo. No cabía un alfiler. Nadie recordaba o había vivido algo parecido.

«Oficialmente se estima que el número de personas que asistieron en 2005 fue de más de un millón, pero en realidad, son solo estimaciones y es difícil de decir», expone Jeff Goulding. «El desfile pasó las relativamente estrechas calles cerca de Saint George´s Hall y Lime Street. Esto dio lugar a las icónicas vistas aéreas del autobús rodeado por un mar rojo de gente y empequeñecido en comparación con la multitud. Estaba en contacto con amigos viéndolo desde distintos puntos de la ciudad y me decían que las escenas eran de absoluta locura durante todo el trayecto», recuerda el autor de *Red Odyssey*, sobre aquel día inolvidable.

«La atmósfera en el centro de la ciudad fue absolutamente increíble. Esperamos varias horas para poder ver a los jugadores en el autobús, y todos sabíamos que tendríamos que regresar a casa andando, incluso algunos tendrían que caminar varios kilómetros, porque no había medio de transporte que pudiera funcionar con tal volumen de gente en la ciudad. Los pubs se quedaron sin cerveza y los restaurantes cerraron pronto porque se quedaron también sin stock», rememora.

«La celebración de 2005 permanecerá siempre en mi memoria. Fue nuestra primera Copa de Europa en más de 20 años y se sintió como que estábamos de vuelta otra vez en los grandes momentos», atestigua un Jeff Goulding presente como aficionado en las calles de su Liverpool natal.

Núñez, como el resto de los jugadores, vivió también esa celebración en primera persona, pero desde el autobús. «Mucha gente no había vivido el ser campeones de Europa con el Liverpool, así que realmente fue una locura. En la ciudad había muchas más personas de las que viven en ella porque había venido muchísima gente de fuera, mucha más de la población de la ciudad. Era alucinante, había gente subida en los edificios, en los tejados de la estación de Lime Street, en todas partes. Fue alucinante».

Fernando Morientes no pudo jugar, pero sí estuvo con sus compañeros en la celebración sobre el césped del Atatürk y también en el autobús que recorrió la ciudad. Aunque ya había vivido las celebraciones de las tres Champions que ganó con el Real Madrid, la que se organizó en Liverpool era digna de destacar. «Fue increíble, fue tremendo. Hacía tiempo que no se ganaba algo tan importante como la Premier o la Champions y Liverpool estaba en la calle», rememora. «Hay una pasión por el fútbol que yo diría que más que pasión futbolística es como una religión, entonces eso lo vives en esos momentos. Yo cuando me voy a Liverpool es en parte un poco por esto, por intentar vivir algún momento así.

Era vivirlo con gente extraña, con otra pasión, con otra forma de entender la vida y el fútbol, y la verdad es que ese día fue tremendo», comenta el exdelantero extremeño.

Y así, con esa multitudinaria fiesta que se prolongó de madrugada por toda la ciudad, terminaba la temporada del Liverpool. Rafael Benítez, en su primer año al frente del equipo y gracias al Milagro de Estambul, se situaba cerca de Bill Shankly y Bob Paisley en cuanto a técnicos legendarios del club, y colocaba al Liverpool de vuelta al lugar que se merecía después de más de dos décadas sin lograr la Copa de Europa. Además, al ser la quinta, esta iba a ser propiedad del club y permanecería en la sala de trofeos de Anfield.

El entrenador madrileño se unía además a José Villalonga, Miguel Muñoz y Vicente del Bosque, como uno de los únicos cuatro técnicos españoles que habían logrado ganar la Copa de Europa. Los tres primeros dirigiendo al Real Madrid; él, al Liverpool.

También igualaba a Paisley y a Mourinho como los únicos entrenadores capaces de ganar la UEFA y la Copa de Europa en dos temporadas consecutivas. Eso sí, él lo logró antes con el Valencia mientras que los dos anteriores lo hicieron dirigiendo al mismo equipo, Liverpool y Oporto respectivamente.

Cuando llegó a Inglaterra, a Benítez le pedían lograr un título en tres años y que en unas cinco temporadas el equipo fuese fuerte para competir con garantías en Europa. Benítez consiguió ambas cosas en el primer año.

Con la duda de si la temporada siguiente el equipo estaría o no en la Champions al terminar quinto en la liga, y si Gerrard permanecería en el club, se daba por concluido un año futbolístico que nadie olvidaría. «En la Premier la temporada no fue buena y hubo momentos un poco difíciles, porque sí que cogimos rachas malas en las que la prensa metía bastante caña», apunta Núñez haciendo un repaso global del equipo en ese año.

«Ahí sí se metió caña al modelo de un entrenador español que había traído muchos jugadores españoles. Se le acusaba de ser igual que Houllier, que había traído tantos franceses, pero con españoles», explica el que fuera centrocampista del equipo esa temporada

2004-2005. «Cuando las cosas van mal, ya se sabe, se ataca con lo que haya y ahí hubo una época en la que fue un poco difícil a nivel de crítica de prensa. Lo que nos salvó fue la Champions, el ir pasando fases le daba una ilusión a la afición que es lo que realmente la mantuvo ahí. Si hubiéramos caído en Champions, seguramente hubiera sido recordado como un año muy malo», finaliza el exfutbolista madrileño.

Sin lugar a duda, y como dice Núñez, esa temporada 2004-2005 que llegaba a su conclusión no fue la mejor deportivamente hablando a pesar del éxito en Europa, pero sí de las más emocionantes, y, sobre todo, la de la mejor final de Copa de Europa de la historia reciente. Y de eso hace ya 20 años.

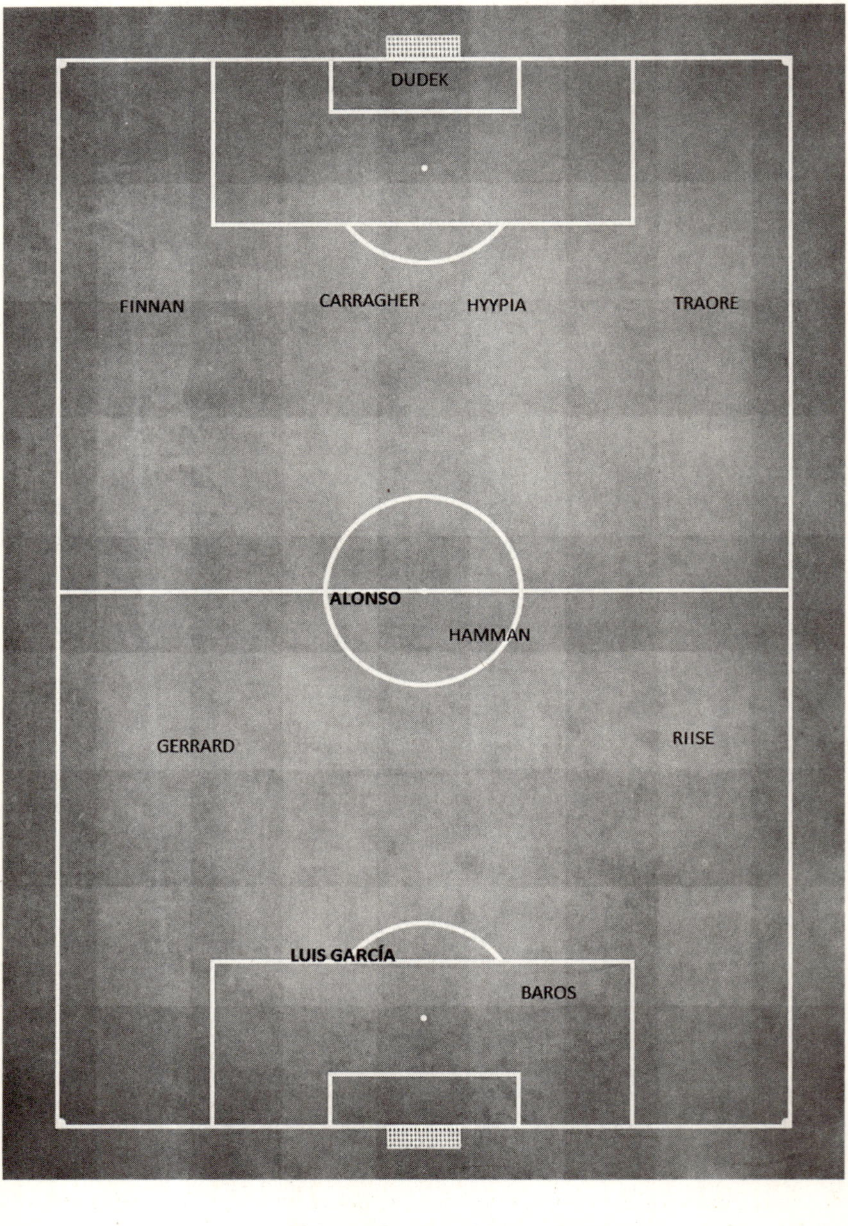

Alineación tipo 2004 - 2005

CAPÍTULO DOS

THIS IS ANFIELD

«La atmósfera que hay como espectador es espectacular y como futbolista te das cuenta de que estás jugando en un campo que dices: "¡es que es Anfield Road!". Hay otros muchos campos maravillosos, pero Anfield es, creo, uno de los templos del fútbol a nivel mundial».

Ivan Campo

La temporada empezaba pronto para el *Spanish Liverpool* de Rafa Benítez. El haber conseguido la deseada Copa de Europa no garantizaba disputar la Champions League ya que, en liga, el equipo había finalizado quinto, es decir, fuera de las posiciones Champions, por lo que, tras varias semanas de negociación y conversaciones con la UEFA, esta determinó que el vigente campeón disputara la ronda previa y, como tal, tendría que ganarse el derecho a estar en el sorteo de la fase de grupos y defender su título.

Era la segunda temporada para todos los españoles, tanto *staff* técnico como jugadores, y aunque el curso anterior fue bastante positivo, a pesar de la Champions y la final perdida en la Carling Cup, el haber caído tan pronto en la FA Cup (en el estreno en tercera ronda ante el Burnley), como el mejorable resultado en Premier League, hacía que en el nuevo curso el listón estuviera más alto y que los objetivos se centrasen en estas dos competiciones, sin descartar por supuesto otro gran papel en Europa, o la siempre apetecible Carling Cup. Además, evidentemente, de la Supercopa de Europa que el equipo inglés disputaría a finales de agosto frente al campeón de la Copa de la UEFA, el CSKA de Moscú.

Particularmente para los miembros de ese *Spanish Liverpool*, que se completaría con otras tres llegadas más, suponía dar un paso adelante en la cultura británica y seguir adaptándose, algunos con mayor rapidez que otros, al fútbol inglés, al idioma, al clima, a la ciudad, a las diferencias con España, y a la mística e historia del club y su legendario estadio, a saber lo que era estar y jugar en el mítico Anfield.

«Yo encontré muchas diferencias respecto al fútbol español», comenta Fernando Morientes. «La manera de vivirlo, la liturgia que se vive antes de los partidos, la previa... cuando saltas al campo y los ves casi todos llenos, el ambiente... eran cosas diferentes», recuerda el Moro. «Lo que más noté era la climatología. Allí casi todos los partidos eran lloviznando, cosa que yo aquí en España no estaba tan acostumbrado, pero me llamaba mucho la atención eso, las previas de los partidos, cómo la gente vivía las horas previas, así como el propio partido», señala.

«Lo de Anfield era una cosa fuera de lo normal. Ahí una de las cosas por las que yo me decido a ir a Liverpool es por su historia, por lo que he vivido como niño y tengo un poco en la mente, pues vivirlo como profesional se asemeja mucho a lo que uno ve desde fuera: amor por un club, respeto absoluto al jugador tanto dentro como fuera del terreno de juego... Para ellos el jugador de fútbol es más que un jugador de fútbol y hay un respeto que a lo mejor aquí en España no lo había vivido de esa manera. Fue un choque cultural, futbolístico y personal que era lo que yo quería vivir en primera persona», reconoce el también comentarista de La Liga.

José Manuel Ochotorena está en la misma línea. «Para mí Anfield tiene un significado especial pues te encuentras escenarios o estadios mucho más grandes y con bastante más capacidad, pero el sello que tiene la afición, el cántico *You'll never walk alone*, no sé... yo no lo he visto en ningún otro campo ni creo que lo vaya a vivir, porque para mí esa comunión de la afición, ese respeto hacia lo que es el equipo, esa unión que hay, no la he vivido», explica el veterano entrenador de porteros. «Incluso ahora que lo estoy comentando me emociona», apunta un Ochoto que comenzaba su segunda temporada en Inglaterra.

«Ya había estado en Anfield anteriormente y entonces ya sabía que el Liverpool era especial y distinto, por supuesto, pero luego cuando vives el ambiente del estadio, cuando cantan el *You'll never walk alone*, es una situación muy muy especial», afirma Benítez que, ya como entrenador visitante en su etapa en el Valencia, se dio cuenta de que Anfield es único.

También jugadores de otros equipos destacan sobremanera el estadio. «Jugar en Anfield es la suerte de poder disfrutar de algo que sabes que el ambiente que vemos en la televisión es completamente diferente a la realidad», explica Iván Campo. «Por las afueras del estadio se vive una atmósfera muy divertida y bonita porque están los típicos bares, la gente se rodea solamente de fútbol, ves a los padres, a los niños, todo el mundo va con su camiseta y su bufanda… hasta que luego entras y se canta esa mítica canción de *You'll never walk alone* que es lo más significativo que puede haber», destaca un Iván Campo que iniciaba su cuarto año en Inglaterra.

«La atmósfera que hay como espectador es espectacular y como futbolista te das cuenta de que estás jugando en un campo que dices: "¡Wow!, ¡es que es Anfield Road!". Hay otros muchos campos como Old Trafford, o White Hart Lane que ya no existe, muchos campos maravillosos… pero Anfield, yo creo que es el templo o uno de los templos del fútbol a nivel mundial», apunta el que fuera zaguero del Bolton.

No obstante, hay que recalcar que la ciudad ahora, veinte años después de la que conocieron muchos de nuestros protagonistas, poco se parece a aquella. «No tiene nada que ver, hoy en día está muy desarrollada; era una ciudad que solo tenía el puerto con la zona de Los Beatles, pero después no había nada; había que ir a Manchester a 45 minutos para poder ir a un centro comercial», señala Josemi. «La verdad que en su época estaba muy precario todo, y era también una ciudad de fábricas y de trabajadores», argumenta el malagueño a quien adaptarse a la vida en Liverpool le estaba costando más que al resto de españoles.

Deportivamente, el equipo, a pesar de lo conseguido en Turquía y tras los visto durante la pasada temporada, necesitaba refuerzos: había que apuntalar ciertas posiciones y cambiar otras y por eso, al margen de su papel y la importancia de varios nombres importantes, algunos fichajes llegarían para jugar en posiciones que hacía apenas unas semanas habían sido ocupadas por varios de los héroes de Estambul, empezando quizás por el mayor de todos en esa final: Jerzy Dudek.

El portero polaco, uno de los más destacados, si no el que más, del Milagro de Estambul, tuvo hasta esa inolvidable noche una temporada con algunos altibajos y desde la dirección técnica, incluso antes de esa final, se estaba trabajando en incorporar otro guardameta de garantías que compitiera con Dudek, una vez tanto Carson, que aún debía coger experiencia, como Kirkland, que seguía cedido, no terminaban de consolidarse en la portería *red*.

¿EL MEJOR PORTERO DE ESPAÑA?

El elegido para competir por un puesto bajo los palos con el portero polaco iba a ser otro jugador español. La fórmula de buscar en un mercado y liga conocidos como España había funcionado, por lo que tanto Benítez como Ochotorena vieron en el joven Pepe Reina a un cancerbero de presente y de futuro; con calidad, bueno en el mano a mano, rápido y con reflejos, y con margen de mejora, a la vez que ya estaba por méritos propios entre los cuatro o cinco mejores porteros de España junto a Iker Casillas, Santi Cañizares, Andrés Palop o Víctor Valdés.

«En Inglaterra, hay una situación siempre muy compleja desde el punto de vista táctico que son todas las acciones a balón parado, porque como el árbitro protege mucho y permite mucho los contactos y las disputas, necesitas un portero que se haga con el área», explica Benítez. «Quiero un portero que sea más fuerte, que salga y que dispute de verdad y que se haga respetar en el área. Reina era un paso adelante en cuanto a dónde quería llegar, con un equipo mucho más agresivo, mucho más propositivo en la fase con y sin balón, entonces Pepe te controla eso, te saca los contraataques, te da una seguridad... y luego con los pies es capaz de manejar, o sea, era un paso adelante», relata Benítez respondiendo a cuáles eran los motivos que le llevaron a fichar al cancerbero madrileño.

«Estábamos haciendo un poco seguimiento de varios porteros con la intención de potenciar, porque teníamos a Dudek, después estaba Kirkland, pero no nos había dado el rendimiento que esperábamos, y dentro de esa selección al final pensábamos que encajaba Pepe Reina», comenta Ochotorena. «Yo ya le conocía de la selección y Rafa también era partidario. Al final lo teníamos muy claro, y era una opción que incluso prácticamente, creo que antes de la final, había un preacuerdo con él porque nosotros teníamos que movernos y actuar rápido para conseguir ese fichaje», explica detalladamente el preparador de porteros guipuzcoano.

El arquero, que cumpliría en agosto 23 años, llegaba a Anfield por unos seis millones de libras, y venía de ser uno de los pilares del Villarreal de Pellegrini durante las tres últimas temporadas donde lo había jugado prácticamente todo, convirtiéndose en uno de los mejores porteros de España a pesar de su juventud. Internacional Sub-21, Reina estaba en los planes de Luis Aragonés de cara a la fase de clasificación del Mundial de Alemania y su debut con la Roja no tardaría en llegar.

Aunque tras la final de la Champions Dudek, gracias a sus paradas milagrosas, tenía a prácticamente toda la afición a su favor, pocos se opusieron a la llegada del portero español. «Rafa Benítez tenía tanto crédito que podría fichar o vender a cualquiera tras lo que pasó en Estambul, así que, si eso era lo que él pensaba para el futuro del equipo, cada aficionado lo iba a respaldar, aunque quizás era un poco duro para Dudek; pero Jerzy había tenido algunos fallos especialmente en liga en las dos temporadas anteriores, y todo hacía indicar que Pepe Reina era muy bueno, como al final demostró», valora con criterio el periodista Matt Ladson de *This is Anfield*. «Creo que una de las características que vimos de Rafa (Benítez) en estos dos años era que es un mánager extremadamente pragmático, y dejaba sus emociones fuera de cualquier situación como esta, y no dejó que las emociones de Estambul nublaran su juicio de un jugador como Dudek», apunta también Matt Ladson.

Reina llevaría el dorsal 25, un número poco frecuente en los porteros que, no obstante, ya había lucido en el Villarreal con un rendimiento más que notable, por lo que como el 1 era de Dudek sin discusión, el excancerbero del Fútbol Club Barcelona volvió a lucir un dorsal que ya le acompañaría en toda su etapa *red*.

La delantera era otra línea que también requería refuerzos. Ni Baros, ni Cissé, ni Morientes cuando llegó en enero, consiguieron dar un golpe firme en la mesa por uno u otro motivo, por lo que Benítez necesitaba más gol y puso su radar en la Premier League. Entre lo que había disponible y el presupuesto, el elegido fue el joven Peter Crouch, procedente del Southampton, donde a pesar de descender a la Premiership el larguirucho ariete inglés había conseguido la nada despreciable cifra de 12 goles en 27 encuentros.

El centro del campo era otra línea a potenciar: el polivalente exjugador del Barcelona *Bolo* Zenden se sumaba a la causa *red* para reforzar la posición de centrocampista y lo hacía procedente del Middlesbrough. También para añadir más músculo, en el aeropuerto John Lennon de Liverpool aterrizaba desde Valencia el malí *Momo* Sissoko, que ya había estado con Benítez en el conjunto che.

Para el equipo de los *reservas*, el de los jóvenes que entrenaba Hugh McAuley junto a Paco Herrera, llegaron, entre otros, dos futbolistas que se sumaban a la colonia ya asentada de españoles. Ambos entrenarían con bastante frecuencia en Melwood con el primer equipo y tendrían también su oportunidad en ese periodo que algunos medios ingleses seguían denominando *Rafalution*.

«Nosotros teníamos intención de ir metiendo chavales jóvenes, y estos dos casos fueron dos chicos que efectivamente yo era el responsable», comenta Paco Herrera. «Pensamos que ese equipo se convirtiera en una especie de filial. El primer año nos encontramos con el equipo reserva que tenía chavales jóvenes ingleses, pero también tenía la otra mitad de jugadores del primer equipo que jugaban en la liga de reservas y nosotros quisimos hacer, casi por orden de Rafa, pero estábamos de acuerdo, un filial como tiene el Real Madrid, como tiene el Barcelona... con chicos todos jóvenes. Cuando acababan los entrenamientos dedicaba toda la tarde a ser director deportivo: al teléfono, a tratar de encontrar jugadores, averiguar dónde podía haber algo joven que valiera la pena, y llamamos a estos dos chavales porque me habían dado unos informes decentes de ellos y aposté por esa situación», explica detalladamente el entrenador barcelonés.

Así es como de las categorías inferiores del Lleida llegaba el joven defensa Miki Roqué, que fichaba por los *reds* a los 16 años. Su sitio sería *el reservas* y tardaría más de un año en debutar con el primer equipo.

Otro compatriota que se sumaba al proyecto era Antonio Barragán. El lateral, nacido en Galicia, pero sevillano de adopción, era una de las perlas de la cantera de Nervión y aunque aún no había debutado en el primer equipo del Sevilla, Caparrós contaba con él de cara a la siguiente campaña. Sin embargo, la llamada del Liverpool pesaba mucho y Barragán no lo dudó firmando por el equipo inglés a sus 18 años.

Esas eran las altas, por lo menos, de cara a la primera parte de la temporada. Evidentemente, había que hacer hueco a los recién llegados y varios jugadores, unos porque expiraba su contrato y no eran renovados, y otros porque no entraban en los planes del entrenador, salieron del club. Y algunos de ellos fueron hombres muy importantes en la consecución de la Copa de Europa.

Los checos Vladimir Smicer y Milan Baros, ambos con protagonismo en Turquía y con una actuación determinante sobre todo del primero, se marchaban al Girondins de Burdeos y Aston Villa respectivamente. Smicer se iba a Francia tras seis años en el club y siendo sin duda uno de los héroes de la remontada ante el Milán. Por su parte, Milan Baros, que disputaría incluso las dos primeras jornadas ligueras, se marchaba al Aston Villa tras cuatro años como *red*. A pesar de su potencial y sus decentes cifras goleadoras, el checo salía en busca de más minutos sabiendo que con Cissé, Morientes ya más asentado en el equipo y el fichaje de Peter Crouch, iba a tener bastante menos protagonismo que en la temporada anterior.

Otro que salía era el argentino Mauricio Pellegrino que, tras llegar en el mercado invernal del pasado curso, volvía a hacer las maletas para regresar a España a las filas del Deportivo Alavés. Por otra parte, el croata Biscan se marchaba al Panathinaikos, los jóvenes Welsh y Raven lo hacían cedidos al Hull City y al Tranmere Rovers respectivamente, al igual que el galo Le Tallec que se iba al Sunderland también en calidad de cedido.

Además, entre los jugadores que causaban baja estaba uno de los miembros del *Spanish Liverpool*. Antonio Núñez, segundo fichaje de la era Rafa Benítez y que fue de menos a más en cuanto a protagonismo debido a la lesión que le marcó al inicio de su aventura en Merseyside, volvía a España para jugar en el Celta de Vigo. «Yo tenía dos años de contrato, tenía ese y otro más y a mí me hubiera gustado seguir, lo que pasa es que en lo deportivo no tuve un rendimiento bueno por todas las circunstancias que viví, y hay veces que no hay tiempo para segundas oportunidades en equipos grandes», apunta Núñez.

«Rafa ya estaba haciendo el proyecto del año siguiente, estaban pensando en fichajes nuevos, y no cuentan conmigo y así me lo comunicó, y ya empecé a ver otras opciones», explica el exfutbolista madrileño que llegó a tener una oferta del Wigan para continuar en Inglaterra. «Acababa de subir a la Premier y además estaba cerca de Liverpool, pero realmente el interés era mayor en el Celta y yo creo que hay que estar donde más apuestan por ti y donde más interés hay», concluye.

Núñez regresaba a la liga española tras una temporada irregular, sobre todo debido a esa lesión que se produjo en el primer entrenamiento y que evidentemente marcó su estancia en Liverpool. Con todo, puede presumir de haber sido parte de la plantilla que ganó la quinta Copa de Europa de los *reds* en la que participó activamente, además de ser el único futbolista de la historia del club inglés que conseguía su único gol en una final, el que le hizo al Chelsea en la Carling Cup.

Ya con la plantilla más o menos cerrada, aunque habría seguro más movimientos. Después de varias semanas de incertidumbre, al final la UEFA decidió que el Liverpool podría disputar la

Champions League, por lo tanto, serían cinco los equipos ingleses que participarían en la máxima competición europea: Chelsea, Arsenal, Manchester United, Everton y los vigentes campeones, aunque eso sí, los de Benítez debían entrar en primera ronda; por lo que en plena pretemporada cuando se juegan amistosos o simplemente se hacen *stages* de preparación con las plantillas sufriendo altas y bajas, el Liverpool tendría que disputar su primer partido oficial.

Antes de eso, el pistoletazo de salida fue realmente el 9-7-2005 ante el Wrexham, con el primer amistoso de la pretemporada con un 3-4 en el Racecourse Ground, el estadio del equipo galés, donde Pepe Reina se estrenaba con el Liverpool en un partido en el que su amigo Fernando Morientes lograba un doblete.

Los *reds* podrían defender su título como muchos clamaban; era lo más sensato y justo al ser los vigentes campeones, pero tenían que hacerlo desde el inicio, con equipos de mucho menos potencial, por lo que cuatro días después del primer amistoso, el 13 de julio, el campeón debutaba en casa en la ida de la primera ronda ante el The New Saint galés.

En un Anfield abarrotado, Benítez no quería sorpresas y sacó su mejor once posible en el que estaban tres de sus cinco futbolistas españoles: Pepe Reina que debutaba oficialmente (aunque no era su estreno en Anfield), Xabi Alonso y Fernando Morientes que por fin podía jugar en Europa con el Liverpool.

El partido fue sencillo, como se preveía, y el marcador de 3-0, con tres goles de un Gerrard que seguía un escalón o dos por encima del resto, se quedaba corto pues los *reds* fallaron bastantes ocasiones claras.

Para los que les gustan los datos curiosos, como referíamos antes, Pepe Reina debutaba oficialmente como futbolista del Liverpool y en Anfield. Sin embargo, el guardameta madrileño ya sabía lo que era jugar frente a The Kop. En la temporada 2000-2001, en las semifinales de la Copa de la UEFA, Reina había sido el guardameta de un Fútbol Club Barcelona que caía por 1-0, con gol del escocés McCallister, en la temporada en que los *reds* ganarían la UEFA ante el Alavés.

Seis días después en la vuelta en Gales, mismo resultado con goles de Cissé y doblete de Gerrard saliendo desde el banquillo en los últimos 20 minutos. El capitán, que durante el verano tuvo pie y medio fuera del club con la oferta del Chelsea, continuaba en un momento de forma superlativo. El 0-6 en el global metía al Liverpool en la segunda ronda, donde esperaba el FBK Kaunas en un encuentro en el que por primera vez jugaron los cinco españoles; Reina, Josemi y Alonso de titulares, mientras que Luis García y Morientes salieron en la segunda mitad.

Aunque el FB Kaunas empezó adelantándose, los tantos de Cissé, de Carragher con su primer gol en seis años, y cómo no de Gerrard, este de penalti, dejaban el marcador en 1-3 para los *reds* y el pase a la tercera ronda muy encaminado, que se confirmaría ya en agosto en Anfield con un 2-0 ante el conjunto lituano con tantos de Gerrard y Cissé.

Ya solo quedaba el último escalón para estar en Europa. En Sofía, Bulgaria, y con el equipo vistiendo de blanco, el Liverpool se imponía al CSKA de Sofía por 1-3. Cissé lograba el primero y Morientes de cabeza el segundo tras una falta botada por Gerrard. Aunque el CSKA recortaba distancias, Morientes en la segunda parte nuevamente a pase de Gerrard conseguía el tercero.

Primeros goles de Nando en Europa como futbolista del Liverpool. En pretemporada ya le había hecho dos al Wrexham y otro más al Olympiakos, y ahora este doblete, por lo que empezaba el curso en un buen momento de cara a puerta.

Su gran estado de forma, además, venía con premio, pues el delantero extremeño regresaba a la selección española. Porque esa era otra; la marcha del *Spanish Liverpool* y el nivel de sus jugadores no pasaban desapercibidos para Luis Aragonés y en las últimas convocatorias el Sabio de Hortaleza solía llamar a Reina, Xabi Alonso, Luis García y, ahora, a Morientes que volvía a la Roja tras casi un año de ausencia. De hecho, había convocatorias en las que el equipo inglés aportaba más jugadores que varios equipos de la liga española.

Por otra parte, el partido ante el CSKA de Sofía suponía un nuevo debut de otro español. Antonio Barragán jugaba sus primeros minutos oficiales con los *reds*, saliendo por el goleador Morientes en el minuto 78. Además, con solo 18 años, se convertía en el futbolista extranjero más joven en jugar oficialmente con el club. Lo hacía con el dorsal 36 a la espalda. Otro dato más para las estadísticas del *Spanish Liverpool*.

Tres días después, el 13 de agosto, comenzaba la Premier League para el equipo. El Liverpool afrontaba el curso doméstico con el objetivo de pelear la liga o, al menos, el de terminar en una posición más alta que la temporada pasada. Ganar el título, siendo sensatos, aún no estaba al alcance del equipo, pero eso no significaba que no fuera uno de los candidatos al mismo contando con una plantilla, en líneas generales, mejor que la del año pasado.

La primera jornada visitando al Middlesbrough terminó con un empate sin goles y con los cuatro internacionales españoles en el primer once dispuesto en liga. Mejor se dio una semana más tarde recibiendo al Sunderland con un buen gol de Alonso de falta directa, antes de la vuelta de la tercera ronda previa de la Liga de Campeones ante el CSKA de Sofia.

A pesar de que el equipo búlgaro se imponía en Anfield por 0-1, el Liverpool se clasificaba con un global de 3-2 certificando el que estuviera en disposición de defender su estatus como vigente campeón de la Champions.

SUPERCAMPEONES DE EUROPA

Tres días después, el 26 de agosto, el equipo de Merseyside aspiraba a conseguir el primer título de la temporada en la final de la Supercopa de Europa. El estadio Luis II en Mónaco recibía a los vigentes campeones tanto de la Champions como de la UEFA, es decir, el Liverpool tenía que enfrentarse al CSK Moscú para dirimir qué equipo de los dos era «súper campeón» de Europa.

Benítez alineó de inicio por primera vez a los cinco españoles de la plantilla, dado que Barragán y Miki Roqué oficialmente pertenecían al *reservas*, por lo que Reina, Josemi, Xabi Alonso, Morientes y Luis García eran titulares para buscar la tercera Supercopa de Europa de la historia del conjunto inglés.

Preguntado si buscaba en cierta manera ponerle un estilo propio al equipo al contar con los cinco españoles, o si como debía ser, intentaba elegir el mejor once posible, el que fuera entrenador del Valencia o del Valladolid es tajante al respecto: «A mí de dónde sean los jugadores una vez están en el equipo, me da igual. Yo busco los mejores jugadores ideales para ese partido, no me preocupa de dónde son. Nunca he estado viendo de dónde eran: "Este es el que está mejor y si puedo lo pongo y ya está". Luego si hay algunos que se compenetran bien, pues a lo mejor eso te puede influir, pero son profesionales», añade.

Además, cuando alineaba a los cuatro o cinco miembros de ese *Spanish Liverpool*, afirma que no escuchaba ningún runrún entre los otros jugadores o en el propio club. «Yo no era consciente al menos de eso y mi ayudante, que era Alex Miller que es escocés, tampoco me decía nada. Sobre todo, porque si son buenos, nadie te puede decir nada: Morientes, Xabi (Alonso), Luis (García), Reina. De los cinco, cuatro eran titulares con Luis Aragonés», afirma sin dudar.

Ya en lo concerniente al partido, el equipo ruso se fue al descanso con ventaja en el marcador, pero en la segunda mitad Cissé empataba a ocho del final (cierto es que en la jugada el balón le da en la mano, pero el VAR en aquellos años no estaba implantado), tan solo tres minutos después de haber saltado al césped por Riise.

Con los *reds* otra vez forzando una prórroga como tres meses antes, aunque obviamente sin esa épica, de nuevo el ariete internacional francés lograba el segundo del Liverpool en el minuto 103, y seis después le ponía a Luis García un perfecto balón desde la banda derecha que el catalán remataba con la cabeza en el área pequeña. Primer gol del mediapunta barcelonés en la temporada y segundo de un español en una final con el Liverpool tras el de Alonso ante el Milan.

Al final, con el 3-1 en el marcador terminaba la final con Carragher alzando la Supercopa al cielo de Mónaco, ya que Gerrard, que viajó para recoger el día anterior el premio de mejor jugador de la pasada temporada en la Champions, estaba lesionado y no se vistió de corto, aunque presenció desde la grada del estadio monegasco el triunfo de sus compañeros.

Por otra parte, segundo título para Benítez y su *staff*, así como para Josemi, Alonso, Luis García y Morientes, y primero para un Pepe Reina que desde su llegada se había convertido en la primera opción en la portería.

De nuevo en liga y visitando al Tottenham, empate sin goles antes del inicio de, por fin, la Champions League. La «verdadera», la que el Liverpool prácticamente había bajado al barro para poder defender desde la primera ronda casi a inicios de julio.

El equipo entrenado por Rafael Benítez, como venía de las rondas previas, sí podría coincidir con equipos del mismo país en su grupo. El bombo fue caprichoso en el sorteo y los *reds* quedaron encuadrados en el grupo G con el Chelsea, con lo que eso significaba y no solo en lo deportivo, el Betis y el Anderlecht.

El primer partido llevaba al vigente campeón a Sevilla por lo que evidentemente era un estreno muy especial para los miembros del *Spanish Liverpool*. El estadio Manuel Ruiz de Lopera acogía el encuentro entre un Betis liderado por Joaquín, Assunção y Rivera, y el Liverpool, que estrenaba nueva equipación para Europa con detalles dorados en los hombros, mangas y dorsales, distinguiendo al equipo inglés, por si alguien aún lo dudaba, como el vencedor de la competición el curso anterior.

El debut en la fase de grupos en Champions comenzó de cara cuando Sinama Pongolle lograba el primero en el minuto dos y poco después Luis García el segundo, ante la atenta mirada de un Luis Aragonés que se había desplazado a la capital andaluza para presenciar el encuentro. A quien no pudo ver fue a Fernando Morientes, lesionado días antes precisamente con la selección preparando el decisivo partido frente a Serbia de la fase de clasificación del Mundial de Alemania. Aunque Arzu recortaba distancias al inicio de la segunda mitad, los tres puntos se iban para Liverpool y el campeón empezaba ganando.

Las dos jornadas ligueras siguientes trajeron sendos empates; el primero en casa recibiendo al United con el tercer 0-0 en lo que iba de temporada en la Premier, y un 2-2 visitando al Birmingham. Con Josemi haciendo su debut en liga y tras un primer tiempo soporífero, Luis García se estrenaba en la Premier a pase de Gerrard nada más saltar al campo en la segunda mitad. Enseguida empató el Birmingham con goles de Warnock en propia puerta y de Pandiani, pero Cissé de penalti dejaba el marcador en tablas antes de que regresase la Champions.

Cuatro días después, el Liverpool recibía al Chelsea en la segunda jornada de la fase de grupos con un 0-0 en el que Reina fue el jugador más decisivo del conjunto *red* con varias paradas de muchísimo mérito, antes de que, en liga y ya en octubre, el calendario quisiera repetir el partido de Europa en la jornada octava, aunque esta vez con un resultado bien distinto.

El Liverpool volvía a recibir al conjunto londinense, que ya era líder sólido de la Premier a 14 puntos de los de Benítez, y los *blues* fueron desde el principio un hueso duro de roer con una cara bastante distinta a la mostrada en Champions. Lampard adelantaba a los de Mou mandando callar a The Kop, aunque Gerrard empataba de potente disparo. Anfield se rendía a su capitán, que meses antes tuvo pie y medio precisamente en el club londinense.

Sin embargo, justo antes del descanso, Duff conseguía el 1-2, en un segundo mal tiempo Joe Cole lograba el tercero y a ocho del final Geremi el cuarto. ¡Vaya día! Era la primera vez que el Liverpool de Benítez concedía cuatro goles en contra y el peor arranque liguero en 13 temporadas. Las críticas no tardaron en llegar y el campeón de Europa tenía que enderezar el rumbo cuanto antes si quería pelear aún una liga que comandaba el Chelsea 17 puntos por delante.

La senda de la victoria volvió en la jornada siguiente ganando por la mínima en casa al Blackburn Rovers, con gol de Cissé de falta, en un día en el que de nuevo jugaron los cinco españoles.

La Champions regresaba en la tercera jornada con otros tres puntos en Bruselas ante el Anderlecht merced a otro gol de Cissé, por lo que los *reds* ya llevaban siete puntos y la clasificación iba por buen camino.

En liga, con otra vez los cinco españoles sobre el césped, nuevamente pinchazo visitando al Fulham y, tres días después, primera gran decepción del curso en el debut en la League Cup. Los de Benítez, que entraban en tercera ronda visitando al Crystal Palace, caían por 2-1 y eran eliminados mucho antes de lo previsto. Con solo Morientes como único representante del *Spanish Liverpool* de inicio, el finalista del año pasado decía adiós a la Carling en su estreno, a pesar del tanto de Gerrard, que llegaba al medio centenar de goles oficiales.

No obstante, este varapalo parece que hizo despertar al Liverpool, que comenzaría una buenísima racha venciendo en Anfield al West Ham, gracias a los goles de Alonso y de Zenden, que daban tres puntos merecidos antes de que en la cuarta jornada de Champions y, de nuevo en casa, los de Benítez consiguieran una importante victoria por 3-0 ante el Anderlecht con bastante protagonismo español.

Fernando Morientes, a la media hora, anotaba su tercer gol en Europa en la temporada (contando el doblete ante el CSKA de Sofía en la ronda previa de la Champions) tras un pase de Gerrard que el cacereño bajaba con el pecho y rompía el cuero con su pie derecho.

En la segunda mitad Luis García de cabeza en frente de The Kop hacía el segundo, con un buen remate tras centro de Finnan, y ya al final Cissé el tercero. 10 puntos en cuatro partidos en el grupo G para los de Rafa Benítez. Aunque en liga, al igual que en el año pasado, la imagen no era la mejor, la marcha en la Liga de Campeones iba por buen camino. Con dos partidos aún por disputarse, la victoria del Betis ante el Chelsea hacía que con un punto de esos seis aún en juego, los *reds* estuvieran en el bombo de octavos.

Volviendo a la Premier, otros tres puntos y otra vez portería a cero en casa de los *villanos*, con tardíos tantos de Gerrard de penalti y de Xabi Alonso desde la medialuna con un seco disparo.

La buena tendencia continuó en la jornada 13 recibiendo al Portsmouth con un contundente 3-0. Peter Crouch, que aún no se había estrenado de cara al gol, falló un penalti mediada la primera mitad que enmendó Zenden mandando el esférico al fondo de las mallas tras la parada de Ashdown. El gol del centrocampista neerlandés calmó las críticas sobre el larguirucho delantero inglés negado de cara a puerta, y que ya llevaba 17 partidos sin conseguir hacer su primer tanto como *red*.

El segundo lo consiguió Cissé antes del descanso con un centrochut que recordaba al gol que Goikoetxea le hizo a Illgner en el Mundial de Estados Unidos en 1994. Ya a diez del final Morientes, que había salido por el lesionado Luis García, anotaba el tercero de los de Benítez tras una dejada de Hyypiä. Tercera victoria consecutiva en liga, otra vez sin conceder un gol y el equipo que ascendía a la séptima posición.

En Champions y recibiendo al Betis, empate sin goles que certificaba el pase del vigente campeón a la siguiente ronda con aún un partido por disputarse. El Liverpool había conseguido hasta la fecha 11 puntos en cinco partidos con solo un gol encajado, en parte gracias al gran rendimiento de Reina. «Pepe (Reina), aparte de adaptarse superpronto, se adaptó a la afición, se ganó al vestuario en un mes por su forma de ser y el inglés también lo aprendió muy rápido», comenta Ochotorena sobre el cancerbero español. «Se integró muy bien dentro del vestuario y tuvo una gran aceptación por parte de la afición».

La racha se prolongaba una jornada más venciendo al City en Manchester con un solitario gol del noruego Riise y cuatro días después también a domicilio, y despidiendo noviembre, 0-2 ante el Sunderland. Luis García conseguía el primero a la media hora de juego tras un buen pase de Xabi Alonso. El donostiarra le puso incluso un mejor balón a Gerrard para que el capitán lograse el segundo antes del descanso.

Quinta victoria consecutiva en liga, equipo en alza y los *reds* que se ponían terceros con 28 puntos, empatados con el Wigan, a «solo» 12 del Chelsea, líder intratable con 40 puntos. Esa nueva victoria, además, otra vez sin encajar un tanto, hacía que Reina igualase el récord de David James en la temporada 96-97 de cinco partidos sin recibir un gol.

Diciembre se abrió con otra victoria, esta por 3-0 y precisamente ante el Wigan, en un partido que además supuso el despegue definitivo de Crouch. El espigado delantero abría la lata con un primer gol de rebote que realmente metió en su portería el cancerbero Mike Pollit. Sin embargo, si había dudas sobre la autoría del gol, estas quedaron disipadas antes del descanso con una preciosa vaselina de Crouch que enloqueció a Anfield. Ya en la segunda mitad, Luis García, con el pecho, tras un remate de cabeza de Morientes que dio en el catalán, hacía el tercero. Sexta victoria consecutiva en liga y octavo encuentro sin encajar. La buena racha continuaba.

Con la clasificación ya conseguida para los octavos de final, el sexto y último partido de la primera fase de la Champions llevaba a los de Benítez a Stamford Bridge, donde esperaba el Chelsea de Jose Mourinho. 0-0 en Londres en un soso encuentro, y el Liverpool que conseguía el punto que necesitaba para terminar primero de grupo con 12 puntos. Los de Mou, líderes en Premier, pasaban como segundos con 11. Ya iban nueve partidos sin que Reina recogiese ningún balón del fondo de sus mallas. Y la gran racha seguía adelante...

En liga otra victoria más, esta por 2-0 en casa ante el Middlesbrough, con un doblete de Morientes en cinco minutos. El primer gol del exjugador merengue llegó tras un pase de Luis García en el 72 y, cinco minutos después, cerraba el marcador con una bonita vaselina. Prácticamente un año después de su llegada, el delantero extremeño empezaba a mostrar el nivel que demostró en el Real Madrid o en el Mónaco. «Ese primer medio año me costó muchísimo, pero como iba con mucha ilusión, pues iba empapándome del ambiente de Anfield, de la historia que tenía el Liverpool y disfruté mucho de todo eso», comenta el Moro. «No tanto en el sentido futbolístico, no terminaba de adaptarme bien, pero sí en el sentido de disfrutar lo que era la Premier, porque yo quería jugar allí, y cuando tuve la oportunidad lo hice y lo disfruté muchísimo», reconoce el actual comentarista de LaLiga.

El encuentro ante el Middlesbrough fue seguramente su mejor actuación hasta la fecha con la camiseta del *Pool,* a escasos seis meses del Mundial de Alemania, donde, como varios de sus compañeros, tenía muchas opciones de estar con la selección española de Luis Aragonés.

Séptima victoria consecutiva en liga y de nuevo Pepe Reina mantenía su portería a cero, sumando así más de diez horas sin encajar un tanto. Con estos tres puntos, además, el Liverpool igualaba otro récord de diez partidos seguidos sin conceder un gol en contra. Sin duda alguna, en estas semanas el proyecto de Rafa Benítez estaba en su mejor momento y era el favorito para la siguiente competición que afrontaba el equipo: el Mundial de clubes, el torneo que reemplazaba a la extinta Copa Intercontinental y que celebraba su segunda edición.

SORPRESA EN JAPÓN

El Liverpool, que nunca había ganado la Intercontinental se presentaba en tierras niponas como el ganador de la Liga de Campeones de la temporada anterior y entraba directamente en semifinales, donde se enfrentaría al Deportivo Saprissa costarricense como campeón de la Concacaf.

Un doblete de Crouch, que estaba en racha desde el día del Wigan, y otro tanto de Gerrard metían al equipo inglés en la final donde esperaba el Sao Paulo brasileño, que se había impuesto por 2-3 al Al-Ittihad saudí.

El conjunto carioca había ganado la Copa Libertadores de 2005 y contaba en sus filas con futbolistas como el guardameta especialista en faltas Rogerio Ceni, el veloz lateral y luego madridista Cicinho, el potente y rudo central uruguayo Diego Lugano, o el delantero ex del Borussia o Málaga, Marcio Amoroso. Sin duda, brasileños e ingleses eran los dos mejores equipos del torneo y la final se antojaba igualada, aunque viendo la tendencia del equipo dirigido por Rafa Benítez, muchos daban como favorito al Liverpool, que jugaba su cuarta final desde que el técnico español cogiera las riendas del club año y medio antes.

«Al Sao Paulo siempre se le había dado bien este tipo de torneos y eso continuó, porque Sao Paulo ha jugado tres veces esto y ha ganado las tres, es decir: ganó las dos Intercontinentales en 1992 y 1993, y ganó esta también», comenta José David López. «Desde entonces, solamente tres veces más ha ganado un equipo no europeo y siempre eran brasileños los únicos capaces de quitarle títulos a los europeos. En Sudamérica, para ellos, estos torneos tienen mucha más trascendencia que aquí en Europa y en esa época muchísimo más, incluso cuando era solo Copa Intercontinental mucho más que después cuando fue Mundial de Clubes», explica el analista deportivo.

Con todos los españoles en el once menos Josemi, el Liverpool fue mejor durante todo el partido con hasta 21 disparos entre los tres palos y 17 córneres, pero no pudo sobreponerse al tanto de Mineiro mediada la primera parte, que rompía la racha de imbatibilidad de Reina que llegaba a ¡17 horas!

La final tuvo su polémica con hasta tres goles anulados por fuera de juego de los *reds*, uno a Luis García, otro a Hyppiä, y un tercero también a Sinama Pongolle, muy discutible, que hoy con el VAR habría sido legal, además de dos palos de los de Benítez. La derrota, con el Liverpool siendo superior y con esas controvertidas decisiones arbitrales, recordaba para algunos que seguían al *Spanish Liverpool* al robo que España sufrió tres años antes en el Mundial de Corea cuando Al Ghandour anuló dos goles legales al combinado español entrenado por José Antonio Camacho.

«Fue una sorpresa tremenda que ganara el Sao Paulo, que claramente marcó el primer gol y se metió atrás a achicar, algo que normalmente los equipos brasileños ahora sí que hacen mucho, pero antes eran más atrevidos», explica con criterio y propiedad el periodista experto en fútbol internacional. «Era rarísimo que ganara un no europeo y fue un sorpresón que este Sao Paulo ganara al Liverpool, sobre todo porque el equipo inglés es verdad que ya no era un Liverpool tan de *entreguerras*, ya era un Liverpool mucho más de lo que Benítez quería que fuera, porque ya estaban más españoles, ya estaba Sissoko que lo había fichado él, es decir, un equipo que se parecía bastante más a lo que él iba a querer y a su manera de jugar», analiza el creador del podcast *El Enganche Stories*.

De vuelta a Inglaterra, y en el *Boxing Day*, victoria por 2-0 ante el Newcastle, con dianas de Gerrard y de Crouch, que seguía de dulce, y con Michael Owen regresando a Anfield tras volver a la Premier después de su etapa madridista.

Josemi, que salió en la segunda mitad, jugaba su último partido con la camiseta de los *reds*. «La verdad es que no sabía que iba a ser mi último partido», comenta. El malagueño no acababa de adaptarse al fútbol y a la vida en Inglaterra y, a pesar de contar aún con minutos en el equipo, decidió regresar a la liga española con el Villarreal.

«No estaba entrando mucho como el primer año, que llegué y empecé a jugar todo», explica. «Me veía que ya estaba bien recuperado y jugaba, no jugaba… entonces no tenía esa continuidad que yo quería y bueno, llegó el Villarreal que estaba jugando Champions, que era un club de los punteros en España y me ofreció un contrato importante», añade un Josemi que hasta la fecha había disputado 12 partidos entre todas las competiciones.

«También me ofreció el volver a España, que era lo que en esos días o en esos últimos meses estuve un poco pensando; mi exmujer estaba embarazada de mi primera hija, entonces un poco de la noche a la mañana salió esa propuesta y me hizo reflexionar», argumenta con sinceridad el exlateral malagueño.

Aunque empezó siendo un fijo en las alineaciones con un notable rendimiento, la lesión de la primera temporada le pasó factura para volver a jugar como antes. «Es verdad que me costó convencer a Rafa, porque él no quería, pero fue un paso que yo decidí por mí y por mi familia que creía que era lo mejor. Ir al Villarreal que jugaba Champions era una oferta irrechazable», continúa explicando el de Torremolinos. «Yo quería un poco volver a España por mi obsesión del clima y todo. También me afectó mucho el ser de Málaga, a lo mejor si soy del norte, pues… Xabi (Alonso) por ejemplo cuando llegó allí era como uno más, y a nosotros nos costaba el ir abrigados. Llovía y él salía. Él está acostumbrado al sirimiri y salía a dar una vuelta; nosotros, no. En Málaga llueve y te quedas en casa», relata con gracia.

«Había cosas ilógicas para mí. La cultura, el frío… estamos acostumbrados a otro clima más cálido, al sol… el poder salir a la calle que era lo que yo también echaba de menos porque nosotros llegábamos a las 13 o 14h a casa, y ya hasta el día siguiente, a las 15h, de noche… era todo, me costaba mucho el día a día, entonces necesitaba volver a España y retomar mi vida», nos cuenta Josemi. No obstante, su juventud pesó también en esa decisión. «A lo mejor más maduro, con 28 o 29 años hubiera aguantado más, pero me pilló joven. No me arrepiento, pero, con otra edad, a lo mejor sí hubiera aguantado hasta terminar el año y a partir de ahí valorar si merecía la pena salir o no en vez de hacerlo en diciembre», matiza.

Con todo, el exfutbolista malagueño saca pecho por ser el primer español en la historia de los *reds*. «Yo, que salgo de la cantera de un equipo muy humilde como el Málaga, pues ser el primer español es un orgullo y que eso siempre se quede en el recuerdo, la verdad que para mí es increíble», sentencia Josemi sobre su etapa en el Liverpool.

Dos victorias más llegaron para cerrar un buenísimo 2005 y para prolongar aún más la espectacular racha. El derbi 202 de Merseyside trajo la victoria a domicilio ante el Everton por 1-3, con tantos de Crouch, Gerrard y Cissé, aunque el cabezazo de Beattie truncó la racha de imbatibilidad en liga de Reina, que se quedó en 761 minutos.

Y en el último partido del año, victoria por la mínima ante el West Bromwich Albion que tuvo en su portero, el polaco Kuszczak, al héroe del partido parándolo todo. Con quien no pudo fue, cómo no, con Peter Crouch, que conseguía su quinto tanto de la temporada.

El equipo conseguía así su décima victoria consecutiva en liga y daba el carpetazo a un inolvidable 2005 siendo tercero con 40 puntos y dos partidos menos, aunque el Chelsea aún quedaba bastante lejos, primero con 55 puntos.

El nuevo año empezaba con un empate a dos goles en el Reebook Stadium ante el Bolton y con bastante protagonismo de los jugadores de nuestro país. Reina, el único español sobre el césped, tuvo uno de los pocos errores desde que llegó a Inglaterra facilitando que Jaidi adelantara al conjunto de Sam Allardyce.

Tras un irregular primer tiempo, Benítez dio entrada tanto a Alonso como a Luis García y la jugada le salió bien al técnico madrileño. Ambos revitalizaron el juego de los *reds* y Gerrard empataba de penalti en el 67. Aunque el ex del Liverpool Diouf volvía a poner por delante al Bolton poco después, a ocho del final Xabi Alonso conectaba con Luis García para que el catalán salvara un punto. 2-2 y el Liverpool que no podía prolongar su buena racha a once victorias seguidas en liga, un récord que no se alcanzaba desde 1982.

Cinco días después el *Pool* entraba en la tercera ronda de la prestigiosa FA Cup enfrentándose en su estadio al Luton, conjunto de la Championship. En el seno del club no se quería que se repitiera la debacle del año pasado de caer en el primer encuentro ante el Burnley, y afrontaban la FA Cup como uno de los objetivos de la temporada, por lo que esta vez Benítez prácticamente alineó al equipo titular, salvo Carson que jugaba en lugar de Pepe Reina.

Partido épico donde los haya con remontada incluida con bastantes semejanzas con lo vivido en Estambul ocho meses atrás. Aunque Gerrard anotaba el 0-1 al cuarto de hora con una bonita parábola, el Luton, con un juego vistoso y vertical, consiguió irse al descanso dando la vuelta al marcador con un 2-1 a su favor.

Para añadir más emoción, Cissé erraba un penalti al comienzo de la segunda mitad, no así el Luton, que se ponía 3-1 en el minuto 53 con pie y casi medio del otro en la siguiente ronda. Los *reds* necesitaban reaccionar pronto y Sinama Pongolle, que acababa de salir por Sissoko, recortaba distancias en el 62 con el 3-2, marcando el inicio de la remontada de los de Benítez. Ahí no acabó la cosa. Alonso, con un disparo lejano que sorprendió al portero Beresford, conseguía el empate a tres y nuevamente Sinama Pongolle hacía el 3-4 en el minuto 74. Remontada y partidazo, pero aún quedaba emoción.

Con el Luton buscando empatar bajo la bocina y con Beresford subiendo a rematar un córner, Xabi Alonso, desde su campo y con clase, marcaba el definitivo 3-5 en el 90. Primera vez que el centrocampista tolosarra conseguía dos goles desde que era profesional. Remontada agónica, partido «muy copero» como decimos aquí en España, y el Liverpool que con más sufrimiento del esperado y con cabreo de Benítez incluido, se metía en la siguiente ronda de una competición que le reportaría muchas alegrías en unos meses.

Volviendo a la Premier, victoria por la mínima en casa ante el Tottenham con un buen gol de volea de Kewell antes de caer en Old Trafford en la jornada 23. El Liverpool no perdía en liga desde octubre y era evidente que, desde Navidad, los resultados, sin ser malos, no eran lo buenos que habían sido hasta la fecha con esa racha en la que tanto la defensa como Reina mostraban una solidez casi infranqueable.

Esos días, además, para potenciar la zaga, llegaron dos de las tres adquisiciones del mercado invernal. Para compensar el hueco dejado por Josemi, precisamente del Villarreal venía el lateral holandés Jan Krompack que había llegado al Submarino Amarillo a inicio de temporada tras destacar en el AZ Alkmaar. Sin embargo, no se adaptó al equipo castellonense y aprovechando la salida del malagueño, ambos clubes acordaron el trueque.

Otro defensa que llegaba a Merseyside era el danés Daniel Agger, procedente del Brondby. A pesar de su juventud, 21 años, Agger contaba ya con experiencia internacional y con su llegada Benítez pretendía reforzar una defensa en la que Carragher y Hyypiä lo jugaban prácticamente todo y no tenían un relevo claro.

EL REGRESO DE *DIOS*

No obstante, el gran fichaje de enero traía a una leyenda de vuelta. Robbie Fowler, cuatro años después y procedente del Manchester City, regresaba al equipo que le vio nacer y al que seguía apoyando como un aficionado más. «En la reunión que tengo con él en mi antigua casa, él me dice: "I´m over the moon", que yo no entendía la expresión (literalmente, "estar sobre la luna", pero es una expresión que significa estar muy contento); entonces, él estaba encantado de la vida», explica Benítez sobre la ilusión del delantero inglés al volver a Anfield Road.

«Mis amigos que son *scouser*, amigos suyos, me dicen que está como loco por venir y que puede ser un espaldarazo para los aficionados traer aquí a *Dios*, entonces era una llegada pensando que puede ser buena desde el punto de vista deportivo y desde el punto de vista social», recuerda el entrenador madrileño.

«Las historias de que Fowler estaba receptivo para volver empezaron a circular semanas antes de que la noticia del acuerdo se hiciera realidad. Aun así, fue una sorpresa», rememora Jeff Goulding. «Fue todo muy emotivo, dejando a un lado si era o no un buen fichaje para el Liverpool», apunta. «Su llegada fue muy bien recibida por los aficionados. Fowler está considerado en gran estima por los *reds*, quienes le llaman *God* (Dios). Es un muchacho de la ciudad y en su *prime*, el mejor finalizador que jamás hemos visto», añade el colaborador de *This is Anfield*.

«Por supuesto que su mejor época ya había pasado, pero esperaba que saliera desde el banquillo para aportar en partidos en los que el Liverpool estuviese peleando para romper la defensa de los oponentes. Sobre todo, estaba muy contento por haber vuelto a casa y me emocioné cuando escuché la noticia. Recuerdo a Robbie (Fowler) decir que, tras firmar el contrato y ya fuera de Anfied y en su coche, se puso a llorar. La mayoría de los aficionados sentimos lo mismo. Fue un momento muy bonito y emotivo», concluye Goulding valorando el regreso de uno de los favoritos de los *Kopites*.

Sus guarismos de cara a puerta, tanto en el Leeds como en el City, poco tenían que ver con las cifras que consiguió a mediados de los 90 con la camiseta *red*, pero aún con 30 años, a pesar de no llegar bien físicamente y con varias lesiones serias en su haber, podía aportar bastante a la delantera. Además de lo que significaba para los aficionados.

«Fowler vino a apuntalar un poco lo que nosotros teníamos porque Crouch no terminaba de hacer goles, yo no terminaba de estar al 100%, y Cissé tampoco estaba en su mejor versión», señala Morientes sobre la llegada del punta inglés, que además venía gratis y firmaba hasta, al menos, el mes de junio. De sus números y rendimiento dependería que Rafa Benítez le ofreciese seguir un año más…

La temporada continuaba y la FA Cup volvía a hacer su aparición ya en cuarta ronda, aunque sin Fowler, que no podría jugar en esta competición al haberlo ya hecho con el City en tercera ronda, además con un *hat-trick* ante el Scunthorpe. Los *reds* se imponían a domicilio al Portsmouth por 1-2 con goles de Gerrard, de penalti, que ya llevaba 16 entre todas las competiciones, y de Riise.

Febrero arrancaba recibiendo al Birmingham y, sobre todo, con Fowler ya convocado y esperando su oportunidad en el banquillo. Steven Gerrard, ¡quién si no!, abría la lata en el 62 a pase de Morientes, pero el momento cumbre fue cuando Fowler volvió a pisar el verde de Anfield como futbolista del Liverpool sustituyendo a su compatriota Peter Crouch en el minuto 63.

Aunque Alonso empataba para el Birmingham con un tanto en propia puerta en el 88, Fowler en el descuento y de chilena hacía lo que habría sido el 2-1, que el árbitro posteriormente anulaba por fuera del juego del jugador conocido como *Dios* por la hinchada *liverpudlian*. ¡Qué rabia! Anfield se habría caído si ese gol llega a subir al marcador siendo el de la victoria final.

Cuatro días después, segunda derrota liguera en 2006 ante el Chelsea que, con 66 puntos, ya estaba a 15 del United, segundo con 51, mientras que los de Benítez eran terceros con 48. Además, Reina era expulsado de manera muy controvertida por un manotazo a Robben. Las protestas del guardameta madrileño no estaban faltas de razón por lo injusto y riguroso de la expulsión.

Tres días más tarde, mismo marcador en casa del Charlton Athletic, en el que era el partido correspondiente a la jornada tres que no se jugó por la fase previa de la Champions en agosto, y el Liverpool que cosechaba su tercera derrota en cuatro partidos y la novena consecutiva en Londres.

La victoria regresó en la visita al Wigan merced a un gol de Sami Hyypiä en la primera mitad. Primer partido de inicio para Robbie Fowler, que compartía delantera con Fernando Morientes. El cacereño había jugado en el ataque junto a *cracks* mundiales como Raúl o Ronaldo, pero era la primera vez que lo hacía con un ídolo del fútbol inglés como Fowler. «A mí me encantó que llegase, porque además le tenía una alta estima, era una leyenda de Liverpool», comenta Morientes. «Es verdad que no venía en su mejor versión ni en su mejor momento, pero sí que aportó mucho a la delantera y nos dio un poquito de oxígeno arriba», matiza el delantero criado en Sonseca.

El otro partido que aún quedaba por jugarse, el correspondiente a la jornada cuatro y que el Liverpool tenía pendiente por la disputa de la Supercopa de Europa, traía a los *gunners* de Cesc, Henry y Adebayor a Anfield, donde un solitario tanto de Luis García en el 87, aprovechando un rechace de Lehmann tras un duro lanzamiento de Hamman, daba los tres puntos a los *reds*. Fue salir el catalán y besar el santo pues entró al campo en el minuto 84 sustituyendo a Sissoko. El ex del Barcelona, que estaba teniendo algo menos de protagonismo que el curso anterior, seguía siendo determinante con sus goles y, evidentemente, estaba como varios de sus compañeros, en la agenda para el cada vez más cercano Mundial de Alemania.

Si el Liverpool no consiguió más goles fue por el buen hacer de Jens Lehmann, que lo paró casi todo, incluido un penalti a Gerrard en la primera mitad. Con esta victoria, los de Benítez se colocaban diez puntos por delante del Arsenal que era quinto, y se consolidaban para terminar al menos en posiciones Champions al final del curso.

La temporada poco a poco se iba acercando a su periodo más importante y la FA Cup volvía a hacer su aparición en quinta ronda, pero esta vez el rival ya no era un equipo «menor», sino todo un Manchester United. Para muchos, perfectamente podía ser una final anticipada. Los Diablos Rojos fueron precisamente el equipo que terminó con la racha de 15 partidos sin perder del Liverpool en suelo inglés hacía apenas un mes. Además, el United no caía con el Liverpool en una eliminatoria de la FA Cup, ¡desde hacía 85 años!, por lo que las estadísticas y la previa presuponían un bonito choque.

Pepe Reina, que tras su expulsión ante el Chelsea no había vuelto a jugar, (Dudek fue titular los tres compromisos siguientes) volvía al once y apenas tuvo trabajo. No así Van der Sar, que vio cómo Crouch le batía en la primera parte con su primer tanto en nueve partidos. El marcador ya no se movería y los *reds*, arropados por su afición, daban un golpe en la mesa y ya estaban en los cuartos de final de la FA Cup, uno de los objetivos de la temporada.

Casi sin tiempo para descansar, la Champions regresaba con la ida de los octavos de final, que llevaba al Liverpool, que había sido primero en el grupo G, a vérselas en Portugal con el Benfica, segundo del grupo D. El Estadio de la luz albergaba un choque que se decantó para el lado de los portugueses con un solitario gol del defensa brasileño Luisao a seis del final. El campeón caía por primera vez en Europa esa temporada dejando todo en el aire para la vuelta en Anfield en dos semanas...

Cinco días después, en Premier y recibiendo al City, un tanto de Kewell daba los tres puntos al Liverpool con la tercera victoria seguida en liga del año tras un mal arranque después de las Navidades. Marzo comenzó con un empate sin goles recibiendo al Charlton Athletic, con otro gol anulado a Fowler por fuera de juego, por lo que Anfield aún esperaba para ver el gol del «hijo pródigo», a lo que le siguieron dos derrotas, tanto en Europa como en Premier. Desde ahí, todo lo que jugó el Liverpool, lo ganó.

En la Champions, Anfield quiso jugar su parte, pero el Benfica se adelantaba con un golazo de Simao en la primera mitad y, aunque los *reds* tuvieron varias ocasiones muy claras como un balón de Crouch que dio al palo y una acción individual de Gerrard que se fue fuera por muy poco, a la contra, el equipo luso mataba el partido en el 89 con una espectacular volea áerea de Miccoli. No hubo remontada europea y el campeón ya no podría defender su título del año pasado.

Cuatro días después el equipo volvía a caer, esta vez en un Highbury con las horas contadas ante su eminente demolición, aunque sería la última derrota de la temporada. A los 20 minutos Henry adelantaba a los de Wenger con un golazo tras un pase de tiralíneas de Cesc, que se estaba destapando en la Premier y en Europa como un auténtico *jugón* a pesar de su juventud.

Luis García volvía a demostrar que se le daban muy bien los equipos londinenses cuando empataba en el 77 de cabeza, aprovechando un rechace de puños de Lehmann tras un potente lanzamiento de Gerrard. Cuando muchos daban por bueno el empate,

Alonso era expulsado por doble amarilla y Gerrard, en un error impropio del gran capitán *red*, habilitaba a Henry para que el campeón del mundo en Francia 98 se fuera de Reina y cerrase el partido con ese 2-1 definitivo.

Gerrard, sin duda el jugador más determinante de ese Liverpool, asumió su grave error que supuso dos importantes puntos perdidos, pero nadie podía realmente culpar al capitán por su entrega o compromiso. A partir de caer Highbury, el equipo, «liberado» de la presión de defender el título y el desgaste que supone la Champions, entró en una dinámica arrolladora tanto en Premier como en FA Cup hasta el final de temporada.

La jornada 35 fue un festín de los *reds* recibiendo al Fulham con bastante protagonismo de los españoles, pero, sobre todo, fue el día y el partido en el que Robbie Fowler volvía a marcar un gol como jugador del Liverpool. En el minuto tres, a Luis García le anulaban un gol por fuera de juego. Era una señal de lo que vendría más adelante. Doce minutos después, el catalán peinaba un córner botado por Kewell y Fowler de cabeza conseguía el primero. *God* había vuelto y Anfield lo celebraba en consecuencia. Sin duda, solo por ese momento, muchos habrían pagado la entrada.

Aunque el Fulham consiguió empatar poco después, el *Pool* se volvía a poner por delante merced a un autogol de Brown. Ya en la segunda mitad, Luis García estrellaba un balón en la cruceta que habría sido el gol de la noche antes de que Fernando Morientes, tras una jugada con bastantes imprecisiones en el área chica, hiciera con su zurda el 3-1.

El delantero cacereño no veía puerta en Premier desde diciembre. Sus números no eran lo sólidos que debían ser para seguir convenciendo a un Luis Aragonés que, a pesar de contar con él ante Costa de Marfil hacía dos semanas, parecía que confiaba más en su tocayo Torres y en David Villa para la delantera de España de cara al Mundial de Alemania. Ya en los últimos minutos, Crouch y Warnock cerraron la goleada y el equipo se consolidaba en la tercera posición de la clasificación.

Cuatro días después, en Saint James' Park, victoria cómoda por 1-3 antes de los cuartos de final de FA Cup donde, visitando al

Birmingham, los *reds* conseguirían una de las mayores goleadas de la historia en la competición.

Hyypiä, a los 52 segundos, hacía el primero y cuatro minutos después, Crouch, el segundo. Que el espigado delantero inglés volvía a estar fino de cara a portería quedó claro cuando media hora después conseguía el tercero a pase de Luis García.

El cuarto fue el mejor gol de todos... hasta el quinto. Luis García, con un precioso túnel de espaldas a Tebily, habilitaba a Gerrard para que el capitán conectase con Morientes, que de primeras hacía el 0-4 en una perfecta jugada de tiralíneas. Pero el tanto de la noche llegó en el minuto 70 cuando Riise, con un misil imparable desde fuera del área, conseguía el quinto. Un golazo marca de la casa del noruego, que aplaudieron hasta los aficionados locales.

Tebily en propia puerta firmaba el 0-6 y Cissé cerraba la goleada ya al final. 0-7, equipo enchufado, portería imbatida, protagonismo de los españoles y el conjunto de Benítez que ya estaba de nuevo en otras semifinales.

Mientras, en la Premier League tocaba derbi de Merseyside en la jornada 31, en un tosco partido en el que Gerrard vio dos amarillas en apenas un minuto y, a pesar de estar en inferioridad gran parte del encuentro, los goles de Phil Neville en propia puerta justo antes del descanso, otro de Luis García con mucha clase de vaselina, y un trallazo de Kewell dejaban el marcador en 3-1 para los *reds* ante los *toffees*.

Abril arrancó con tres puntos más en casa del West Bromwich Albion gracias a los goles de Fowler y de Cissé. El tanto del jugador *scouser* le hacía superar a otro mito como Kenny Dalglish en las listas de máximos artilleros de Anfield, y el de Cissé llegaría tras un pase milimétrico de cincuenta metros de Xabi Alonso, que ya era considerado uno de los mejores pasadores del fútbol mundial.

En los dos siguientes compromisos, Robbie Fowler volvería a justificar que su llegada en enero no era solo para vender camisetas en las que, por cierto, lucía el número 11 y no el 9 con el que alcanzó el estatus de leyenda en su primera etapa en

Anfield. Ante el Bolton, y en el día que cumplía 31 años, marcaba el único tanto del partido y frente al Blackburn Rovers, una semana después, hacía lo mismo tras una buena combinación con Morientes. Era su tercer tanto consecutivo, el cuarto en cinco partidos, y muchas voces ya pedían que su contrato se renovase por una temporada más.

Con esta victoria el Liverpool ya solo necesitaba un punto de los tres partidos restantes para asegurar su participación en la próxima edición de la Liga de Campeones. Mal se tenía que dar para no lograrlo, pero ahora el foco volvía a estar en FA Cup con el partido de semifinales ante el Chelsea en Old Trafford, campo neutral por decisión de la federación inglesa para la disputa del partido. Para muchos seguidores del Liverpool, esa semifinal era una película que ya habían visto…

Era el décimo enfrentamiento entre *reds* y *blues* en dos temporadas, el décimo cara a cara entre Mourinho y Rafa Benítez y, además, una ocasión de oro para privar a los londinenses de lograr el doblete, una vez la Premier estaba prácticamente en el bolsillo del club que dirigía Roman Abramovich.

Riise, en el minuto 20, conseguía el primero desde la medialuna de falta directa, y Luis García en el 52, otra vez como el año anterior en la Champions, el segundo con un golazo con su zurda batiendo a Cudicini. Drogba recortaba distancias en el 70 tras un mal despeje de Riise y, de ahí hasta el final, los *reds* se defendieron del asedio del equipo londinense con todo. Incluso Morientes, que sustituyó a Luis García en los últimos minutos, ayudaba en defensa achicando balones por alto para mantener la ventaja en el marcador.

Joe Cole tuvo el empate en el descuento, que habría mandado el partido a la prórroga, pero su disparo se fue fuera por centímetros y el Liverpool volvía a apear al Chelsea de una semifinal por segunda temporada consecutiva. El estadio Millennium en Cardiff, ya que Wembley estaba en obras, y el West Ham, que se había impuesto en la otra semifinal al Middlesbrough, esperaban el 13 de mayo.

ROQUÉ Y SU GOL EN LA OTRA FINAL

Precisamente esos días se disputaba la final a doble partido de la FA Cup juvenil, la Youth Cup Final, que enfrentaba al Liverpool y al Manchester City. El partido de ida en Anfield no pudo terminar mejor con 3-0 para los *reds,* con Miki Roqué consiguiendo el tercero de impecable remate de cabeza, a seis del final. En el de vuelta, en Manchester, los *citizens* se impusieron 2-0 con goles de Daniel Sturridge y a punto estuvieron de empatar. Al final, el tanto de Roqué en el primer encuentro en Anfield fue decisivo y el Liverpool, diez años después, levantaba la FA Youth Cup. De hecho, en 1996 ese Liverpool de juveniles contaba en sus filas con Jamie Carragher y Michael Owen. Casi nada.

Volviendo a la Premier, la antepenúltima jornada llevaba al Liverpool precisamente al estadio Upton Park visitando al West Ham en lo que iba a ser un ensayo de la final que se jugaría en algo más de dos semanas. A pesar de la victoria con doblete de Cissé, 1-2, Luis García, que saltó al campo en el minuto 80, era expulsado dos más tarde por tener sus más y sus menos con Mullins, que también veía la roja directa, y ambos jugadores serían sancionados con tres partidos por lo que se perderían la final de FA Cup.

Tres días después, con el objetivo difícil pero conseguible de lograr el subcampeonato, los *reds* hacían los deberes en la penúltima jornada recibiendo al Aston Villa y consiguiendo los tres puntos con goles de Morientes y doblete de Gerrard. El delantero cacereño abría el marcador en el minuto cuatro tras un pase en profundidad de Alonso, recortaba con la derecha a Gary Cahill y cruzaba el balón con su zurda ante Sorensen. Quinto gol del ex del Mónaco en la liga y último que anotaría en Inglaterra.

Aunque el Aston Villa conseguía empatar ya en la segunda mitad por mediación de Barry, Gerrard, primero rematando un córner botado por Alonso en el 61, y cinco minutos después, desde fuera del área con un zapatazo impresionante, dejaba el marcador en el definitivo 3-1.

El Chelsea, por su parte, le hacía un 3-0 al United que le valía para certificar matemáticamente su segunda Premier League consecutiva, y el Liverpool se ponía a solo un punto de los Diablos Rojos a falta de la última jornada: un epílogo liguero visitando al Portsmouth con la novena victoria seguida, en la que Xabi Alonso se retiraba lesionado antes del descanso por una torcedura en el tobillo y era duda para la final de FA Cup que se disputaría en seis días.

Robbie Fowler que, a base de goles y trabajo se había ganado una temporada más de contrato, celebraba su merecida renovación al comienzo de la segunda mitad tras un pase de tacón de Morientes. Segunda asistencia del extremeño al mito *scouser,* que desde su llegada había conseguido cinco importantes tantos.

Crouch, que había sustituido al propio Morientes, hacía el segundo de los *reds*, y aunque Koroman recortaba distancias a cinco del final, Cissé, saliendo también desde el banquillo, conseguía el 1-3 definitivo con el que el Liverpool cerraba su curso doméstico.

Buen partido del *Pool* para terminar la liga y, además, con protagonismo de sus cuatro delanteros. Llamaba también la atención que el Liverpool, que en los últimos años, a excepción de Gerrard y Carragher, apenas contaba con futbolistas nacidos en Inglaterra, o Reino Unido, tuviera a una dupla de atacantes nacidos en las islas. Esa era otra de las características que Rafa Benítez le quería imprimir al equipo en su segunda campaña que ya iba llegando a su ocaso: intentar que el club no perdiese la identidad de que era, ante todo, un equipo inglés.

Para ello, esa temporada habían llegado dos delanteros que, aunque no se hincharon a meter goles, sí que se entendían bastante bien y dieron un resultado aceptable. «Buscaba tanto unas características de un delantero tipo inglés como Peter (Crouch), como un segundo delantero inteligente de movimientos y finalizador como Robbie (Fowler), que se compenetrasen entre los dos a ver si así, aprovechando que Crouch dejaba muchas segundas jugadas, Robbie que era muy listo, y muy inteligente, pues lo aprovechaba para finalizar. El problema es que Robbie había tenido muchas lesiones», comenta Benítez con cierta resignación al recordar y valorar a esa sociedad de atacantes ingleses.

Por otra parte, como era lo más normal, el United no fallaba ante el Charlton Athletic, 4-0 para los de Ferguson, por lo que los *reds* terminaban finalmente terceros con 82 puntos, a uno del United, segundos, y a nueve del Chelsea de Mourinho, merecido campeón con 91 puntos. La cuarta plaza que daba acceso a la Champions era para el Arsenal, algo descolgado con 67 puntos.

Sin duda, la temporada en Premier había sido mejor que el curso anterior, compitiendo hasta el final por el subcampeonato y solo la fortaleza del Chelsea y el colchón de puntos del United del primer tercio de temporada impidieron que los de Benítez pudieran pelear la Premier League.

LA FINAL EN CARDIFF

Y llegó el gran día, la ansiada final de FA Cup que esta se vez se celebraba en el Millennium Stadium de Cardiff, una vez el nuevo Wembley no estaba aún listo, tras la demolición del antiguo que venía acogiendo casi todas las finales en temporadas anteriores.

Para situarnos, en Inglaterra la FA Cup tiene un valor y una tradición mucho más importante que lo que se vive aquí en España con la Copa del Rey. Es la competición más antigua del mundo y la primera vez que se disputó fue en la temporada 1871-1872. En ella participan equipos de varias categorías del fútbol inglés, y en esa temporada 2005-2006 que llegaba a su clímax, hasta 674 equipos habían tomado parte en la misma.

El Liverpool, como todos los clubes de la Premier, había entrado en tercera ronda allá por el mes de enero y había eliminado a Luton Town, Portsmouth, Manchester United, Birmingham City y Chelsea en su camino hasta la final.

Ahora esperaba un West Ham United que había finalizado en novena posición en la clasificación liguera, y que contaba con hombres como el veterano y aún peligroso Teddy Sheringham, el escurridizo israelí ex del Racing de Santander, Yossi Benayoun, o el exjugador del Deportivo de la Coruña, Lionel Scaloni.

Los *hammers* se habían plantado en la final tras deshacerse del Norwich City, Blackburn Rovers, Bolton, Manchester City y Middlesbrough, y, aunque a priori no eran favoritos, sin duda tendrían sus oportunidades e iban a ser un rival peligroso.

Si la final de Champions ante el Milán un año antes aún se sigue recordando por lo espectacular del marcador y sobre todo de la remontada, esta de la FA Cup, salvando las distancias y centrada en Inglaterra, tampoco le va a la zaga. «En este punto, los aficionados del Liverpool ya estaban casi acostumbrados a este tipo de finales, las más grandes y épicas, sea de la competición que sea. En 2001, con la final de la Copa de la UEFA contra el Alavés, luego la de Estambul en Champions y, ahora, la final de FA Cup más grande de la historia, otra vez perdiendo y remontando», recuerda el jefe de contenidos de *This is Anfield*, Matt Ladson, a propósito de ese partido frente a los *hammers*.

Con Reina y Alonso, que se había podido recuperar a tiempo de sus molestias en el tobillo como únicos representantes del *Spanish Liverpool* en el once inicial (Morientes esperaba en el banquillo y Luis García en la grada sancionado), comenzó un choque en el que Carragher en propia puerta adelantaba al West Ham en el minuto 21 y siete después un error de Reina, al no atajar un balón, habilitaba a Ashton para hacer el 0-2. No había pasado ni media hora y el Liverpool ya caía por dos goles… ¿habría remontada como en Estambul?

Los de Rafa Benítez necesitaban meterse en el partido y, como en Atenas, Gerrard se puso el mono de trabajo y desde casi la mitad del campo metía un preciso y lejano balón a Cissé para que el galo, de volea y según le venía, recortase distancias en el minuto 32, batiendo a Hislop con su pie derecho. Golazo del francés que, sin ser un titular indiscutible, era el delantero *red* con mejores guarismos de la plantilla.

Si un año antes, en el Atatürk, la charla de Benítez al descanso fue una de las claves para remontar en esa increíble segunda mitad ante el Milán, en el estadio Millennium de Cardiff pasó algo parecido, pero personalizado en dos futbolistas. «El Liverpool tenía la suerte de tener dos jugadores que eran capitanes y que manejaban al grupo y hacían que todo cambiara, como eran Jamie Carragher y Steven Gerrard», comenta Paco Herrera.

«Eran dos líderes puros, no solo uno; teníamos la suerte de tener dos, y en el vestuario una vez dada la charla de Rafa, si hubiéramos salido los del cuerpo técnico y los hubiéramos dejado solos, ellos mismos se hubieran encargado de levantar a todos porque tenían una fuerza increíble y otra vez volvió a suceder lo mismo», explica Paco Herrera, testigo de la arenga de los jugadores *liverpudlians*.

«Rafa, que es un tío súper inteligente para todo esto del fútbol y para la psicología, permitía que sucediera porque sabía que era bueno para el equipo; y bueno, se levantaba Steven Gerrard y se levantaba Jamie Carragher una vez dada la charla, y en cinco minutos ponían a todo el mundo los pelos de punta y eso al equipo le ayudaba mucho», señala el que fuera entrenador de equipos como el Albacete o Las Palmas.

Así se llegaba a los segundos 45 minutos en Cardiff, con el Liverpool siendo mejor, pero con los *hammers* mandando en el marcador y achuchando por momentos a un Pepe Reina que salvaba a su equipo en una doble ocasión tras arrancar la segunda mitad.

OTRA VEZ GERRARD

El Liverpool buscaba el empate y finalmente lo conseguiría en el minuto 54 con un golazo de Gerrard, cómo no, que la rompía casi desde el punto de penalti tras una dejada de Crouch. El 2-2 en el marcador levantó definitivamente a la afición *red* de sus asientos y esta vez parecía que los de Benítez iban a coger la inercia buena en el transcurso de la final. Sin embargo, en el 64, Paul Konchesky desde la izquierda sorprendía con un disparo envenenado a Reina con el tercero de los londinenses. ¡Vaya partido de golazos!

Otra vez el Liverpool tenía todo en contra y debía reaccionar pronto si quería pelear el resultado. Pasaban los minutos y nada, hasta que, en el descuento, Gerrard volvía a ser el salvador con un misil desde casi 40 metros. ¡3-3, menuda locura de partido! Otra vez el Liverpool había igualado un resultado en contra como ante el Milán y mandaba la final a la prórroga.

Se acababan los calificativos para el capitán *red*. «Era un jugador que te cambiaba el ritmo del partido», vuelve a añadir Paco

Herrera. «Era posible que un partido estuviera muy igualado, y *Stevie* con dos o tres jugadas que él hacía de coraje, de sangre y de calidad cambiaba el ritmo del equipo y cambiaba el sentir del estadio», comenta el preparador catalán acerca del capitán. «Era capaz de coger un balón y plantarse al borde del área y crear una situación de gol y automáticamente levantaba al estadio. Seguramente era un jugador distinto al fútbol inglés que se practicaba en muchos equipos», matiza.

En el descanso antes de la prórroga, y como sucediera en Estambul, de nuevo la afición del Liverpool se hacía notar cantando el archiconocido *You'll never walk alone* que daba alas y respaldo a unos jugadores muy mermados físicamente debido al calor y desgaste de ese día.

En la prórroga los dos equipos estaban muy cansados y todas las jugadas estaban llenas de imprecisiones en ambas áreas, con el partido ya roto sin táctica alguna. Sin embargo, justo en el final, una falta botada por Benayoun desde la izquierda era rematada por Reo-Coker y Reina tocaba lo justo para que, por fortuna, el esférico golpease el palo. Ahí no quedaba la cosa porque en el rechace, y con todo para romperla y meterla en la portería, Harewood, acalambrado y lesionado, la echaba milagrosamente fuera.

Y llegaban los penaltis. Las cámaras enfocaban a Dudek, el héroe de Estambul que había estado prácticamente toda la temporada a la sombra de un Reina que había fallado en el segundo gol del West Ham y podía haber hecho más en el tercero. «Era duro de encajar para Dudek que, habiendo sido tú protagonista de la consecución de la Champions, que la temporada siguiente tengas a Pepe Reina y que él sea la primera opción», comenta José Manuel Ochotorena. «Pero bueno, ahí demostró que es un gran profesional y ayudó mucho desde su posición a Reina para integrarse», añade también Ochoto.

Sin embargo, con toda la presión y a pesar de los errores en los goles encajados, el portero madrileño se iba a convertir, como el propio Dudek un año antes, en el héroe de la final: Hamann abría la tanda metiendo su gol, mientras que Reina con la mano derecha le paraba a Bobby Zamora el primero del West Ham con una buena estirada.

En el segundo lanzamiento del Liverpool, Hyppiä fallaba ante Hislop y Teddy Sheringham ponía el 1-1 en el marcador. Gerrard la rompía con el segundo de los *reds*, y Reina paraba con el pie derecho el lanzamiento a Konchesky. ¡Segundo penalti parado!

Riise no fallaba y hacía el 3-1 mandando el balón con potencia al centro de la portería, mientras que otra vez Reina le paraba el penalti a Ferdinand blocando el esférico abajo a la derecha. Tres penaltis detenidos. ¡Increíble! El Liverpool era campeón de la FA Cup después de remontar un partido en contra e imponerse en la tanda de penaltis. Como en Estambul un año antes.

Reina, que ganaba su primer título con el equipo inglés, era el objetivo de todas las cámaras y focos mientras sus compañeros le abrazaban y felicitaban. En especial Morientes, que salió al comienzo de la segunda mitad y era el encargado de lanzar el quinto penalti.

REINA, EL OTRO HÉROE DE LA FINAL

«Siempre lo hablamos Pepe y yo, que cuando llegábamos al último penalti, si ellos fallaban no hacía falta que yo tirase, pero si ellos marcaban tenía que tirar yo el decisivo y si lo marcaba, pues éramos campeones y si no lo marcaba, pues seguíamos», recuerda Fernando Morientes. «Por una parte quería que Pepe parase el penalti porque no quería llegar hasta allí, pero por otra, sabía que, si Pepe no lo paraba, me tocaba la responsabilidad a mí y por una parte me hacía ilusión, porque era como devolver un poco toda la confianza y todo el cariño de ese fichaje en el último penalti decisivo que ojalá lo hubiese metido», reconoce el popular comentarista deportivo. «Lo que pasa que nos quedamos con esa duda porque no tuve la suerte de tirarlo, ya que Pepe tuvo la valentía de parar el penalti y hacernos campeones», concluye el exdelantero criado en Sonseca.

José Manuel Ochotorena da una de las claves del acierto del guardameta madrileño en la tanda de penaltis: «Pepe Reina creo que ha sido uno de los porteros más intuitivos en ese tipo de acciones en las tandas, un hombre que ha estudiado mucho a sus rivales, siempre ha tenido esa capacidad de intuición», señala Ochoto. «Yo creo que el penalti es algo muy personal, independientemente de que los estudies, la habilidad que tú tengas… porque al final no deja de ser un duelo de uno contra uno, y ahí ya hay unas habilidades emocionales que hay porteros que lo saben manejar bien y en eso Reina creo que ha sido un gran portero dominando muchísimo esa faceta», matiza el entrenador de guardametas del Liverpool esa temporada y, por lo tanto, con parte del mérito en los penaltis parados ese día en Cardiff.

No obstante, además de la intuición propia del portero, había una preparación previa, como explica Rafa Benítez, que no debe pasarse por alto: «Yo tengo una base de datos de jugadores de muchos países y están en mi software, con lo que esa información la tiene Ochotorena, que se la traslada a Dudek primero y a Pepe después», comenta el entrenador madrileño. «Nosotros estudiábamos quiénes tiraban los penaltis años y años atrás. Yo la portería la tengo marcada "1, 2, 3, 4, 5, 6" y tengo todos los penaltis metidos y les decimos:"80% aquí, 40% aquí, tal, tal…", y él así ya tiene una idea», aclara el técnico.

«Su llegada no fue sencilla porque los aficionados querían mucho a Dudek ya que les había dado la Copa de Europa, pero rápidamente se hizo con el sitio», destaca Javier Matallanas sobre el rol e importancia del portero español durante esa primera temporada. «Aunque se le mirara con lupa, por su personalidad revitalizó ese *Spanish Liverpool* y fue el gran líder, porque Pepe (Reina), además de ser uno de los mejores porteros del mundo, fomenta un buen rollo en el vestuario que crea clima en equipos campeones», explica el periodista en aquellos años en Cope.

«Creo que los aficionados se quedaron impresionados con Reina, su distribución del balón, su colocación en portería, su carácter y, luego, ganar un trofeo en su primera temporada y ser el hombre que paró tres penaltis lo puso muy cerca de ser una leyenda en el Liverpool», afirma en la misma línea Matt Ladson de la web *This is Anfield*.

«Pepe Reina demostró con el tiempo que es un experto parando penaltis y fue una de las claves del progreso del Liverpool bajo Benítez ganando otro título. Ese sentimiento ganador que muchos jugadores conocerían esa temporada, lo de que "El Liverpool Football club existe para ganar títulos", como dijo el famoso Bill Shankly. En ese punto, logramos un trofeo cada temporada con Rafa, dos títulos consecutivos, los dos en penaltis, haciendo que los jugadores creyeran que eso es lo que tenían que seguir haciendo», continúa argumentando Matt Ladson.

En la celebración, como un año antes en Estambul, Gerrard recibía la FA Cup, la séptima que lograba el Liverpool, con Morientes y Reina luciendo una bandera española, el primero a modo de capa y con la silueta del toro de Osborne, y el segundo una normal atada a la cintura, entre la exaltada y feliz plantilla *red*.

Ya de vuelta en Liverpool, al día siguiente, un autobús descapotable llevaba a los héroes de Cardiff por las calles de la ciudad de Los Beatles. El recibimiento, sin ser como el del año anterior, también fue multitudinario pues la final había sido una de las mejores de la historia.

Así terminaba la temporada 2005-2006 del Liverpool, con dos títulos, la Supercopa de Europa conseguida a inicios de temporada en agosto y la FA Cup. Además, en Premier League se compitió hasta prácticamente el final por el subcampeonato, lo que era, sin lugar a duda, un paso más en el proyecto de Rafa Benítez, que llevaba ya tres títulos y cinco finales desde que llegó al club.

A pesar de haber caído en octavos de final en Champions y en la final en el Mundial de Clubes, quizás la temprana eliminatoria en la Copa de la Liga, la Carling Cup, en el debut en tercera ronda en el también lejano mes de octubre, fue el único traspié sonado, pues como decíamos algo más arriba, la buena imagen dada en la Premier y sobre todo la victoria en FA Cup y la manera de lograrlo, justifican la temporada con un notable alto.

MUNDIAL DE ALEMANIA

Para los integrantes del *Spanish Liverpool* la cosa no terminaba ahí, pues Luis Aragonés contaba con casi todos convocándoles para el Mundial de Alemania que comenzaba en prácticamente un mes. Pepe Reina, Xabi Alonso y Luis García estaban entre los 23 hombres que el Sabio de Hortaleza había llamado de cara a la cita mundialista; no así Fernando Morientes que, para sorpresa de muchos, se convirtió en una de las principales ausencias en el que habría sido su tercer Mundial.

Sin hacer un mal curso, y a pesar de tener unos números muy buenos cada vez que representaba a la selección española, la irregularidad mostrada en algunas fases de la temporada y los nueve goles que marcó en total entre todas las competiciones, no fueron suficientes para convencer al veterano técnico madrileño. De hecho pocos días antes del inicio del Mundial, Morientes firmaba por el Valencia y regresaba a la Liga española tras 16 meses en Inglaterra, por lo que el *Spanish Liverpool* perdía a uno de sus integrantes.

¿Llegaría algún otro jugador español la temporada siguiente a Merseyside? Esa era una de las preguntas que se hacían cientos de aficionados al Liverpool en España, pues las aventuras de nuestros futbolistas en la Premier cada vez eran más seguidas en territorio patrio.

En lo concerniente al Mundial, la España de Luis Aragonés quedó encuadrada en el grupo H junto a Ucrania, Túnez y Arabia Saudita. En el primer partido de la fase de grupos, la selección goleó 4-0 a Ucrania, con Alonso abriendo el marcador, doblete de David Villa y un cuarto de Fernando Torres. En el segundo, se impuso con más problemas de los esperados a Túnez por 3-1, con un Raúl que fue revulsivo desatascando el marcador con su último gol como internacional, y con doblete de un Fernando Torres que ya empezaba a hacer ruido a nivel internacional.

Con los deberes ya hechos, la Roja se deshizo por la mínima de Arabia Saudita (gol de Juanito), antes de que en octavos de final Zinedine Zidane y compañía jubilasen a la selección en un 3-1 (Villa adelantó a España) que aún duele al verlo y recordarlo.

España, que contaba con una generación llamada a hacer grandes cosas, caía eliminada dejando un sabor amargo al que por desgracia ya estábamos acostumbrados. De los tres *reds* que acudieron a tierras germanas, Xabi Alonso fue quien más protagonismo tuvo jugando tres partidos, los tres de titular, y siendo el autor del primer gol de España en el torneo. Luis García también disputó tres encuentros, pero al contrario que el tolosarra, solo fue titular en dos. Por su parte, Pepe Reina se quedó sin jugar pues Cañizares fue el guardameta elegido por Luis para disputar el tercer partido de la fase de grupos en el que España ya estaba clasificada para octavos.

También a nivel internacional, hay que destacar que Antonio Barragán ganaba con la selección española Sub-19 el Campeonato de Europa de la categoría que se disputó en Polonia, por lo que, de esta forma, un miembro del *Spanish Liverpool* lograba un título con la elástica nacional, aunque no fuera, de momento, con la absoluta…

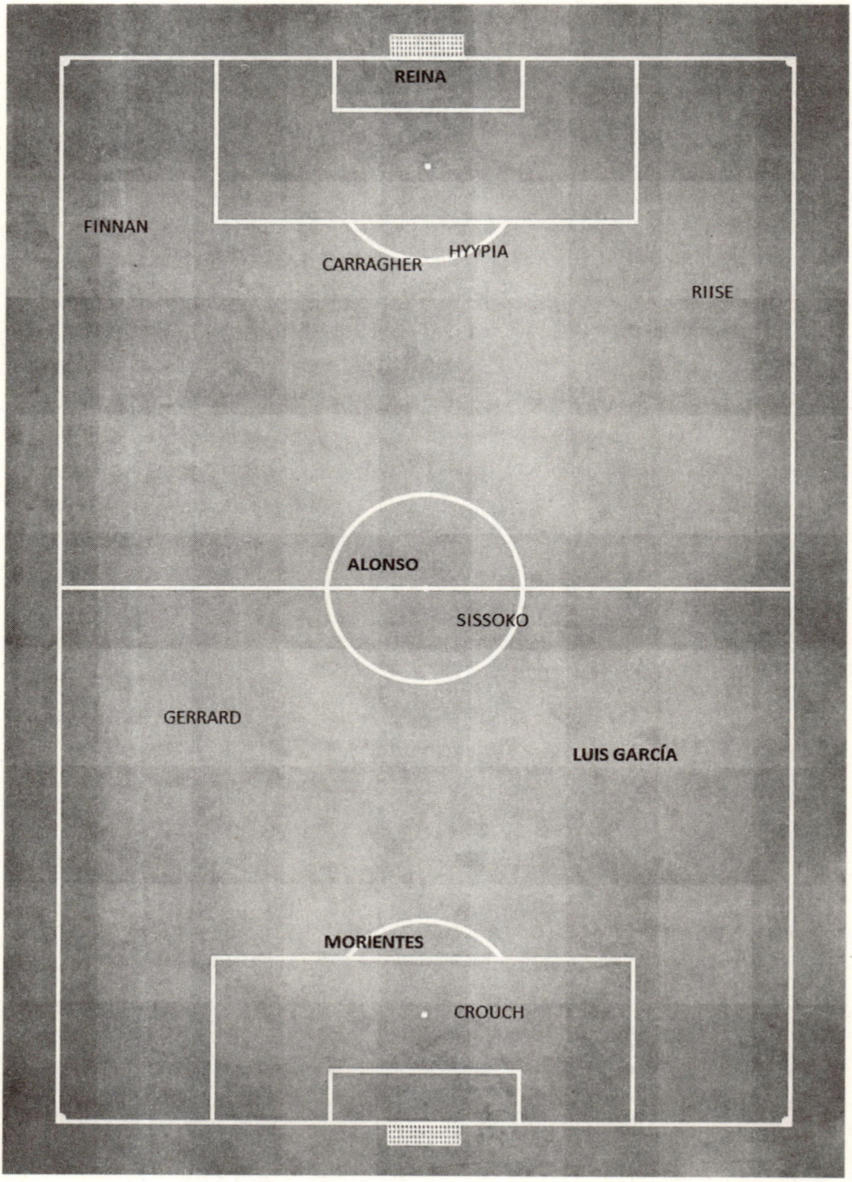

Alineación tipo 2005 - 2006

CAPITULO TRES

A LA TERCERA NO FUE LA VENCIDA

> En Premier, el equipo tuvo un más que aceptable papel con rachas buenísimas, tanto en Anfield como de cara a recibir goles, pero eso aún no le daba para hacer sombra al United o al Chelsea

En el tercer proyecto de Rafa Benítez el objetivo prioritario estaba claro: tras haber logrado la Champions en el primer año y la FA Cup en el segundo, la Premier League era esta vez, sin menospreciar ninguna competición, el principal objetivo a conseguir, sabiendo que equipos como Chelsea, Arsenal y United aún estaban, quizás, un peldaño por encima, no por calidad individual o conjunta de sus hombres, sino porque eran unos proyectos más rodados y, sobre todo, con mayores presupuestos.

Benítez mantenía al bloque ganador de los dos cursos anteriores, pero intentaba traer a jóvenes futbolistas que pudieran arropar y fortalecer el núcleo duro de un conjunto que, por edad, aún tenía unas cuantas temporadas de buen fútbol por delante.

El equipo sufriría cambios respecto al curso pasado con varios fichajes de bastante categoría, y algunas bajas también de futbolistas que en temporadas anteriores habían sido muy importantes, pero la *Rafalution* seguía adelante.

Comenzando por las llegadas y, por primera vez en esos tres años, no había ningún fichaje de un futbolista español (al menos hasta el mercado invernal), pero sí de jugadores sudamericanos. No obstante, Benítez continuaba teniendo el radar en la Liga española y, cómo no, en el Valencia y una de las primeras adquisiciones para esa temporada 2006-2007 que iba a comenzar era la del brasileño Fabio Aurelio, a quien ya tuvo a sus órdenes durante tres temporadas en el conjunto che y que se convertía, además, en el primer futbolista brasileño que jugaría en el Liverpool.

Otro jugador que venía de la liga española era Mark González, que en el curso anterior había tenido bastante protagonismo en la Real Sociedad. El joven extremo chileno, en realidad, tendría que haber llegado un año antes procedente del Albacete, pero, además de estar lesionado, no pudo conseguir el permiso de trabajo en Inglaterra, por lo que tuvo que permanecer una temporada cedido en la Real, donde jugó asiduamente los seis últimos meses.

El tercer futbolista sudamericano que se unía a la disciplina *red* era el prometedor defensa argentino Gabriel Palleta, con mucha importancia la temporada anterior en Banfield. El jugador tenía pasaporte italiano, por lo que no ocupaba plaza de extranjero en un equipo que, por momentos, parecía un crisol debido a la abundancia de nacionalidades.

Por su parte, y tras descender a la Championship con el Birmingham, el controvertido Jermaine Pennant llegaba a Anfield para aportar músculo y acento inglés a pesar de su origen jamaicano. También de la Premier venía el galés Craig Bellamy, que la temporada anterior había conseguido la respetable cifra de 17 goles en el Blackburn Rovers entre todas las competiciones y que aspiraba a contar con bastantes minutos y protagonismo durante el curso.

El gran fichaje, sin embargo, fue el del neerlandés Dirk Kuyt que, tras destacar en la Eredivisie holandesa e hincharse a meter goles en el Feyenoord, aterrizaba en Liverpool con el propósito de convertirse en una de las referencias ofensivas de Benítez.

Además, desde el Saint Étienne francés llegaba el joven extremo marroquí Nabil El Zhar, aunque su sitio estaría entre el *reservas* y el primer equipo. También otros jóvenes futbolistas entrenarían con «los mayores» en Melwood y contarían con algo de protagonismo, como el centrocampista Danny Guthrie, el lateral Lee Peltier, el internacional Sub-19 con España Miki Roqué, ya en su segunda temporada en Inglaterra desde que llegase procedente del Lleida, o el capitán de ese Liverpool de jóvenes que ganó la FA Youth Cup junto al propio Roqué, el central Stephen Darby.

Por otra parte, las salidas fueron notables, entre ellas las de algunos jugadores que habían tenido mucho peso e importancia los años anteriores. La parte ofensiva fue quizás la línea que más iba a cambiar en ese nuevo proyecto, pues tres delanteros hacían las maletas, dos de ellos rumbo a España. Sinama Pongolle, que en la temporada anterior había estado cedido en el Blackburn Rovers durante la segunda vuelta, salía cedido nuevamente, pero dirección Huelva, al Recreativo, donde su importancia y guarismos goleadores aumentarían notablemente.

Djibril Cissé, que se había lesionado gravemente justo antes del Mundial en un amistoso con su selección, volvía a Francia para jugar cedido en el Olympique de Marsella buscando más minutos y regularidad una vez estuviera recuperado. Cissé había sido el delantero con mejores números el curso anterior y muy importante en los tres títulos ganados por Benítez; sin embargo, a sus 25 años, buscaba un sitio donde fuera un nueve titular dada la gran competencia que había en Anfield.

16 MESES IRREGULARES

Algo parecido le pasaba a Fernando Morientes que, tras temporada y media en Inglaterra, ponía rumbo a Valencia para reencontrarse con su mejor fútbol a sus aún aprovechables 30 años. A pesar de llegar con la aureola de ser casi un fichaje galáctico, la falta de ritmo en el Real Madrid y el hecho de no poder participar en la Champions porque precisamente ya había jugado con el equipo merengue, marcaron sus primeros meses en Inglaterra. «A mí me costó mucho ese primer medio año, pero como iba con mucha ilusión, pues iba empapándome del ambiente de Anfield, de la historia que tenía el Liverpool, y disfruté mucho de todo eso, no tanto en el sentido futbolístico, porque no terminaba de adaptarme bien, pero sí en el sentido de disfrutar lo que era la Premier y cuando tuve la oportunidad lo hice y lo disfruté muchísimo», reconoce el antiguo internacional de la Roja.

«Morientes para mí era una apuesta muy ilusionante porque era un jugador con todas las características, después de conocer el fútbol inglés, para rendir bien», señala Rafa Benítez. «Luego él es un buen chaval, trabaja bien, es buen compañero, se apoya en los demás… era todo idóneo para que funcionase, lo que pasa es que bueno, luego ya está la adaptación, el físico, los árbitros que te protejan más o menos, y ese tipo de cosas», explica el entrenador sobre el rendimiento que tuvo el delantero extremeño.

En su segundo curso, jugó mucho más y, a pesar de que sus números nunca fueron como los que tuvo en Madrid o en Mónaco, su mejor temporada sin discusión, la aportación al equipo fue muy notable. De hecho, el cacereño repartió un total de siete asistencias y participó en muchos goles de otros compañeros.

Cuando parecía que empezaba a alcanzar su mejor nivel y a demostrar por qué el Liverpool se había fijado en él, dos lesiones que le dieron bastante lata hicieron mella en su rendimiento e impidieron que tuviera el nivel que muchos y él, el primero, esperaban. «El hándicap fue ese, un par de lesiones musculares que no terminan de curar bien y te apartan cuatro o cinco semanas y no acabas de coger la forma», comenta.

«La temporada fue pasando y eso me minó. Sobre todo físicamente, pero también mentalmente, porque yo esa temporada tenía muchísima ilusión puesta en ella», aclara. «Esos dos meses que necesitaba para hacer goles, para asentarme, para que la gente viese que había un delantero fiable, los pasé en el dique seco y más pensando sobre todo en la lesión, y eso fue, entre otras cosas, lo que me condicionó para no dar el rendimiento que yo esperaba esa temporada. Por eso me desilusioné mucho, porque tenía mucha ilusión puesta en ese arranque de temporada, en los tres o cuatro primeros meses, y además, sobre todo, porque me encontraba en mi mejor momento físico y mental», explica con cierta reflexión el Pichichi de la Champions en la temporada 2003-2004.

Con todo, su palmarés creció con otra Champions más, la cuarta (aunque no participara en esa competición fue miembro de la plantilla y debe ser considerado como tal), otra Supercopa de Europa, su segunda, y la FA Cup.

Aunque no llegó a cuajar como se esperaba, su papel en el *Spanish Liverpool* fue importante para, entre otras cosas, aportar su experiencia al equipo en la consecución de la Champions en aquella final loca ante el Milán. «Morientes, sin jugar ni un minuto, era como que les dio ese gen ganador desde fuera», apunta el periodista Javier Gómez Matallanas.

«Creo que Fernando Morientes es uno de esos jugadores que siempre están en esa pequeña lista de jugadores que los aficionados del Liverpool sienten que nunca llegaron a estar en su mejor versión», dice Matt Ladson. «Los jugadores realmente le valoraban y decían que era un jugador fantástico; pero, por alguna razón, no llegó a funcionar y creo que ningún aficionado tiene ninguna opinión mala, solo que es uno de esos que no llegó a cuajar. A veces eso sucede en el fútbol y, en otras circunstancias distintas, podría haber sido un futbolista fantástico».

«Daba la sensación de que encajaba en el fútbol inglés porque iba muy bien de cabeza y era un rematador, porque nosotros creo que nos equivocamos en eso, tendemos a ver los futbolistas que físicamente son buenos y decimos: "Este en el fútbol inglés vendría bien"; pero luego te das cuenta de que los que, realmente, han tenido un impacto grande en la Premier han sido jugadores diferentes al estereotipo del futbolista inglés», destaca Sid Lowe. «Tú piensas en Luis García y Xabi Alonso, pero piensas sobre todo en Cesc Fábregas y David Silva, en Juan Mata, en Santi Cazorla... peloteros pequeños. Pero con Morientes había mucha ilusión porque se le vio un poco como un delantero tipo inglés que encajaría muy bien», continúa argumentando el comunicador inglés.

Finalmente, el atacante extremeño regresaba a la Liga española a las filas del Valencia, donde en apenas unos partidos se metería a la exigente afición che en el bolsillo formando una delantera demoledora junto a David Villa.

Siguiendo con las bajas, otro de los héroes de Estambul, el alemán «Didi» Hamann, uno de los motores del equipo durante las siete temporadas que permaneció en la disciplina *red*, se marchaba al Manchester City, previo paso por el Bolton durante apenas 24 horas. Sin duda que al espigado alemán se le echaría en falta tanto dentro como fuera del terreno de juego.

Además, y dada la competencia en la portería, Scott Carson salía cedido al Charlton Athletic, al igual que Djimi Traoré, otro de los héroes de Estambul, que era vendido al equipo londinense. El canterano Darren Potter volvía a salir cedido al Wolverhampton Wanderers de la Championship, tras haberlo estado en el Southampton los seis últimos meses, mientras que otro jugador de la cantera, Zak Whitbread, que jugó la previa de la Champions la temporada anterior, se quedaba en propiedad en el Milwall de la Football League One, la tercera categoría del fútbol profesional en Inglaterra.

DOS BAJAS MÁS EN EL *SPANISH LIVERPOOL*

Por otra parte, no solo Morientes como miembro del *Spanish Liverpool* volvía a España; Antonio Barragán, tras solo un año en Inglaterra y un partido oficial con el primer equipo, regresaba a la liga española para fichar por el Deportivo de la Coruña. Por último, y después de tan solo siete meses desde que llegara del Villarreal, Krompkamp hacía de nuevo la maleta y regresaba a su país para jugar en el PSV Eindhoven.

No obstante, hubo una salida más a destacar, aunque no era de ningún jugador, sino de Paco Herrera, uno de los hombres de confianza de Benítez, entrenador del *reservas* junto a McAuley y, sobre todo, pieza clave en la telaraña que componía el *Spanish Liverpool* y una persona muy querida por jugadores (no solo los españoles), técnicos y también periodistas.

«Tuve una situación familiar y muy directa que hacía que mi mujer regresara a casa, que se tuviera que ocupar de su madre, y otra situación que fue casi una coincidencia, pero que tenía visos de ser lo mismo en otra parte de la familia y coinciden», explica Paco Herrera. «Yo hablo con Rafa por teléfono cuando estábamos de vacaciones y le digo: "Rafa, está pasando esto y me tengo que quedar en España, yo no puedo dejar a mi mujer sola con esta situación", y bueno, Rafa lo intentó por todos los medios, es algo que nunca olvidaré y siempre estaré agradecido», recuerda con cierta emoción en su voz quien fuera segundo de Benítez.

«Rafa incluso llegó a pensar que podía haber algún aspecto económico, pero ni mucho menos era así. Yo me hubiera quedado por menos dinero del que ganaba porque estaba disfrutando como nunca», nos cuenta el entrenador catalán que, para estar cerca de su familia, se convirtió en el director deportivo del Espanyol.

«Recalé de director deportivo, que me permitía incluso en algún momento poder trabajar desde casa y estar cerca del problema que teníamos», comenta el veterano técnico. «Después, cuando esas dos situaciones ya no estuvieron ahí, pues decidí volver a hacer lo que yo quería hacer, que era entrenar», argumenta.

Paco Herrera rememora todavía con nostalgia esos dos años inolvidables: «Pasé dos años magníficos y maravillosos. Viví mucho tiempo solo y Ochotorena, también. Nos íbamos cuando teníamos tiempo a cenar juntos, se sumaba Rafa cuando no estaba la familia, se sumaba Pako Ayestarán... nosotros dos hicimos una amistad entrañable», comenta sobre su amigo y compañero Ochoto.

«Nos apañábamos entre los dos, íbamos a comer a un sitio a Albert Dock, esa zona de los muelles tan bonita de Liverpool y nos llamaba muchísimo la atención todo lo que veíamos por la calle. Abríamos mucho los ojos y los oídos para ver esa vida un poco distinta a la nuestra y siempre aprendíamos algo», describe con detalle. «En fin, fue algo muy bonito y que yo sigo añorando y que, si no hubiera pasado nada, seguramente no sé si hubiera cambiado también mi rumbo. A lo mejor seguiría estando al lado de Rafa, no lo sé», sentencia con sinceridad un Paco Herrera que como ayudante de Benítez ganó la Champions, la Supercopa de Europa y la FA Cup.

En lo referente al club y ultimando la preparación del curso futbolístico, tras diez temporadas vistiendo al equipo, Reebok decía adiós al Liverpool y era Adidas nuevamente, como en los 80 y primera mitad de los 90, la marca que se encargaría de la equipación durante los siguientes años, aunque la famosa cerveza Carlsberg seguiría luciendo en el pecho de los futbolistas *red*.

Con la nueva camiseta, además, Miki Roqué debutaba con el primer equipo el 15 de julio, aunque de momento era solo en un amistoso de pretemporada. Como con Reina un año antes, el estadio del Wrexham, el Racecourse Ground, era testigo del estreno como titular de otro futbolista español, en este caso el joven zaguero catalán.

Finalizada la pretemporada, donde también Godwin Antwi, defensa hispanoghanés reclutado un año antes por Paco Herrera para el *reservas*, tenía sus minutos frente al Crewe Alexandra, el día 9 de agosto, el Liverpool 2006-2007 echaba a rodar en la tercera ronda de la fase previa de la Liga de Campeones en Anfield, con el partido de ida ante el campeón de Israel, el Maccabi Haifa.

Con Reina y Alonso titulares como únicos representantes de la Armada española (Luis García entraría en el segundo tiempo), el Liverpool supo sobreponerse al tanto inicial del equipo israelí a la media hora de juego, por medio de Bellamy, que se estrenaba con gol en su debut.

A tres del final, otro debutante como Mark González también se estrenaba como goleador tras un buen pase de Xabi Alonso y dejaba el 2-1 definitivo en el marcador. El tercer proyecto de Rafa Benítez empezaba con victoria, aunque aún habría que sentenciar en la vuelta para estar en el bombo de los grupos en el sorteo de la Champions.

CUARTO TÍTULO

Cuatro días después, ya tocaba el primer título de la temporada y ante un rival de peso. La Community Shield, el equivalente a la Supercopa de España en nuestro país, enfrentaba al Liverpool, como vigente campeón de la FA Cup, con el Chelsea, ganador de la Premier League 2005-2006. Otra vez Cardiff y el estadio Millenium albergaban la final dado que Wembley continuaba ultimando su reforma, y otra vez los de Benítez salieron vencedores en la capital de Gales.

Riise adelantaba al Liverpool en los primeros minutos con un buen disparo desde fuera del área en el que Cudicini pudo hacer más y Shevchenko, uno de los fichajes estrella de la Premier y del magnate Abramovich, batía a Reina antes del descanso, sacándose en parte, la espina que tenía clavada desde la final de Estambul, cuando jugaba en el Milan.

Tras una igualada segunda mitad, Peter Crouch, a diez del final de un certero cabezazo, conseguía el 2-1 definitivo y el Liverpool se proclamaba campeón de la FA Community Shield por decimoquinta vez. Aunque menor, cuarto título para Rafa Benítez y también cuarto para Alonso y Luis García, y tercero para Pepe Reina, y visto ahora con retrospectiva, último que conseguiría ese *Spanish Liverpool.*

El tercer compromiso del curso suponía ya el pistoletazo de salida en liga, visitando al recién ascendido Sheffield United que regresaba a la Premier doce años después, con un 1-1 gracias a un gol de Robbie Fowler de penalti. Con solo Reina como representante español, los *reds* tuvieron un estreno liguero accidentado perdiendo por lesión tanto a Carragher como a Riise en la primera mitad, así como dos puntos que muchos daban por sentado.

Tres días después del estreno liguero, en la vuelta de la fase previa de la Champions, otro 1-1 en Kiev con diana nuevamente de Crouch (el partido no se disputó en Israel debido al conflicto de Oriente medio) dejaba la eliminatoria en 2-3 para los de Benítez, y confirmaba que el Liverpool estaría presente en el sorteo de grupos de la Champions League.

Tras los dos últimos empates, la victoria y los tres primeros puntos de la temporada llegaban en la visita del West Ham a Anfield en un encuentro en el que la grada más famosa del mundo, The Kop, cumplía 100 años. Aunque el equipo londinense se puso por delante con un tanto de Bobby Zamora, un misil de Daniel Agger y otro buen gol de Crouch tras una asistencia a lo Laudrup de Luis García, ambos goles, justo antes del descanso, daban la vuelta al marcador y los *reds* ganaban en tan icónico día.

Tras el parón por el inicio de la fase de clasificación para la Eurocopa, septiembre empezaba mal para el *Pool* que caía 3-0 ante el Everton en Goodison Park, con la victoria más abultada de los *toffees* en el derbi de Merseyside en los últimos 42 años, antes del arranque de la Champions.

El campeón de 2005 había quedado encuadrado en el grupo C junto al PSV Eindhoven holandés, el Girondins de Burdeos francés y el Galatasaray turco. En principio, los *reds* eran el equipo más potente y era casi obligatorio pasar a segunda fase. El estreno europeo llevó al equipo inglés al PSV Stadion, donde el punto conseguido en un empate sin goles no era del todo malo ante, en teoría, el rival más fuerte del grupo. Además, primer encuentro en el que no se recibía un gol en contra.

Sin embargo, en Premier, ahora sí, el Chelsea se sacaba la espina de los últimos enfrentamientos venciendo por la mínima con un golazo del costamarfileño Didier Drogba. Con algo más de un mes de competición ya disputado, el comienzo de temporada estaba siendo bastante irregular, aunque en los siguientes tres encuentros se vería una notable mejoría.

En el partido aplazado de la segunda jornada liguera recibiendo al Newcastle, que no se disputó en su día porque los *reds* jugaban la vuelta de la previa de la Champions, victoria convincente, sensaciones buenas y, sobre todo, un nombre que sobresalía por encima del resto: Xabi Alonso. El centrocampista tolosarra fue el hombre más destacado del encuentro. Primero le metía un gran pase en profundidad a Finnan en una jugada de tiralíneas, que acabó con el primer gol de Dirk Kuyt como futbolista del Liverpool.

Ya en la segunda parte, en el minuto 79, Alonso recuperaba un balón en el centro del campo, avanzaba un par de metros y tras barajar opciones de pase y viendo que Harper estaba adelantado, con su diestra y sin vacilar, ponía el balón fuera del alcance del portero inglés, que se resbaló mientras reculaba a toda prisa intentando llegar al esférico.

¡Vaya golazo! Anfield se caía con la clase del 14 *red*. Ya lo había hecho la temporada anterior en FA Cup ante el Luton, pero este gol desde su propio campo fue bastante mejor y más limpio, pues el otro entró botando lentamente y este llegaba directamente a portería. Primera diana de la temporada del ex de la Real que, sin duda, era uno de los pesos pesados del vestuario y uno de los favoritos de la afición. Segunda victoria liguera y los de Benítez se ponían a seis del líder, que en aquellas semanas era el Portsmouth, y, sobre todo, a cinco de los equipos con los que, a priori, tendría que vérselas a final de temporada: el United y el Chelsea.

Tres días después, también en Anfield, buena victoria ante los *spurs* con tantos de Mark González, Kuyt a pase de Luis García, y de Riise con otro zambombazo marca de la casa desde fuera del área. La tercera victoria consecutiva llegaría en Champions frente al Galatasaray, en una noche en la que se vieron cinco goles y que, por momentos, recordó a la final de Estambul.

Al cuarto de hora los *reds* ya mandaban en el electrónico con goles de Crouch y de Luis García que, de cabeza y tras un certero pase de Pennant, batía al colombiano Mondragón. En el minuto 51 nuevamente Peter Crouch, quizás en su mejor versión desde que llegó a Merseyside, conseguía el tercero con una espectacular chilena. Olía a goleada, pero el equipo turco hacía dos goles en seis minutos, y por momentos parecía que el Liverpool iba a sentir en sus propias carnes lo mismo que los jugadores del Milán en aquella noche de mayo de 2005… Sin embargo, no hubo «milagro turco» y el Liverpool sumaba tres importantes puntos en Europa.

Para cerrar septiembre, tropiezo ante el Bolton con actuación destacada del Iván Campo. El jugador donostiarra, en la que era su quinta temporada, conseguía el segundo de los *trotters* con un potente remate de cabeza en el área chica saltando por encima de Finnan y batiendo a Reina. Preguntado por ese tanto, quien fuera zaguero del Mallorca o internacional con la selección en el Mundial de Francia, es modesto al respecto, pero vuelve a destacar lo que era enfrentarse con varios compatriotas.

«El gol prácticamente es algo secundario para una persona que como yo no mete muchos, pero el poder dar un abrazo a Xabi (Alonso), que encima es de Donostia, y a Pepe (Reina), que es una institución en el mundo del fútbol, pues es lo que nos queda a nosotros; el poder charlar un ratito, el ver cómo se han acoplado a Liverpool, el disfrutar de ellos, el tenerlos de contrincante... eso es lo más bonito que te queda», señala con cariño y admiración un Iván Campo que ya con galones y peso en el Bolton, lucía el dorsal ocho jugando además de mediocentro.

«Cuando llego al Bolton me ponen el 16, pero de repente aparece ese 8, que es el número con el que yo empecé a jugar en San Sebastián en la Playa de la Concha con el Colegio Marianistas Aldapeta, pues me dije: «Voy a recobrar esa idea de cómo empezar otra vez de nuevo y la verdad es que fue por esa razón», explica un Iván Campo que, a día de hoy, es considerado una leyenda del Bolton Wanderers donde permaneció seis temporadas, jugando casi 200 partidos oficiales y logrando 14 goles.

A estas alturas, y tras siete jornadas disputadas, el Liverpool era noveno con diez puntos, a seis del liderato que compartían United y Chelsea.

Al empate liguero en casa ante el Blackburn Rovers, 1-1, con el primer gol de Bellamy precisamente ante su exequipo, le siguió la victoria a domicilio (la primera de la temporada) frente al Girondins de Burdeos en el tercer partido de la fase de grupos en la Champions, gracias a un solitario tanto de Peter Crouch que dejaba a los de Benítez en lo más alto del grupo C empatados con el PSV con siete puntos.

Las cosas se torcían nuevamente en la Premier cayendo ante el Manchester United antes del estreno del equipo en la Carling Cup donde los reds se imponían al Reading por 4-3. Siete goles en un partido intenso y emocionante para los espectadores, no así para Benítez, con Reina como único español sobre el verde de Anfield, y con Fowler abriendo el marcador con una vaselina de mucha clase al borde del descanso.

Riise un minuto después y Paletta al comienzo de la segunda mitad, con su primer gol con la camiseta *red,* colocaban el marcador en 3-0, pero el Reading no bajaba los brazos y recortaba distancias. Aunque Crouch hacía el cuarto tras una preciosa pared con Fowler, el Reading conseguiría dos tantos más metiendo emoción a un partido que dejaba algunas dudas, pero, sobre todo, y eso era lo importante, al Liverpool clasificado para la siguiente ronda.

En Premier, y de nuevo en Anfield, victoria solvente por 3-1 frente a un Aston Villa que perdía por primera vez en la temporada, merced a los goles, todos en la primera mitad, de Kuyt, Crouch y de Luis García, este último finalizando una bonita jugada colectiva que había iniciado Xabi Alonso en su propio campo. Primer gol en liga del catalán en la temporada, que volvería a ver puerta y por partida doble en Champions tres días después.

En el cuarto encuentro de la fase de grupos recibiendo al Girondins de Burdeos, Luis García abría la lata con una buena volea dentro del área tras un centro de Gerrard mediada la primera mitad. El propio Gerrard conseguía el segundo a veinte del final, su primero en la temporada, y cuatro minutos después, otra vez Luis García era protagonista tras robarle el esférico a Jemmali y batir por bajo a Ramé con su tercer gol en Champions. No obstante, tras la celebración, el futbolista catalán pedía el cambio al sentir unas molestias que finalmente le harían perderse los cuatro siguientes partidos. El Liverpool cerraba octubre primero de grupo con diez puntos en los cuatro encuentros que había disputado hasta la fecha y, con dos aún por jugarse, certificaba matemáticamente su pase a octavos de final.

El mes de noviembre traía otros tres puntos a Anfield gracias a un doblete de Dirk Kuyt frente al Reading y, días después, victoria por la mínima en la Carling Cup ante el Birmingham, metiéndose en los cuartos de final merced a un solitario gol del danés Daniel Agger, en lo que era la quinta victoria consecutiva de los hombres de Rafa Benítez.

En la Premier, duro palo cayendo en el Emirates por 3-0 en un mal partido. A estas alturas, los *reds* no habían ganado en liga ningún encuentro fuera de casa, lo que propició que incluso algunos aficionados pidieran la cabeza de Benítez. La cosa no mejoró en la siguiente jornada con un empate sin goles visitando al Middlesbrough, pero en Champions el equipo demostró una buena imagen imponiéndose por 2-0 al PSV, a pesar de estar ya clasificado, con tantos de Gerrard y de Crouch.

Volviendo a la liga, el capitán nuevamente le daba los tres puntos a los de Merseyside con su primer gol en Premier League del curso ante el City, con un latigazo desde fuera del área con el sello del gran Stevie G que parecía, definitivamente, de vuelta a su mejor nivel.

El empate sin goles en casa ante el Portsmouth en la jornada siguiente dejaba a los *reds* séptimos a 16 puntos del United antes de afrontar un cargado mes de diciembre. A la goleada por 0-4 frente al Wigan, le siguió la derrota en Turquía ante el Galatasaray en el último partido de la fase de grupos en Champions. El Liverpool ya estaba clasificado, por lo que Benítez alineó a un equipo sin algunos de sus hombres más importantes. En cuanto a los españoles, solo Alonso era de la partida en el estadio Atatürk, a donde el *Pool* regresaba por primera vez tras la final de 2005.

El conjunto turco se impondría por 3-2 en un partido bastante abierto en el que Robbie Fowler abría y cerraba el marcador con sus dos primeros goles en Champions con el Liverpool, además de volver a ver puerta en Europa más de cinco años después con el club de su vida. Además, en el minuto 84, Miki Roqué, con el dorsal 34 a la espalda, debutaba oficialmente sustituyendo a Xabi Alonso. Serían los únicos minutos oficiales del malogrado futbolista catalán como jugador *red*.

Volviendo a la Premier, comenzaría una buenísima racha recibiendo al Fulham en un encuentro en el que el equipo londinense encajaría cuatro goles, todos en el segundo tiempo, obra de Gerrard, de Carragher con su primer tanto en la era Benítez, de Luis García con un impecable remate de cabeza que se colaba por la escuadra, y otro del chileno Mark González. Victoria también una semana después visitando al Charlton Athletic, con Alonso abriendo el marcador de penalti con su segundo tanto de la temporada en Premier, otro de Bellamy, y un tercero de Gerrard por la escuadra.

Once goles a favor y ninguno en contra era el bagaje en los tres últimos partidos ligueros. La racha se prolongaría una jornada más recibiendo al Watford gracias a los goles de Bellamy, que seguía de dulce de cara a puerta, y de Xabi Alonso con un potente disparo desde fuera del área tras pase de Kuyt. Tercer tanto en liga del centrocampista tolosarra. Su calidad e importancia en el club estaban fuera de toda duda.

Tres días después, en Ewood Park, el Blackburn Rovers por mediación de Benni McCarthy, ex del Celta de Vigo, rompía la tendencia positiva del *Pool* en lo que supondría la última derrota de los *reds* del año.

Antes de dar carpetazo a 2006, tercera victoria a domicilio en White Heart Lane ante un Tottenham que perdía por primera vez en su casa en 13 partidos. Luis García fue el autor del único tanto justo antes del descanso, batiendo a Robinson tras recibir de Gerrard después de una pérdida del conjunto londinense. Tercera diana en Premier del mediapunta catalán, que estuvo cerca de hacer un espectacular nuevo tanto de chilena, en un segundo tiempo marcado por una abundante lluvia. La victoria dejaba a los de Benítez cuartos con 37 puntos, a dos del Bolton de Iván Campo, contra quien se enfrentarían el día de año nuevo, pero todavía muy alejados de Manchester United y Chelsea, que copaban las dos primeras posiciones.

Los *reds* comenzaban 2007 como acabaron 2006: ganando y además convenciendo. 3-0 ante el Bolton, y el equipo de Benítez que se colocaba tercero alargando la buena racha en Anfield sin perder a 27 partidos; la mejor marca desde 1981.

EL ARSENAL, VERDUGO EN LAS COPAS

Pero si antes se celebraba la inexpugnabilidad del estadio conocido como el Templo, los dos siguientes choques fueron todo lo contrario. Además, curiosamente contra el mismo rival, el Arsenal, y en dos competiciones distintas, la FA Cup y la Carling Cup, que a la postre significaban sendas eliminaciones.

En FA Cup, en la popular «tercera ronda», los *gunners* llegaban a Merseyside sabedores de que se enfrentaban a un equipo en alza arropado por una gran afición y en un estadio del que era muy difícil sacar un buen resultado. Además, el Liverpool era el vigente campeón y Benítez apenas rotó a sus hombres importantes; solo Dudek, de los teóricos suplentes, era de la partida ante el equipo de Wenger.

Aunque se presuponía un encuentro igualado, pocos imaginaban que al descanso los *gunners* se fueran al túnel de vestuarios con un 0-2 en el marcador con doblete del checo Rosicky. Aunque Kuyt recortaba distancias mediada la segunda mitad y los *reds* estuvieron cerca del empate, una buena contra en los últimos minutos del Arsenal, orquestada por Henry, dejaba el marcador final en 1-3 y los vigentes campeones que caían en FA Cup a las primeras de cambio, aunque eso sí, en un más que respetable partido.

Tres días después, ahora en quinta ronda de la Carling Cup, el sorteo traía de nuevo al Arsenal a Anfield. Esta vez, al contrario de lo que se esperaba, Benítez sí que rotó y, salvo Dudek y Gerrard, el resto de los jugadores eran distintos del equipo que sucumbió en FA Cup. Sin embargo, el marcador final sería seguramente el palo más grande del curso, y es que el equipo londinense se imponía nuevamente en Anfield … ¡por 3-6!

Un duro revés para los de Benítez, que vieron cómo los *gunners* alcanzaban las semifinales de la Carling Cup y les sacaban los colores, con el brasileño Julio Baptista como hombre más destacado. Y es que la Bestia, cedido por el Real Madrid en la operación que llevó a José Antonio Reyes al club blanco, sería el autor de cuatro goles que pudieron ser cinco si no falla un penalti. 3-6, mala imagen, algunos hombres señalados por una mejorable actitud y los *reds* que, por primera vez en 77 años, concedían seis goles en casa. Y no solo eso, Luis García, que fue suplente y salió en la segunda parte, se retiraba lesionado tras dañarse el ligamento anterior cruzado de su rodilla derecha y se perdería lo que quedaba de temporada. ¡Menudo día!

En liga, y tras la convulsa semana de las eliminaciones coperas y la pertinente crítica por parte de afición y prensa, el equipo conseguía una cómoda victoria ante un Watford en descenso que reforzaba su tercer puesto en la clasificación. Sin FA Cup ni Carling Cup, los *reds* se centrarían en la Premier y en la Champions con el objetivo de llegar lo más lejos posible en ambos frentes. Para ello, sin duda que los refuerzos del mercado invernal serían de gran ayuda.

MÁS PRODUCTO NACIONAL

El Liverpool se había fijado en el australiano del Blackburn Rovers, Lucas Neill, para reforzar la defensa, pero este finalmente se marchaba al West Ham, por lo que Benítez y sus ayudantes recurrieron como antaño a la liga española.

El joven Álvaro Arbeloa había llegado a comienzos de temporada a A Coruña, donde era titular para Joaquín Caparrós en el *Dépor*. El defensa salmantino, que podía jugar indistintamente en la zaga o en ambas bandas, no tenía los minutos necesarios en el Real Madrid y vio en el Deportivo de la Coruña un equipo perfecto para seguir creciendo. Aunque no estaba en sus planes, la oferta del Liverpool tanto para el club como para él era irrechazable, por lo que, a sus 23 años, Arbeloa se convertía en jugador *red* y evidentemente, en el primer fichaje de un futbolista español en esa temporada 2006-2007.

«A él lo lleva mi agente, Quilón, quien me habla bien de él. Lo miro, y jugaba de central y de lateral, y le digo: "No lo veo para central, lo veo para lateral y me hace falta un lateral"», cuenta Benítez sobre cómo se fijó en las cualidades del joven defensor del equipo gallego. «Él tenía ilusión y era un buen precio (2,64 millones de libras), así que me traigo un lateral que va a ser mío, que es barato, que va a aprender, que va a escuchar, y esa un poco fue la idea y al final lo mejoramos». El antiguo canterano merengue llevaría el dorsal dos y sería, en principio, el recambio natural de Steve Finnan, aunque pronto demostraría su valía y su polivalencia.

Además, el mismo día que se anunciaba el fichaje de Arbeloa y, aunque no para el primer equipo, también se hacía pública la llegada del joven centrocampista internacional con la Sub-19 de España, Francis Durán, procedente del Málaga, que jugaría en el *reservas*. «Cuatro o cinco días antes del cierre del mercado de invierno recibo una llamada de Rafa Benítez y otra de Eduardo Macías, que era el director deportivo, y me comentan la posibilidad de ir a Liverpool, pero que tenía que darme prisa», comenta el exfutbolista andaluz.

«Era una opción buena para mí porque en aquellos años en la Premier había jugadores jóvenes como Piqué y Cesc Fábregas a los que ya les estaban empezando a dar oportunidades, y yo era un jugador que tenía aquí bastante proyección y bueno, me dije: "¿Por qué no voy a ser yo el siguiente?"», recuerda el en aquel momento, canterano del club malacitano.

Aunque su sitio estaba en el filial, entrenaría con el primer equipo prácticamente desde su llegada e incluso se le inscribió en Champions, pero tras debutar con el *reservas* frente al Bolton, en el segundo partido ante el Middlesbrough, sufrió una rotura del ligamento cruzado anterior en su rodilla que le tendría fuera de los terrenos de juego unos nueve meses. Su deseo de quizás jugar con el primer equipo tendría que esperar a la temporada siguiente. «Fue un palo gordo porque me inscribieron en la lista de Champions, era internacional Sub-19 y ese año había Mundial Sub-20. Justo el día que me rompo la primera vez con el Middlebrough tenía 18 años y me habían incluido en la lista del Mundial Sub-20, entonces fue como un jarro de agua fría todo aquello», reconoce Durán.

Otro jugador que aterrizaba en Anfield era el argentino Javier Mascherano, que había llegado a Inglaterra a comienzos de temporada procedente del Corinthians brasileño. El mediocentro argentino apenas tenía minutos en el West Ham y Benítez, viendo la oportunidad, viajó a Londres para hablarle del proyecto y convencerle de cuál sería su rol. Finalmente, tras algunas trabas por parte de la FIFA, el Jefecito se convertía en jugador del Liverpool, primero en calidad de cedido, para ser futbolista en propiedad en la temporada siguiente.

Por otra parte, el joven portero italiano Daniele Padelli llegaba cedido procedente de la Sampdoria, así como el jovencísimo lateral izquierdo Emiliano Insúa, en préstamo por Boca Juniors. En lo referente a salidas, Stephen Warnock, que apenas había contado para Benítez en toda la temporada, era vendido al Blackburn Rovers.

Regresando a la liga, la jornada 24 alargaba la buenísima racha de los *reds*, que se imponían al Chelsea en el partido 100 de

Rafa Benítez en Premier League gracias a los tantos de Kuyt y de Pennant, este con un golazo, que era además su primero desde que llegó a Merseyside.

El Liverpool cerraba un buenísimo mes de enero ganando en Upton Park por 1-2 a un West Ham necesitado de puntos con goles de Kuyt y de Crouch. Por cierto, el gol de los *hammers* tenía acento español, pues Kepa Blanco (debutando con el equipo londinense cedido por el Sevilla) batía a Reina en el primer balón que tocaba.

LLEGAN LOS NUEVOS PROPIETARIOS

Febrero se iniciaba con un empate sin goles ante el Bolton en casa, antes de una de las noticias que marcarían el rumbo financiero del club en años venideros; y es que el Liverpool pasaba a tener nuevos propietarios. Los americanos Tom Hicks y George Gillett se convertían en los dueños del club, no sin recelo por parte de la afición, aunque desde el principio ambos dirigentes dejaban claro que Rick Parry continuaría en sus funciones de CEO (director ejecutivo) y que David Moores sería presidente de honor.

El Liverpool se convertía de esta manera en el tercer club de la Premier League en tener propietarios norteamericanos tras el Manchester United y el Aston Villa. Del buen hacer y la correcta gestión del dúo de americanos que llegaban con una gran inyección económica de cara a sanar las deudas del club, y con planes de construir un nuevo estadio en Stanley Park, dependería gran parte del futuro de los *reds* a medio y largo plazo. El tiempo diría si la decisión de Moores y Parry fue la más acertada, de hecho, no hubo que esperar mucho para ver lo que al final sucedería.

Solo con escuchar lo que dice Rafa Benítez al respecto, da una idea clara de lo que realmente iba a pasar: «El presidente, que era un fenómeno, David Moores, decía: "Yo no puedo, yo no tengo para competir con el Chelsea, o con el otro, y el otro...", entonces, cuando llegaron Hicks y Gillett pues parecía que sí habría dinero para competir con otros clubes, pero al final fue que no. Ellos lo que hacen es pedir un préstamo para luego comprar el club y pagar ese préstamo utilizando dinero del propio club», comenta un Benítez que ya en aquella época estaba acostumbrado a lidiar con temas no solo puramente deportivos, sino también económicos.

Tanto Hicks como Gillett no eran neófitos en la gestión deportiva, por lo que la creencia general era que llegaban a Inglaterra con una reputación y un bagaje de los cuales el club se beneficiaría. Sin embargo, había una diferencia importante, como dice Rafa Benítez: «Ellos tenían experiencia en coches y en hockey, pero no en fútbol. Y en fútbol es distinto», matiza.

De vuelta a lo deportivo, en Saint James'Park, y a pesar de adelantarse por medio de Bellamy, el Newcastle le daba la vuelta al marcador el día que Álvaro Arbeloa debutaba en Premier League. El excanterano del Real Madrid salía en la segunda mitad sustituyendo a Pennat y jugaba los últimos quince minutos de un partido que era también la primera derrota de 2007. Arbeloa se convertía de esta forma en el octavo español que debutaba oficialmente en el Liverpool, y en el segundo que lo hacía en esa temporada tras Miki Roqué.

Y regresaba la Champions con las eliminatorias de octavos de final. Febrero es ese mes en el que aún hace frío, pero en el que la temporada empieza poco a poco a aproximarse a su recta final, a pesar de quedar aún cuatro meses de competición. Y ahí estaba el equipo dirigido por Rafa Benítez, que volvía a España para medirse nada más y nada menos que con el vigente campeón: el Fútbol Club Barcelona; es decir, del cruce de octavos se quedaría fuera uno de los dos últimos campeones de la Liga de Campeones. Casi nada.

Arbeloa (con la misión de parar a Leo Messi) era titular por primera vez y junto a Reina, que volvía al estadio donde ya había jugado siete años antes, y Xabi Alonso eran los representantes del *Spanish Liverpool*, una vez Luis García, como antes dijimos, se perdería lo que quedaba de temporada.

A pesar de que Deco adelantaba al conjunto catalán al cuarto de hora, los tantos de Bellamy antes del descanso y de Riise a quince del final, daban la victoria a un Liverpool que pegaba un golpe en la mesa y se convertía, de paso, en el segundo equipo inglés en ganar en el Camp Nou. El anterior también había sido el Liverpool, en el año 1976. Con ese gran resultado, a la espera de lo que sucediese en la vuelta en Anfield en dos semanas, el Liverpool afrontaba los dos siguientes compromisos ligueros.

El primero, goleando en casa al Sheffield United en un cómodo encuentro con siete cambios respecto al equipo que ganó en Barcelona, y con Mascherano haciendo su debut como futbolista *red*, y el segundo, ya en marzo, cayendo ante el Manchester United en Anfield con un gol de los *red devils* en el 90. Primera derrota liguera en el Templo en 17 meses, cuando en la jornada octava de la anterior temporad el Chelsea se llevaba los tres puntos.

Y ahora sí, el foco volvía a la Champions con la disputa de la vuelta de los octavos de final ante el Fútbol Club Barcelona. Benítez dispuso el mismo once que ganó en el Camp Nou, por lo que Reina, Arbeloa y Alonso serían de la partida ante un Barcelona que obviamente salía con todo y con el tridente Messi-Eto'o-Ronaldinho.

Con el espectacular ambiente en las gradas de las grandes noches europeas de Anfield, comenzaba un choque que fue dominado en la primera mitad por el Liverpool, con Valdés salvando al equipo catalán en más de una ocasión y con los *reds* pegando hasta dos veces en la madera. En la segunda parte, el islandés Gudjohnsen metía el miedo en el cuerpo batiendo a Reina a quince del final, pero los de Benítez aguantaban la presión, con Crouch incluso pudiendo matar el encuentro al final. El 2-2 global, aunque con algo de sufrimiento, metía al equipo inglés en el bombo de cuartos donde se enfrentarían nuevamente al PSV holandés, que a su vez se había desecho del Arsenal en octavos de final.

Volviendo a la Premier, empate sin goles ante el Aston Villa, antes de dar otro golpe en la mesa goleando al Arsenal con Peter Crouch de estrella. Los *gunners* contaban por victorias sus tres anteriores enfrentamientos con el Liverpool. 3-0 en liga en noviembre en Londres, y las dos victorias a domicilio en enero tanto en FA Cup como en Carling Cup por 1-3 y 3-6 respectivamente. Esta vez, los de Benítez fueron un rodillo con Crouch consiguiendo un *hat-trick* en un 4-1 espectacular, que dejaba al conjunto de Merseyside tercero, justo dos puntos por encima de los de Wenger.

En abril volvía a sonar el himno de la Champions con el Liverpool regresando a Holanda como en la primera fase, para enfrentarse en cuartos de final al PSV Eindhoven. Los *reds*, de amarillo, se imponían con solvencia en el PSV Stadion por 0-3, en un encuentro más cómodo de lo esperado con goles de Gerrard, que se convertía, con 15 dianas, en el jugador del Liverpool con más goles en competiciones europeas por delante de otra leyenda como Ian Rush, Riise con uno de sus zambombazos, y un tercero de Crouch que seguía tocado por la varita. Con este marcador, el conjunto del noroeste de Inglaterra daba un paso de gigante para meterse en semifinales.

En Premier, otros tres puntos visitando al Reading, a pesar de ser un partido trampa tras el esfuerzo europeo, con precisamente el foco puesto en la vuelta ante el PSV. Además, con protagonismo español pues Álvaro Arbeloa abría el marcador al cuarto de hora. El exjugador del Deportivo de la Coruña cogía el balón en su propia área tras una falta del Reading que pegó en la barrera, atravesaba la línea divisoria, y, tras intentar filtrar sin éxito un balón para Bellamy, combinaba con Crouch y este se la devolvía al salmantino, que con clase batía a Hannemann.

Primer gol del lateral español con el Liverpool. Su llegada no podía ser más positiva. Estaba teniendo minutos y protagonismo tanto en liga como en Europa, estaba siendo importante, y ahora encima veía puerta; ¡el *Spanish Liverpool* seguía vivo!

Aunque el Reading empataba justo al comenzar el segundo acto, Kuyt, desde el banquillo y a cuatro del final, dejaba el marcador en un definitivo 1-2. Tres importantes puntos para consolidar la tercera posición y encarar con moral la vuelta de cuartos en Champions, donde de nuevo se impondrían al PSV.

Aunque Crouch no faltaba a su cita con el gol, los de Benítez, en un cómodo encuentro, hicieron buena la renta lograda en Holanda y se metían en semifinales donde esperaba, ¡cómo no!, el Chelsea de Mourinho, que había eliminado al Valencia en cuartos de final. De nuevo *reds* contra *blues*, Rafa contra José, y como en

2005, la llave para meterse en la final de la Liga de Campeones. Una Liga de Campeones que iba a contar con tres semifinalistas ingleses pues, además del Liverpool y del Chelsea, el Manchester United también se había metido en *semis* tras aplastar literalmente a la Roma de Totti.

Con el foco puesto ya en la Champions, los tres siguientes compromisos ligueros se saldaron con empate sin goles ante el City y sendas victorias por 2-0 ante Middlesbrough y Wigan, por lo que con tres partidos aún por disputarse, el Liverpool matemáticamente se clasificaba para la siguiente edición de la Liga de Campeones. Ahora, toda la atención y energía estaba en Europa y en el Chelsea.

Stamford Bridge fue el escenario para el choque de ida entre el equipo londinense y el *scouser* en un igualado partido que terminó 1-0 gracias a un gol de Joe Cole en la primera mitad. Pepe Reina, con algunas excelsas intervenciones, mantuvo a flote a un Liverpool que, a pesar de la derrota, confiaba en el poder y la mística de Anfield para la vuelta en una semana.

En Premier, un Liverpool sin sus mejores jugadores, descansando para el choque entresemana ante el Chelsea y evitar alguna lesión no deseada, caía con el Portsmouth antes de, quizás, el partido más importante hasta la fecha de toda la temporada.

Y llegó el día. Mayo se abría con la vuelta de semifinales de la Champions y con los de Benítez buscando remontar el 1-0 de Stamford Bridge. El ambiente en Anfield, además del de una semifinal europea, era el que produce enfrentarse al Chelsea; sobre todo en esos años y aún con el polémico gol fantasma de Luis García en el ambiente.

A LA FINAL TRAS OTRA VEZ ELIMINAR AL CHELSEA

Aunque los primeros minutos fueron para los de Mourinho, el Liverpool poco a poco se metió en el partido e igualaba la eliminatoria en el 22 con un buen tanto de Agger tras un pase de Gerrard sacando una falta al borde del área. 1-0 y Anfield que rugía con el tanto del bravo central danés. De ahí al final, el partido tuvo más emoción que juego y así se llegó a la prórroga y posteriormente a los penaltis, donde Reina, como un año antes en la final de FA Cup, sería el héroe.

El Liverpool siempre fue por delante en los lanzamientos desde los 11 metros con Zenden, Xabi Alonso y Gerrard batiendo a Čech. Del Chelsea, tanto Robben como Geremi veían cómo Pepe Reina les adivinaba las intenciones blocando sus disparos. Otra vez el meta madrileño era protagonista y clave en un partido crucial. Finalmente, Dirk Kuyt, a quien se le había anulado un gol por fuera de juego en la prórroga, no fallaba ante Petr Čech y metía al Liverpool en otra final de Champions, la segunda en tres años, y la séptima en la historia del equipo de Merseyside.

Los de Rafa Benítez se enfrentarían en la final del día 23 de mayo al Milan, ¡otra vez! El equipo italiano se había impuesto al Manchester United en una intensa eliminatoria cayendo en Old Trafford por 3-2, pero en cambio en San Siro, los de Ancelloti ganarían por 3-0 logrando merecidamente el billete a Atenas.

Finalmente, no habría enfrentamiento entre dos equipos ingleses en la final, pero, por otra parte, se repetiría el duelo de hace dos temporadas. Un partido y una final que aún escocía y escuece en el club *rossonero*, que además de al United en semifinales, había dejado por el camino al Celtic de Glasgow en octavos de final y al Bayern de Múnich en cuartos.

Regresando al equipo inglés, ya en la penúltima jornada liguera en Londres, el Fulham se imponía por la mínima a un Liverpool en el que Harry Kewell jugaba sus primeros minutos de la temporada tras varios meses lesionado. Ocho días después, Anfield acogía el epílogo de la temporada en la Premier League, en un encuentro que iba a ser la despedida de Robbie Fowler como futbolista *red*. Benítez reservó a varios de sus hombres más importantes de cara a la final contra el Milan, con el delantero *scouser* luciendo el brazalete de capitán, una vez su contrato no iba a ser renovado.

El Charlton Athletic, ya descendido, se adelantaba en el segundo minuto de juego, pero Arbeloa, único español sobre el césped, fallaba una clarísima ocasión en la que además tenía a Fowler desmarcado y solo para empatar y, de paso, poner de pie a todo el estadio. En la segunda mitad, el defensa salmantino era sustituido por Alonso en el minuto 61 y enseguida, el tolosarra empataba con un seco disparo desde dentro del área tras una dejada de Kuyt. Cuarto gol en Premier del exfutbolista de la Real Sociedad que, sin duda, partiría de inicio en la final contra el Milan.

El Charlton se volvía a adelantar poco después y Fowler la tenía en sus botas para haber logrado el empate. De hecho, todos le buscaban para que dijera adiós a su afición con un gol que se le resistía. Y llegó el momento que tanto Anfield como él merecían y que, por otro lado, ninguna de las dos partes quería: el de la despedida. *God* era sustituido por Crouch en el minuto 88 bajo una atronadora ovación y se despedía con honores después de 369 partidos y 183 goles. Lástima que no pudiera tirar el penalti dos minutos después a favor de los *reds*, que transformaría Kewell, y que dejaba el marcador en un 2-2 definitivo, poniendo el broche a la temporada regular.

Así concluía la Premier League, con el Liverpool en tercera posición con 68 puntos, 21 menos que el Manchester United, campeón con 89, y a 15 del Chelsea, segundo con 83. Por su parte, el Arsenal, que no perdía desde hacía más de un mes, no llegaba a superar a los *reds* y finalizaba cuarto con los mismos puntos que los de Benítez.

Aunque en los últimos encuentros el foco, evidentemente, estaba en la Champions, consiguiendo solo un punto de nueve posibles, la marcha en Premier fue bastante positiva. De hecho, en esta temporada, Benítez logró su victoria número 50 en liga en 93 partidos al frente del *Pool*. Una marca solo mejorada por dos entrenadores en los anteriores 57 años: Kenny Dalglish y Bill Shankly.

Y llegó el 23 de mayo, día de la final de la Copa de Europa. Como en Estambul, conseguir una entrada para Atenas fue muy complicado o, a veces, directamente imposible para miles de aficionados *reds* que, por otra parte, no dudaron en coger un vuelo para vivir el ambiente y ser testigos, quizás, de otra noche histórica como hacía dos años, teniendo o no entrada, fuese verdadera o falsa.

En los prolegómenos del partido y en los aledaños del Olímpico de Atenas, no obstante, se volvió a pensar en si quizás se estaba tentando la suerte de otro Hillsborough, ya que era evidente que además de las entradas falsas y duplicadas, muchos aficionados se estaban colando, con el consiguiente riesgo de alguna tragedia por avalancha.

Ya en el verde, y tras el himno de la Champions, la panorámica era idéntica a la de 2005: ambos equipos vestían igual que en el Atatürk; el Liverpool de rojo con su primera equipación, mientras que el Milán volvía a usar el blanco de su segunda. Además, sobre el césped, muchos de los protagonistas de esa final en ambos bandos. De hecho, en el Liverpool repetían cinco hombres en el once inicial: Finnan, Carragher, Riise, Xabi Alonso y Gerrard, mientras que Dudek, Kewell y Hyypiä esperarían en el banquillo.

En cuanto a los españoles, solo Alonso estuvo presente en 2005, con Reina jugando su primera final de Champions y Álvaro Arbeloa, que tendría unos minutos al final, en el banquillo. Luis García, aún en plena recuperación, evidentemente no se vistió de corto, aunque sí viajó con la expedición.

LA VENGANZA DE FILIPPO

En el Milán, lo mismo; hasta siete hombres repetían del once que dispuso Carlo Ancelotti en el Atatürk. Precisamente, uno que no estuvo esa fatídica noche para los milanistas fue *Pippo* Inzaghi, autor de dos goles, uno en cada mitad.

En la primera parte, y al borde del descanso, desviaba sin querer un libre directo ejecutado por Pirlo que confundía a Reina, y en la segunda, a ocho del final, aprovechaba un buen pase de Kaká para batir al portero español. El Liverpool con un bloque más competitivo que hacía dos años, tuvo varias ocasiones con Gerrard o Alonso como principales protagonistas, pero esta vez, parecía que el Milán iba a conseguir su *vendetta.* En el 89 Kuyt de cabeza conseguía recortar distancias y por unos instantes, se llegó a pensar en un nuevo milagro remontando, pero al Liverpool le faltó tiempo para ello. La Champions, esta vez, caía del lado del equipo italiano con Inzaghi como héroe.

«Creo realmente que nosotros jugamos mejor que ellos, teníamos cierto control, pero encajamos un gol al final del primer tiempo», recuerda Benítez. «Cuando había que hacer algún cambio, iba a meter a Peter Crouch para el juego aéreo, pero al final saqué a Mascherano, y entonces ahí perdimos un poquito el control del centro y nos cogieron en la contra y nos hicieron el segundo», explica el entrenador madrileño.

«¿Qué falló?», pregunta el propio Benítez. «No tuvimos acierto, aunque fuimos superiores, y luego ese cambio táctico, que era también para ser más ofensivo, salió mal porque ellos lo aprovecharon aprovechando el espacio, valga la redundancia. Decían que había sacado a Arbeloa al final en vez de a Bellamy, pero es que ellos estaban ya metidos atrás y yo necesitaba buenos centros, no más delanteros. Necesitaba llegar con más claridad por fuera para sacar centros», comenta convencido, añadiendo una frase que resume la percepción general de la afición, jugadores y muchos periodistas: «Creo que tuvieron suerte porque fuimos mejores».

Entre los miembros del *Spanish Liverpool* que jugaron esa final, quien, a posteriori, ha lamentado más perderla ha sido Pepe Reina. De hecho, es lo más cerca que estuvo de hacerlo en su carrera, pues tanto Alonso nuevamente, como Arbeloa, ganarían la Champions años después con el Real Madrid. Sin embargo, al guardameta madrileño, a pesar del buen palmarés que atesora (antes y después de esa final, en sus más de 20 años de carrera), ese día por desgracia, la Champions se le escapó. «No tiene la fortuna que, además, hubiera sido un poco de justicia poética con la familia Reina, con su historia en la Copa de Europa, cuando se pierde en Atenas y no consiguen el título, pero, bueno, llegar a la final de la Champions es la leche», señala Javier Matallanas, haciendo referencia al padre del portero, el mítico Miguel Reina, quien también perdió la final de la Copa de Europa defendiendo la portería del Atlético de Madrid, esa vez en 1974 ante el Bayern de Múnich.

Así concluía la temporada 2006-2007 para el Liverpool. Un año notable al que le faltó la guinda de la Champions. Una guinda que, al igual que dos temporadas antes, habría compensado un curso entero, donde en Premier el equipo tuvo un más que aceptable papel con rachas buenísimas, tanto en Anfield como de cara a recibir goles, pero que aún no le daba para hacer sombra al United o al Chelsea.

Ese era el objetivo de Rafa Benítez de cara a la temporada 2007-2008: acercarse aún más a ambos equipos para mirarlos de tú a tú buscando una liga que no se conseguía desde 1990.

La Community Shield fue el único título logrado en un año en el que las tempranas eliminaciones tanto en FA Cup como en Carling Cup, aunque a manos de un rival de entidad como el Arsenal, hicieron que el equipo centrara sus esfuerzos en liga concluyendo tercero, pero a bastante distancia de los dos principales contendientes.

Por otra parte, la trayectoria en Liga de Campeones, a pesar de caer en la final, demostraba que el proyecto de Rafa Benítez estaba dando sus frutos. De eso no había duda. Con el respaldo de los nuevos propietarios norteamericanos y, en principio más dinero para fichar, habría que ver qué refuerzos llegarían a Merseyside.

De momento, y entre varios asuntos, una cosa estaba clara: el dorsal nueve de Robbie Fowler quedaba libre. ¿Qué futbolista llevaría a sus espaldas ese número con tanta historia, peso y responsabilidad?

Rafael
Benitez

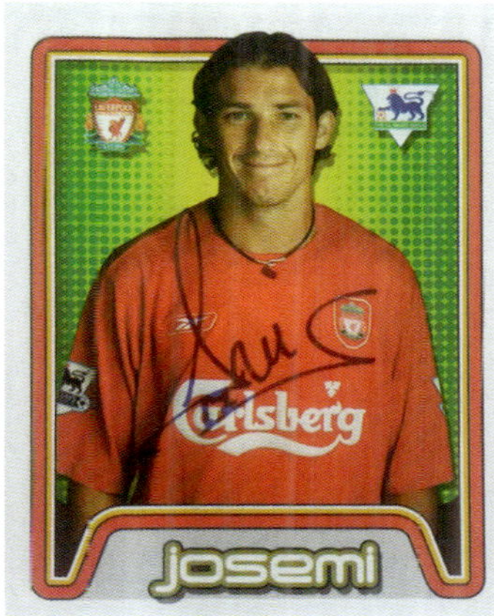
Carlsberg
josemi

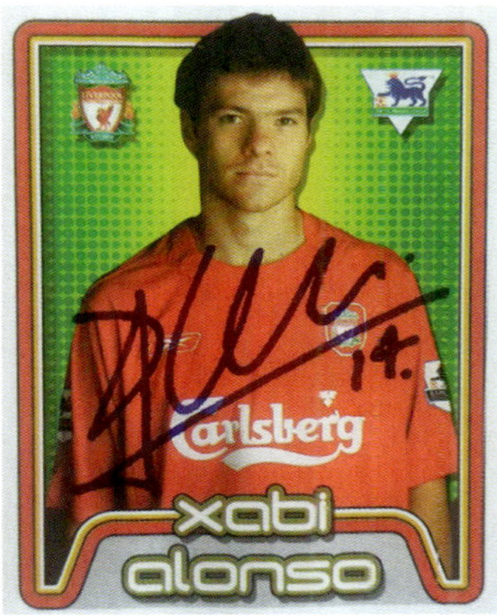
Carlsberg
xabi
alonso

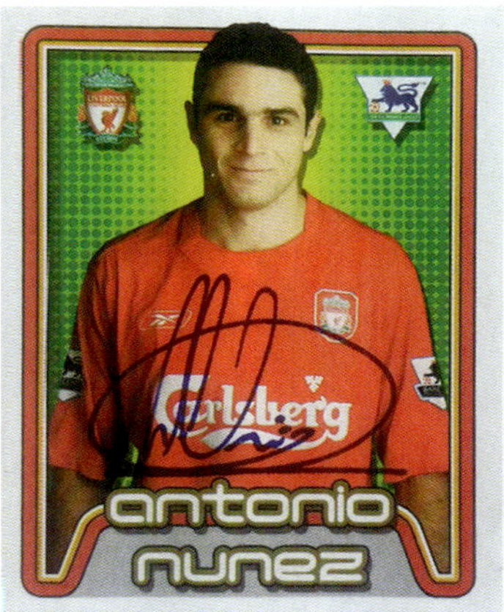
Carlsberg
antonio
nunez

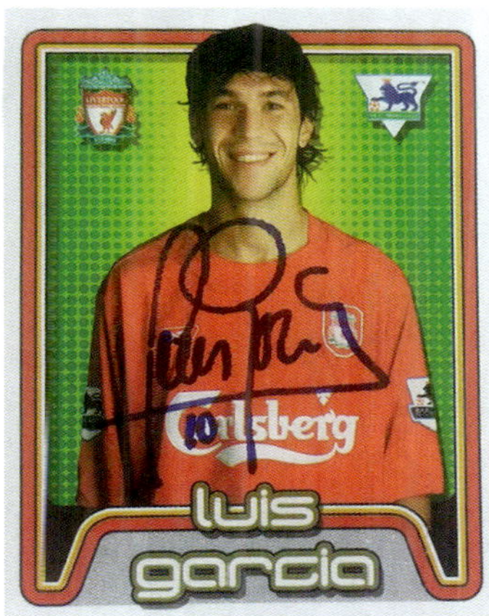
Carlsberg
luis
garcia

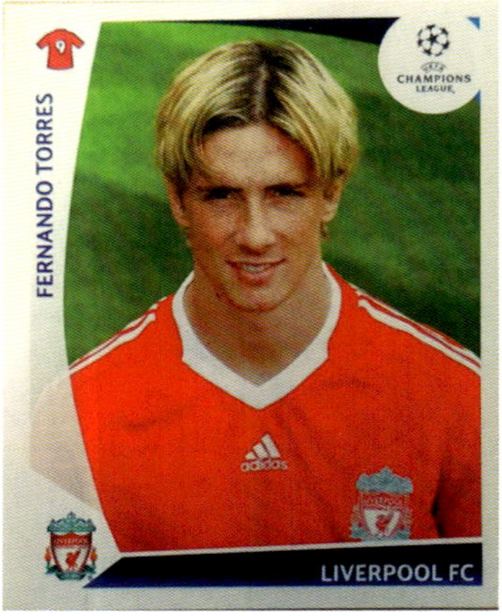
FERNANDO TORRES
CHAMPIONS LEAGUE
LIVERPOOL FC

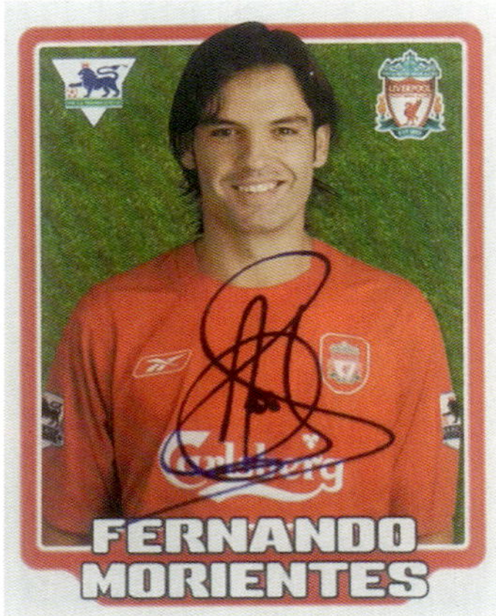
FERNANDO
MORIENTES

ALBERT RIERA
CHAMPIONS LEAGUE
LIVERPOOL FC

JOSE REINA
Liverpool FC

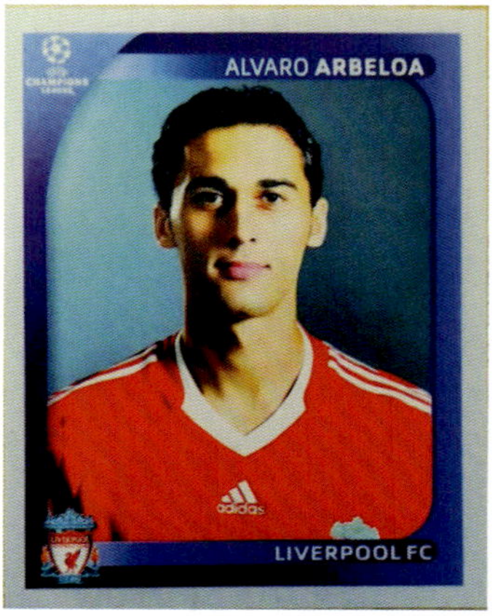
ALVARO ARBELOA
LIVERPOOL FC

Entrenamiento en Melwood: Morientes, Benítez y Gerrard posan sobre el césped con Riise, Hamman y Núñez al fondo en 2005. (Foto de la revista Liverpool FC)

Reencuentro: Iván Campo, futbolista del Bolton, volvió a coincidir en Inglaterra con su gran amigo Fernando Morientes. En la imagen charlan amistosamente mientras ambos calientan en la banda en un partido de la Premier League en la temporada 2004-2005. (Foto cedida por Iván Campo)

Los españoles campeones de Europa en Estambul: Josemi, Luis García, Núñez, Morientes y Alonso sostienen aún en plena celebración la Copa de Europa en el vestuario del estadio Atatürk el histórico 25 de mayo en 2005. (Foto cedida por Antonio Núñez)

Noche larga: A la mañana siguiente de la final, y tras muy pocas horas de sueño, el cuerpo técnico, Rafa Benítez, Paco Herrera, Pako Ayestarán y José Manuel Ochotorena (a la izquierda), posan con la Champions junto a Alex Miller, segundo entrenador, Rick Parry, director ejecutivo y David Moores, presidente (a la derecha). (Foto cedida por Paco Herrera)

Una liga muy física: A pesar del buen rollo entre los españoles, en el terreno de juego no hay amigos. Iván Campo brega con Fernando Torres, una de las sensaciones de la Premier League en esa temporada 2007-2008. (Foto cedida por Iván Campo)

Haciendo patria: Pepe Reina y Xabi Alonso conversan tras un partido con Iván Campo tras un Bolton - Liverpool en 2008. El jugador donostiarra siempre ha sido muy querido dentro del vestuario red. (Foto cedida por Iván Campo)

Los *reservas*: Unos jóvenes Fran Durán, Dani Ayala, Mikel San José y Dani Pacheco, posan sobre el césped de Anfield con el trofeo que les acredita como campeones de la Premier Reserve League tras derrotar al Aston Villa en la final de la temporada 2007-2008. (Foto web Liverpool FC)

Mánager del mes: Xavi Valero, Paco de Miguel, Rafa Benítez, Sammy Lee y Mauricio Pellegrino posan con uno de los trofeos de mánager del mes que Benítez recibió en su etapa en Anfield. (Foto cortesía de la web rafabenitez.com)

Solo pensando en fútbol: Esta foto parece representar muy bien a Rafa Benítez, concentrado en el balón, durante un entrenamiento previo a un partido de Europa League en su última temporada en Liverpool. (Foto cortesía de la web rafabenitez.com)

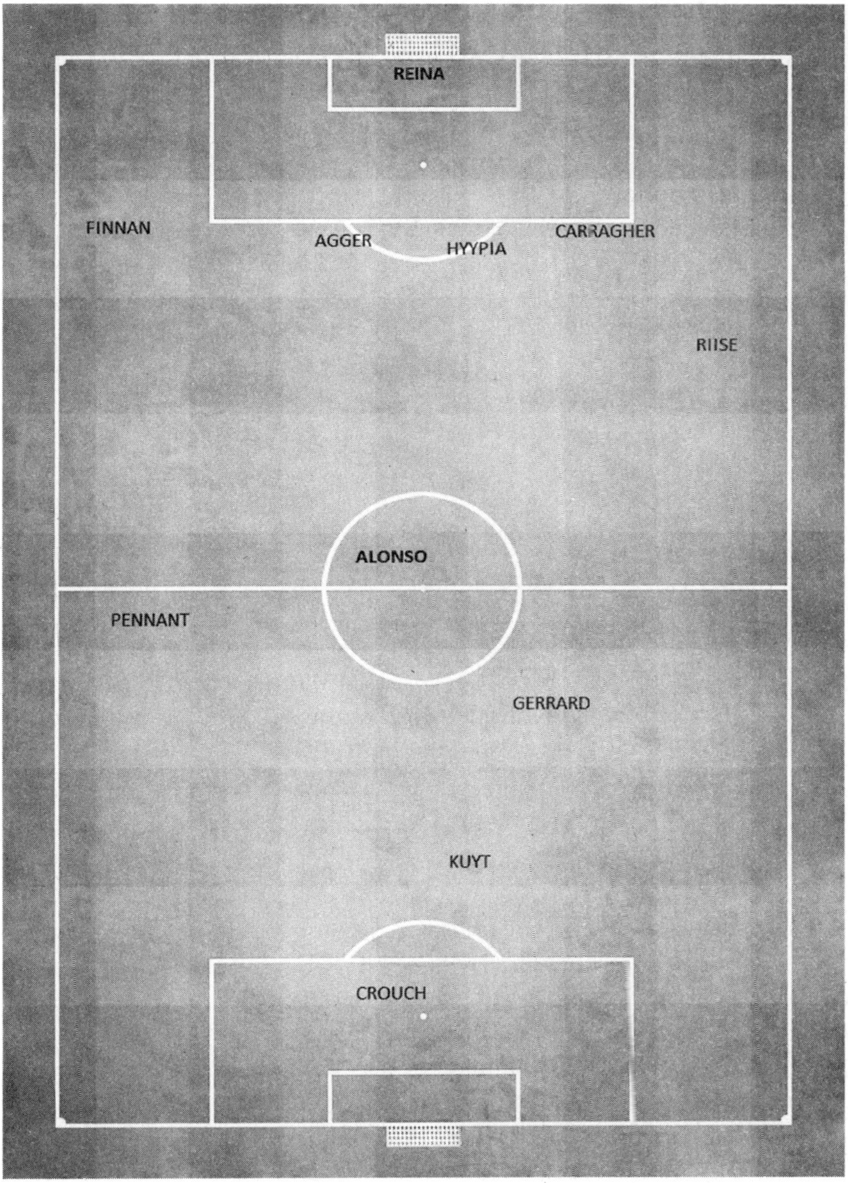

Alineación tipo 2006 - 2007

CAPÍTULO CUATRO

THE KID

> Parecía que el nivel de The Kid iba creciendo exponencialmente según pasaban los partidos y la temporada. ¿Cuál sería su tope? Sin lugar a dudas, con este rendimiento quien también se beneficiaría sería la selección española en la Eurocopa del próximo año.

La cuarta temporada de Rafa Benítez en Inglaterra se iniciaba con una mezcla de continuidad y renovación. Continuidad, porque ya era el cuarto año de un proyecto más que consolidado que había dado sus frutos desde prácticamente el primer momento, y renovación, porque el núcleo duro del propio Benítez, ese que se embarcó con él en «un viaje al fin del mundo», como decía Paco Herrera en el primer capítulo, por una razón u otra, dejaba el club.

El propio Herrera había vuelto a España en verano de 2006 por motivos personales y ahora, un año después, José Manuel Ochotorena también regresaba a España para ser de nuevo el entrenador de porteros del Valencia. «Esos tres años que estoy en Liverpool, mi familia se queda en España y era una situación cada vez más difícil de conllevar», relata Ochoto. «En el Valencia salió una posibilidad y la estudié porque era difícil seguir conviviendo con esa situación», explica.

«Al principio Rafa era un poco reacio, porque ya llevábamos mucho tiempo trabajando, pero era una situación que, si no se iba a dar ese año, se iba a dar al siguiente. Eso fue lo que más me motivó a tomar esa decisión, estaba muy a gusto tanto en el club como en la ciudad y era una experiencia muy bonita, pero al final la familia también cuenta y había que tomar una decisión», sentencia el popular preparador de porteros.

Incluso ya con la temporada en marcha en el temprano mes de septiembre, Pako Ayestarán y Rafa Benítez dividían sus caminos con el guipuzcoano dejando de ser el preparador físico del Liverpool y asistente del técnico madrileño en una controvertida salida.

Al margen de la marcha de estos miembros clave de su equipo técnico, pilares fundamentales del *Spanish Liverpool* que se forjó en 2004, el cuarto año de Benítez al mando de la nave *red* tenía como objetivo principal ser un candidato real a la liga y acercarse todo lo posible al United, al Chelsea y, en cierta medida, al Arsenal; sin duda, los protagonistas de los últimos años y los equipos más poderosos de Inglaterra en esas temporadas.

En Europa ya se había dado el golpe en la mesa tras la Champions de 2005 e incluso en el curso anterior, a pesar de caer en la final. También en FA Cup, con la victoria y remontada otra vez ante el West Ham, o incluso se había jugado la final de la Copa de la Liga en el primer año, ganado la Supercopa de Europa y perdido la final del Mundial de clubes en el segundo, y conseguido la Community Shield a inicios del tercero. Pero la deuda pendiente estaba en la Premier League.

Quinto, tercero y tercero habían sido las clasificaciones de los *reds* en las últimas tres temporadas. En este curso 2007- 2008, sin menospreciar ningún título, el objetivo prioritario era la Premier League, sabiendo que para ser un candidato con opciones reales al título había que subir un escalón en competitividad. Y eso pasaba por reforzarse con futbolistas de calidad. No jugadores notables que podían ser una segunda o tercera opción, sino futbolistas que fueran la primera opción, planes «A», primeros espadas totalmente consagrados. Y ese plan A o primera opción, a pesar de su juventud, era español y se llamaba Fernando y se apellidaba Torres.

EL FICHAJE QUE BENÍTEZ QUERÍA

El delantero fuenlabreño era a sus 23 años el capitán, alma y pulmón de un Atlético de Madrid que, en las últimas campañas, desde que había vuelto a Primera División tras dos años «en el infierno», lo más arriba que había quedado en la clasificación había sido séptimo en las temporadas 2003-2004 y 2006-2007.

«El hecho de que Fernando Torres saliera del club, yo creo que fue para muchos aficionados del Atlético de Madrid una decepción, pero más que una decepción hacia Fernando Torres, una decepción hacia el propio club», explica el periodista de Radio Nacional de España, Emilio Javier Arroyo. «La situación del Atlético en aquel momento era muy diferente al actual, que está siempre entre los mejores. Era una situación muy inestable en la que el club fundamentalmente necesitaba dinero, y Fernando Torres lo que necesitaba era crecer, y crecer en aquel Atlético de Madrid era imposible. Yo creo que cuando se produce la salida, sí, hay tristeza y hay decepción, pero nunca traición», comenta un Emilio Javier Arroyo que se declara seguidor rojiblanco y «Torrista».

El Niño llevaba siete años en el primer equipo del *Atleti,* pero su nivel y su progresión necesitaban dar un paso adelante y quizás salir del club de sus amores para poder crecer y ganar títulos. Los últimos cinco de esos siete años en Primera División, siendo el máximo goleador del conjunto rojiblanco con unos números más que notables, que le habían llevado a la selección disputando ya la Eurocopa de 2004 en Portugal y el Mundial de 2006 en Alemania, donde fue uno de los más destacados de la Roja, con tres dianas, antes de que Zinedine Zidane «jubilase» a España.

Luis Aragonés, con quien ya había coincidido en el Atlético de Madrid, confiaba ciegamente en él y era en aquel momento uno de los jugadores franquicia del Sabio de Hortaleza en la selección española. Además, por edad, pero también por nivel, se le metía en el saco de los futbolistas más apetecibles e interesantes de Europa, a la altura de los Wayne Rooney, Cristiano Ronaldo, Frank Ribery, o Zlatan Ibrahimovic.

Benítez, por su parte, viendo la oportunidad de mercado y con el (supuesto) respaldo de los nuevos propietarios americanos, que en principio traerían más estabilidad económica al club, no lo dudó y pidió el fichaje del madrileño, que llegaba a Merseyside el día 4 de julio por 20 millones de libras, unos 36 millones de euros, lo que significaba por aquel entonces el fichaje más caro en la historia del equipo inglés. «Fernando (Torres) nos cuesta 20 millones de libras. Era el fichaje que quería, nosotros lo buscamos, pero seguíamos sin tener el presupuesto que tenían los otros equipos» apostilla Benítez.

«No creo que su precio fuera mucho *shock,* porque el Liverpool necesitaba un delantero de verdad, un nueve», comenta el jefe de contenidos de *This is Anfield* preguntado por la cantidad que pagó el club inglés. «Rafa había estado sin un nueve puro y si quería ganar el título de liga necesitaba un verdadero nueve que proporcionase goles y construir la columna vertebral del equipo con Pepe Reina, con Mascherano, con Alonso, con Dirk Kuyt, o con Daniel Agger. Tienes estos jugadores, pero se necesita un delantero de clase mundial para que el equipo creyera que puede ganar y es cuando Torres llega», matiza Matt Ladson.

«Le costó mucho salir del *Atleti* porque él se hubiese quedado toda la vida, pero era una decisión que le venía bien personalmente y al Atlético, porque con el dinero de su traspaso el club respiraba financieramente y fichó a Simao, Reyes y Forlán, y se unen al Kun, y el *Atleti* vuelve a ganar un título también años después. Entonces, la salida de Torres beneficiaba a las dos partes, aunque fue duro en lo sentimental», explica Javier Gómez Matallanas que, además de conocer al dedillo la actualidad del equipo colchonero, es amigo personal de Fernando Torres.

El futbolista madrileño firmaba por seis temporadas y, como se preveía, heredaba el dorsal nueve que dejaba libre Robbie Fowler y que ya había llevado tanto en el Atlético de Madrid como en la selección española.

El segundo fichaje, también de categoría, y que reforzaba el ataque del Liverpool, era el del israelí, ex del Racing de Santander, Yossi Benayoun, que venía de realizar dos campañas más que sólidas en Upton Park con el West Ham. Su desborde, polivalencia y visión de juego sin duda serían bien recibidas en la parte ofensiva del equipo.

Otros dos delanteros que llegaban a la disciplina *red* eran el joven neerlandés Ryan Babel, procedente del Ajax de Ámsterdam, en quien había puestas muchas esperanzas, y el ucraniano Andriy Voronin, que llegaba libre y que en el Bayer Leverkusen había conseguido bastantes goles. Ambos, aunque a priori suplentes por detrás de los Torres, Kuyt y Crouch, potenciarían la delantera del equipo de Rafa Benítez.

La portería también se reforzaba. Reina era indiscutible, pero con Dudek rumbo a España y con Carson cedido en el Aston Villa, los *reds* necesitaban otro cancerbero de garantías y ese sería el francés de origen camerunés Charles Itandje, que en el Lens había demostrado unas buenas condiciones en las últimas temporadas. Sin embargo, su sitio estaba a la sombra de Reina y apenas contaría con minutos durante el curso.

Para apuntalar el centro del campo llegaba el prometedor centrocampista brasileño Lucas Leiva, procedente del Gremio de Porto Alegre, mientras que para el *reservas*, pero con miras a tener minutos en el primer equipo, lo hacía el galo Damien Plessis, que venía de destacar en el europeo Sub-19 con Francia, ese mismo verano, tras formarse en el Olympique de Lyon. Además, el mediocentro ofensivo argentino Sebastián Leto, que ya había sido firmado en el pasado mercado invernal, se unía a la disciplina *red* tras destacar en Lanús.

SPANISH LIVERPOOL TAMBIÉN EN LA CANTERA

Por otra parte, de cara a fortalecer una defensa ya entrada en años, con Carragher cerca de la treintena y Hyppiä con 34 años, de la cantera se incorporaban a los entrenamientos del primer equipo dos defensas con opciones reales de dar el salto en un futuro no muy lejano. El inglés Jack Hobbs, que contaba con un buen cartel en Melwood, tendría algunos minutos en la primera parte de la temporada, mientras que de Lezama y con solo 18 años, llegaba

Mikel San José, internacional Sub-19 con la selección española, que era además una de las perlas de la cantera del Athletic Club.

«En ese momento el Liverpool y Rafa (Benítez) confiaban más en mí de lo que lo hacía el Athletic y al final, después de un montón de tiempo hablando, decidí ir», explica San José sobre su fichaje. «El Liverpool había sido recientemente campeón de Europa y tenía un *plantillón de la leche*», comenta el defensor pamplonés. «Hasta los 16 años prácticamente no había salido de mi pueblo, de Villava, bueno de Pamplona, de la ciudad. Luego hasta los 18 solo había viajado con el Athletic o con la selección española a algún torneo, pero como quien dice, nunca había salido de casa, y ni mucho menos a Anfield», rememora con nostalgia una de las novedades del *Spanish Liverpool* en aquel verano de 2007.

Para un *futbolero* como él, jugar en un equipo de Inglaterra era casi un deseo desde niño. «Siempre he sido muy fanático del fútbol, de esa gente que se aprende los países y las capitales con los equipos de las antiguas Copas de Europa, que era más fácil ver equipos de capitales y demás, donde siempre los equipos ingleses han estado ahí», explica quien fuera jugador también del Amorebieta y del Birmingham. «Siempre me ha gustado mucho la Premier y, cómo no, el Liverpool creo que es un referente para cualquiera que le guste el fútbol y sobre todo en esos últimos años que estaba llegando muy lejos en Champions», apunta también.

A pesar de que llegaba al *reservas*, y que la competencia en el primer equipo sería máxima, San José asumía el reto. «Era consciente de dónde iba y la dificultad que tenía, pero el interés y la confianza que habían puesto en mí era muy grande, y yo confiaba en mí plenamente en que podía estar allí y hacerme un sitio», asegura San José, que fue inscrito en la Premier League con el dorsal 45. Además, el central navarro no sería el único (junto a Fernando Torres) nuevo integrante que se sumaba a la colonia de españoles de cara a la temporada que estaba arrancando.

Aparte de Francis Durán, que ya estaba en la dinámica del *reservas* desde enero, los también andaluces Dani Ayala y Dani Pacheco, de 17 y 16 años respectivamente, se unían al proyecto de Rafa Benítez para incorporarse a la cantera *red*.

El joven defensa sevillano Dani Ayala estaba jugando en la cantera del club hispalense cuando llegó la oferta del equipo inglés. «Mi representante me dijo que el Liverpool estaba interesado y me preguntó si me gustaría ir», rememora Ayala. «Yo la verdad que no me lo pensé. Solo tenía 17 años, pero no lo dudé. Sabía que era una oportunidad súper importante para mí de cara al futuro. Pensaba que era un equipo bastante grande y una oportunidad muy buena incluso para aprender inglés y las costumbres de Inglaterra, entonces claro, no la podía dejar escapar», apunta el central andaluz.

Evidentemente, al ir solo y con otro idioma, los comienzos no fueron fáciles. «Cuando quise irme a Inglaterra no pensaba en cómo me iba a sentir, pero una vez que llegas y que no hablas inglés, la verdad que se hizo bastante difícil», reconoce. «Lo bueno era que había bastantes españoles y me ayudaron muchísimo, pero sí que fue difícil porque no me podía comunicar con ningún inglés. El primer mes estuve en un hotel y claro, no podía hablar con nadie, ni sabía cómo hablar para coger taxis, entonces la verdad que se hizo bastante difícil, especialmente cuando solo tienes 17 años, que te da un poco de vergüenza, y se hizo bastante duro», admite un Dani Ayala que, a día de hoy, ha vivido más tiempo en Inglaterra que en España.

Dani Pacheco, por su parte, tiene una historia algo distinta. El malagueño de Pizarra, que tras jugar en las categorías inferiores del club malacitano pasó a la cantera del Fútbol Club Barcelona donde permaneció cuatro años, se encontraba disputando la final de cadetes de la Copa Catalana frente al Espanyol.

«Me habían avisado de que venían ojeadores del Liverpool en España a ver el partido», comenta Pacheco. «En mi equipo contábamos con jugadores de mucho nivel como Thiago Alcántara, Oriol Romeu, o Marc Bartra, y obviamente, cada vez que oíamos que venía alguien a vernos, pues todos pensábamos que a quien venían a ver siempre era a Thiago, porque era nuestro emblema, nuestro mejor jugador, el que destacaba muy por encima de todos», explica sobre el centrocampista hispano-brasileño que en 2020 llegaría precisamente al Liverpool.

«Sigo pensando que vinieron a verle a él, pero en ese partido yo destaqué mucho e hice tres goles, y como siempre digo; creo que el *Barça* tenía muy bien atado a Thiago y era muy difícil sacarlo de allí en ese momento y bueno, no sé si vinieron a por mí, pero al cabo de unos días se puso en contacto conmigo Eduardo Maciá, que era el director deportivo, y después tuve una llamada de Rafa», relata con detalle el exfutbolista del Rayo Vallecano o Getafe, entre otros conjuntos.

«Fue muy rápido todo porque yo no tenía contrato con el Barcelona, por lo que podía marcharme libremente», aclara el delantero andaluz. «El año anterior se habían ido Fábregas, Piqué y Fran Mérida también a Inglaterra y ya se empezaba a hablar de esa fuga de talentos de la Masía. Yo llevaba varios años a un gran nivel y lo poquito que pedía para mejorar un poco mis condiciones en Barcelona eran vuelos para la familia para venir a verme y algún pequeño cambio», continúa aclarando Pacheco. «El Barcelona estuvo un poco lento en poder mejorarme esas condiciones y cuando tengo la llamada de Inglaterra y la oportunidad de unirme al Liverpool con Rafa y con tantos españoles, pues...», comenta con sinceridad el de Pizarra.

«Fui a Liverpool para una pequeña visita, simplemente para ver aquello y esa misma visita, que no estaba nada preparado, se alargó para ya cerrar todo y directamente firmar el contrato», matiza el por aquel entonces jovencísimo futbolista malagueño.

SE MARCHAN DOS DE LOS HÉROES DE ESTAMBUL

En cuanto a las bajas y a los futbolistas que salían del club, destacaban dos de los héroes de Estambul: Jerzy Dudek, y Luis García, uno de los miembros «originales» del *Spanish Liverpool*. Ambos, curiosamente, se marchaban a la misma ciudad.

El portero polaco, tras seis temporadas en Inglaterra, casi 200 partidos y siete títulos, entre los que destaca sobremanera la Champions League de 2005, preparaba su maleta para fichar por nada más y nada menos que por el Real Madrid. A sus 34 años, llegar al vigente campeón de la liga española era un premio a toda una carrera, pero lo hacía sabiendo que contaría con pocos minutos, pues si en Merseyside se vio relegado al banquillo tras la llegada de Reina, en Madrid esperaba uno de los mejores guardametas del mundo en aquellos años, Iker Casillas.

En lo referente a Luis García, que desde que lesionó en enero no había vuelto a jugar, salía del club tras tres exitosas temporadas y regresaba a España para firmar de nuevo por el Atlético de Madrid. El mediapunta catalán, uno de los jugadores favoritos de la afición, volvía a la liga española siendo para muchos una leyenda *red*.

Sin lugar a dudas, algunos de sus tantos, como el que hizo de volea a la Juventus en su primera temporada, la de la Champions de 2005, así como el gol fantasma en esa misma competición, poco después ante el Chelsea, permanecen en la memoria de la mayoría de los aficionados *reds*. Con Luis García abandonando el club, ya solo quedaba Xabi Alonso como único «superviviente» del *Spanish Liverpool* original formado en la temporada 2004-2005 por Núñez, Josemi, Alonso, Luis García y Morientes; aunque la colonia de españoles, y no solo futbolistas, seguía siendo bastante amplia dentro del club.

Además de estos dos jugadores, quizás los de más peso de entre los que salían, el equipo sufrió diversas y numerosas bajas: Craig Bellamy, tan solo un año después de su llegada y una irregular campaña, se iba a Londres al West Ham. Otro que dejaba el Liverpool tras solo una temporada era Mark González, que volvía a España para jugar en las filas del Betis.

Como ya mencionábamos al final del capítulo anterior, Robbie Fowler, muy a su pesar, se marchaba al Cardiff City de la Championship, mientras que *Bolo* Zenden, que terminaba contrato, se iba a Francia para recalar en el Olympique de Marsella. Padelli regresaba a Italia para ser de nuevo cedido por la Sampdoria al Pisa, mientras que Paletta, que no tuvo una temporada fácil y no se adaptó correctamente al fútbol inglés, volvía a Argentina para ser una de las piezas importantes de Boca Juniors. Lee Peltier se marchaba al Yeovil Town de la League One, el canterano Danny Guthrie se iba cedido al Bolton, mientras que Miki Roqué tras dos temporadas en Liverpool regresaba a España.

El joven defensa catalán, que los últimos meses del curso anterior estuvo cedido en el Oldham Athletic de la League One, se marchaba de nuevo cedido, esta vez al Xerez de la Segunda División española. Roqué, que había llegado a Liverpool en verano de 2005 procedente del Lleida, fue parte del equipo de los *reservas* que ganó la FA Youth Cup en 2006, marcando además en la final, en el partido de ida.

Con el primer equipo solo disputó un encuentro, en Champions League en Turquía ante el Galatasaray la temporada anterior, y lo hizo saliendo desde el banquillo sustituyendo a Xabi Alonso. Desgraciadamente, en 2011 y siendo futbolista del Betis, se le diagnosticaría un cáncer pélvico del que fallecería un año después con solo 23 años de edad.

Este capítulo va en tu memoria, Miki.

UN CUERPO TÉCNICO TAMBIÉN ESPAÑOL

Por otra parte, al *staff* técnico se sumaban dos personas que iban a ser piezas claves en el organigrama de Rafa Benítez. El puesto de entrenador de porteros, como mencionábamos al principio de este capítulo, había quedado vacío tras el regreso al Valencia de José Manuel Ochotorena, por lo que Benítez necesitaba cubrir con garantías esa vacante.

El propio Ochoto, junto a Miguel Ángel Vales que se unía al cuerpo técnico de Benítez ese mismo verano como jefe de análisis, recomendaron al exportero castellonense Xavi Valero para el puesto.

Valero tenía una amplia experiencia en Segunda y Segunda División B militando en equipos como el Castellón, el Mallorca o el Logroñés, donde Ochotorena fue su entrenador de porteros. «Ochoto me abrió los ojos y despertó también mi interés en la parte técnica. Fue comprender mi función en el equipo y cómo entender el puesto de portero desde una perspectiva completamente distinta a la que yo conocía desde todos mis años de formación», explica quien fuera también guardameta del Wrexham galés durante unas semanas mientras terminaba sus estudios de Filología Inglesa.

«Ochoto y Miguel Ángel Vales le dieron referencias mías a Benítez sin tener yo experiencia», comenta Xavi Valero. «Rafa pensó que yo podía ser un perfil inexperto, pero quizás válido, y me llamó, y fue de hoy para mañana. La pretemporada empezaba en cuatro o cinco días en Suiza, yo estoy en Castellón de vacaciones planteando mi futuro, él me llama, cojo un avión, voy a Liverpool y el día siguiente me entrevisto con él en Melwood, y por la tarde me ofrece el trabajo», responde el excancerbero del Logroñés.

«A los dos días estoy en el avión con el Liverpool de camino a Interlaken en Suiza para empezar la pretemporada y así comenzó todo, de hoy para mañana, de manera completamente inesperada», responde con naturalidad. «En ese momento yo estaba hablando con el Espanyol para empezar con su segundo equipo, y con el Castellón que estaba en Segunda B para empezar como preparador de porteros, y ya estaba un poco moviéndome para comenzar en ese ámbito de trabajo, y la llamada de Rafa superó todas mis expectativas», afirma un Xavi Valero que en unos días vio cómo su situación cambiaba radicalmente.

Por otra parte, de Valencia, como el propio Benítez tres años antes, llegaba quien iba a ser otro de los hombres importantes en el *staff* técnico: Paco de Miguel. «Yo acababa de terminar en Valencia en un año un poco difícil y quedé libre en el mercado, y recibo una llamada de Rafa», dice el preparador madrileño.

«Entiendo que él pensó en mí porque había hablado con mucha gente en Valencia, y luego ya me enteré de jugadores que había tenido yo en otros equipos y que él también había entrenado, que también le habían hablado de mí», explica De Miguel, que estaba a punto de empezar una nueva etapa en Inglaterra. «Llego a Liverpool para ayudar a Pako Ayestarán, porque había mucho volumen de trabajo, y al poco de llegar, como al mes o así, pues Pako renunció y ya me tuve que hacer yo cargo, como preparador físico, del primer equipo completamente», comenta un Paco de Miguel que vio cómo su rol para con el equipo *red* aumentaba de responsabilidad tras la salida de Ayestarán.

Ya con la plantilla cerrada, al margen de lo que pasase en los siguientes meses que determinaría el mercado invernal, los objetivos de la temporada estaban claros: de nuevo, la Premier League era la prioridad y más con la plantilla actual, la más competitiva de los últimos años, y la mejor sin duda, desde que Benítez estaba a los mandos de la nave *Liverpudlian*.

Naturalmente, competir en Europa y llegar lejos en Champions, tras haber sido subcampeón el curso pasado, era la otra prioridad en una temporada que estaba marcada por la Eurocopa de naciones y en la que varios jugadores *reds*, españoles incluidos, deberían estar… si es que la España de Luis se clasificaba, tras una convulsa fase de clasificación en la que el debate de «Raúl selección» estaba en pleno apogeo.

También, tras unas malas actuaciones en la anterior campaña, tanto en FA Cup como en la Copa de la Liga a manos del Arsenal en Anfield, conseguir alguna de las dos copas era un objetivo al que Benítez no iba a renunciar, aunque evidentemente usaría sus mejores efectivos en Premier y en Champions.

En cuanto al rol de nuestros protagonistas, destacaba el papel que ya asumían tanto Alonso como Reina en el club y entre el resto de la plantilla. Los dos españoles eran, junto a Gerrard y Carragher, los ejes del equipo tanto dentro como fuera del terreno de juego. A pesar de que había hombres más veteranos como Kewell, Riise o Hyypiä, el donostiarra, en la que iba a ser su cuarta temporada en Merseyside y el portero madrileño, en su tercera, tenían unos galones casi a la altura de los capitanes ingleses. Además, el club, buscando la estabilidad del proyecto de Benítez, había ampliado el contrato de ambos ante las ofertas que rondaban a los dos jóvenes futbolistas españoles.

Por supuesto que también, y desde el comienzo, el foco y la atención iban a estar en Torres. De nada valía que fuera su primer año en Inglaterra. Las esperanzas que había puestas en el joven delantero madrileño eran igual al escrutinio al que se le iba a someter desde el minuto uno.

El Niño, al que enseguida bautizaron como *The Kid*, debido a su aspecto juvenil y pecas, a pesar de su gran corpulencia física, debutaba en partido amistoso el 17 de julio en Suiza en el estadio Brühl, saliendo desde el banquillo en el minuto 63 sustituyendo a Voronin en un Werder Bremen 2-3 Liverpool. Ahí empezaba su leyenda en Merseyside.

Su primer gol en esa pretemporada fue dos semanas después, el 3 de agosto en un Shangai Shenhua 0-2 Liverpool en Rotterdam. Torres conseguía el primero del partido tras un buen pase de Benayoun al hueco, que el ex del *Atleti* picaba por encima del portero. Un gol «*made in Torres*» que, por cierto, recuerda bastante al que haría en 10 meses en Viena con la selección y que nos sabemos de memoria. Pero eso pasaría mucho más adelante…

Así las cosas, la temporada arrancaba 80 días después de la final de Atenas con el Liverpool visitando al Aston Villa y con Reina, Arbeloa, Alonso y Torres que, ahora sí, debutaba oficialmente en el primer once que dispuso Benítez en Premier League. Con el delantero madrileño dejando una buena imagen y creando mucho peligro, el Liverpool se llevó los tres puntos gracias a un golazo de falta de Gerrard bajo la bocina, que deshacía el 1-1 que campaba en el marcador de Villa Park tras el gol en propia puerta para los *reds* de Laursen en la primera mitad, y el posterior empate a cinco del final de Gareth Barry. Era la primera vez en cinco años que el Liverpool ganaba en la jornada inicial en la Premier. Un dato importante y positivo de cara a todo lo que vendría en los siguientes nueve meses.

El partido de la segunda jornada liguera ante el West Ham se aplazaba por la disputa de la ida de la tercera ronda de clasificación para la Champions, donde cuatro días después, el conjunto de Benítez se imponía por la mínima al Toulouse con un gran tanto de Voronin y los *reds* (más *reds* que nunca al jugar sin la publicidad de Carlsberg en el pecho) encaminaban la eliminatoria de cara a la vuelta.

Y así, cuando apenas se habían jugado dos partidos, llegaba uno de los choques que, en parte, marcaría la temporada: la visita del Chelsea a Anfield Road. O, mejor dicho, la primera de ellas. Y decimos que marcaría la temporada porque, en este choque, Fernando Torres se estrenaba como goleador con su primera diana oficial del curso, además en Anfield, y ante uno de los rivales por antonomasia.

Minuto 15. Steven Gerrard con el exterior y desde el centro del campo mete en un gran balón en profundidad a Torres que recibe justo antes de entrar en el área, se va con un buen movimiento de cintura de Ben Haim y con el pie derecho bate por bajo a Peter Čech. ¡Vaya gol del fuenlabreño!, que se tiró al suelo en el córner con los brazos abiertos a la vez que sus compañeros hacían una piña sobre él. Anfield se caía con el gol del nuevo ídolo; el primero de muchos que marcaría y con dos de las señas de lo que se vería en la mayoría de sus goles: velocidad y potencia. Además, como dato curioso, *el nueve red* conseguía el gol 6999 de la historia del club. Sin duda, era el digno portador de ese mítico dorsal que llevaron otros históricos como Ian Rush, Billy Liddell o Robbie Fowler.

Los *reds* fueron superiores, con Gerrard haciendo un despliegue físico encomiable y con Torres buscando las cosquillas continuamente a Terry y a Ben Haim, que no dudaban en hacerle falta con tal de parar las arrancadas del delantero madrileño. En la segunda mitad, y a pesar de que los de Benítez fueron mejores, Lampard batía a Reina de penal, en una acción que hoy con el VAR no se habría pitado tras una falta inexistente de Finnan a Malouda. Con 1-1 en el marcador, concluía este clásico de fútbol inglés en un partido en el que se vieron hasta nueve tarjetas amarillas.

La cuarta jornada llevaba a los *reds* a Sunderland, con una cómoda victoria por 0-2 frente al equipo entrenado por Roy Keane, antes de recibir al Toulouse buscando certificar la clasificación para la Champions. Con Alonso y Torres en el banquillo, los de Benítez le metieron cuatro al conjunto galo y pudieron ser más, con Benayoun dando muestras de su clase y Kuyt de su olfato goleador. 5-0 en el global de la eliminatoria y objetivo conseguido: el Liverpool estaría en el bombo de la Champions dos días después en Mónaco, donde quedaría encuadrado en el potente grupo A junto a Oporto, Besiktas y Olympique de Marsella.

Ya en septiembre, el «descanso europeo» les vino bien tanto a Alonso como a Torres porque ambos serían protagonistas en la goleada ante el Derbi County en el siguiente compromiso liguero en Anfield. En el minuto 27 Xabi Alonso conseguía el primero botando una falta desde fuera del área que no llegaba a rematar Kuyt, impidiendo a Bywater ver el esférico, y justo antes del descanso, Babel se estrenaba como goleador del Liverpool rematando un buen pase de Arbeloa tras una gran internada por la izquierda. 2-0 y los de Benítez que estaban teniendo un partido cómodo. No obstante, lo mejor estaba por venir en una segunda mitad que sería un festín.

En el 56 Torres hacía el tercero tras una buena recuperación de Mascherano y una mejor definición, y quince minutos más tarde, otra vez, Alonso marcaba su segundo desde la medialuna con un seco disparo. Menudo festival. Anfield enloquecía. El martillo pilón *red* no cesaba; Voronin lograba el quinto y, a doce del final, el ucraniano asistía a Torres desde el centro del campo, que aprovechaba el fallo de Todd y, yéndose del portero, cerraba la goleada con el sexto y con su tercero en particular desde que llegase a Merseyside. Partidazo, goleada y liderato. Era la primera vez que el Liverpool conseguía ser líder en cinco años y, evidentemente, en la era Rafa Benítez, con diez puntos en cuatro partidos.

Tras esa goleada, vendrían tres empates: el primero de ellos sin goles en la jornada sexta visitando al Portsmouth, en un encuentro en el que Benítez dio descanso a Torres, Babel y Gerrard de cara al partido de Champions entresemana, y en el que Reina le paraba un penalti a Kanu, que Arbeloa había hecho sobre el gigantón delantero nigeriano agarrándole de la camiseta dentro del área.

El segundo empate llegó en Champions en el arranque de la fase de grupos. El *Pool* empataba a uno en el Estadio do Dragão frente a un Oporto que se adelantaba de penalti en el minuto ocho, después de que Pepe Reina derribase al marroquí Sektioui en el área chica. Esta vez, el guardameta madrileño no pudo continuar con su buenísima racha en los lanzamientos desde los once metros y era batido por Lucho González. No obstante, poco después, Kuyt ponía las tablas en un partido en el que los de Benítez acabaron con diez hombres por expulsión de Pennant por doble amarilla. Además, aunque en Portugal estaba en el banquillo, Agger sería baja por una rotura en el metatarso de su pie derecho y se perdería el resto de temporada, por lo que en breve habría que buscar otro central; ¿sería una oportunidad para los jóvenes Dani Ayala o Mikel San José? Por su parte, Xabi Alonso también se lesionaría en el cuarto metatarsiano de su pie izquierdo e igualmente estaría varias semanas fuera de los terrenos de juego.

El tercer marcador en tablas llegaba de nuevo en la Premier, recibiendo al Birmingham en un partido sin goles, en el que Torres, sorpresivamente, fue suplente en detrimento de Babel, aunque eso sí, el fuenlabreño, que ingresó en la segunda mitad, pudo hacer el gol de la jornada si llega a meter una espectacular chilena. Si el delantero madrileño rozó, sin suerte, el gol ante el Birmingham, en el estreno de los *reds* en Carling Cup frente al Reading en la tercera ronda, sería todo lo contrario.

PRIMER *HAT-TRICK*

Benítez dispuso un once con jugadores titulares y otros con menos minutos; de hecho, de los españoles, solo Arbeloa y Torres eran de la partida. Tras el 1-1 de la primera parte, después de un buen tanto de Benayoun, llegaría «el día del niño», y eso que todavía estábamos en septiembre. En el minuto 49 remataba un pase en profundidad de Leto, yéndose en velocidad de su marcador y batiendo a Federeci con su cuarto gol del curso. 1-2, y el *show* del madrileño que acababa de empezar.

Aunque el Reading volvía a empatar quince minutos después, otra vez Torres sería protagonista. Minuto 70. Gran jugada personal de Riise en la banda izquierda que ponía en el área un balón que, otra vez, el *nueve* de España, y al primer toque, convertía en el tercero del *Pool.* El ex del *Atleti* se fundía en un bonito abrazo con el noruego. ¡Menuda acción de John Arne Riise!, indudablemente, otro de los jugadores fundamentales de este Liverpool.

2-3 y con el Reading volcado arriba y buscando el empate, en el 85, Gerrard, que había salido por Crouch minutos antes, mete en profundidad un perfecto balón a Fernando Torres. El madrileño, sin caer en fuera de juego, es más rápido que ninguno de los cuatro defensas del Reading y se va ya con el balón, como una flecha hacia la portería.

The Kid encara al portero que, ante los amagos, duda hacia qué lado acompañar al previsible regate de Torres. Pasan justo siete segundos desde que recibe de Gerrard y engaña a Federici, yéndose a la izquierda y golpeando el balón con la misma zurda. 2-4, y el *Pool* en cuarta ronda con Torres consiguiendo su primer *hat-trick* en Inglaterra y con la camiseta de los *reds*. Por cierto, un gol muy parecido al que le haría cinco años después a Víctor Valdés en semifinales de la Champions en el Camp Nou, ya con la camiseta del Chelsea.

Torres se quedaba con el balón cual trofeo y, como es tradición, sus compañeros se lo firmarían. El impacto del madrileño en Inglaterra era prácticamente total: había disputado ya nueve partidos entre Premier, Champions y Carling Cup, seis de ellos como titular, consiguiendo seis goles hasta la fecha.

«Fernando (Torres) llega a un equipo que prácticamente está hecho, y lo que busca Rafa (Benítez) es intentar meter una persona que, indudablemente, meta goles y ese año a Fernando le sale todo perfecto», explica Iván Campo. «El acoplamiento que tiene es maravilloso; hay jugadores españoles y eso ayuda muchísimo. Yo llegué a Inglaterra y no tenía nada; todo eran ingleses, escoceses... y me tuve que buscar la vida, pero en este caso, él tuvo la fortuna de tener un entrenador español, de tener compañeros españoles... y un equipazo, porque ese equipo era una pasada», comenta con contundencia un Iván Campo que conoce a la perfección cómo era el fútbol inglés en aquellos años.

Para cerrar septiembre, en casa del Wigan, victoria por 0-1 en un encuentro en el que Benítez volvía a rotar a sus hombres. Esta vez introdujo siete cambios respecto al equipo que venció en Carling Cup. Su política de dosificar efectivos no pasaba inadvertida para casi nadie: ya había alcanzado 57 cambios en sus alineaciones en solo once partidos oficiales. Torres, que volvía a ser titular, falló un par de ocasiones muy claras, y esta vez el protagonista sería Benayoun, que a quince del final lograría un golazo de mucha clase desde la medialuna.

En Champions, el segundo partido de la fase de grupos llevaba al Olympique de Marsella a Anfield, donde en un gris partido y, otra vez, con las controvertidas rotaciones de Benítez, los *reds* caían 0-1 con un gran gol del francés Valbuena. Se encendían las alarmas, al menos en Europa, para el Liverpool; solo un punto en dos partidos, no era un buen dato para el finalista del año pasado.

Volviendo a la Premier, empate en casa ante el Tottenham con Fernando Torres salvando un punto in extremis. Voronin adelantaba a los *reds*, pero Keane con dos goles similares, tanto al final de la primera mitad como al comienzo de la segunda, dejaba el marcador en un 1-2 que parecía definitivo… hasta que apareció *The Kid*. Minuto 91. Finnan desde la banda derecha pone un buen balón en el área tras recortar a un jovencísimo Gareth Bale, al que llega Torres saltando más que Chimbando y Dawson. El madrileño remata de primeras batiendo a Robinson y dando un punto al Liverpool con sabor a victoria. 2-2, y Anfield que se rendía a la calidad del futbolista madrileño.

En la décima jornada, derbi en Goodison Park con victoria por 1-2 en un polémico encuentro que se llevaron los *reds* con sendos penaltis transformados por Kuyt, el segundo en el minuto 90. El equipo no acababa de tener la regularidad de semanas antes, y la mala tendencia en Europa se volvería a confirmar en la tercera jornada de la fase de grupos en Estambul, visitando al Besiktas.

Con solo Reina de los españoles en el once que dispuso Benítez (Torres era baja debido a una lesión en el muslo que le haría incluso perderse los importantes partidos con España de esos días), otra vez el Liverpool volvía a pinchar en Champions. 2-1 ante el Besiktas y con solo un punto de nueve posibles, eran últimos del grupo A. La clasificación para octavos de final estaba realmente complicada.

En liga, empate en Anfield ante un Arsenal que llegaba líder en un vibrante choque que seguía dejando a ambos equipos invictos en la competición doméstica. Alonso volvía de lesión al igual que Torres, ausente en Champions ante el Besiktas. Gerrard, en su partido 400 con el Liverpool, conseguía el primero de falta en el minuto siete, y Cesc, con una gran actuación a diez del final, lograba un empate que mantenía líder al conjunto londinense. Partido, además, con hasta seis españoles sobre el césped contando a Almunia y al goleador Cesc Fábregas, uno de los «bajitos» o «jugones» que lideraban en aquellas semanas a la España de Luis Aragonés, la cual peleaba por clasificarse para la Eurocopa.

Octubre concluía con el partido de cuarta ronda en Carling Cup con la visita del Cardiff y el regreso a Anfield de Robbie Fowler, aunque los *reds,* mezclando jugadores titulares con algunos con menos protagonismo, se imponían 2-1 metiéndose en la siguiente fase de la Copa de la Liga.

En Premier, empate sin goles en casa del Blackburn Rovers antes de una buenísima racha de resultados que comenzaba en Champions recibiendo al Besiktas. El equipo entrenado por Rafael Benítez necesitaba la victoria en el cuarto partido de la fase de grupos para tener aún opciones de meterse en octavos y, como se preveía, salió decidido a llevarse los tres puntos. Lo que poca gente contaba era con lo abultado del marcador: ¡8-0!, la mayor goleada conseguida en la historia de la Champions hasta la fecha. Los *reds* fueron un rodillo con Benayoun como hombre más destacado consiguiendo un *hat-trick*. Crouch y Babel lograron un doblete y el otro lo hizo Gerrard.

Con esta victoria, el Liverpool era tercero de grupo con cuatro puntos en cuatro partidos, a tres del Olympique de Marsella, segundo, y a seis del Oporto, líder con 10. Estaba difícil, pero la clasificación todavía era posible, pues el equipo de Merseyside tenía aún que enfrentarse tanto a portugueses como franceses.

Regresando a la liga y recibiendo al Fulham, Fernando Torres retomaba su cita con el gol siendo clave en un partido en el que Benítez repetía el mismo once inicial en más de un año. Con 0-0 en el marcador, el fuenlabreño saltó al terreno de juego en el minuto 70 sustituyendo a un desacertado Voronin y su concurso no pudo resultar más determinante.

A nueve del final embolsaba con el pecho un lejano pase de Reina desde su área, ganando en el salto y en el control a la defensa del Fulham, se metía en el área, recortaba a Hughes, y con su zurda batía al finés Niemi, que estaba haciendo un partidazo. Quinto tanto de Torres en la Premier y además con asistencia «*made in Spain*». De hecho, el propio Reina abrazaba efusivamente al pecoso delantero en la celebración. No era para menos. Ya al final, Gerrard lograría el segundo de penalti, certificando tres importantes puntos que hacían que el Liverpool siguiese muy de cerca la estela del Arsenal, que continuaba líder, antes del parón de selecciones.

Y fue un parón de los importantes, pues Inglaterra se despedía de sus opciones de acudir a la Eurocopa al caer en Wembley ante Croacia. Eso en el grupo E; en el F, el de España, todo lo contrario. La Roja vencía 3-0 a Suecia y conseguía el ansiado billete para Austria y Suiza, donde algunos jugadores del *Spanish Liverpool* tendrían en unos meses una cita con la historia…

El siguiente compromiso, en la jornada 14, y con Gerrard pitado casi en cada balón que tocaba, culpabilizado por muchos aficionados del Newcastle como uno de los responsables del fiasco de la selección inglesa, victoria contundente por 0-3 en Saint James'Park (con golazo incluido de Gerrard, por cierto), antes de una nueva alegría en Champions para permanecer vivos en Europa.

Anfield acogía el quinto partido de la fase de grupos y, de nuevo, la victoria era imperativa para continuar con opciones de estar en el bombo de octavos de final. Antes de eso, unos 2000 aficionados marcharon desde un pub cercano al estadio para arropar y apoyar a Rafa Benítez quien, en los días previos, había mostrado públicamente su descontento con la falta de apoyo económico de los dirigentes norteamericanos de cara a los posibles fichajes en el próximo mercado invernal.

Incluso algunos medios barajaban una posible salida del técnico madrileño tras los rumores que le colocaban en un futuro cercano en el banquillo de Inglaterra, que en aquellos días buscaba seleccionador tras no clasificarse para la Eurocopa y el posterior cese de Steve McClaren.

Volviendo al partido de Champions, era complicado repetir la goleada del día del Besiktas, pero el Liverpool salió con un equipo muy ofensivo, con Torres y Voronin arriba, Babel de enganche y con el inestimable apoyo en ataque del escurridizo Benayoun y el siempre letal Steven Gerrard.

La lata se abrió en el minuto 19 cuando el capitán de los *reds* botaba un córner desde la derecha, que Torres remataba de cabeza libre de marca y con fuerza, batiendo a Helton. Primer gol del internacional español en la Copa de Europa. Vendrían muchos más, eso seguro.

Poco después, el equipo portugués empataba por medio de Lisandro López, con un potente cabezazo que enfrió Anfield, hasta que en la segunda mitad vinieron los mejores minutos de los de Benítez y, a la postre, los más importantes. En el 63 Kewell metía un buen pase en profundidad a Torres, que recibía ante Stepanov, aguantaba el marcaje de Bosingwa y con la derecha, y mucha clase, conseguía el segundo salvando la salida del portero. 2-1 y Anfield que se volvía a encender con el tanto del español.

En los últimos minutos Gerrard, de penalti, y Crouch, de cabeza tras otro preciso córner botado por el gran Stevie G, dejaban el marcador en un definitivo 4-1, que colocaba a los de Benítez con más opciones de estar en octavos. De hecho, ganando al Olympique de Marsella en diciembre en el último partido de la fase de grupos, sellaría su clasificación. Incluso si en el otro encuentro del grupo el Besiktas venciese al Oporto, con empatar en Francia sería suficiente.

Ya metidos en diciembre, la buena tendencia continuaba con otra goleada en casa ante el Bolton de Iván Campo y Nicolas Anelka en la jornada 15, en uno de los mejores partidos de la temporada. Curiosamente, era la primera vez que Torres y Crouch jugaban juntos de inicio; ya lo habían hecho en Carling Cup y en Champions League, pero no en Premier. Ambos tendrían su protagonismo, aunque el madrileño se llevaría la palma con un golazo.

En el minuto 17 Gerrard botaba una falta que peinaba el finés Hyypiä. 1-0. Los *reds* estaban siendo superiores, aunque Anelka fallaba una clarísima a puerta vacía tras una falta de entendimiento entre Reina y Carragher que habría supuesto el empate. ¡Vaya fallo del delantero francés!

Justo después, y al borde del descanso, Gerrard desde su campo mete un balón casi raso, medido y con rosca a Torres, que se iba por potencia y por velocidad de Michalik y, ya en el área y con la derecha, pica con mucha clase por encima de Jaaskelainen. ¡Vaya golazo y vaya pase de Gerrard!

A nosotros, los españoles, es un gol que nos recuerda al que le haría a Alemania en unos meses en la final de la Eurocopa al cual ya nos hemos referido y referiremos alguna vez más en este trabajo; a la prensa inglesa y aficionados *reds*, sin embargo, les recuerda al que metió Kenny Dalglish en la final de la Copa de Europa en 1978 ante el Brujas. Juzguen ustedes mismos.

Torres, que había hecho dos en Champions al Oporto, ahora conseguía otro, lo que elevaba sus cifras a 11 goles en 17 apariciones. Sus números y rendimiento estaban fuera de toda duda, pero gran parte del mérito residía en la gran conexión que había encontrado junto a Steven Gerrard.

SOCIEDAD DEMOLEDORA

El delantero madrileño formaba una muy fructífera sociedad con el capitán *scouser*, casi tan potente y letal como con David Villa, con quien también, en esos mismos meses, compartía delantera en el combinado nacional. «La sociedad Gerrard-Torres fue más ventajosa para Fernando que la sociedad con Villa, a nivel de guarismos goleadores», comenta el periodista Javier Gómez Matallanas. «De la sociedad Villa-Torres se aprovechó, de alguna manera, más Villa del trabajo de Fernando, porque ambos se compenetraban muy bien», continúa explicando Matallanas. «Son diferentes, porque una es una sociedad entre dos delanteros que se complementan, que van a la presión, que uno le hace el trabajo quizás más a David, y lo que hacía Steven Gerrard era meterle los balones para explotar su potencia y la velocidad. Las dos fueron muy buenas parejas goleadoras, pero con connotaciones técnico-tácticas diferentes», apunta el periodista madrileño.

Volviendo al partido, el tercero llegaba en el minuto 56, por mediación del propio Gerrard, transformando un penalti que le habían hecho a Crouch tras un pase precisamente del capitán que estaba sellando una actuación excelsa. Ya casi al final, Babel aprovechaba un rechace para firmar el cuarto y definitivo. 4-0, partidazo y los de Benítez que se colocaban terceros continuando imbatidos en la liga.

Pero después del encuentro ante el Bolton y las cinco victorias consecutivas entre todas las competiciones, llegaba la primera derrota de la temporada en la Premier League. El Liverpool, en parte gracias a las grandes actuaciones de Reina, no había concedido un gol en Premier desde hacía 6 horas y 26 minutos, y Hunt de penalti, que en realidad no era, rompía ese récord del cancerbero español.

Aunque Gerrard, a pase de Torres, empataba poco después con su noveno gol en diez partidos, el Reading en la segunda mitad conseguía dos goles más que confirmaban la primera derrota del *Pool* en la Premier en toda la temporada. A pesar de perder, había que cambiar rápidamente el foco, pues llegaba el sexto y último partido de la fase de grupos de Champions, donde el Liverpool debía vencer al Olympique de Marsella en su casa para sellar su clasificación a octavos de final. El encuentro tenía similitudes con el partido ante el Olympiakos de hace tres años, pues la victoria ante los griegos era fundamental para clasificarse para octavos.

El equipo inglés fue desde el principio muy superior y Gerrard en el minuto cuatro conseguía el primero tras un penalti que erró ante Mandanda, pero que el capitán remachaba al fondo de las mallas. 0-1.

Las cosas se ponían incluso mejor siete minutos después, cuando Torres recibía de Kewell, yéndose en el mismo control de Cana, dejaba atrás con mucha clase a Julien Rodríguez, y con velocidad se internaba en el área cruzando el esférico ante el portero galo. ¡Vaya chicharro del delantero madrileño! Nadie podía con el ex del Atleti si tenía metros por delante, menudo golazo.

A pesar de ir ganando por 0-2 en los primeros once minutos, el Liverpool no pisó el freno y continuó buscando ampliar el marcador. Kuyt al poco de arrancar la segunda mitad y Babel justo antes del final, dejaban el marcador en un definitivo 0-4 que confirmaba la clasificación a octavos de final.

Tras el mal arranque de solo un punto en los tres primeros partidos, las tres victorias seguidas confirmaron que los de Benítez estarían entre los 16 mejores equipos del viejo continente. El

Oporto se clasificaba primero de grupo con 13 puntos, al igual que el Liverpool, segundo con 10. Olympique de Marsella y Besiktas, finalizaban con 7 y 6 puntos respectivamente.

Regresando a la liga, y como a veces sucede tras un partido en Europa, el equipo acusó el esfuerzo. Anfield recibía al segundo de la clasificación, el Manchester United, que con un gol de Tévez se llevaba los tres puntos, dejando al Liverpool fuera de las cuatro primeras posiciones. Nueve puntos separaban ahora a los de Benítez de los de Ferguson; la liga, principal objetivo del año, parecía ponerse difícil cuando aún no se había alcanzado el ecuador del curso.

Y como hemos visto ya varias veces en este libro, de nuevo el Chelsea se cruzaba en el camino de los de Benítez en una eliminatoria. Esta vez en Londres en la quinta ronda de Carling Cup, buscando el pase a semifinales, donde los de Mourinho se imponían por 2-0 ante un Liverpool que terminó con diez hombres por expulsión de Crouch.

Tras la eliminación en la Copa de la Liga, mejor se daría en los dos siguientes compromisos en los que Fernando Torres volvía a ser determinante con sus goles. Benítez introdujo nueve cambios respecto al equipo que cayó en Stamford Bridge. El técnico madrileño no quería correr riesgos ante un Portsmouth que venía de ganar en sus seis últimas salidas. El partido se puso pronto de cara para los *reds* cuando Benayoun de volea abría el marcador en el 13, y tres minutos después, Distin en propia puerta, hacía el segundo de los de Benítez tras una acción de Torres intentando irse de Sol Campbell, en el que el balón rebotó en el defensa francés.

Los de Harry Redknapp trataron de meterse en el partido recortando distancias mediada la segunda mitad, pero Torres, en el 67, aprovechaba un balón muerto tras una acción de Babel para hacer el tercero, y a cinco del final, después de una dejada de Gerrard de cabeza, remataba con su zurda batiendo nuevamente a James. Siete goles había hecho el de Fuenlabrada en sus últimas ocho apariciones con la camiseta *red*. Ya nadie dudaba que estaba siendo una de las estrellas de la liga.

Tres puntos más y última victoria del año visitando al Derby County, en el regreso de Xabi Alonso, que volvía al equipo casi dos meses y medio después tras lesionarse ante el Arsenal. El Liverpool se adelantaba temprano con otra diana de Torres. Corría el minuto 12 cuando el delantero madrileño recibía de Babel y con clase y velocidad se iba con un túnel de Moore, ya dentro del área recortaba a Leacok y con la zurda batía al galés Price. ¡Vaya golazo! Parecía que el nivel de *The Kid* iba creciendo exponencialmente según pasaban los partidos y la temporada. ¿Cuál sería su tope? Sin lugar a dudas, con este rendimiento quien también se beneficiaría sería la selección española en la Eurocopa del próximo año.

El Derby County lograría recortar distancias hasta que en el 90 Gerrard salía al rescate, aprovechando un rechace tras remate de Torres con el 1-2 definitivo, y el Liverpool se mantenía de esta forma en la pomada antes del último partido del año en Manchester.

El City de Sven Göran Eriksson, con un gran Joe Hart bajo los palos, privaría al *Pool* de conseguir una tercera victoria seguida en liga, con un empate sin goles que dejaba a los *reds* a diez puntos del Arsenal, líder con un partido menos. Así cerraba 2007 el Liverpool: cuarto con 37 puntos en la Premier, fuera de la Carling Cup, aún sin estrenarse en FA Cup, y, sobre todo, en octavos de final en la Champions.

El nuevo año empezaba como terminó el anterior, con empate. De hecho, 2008 arrancaría en liga con tres empates seguidos; el primero de ellos recibiendo al Wigan con los *reds* adelantándose por medio de Torres en el minuto 49, que de primeras batía a Kirkland después de un preciso pase de Finnan desde la derecha, logrando su decimosexto tanto de la temporada. No obstante, el Wigan empataba a diez del final dejando el marcador en 1-1. Dos puntos que se le escapaban al equipo de Benítez, que cuatro días más tarde debutaba en FA Cup ante el Luton Town en la archiconocida y, temida por muchos, «tercera ronda».

El Liverpool, sin algunos de sus hombres más importantes como Reina, Torres o Gerrard, y con únicamente Alonso como representante español, empataba a domicilio, 1-1 frente al Luton, equipo de la League One (lo que correspondería aquí a la Primera RFEF, antes 2ª B), por lo que se hacía necesario jugar un nuevo encuentro en Merseyside para desempatar.

En enero, como todos los años, se abría el mercado invernal. Tras la baja de larga duración de Daniel Agger, era obvio que Benítez buscaría un central experimentado y de garantías, una vez Dani Ayala o Mikel San José entre otros canteranos, aún estaban «por hacerse». Así las cosas, el fichaje de invierno en la temporada 2007-2008 sería el eslovaco Martin Skrtel, que a pesar de no contar con un gran cartel para el gran público y de su juventud, 23 años, se convertía en la adquisición más cara de un defensa en toda la historia del club hasta la fecha. El potente zaguero, que había destacado los cursos anteriores en el Zenit de San Petersburgo, sería en las siguientes temporadas uno de los favoritos de la leal afición del Liverpool, así como un fijo para Rafa Benítez casi desde el minuto uno.

Otro que no era expresamente un fichaje, aunque en parte se contabilice como tal, era Javier Mascherano. El Jefecito, tras estar en Merseyside en calidad de cedido, finalmente, para alegría de Benítez y de la afición, se convertía en futbolista *red* ya 100% en propiedad. Por otra parte, Sissoko después de dos años y medio en Inglaterra y a pesar de haber contado con bastante protagonismo, se marchaba a Italia a la Juventus de Turín, mientras que Jack Hobbs era cedido al Scunthorpe United de la Championship para recalar el curso siguiente en el Leicester.

Regresando a la liga, nuevo empate en la jornada 22 visitando al Middlesbrough y, nuevamente, Fernando Torres, que volvía a ver puerta. El Boro de Gareth Southgate, se marchaba al descanso mandando en el marcador y, por momentos, siendo superior en un tosco partido en el que Torres ponía las tablas a veinte del final salvando un punto.

The Kid recibía de Babel en la frontal del área y, aunque se resbalaba en el control, se rehacía y sin pensarlo y con la derecha, soltaba un zapatazo que sorprendía al australiano Schwarzer. Golazo del jugador madrileño, su undécimo en liga, y su decimoséptimo en total en la temporada. Además, Xabi Alonso que salía en la segunda mitad sustituyendo a Benayoun, llegaba al centenar de partidos en Premier League. El primero de los españoles que lo lograban.

El calendario se empezaba a poner exigente y, solo tres días después, el equipo entrenado por Rafa Benítez se las veía otra vez con el Luton en Anfield, en el «*replay*» de tercera ronda en FA Cup. A pesar de la diferencia entre ambos equipos, el técnico madrileño salió casi con su once de gala, pues no quería sorpresas, aunque la portería seguía siendo para Itandje. Y era llamativo, ya que Reina no había vuelto a jugar en FA Cup desde hacía casi dos años, el día de la final contra el West Ham.

LA AFICIÓN, A SU FAVOR

Antes del partido, la afición arropó a Benítez una vez se había filtrado que Tom Hicks y George Gillett, los controvertidos propietarios americanos, habían tenido ya alguna reunión con el alemán Jürgen Klinsmann como posible sustituto del técnico madrileño con quien, evidentemente, no había buena sintonía.

«Ellos cuando llegan, como no entienden bien lo que es el Liverpool y lo que es el fútbol europeo, pues lógicamente les cuesta cuando intentan hacer ese movimiento, y es cuando la gente se pone a favor y le ganamos al Oporto, luego le ganamos 8-0 al Besiktas, y luego 0-4 al Marsella», apunta Benítez sobre la reacción de los aficionados contra Hicks y Gillett, y el apoyo que recibió.

También en ese encuentro, antes de que echase a rodar el balón, los dos equipos hacían pasillo a Jamie Carragher, que jugaba su partido 500 con la camiseta del Liverpool. Un Liverpool que no tuvo piedad con el Luton Town imponiéndose por 5-0 con *hat-trick* de un Gerrard que seguía cuajando una temporada descomunal, y dos tantos más de Babel y Hyypiä. Ahora sí, los *reds* ya estaban en cuarta ronda.

En Premier, otro empate en casa ante el Aston Villa alejaba más al Liverpool de las ligeras esperanzas de aún pelear la liga, antes de la cuarta ronda de FA Cup donde los *reds* en Anfield se deshacían del Havant and Waterllooville de la Conference South, la sexta categoría del fútbol inglés, con más interrogantes de lo que el marcador final, 5-2, sugiere.

Los *hawks*, que habían eliminado al Swansea de Roberto Martínez en tercera ronda, se llegaron a poner por delante en el marcador en dos ocasiones hasta que el peso del Liverpool se impuso con un gran Benayoun, autor de otro *hat-trick*, y los de Benítez se metían, con alguna que otra duda, en quinta ronda.

Volviendo a la Premier, y para despedir enero, pinchazo en Londres. El equipo *merseysider* caía por la mínima ante el West Ham en Upton Park con un penalti en el descuento, pero a partir de ahí, iniciaría una buenísima racha de casi dos meses de ganarlo prácticamente todo tanto en liga como en Champions, aunque no en FA Cup. Así concluía el primer mes del año el equipo de Rafa Benítez: séptimo con 40 puntos a 17 del líder, el Manchester United.

La buena marcha de resultados se iniciaba en Anfied recibiendo al Sunderland en un choque en el que el Liverpool, a pesar de su superioridad, certificaba la victoria con tres goles en la segunda parte. Crouch, de impecable cabezazo, conseguía el primero mediada la segunda mitad y poco después, en el 69, el alto y delgado atacante inglés peinaba un balón que Torres se acomodaba con la cabeza yéndose en velocidad de Bardsley y, desde dentro del área, batía a Gordon. Anfield se rendía a los pies del madrileño, ¡menuda potencia y qué velocidad! Ya al final, Gerrard de penalti lograba el tercero confirmando la primera victoria del Liverpool en liga en 2008.

No obstante, en la jornada siguiente, tropiezo en Londres, (¡otra vez la *city*!) con un empate sin goles en Stamford Bridge. Hyypiä estaba lesionado, por lo que con Carragher y Skrtel como únicos centrales puros disponibles, ya que Agger continuaba lesionado, Benítez convocó a Mikel San José, que esperaría por primera vez su oportunidad en el banquillo.

A pesar de no jugar y de que el partido no tuvo goles ni la emoción de otros Chelsea-Liverpool, el recuerdo de estar en el banquillo ese día y ser uno más de la plantilla entrenando en Melwood o viajando con la expedición, es un recuerdo que, a un futbolero de pro como San José, nadie va a quitar. «Estar en un vestuario con alguien como Steven Gerrard, como Carragher, lo que significan ahí, lo que son, lo que representan… es un sueño», afirma el central navarro. «Yo pasé a estar de repente con Xabi Alonso, con Fernando Torres, con Mascherano, Dirk Kuyt, Benayoun…, o sea, un elenco de jugadores que cualquiera que nombre es un auténtico *crack* mundial», comenta con orgullo el que fuera santo y seña del Athletic Club años después.

«Al final era como estar en un sueño y yo, como soy fanático del fútbol de toda la vida y he hecho las colecciones de cromos, pues estar sentado ahí con esa gente que siempre has visto y de pequeño sueñas con estar ahí, la verdad es que fue un gustazo», recuerda con pasión en su voz un San José que también estaba siendo una de las piezas claves de Gary Ablett en el *reservas*.

Seis días después, llegaba la que sería la última derrota en varias semanas y también uno de los varapalos de la temporada con la disputa del partido de quinta ronda en FA Cup que enfrentaba en Anfield al campeón del ya lejano 2006, con el Barnsley de la Championship. Benítez no se la quería jugar y sacó un once casi de gala salvo Charles Itandje, que continuaba siendo el arquero en esta competición. Los *reds* fueron netamente superiores, pero se encontraron una y otra vez con Luke Steele, el portero del Barnsley que se estrenaba ese día tras haber llegado cedido en las llamadas «*emergency loans*», una cesión puntual por tiempo limitado debido a que los dos porteros del equipo del Sur de Yorkshire no estaban disponibles y necesitaban un guardameta de urgencia.

Aunque Kuyt hizo el 1-0 a la media hora, el Barnsley, sostenido por su temporal cancerbero que hizo el partido de su vida, logró empatar mediada la segunda mitad y, a pesar del asedio de los de Benítez, en el 93 conseguía el definitivo 1-2 que dejaba al Liverpool eliminado y, a comienzos de febrero, con la Champions como único frente con alguna posibilidad…

Tras la decepción copera (y las evidentes críticas), el equipo pareció reaccionar y cosecharía siete victorias seguidas. La primera, en Champions, en la ida de los octavos de final que traía a la ciudad de Los Beatles al Inter de Milán. A pesar de la irregular marcha en liga, la eliminación en FA Cup y «las diferencias» de

Benítez con los propietarios americanos, Anfield se preparó para otra de sus célebres noches europeas y el equipo dio su mejor cara. Dos tardíos goles, obra de Kuyt y de Gerrard, dejaban con pie y medio en cuartos de final a los *reds,* con la primera derrota en cinco meses del Inter de Milán, a la espera de lo que sucediese en tres semanas en San Siro.

SEGUNDO HAT-TRICK (PRIMERO EN LIGA)

Cuatro días después llegaría otro día histórico para Fernando Torres, pues el delantero madrileño iba a conseguir su primer *hat-trick* en la Premier League. El Middlesbrough se adelantaba en el minuto nueve, pero en el 28, Torres aprovechaba un pase atrás de Arca a su portero y, con potencia, encaraba y se iba de Schwarzer y, cayéndose, ponía las tablas en el electrónico de Anfield.

Un minuto después, recibía de Fabio Aurelio en la frontal y, sin dudarlo tras acomodarse el cuero, soltaba un zapatazo imparable y seco con su pie derecho. 2-1 y delirio en Anfield con el golazo del jugador español. En la segunda mitad, en el 61, el ex del Atlético de Madrid aprovechaba una falta de entendimiento de Schwarzer y el central Wheather después de un lejano pase de Kuyt y, a puerta vacía y desde fuera del área, conseguía su tercero de la tarde, su primer *hat-trick* en liga en frente de The Kop, y su segundo en total desde que era jugador *red*. Downing lograba el 3-2 para el Boro en los minutos finales, pero el marcador ya no se movería, y el *Pool* sumaba tres importantes puntos que le dejaban cuarto con 47 puntos, empatados con el Everton, quinto, pero muy lejos aún de Arsenal, United y Chelsea con 64, 61 y 55 puntos respectivamente.

Además, Torres se llevaba (otra vez) el balón como trofeo por su triplete. ¡Menuda temporada estaba realizando! «La llegada de Fernando Torres le da al Liverpool un salto de calidad impresionante. Es fichar a un *crack* de verdad, porque estamos hablando de un delantero centro que los primeros 18 meses en el Liverpool son brutales. Sí que es verdad que estaba en el Atlético de Madrid, que no en el Real Madrid ni en el Barcelona, pero venía con un cartel de "este chico es la hostia desde hace mucho tiempo", y es muy llamativo que el Liverpool consiga ficharle, y luego el impacto que tiene es absolutamente brutal», opina Sid Lowe, sobre esos meses con tan buen rendimiento que estaba ofreciendo el fuenlabreño en Inglaterra.

Marzo comenzaba con victoria en casa del Bolton antes de otra exhibición de *The Kid* en el partido que aún estaba pendiente de la jornada segunda. El West Ham no ganaba a domicilio al Liverpool desde el lejano 14 de septiembre de 1963, cuando se impuso por 1-2 en Anfield, justo la semana en que Los Beatles estaban al frente de la tabla de los *singles* más vendidos con *She loves you*, es decir, 45 años sin ganar en Merseyside. En esta ocasión, Fernando Torres sería quien impediría que los *hammers* rompieran esa racha.

¡Y OTRO MÁS!

En el minuto ocho aprovechaba un centro de Kuyt desde la banda derecha para llegar antes que Anton Ferdinand y hacer el 1-0 rematando de primeras dentro del área. 16 tantos en liga llevaba ya el internacional español. Poco después Arbeloa evitaba el empate despejando a córner un balón que ya entraba de Boa Morte, siendo una de las pocas ocasiones del equipo del este de Londres.

Si Robert Green sostuvo con sus paradas a los *hammers* en la primera mitad, en la segunda, el martillo, pero pilón, sería el Liverpool con 45 minutos sensacionales. Torres en el minuto 61 nuevamente veía puerta de cabeza tras otro pase de Kuyt, este desde la izquierda, y minutos después, a punto estuvo de lograr el tercero rematando de plancha un medido pase con rosca de Gerrard. ¡Qué rabia!

El Liverpool quería más y, a nueve del final ahora sí, Torres lograba su triplete y el más bonito de sus tantos. Recogía un balón que Riise tocaba con la cabeza después de un disparo fallido, en el control se deshacía de Neill y por bajo batía a Green. ¡Otro *hat-trick*!

A los aficionados en The Kop que vieron de cerca el gol y a los comentaristas ingleses se les acababan los adjetivos para este hombre. Segundo *hat-trick* consecutivo en Anfield, y el primer jugador que lo conseguía en 62 años. Casi nada. La ovación que recibió un minuto después cuando era sustituido por Peter Crouch con todo el estadio en pie, era seguramente una de las de más decibelios en esa temporada en el Templo.

Finalmente, Gerrard se sumaba a la fiesta dos minutos después con otro golazo desde fuera del área, que dejaba el marcador en un definitivo y contundente 4-0. El propio Stevie G sería el encargado de recoger de manos del colegiado Stephen Bennett el balón que entregaría instantes después a su socio Fernando Torres, quien era felicitado por todos sus compañeros por su nuevo e histórico logro.

«Lo que Torres hace al principio de llegar a Inglaterra es tremendo, y el impacto a nivel social, económico y mediático es enorme. La canción que dice *"The armband proved he was a red Torres, Torres / You'll never walk alone it said Torres, Torres / We got the lad from sunny Spain / He gets the ball and scores again / Fer-nan-do To-rres / Liverpool's number nine"*, resume muy bien el impacto que tuvo y creo que fue una cosa muy muy especial», destaca Sid Lowe.

Tres días después, con la visita del Newcastle y con la mente puesta en el Giuseppe Meazza, los de Benítez se imponían sin problemas a *las urracas* con tantos de Pennant, Torres y Gerrard. Los dos primeros goles llegaron justo antes del descanso.

El tanto de Torres, su vigesimoquinto en total en la campaña, vino tras una bonita conexión con Gerrard que el madrileño finiquitaba con un sensacional amago yéndose de Harper. Tras la reanudación, mismos protagonistas, pero al revés. Balón de Torres y Gerrard que hacía el tercero picando el balón por encima del arquero. ¡Menuda sociedad! Preguntado por la clave de la misma, Rafa Benítez explica que esa conexión letal entre ambos futbolistas no fue buscada a propósito, sino que salió espontánea: «Estábamos buscando dónde meter a *Stevie* (Gerrard) teniendo mentalidad de *Box to Box*. O le metes en un 4-3-3 y lo dejas irse, entonces tienes que tener mucha pierna o mucha posesión, o le metes un 4-2-3-1 y lo pones por delante, que es lo que hicimos», aclara el entrenador. «Como Torres era tan rápido y él es capaz de jugar a un toque, entonces se compenetraban muy bien». Al final 3-0, buena imagen, y la cuarta plaza más consolidada. Ahora, a cambiar el chip cuanto antes para la Champions de cara al choque en Milán.

A pesar del ambiente imponente del Giuseppe Meazza y de que el Inter evidentemente salió a buscar el gol desde el comienzo, los *reds* jugaron bien sus cartas e incluso avisaron con sendas ocasiones de Babel y Torres, que solucionó con bastante calidad Julio César. Reina, por su parte, también tuvo trabajo con intervenciones de mucho mérito ante Cruz o Ibrahimovic y con 0-0 se llegaba al descanso. Pasaban los minutos y el Liverpool, con la renta de la ida estaba clasificado, pero cómo no, tenía que aparecer él. Seguramente el delantero más en forma de Europa en esos momentos.

Fernando Torres no fallaba a su cita con el gol cuando en el minuto 64 recibía un pase de Fabio Aurelio desde la banda izquierda, controlaba y, casi sobre la medialuna del área, se giraba sobre sí mismo sacando un derechazo letal contra el que nada podía hacer Julio César a pesar de su estirada. ¡Gol de Torres!

0-1, y el Liverpool que, con ese gran tanto del delantero madrileño, su cuarto en Champions, prácticamente se metía en cuartos de final. ¡Menuda racha la de Torres! «Por sus características, Fernando para el fútbol inglés se adaptaba bien porque él es rápido, muy potente, y como tácticamente no había muchos ajustes, cualquier desajuste lo podía aprovechar», comenta Benítez sobre el buen papel del atacante de Fuenlabrada en su primer año en Inglaterra.

Con el 3-0 global, los *reds* se postulaban como uno de los rivales a batir en la siguiente ronda, siendo además el cuarto equipo inglés, ya que tanto United, como Chelsea y Arsenal, también habían logrado el pase para estar entre los ocho mejores equipos del viejo continente.

En Premier, quinta victoria consecutiva en liga con remontada en Anfield ante un Reading que se adelantaba con un golazo en los primeros minutos. Mascherano empataba poco después con su primer tanto como *red* y Torres, cómo no, al poco de arrancar la segunda mitad, dejaba su sello con un perfecto cabezazo tras una falta botada magistralmente por Gerrard desde el costado izquierdo. 20 goles llevaba ya en Premier, 18 de ellos en Anfield, y se convertía en el primer jugador que conseguía esa cifra desde que lo lograra Robbie Fowler en 1996. Casi nada.

La larga racha de victorias consecutivas, siete entre liga y Champions, se terminaría en Old Trafford con un contundente 3-0 para los Diablos Rojos, que pudieron ser más si no es por Pepe Reina.

Para finiquitar marzo, el día que precisamente Reina llegaba a los 100 partidos en Premier League (el segundo español que lo lograba tras Alonso), derbi de Merseyside y victoria por la mínima ante el Everton con Torres volviendo a ser decisivo. Un tempranero gol del fuenlabreño en el sexto minuto de juego, su primero en el derbi de Merseyside, fue suficiente para sellar la victoria ante los *toffees*. Un córner botado por Gerrard era repelido por la defensa y Alonso le robaba la cartera a Yakubu, que no esperaba la presión del tolosarra. El balón le cayó a Kuyt, que abrió a su vez para Torres que, con la caña preparada, cruzaba ante Howard con su vigésimo octavo tanto del curso.

Tres puntos que seguían consolidando al *Pool* en la cuarta plaza de cara a Europa con seis partidos aún por disputarse, y le colocaban cinco por encima de los de David Moyes, que permanecían quintos.

Ahora sí llegaba «la competición de los *reds*», con la ida de los cuartos de final que llevaba al subcampeón de la edición anterior a Londres donde esperaba el Arsenal, que en octavos había eliminado precisamente al vigente campeón, el Milán, por lo que los de Wenger, que continuaban también con opciones en la Premier, serían un hueso duro de roer.

Aunque los *gunners* fueron mejores y se adelantaron por medio de Adebayor en el 23, el tanto de Kuyt tres minutos después tras un *jugadón* de Gerrard por la banda, dejaba todo abierto y la eliminatoria en tablas. Anfield y su mística dictarían sentencia una vez más.

Tres días, después en liga, mismo escenario, mismo rival y marcador antes del decisivo partido de vuelta de Champions en Liverpool, con Wenger sabiendo que agotaba las pocas opciones que aún les quedaba en Premier, y con Benítez pensando en cómo meterle mano en Anfield Road a los Cesc, Van Persie, Almunia y compañía.

El 8 de abril de 2008, la ciudad del río Mersey acogería uno de los partidos de la temporada. El tercer choque frente al equipo londinense en seis días deparó una de las icónicas noches europeas en el Templo. Con Reina, Alonso y Torres entre los once elegidos que dispuso Benítez, el Liverpool se preparaba para uno de los partidos más importantes del curso, además de clave para lo que quedaba de temporada. El ambiente en Anfield provocado por los aficionados *reds*, era el clásico de noche europea que impone a rivales y a jugadores contrarios, y amedrenta a la hinchada visitante. Una afición del Liverpool que, como decía Antonio Núñez en el primer capítulo, «a veces gana partidos».

Tras unos primeros minutos de acoso del Arsenal, Diaby adelantaba a los *gunners* al cuarto de hora, pero Hyypiä ponías las tablas al rematar de cabeza, libre de marca, un córner a la media hora de juego. 1-1 y la afición que vibraba con el tanto del central finés.

En la segunda mitad llegaría la magia de Anfield para las ya mencionadas, y conocidas de sobra, noches europeas. En el minuto 69, Torres en el área bajaba con el pecho un balón peinado por Crouch, se daba la vuelta ante Senderos, y con la diestra la rompía sin pensárselo. Golazo de *The Kid* sorprendiendo a un Almunia que no se esperaba el misil de su compatriota. 2-1 para el Liverpool y otra vez la grada de The Kop que enloquecía con la clase y el olfato goleador del delantero madrileño. ¡Menudo fichaje!

A seis del final, Adebayor empataba tras un jugadón de Walcott que se fue de cuantos salieron a su paso, pero un minuto después Gerrard conseguía el tercero de los de Benítez tras un penalti de Touré sobre Babel. 3-2. Ya con el Arsenal buscando la épica colgando balones, Babel, en el 92, cerraba el marcador y el Liverpool que se metía en semifinales donde se las vería... ¡con el Chelsea!

El desgaste de Europa no pasó factura al *Pool*, que nuevamente en Anfield y en la jornada 24 se imponía 3-1 sobre el Blackburn Rovers. Tras un respetuoso minuto de silencio recordando a las 96 víctimas del desastre de Hillsborough en el decimonoveno aniversario, y una primera parte sin goles, Gerrard en su partido 300 en Premier League conseguía el primero en una acción de técnica y potencia, y en el minuto 82, y a pase del propio Stevie, Torres el segundo con un preciso remate de cabeza. 30 goles llevaba ya en total en la temporada, sin duda, su mejor año hasta la fecha y, de paso, consiguiendo otro récord, ya que con ese certero remate batiendo a Friedel, se convertía en el primer jugador en la historia del Liverpool que veía puerta en siete partidos consecutivos en Anfield.

Ya al final, Voronin ,que salió por un ovacionado Torres, lograba el tercero, antes de que Roque Santa Cruz hiciera el de la honra con un auténtico *voléon* contra el que nada pudo hacer Reina. Tres puntos sumamente importantes en un buen partido que seguían asegurando la cuarta plaza y los *Kopites* que ya pensaban en la Champions. Pero antes de eso, otra victoria más visitando al Fulham en Craven Cottage con ocho cambios en el equipo de cara a la semifinal ante el Chelsea.

Como dos semanas antes, otra vez Anfield se preparaba para una de sus vibrantes veladas europeas. No obstante, era la primera vez en las últimas cuatro temporadas que el primer asalto de las semifinales se disputaba en el Templo. El choque fue igualado a partes iguales hasta que Kuyt batía a Čech junto antes del descanso. Aunque los *reds* anduvieron cerca de hacer el segundo, Riise en propia puerta y en el tiempo añadido, dejaba en el aire la eliminatoria. ¡Qué mala suerte!

Empate a uno y todo por jugarse en Londres en la vuelta, con la sensación para el Liverpool de que se les había escapado una buena oportunidad de llegar a Stamford Bridge con más opciones, si no es por ese desafortunado gol en propia puerta en el minuto 95.

En la antepenúltima jornada liguera, el día que Benítez cumplía 150 partidos dirigiendo al equipo en la Premier, empate a dos frente al Birmingham con varios de los hombres importantes reservados para el trascendental partido de vuelta ante el Chelsea, y prácticamente la cuarta plaza asegurada a falta de dos jornadas.

Ahora sí, Stamford Bridge acogía el compromiso y la visita más importante de la temporada, sin contar el posible (aunque complicado) pase a la final de Moscú. Benítez nuevamente confió en sus cuatro compatriotas dentro de un equipo que, salvo Benayoun y Riise, era el mismo de la ida una semana antes en Anfield.

Bajo un ambiente ensordecedor, los *bleus* se adelantaban por medio de Drogba en el minuto 33. Con 1-0 y aún con todo abierto, se llegaba a la segunda mitad que iniciaba con una intensa lluvia.

Tras mucha igualdad con Reina y Čech sosteniendo a sus equipos, los *reds* tenían que aparecer para meterse en la eliminatoria y, cómo no, sería Fernando Torres quien saldría al rescate para empatar la contienda. Minuto 64. Benayoun conduce en la frontal y, desde la medialuna, conecta con *el nueve red* que espera inmóvil para no caer en fuera de juego. El madrileño controla antes de que le eche encima Essien y, cayéndose, dispara con la diestra batiendo por bajo a Peter Čech. ¡¡Gol de Torres!! Su sexta diana en diez partidos en Europa y el Liverpool que empataba la eliminatoria. Además, era el primer gol del conjunto de Merseyside en 841 minutos en las últimas nueve visitas a Stamford Bridge. ¡Ya era hora! Un tanto que igualaba el choque y que, a la postre, llevaría el partido a la prórroga.

En los minutos restantes hasta llegar al 120, a Essien le anulaban un gol por fuera de juego de hasta cuatro compañeros, pero Lampard de penalti batía a Reina tras una falta de Hyypiä a Ballack en el área. 2-1.

Drogba, a pase de Anelka nuevamente, haría el tercero del equipo de Grant, que parecía el definitivo, pero los *reds* no se rindieron y a tres minutos de la conclusión Babel dejaba el marcador en el definitivo 3-2.

Finalmente, tras 120 intensos minutos, el Liverpool, con la cabeza alta, caía en una igualadísima eliminatoria en sus terceras semifinales logradas en las últimas cuatro temporadas. A la tercera fue la vencida y el Chelsea que perdió en *semis* en 2005 y en 2007 ante el equipo de Rafa Benítez (con Mourinho a los mandos esas temporadas), se metía por primera vez en la final de la Copa de Europa donde se enfrentaría al Manchester United.

Tras «la decepción» en Champions, que tampoco era tal pues se había estado realmente cerca de lograr el billete a Moscú, ya solo restaban dos jornadas para la finalización del campeonato.

En la antepenúltima, el Liverpool recibía al Manchester City de Sven-Göran Eriksson. Último partido en casa en la temporada donde, una vez más, Fernando Torres sería protagonista con un nuevo gol, lo que elevaba sus cifras anotadoras a 32 tantos entre todas las competiciones. Corría el minuto 57 cuando en la frontal del área recibió un balón que interceptó Kuyt, encaró y se fue con potencia de Dunne, y ya en el área y por bajo, la cruzaba ante Joe Hart. Su gol número 23 en Premier League y el octavo consecutivo en Anfield. Un récord más para el madrileño que, en la última jornada en Londres visitando White Hart Lane, volvería a ver puerta en un partido en el que tanto el Tottenham, ahora entrenado por Juande Ramos, como el *Pool*, no se jugaban nada.

Voronin adelantó a los de Benítez después de un balón peinado por Torres a los 69 minutos y, cinco después, el delantero de Fuenlabrada cerraba el partido con un tanto marca de la casa. Benayoun metía en profundidad al madrileño, que encaraba en el área a Dawson, se frenaba un instante y enseguida superaba al defensor spur con un gran toque con su pie derecho y, con la misma puntera, ajustaba el esférico por debajo de Černý.

Vaya golazo y menuda definición, ¡otra más! Era un gol que tenía un poco de la *cola de vaca* de Romario, del congelar el tiempo de Butragueño y mucho de Torres de su potencia y electricidad. Su número 33 en la temporada y el 24 en la Premier. Otra diana con récord de cara a las estadísticas, pues con este gol superaba al holandés Ruud Van Nistelrooy, que en su primer año en Inglaterra vio puerta en 23 ocasiones.

Así terminaba la temporada del Liverpool en la liga; ganando por 0-2 en Londres al Tottenham y consiguiendo tres puntos más que lo mantenían en la ya sabida cuarta posición, lo que le daba opción a volver a estar en Champions el curso siguiente.

El United, que logró la Champions ante el Chelsea en la primera final inglesa de la historia, finalizaba el curso siendo campeón de la Premier League con 87 puntos. Precisamente, el Chelsea también era subcampeón con 85 puntos, dos más que sus vecinos del Arsenal, tercero con 83. Como mencionábamos antes, el Liverpool concluía cuarto con 76 puntos.

Por su parte, Fernando Torres fue, sin discusión alguna, uno de los nombres de la temporada. Finalizó el campeonato doméstico con 24 goles, siendo el tercer máximo goleador de la Premier tras Cristiano Ronaldo, 31, y Emmanuel Adebayor, que también materializó 24 tantos.

La cifra de 24 goles, además, le metía en los libros de historia del Liverpool, pues era el primer futbolista *red* que conseguía esos números en su temporada de debut en 61 años. Unos libros de historia del equipo de Merseyside, en los que también aparece la gran campaña que firmó el conjunto filial, el de los reservas, y, por ende, varios de los protagonistas de este libro.

EL *RESERVAS*

El equipo reserva del Liverpool, conocido simplemente por el más coloquial, el «*reservas*», es lo que podría ser llamado aquí, en España, «Liverpool B», y el último escalón previo de un joven jugador de las categorías inferiores antes de, quizás, dar el salto al primer equipo.

La cantera del Liverpool, que en los años que estamos analizando también entrenaba en las instalaciones de Melwood, contaba en esa temporada 2007-2008, como explicábamos al comienzo del capítulo, con varios jugadores españoles. Al igual que sucedió anteriormente con Miki Roqué o Antonio Barragán, otros jóvenes futbolistas de nuestro país fueron reclutados por Rafa Benítez y su *staff* de ojeadores para jugar en el *reservas* y tal vez, en un futuro no muy lejano, tener alguna oportunidad en el primer equipo.

«Nosotros tenemos que ir a fichar jugadores que terminan la etapa de los 16 y pasan a 17, son jugadores que pagas una compensación de 250 000 euros y los puedes fichar cambiando de país», aclara Benítez, que, aunque delegaba en las funciones de *scouting* que ejercían sus ayudantes, supervisaba y era partícipe de todas las operaciones. «Nosotros no teníamos presupuesto; por ejemplo, el

Arsenal podía pagar cinco millones de libras por Aaron Ramsey y nosotros no podíamos; por Gareth Bale el Tottenham pagó ocho millones de libras, con 17 años, y Ramsey lo mismo. Nosotros teníamos que ir a por jugadores españoles, a por húngaros o así, que con 200 000 libras lo podíamos hacer. Entonces hacemos un seguimiento e íbamos cogiendo a algunos chavales y luego te encuentras claro, que tienen talento, pero que la adaptación es muy difícil. Dani Pacheco, por ejemplo, es un chaval de mucho talento, pero tiene un físico que en Inglaterra le costaba más», explica.

No obstante, gestionar y dirigir el *scouting* en un club como el Liverpool no era sencillo. Y más si no se conocía el fútbol inglés. «El *scouting* empieza haciéndolo Paco Herrera las dos primeras temporadas y luego Eduardo Maciá», señala Benítez. «Quien traía más jugadores así era Eduardo Maciá. Al principio Paco, pero Paco es un entrenador. Como era amigo mío, es un buen tipo y trabajador y tal… entonces esa es la parte que decía antes; llegamos y no conocemos el entorno y traes gente en la que confías, pero no te das cuenta de lo que es la Premier, y claro, no hablamos inglés, no sabes ni conoces muchas cosas y luego ya te vas dando cuenta».

«Después llega Eduardo Maciá, que viene con muchas ideas y nos aporta muchas cosas de chavales y eso, pero le falta la adaptación real a lo que es el fútbol inglés y lo que nosotros estábamos buscando», apunta Rafa Benítez. «El *chief scout* de aquí tiene que tener muy en cuenta el tipo de fútbol que se hace en Inglaterra, que no tiene nada que ver con el que se hace en España, o se hace en Italia o en algún otro país. Entonces, hay mucho contacto físico, los árbitros permiten mucho y el jugador debe tener carácter. El clima es como es, los campos están muy bien ahora, pero te podías encontrar campos en algún sitio que estaban hechos una mierda, con barro y no sé qué, y claro, tienes que tener jugadores con personalidad para superar esas adversidades», continúa explicando Benítez sobre el rol que ejercían primero Paco Herrera, de 2004 a 2006 las dos primeras campañas, y posteriormente Eduardo Maciá.

De hecho, algunos de esos jóvenes jugadores que primero Paco Herrera y después Eduardo Maciá reclutaban para ver si podían llegar en un futuro al primer equipo, solían entrenar con frecuencia junto a los Torres, Mascherano, Gerrard o Carragher, dos de los *local lads* más exitosos que había dado la prolífica cantera *red* de la que también, entre otros, habían salido jugadores como Steve Mc Manaman, Robbie Fowler, o Michael Owen.

Esa temporada que llegaba a su conclusión, el equipo dirigido por Gary Ablett pelearía en cinco frentes distintos y, de hecho, conseguiría tres títulos, siendo, sin lugar a dudas, el de campeones de la Premier Reserve League el más importante de todos ellos.

El *reservas* primero se proclamó campeón de la Premier Reserve League North, disputando 18 partidos de septiembre a abril, perdiendo solo uno y logrando once victorias en los últimos doce encuentros. Casi nada.

Mientras, en marzo, ganaban en Estados Unidos la Dallas Cup, una competición internacional Sub-19, aunque un mes después caían ante el Marine en la final de la Senior Cup.

El gran éxito, sin duda, de la temporada fue ganar en el mismo césped de Anfield, ante unos 7.000 espectadores, la final de la Reserve Premier League frente al Aston Villa, que era, a su vez, el campeón de la Premier Reserve League South. El partido se disputó el día 7 de mayo y los de Ablett derrotarían a *los villanos* por 3-0 con goles de Nemeth, Brouwer y Lucas Leiva.

La última vez que el Liverpool había ganado la liga de los *reservas* fue en la temporada 99-2000, por lo que ya había ganas ver a los jóvenes *reds* consiguiendo el trofeo. Incluso se pudo lograr un cuarto título poco después; la final de la Lancashire FA Canterbury, que el equipo entrenado por Gary Ablett perdió frente al Manchester United por 2-3.

Con todo, la temporada de los *reservas*, un equipo que más que para competir era para sacar y formar jugadores, fue de notable-alto, rozando el sobresaliente. Incluso, y no hay que pasar por alto este detalle, jugar en el *reservas* era usado por los futbolistas del primer equipo con molestias o que venían de una lesión, para coger ritmo y tener minutos antes de «subir» o regresar a la disciplina del equipo de Benítez. Así, vemos cómo hombres de la categoría de Alonso, Agger, Kewell o Skrtel disputaron algún partido junto a los españoles Mikel San José, Dani Pacheco, Dani Ayala o Francis

Durán, al hispano argentino Gerardo Bruna, o junto a los húngaros Peter Gulacsi o Krisztian Nemeth, entre otros.

«En el segundo equipo podía haber un chico de 16 años o un jugador superconsagrado del primer equipo que haya tenido una lesión y que habla con el entrenador y el martes quiere jugar con el *reservas* para coger minutos», comenta Dani Pacheco.

De los españoles, quien tuvo más importancia y peso fue Mikel San José, disputando un total de 23 partidos en toda la temporada, siendo uno de los hombres de confianza de Gary Ablett. «Al final ganamos la liga con bastante claridad y se jugó una final con el Aston Villa que ganamos 3-0 en Anfield, que no estaba ni mucho menos lleno, pero bueno, había mucha gente», recuerda con orgullo el central vasco. «Está claro que al final no es ganar un título superprofesional, pero aquello para el club, sobre todo en ese momento, significó mucho porque más allá de que el primer equipo ganaba, pues en Inglaterra el *reservas* también hacía las cosas bien», apunta un Mikel San José que era seguido de cerca por Benítez y sus ayudantes.

Dani Pacheco también fue importante esa exitosa temporada jugando 12 partidos en los que además consiguió tres goles. «Recuerdo que cada vez nos daban unos papeles como dan en la previa a la prensa con las alineaciones de los equipos y era un momento *guay*, porque querías mirar cuántos del primer equipo estaban en la lista, porque había días que te encontrabas a muchos jugadores muy conocidos que querían tener minutos y que jugaban entresemana en esa liga, y la verdad que era una competición muy interesante, muy competitiva, en estadios con mucha gente y era un paso importante», continua explicando el mediapunta malagueño.

«Yo, obviamente, iba poquito a poco, compartía esa liga también con la *Youth Cup* que había de juveniles, que cuando iban pasando de ronda pues me iban llamando para echar una mano, y bueno, empezábamos también a entrenar un poco con el primer equipo, y la verdad que toda esa mezcla y ese aprendizaje, era mucho reto nuevo y a toda velocidad, pero con la ayuda de tanta gente española íbamos marchando», continúa explicando.

Su tocayo, Dani Ayala, por su parte, jugó siete partidos y Francis Durán, en el poco tiempo que tuvo ese año libre de lesiones, dos. «La liga de reservas tenía una parte superpositiva que era la posibilidad de que jugaras un martes contra juveniles, y a lo mejor el martes siguiente te enfrentabas al Manchester United y estaba jugando Alan Smith o Paul Scholes», dice Francis Durán.

«Era bonito, pero a veces, a nivel competitivo, era difícil porque los minutos muchas veces estaban preestablecidos. Me acuerdo de que con nosotros venía Xabi (Alonso) y tenía 45 minutos, independientemente de cómo fuera el partido o el resultado», aclara el por aquel entonces centrocampista malagueño que esa temporada 2007-2008 se lesionaba nuevamente en un amistoso ante el Tottenham, justo el primer día que volvía a jugar de inicio tras meses de recuperación de la primera lesión. «Fue como ocho o nueve meses para recuperarme, jugué varios partidos media horita, y el primer día que soy titular, cuatro o cinco partidos después de haber vuelto a jugar, me volví a romper el cruzado, el menisco... prácticamente la misma lesión que tuve hace un año», comenta con cierta resignación.

Ahora sí, se acababa la temporada oficialmente para el Liverpool, y empezaban las vacaciones para la mayoría de la plantilla, pero no para los hombres que debían representar a su país en el gran torneo que aún quedaba por disputarse: la Eurocopa de Austria y Suiza.

No obstante, solamente serían unos pocos futbolistas *reds* quienes estarían en el europeo. Con Inglaterra viendo la Eurocopa por la tele tras la infausta derrota en Wembley ante Croacia, solo Dirk Kuyt y los integrantes del *Spanish Liverpool* fueron los convocados por sus selecciones para disputar el torneo. Curiosamente, la ausencia del país inventor del fútbol sirvió para que gran parte de la afición inglesa animase y fuese con España en la Eurocopa. «Nosotros en el periódico hicimos un sondeo en el que decíamos: "¿Con quién vas?", y la gente iba mucho con España porque tenía muy visto a sus futbolistas y les tenían cierto cariño», explica Sid Lowe.

«Cesc Fábregas en aquel momento ya es un futbolista con un peso importantísimo y tienes a todos los del Liverpool, y de alguna manera estando Inglaterra fuera, sí que había una especie de: "Mira, vamos a buscarnos a otro equipo, y vamos con España", pero tampoco nos pasemos y creamos que iban a muerte; pero sí que hubo una simpatía importante», aclara el periodista británico.

LA ROJA ES *RED*

En cuanto a la selección, y como era de prever, Luis Aragonés, que dos años antes ya había convocado a Luis García y Xabi Alonso de cara al Mundial de Alemania, volvió a llamar al tolosarra, a Fernando Torres, a Pepe Reina, y a Álvaro Arbeloa para ser parte del equipo nacional que disputaría la Eurocopa.

Si la temporada en todas las competiciones, en cuanto a títulos, les fue esquiva al equipo inglés y a sus jugadores (a pesar del gran rendimiento de la mayoría de ellos), la Eurocopa de Naciones iba a ser la excepción para los cuatro hombres del Liverpool. ¡Y menuda excepción!

Luis ya había contado con Torres, Reina y Alonso en tierras germanas y eran habituales en sus convocatorias, por lo que eran prácticamente fijos para el seleccionador, pero lo que llamaba en parte la atención era la inclusión en la lista definitiva, tras solo un partido con la Roja, de Álvaro Arbeloa. El jugador salmantino se había estrenado en marzo en un amistoso ante Italia, y su buen hacer en Merseyside, junto a su polivalencia y compromiso, fueron los motivos para que fuera convocado en una lista en la que figuraban cinco futbolistas que aún no habían debutado con el combinado nacional.

Cazorla, Sergio García, Palop, De la Red y Fernando Navarro fueron las sorpresas de un bloque más que consolidado en el que, como se preveía, la gran ausencia era la de Raúl González.

Con todo, el equipo que montó Luis Aragonés fue el de Casillas, Reina y Palop como porteros, Capdevila, Ramos, Puyol, Marchena, Fernando Navarro, Juanito, Arbeloa y Albiol como defensas; Xavi, Cesc Fábregas, Xabi Alonso, Iniesta, David Silva, Rubén de la Red, Cazorla y Marcos Senna como centrocampistas; y David Villa, Dani Güiza, Sergio García y Fernando Torres para ser los delanteros.

El Liverpool (Torres, Reina, Alonso y Arbeloa) era junto al Valencia (Villa, Silva, Marchena y Albiol), el equipo con más representados, cuatro futbolistas. Curioso siendo un equipo extranjero y con, por ejemplo, Real Madrid y Barcelona con «solo» dos y tres jugadores respectivamente: Ramos y Casillas los blancos, y Xavi, Iniesta y Puyol los culés.

El torneo fue desde el comienzo muy distinto a lo que nos tenía acostumbrados la selección española, que quedó encuadrada en el grupo D junto a Rusia, Suecia y Grecia.

España venció los tres partidos con un gran juego y se midió en cuartos de final ante Italia, la vigente campeona del mundo. A pesar de ser superior a la escuadra transalpina, hubo que llegar a los penaltis tras 120 minutos sin goles donde Fábregas acabaría con la famosa maldición de cuartos de final.

De nuevo la Roja se encontró con Rusia en semifinales donde la volvió a ganar con más solvencia y brillo que en el arranque del torneo. En la final, la España «de los bajitos» o del tiquitaca (expresión que, por cierto, no le gusta a Rafa Benítez) vencía a Alemania con un fútbol de leyenda y un gol para la historia de Fernando Torres que completaba de esta manera una temporada 2007-2008 espectacular.

HÉROE EN VIENA

El delantero madrileño formó una dupla letal con David Villa durante todo el torneo y consiguió dos goles. Uno ante Suecia en la primera fase y el de la final frente a Alemania, tomando así el testigo de Marcelino, el héroe de la primera Eurocopa lograda por España en 1964. Ahí, ese 29 de junio de 2008 en el Ernst Happel de Viena, concluía la temporada para los miembros del *Spanish Liverpool*.

Fue el broche perfecto de los futbolistas del Liverpool, que conseguían proclamarse campeones de Europa con España. Todos tuvieron su protagonismo: Reina y Arbeloa siendo titulares y jugando el partido entero ante Grecia, Alonso participando en cuatro encuentros y siendo también de la partida ante la selección helena, y finalmente Fernando Torres, que jugó cinco de los seis partidos, siendo titular en los cinco y logrando los dos goles ya citados.

«Cuando Torres sale a Liverpool, eso es una daga que se clava en el corazón del aficionado atlético, pero si algo tiene Fernando Torres es que siempre que gana algo, en su corazón y en las manifestaciones que hace, aparece el escudo del Atlético de Madrid, y claro, es imposible no ser *Torrista* cuando ves que está defendiendo otros colores y va a celebrar algo que ha ganado con otro club o, en este caso, con la selección española, y aparece siempre el escudo del Atlético de Madrid», comenta con orgullo el periodista Emilio Javier Arroyo sobre el gesto de Torres, ya en Madrid, en el desfile con la selección en un autobús descapotable, con una bandera del Atlético de Madrid, siendo futbolista del Liverpool.

Ahora (una vez acabasen los festejos tras la Eurocopa) tocaba parar y descansar para el curso que viene, donde la exigencia iba a ser aún más alta. No solo porque el Liverpool debía pelear sí o sí por la Premier League, además de por el resto de las competiciones, sino porque en su plantilla había varios jugadores españoles.

Y en 2008, los jugadores españoles empezaban a ser considerados, quizás, los mejores del mundo.

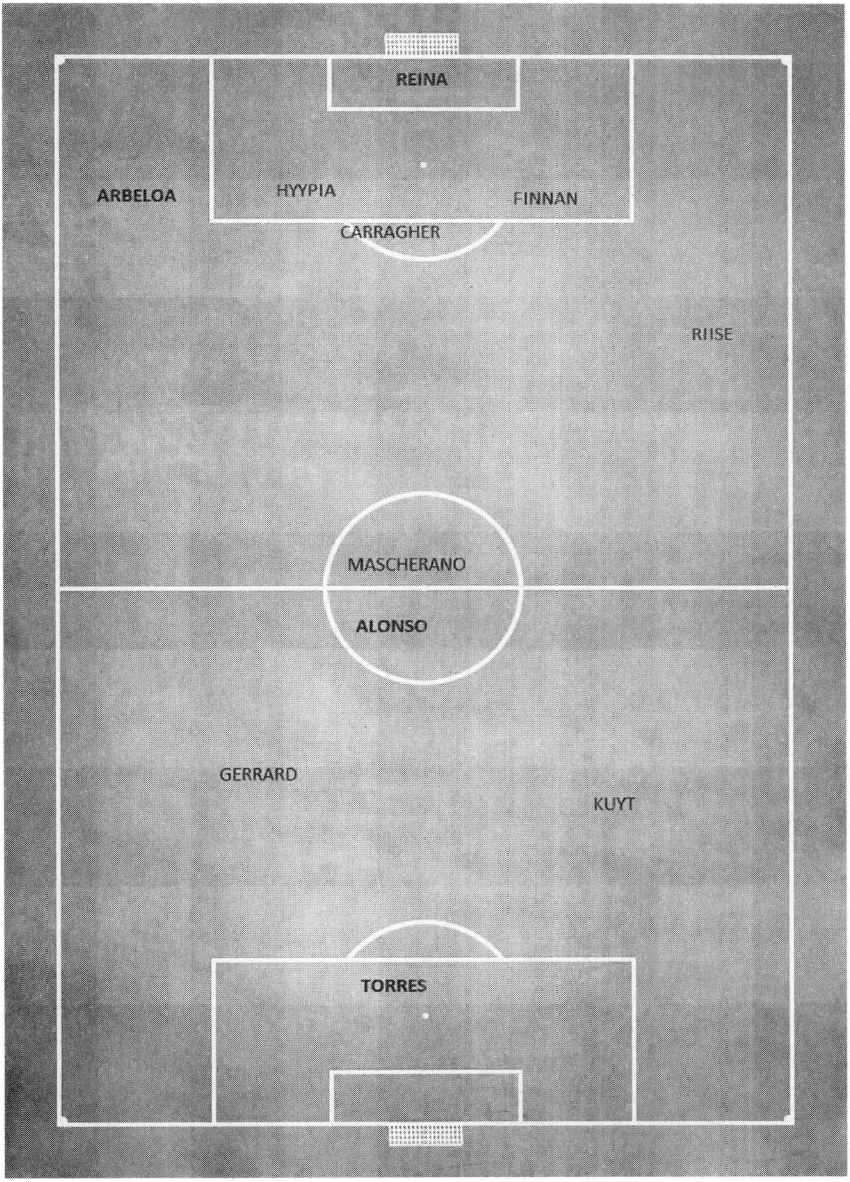

Alineación tipo 2007 - 2008

CAPÍTULO CINCO

EL *CHORREO*

«En esos momentos, el Liverpool tenía un equipazo con Xabi Alonso, Mascherano, Fernando Torres, Gerrard... un ramillete de futbolistas de un nivel altísimo que estaban en su mejor momento. Si le añades la gasolina que Boluda le echó con lo del chorreo, pues yo creo que al final se desencadenó lo que pasó».

Juande Ramos

Cuatro años llevaba ya Benítez en Inglaterra y, como en el curso anterior, la nueva temporada arrancaba con la Premier League como uno de los objetivos, sabiendo que eso pasaba por acercarse aún más al Manchester United, Chelsea y Arsenal e intentar puntuar, a poder ser ganando, en esos decisivos choques que venían a significar nueve importantes puntos. O dieciocho, según se mire.

Otra vez, el año anterior, el equipo se quedó con el casillero a cero en cuanto a trofeos, aunque a punto estuvo de meterse por cuarta temporada consecutiva en semifinales de Champions, y otra vez la irregularidad y buenísimas rachas ganando, acompañadas de pérdidas de puntos en partidos a priori asequibles, fueron por momentos, la tónica habitual.

El verano futbolístico había estado marcado por la Eurocopa y, en menor medida, por los Juegos Olímpicos (que coincidían con el arranque de la temporada), aunque solo Mascherano, Lucas Leiva, y Babel estuvieron en tierras chinas esos días con sus países.

Como mencionábamos en el final del anterior capítulo, el fútbol inglés y ,por supuesto, el Liverpool con sus cuatro campeones de Europa, Torres, Reina, Alonso y Arbeloa, sacaban pecho por la actuación de los futbolistas españoles que jugaban en la Premier League.

Con su gol en la final de Viena, Fernando Torres puso la guinda a una temporada soberbia y daba aún más argumentos a Rafa Benítez para construir su quinto proyecto en torno a los goles del delantero fuenlabreño. «La irrupción de la primera temporada y esos números nunca se habían visto. Esa cadencia goleadora, esa fuerza, esa potencia, esa conexión con Steven Gerrard, con Xabi Alonso, con Mascherano… era una cosa de locos lo que hizo Fernando (Torres), la potencia con la que entró y todo se fundamentaba en un Rafa Benítez que era un gran entrenador, y lo sigue siendo, pero en ese momento estaba en su momento álgido, haciendo progresar a Torres hasta convertirle en el mejor delantero del mundo ese año», comenta Javier Gómez Matallanas.

«Fue Balón de Bronce después de la Eurocopa. Cristiano y Messi estaban por delante, pero se lo podían haber dado a él perfectamente, lo que pasa es que no obtuvo un título con el Liverpool. Si llega a ganar la Champions con los *reds*, hubiese sido Torres probablemente Balón de Oro», afirma con seguridad el periodista madrileño.

Sin ninguna duda, la línea ofensiva personificada en el español había sido la que más rédito le había dado al equipo en la pasada temporada y por eso el entrenador madrileño puso especial énfasis en buscar un socio de garantías para *The Kid*.

Crouch y Voronin no habían destacado por unos notables guarismos goleadores, y Babel, Kuyt o incluso Benayoun, aunque veían puerta con cierta frecuencia, tampoco estaban en disposición de ser el socio del antiguo canterano rojiblanco. Sin contar con Steven Gerrard, con quien el entendimiento era total, el Liverpool necesitaba otro *hombre gol* de cara a jugar al lado de Torres. Alguien que además asegurase unos 18-20 tantos por temporada, unas cifras que en los últimos años solo habían conseguido Owen y el propio Fernando Torres.

El elegido, además de convertirse en el gran fichaje de la temporada, sería el irlandés Robbie Keane, que en Premier con los *spurs* había logrado 15 goles en el curso anterior. El que fuera capitán del Tottenham daba un paso adelante en su carrera y firmaba por cuatro temporadas por el equipo al que apoyaba y animaba de niño. Con esas circunstancias, nadie pensaba que su estancia en Anfield Road fuese tan efímera como luego a la postre sería.

OTRO ESPAÑOL MÁS LLEGA A MERSEYSIDE

Por otra parte, con el actual momento que vivía el futbol español tras el éxito en Viena, era casi obvio que Rafa Benítez volviera a mirar a la liga española para reforzar el equipo. Sin embargo, el futbolista que finalmente llegaría a Merseyside era un hombre que, sorpresivamente, no estuvo en la Eurocopa, aunque sí que fue protagonista, con golazo incluido, en la famosa victoria ante Dinamarca por 1-3 el día que «nació» la España del tiquitaca en plena fase de clasificación y con Luis Aragonés en el alambre.

Albert Riera, tras destacar en el Mallorca, jugar un par de temporadas en Francia en el Girondins, y consolidarse en el Espanyol (con una breve estancia en Manchester en las filas del City), fichaba a sus 26 años por el conjunto *red* pasando a ser un nuevo miembro, y de peso, del *Spanish Liverpool.*

El balear, que firmaba por cuatro temporadas y luciría el dorsal 11, también había sido pretendido por el Everton y llegaba a última hora del cierre del mercado de fichajes por ocho millones de libras. Sin lugar a dudas, el ex del Mallorca tendría mucho protagonismo pues su velocidad, polivalencia, desborde y potente chut, estaban más que comprobados. «Nos faltaba un banda siempre, que sacase centros, que tuviese desequilibrio, entonces buscábamos un poco esas características», dice Benítez sobre el exjugador perico. «Habíamos tenido antes a Ryan Babel, que se iba por dentro y que no desbordaba por fuera y queríamos sacar más centros. Y lo mismo, era un jugador que, al ser español, te va a entender mucho más rápido y vas a ayudar a que se integre mucho antes».

Además de Keane y Riera, que eran evidentemente los fichajes con más peso, las demás líneas también se reforzaron. Para ser una alternativa a Pepe Reina en el caso de que el portero madrileño no estuviese listo, o para la Carling Cup o primeras rondas de FA Cup, llegaba el arquero brasileño Diego Cavalieri procedente del Palmeiras, una vez Itandje no acabó de convencer del todo en los pocos partidos que disputó el curso anterior.

Andrea Dossena, lateral italiano del Udinese, venía para llenar el hueco que iba a dejar en la banda izquierda Riise, una de las bajas más importantes del equipo esa temporada. También de cara a apuntalar la delantera, y sobre todo con visión de futuro, el joven delantero galo David N´Gog se unía al nuevo proyecto *red* tras dejar una buena impresión en el Paris Saint Germain. Desde Alemania aterrizaba el suizo Philip Deggen, otro lateral con buen cartel durante su etapa en el Borussia de Dortmund a pesar de las lesiones, que sin embargo seguiría con su mala suerte y apenas jugaría.

Estas eran las nuevas caras que se unirían al club, además de varios jóvenes del *reservas* que harían la pretemporada y entrenarían con frecuencia con el equipo de Benítez, como el guardameta húngaro Peter Gulacsi, y los locales Jay Spearing, Stephen Daeby y Martin Kelly.

En cuanto a los que causaban baja, llamaba la atención que tres de los campeones de Europa en 2005 cerraban su etapa en Merseyside.

John Arne Riise, tras siete exitosas temporadas en el Liverpool, firmaba por la Roma dejando una vacante en el campo y un hueco en el corazón de muchos aficionados. Sin duda, el pelirrojo y aguerrido jugador noruego y sus misiles desde fuera del área habían calado hondo en Anfield.

Por su parte, Steve Finnan hacía las maletas para venir a Barcelona a jugar en el Espanyol después de cinco temporadas en Inglaterra y, al igual que Riise, ser uno de los fijos para Benítez.

Completando el trío de los llamados «héroes de Estambul» que se marchaban estaba Harry Kewell, que después de cinco temporadas llenas de altibajos, lesiones, y algunas destacadas actuaciones, se marchaba a Turquía, al Galatasaray.

Otro que hacía el equipaje era Peter Crouch. El simpático y espigado delantero inglés salía del Liverpool tras tres temporadas en las que nunca se llegó a asentar como titular y recalaba en el Portsmouth. Además, tras solo una temporada en Anfield, tanto Sebastián Leto como Andriy Voronin se marchaban cedidos. El argentino lo hacía al Olympiakos mientras que el ucraniano, al Hertha de Berlín.

Esos eran los cambios en el plantel de Rafa Benítez ante una temporada 2008-2009 en la que, como mencionábamos antes, el objetivo prioritario volvía a ser la Premier League. Por supuesto que la Carling Cup y la FA Cup eran otros dos títulos, aunque algo «menores», también viables y de mucha importancia, y evidentemente la Champions League, donde el equipo había conseguido, sin duda, sus mejores resultados desde que Benítez y su séquito de españoles llegasen a tierras británicas.

En la pretemporada, que comenzó en julio con el habitual *stage* en Suiza, otro joven y talentoso jugador español del *reservas* iba a tener minutos en varios partidos preparatorios. El primero de ellos frente al Tranmere Rovers en el estadio Prenton Park, donde Dani Pacheco jugaba como titular el 12 de julio de 2008 su primer partido, aunque amistoso, con el equipo de Merseyside. Aún le quedaban por aprender y pulir bastantes cositas en Melwood, pero, aunque era muy joven y físicamente aún debía ensanchar, estaba claro que, en un futuro no muy lejano, su calidad llamaría a la puerta de «los mayores».

Otro de los partidos destacados de esa pretemporada tuvo lugar en El Madrigal ante el Villarreal, como parte del acuerdo del fichaje de Reina en 2005, que juntó en una bonita foto a siete campeones de la Eurocopa: los cuatro *reds* españoles, más Marcos Senna, Santi Cazorla y Joan Capdevila posando con la Copa lograda un mes antes con ese gol inolvidable de Torres a Alemania. El club castellonense, en un bonito gesto, obsequió a los miembros del *Spanish Liverpool* con un divertido «submarino amarillo», para sorpresa y guiño a los muchos aficionados ingleses en las gradas. Sin lugar a dudas, el legado de Los Beatles no solo llegaba a Anfield o a Goodison Park.

Ya con la plantilla casi perfilada en su totalidad, el 13 de agosto arrancaba oficialmente el quinto año del equipo de Benítez, con la ida de la tercera ronda de la Champions que llevaba al Liverpool a Bélgica para enfrentarse al Standard de Lieja. El técnico madrileño no quería sorpresas y alineó casi a su once de gala, Reina, Arbeloa, Alonso y Torres incluidos, y con Steven Gerrard, con molestias, esperando en el banquillo.

A pesar del potente equipo que eligió Benítez, si los *reds* salieron con vida de Lieja, fue en parte gracias a la actuación de un Pepe Reina que le paraba un penalti a Dante en una pobre primera mitad. «Xavi Valero le dijo a Reina: "Ten cuidado que, si tira el central los penaltis, si saltas, lo tira y te pasa por debajo, déjate caer y no saltes", y hubo penalti, y lo paró», recuerda Benítez sobre la preparación que hacían Xavi Valero y Reina en cuanto a los penaltis.

«Mi labor tenía que ser muy pensada, muy de acuerdo con los porteros que tenía en mis manos, que eran muy distintos entre ellos, y sobre todo garantizar que Pepe (Reina) mantuviese su nivel y siguiera mejorando el papel de su juego», comenta Valero sobre su rol como preparador de porteros en el Liverpool. «Pepe también era muy joven y parte de mi trabajo fue ese, detectar cuáles eran sus puntos débiles y seguir trabajando en ellos y conseguir con el tiempo pues ser todavía mejor portero de lo que ya era, pero yendo con mucha cautela, con mucho respeto e intentando medir muy bien cada paso adelante que se daba», explica un Xavi Valero que, al igual que Ochotorena, no dejaba escapar casi ningún detalle en lo referente a la portería.

Volviendo al partido, Benítez, aunque algo reticente, finalmente tuvo que tirar de Gerrard en la segunda parte y, a pesar de la mala imagen que evidenciaba que el equipo todavía estaba en modo pretemporada y falto de rodaje, el 0-0 final no era del todo malo de cara a la vuelta en dos semanas en Anfield.

Tres días después era el pistoletazo de salida en la Premier. El *Pool* visitaba al Sunderland y esta vez el equipo dio una mejor imagen. Como tantas y tantas veces en el curso anterior, Fernando Torres volvió a demostrar que no había llegado a su techo y prolongaba el estado de forma de la Eurocopa.

A siete del final, el delantero de Fuenlabrada recibía un pase vertical de Xabi Alonso desde el centro del campo, se acomodaba el balón y, desde fuera del área, sacaba un potente zapatazo que hacía inútil la estirada del escocés Gordon. Primer gol de la temporada y del equipo. 0-1 y tres puntos importantes para estrenar la liga.

Anfield volvía a ser un fortín una semana más tarde, en la segunda jornada, con la visita del Middlesbrough, que se adelantaba por medio del ex del Celta de Vigo, Mido, con el primer gol recibido en más de seis horas en Premier League. Cuando la derrota acechaba a The Kop, un disparo de Carragher, que tocó en Pogatetz, ponía las tablas a cuatro del final y un golazo en el descuento de Steven Gerrard, otra vez salvador, daban nuevamente los tres puntos al equipo dirigido por Rafa Benítez.

Una semana después, también en Anfield ante el Standard de Lieja en la vuelta de la tercera ronda de la Champions, un agónico tanto de Kuyt en el 118 de la prórroga metía al equipo *merseysider*, con mucho más sufrimiento del esperado, en el bombo de los equipos que finalmente disputarían la Champions League. ¡Qué pronto empezaban las noches emocionantes en ese curso!

Para cerrar agosto, empate sin goles en Villa Park en un encuentro en el que, a la media hora, Fernando Torres se retiraba del verde por lesión con un desgarro muscular en la parte posterior del muslo derecho. Estaría de baja entre 10 y 15 días, por lo que se perdería, seguro, los partidos de España de clasificación para el Mundial 2010 ante Bosnia y Armenia, y llegaría justo al primer test serio del curso: la visita del Manchester United.

El choque ante los *red devils* se antojaba igual de importante que de difícil y más con Torres y Gerrard en el banquillo, que aún no estaban al 100%, no así Riera, que debutaba oficialmente y además de inicio. Aunque Tévez adelantaba al United en el tercer minuto de juego, mediada la primera parte Brown hacía en propia puerta el 1-1 tras un disparo de Alonso que dio en Evra y casi remata Riera. Babel, que salía por el mallorquín en el 71, conseguía poco después el 2-1 definitivo y el Liverpool daba un puñetazo sobre la mesa con la primera victoria de Rafa Benítez ante el equipo entrenado por Alex Ferguson.

Entresemana comenzaba la andadura del *Pool* en la Champions. El conjunto inglés había quedado encuadrado en el potente grupo D junto al Olympique de Marsella, el PSV Eindhoven y... el Atlético de Madrid. Es decir, ¡Fernando Torres volvía al Calderón! O al menos es lo que la afición rojiblanca, la prensa y, sobre todo él, esperaban.

Pero eso sería en la jornada tercera; en la primera, los *reds* sacaban tres importantes puntos ganando a domicilio al Olympique de Marsella por 1-2, con doblete de un ya recuperado del todo Steven Gerrard. El capitán consiguió igualar el marcador con un golazo espectacular, e hizo el segundo de penalti, ambos en la primera mitad.

En Premier, empate sin goles recibiendo al Stoke City en el primer partido en el que los cinco miembros del *Spanish Liverpool* eran titulares, antes del debut en Carling Cup en la archiconocida tercera ronda, imponiéndose en Anfield al modesto Crewe Alexandra de la League One con solo Fernando Torres de los españoles, teniendo minutos desde el banquillo.

A *The Kid* se le iban viendo cositas tras los problemas físicos de las semanas anteriores y confirmaría esas buenas sensaciones en el derbi de la sexta jornada en Goodison Park, con una grandísima actuación y un doblete en apenas tres minutos.

De nuevo, el Liverpool, superior gran parte del encuentro, salía con sus cinco españoles una vez las respectivas lesiones que afectaron a Torres o a Riera en jornadas pasadas parecían superadas. En el 59, el madrileño conseguía el primero rematando según le venía un centro de Keane y, tres minutos después, batía nuevamente a Tim Howard con su segundo de la tarde aprovechando un balón muerto en el área. Incluso dos minutos después, el árbitro Mike Riley le anulaba lo que hubiese supuesto un *hat-trick* en cinco minutos tras una falta pitada sobre Kuyt. Al final, tres puntos para el *Pool* en el derbi de Merseyside, y Fernando Torres que rompía una «sequía» de seis partidos sin marcar.

Octubre arrancaba con el segundo encuentro de la fase de grupos en Champions con la visita del PSV. Partido cómodo para los *reds* con, otra vez, y ya empezaba a ser lo habitual, sus cinco españoles en el once inicial. Kuyt abría la lata en los primeros minutos tras un disparo de Torres que blocó el meta sueco Isaksson, y Keane a la media hora lograba por fin su primer gol después de un gran pase de Torres desde la derecha en su undécimo partido como *red*. Por último, Gerrard, con un lanzamiento de falta desde fuera del área, llegaba al centenar de goles con el tercero. ¡Menudo jugadorazo! El capitán estaba, sin duda, y eso tampoco era noticia, entre los mejores futbolistas del planeta. En la recta final, Koevermans maquillaba el marcador en ese definitivo 3-1 y el Liverpool comandaba su grupo con seis puntos, los mismos que el Atlético de Madrid, con quien se las vería en la tercera jornada.

Volviendo a la Premier, partidazo y remontada en la séptima jornada en casa del City. Los de Mark Hughes se ponían 2-0 en la primera parte con goles de Ireland y del joven guipuzcoano Javier Garrido, pero en la segunda mitad los *reds* daban otro golpe en la mesa mostrando sus credenciales para, esta vez sí, ser un claro favorito al título.

En el minuto 55 Torres recortaba distancias rematando en el área pequeña un pase de la muerte de Arbeloa, y aunque Robinho a punto estuvo de lograr el tercero para los *citizens*, el madrileño batía de nuevo a Hart en el 73 rematando con la testa un córner botado por Gerrard. 2-2, se olía la remontada, y más con un City que perdía a Zabaleta por roja directa tras una fea entrada sobre Xabi Alonso.

Torres a punto estuvo de conseguir el tercero fallando a puerta vacía un pase de Keane, pero en el descuento, un lanzamiento del fuenlabreño golpeaba en Dune y Kuyt aprovechaba ese balón muerto para culminar la remontada. ¡Vaya partidazo! No obstante, la alegría no era completa pues Skrtel se lesionaba en la rodilla derecha, por lo que se perdería un buen puñado de encuentros, a lo que se sumaba Fernando Torres que, ante Bélgica en un partido de clasificación de cara al Mundial, también se lesionaría para enfado de un Benítez que volvía a quedarse sin su hombre gol un par de semanas, otra vez tras un parón de selecciones.

En liga, nueva victoria recibiendo a un Wigan que, por dos veces, se ponía por delante en el marcador. Zaki adelantaba a la media hora a los *latics*, a lo que empataba poco después Kuyt y con 1-1 se llegaría al descanso. A la reanudación, otra vez el egipcio Zaki era protagonista con un golazo, pero Albert Riera pondría las tablas con su primer tanto como *red* a diez del final. El balear recibió un pase desde la banda izquierda de El Zhar, que Gerrard dejaba pasar en una jugada que el propio Riera había iniciado, y con la puntera y de primeras batía al ex del Liverpool, Kirkland.

Con la grada enchufada y empujando como solo Anfield sabe hacer, a cinco del final llegaría el tercero, obra nuevamente de Kuyt, que con un remate acrobático certificaba una victoria que dejaba al equipo segundo con 20 puntos empatados con el Chelsea, antes de volar a Madrid con destino al Vicente Calderón.

LOS TORRISTAS SE QUEDAN CON LAS GANAS

Fernando Torres, muy a su pesar, (y al de los seguidores Torristas y colchoneros) era baja, aunque eso no fue óbice para que ambas aficiones se midieran amistosamente con las canciones sobre el delantero en la previa y en el final del choque, en una especie de homenaje al héroe de Viena. Entre medias de eso, el tercer partido de la fase de grupos, entre *reds* y colchoneros, terminó en tablas con goles de Keane, que adelantaba al Liverpool, y de Simao, que salvaba un punto para un *Atleti* que contaba en su formación con Luis García y Sinama-Pongolle.

Tras el empate en Champions, que dejaba a los de Benítez con siete puntos en tres partidos, los mismos que el Atlético, llegaba otro de los platos fuertes de la temporada: primero contra segundo, Chelsea frente a Liverpool. Esta vez Benítez ya no visitaba a Mourinho en Stamford Bridge, lo que se había convertido en un duelo clásico en los banquillos de la Premier esos últimos años, sino que lo hacía al brasileño Luiz Felipe Scolari. Igual que frente al United, golpe de autoridad demostrando que el equipo esa temporada ya sí que sí, iba en serio para pelear la liga.

El gol de Alonso en el diez de la primera mitad, con un disparo desde la frontal que daba en Bosingwa confundiendo a Čech, certificaba la primera victoria del Liverpool de Benítez en Stamford Bridge, y de paso terminaba la racha de 86 partidos ligueros sin perder en casa del conjunto londinense. Incluso el marcador pudo ser superior si en la segunda parte el propio Alonso consigue otro tanto con un lanzamiento de falta que golpeaba en el poste. Al final, 0-1 en West London y los reds que, con siete victorias en nueve partidos, se colocaban líderes de la Premier League con 23 puntos.

Tres días después, trabajada victoria en Anfield frente al Portsmouth antes de arrancar noviembre con la primera derrota de la temporada ante los *spurs* en Londres. Aunque Kuyt abría la lata bien pronto y los *reds* fueron netamente superiores, los goles en la segunda mitad de Carragher en propia puerta y de Pavlyuchenko en el descuento certificaban la primera derrota en liga desde marzo y la primera en aquella temporada 2008-2009 entre todas las competiciones. Además, el Chelsea recuperaba el liderato.

De vuelta a la Champions, y recibiendo al Atlético de Madrid con Fernando Torres todavía lesionado, en el palco, y enfocado continuamente por las cámaras, empate a un gol y todo que seguía abierto en Europa para los de Benítez.

Curioso es el dato que los *reds* salieron con más españoles en su once inicial, cuatro (Reina, Alonso, Arbeloa y Riera), que el conjunto colchonero, dos (Antonio López y Raúl García. Luis García saldría en el 90). La globalización y la, para muchos, controvertida Ley Bosman hacían que gran parte de los clubes de muchas ligas europeas contasen, a veces, con más futbolistas foráneos que nacionales. En partidos como este, el calificativo de *Spanish Liverpool*, a pesar de que uno de sus máximos exponentes como Torres no se vistiese de corto esa noche, cobraba aún más fuerza.

En lo puramente deportivo, Maxi Rodríguez adelantaba al conjunto madrileño poco antes del descanso y lo que parecía un 0-1 para los colchoneros se convirtió en un punto para ambos equipos, merced a un penalti transformado en el 95 por, cómo no, el capitán y salvador Steven Gerrard, que batía a Leo Franco dejando al Liverpool con ocho puntos en cuatro partidos, otra vez igual que el Atlético de Madrid, primero de grupo por diferencia de goles.

La senda del triunfo regresaría en la jornada siguiente en casa frente al West Bromwich, aprovechando que Fernando Torres ya estaba listo para empezar a tener protagonismo tras varias semanas en el dique seco. Ante los *baggies*, Robbie Keane se quitaba un buen peso de encima con sus dos primeros goles en liga, ambos en la primera mitad, y en la segunda era sustituido, bajo el reconocimiento y aplausos de Anfield, por un Fernando Torres que estaba de vuelta tras seis partidos ausente por lesión.

Con los cinco españoles sobre el campo (Alonso también había salido desde el banquillo), la guinda la puso en el 90 Álvaro Arbeloa con su primer y único gol del curso: recibió en el área un balón de Kuyt, acomodó su control y, con la zurda y con rosca, batía al exportero del Liverpool, Scott Carson. 3-0 y el Liverpool que recuperaba el liderato al menos por 24 horas.

No obstante, la buena racha se paraba en la cuarta ronda de la Carling Cup cayendo en White Hart Lane ante el Tottenham por 4-2, con Torres siendo titular en una alineación de jugadores menos habituales para ir cogiendo ritmo y, como en la temporada anterior, el *Pool* decía adiós a la Carling mucho antes de lo esperado.

Tras la temprana eliminación en la Copa de la Liga, merecida victoria en el Reebok Stadium ante el Bolton con goles de Kuyt y de Gerrard. El gol del capitán fue mérito de un Torres que saltó al terreno de juego la última media hora y con el exterior de su pie derecho se inventaba un pase extraordinario hacia su mejor socio. ¡Menuda clase la del madrileño!

Tres importantes puntos para seguir arriba en la clasificación, seguidos de un empate sin goles con el Fulham en el primer partido de titular del *Niño* Torres en varias semanas, justo antes de que Gerrard, con su gol al Olympique de Marsella en el quinto encuentro de la fase de grupos en Champions, certificase matemáticamente la clasificación para octavos de final.

A OCTAVOS CON MALAS NOTICIAS

No obstante, el partido ante el equipo marsellés traería una mala noticia. Fernando Torres, en una última carrera en el tiempo añadido, sufría un tirón que resultó ser una lesión en los músculos isquiotibiales de la pierna derecha. ¡Otra vez lesionado! Aunque en un principio se estimó que el delantero internacional español estaría unas tres semanas fuera del equipo, lo cierto es que *The Kid* ya no reaparecería hasta enero.

Ya en diciembre, otro 0-0 en casa, este frente al West Ham que, aun así, dejaba a los *reds* líderes con 34 puntos, una vez el Chelsea había pinchado con el Arsenal, y se quedaba segundo con 33 puntos. United y, precisamente, Arsenal con 28 y 26 puntos, respectivamente, eran tercero y cuarto en la clasificación de la Premier League.

En la jornada 16, victoria a domicilio con protagonismo español ante un Blackburn muy necesitado de puntos. Después de una primera mitad bastante competida, Xabi Alonso en el minuto 70 batía a Robinson desde la medialuna del área con su primer tanto en liga de la temporada. Diez minutos después Benayoun conseguía el segundo y, aunque Roque Santa Cruz recortaba distancias con el primer gol que el Liverpool concedía en 446 minutos en Premier, en el tiempo extra Gerrard liquidaba el partido tras un pase de Riera. Una victoria más que mantenía a los *reds* líderes de la Premier con un punto sobre el Chelsea, antes del último partido en Champions del año, en el sexto compromiso de la fase de grupos.

El Liverpool, ya clasificado para octavos, salió con siete cambios en su alineación respecto al anterior encuentro. Solo Arbeloa y Riera fueron de la partida entre los españoles de un equipo que se imponía al PSV en su estadio por 1-3, terminando de esta manera primero de grupo. Lo mejor, sin lugar a dudas, fue el gol que marcó Albert Riera, su estreno en Liga de Campeones, cuando en el minuto 69 recibía de Lucas Leiva y, con su zurda, se sacaba un increíble zapatazo que se colaba en la portería defendida por Isaksson. Menudo golazo del balear; recordaba bastante al que hizo con la selección un año antes en Aarhus ante Dinamarca, en aquella épica victoria, también por 1-3, clave para la clasificación a la Eurocopa.

Los tres puntos logrados en el PSV Stadion hacían que el Liverpool terminase la fase de grupos imbatido con 14 puntos en seis partidos. Segundo era el Atlético de Madrid con 12, tercero el Olympique de Marsella con cuatro, y colista el PSV con tres. Benítez tenía especial interés en ser primero de grupo de cara a los octavos de final, ya que eso significaba disputar la vuelta en casa... Y menuda eliminatoria se antojaba todavía a más de dos meses vista: el bombo quiso que el rival de octavos fuera el Real Madrid. Y, como el técnico español ya avisó, la vuelta en Anfield sería un partido clave. Además de épico.

Regresando a la Premier y recibiendo al Hull City, otra vez Gerrard fue clave con su doblete en un 2-2 final que seguía manteniendo al *Pool* en lo alto de la clasificación, una vez el Chelsea tampoco pudo pasar del empate ante el West Ham.

Sin Benítez, que tuvo que pasar por el quirófano por unas piedras en el riñón, y con Sammy Lee ocupando su lugar en el banquillo, de nuevo tablas en Londres ante el Arsenal. Un 1-1 que no era del todo malo, pues el Chelsea también se dejaba dos puntos en su visita a Goodison Park, por lo que el Liverpool, otra vez, conservaba el liderato.

Ya en Boxing Day, el Liverpool terminaba la racha de tres empates seguidos en casa venciendo con autoridad al Bolton con tantos de Riera, tras un córner botado por Gerrard, y un doblete de Keane. El segundo gol, además, en un contragolpe de manual iniciado por Reina y Alonso.

El Liverpool, aun sin Benítez en el banquillo, pero sí en el palco y dando órdenes por pinganillo, despedía 2008 con una aplastante victoria en Saint James'Park ante el Newcastle por 1-5, y entraba en el nuevo año como líder en solitario y con todas las credenciales de que esa temporada iban a por el título. Alonso, que fue suplente y saltó al césped en el 60 (solo Reina de los españoles fue titular), anotaba el quinto y último de penalti en el minuto 77. Los otros tantos los consiguieron anteriormente Gerrard por partida doble, Hyppiä y Babel.

UN AÑO 2008 PARA RECORDAR

Terminaba así un más que notable año 2008 con el equipo primero después de mucho tiempo, clasificado para octavos de la Champions, donde esperaba el Real Madrid, y, aunque se caía en Carling casi a las primeras de cambio, aún quedaba la FA Cup donde la siempre complicada tercera ronda aguardaba en solo unos días.

Un 2008 que, en lo referente a los españoles, había sido prácticamente sobresaliente tras el éxito en la Eurocopa y que había confirmado a jugadores como Torres o Alonso como algunos de los mejores futbolistas, no solo de la Premier League, sino de toda Europa.

Ya en 2009, el líder de la Premier League comenzaba el nuevo año con su estreno en FA Cup, ganando a domicilio al Preston North End de la Championship por 0-2, con goles con acento español. El primero lo lograba, en el 25 de la primera parte, Albert Riera tras asociarse con Gerrard y, desde el lateral del área, soltar un misil con su zurda, mientras que el segundo era obra de Fernando Torres, que saltaba al césped a falta de 17 minutos.

El fuenlabreño sustituía a un desacertado Robbie Keane que había fallado tres claras ocasiones de gol y no terminaba de justificar los 20 millones de libras que el Liverpool había pagado por él apenas unos meses antes. *The Kid,* que no parecía acusar la inactividad, salió buscando el gol desde el principio y lo conseguiría en una contra cuando el partido expiraba, tras un regalo de Gerrard que el delantero madrileño solo tuvo que empujar. El tanto no fue gran cosa, pero sí lo era el estar de vuelta con su primer gol en FA Cup y también con su primera diana desde octubre. Los *reds* ya estaban en cuarta ronda, donde les esperaba a final de mes el Everton, pero, antes de eso, había que seguir firme en liga y no perder puntos por el camino; algo que sucedería con varios empates seguidos.

El primero en la jornada 21 ante el Stoke City en el Britannia Stadium que terminó 0-0, mientras que el United se imponía por 3-0 al Chelsea. Después, un 1-1 en el derbi de Merseyside recibiendo al Everton en el primer partido titular de Torres desde noviembre, y mismo resultado en la ida de la cuarta ronda en FA Cup también en Anfield frente al equipo entrenado por David Moyes.

Como en liga, otra vez los *toffees* pusieron en apuros a los *reds*. En esta ocasión se adelantaron en el marcador, pero el empate de Gerrard, tras un bonito taconazo de Torres, dejaba la eliminatoria abierta de cara a la vuelta en Goodison Park.

Enero concluía con otro empate, este ante el Wigan, 1-1, que dejaba a los de Benítez terceros a cinco puntos del United (53), y empatados con 48 puntos con el Chelsea, con ciertas dudas en el ambiente en torno al futuro de Benítez y algunos jugadores, y todavía sin saber lo que era ganar en 2009.

Uno de esos futbolistas siempre bajo el escrutinio de la grada, y también de la prensa, era Robbie Keane, que para sorpresa de muchos regresaba al Tottenham. El ariete irlandés solo había conseguido siete goles desde que llegó a Merseyside y, a pesar de su calidad y sentimiento *red*, hacía las maletas para volver a Londres por siete millones de libras menos de las que el Liverpool había pagado solo seis meses atrás.

Otro que salía era Jermaine Pennant, que lo hacía en calidad de cedido al Portsmouth. Aunque había contado bastante para Benítez, sobre todo en su primer año como *red*, la falta de continuidad hizo que buscase acomodo en el equipo entrenado por su excompañero Tony Adams. Sin refuerzos en el mercado invernal, las críticas y los últimos puntos perdidos hicieron mella en el seno del equipo, que arrancaría febrero como un tiro. Los resultados y el juego volvieron a ser buenos y, todo ello, debido en parte a Fernando Torres que, ahora sí, parecía el de hace unos meses cuando convertía en gol casi todos los balones que tocaba.

En la jornada 24, y recibiendo al Chelsea, *The Kid* volvía a ser determinante con un doblete en dos minutos. Los *reds* fueron muy superiores durante todo el partido y si se llegó sin goles al descanso fue por el buen trabajo de Čech. Lampard fue expulsado por entrar con los tacos por delante a Alonso, reviviendo viejas rencillas del pasado, cuando en enero de 2005 lesionaba gravemente al mediocentro tolosarra. Con un hombre más, los de Benítez continuaron cercando la portería del Chelsea y cuando muchos ya firmaban el empate, apareció bajo la bocina Fernando Torres para dar dos zarpazos letales.

El primero en el minuto 89, rematando con la cabeza en el área chica un gran pase de Fabio Aurelio. El madrileño se adelantaba en la marca a Alex y conectaba un buen testarazo sorprendiendo a Petr Čech. 1-0 justo en frente de The Kop y Anfield volvía a rugir como hacía semanas no hacía. El segundo llegó un minuto después. Jugada de Benayoun que le roba la cartera a Cole en el área, y el cuero le llega al delantero español para, con la derecha, hacer el segundo matando el partido. 2-0 al Chelsea con lo que eso significaba en la clasificación y, moralmente, Torres de nuevo enchufado y aviso al United de que aún estaban ahí.

No obstante, el subidón de la victoria sobre los *blues* se diluía ligeramente en el partido de *replay* de la cuarta ronda de FA Cup en Goodison Park. En un tosco derbi, con el Everton poniendo en apuros a Reina en más de una ocasión, Gerrard se retiraba lesionado al cuarto de hora y, además, Lucas Leiva era expulsado dejando al Liverpool con diez hombres. Tras el 0-0 en unos competidos 90 minutos, en la prórroga, el joven Gosling conseguía un golazo que era definitivo y el *Pool* caía en cuarta ronda. A los de Benítez ya solo les quedaba la Premier y la Champions con cuatro meses por delante. ¿Vendría bien esa eliminación para priorizar objetivos y no desinflarse?

Volviendo a la Premier, la jornada 25 traería una remontada épica en casa del Portsmouth con, otra vez, Fernando Torres siendo protagonista y decisivo, aunque, para sorpresa de muchos, no partía como titular. Benítez optó por dar descanso al madrileño y no forzarle tras el choque entresemana de FA Cup, por lo que esperaría en el banquillo, eligiendo al joven N´Gog como su hombre más adelantado.

Nugent adelantaba al Portsmouth en el 62 tras una buena asistencia de un motivado Peter Crouch, y Fabio Aurelio empataba a balón parado con un seco disparo siete minutos después. El *Pompey* se volvía a poner por delante a doce del final, pero en el 85 Kuyt empataba nuevamente tras un pase de Torres, que había saltado al campo poco antes. 2-2 con el tiempo casi cumplido, pero los *reds* se negaban a claudicar frente a los de Tony Adams. Y así llegó la remontada, cuando pasado el 90 Benayoun en el borde del área se la ponía a *The Kid*, que con un gran giro de cuello batía de cabeza a David James poniendo el definitivo 2-3 en el electrónico del Fratton Park. ¡Ahí estaba el *Niño* Torres cuando más falta hacía! Tres puntos, remontada y presión para un Manchester United que se agarraba al liderato, pero ya sintiendo el aliento de los de Merseyside en el cogote.

Por otra parte, entresemana, la selección española que se encontraba inmersa en la clasificación de cara al Mundial de Sudáfrica disputaba un amistoso en el Sánchez Pizjuán ante Inglaterra. Era curioso ver cómo el equipo ahora entrenado por Vicente del Bosque contaba con la totalidad del *Spanish Liverpool* en su convocatoria. De hecho, todos excepto Riera, que no llegó a saltar al verde del estadio sevillano, tuvieron minutos ante la selección de los *Three Lions,* a la que ganaron 2-0 con goles de David Villa y de Fernando Llorente. Más curioso aún era que en España hubiera hasta cinco integrantes del Liverpool, mientras que en el equipo de Fabio Capello no había ni un solo representante de los *reds* (Carragher se había retirado de la selección en verano de 2007 y Gerrard estaba lesionado), lo que volvía a enfatizar la importancia de los futbolistas españoles en el equipo inglés.

A los periodistas que cubrían habitualmente la información de la selección les llamaba la atención que el Liverpool aportase más jugadores que la gran mayoría de clubes españoles. «Era el *Spanish Liverpool.* Era la época en la que en Las Rozas, cuando venían los jugadores del Liverpool, se hacía un poquito la broma entre los periodistas: "Ahí están los *reds*", cuando llegaban a la selección y, efectivamente, marca también una época desde ese punto de vista en la selección española», destaca el periodista Antonio Muelas.

«Yo no recuerdo un club extranjero que haya aportado tantos jugadores a la selección. Hablo de memoria, pero creo que no lo ha habido», comenta Muelas. Y es que, con cuatro o cinco futbolistas del *Pool* en esa época, se puede decir, sin ninguna duda, que el equipo inglés era una de las bases de la selección española. «En unos años el Barcelona fue la base de la selección, otros años fue el Valencia, y estos años fue el dominio en la selección del Liverpool», afirma el propio Vicente del Bosque.

El técnico salmantino y su *staff*, a pesar de la distancia, veían y seguían los encuentros del Liverpool todas las jornadas. «Estábamos al tanto de todo por los partidos que hacían, si no era en directo, era en diferido, pero siempre estábamos muy atentos a todo lo que ocurría». No obstante, Del Bosque matiza: «Si venían a la selección no era por lo que pusieran los periódicos, sino que era porque lo decidíamos nosotros».

De vuelta a la Premier League, en la jornada siguiente, tropiezo en Anfield, donde los de Benítez se dejaban dos puntos en la visita del City y, de nuevo, resurgían las dudas sobre la candidatura al título. Bellamy, tras un disparo que desviaba Arbeloa, conseguía el primero de los de Hughes al poco de arrancar la segunda mitad. El atacante galés no lo celebró aduciendo a su pasado *red*, algo que valoró y agradeció la afición del Liverpool. A doce del final, Kuyt ponía las tablas después de un remate fallido de Torres y el *Pool*, por séptima vez en la temporada, conseguía igualar un partido en el que iba por detrás en el marcador.

EL OPTIMISMO DE BOLUDA

Tres días después, y ahora sí tras unas cuantas semanas de espera, regresaba la Champions con la ida de los octavos de final donde el Liverpool visitaba nada más y nada menos que al Real Madrid. La previa fue «animada» por el entonces presidente del equipo merengue, Vicente Boluda, que afirmó en el programa de la Cadena Cope, *El Tirachinas*, que el Madrid, además de ganar esa temporada la liga, iba a derrotar fácilmente al Liverpool en el Bernabéu, dejando para la historia la ya célebre y mítica frase del *chorreo*.

«Vamos a ganar la liga y también vamos a ganar la Champions. Aquí vamos a ganar 3-0. Y allí seguramente 1-2 porque se van a tener que abrir y los vamos a chorrear», decía un convencidísimo Vicente Boluda. ¿Llevaría razón el presidente merengue con esas atrevidas declaraciones?

Cuando la expedición del Liverpool llegó al estadio, para Benítez, en cierta manera, era como volver a casa. O al menos a una de ellas y con la que siempre se le había relacionado. Bromeó saludando al entrañable Agustín Herrerín, que daba la bienvenida al club inglés desde su posición de delegado del Real Madrid, antes de meterse al vestuario a ultimar los detalles del partido y su charla previa.

En un Santiago Bernabéu en el que no cabía un alfiler, el Liverpool salía con sus cinco españoles de inicio, mientras que Gerrard esperaría su oportunidad en el banquillo, ya que Rafa Benítez no quería forzar aún a su capitán, que venía de lesión y no jugaba desde la victoria frente al Chelsea. Además, las cámaras se centraban en Fernando Torres, que iba a jugar en el templo madridista por primera vez con otra camiseta distinta a la del Atlético de Madrid, sin contar, eso sí, con que ya lo había hecho anteriormente con la selección.

Con España, *The Kid* había jugado frente a Inglaterra en un amistoso en noviembre de 2004 donde fue titular, y ante Dinamarca en marzo de 2007, en un partido de la fase de clasificación para la Eurocopa 2008 sustituyendo a su tocayo Fernando Morientes.

Ya en lo deportivo, la primera ocasión del encuentro fue para Raúl en los primeros minutos, cuando el capitán blanco intentaba una *semicuchara* buscando sorprender a Pepe Reina. A ello contestó, en el minuto 20, un Fernando Torres abucheado en casi todos los balones que tocaba, pero su disparo fue despejado a córner por Iker Casillas. Los de Juande Ramos siguieron creando peligro y a Higuaín le anulaban un gol en el minuto 29 por fuera de juego tras un remate de cabeza de Sergio Ramos. El partido estaba abierto para ambos contendientes, pero el equipo inglés apenas concedía espacios con un gran planteamiento táctico ideado por Rafa Benítez. Aunque, Marcelo primero y después Robben, lo probaron con sendos disparos, fue Xabi Alonso quién metió el miedo en el cuerpo con un lanzamiento desde el mismo centro del campo que Casillas tuvo que mandar a córner.

En la segunda mitad, Robben lo intentaba nuevamente con un potente disparo desde fuera del área que Reina se quitaba de encima mandando el esférico a córner. Los *reds* siguieron a lo suyo y en el minuto 82 daban un golpe sobre la mesa. Una falta desde el costado derecho ejecutada con maestría por Fabio Aurelio era rematada de cabeza por Benayoun batiendo a Casillas. ¡Gol del Liverpool! 0-1 y, de momento, botín valiosísimo para los de Merseyside a falta de unos minutos para el final.

A pesar de los últimos intentos del Madrid, con ese marcador terminaba el partido y el Liverpool conseguía un resultado buenísimo para la vuelta en Anfield en dos semanas. La única nota negativa para el equipo inglés fue que Fernando Torres se lesionaba otra vez, ahora en el tobillo, y estaría unos días fuera del equipo. Al final *el chorreo* del 3-0 pronosticado por Boluda no fue tal. ¿Qué sucedería en el Templo?, ¿estaría Torres recuperado para la vuelta?

Tres días después, pinchazo en casa del Middlesbrough por 2-0 con Xabi Alonso haciendo un gol en propia puerta. A pesar de ser la segunda derrota en liga de la temporada, la Premier otra vez se ponía difícil. Con la Champions ya en la cabeza, victoria balsámica ante el Sunderland para seguir con opciones en liga, en un Anfield que ya se estaba preparando para lo que vendría en siete días con la visita del Real Madrid.

El conjunto merengue era segundo en la liga española, había ganado los últimos dos campeonatos, y en las cuatro ediciones anteriores de la Champions no había podido pasar de la barrera de los octavos, por lo que dar la vuelta a la eliminatoria, tras el tropiezo en la ida, era casi obligatorio para los hombres de un Juande Ramos, que regresaba a Inglaterra tras su exigente e irregular paso por el Tottenham.

Desde el día previo al partido, centenares de aficionados madridistas llenaron las calles de Liverpool haciendo turismo por los aledaños de Albert Dock, visitando Mathew Street y toda la zona de pubs como The Cavern, y bebiendo pintas mientras veían y escuchaban las actuaciones de músicos locales donde las canciones de The Beatles eran una constante desde que abrían hasta que se echaba el cierre. También, evidentemente, muchos madridistas no dejaban pasar la oportunidad de hacer el tour y visitar la sala de trofeos y el Museo de Anfield, ya que una gran parte de los aficionados merengues que habían aterrizado en el aeropuerto John Lennon nunca había estado en el mítico estadio inglés.

El ambiente era espectacular en el Templo. Decenas de banderas, muchas de ellas españolas, pancartas y bufandas se mezclaban en una bonita y orquestada coreografía, al tiempo que desde la megafonía sonaba el popular *You'll never walk alone* interpretado por Gerry and the Pacemakers. Era la primera vez que el Real Madrid visitaba el mítico estadio británico y lo hacía, como decíamos un poco más arriba, bajo la exigencia de levantar un resultado adverso para no volver a caer en octavos de final por quinto año consecutivo.

La foto protocolaria de los dos capitanes, Steven Gerrard y Raúl González en el centro del campo, con el estadio lleno, y con las gradas aún entonando el *You'll never walk alone*, era una delicia para cualquier amante del fútbol, fuese *red* o merengue.

Benítez, prácticamente, pudo contar con su alineación de gala, Torres incluido tras la lesión que se produjo precisamente en Chamartín, y aunque Riera no estaba ni en el césped ni en el banquillo, había cuatro futbolistas españoles en el equipo inglés; uno más que en el Real Madrid, que solo contaba con Casillas, Ramos y Raúl en su once inicial, y con Guti, que saldría en la segunda mitad, y Miguel Torres esperando su turno en el banquillo.

El partido comenzó de forma frenética. En el minuto tres, Torres tenía la primera controlando el esférico de espaldas ante Cannavaro tras recibir de Gerrard, y Casillas con su pierna derecha enviaba a córner lo que era un gol cantado. Justo después, tras ese saque de esquina, Mascherano probaba nuevamente a Casillas, que otra vez tenía que enviar la pelota a córner. Iban casi cuatro minutos de juego y Casillas ya había salvado dos ocasiones más que claras.

Aunque el Madrid se recompuso ligeramente después de ese inicio fulgurante de los *reds*, en el minuto 16 Torres adelantaba a los de Benítez tras rematar, de primeras, un pase de Kuyt en el área pequeña. El Madrid pidió falta del exrojiblanco a Pepe antes de que Kuyt diera el pase, pero el colegiado Frank de Bleeckere se mantuvo firme y el 1-0 subió al electrónico de Anfield.

Era el primer gol de Torres al Real Madrid y el fuenlabreño, en la celebración, mostraba su nombre a varios destinatarios: en primer término, a los aficionados del Liverpool, tras otra lesión volvía a marcar cuando más se le necesitaba y encima en un partido de los importantes en Europa. En segundo lugar, a los aficionados madridistas que estaban en el campo. No quería desaprovechar la ocasión tras los pitos y abucheos en el Bernabéu y se aseguró de que su apellido serigrafiado en su camiseta, cogido por ambas manos, se leyera bien en su ancha espalda. Y finalmente dedicándoselo al Atlético de Madrid. Ese gol lo hizo un futbolista del Liverpool, pero también, en cierta manera, era un tanto del equipo rojiblanco. «Para los atléticos era como si lo hubiera metido prácticamente con el Atlético de Madrid», afirma el periodista de Radio Nacional de España, Emilio Javier Arroyo.

Casillas volvía a aparecer poco después salvando otra vez al Madrid tras un remate de Gerrard, pero en el 28, ahora sí, el capitán inglés engañaba al arquero mostoleño en un penalti por mano de Heinze que realmente no fue. No se había llegado a la media de hora de juego y el Real Madrid ya necesitaba marcar tres goles.

En el minuto 31 Sneijder probó a Reina con un potente disparo desde fuera del área antes de que el árbitro decretase el fin de una primera mitad en la que el Liverpool se iba al descanso mandando en el marcador con la sensación de que, si no es por Casillas, el resultado sería bastante más abultado.

En la reanudación, Gerrard, que jugaba su partido 100 en Europa, conseguía el tercero con un golazo en el minuto 47, en frente de The Kop, tras una jugada de Babel desde la izquierda. La cara de Juande Ramos en el banquillo lo decía todo. Raúl la tuvo tras un pase de Ramos desde la banda derecha que el capitán madridista enviaba fuera. No estaba siendo el partido de un Raúl que, en aquella temporada hasta la fecha, llevaba la nada despreciable cifra de 20 goles.

El Liverpool seguía a lo suyo y Casillas continuaba con su gran actuación sacándole otro balón a un inspiradísimo Steven Gerrard. Cinco o seis goles llevaría ya el conjunto inglés si no hubiera estado el capitán de la selección española bajo palos. Con todo el respeto para un ovacionado Jerzy Dudek, que aguardaba en el banquillo en caso de que su concurso fuese necesario.

El Madrid intentaba vagamente meterse en el partido con algún gol, con Gago o Raúl como protagonistas, pero el marcador ya era una losa y el tiempo transcurría. Incluso Casillas le sacaba otra a Fernando Torres que iba a la misma escuadra. Y así, con el equipo merengue buscando al menos maquillar el marcador, en una contra en el 85, Dossena ,que había salido por un ovacionado Torres un minuto antes, hacía el cuarto a pase de Macherano. Su primer gol como *red*. ¡Menudo estreno! Incluso Lucas Leiva pudo lograr el quinto antes de que el árbitro pitase el final. Sin duda, noche histórica para recordar con el Liverpool tumbando al Real Madrid de las nueve Copas de Europa, en un Anfield enloquecido y con un resultado global de 5-0 en la eliminatoria. Casi nada.

La eliminación cobraba aún más valor recordando las palabras de Boluda, antes del partido de ida, cuando dijo lo del famoso *chorreo*. «No cabe duda de que las declaraciones fueron desafortunadas porque tratar así a un equipo como el Liverpool fue meterle gasolina», explica Juande Ramos.

«En esos momentos el Liverpool me acuerdo de que tenía un equipazo con Xabi Alonso, Mascherano, Fernando Torres, Gerrard... un ramillete de futbolistas de un nivel altísimo que estaban en su mejor momento, si le añades la gasolina que le echó con lo del *chorreo*, pues yo creo que al final se desencadenó lo que pasó», añade quien fuera entrenador del Real Madrid en esos meses de 2009.

Rafa Benítez, está en la misma línea que Juande: «El ambiente en Anfield, además que es súper de motivación a todos los niveles, pues claro, eso te ayuda un poquito más. Pero vamos, a mí lo del *chorreo*, personalmente tampoco me cambió nada. No es que fuese algún estímulo para mí. A lo mejor para algún jugador de los españoles... la verdad es que fue un partidazo», dice con satisfacción en la cara.

Esa victoria y goleada del Liverpool, o derrota del Real Madrid, depende de quien lo cuente, ha quedado en la retina tanto de los aficionados como de los periodistas que cubrieron ese encuentro en Anfield. Antonio Muelas ha narrado cientos de partidos del equipo merengue en los micrófonos de Radio Nacional de España, pero como el de esa noche en Anfield, muy pocos. «Fue un baño histórico. Pero de los mejores partidos que yo recuerdo de un equipo, en este caso el Liverpool, y creo que la derrota más clara y de las más contundentes junto a la del 5-0 del Milán con la Quinta del Buitre, porque fue tal vendaval de fútbol… Yo me quedé impresionado», comenta el popular periodista deportivo.

«Ese Liverpool era supervertical, eléctrico, competitivo, entraban a todas las jugadas… el Madrid estaba desarbolado, ni las olía, fue tremendo. No digo que humillación porque tampoco es una humillación perder 4-0 contra el Liverpool en su estadio, pero para un club como el Madrid, que estaba cayendo en los octavos varias temporadas, sí que fue doloroso, y después con ese matiz del *chorreo* de quien fue presidente tan solo unos meses», continúa Muelas recordando ese histórico partido en Liga de Campeones.

El Liverpool ya estaba en cuartos de final y se posicionaba otra vez como un claro candidato a levantar la Orejona. La ovación de la grada a sus jugadores, en especial a Gerrard y Torres, fue seguramente la más grande de toda la temporada.

Fernando Torres había conseguido la primera victoria en su carrera ante el Real Madrid con gol incluido también por primera vez. «Hay que situarse en el contexto» apunta Emilio Javier Arroyo; «en esa época el Atlético de Madrid era completamente irrelevante en Europa, entonces llega el Real Madrid a jugar a Anfield y se lleva una goleada y en esa goleada Fernando Torres es parte importante, ¿qué más se puede pedir? Para un atlético Torrista es como una victoria propia», aclara el periodista de la radio pública española. «No te digo que se fueran a Neptuno a celebrarlo porque no era para tanto, pero era evidentemente era como una victoria propia», explica.

DE CUATRO EN CUATRO

Cuatro días después, y cuando muchos pensaban que los *reds* pagarían el esfuerzo en Champions, llegó otro de los partidos cumbres en ese curso 2008-2009 en, quizás, uno de los escenarios más complicados: Old Trafford.

Poca gente habría adivinado el resultado final aquel 14 de marzo y menos aún cuando Cristiano Ronaldo conseguía desde los once metros el primero para los de Ferguson en el 23, tras un penalti de Reina sobre Park. Cinco minutos después, zapatazo desde el área de Skrtel que Vidic se traga en el bote y Fernando Torres, rápido y astuto, le roba la cartera al central serbio, encara a Van der Sar y, con la derecha, bate al arquero neerlandés poniendo el empate en el marcador del Teatro de los Sueños.

Noveno gol en Premier del punta madrileño, que parecía perfectamente recuperado en una temporada con bastantes problemas físicos y lesiones. De hecho, en el minuto 44, le ponía al hueco un balón a Gerrard y a Evra no le quedaba otra opción que parar en seco al capitán *scouser*. Penalti.

El ocho del Liverpool no vaciló y conseguía el 1-2 con el que se llegaba al descanso, con el consiguiente cabreo de Sir Alex Ferguson. Como era tónica habitual en la temporada, otra vez la dupla Torres-Gerrard volvía a funcionar. Eran quizás, los hombres más determinantes del equipo de Benítez.

Ya en la segunda mitad, Reina tuvo algo más de trabajo, pero las llegadas del United eran bastante imprecisas. Vidic veía la roja tras agarrar a Gerrard, que se iba solo, y en el lanzamiento de falta pertinente Fabio Aurelio la ponía en la escuadra con el 1-3.

Aún habría tiempo para que al final, como ante el Real Madrid, Dossena, que había sustituido a Riera, consiguiese el 1-4 con una bonita vaselina. ¡Menuda semana para el Liverpool!, primero goleada al Real Madrid eliminándolo en Europa y ahora goleada a domicilio ante un United que, si bien continuaba siendo líder con 65 puntos, cuatro más que el *Pool*, tendrían que sudar lo suyo y no fallar para llevarse la Premier League.

Además, era la primera victoria de Rafa Benítez en Old Trafford ante un Manchester United que sufría la derrota más dura en casa desde 1992, cuando cayeron también por 1-4 ante el Queens Park Rangers, justo el día de año nuevo. Benítez no solo se congratularía de tal hecho, sino que esa semana firmaba un nuevo contrato por cinco temporadas más, lo que le uniría al equipo inglés hasta 2014, es decir, si todo iba bien cumpliría una década en Merseyside.

RENOVACIÓN

Su contrato terminaba a la finalización de la siguiente temporada y tras varios rumores y desencuentros por no poder fichar lo que él pretendía con Rick Parry, el director ejecutivo, que a su vez afirmaba que dejaría el equipo al término del curso, además de la siempre complicada relación con Tom Hicks y George Gillet la firma del nuevo acuerdo significaba que el proyecto de Benítez iba para largo. Muchos veían en la figura del entrenador español, con ese nuevo contrato, al equivalente a Sir Alex Ferguson y Arsène Wenger en el United y Arsenal, respectivamente. Es decir, una institución que estaría muchísimos años en el club con un peso y poder de decisión y de fichajes mucho mayor que lo que en realidad había tenido hasta entonces.

«Al final me tienen que renovar; me ofrecen cuatro años, les pido cinco y me dan cinco, y entonces me dan el control del fútbol base, de la academia, y es cuando traemos a Pep Segura, traemos a Rodolfo Borrell (ambos de la cantera del Barcelona), y cambiamos la estructura de la academia», comenta un Benítez que acababa de ganar una pequeña batalla al ser renovado. «Ahí cambia todo, fichamos a Sterling y ahí es donde todo lo que es la estructura cambia y somos más europeos. Pongo a Frank McParland de director de la academia y a Pep Segura de director técnico de la academia, entonces cambiamos toda la metodología, cambiamos entrenadores y cambiamos la manera de entrenar y la manera de afrontar los partidos», explica Benítez sobre el cambio que supuso la renovación.

Regresando a lo futbolístico, la racha continuó en la jornada siguiente en casa ante el Aston Villa. Parecía que, desde la victoria al Real Madrid, el equipo tenía una marcha más y así lo demostró con una aplastante victoria ante los villanos por 5-0. Kuyt adelantaba a los *reds* en el minuto ocho y en el 33, Reina le ponía a Riera un balón que el balear remataba batiendo a Friedel y ya prácticamente cerrando el partido. ¡Menudo golazo y menudo pase! No era la primera vez que Reina, sacando desde su portería, dejaba a un compañero con todo a favor para marcar. El arquero madrileño, con un gran saque en largo, la puso donde quiso y Riera, tras dejar botar el cuero, enganchaba una volea imparable. 2-0 al que se sumaría después Gerrard que, antes del descanso, conseguía el tercero de penalti.

En la segunda mitad, nuevamente Gerrard sería protagonista con dos tantos más. En el 50, desde la medialuna y tras una falta, anotaba el cuarto. ¡Otra vez! Por tercer partido consecutivo el Liverpool conseguía cuatro goles. El público quería más y los jugadores lo sabían. Además, por qué no, había que superar al United en goles en caso de que el golaveraje fuera necesario. Sobre todo, si el equipo de Ferguson se dejaba puntos por el camino como esa jornada ante el Fulham, por lo que los *reds* debían de seguir pisando el acelerador.

Y así llegó el quinto cuando Torres, en su partido 50 en Premier, era derribado por Friedel, quien además veía la roja directa. Penalti. Gerrard, cómo no, engañaba al recién salido Bradley Guzan que solo pudo recoger el balón del fondo de las mallas. 5-0 y primer *hat-trick* del capitán en la temporada y en liga. Ya había logrado dos anteriormente, en Champions ante el TNS en 2005 y frente al Luton en FA Cup en 2008. Incluso en el futuro conseguiría dos más: en 2010 ante el Nápoles y en 2012 frente al Everton. Para muchos, Stevie G era el futbolista total. Con esa goleada el Liverpool continuaba segundo, pero el mensaje al United estaba claro. Iban a pelear la Premier mientras hubiera opciones. Y las había…

Abril comenzaba con otra victoria más, lograda a domicilio ante el Fulham en un partido agónico. Hasta cuatro veces dieron al palo los de Benítez en un encuentro en el que, de no ganar, se alejaba el tren de la Premier. Alonso, de un *voléon,* vio cómo su disparo hacía temblar la cruceta y Torres también daba al palo tras una buena combinación con Gerrard. Esas dos acciones, junto a sendos remates de cabeza de Dossena que también tocaron la madera, hicieron que la portería defendida por Schwarzer pareciese infranqueable.

Hasta que en el minuto 92, cuando ya el empate sin goles parecía lo más evidente, Benayoun conseguía un épico gol que colocaba al Liverpool de nuevo líder. La piña de los *reds*, eufóricos y casi fuera de sí como si de un título se tratase, fue sin duda uno de los momentos estelares del curso. Con ese marcador *in extremis*, el Liverpool volvía a mandar en la clasificación con dos puntos más que el United que, eso sí, contaba con dos partidos menos.

Los de Ferguson, obligados a no perder ante el Aston Villa en Old Trafford al día siguiente, estuvieron jugando con fuego gran parte del encuentro y solo el gol en el descuento del joven Macheda, 3-2 ante *los villanos*, volvía a dejar al *Pool* en segunda posición.

Cuatro días después, regresaba la Champions a Anfield con la ida de los cuartos de final. Por quinta temporada consecutiva, de nuevo Liverpool y Chelsea se veían las caras en Europa, lo que confirmaba, por si alguien aún lo dudaba, que el enfrentamiento entre *reds* y *blues* era uno de los choques clásicos de la Liga de Campeones de la primera década de los 2000.

En un Anfield lleno hasta la bandera, con el aroma de las grandes noches europeas y con los cinco españoles en el once, Torres adelantaba al Liverpool a los seis minutos rematando de primeras un certero pase desde la derecha de Arbeloa. Golazo del madrileño, que estaba en un gran momento de forma.

A pesar del gol tempranero del Liverpool, el Chelsea no se quedó atrás y Drogba y Malouda tuvieron el empate en sus botas. El partido era intenso y bonito, con ocasiones para ambos conjuntos. No fue extraño pues, que Ivanovic, poco antes del descanso, consiguiera el empate rematando de cabeza un córner. Con el 1-1 se llegaba al final de la primera mitad en un encuentro muy abierto y físico.

Sí fue llamativa, por otro lado, la superioridad *blue* en la segunda parte: Ivanovic, de nuevo rematando un córner con la cabeza, y Drogba, en una jugada de tiralíneas, dejaban el marcador en un definitivo 1-3 en un Anfield que se quedó helado.

El Liverpool, muy dado a remontadas históricas en Europa, en seis días debería superar la eliminatoria en Londres. Iba a estar realmente complicado, pero el equipo de Benítez ya había levantado resultados peores en anteriores temporadas. A pesar de tener el foco en la Premier y en dar guerra al United, muchos pensaban que vencer a los de Hiddink en Stamford Bridge era posible. Y más tras la actuación en la jornada siguiente recibiendo al Blackburn Rovers.

Quedaban siete partidos, 21 puntos, y Rafa Benítez creía que con siete victorias aún se podía conseguir la que sería su primera liga en Inglaterra. El equipo lo iba a dar todo. Eso nadie lo dudaba: ni los aficionados, ni los medios de comunicación, ni los siete rivales que aún quedaban por delante. Tampoco el United, obligado casi a no fallar.

De nuevo con los cinco integrantes del *Spanish Liverpool* en el once y con Pepe Reina en su partido 200 como *red*, otra vez el *Pool* fue un rodillo desde el comienzo. En el quinto minuto de juego, Torres conseguía el primero con un golazo tras controlar con el pecho un lejano pase de Carragher, embolsar el cuero y con la derecha soltar una volea imparable.

El propio Torres y Kuyt tuvieron el segundo a su alcance poco después, pero este llegaría en el minuto 33 tras una falta botada con maestría por Alonso que *The Kid* remataba de cabeza batiendo nuevamente a Paul Robinson. En la segunda mitad, Agger con un misil desde fuera del área y N´Gog cerraban la goleada en otro 4-0 que volvía a dejar al Liverpool como líder momentáneo, hasta que el Manchester United, venciendo a domicilio al Sunderland, recuperaba la primera plaza.

Y llegaba la Champions con la vuelta de los cuartos de final ante el Chelsea en Londres. Los *reds*, además, se presentaban en Stamford Bridge con la baja de Gerrard, lesionado. El capitán se iba a perder el que, para muchos, era el partido más importante de la temporada. Importante o, visto 90 minutos después, emocionante.

En el minuto 19, Fabio Aurelio en un lanzamiento de falta sorprendía a un despistado Čech y ocho minutos después Xabi

Alonso de penalti hacía el segundo tras ser agarrado por Ivanovic en el área. 0-2. Otra vez el donostiarra, como en Estambul cuatro años antes, daba vida desde los once metros al Liverpool en un momento clave. En solo media hora la eliminatoria estaba igualada a tres goles. Las caras de los aficionados del Liverpool en las gradas reflejaban la euforia de un conjunto que volvía a creer en una de sus míticas noches europeas. Con el 0-2 se llegaba al descanso. El Liverpool estaba a solo un gol de meterse en semifinales, pero todavía quedaban 45 minutos.

Los de Hiddink salieron con otra determinación en el segundo tiempo, y Drogba recortaba distancias en el 51 en un semifallo de Reina que, hasta ese momento, había estado perfecto. 1-2. Para colmo de los de Benítez, cinco minutos después, Alex empataba mediante un lanzamiento de falta directa con un zambombazo imparable que dejaba la eliminatoria en 5-3.

El partido empezó a romperse bastante antes de lo esperado, y Lampard parecía dar la estocada con el tercero del equipo londinense, pero Lucas Leiva, a diez del final, volvía a empatar en un disparo que tocaba en Essien y confundía a Čech. 3-3. ¡Menuda locura!

Más aún cuando, dos minutos después, Riera,que había salido poco antes, ponía un balón desde la izquierda y Kuyt con un gran testarazo adelantaba otra vez al *Pool*. Los *reds,* como tantas otras veces, volvían a creer. 6-5 era en ese momento el resultado global de la eliminatoria; con un gol más los de Benítez estarían en semifinales.

Con todo en el aire, Lampard, otra vez él, mataba el partido en el 88 a pase de Anelka. 4-4. Pero cuando ya casi cualquier equipo se habría rendido, un minuto después, Essien salvaba bajo palos un disparo de N´Gog que habría significado el 4-5. ¡Vaya partidazo! Al final, global de 7-5 para los de Guus Hiddink tras ese memorable y épico empate a cuatro goles que pasaría a ser un clásico de las hemerotecas como uno de los encuentros más emocionantes de la historia de la Liga de Campeones.

El conjunto londinense, por su parte, se metía en unas semifinales donde esperaba el Fútbol Club Barcelona en la que sería otra eliminatoria igual de histórica que de polémica...

En cuanto al Liverpool, que casi obra el milagro, caía con la cabeza bien alta. Ya solo le quedaba pelear por la Premier League, y el siguiente partido, el de la jornada 33, iba a ser también de aúpa. Por el rival, por el cansancio acumulado del partido de Champions entresemana y, sobre todo, por el marcador.

Pero antes de eso, al día siguiente del encuentro de la Champions en Londres, el miércoles 15 de abril, se celebraba un acto de homenaje en Anfield por el 20 aniversario del desastre de Hillsborough, recordando a las 97 víctimas (durante años se hablaba de 96, pero en 2021, Andrew Devine, uno de los aficionados heridos de gravedad presente en el partido, fallecía 32 años después de la tragedia a consecuencia de las lesiones causadas en ese fatídico día) que murieron en las semifinales de la Copa inglesa frente al Nottingham Forest el 15 de abril de 1989. Tanto la plantilla y el cuerpo técnico, como diversas personalidades y exjugadores del Liverpool, acompañaron a las familias de las víctimas y a los aficionados en un emotivo acto que congregó a 30 000 personas.

Volviendo a lo futbolístico y ya entresemana, se jugaría otro de los partidos que cualquier hincha, del Liverpool o no, recordará al leer estas líneas. Cuando todavía resonaban los ecos de la eliminación, pero, sobre todo, del partidazo de Champions ante el Chelsea, los *reds* volvieron a ofrecer a los aficionados una actuación memorable, esta vez recibiendo al Arsenal, que, a pesar de la épica y los goles, significarían dos puntos perdidos, los últimos de la temporada.

Los de Benítez, todavía sin Gerrard y, como ya era habitual, con los cinco españoles de inicio, fueron muy superiores gran parte de la primera mitad y solo un soberbio Fabianski impidió que los *reds* mandaran en el marcador por más de un gol, hasta que, a nueve del descanso, Arshavin, a pase de Cesc, mandaba callar Anfield con el primero de los *gunners*. Era un gol que no solo celebraba el conjunto londinense, sino también United y Chelsea. Con el 0-1 se llegaba al descanso; el Liverpool no podía no puntuar, por lo que los de Rafa Benítez salieron decididos a buscar el empate a la reanudación.

En el 49 Kuyt la ponía desde el lateral derecho del área y Torres, suspendido en el aire, conseguía su duodécimo tanto de la liga. 1-1 y Anfield que volvía a vibrar con otra genialidad del fuenlabreño que, ausente Gerrard, tiraba del carro como solía hacer el capitán *scouser.*

Cinco minutos después, Benayoun lograba el segundo del *Pool,* pero enseguida Arshavin, en tres minutos, volvía a poner a los de Wenger por delante con dos goles más. Había dado muestras de su calidad en la Eurocopa y ahora lo hacía con un *hat-trick* en su primera visita a Anfield.

Así las cosas, en el minuto 73, balón de Riera desde la izquierda, Torres que controla de espaldas, se da la vuelta ante Silvestre, y con la derecha golpea al palo largo de Fabianski que, aunque la toca, no puede evitar el gol del delantero español. 3-3, menudo partidazo. ¡Otra vez!

Diez minutos después, *The Kid* casi logra el cuarto, que habría sido su tercero, tras rematar un córner que Gibbs sacó bajo palos. Con el partido roto, y también loco, Arshavin en el 90 conseguía el cuarto, su póker, fusilando en una contra a Reina, volviendo a mandar callar a todo el estadio. ¡Menuda noche del atacante ruso! Sin duda, acababa de sellar la mejor actuación de su carrera. Pero como ante el Chelsea, el Liverpool no se rindió y Benayoun en el 93 marcaba el cuarto ante el éxtasis de la afición en las gradas. 4-4 otra vez, y el equipo que seguía con opciones, aunque menores, de ganar la Premier. Los *reds* volvían a ser líderes superando al United en diferencia de goles, pero los Diablos Rojos tenían todavía dos partidos menos.

Un día después, el equipo de Sir Alex Ferguson ganaba su encuentro pendiente de la jornada 27 frente al Portsmouth y volvía a ser primero, tres puntos por delante del Liverpool y todavía con una bala en la recámara.

En la jornada 34, el Liverpool seguía a lo suyo y sacaba los tres puntos en casa del Hull City. Xabi Alonso al filo del descanso abría la lata tras una falta que pegó en la barrera y el exrealista, sin dejarla caer, empalmaba con su diestra un balón imparable para Myhill. 0-1 y al descanso con, de momento, los deberes hechos en la primera mitad.

En la segunda, un doblete de Kuyt en su partido 100 con el Liverpool y un tanto del exblaugrana Geovanni para el Hull City, dejaban el marcador en un definitivo 1-3 que mantenía a los *reds* líderes por diferencia de goles sobre un United que tampoco fallaba venciendo 5-2 al Tottenham.

Ya en mayo, cómoda victoria ante el Newcastle por 3-0 con Gerrard de vuelta, pero sin Torres, que no fue de la partida, lesionado. Alonso, que dio dos veces al larguero con sendos disparos marca de la casa, con potencia y colocación, uno en cada parte, se marchó también lesionado a diez del final tras recibir una fea falta de Barton.

Con esa victoria ante el conjunto entrenado por Alan Shearer se conseguía además otro dato para las estadísticas; era la primera vez desde 1979 que el Liverpool anotaba tres o más goles en cinco partidos consecutivos. Sin duda, en las últimas fechas, los de Merseyside eran un equipo muy goleador buscando distanciar al United, aunque fuera en golaveraje, si eso valía para pelear la ansiada, aunque cada vez más complicada, Premier según se acercaba la conclusión del campeonato.

En la siguiente jornada, la 35, el *Pool* «se la jugaba», pues estaba obligado a ganar al West Ham en Upton Park. Empatar o perder significaba que la liga era matemáticamente para el United. Con Torres y Gerrard juntos de inicio (era la duodécima ocasión que lo hacían en el curso por lesión de uno u otro), los *reds* se impusieron con facilidad a los *hammers* por 3-0.

Gerrard, con una gran combinación con Torres en el minuto dos hacía el primero, y antes del descanso el segundo tras un penalti sobre Torres que, de primeras, fue salvado por Robert Green, que el capitán en el rebote no perdonaba. ¡Qué bueno que era!; a pesar de perderse varios partidos por lesión, sumaba sin ser delantero 23 goles en la temporada. Ya al final, Babel cerraba la cuenta y el Liverpool volvía a ser primero, empatado a 80 puntos con el United, a la espera de lo que hiciera el equipo de Ferguson al día siguiente ante sus vecinos *citizens*.

Como era de prever, el United vencía al City y, entresemana, hacía lo propio, aunque con cierto sufrimiento, visitando al Wigan en el partido que aún tenían pendiente de la jornada 33, por lo que con solo un punto serían campeones.

Un punto que certificaron en la penúltima jornada recibiendo al Arsenal en un 0-0 que valía una liga. Ahí terminaban las opciones del Liverpool, que hasta entonces siguió ganando, buscando un pinchazo del Manchester que nunca llegó. Un día después de que los *red devils* se coronaran campeones, el Liverpool se imponía 0-2 a un West Bromwich Albion que certificaba su descenso a la Championship.

Y a la semana siguiente, el equipo entrenado por Rafa Benítez echaba el cierre al campeonato recibiendo y ganando al Tottenham con solvencia y dejando una buenísima imagen. Fernando Torres, a la media hora, conseguía de cabeza el primero a pase de Kuyt con su tanto número 50 en 84 partidos con los *reds*. Menudos guarismos goleadores que tenía en Merseyside el delantero de Fuenlabrada; superaba en esas estadísticas a leyendas de Anfield como Fowler, Owen o Ian Rush.

En la segunda mitad Kuyt haría el 2-0, poco antes de que Robbie Keane recortase distancias. El ariete irlandés, que había jugado media campaña con los *reds*, no lo celebró. Benayoun marcó luego el tercero antes de que Hyppiä saltase al campo en los compases finales para jugar su último partido como jugador del Liverpool tras diez exitosas temporadas. Incluso el bravo central finés, uno de los jugadores más queridos la afición, estuvo muy cerca de marcar a la salida de un córner, lo que habría supuesto un epílogo casi perfecto antes de marcharse a la Bundesliga, al Bayer Leverkusen.

No fue la única despedida ese día. Aunque nadie contaba con ello, también fue el último partido de Xabi Alonso después de cinco temporadas. El donostiarra regresaría a España para jugar en el Real Madrid. Y no se iría él solo...

Al margen de las salidas, que trataremos en el siguiente capítulo, así finalizaba la temporada 2008-2009 el Liverpool: segundo con 86 puntos, a solo cuatro puntos del Manchester United, merecido campeón con 90 puntos. Tercero y cuarto fueron Chelsea y Arsenal que finalizaban ambos con 83 puntos.

UNA TEMPORADA COMPLETÍSIMA

86 puntos son muchos puntos y el récord de Benítez en su carrera hasta la fecha, lo cual habla del nivel de ese equipo, del nivel de la Premier League, y, por qué no decirlo también, del nivel de ese Manchester United. De hecho, sus dos ligas con el Valencia las había logrado con 75 puntos en la temporada 2001-2002, y con 77 puntos en la 2003-2004.

Cuando más cerca estuvo de esa cifra fue tres temporadas antes, en la 2005-2006, en la que el Liverpool finalizó tercero con 82 puntos. La otra vez que un equipo suyo quedó subcampeón fue en la 97-98 en Segunda División cuando el Extremadura terminó segundo con 79 puntos y logró el ascenso directo a Primera. Incluso, fue tercero con buenas cifras, 78 puntos logró su Nápoles en la 2013 -14, y 74 el Tenerife en Segunda en la 2000-2001. Buenas puntuaciones todas, pero siempre lejos de esos 86 puntos que había logrado tras el United.

El Liverpool fue el equipo más anotador de la Premier con 77 goles y consiguió 43 puntos fuera de casa, el récord del club hasta la fecha. Esas 77 dianas tuvieron su base en el acierto goleador de Gerrard, 16 goles, y en Torres, 14, aunque tampoco hay que desdeñar la aportación de un gran Dirk Kuyt que llegó a ver puerta en 12 ocasiones.

De hecho, los tres figuran en la tabla de máximos goleadores del campeonato que encabezaba Nicolas Anelka (Chelsea) con 19 goles. Segundo era Cristiano Ronaldo (Manchester United) con 18, tercero Gerrard con 16, que además fue nombrado futbolista del año por la Football Writers´ Association, cuarto Torres con 14, empatado con el exmadridista Robinho (Manchester City), y quinto Kuyt, con 12 goles, los mismos que Rooney (United), Lampard (Chelsea) y Darren Bent (Tottenham).

El United de Alex Ferguson, que ganaba su tercera Premier League seguida, alcanzaba al Liverpool en títulos ligueros, 18. Los *reds*, que no ganaban la competición doméstica desde 1990, estuvieron muy cerca de conseguirlo. Sin lugar a duda, si no es por la cantidad de empates que cosechó, once, además de las repetidas bajas de varios hombres clave, el Liverpool habría sido seguramente el campeón. Con todo, pelearon hasta la antepenúltima jornada y solo un Manchester United que no fallaba a pesar de seguir compitiendo en la Champions fue más regular que ellos.

Preguntado por esa temporada y ese Liverpool de la 2008-2009, Rafa Benítez es contundente: «Fue mi mejor plantilla, perdimos solo dos partidos. Perdimos con el Tottenham, que merecimos ganar, me acuerdo de que falló un gol Xabi (Alonso) que podíamos haber ganado fácil. Luego Redknapp, que era su primer partido, saca a Pavlyuchenko, que no jugaba nunca, y nos hizo gol al final, y luego con el Middlesbrough, que lo entrenaba Gareth Southgate que descendieron, que fue un gol en propia puerta de Xabi (Alonso) y un error de Sami (Hyypiä) y perdimos 2-0 en un partido que también tuvimos problemas, porque no teníamos lateral derecho. Son los únicos que perdimos», dice con una gran memoria de esos puntos claves perdidos.

LOS *FACTS*

Además, añade: «En esa temporada está la famosa rueda de prensa donde yo hablo de los *facts* (la lista de hechos que favorecían al United) y, sin embargo, siempre digo lo mismo: todo lo que dije era cierto; nadie me ha corregido. En los partidos en los que jugaba el United, lo hacían en domingo; nosotros jugábamos el sábado por la mañana fuera de casa, que eran cuatro partidos de diferencia, es decir, doce puntos, y luego de los últimos once partidos, ganamos diez y empatamos uno, por tanto, no estaba *cracking up* (desde el United se decía que Benítez se reía de ellos. *To crack up* significa literalmente *«partirse de risa»*), lo que pasa es que ellos tuvieron la época del *Fergie Time*, que jugaban siete minutos y metían gol, *«¡Hasta que marquemos gol!,* y se acaba, y ya está», comenta Benítez sin tapujos.

Y concluye así su respuesta sobre esa liga: «Ellos tenían buen equipo y sacaron más puntos, pero nosotros lo hicimos muy bien, pero claro, ¿por qué hago yo todo eso? Porque ya sabíamos que estaba todo pactado: árbitros, calendario… era muy difícil», finaliza.

«Ese equipo que Benítez construyó con Torres y Gerrard en la temporada 2008-2009, antes de las últimas de Jürgen Klopp en las que el Liverpool era tan dominante, fue el mejor equipo de su generación», afirma con rotundidad Matt Ladson. «2008-2009 probablemente junto con la de Klopp en la 2018-2019, son las dos temporadas en las que el Liverpool debería haber ganado la Premier League. Fueron el mejor equipo en la liga ese año y también el mejor equipo en Europa, y era un disfrute absoluto ver a Torres en su esplendor y en su *prime*».

A SOLO DOS PARTIDOS

«El único año en el que el Liverpool, de alguna manera, puede competir con todo, pensar que puede llegar a ser campeón, es en 2009, que tenía muy buen equipo. De hecho, yo me atrevo a decir que tenía mejor equipo que el United, lo que pasa que en ese momento el United tenía la mentalidad ganadora», señala el periodista José David López.

«Aquí lo único que cambiaba absolutamente todo era el hecho de cómo era capaz de competir el United respecto al resto en esa época; la diferencia con el Liverpool era que el proceso de Benítez, seguramente ahí, toca techo en el sentido de ya llevar un tiempo trabajando; pero en recursos, quizás tenía hasta más el Liverpool, lo que pasa que el once inicial del United era imposible de superar, porque en esa época acababa de ser campeón de todo: en 2008 gana la Champions y gana también el Mundial de clubes, y gana la Premier en 2009 con un equipo que sabía jugar de memoria», explica el colaborador de la *Revista Panenka*. «Era grandísimo todo lo que había ganado ese United de Ferguson y la sensación que daba en Inglaterra era de equipo siempre curtido. Era la voz de Inglaterra en Europa realmente durante muchísimo tiempo. Entonces, romper eso era muy difícil por parte del Liverpool y nunca lo consiguió a nivel Premier».

«Ese Liverpool nunca ha sido capaz de tener la regularidad competitiva en liga, porque la sombra de todo lo que representa el

United era tremenda, excepto en la temporada 2008- 2009 en la que estuvo a dos partidos de ganarle en la Premier, así que la clave de todo era que la sombra del United era muy grande, que era imposible luchar contra eso porque no lo consiguió Benítez, pero es que no lo estaba consiguiendo nadie en el Liverpool en mucho tiempo. La capacidad de atracción que tenía en ese momento el Liverpool se la dio Benítez siendo capaz de ganar esa Champions y de rearmar un equipo en base a los españoles y a esa sensación de cierta identidad renovada, pero el Liverpool estaba ajeno a todo lo que fuera una identidad competitiva en Europa o incluso en Premier desde hacía mucho tiempo», finaliza diciendo el experto en fútbol internacional.

ENSAYO A UN AÑO VISTA (DEL GRAN MOMENTO)

Concluía la liga, sí, pero la temporada no terminaba aún para los integrantes del *Spanish Liverpool,* porque los cinco fueron convocados por Vicente del Bosque para la Copa Confederaciones 2009, la antesala o «ensayo» del Mundial que se disputaría un año después.

Solo lo disputaban ocho países: el anfitrión, Sudáfrica, el vigente campeón del mundo, Italia; el de la Copa América, Brasil; el de la Copa de Oro de la Concacaf, Estados Unidos, el de la Copa de Asia, Irak; el de la Copa de África, Egipto; y el de Oceanía; Nueva Zelanda. España acudía como campeona de Europa y entre los 23 seleccionados que llamó Vicente del Bosque estaban Reina, Torres, Arbeloa, Riera y Alonso. De hecho, el equipo inglés era el segundo conjunto más representado con cinco hombres, solo superado por el Valencia, con seis.

No dejaba de llamar la atención que un club de la Premier League aportase más futbolistas que muchos de la Liga española, aunque el seleccionador español tampoco lo veía tan raro: «En esa época, posiblemente era llamativo, pero estaban jugando bien, entonces nosotros tampoco mirábamos de qué equipo eran, los traíamos en relación al rendimiento deportivo de cada uno», comenta Vicente del Bosque. «No creo que tuviéramos una predilección por unos u otros en función de que jugaran en Inglaterra o no», matiza.

Además, la relación entre la Federación Española y el Liverpool, por motivos obvios, era más que positiva: «Al final, los equipos, básicamente, son los que pagan los salarios, son los que realmente tienen el control del jugador hasta que, por un momento puntual, varias veces al año, pues lo pierden y es como decir: "¿Ahora qué va a pasar?", porque ya sabemos que el virus FIFA, que le llaman, al final afecta a todos los equipos, pero en este caso era un poco especial por muchas circunstancias», argumenta Paco de Miguel, preparador físico del *Pool* en aquel momento. «La primera porque el entrenador era Vicente del Bosque, que es gran amigo de Rafa; el preparador físico era Javi Miñano, que es gran amigo de Rafa y gran amigo mío, la relación era muy buena. Eso, por un lado. Por otro, nosotros como españoles, creo que no hace falta decir que el prestigio que nos daba el que ellos fueran con la selección era muy positivo para todos», continúa Paco de Miguel. «De hecho, el auge de los preparadores físicos y de los entrenadores españoles digamos que también se debe un poco a eso: Rafa va a Inglaterra, triunfa como español y abre un poquito el camino, pero luego se gana una Eurocopa, luego se gana un Mundial, luego se gana otra Eurocopa… eso lo consigue la selección. Yo creo que de eso nos hemos beneficiado y, todavía a día de hoy, nos estamos beneficiando todos los profesionales vinculados al fútbol de este país», explica.

La Roja quedó encuadrada en el grupo A junto a Sudáfrica, Irak y Nueva Zelanda, a las que derrotó sin excesivos problemas: Se impuso 0-5 a Nueva Zelanda con *hat-trick* de Torres, 1-0 a Irak, y 2-0 a Sudáfrica, pero perdió en semifinales ante Estados Unidos cayendo por 0-2. Finalmente, en el partido por el tercer y cuarto puesto, volvería a derrotar a Sudáfrica por 2-3, gracias a un definitivo gol de falta de Xabi Alonso en la prórroga.

Los cinco *reds* tuvieron minutos, lo que confirmaba que, en principio, si no pasaba nada raro, todos deberían estar en un año de vuelta en Sudáfrica. Torres fue el futbolista más utilizado participando en los cinco encuentros que jugó España, Alonso y Riera jugaron en cuatro, mientras que Álvaro Arbeloa y Pepe Reina solo disputaron uno.

Ahora sí tocaba parar y coger fuerza en vacaciones de cara a un curso 2009-2010 que se prometía apasionante. La Premier sería, sin duda, el objetivo prioritario para el Liverpool tras haber acariciado el título. No obstante, los futbolistas españoles también tenían otro objetivo en mente y sabían que podía ser una ocasión única: el Mundial.

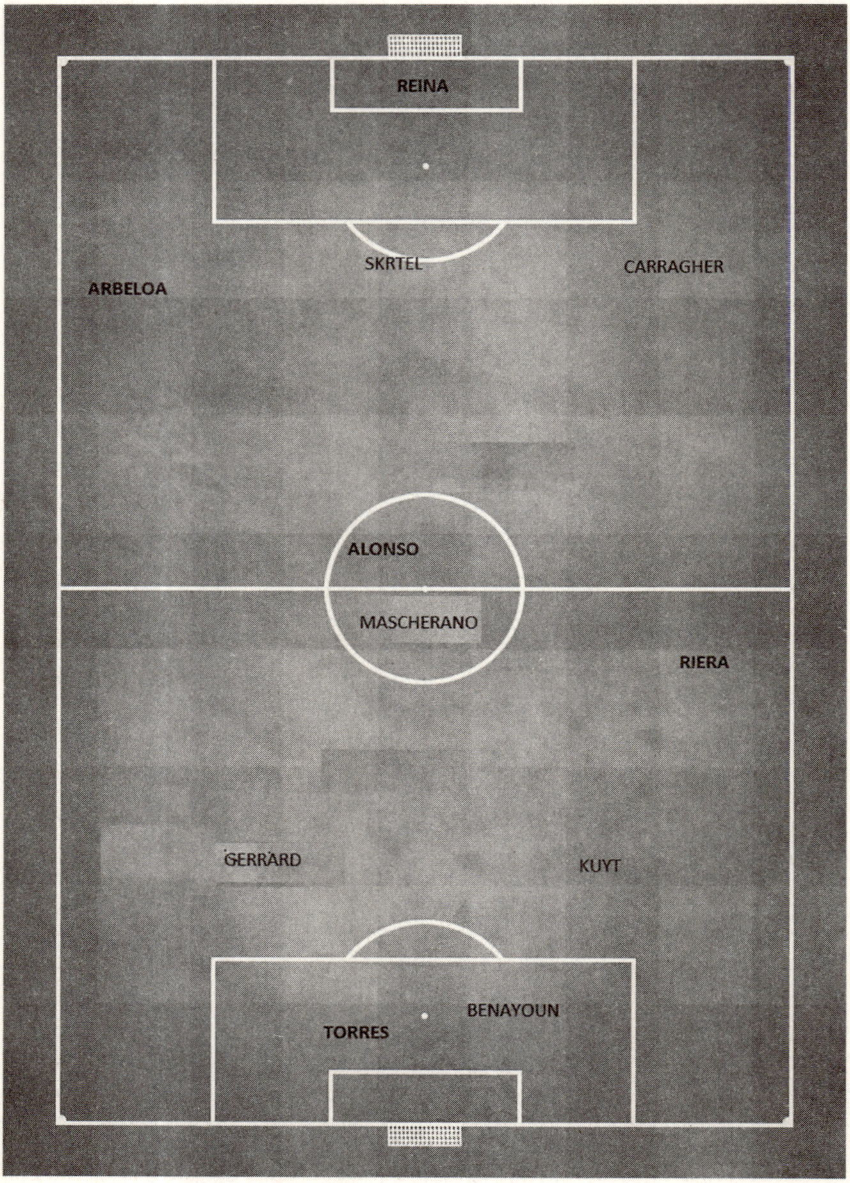

Alineación tipo 2008 - 2009

CAPÍTULO SEIS

NUNCA CAMINARÁS SOLO

> «Esa temporada final no fue del todo culpa de Benítez, había otros asuntos además del club, así que, cuando piensas en Rafa, piensas en Estambul, piensas en cuando se sentó en la banda durante la tanda de penaltis frente al Chelsea para que los aficionados pudieran ver, piensas en todas las grandes noches europeas que hemos disfrutado en esos años».
>
> Matt Ladson

Como nos hemos referido en numerosas ocasiones en estas páginas, hablar de Liverpool, es también hablar de Los Beatles. La que iba a ser la sexta temporada de Rafa Benítez al frente del club, tras casi lograr la Premier el curso anterior, sería, para sorpresa de muchos, la última tras unos meses difíciles y en parte angustiosos. Por eso, he querido hacer un símil del final del Liverpool de Rafa Benítez, con el final de la carrera de Los Beatles y, más concretamente, con una de sus últimas canciones: *The Long and Winding Road*.

Este tema, escrito por Paul Mc Cartney y pieza fundamental del último trabajo del cuarteto de Merseyside, *Let it be,* de 1970, resume en esencia lo que muchos sintieron esa temporada 2009-2010, cuando Rafa Benítez decidió separar su camino del club que tantas alegrías le había dado los últimos seis años y del que era una leyenda.

Podría traducirse como «el camino largo y sinuoso», aunque pasados ya unos cuantos años de todo aquello, quizás ese no sea exactamente el recuerdo que queda en el aficionado y en algunos de los propios protagonistas que vivieron esa época y, más concretamente, esa temporada.

Una temporada en la que el Liverpool debía dar un paso más para lograr esa ansiada liga que tan cerca estuvo unos meses antes, pero que al final acabó convirtiéndose en un duro camino para un equipo y una afición que vieron cómo un proyecto, para muchos a largo plazo y aún creciendo, terminaba casi abruptamente, dejando una sensación amarga y rara. Triste incluso.

Iba a ser una temporada que ya quedaría marcada desde el principio por una de las bajas, y es que Rafa Benítez tendría que planificar el curso sin uno de sus jugadores referencia en las cinco temporadas que llevaba en el club. Tras varias tiras y aflojas, Xabi Alonso era finalmente vendido por 30 millones de euros al Real Madrid, lo que, por una parte, significaba una venta bastante rentable para el Liverpool, ya que el centrocampista de Tolosa costó en su momento 10,7 millones de libras, pero, por otra, se perdía a uno de los mejores y más regulares jugadores de la plantilla, además de a uno de los integrantes más carismáticos y con más peso del *Spanish Liverpool*.

UNA BAJA MUY SENSIBLE

Antes incluso de la Eurocopa, una temporada atrás, ya había sonado para la Juventus o el Arsenal y hubo contactos, pero cuando llegó la oferta del Real Madrid, Benítez no puso pegas a la salida del donostiarra, pues el Liverpool necesitaba dinero y tenía que vender, aunque eso supusiera perder al «ingeniero» de su equipo. «Al final, con la Juve no llega a un acuerdo y luego ya se mete el Madrid», explica el entrenador. «Y lo que hacía el Madrid, los apalabra y los tiene ahí pim pim pim, y se va creando un ambiente enrarecido, hasta que aceptas que se tiene que marchar, pero yo aguantaba el tirón para que la cifra fuese lo más alta posible para el Liverpool», explica Benítez, que velaba por los intereses de su equipo.

Además del hueco que producía la baja de Alonso en lo futbolístico, que habría que ver qué jugador podía sustituirle con garantías, el ex de la Real dejaba una huella importante y triste a una afición que le adoraba. «Alonso era pura clase, el tipo de jugador que peleamos por fichar anteriormente. Tuvo un gran impacto y fue devastador perderle cuando se fue al Real Madrid», reconoce Jeff Goulding. «Ningún aficionado del Liverpool fue feliz cuando Xabi se fue y muchos de nosotros le habríamos dado la bienvenida con los brazos abiertos si hubiera reemplazado a Klopp», añade.

El escritor de varios libros del *Pool* sigue a día de hoy hablando con palpable admiración del mítico 14 de los *reds*: «Alonso era el protagonista de un cántico en The Kop durante el reinado de Benítez, «*We've got the best midfield in the world, with Xabi Alonso, Momo Sissoko, Gerrard and Mascherano!* (¡Tenemos el mejor centro del campo del mundo con Xabi Alonso, Momo Sissoko, Gerrard y Mascherano!). Recuerdo cantarlo constantemente durante un partido».

Aparte de Alonso, otro que hacía las maletas y también rumbo a la capital de España era Álvaro Arbeloa. El excanterano madridista salía del club después de dos temporadas y media en Anfield tras llegar en el mercado invernal de la temporada 2006-2007 procedente del Deportivo de la Coruña.

El defensa salmantino de 26 años volvía al Real Madrid por unos 3,5 millones de euros y, junto a su amigo Xabi Alonso, se unía al proyecto comandado por Manuel Pellegrini en su búsqueda de competir con el Barcelona de Pep Guardiola. Con el Liverpool, Álvaro Arbeloa demostró su versatilidad en la zaga, y en ambas bandas prácticamente desde el principio, y se asentó definitivamente en la élite tras destacar en el Real Madrid Castilla y en el Dépor.

Otro de los pesos pesados que abandonaban el club era Sami Hyypiä, que se marchaba a Alemania al Bayer Leverkusen. Además, Charles Itandje era cedido al Athliyikos Omilos Kavaka de la Superliga griega tras apenas contar con minutos en la portería, mientras que Pennant, después de su cesión al Portsmouth, se iba al Real Zaragoza.

También, y aunque no pertenecía oficialmente a la primera plantilla, hay que destacar la salida del central villavés del *reservas* Mikel San José, que había hecho la pretemporada, y con bastante protagonismo, y que salía cedido al Athletic: «Era una situación complicada que yo creo que en su momento a Rafa tampoco se le hizo fácil», matiza el antiguo defensa *red*. «Pude haber salido meses antes al Athletic, pero las cosas se torcieron. Luego hago la pretemporada con el Liverpool, juego varios partidos, hacemos una gira por Singapur y Tailandia, juego en el campo del Espanyol cuando se inaugura el estadio, juego contra el Atlético que salgo enseguida porque hay una lesión… y la verdad que luego en el primer partido en liga, debuta Dani Ayala que en teoría hubiera jugado yo si hubiera estado, pero la situación es la que es», explica un San José que es leyenda del Athletic Club.

No obstante, no deja de llamar la atención, vista la exitosa carrera que ha tenido San José en San Mamés, que finalmente no tuviera su oportunidad con los de Merseyside: «Era difícil quedarme como central con cinco opciones posibles y, sabiendo que la competencia era brutal, decidimos que lo mejor era salir cedido», admite. «Al final era complicado, yo creo que Rafa también en su interior sabía que necesitaba jugar, pero no puedes garantizar minutos y, bueno, así se dio y luego creo que las cosas no me han ido mal, ni tampoco le han ido mal a Rafa ni al Liverpool, así que todos contentos», señala el central en aquellos momentos de la selección española Sub-21.

Como fue una constante en esos años, el Liverpool fichaba jugadores con los que luego si se marchaban, intentaba sacar beneficio económico. Eso también sucedió con San José, que después de la cesión en la que había opción de compra, acabaría en el Athletic ya en propiedad por unos tres millones de euros tras demostrar su valía disputando 30 partidos entre todas las competiciones, por lo que en mayo de 2010 firmaría por cinco años con *los leones*. «Hacemos muy buen negocio con Mikel San José porque, aunque quizás no tiene la velocidad, tiene calidad y como es vasco vienen a por él y, solo con eso, sacamos diez veces el valor que tenía (costó 270 000 libras esterlinas en 2007). Era un fenómeno, buen jugador, muy buen chaval, muy profesional, todo muy bien…, pero vimos que el siguiente paso a lo mejor no lo podía dar en el Liverpool jugando de central, que luego ha jugado de mediocentro defensivo y lo hace bien, pero el chaval tenía todo; era muy bueno, pero le faltaba ese físico que en Inglaterra en ese momento era necesario», explica Benítez valorando el juego de quien sería un fijo para Caparrós en el Athletic a pesar de contar solo con 20 años.

Una vez asumidas las salidas, o casi, pues la baja de Alonso pesaría mucho en la temporada y en el futuro, había que ver qué caras nuevas llegaban. Esta vez, los fichajes no traían ningún gran nombre (aunque los que vinieron en un primer momento eran futbolistas de una calidad más que contrastada), lo que ya dejaba entrever que el presupuesto para potenciar y hacer crecer el equipo era más bien limitado para un club que aspiraba a ganar la Premier League.

Básicamente, llegaron jugadores destinados a tapar los huecos de los que se marchaban. El fichaje que más ilusión despertaba era el del lateral inglés Glen Johnson, que llegaba procedente del Portsmouth para hacer suya la banda derecha, especialmente ahora que se quedaba sin un dueño claro tras la marcha de Arbeloa al Real Madrid.

La otra gran novedad fue la del italiano Alberto Aquilani. El ex de la Roma era el elegido para intentar hacer olvidar a un peso pesado de los últimos años como era Xabi Alonso. Difícil papeleta para el internacional transalpino que, además, llegaba a Merseyside después de varios meses fuera de los terrenos de juego por lesión y, aunque pasó el pertinente reconocimiento médico, no debutaría hasta finales de octubre.

Por otra parte, el ucraniano Voronin regresaba de la cesión en el Hertha de Berlín tras una temporada notable en la Bundesliga, e intentaría contar con más minutos en el ataque *red* que en su etapa anterior.

Además, aunque no hubo oficialmente ningún fichaje de un futbolista español, al menos para la primera plantilla, tanto Dani Ayala como Dani Pacheco pasaban a ser considerados jugadores del primer equipo, por lo que, a pesar de las salidas de Alonso y

Arbeloa, el *Spanish Liverpool* volvía a contar con cinco integrantes. De hecho, podrían haber sido seis si Mikel San José no hubiera regresado a Bilbao.

MÁS ESPAÑOLES EN MELWOOD

No obstante, Benítez, por medio de sus ojeadores, seguía muy de cerca el fútbol español y para la cantera en Melwood llegaba el joven centrocampista algecireño Suso, de 16 años, que firmaba por el equipo inglés procedente de las categorías inferiores del Cádiz. Aunque finalmente debutaría en la temporada 2012-13 con Brendan Rodgers, se puede decir que Suso también fue un fichaje de Rafa Benítez. El gaditano estaría a las órdenes, entre otros, de Antonio Gómez, que se unía al proyecto del Liverpool por petición expresa de Benítez para ser el entrenador del *reservas*, junto a John McMahon, además de para ser uno de los analistas técnicos para el primer equipo.

A pesar de su juventud, Antonio Gómez se había hecho un nombre ya en los banquillos castellanomanchegos llevando al juvenil del Albacete a ganar la Copa del Rey de la categoría y convirtiéndose en un técnico con mucha proyección. De hecho, Gómez, que se formó en la antigua Ciudad Deportiva del Real Madrid en los 90 y llegó incluso a debutar con el primer equipo, con gol incluido, de la mano de Jorge Valdano en 1995, ya había tenido a Benítez en tres etapas en la cantera blanca: en Preferente, en Sub-19, y en el Castilla, por lo que los métodos, muchos de ellos pioneros, del entrenador madrileño no le eran extraños al que fuera compañero de Guti, Fernando Sanz o Álvaro Benito en las categorías inferiores del club merengue.

«A mí ya me gustaba entrenar porque yo, las charlas de Rafa, cuando eran cosas tácticas, llegaba a mi casa, las dibujaba en papel y apuntaba todo, y eso lo guardaba, y cuando llegué a Liverpool, me lo llevé y se las enseñé y Rafa se quedó medio alucinado», reconoce el entrenador madrileño. «Me gustaba la forma de trabajar que tenía Rafa, porque nos explicaba todo muy bien y lo entendíamos. Era un profesor al que le apasionaba el fútbol y encima te estaba explicando el porqué de las cosas, cuándo y cómo iban a pasar, y al final éramos unos equipos supercompetitivos».

«Cuando me llamó Rafa fue muy ilusionante. Me planteó el proyecto de entrenar al *reservas* y me comentó que habían tenido problemas de comportamiento el año anterior, y él quería tener una persona que trabajara en su misma línea, que los jugadores tuvieran disciplina, que estuvieran preparados para el primer equipo mucho mejor de lo que estaban anteriormente, y bueno, no me lo pensé y me fui para allá y la verdad que fue una experiencia grandísima de la que no me arrepentiré nunca», explica.

El objetivo prioritario en esa temporada 2009-2010 estaba claro: la Premier League. En un año importante marcado por el Mundial, que evidentemente condicionaría el curso y en parte las actuaciones de muchos futbolistas, intentar ganar la ansiada liga que a punto estuvieron de lograr la temporada anterior era lo principal. Como siempre, llegar lo más lejos posible en la Champions compitiendo hasta las últimas rondas y la FA Cup y la Carling Cup eran otras metas conseguibles, pero, sin duda, lo que reclamaba la afición y lo que más peso tenía era la Premier.

Ya con el *staff* asentado, la plantilla casi confirmada y los objetivos deportivos del curso marcados, la pretemporada comenzaba a mitad del mes de julio en Suiza, en un encuentro sin goles ante el St. Gallen en el que Mikel San José, antes de regresar a Bilbao como hemos visto, debutaba, aunque en partido amistoso, con el primer equipo del Liverpool. Ese día, también, Dani Ayala hacía su primera aparición con el primer equipo saltando al campo en el minuto 80 sustituyendo al igualmente canterano Martin Kelly.

Era obvio que Benítez miraba a la cantera y los dos jugadores, en principio, serían parte de la primera plantilla. Eso decían los minutos que ambos sumarían en los encuentros preparatorios esas semanas. Una pretemporada que tenía su último partido un 8 de agosto y que terminaba con el plato fuerte de la misma: la visita del Atlético de Madrid.

Era el último ensayo antes del arranque de la temporada, delante de su afición y con Anfield lleno hasta la bandera. Skrtel y Agger estaban lesionados, por lo que Benítez, que sacó a su teórico once titular a excepción de las bajas, usó como pareja de centrales a Jamie Carragher y a Dani Ayala.

Ahí estaba el joven central andaluz que, a base de buenas actuaciones en el *reservas*, se había hecho un hueco e iba a intentar aprovechar la oportunidad. A su lado, la veteranía y el saber estar de uno de los capitanes y referencias para todos como era Carragher. Aunque el inglés de Ayala no era el mejor y el acento *scouse* no ayudaban demasiado, el sevillano apenas tuvo problemas de entendimiento en el que era su debut en Anfield con el *Pool*. «Mi inglés en ese momento no era el mejor y la verdad que me costaba bastante, pero una vez que estás en el partido hay palabras tácticas que se utilizan mucho, entonces es fácil de llevarlas a cabo con lo que él estaba diciendo», señala Ayala. «Carra era un jugador con tanta experiencia que solo lo tenías que mirar y ya sabía lo que él quería decir», añade.

La visita del conjunto rojiblanco suponía además dos reencuentros: por un lado, Sinama Pongolle regresaba a Anfield con una bonita ovación a uno de los protagonistas de la Champions de 2005 (con su gol clave al Olympiakos), pero, sobre todo, por fin Fernando Torres podía jugar frente al Atlético de Madrid y ante parte de los aficionados colchoneros que aguardaban en las gradas el esperado momento. Era, por tanto, un partido especial para el club colchonero y para el delantero madrileño, símbolo aún del *Atleti* dos años después de su marcha, y ahora estandarte en Merseyside. También era especial en lo concerniente al *Spanish Liverpool*, pues si Benítez ya tenía problemas con las bajas de Agger y Skrtel, al cuarto de hora Carragher tenía que marcharse lesionado. Le sustituiría Mikel San José, por lo que volvía a ser curioso que los dos jóvenes defensas españoles eran, en su debut en Anfield, la pareja de centrales.

En un partido muy intenso, que para nada parecía de pretemporada, el Atlético se puso 0-2 con goles de Agüero y de Forlán (muy abucheado por su pasado en el United) y a diez del final, Lucas Leiva conseguía el 1-2 definitivo. Incluso en el 91, con el Liverpool buscando el empate en un córner, Ayala la tuvo rematando de cabeza, pero el balón se fue fuera por poco. Fue la última ocasión de un Liverpool que dejaba bastantes buenas sensaciones y en el que el acento español sobre el campo parecía que iba a volver a ser importante con Reina, Torres, Ayala y San José que, en cambio, había jugado su primer y último partido en Anfield con el Liverpool y que como explicaba él anteriormente, regresaba a San Mamés.

COMIENZO IRREGULAR

Ocho días después del partido frente al Atlético de Madrid, los *reds* iniciaban el curso en un White Hart Lane lleno hasta la bandera en un soleado 16 de agosto frente al Tottenham de Keane, Modrić y Pavlyuchenko. A pesar de estar llamados a ser el candidato para terminar con el monopolio del United y lograr su primera liga en 20 años, casi nadie habría apostado a que los de Benítez arrancarían la temporada con derrota.

En mucho tiempo, la nómina de españoles en el once de los de Merseyside contaba con poca representación, pues solo Pepe Reina y Fernando Torres eran de la partida, mientras que Dani Ayala estaba en la convocatoria y esperaría su oportunidad en el banquillo.

Gerrard, de penalti, fue el autor del primer gol en la temporada del Liverpool, en un choque que los *spurs* vencieron justamente por 2-1. Además, Ayala debutaba oficialmente con la camiseta *red* al sustituir en el minuto 75 a Skrtel, aquejado de un golpetazo con Carragher. Ambos centrales chocaron con sus cabezas y el que se llevó la peor parte fue el eslovaco, con un fuerte golpe en la mandíbula. Sin Hyppiä y, recordemos, sin San José de vuelta a San Mamés, con Agger lesionado, Carra que también quedaba tocado tras el encontronazo y con el eslovaco KO para un par de semanas, ahora le llegaba el turno al joven zaguero andaluz. «Estaba en el banquillo en ese primer partido, creo que estaban jugando Carragher y Skrtel, si no recuerdo mal, pero nunca creía que iba a salir, pero claro, Skrtel se lesionó en ese momento y me llegó la oportunidad», recuerda el central sevillano que debutaba con el dorsal 40 a la espalda. «La verdad es que estaba un poco nervioso, pero como fue tan rápido, una vez que entras al campo ni te das cuenta. Solo estás concentrado en hacerlo lo mejor posible y ya está», comenta sobre esos primeros instantes en Premier el defensor andaluz.

Tres días después, Anfield se estrenaba en la nueva temporada con una convincente goleada recibiendo al Stoke City. Con Ayala titular haciendo pareja con Carragher en el centro de la zaga, los *reds,* ahora sí, fueron un rodillo prácticamente desde el principio. «Realmente no me esperaba que fuera a jugar, pero Rafa Benítez me dio bastante confianza, me dijo que confiaba en mí y que, si fallaba, no me preocupara que era problema de él. Entonces me dio una confianza que, un niño de 18 años que está jugando con el primer equipo, la verdad que la necesita, y salió bastante bien», continúa rememorando con emoción un Ayala que era titular en la zaga *red*.

«Ayala ha hecho carrera aquí en Inglaterra. Ha estado en varios equipos y cuando estuvo en el Blackburn Rovers estuvimos incluso hablando con él», reconoce Rafa Benítez. Ayala era físico, era disputa, era agresividad, técnicamente era inferior a Mikel (San José), pero en agresividad y en disputa para Inglaterra, todo lo que es la Premier y la Championship, de primera hacia abajo, él la disputa y le gusta al 80% de los entrenadores ingleses», valora Benítez sobre la sólida trayectoria del zaguero hispalense en el fútbol inglés.

Ya metidos en el partido, en el minuto cinco Torres abría la lata rematando de primeras un pase de Gerrard casi desde el punto de penalti. Primer gol del internacional español en una temporada que debía terminar en Sudáfrica con la selección siendo una de las favoritas. Antes del descanso, Johnson se estrenaba con una chilena con su primer tanto como *red* y, en la segunda mitad, Kuyt y N´-Gog cerraban la goleada en un 4-0 que, en principio, debía marcar la inercia del equipo en esa temporada que estaba arrancando.

Y como todavía el curso estaba en sus primeras jornadas y el mercado continuaba abierto, Benítez, ante las numerosas bajas que tenía en defensa y a pesar del buen rendimiento estaba demostrando el joven Ayala a sus 18 años, buscó con urgencia un defensa de garantía y experiencia para apuntalar la retaguardia.

Ante esas circunstancias, el elegido fue el griego Sotirios Kyrgiakos, que venía de hacer dos temporadas muy sólidas en el Eintracht de Frankfurt. No obstante, su sitio a priori estaría en el banquillo, dado que Carragher, Skrtel y Agger, cuando estuviera recuperado, estaban por delante en los planes del entrenador madrileño.

Volviendo a la Premier, la tercera jornada, también en casa, supuso otro jarro de agua fría con una nueva derrota, esta ante el Aston Villa, que se llevaba merecidamente los tres puntos de Anfield Road. 1-3 y los de Benítez que, en menos de un mes, ya habían perdido los mismos partidos que en la temporada anterior: Dos encuentros, lo que evidenciaba que las sensaciones y la inercia que empezaba a mostrar el equipo no era la deseada a esas alturas. Torres, por su parte, otra vez volvía a ver puerta. Un gol que insuflaba esperanza a los *reds* a 18 minutos del final y recortaba distancias, pero que fue insuficiente pues *los villanos* enseguida conseguirían su tercer y definitivo tanto.

Solo se llevaban varias semanas entre pretemporada y el inicio liguero, pero ya había algunas cosas claras: la defensa, ya fuera por las bajas, por las lesiones o por la falta de refuerzos, concedía más que el curso anterior. También se notaba, y mucho, la ausencia de Xabi Alonso.

Aun sin Aquilani, al que le quedaban varias semanas para estar apto, el equipo carecía de esa visión de juego y pase que ofrecía el medio guipuzcoano, y aunque a Lucas Leiva y Mascherano no se les podía reprochar nada en cuanto a esfuerzo y lucha, el hueco del que fuera uno de los héroes de Estambul era muy difícil de tapar.

La cuarta jornada supuso una nueva bocanada de aire fresco, aunque la cosa, otra vez, empezó mal. El Bolton en el Reebok Stadium se ponía por delante en dos ocasiones, pero Johnson, que había comenzado el curso como un tiro, Torres en el 56 tras una dejada de Kuyt con el pecho, y Gerrard, con un golazo de volea poco antes del final, daban la vuelta al marcador y los *reds* volvían a mostrar carácter, cómo no, con el delantero fuenlabreño y el capitán *scouser* tirando del carro una vez más. Terminaba así un irregular arranque de temporada en el que el Liverpool, en cuatro partidos, solo había sumado seis puntos.

Ya en septiembre, otro 4-0 ante el Burnely con Benayoun en plan estelar y cogiendo galones consiguiendo su tercer *hat-trick* con el *Pool* (los otros dos los logró en Champions y FA Cup el año anterior). De hecho, el cuarto gol lo consiguió Kuyt a pase del israelí.

Por otra parte, el haber terminado subcampeón la temporada pasada significaba que, esta vez, los de Benítez no tenían que disputar ninguna ronda previa de la Champions, por lo que, por primera vez en los años del entrenador español, el Liverpool entraba directamente en la fase de grupos. El conjunto inglés estaba encuadrado en un «extraño» grupo E, ya que se enfrentaría a tres equipos con los que nunca se las había visto en competición europea: el Olympique de Lyon (Francia), la Fiorentina (Italia) y el desconocido para la mayoría del gran público, el Debreni VSC de Hungría.

Precisamente contra el conjunto magiar debutaban los *reds* en el primer partido, que además suponía el 300 de Rafa Benítez en Anfield a los mandos de la nave *liverpudlian*. Kuyt, tras aprovechar un despeje a disparo de Torres, anotaba el único gol de un gris encuentro que, no obstante, significaba la victoria 100 del Liverpool en Copa de Europa.

De vuelta a la Premier, en la jornada sexta, partidazo en Upton Park ante un West Ham que solo había ganado una vez en lo que iba de temporada, y otra vez con Torres volviendo a su *prime*. El Niño abrió la lata en el minuto 20 tras recibir en el costado izquierdo un balón robado por Insúa. Condujo el cuero yéndose con potencia de Tomkins, se metió en el área chica y, con clase, definía por arriba ante Robert Green. 0-1 y golazo del madrileño que volvería a ser protagonista.

El equipo londinense empataría de penalti poco después, pero Kuyt adelantaba nuevamente al *Pool* antes del descanso. A la reanudación, *los hammers* ponían las tablas y a quince del final volvía a aparecer el nueve de España. Babel desde el lateral del área pone un gran balón aéreo que Torres, poderoso en el salto ante Tomkins y el exmadridista Faubert, remataba con fuerza haciendo inútil la estirada de Green. ¡Vaya golazo! Cuarta victoria seguida del Liverpool, tercera en liga, en el partido 150 de Reina en Premier League antes del debut en Carling Cup en tercera ronda.

Con solo Riera del contingente español en un once con jugadores menos habituales, los de Benítez se imponían por la mínima en Ellan Road a un potente Leeds de la League One, con un tanto del francés N´Gog, y se metían en cuarta ronda.

OTRO *HAT-TRICK*

En Premier, festival en casa ante el Hull City con Fernando Torres de nuevo como el jugador más determinante. El fuenlabreño conseguiría su primer *hat-trick* del curso y demostraba que, con ese estado de forma, el Liverpool tenía opciones de pelear el campeonato. Abría el marcador en el 12 de la primera parte tras recibir un pase de Albert Riera desde el flanco izquierdo, controlar ante Sonko dentro del área y de disparo seco con su zurda, batir al galés Myhill. 1-0.

Aunque Geovanni empataba tres minutos después y las dudas en defensa regresaban antes de lo esperado, el nueve *red* volvía por sus fueros con un golazo de jugada personal en el minuto 28. Recibía en el área un pase al hueco de Benayoun, recortaba nuevamente a Sonko, salvaba a Myhill y, con la derecha, hacía el segundo. ¡Menudo *chicharro* y qué superioridad técnica del madrileño! Ver cómo los defensores del Hull eran incapaces de quitarle el esférico, recordaba a cuando un adulto juega con niños y estos no pueden arrebatarle el balón.

El *show* de FT9 continuó en la segunda mitad, cuando en el 47, otra vez tras un pase de Benayoun, se dirigía a encarar a Myhill, recortaba hacia adentro a un Sonko que tendría pesadillas con él, y con la zurda, entre las piernas de McShane, anotaba su primer triplete de esa temporada. Anfield se rendía a Fernando Torres. ¡Qué jugadorazo era el español! Sin problemas físicos y manteniendo ese nivel, estaba perfectamente en disposición de mejorar incluso los guarismos del curso anterior.

Gerrard marcaba el cuarto con un golazo que sorprendía a todos, antes de que Babel sustituyera a Torres mediada la segunda parte. Menuda ovación le dedicó Anfield. Una de las más sonoras en lo que iba de temporada. Sin lugar a duda, junto a Gerrard, eran los dos pilares del equipo esos años. El propio Babel cerraría la goleada con dos goles más, el último tras desviar un fuerte disparo de un incisivo Riera. 6-1, tres puntos, buenas sensaciones, y el equipo que cogía velocidad. Fernando Torres, como marca la tradición, salía del estadio con el balón bajo sus brazos firmado y dedicado por sus compañeros. Era su cuarto *hat-trick* con la camiseta del Liverpool.

A pesar de la buena inercia que había tomado el equipo las últimas semanas, la racha se cortaba en Europa cayendo en Italia ante la Fiorentina en el segundo partido de la fase de grupos. En el *Stadio* Artemio Franchi, Jovetic, con un doblete, certificaba la derrota del equipo inglés, que se quedaba sin ver puerta en Champions por primera vez en sus últimos 21 partidos.

Así terminaba septiembre, con sensaciones irregulares en Europa y con el equipo tercero en liga con 15 puntos en siete partidos. Primero y segundo eran United y Chelsea con 18 puntos, por lo que, a pesar de esa imagen extraña en algunos momentos, la clasificación no era del todo mala para el conjunto entrenado por Rafa Benítez.

Precisamente contra el Chelsea en Londres caían los *reds* en la jornada octava. Los goles de Anelka y Malouda confirmaban la mala tendencia de un Liverpool que cosechaba su tercera derrota del curso en la liga.

Lo mismo pasaría visitando al Sunderland y recibiendo al Olympique de Lyon en la Champions. Contra los primeros, sin Torres y sin Gerrard, otra vez lesionados, el cúmulo de la mala suerte se cebaba con el Liverpool, ya que un disparo de Darren Bent en el minuto cinco golpeaba en una pelota de playa roja (el balón de Nivea de toda la vida), que desviaba la trayectoria batiendo a un enfadado Pepe Reina. Por si fuera poco, la pelota fue lanzada al césped por un aficionado del Liverpool. Un despiste o anécdota que no debería haber subido al marcador pero que, a la postre, significaba la cuarta derrota de un equipo que en esos momentos no terminaba de encontrarse.

Peor se dio tres días después en Champions en la visita del Olympique de Lyon. Fernando Torres seguía lesionado y Gerrard, para echar leña al fuego, se retiraba tocado a mitad de la primera parte. A pesar del tanto inicial de Benayoun, el equipo francés conseguía el 1-2 final en el descuento y los *reds* estaban prácticamente eliminados para pasar a la segunda fase. Cuarta derrota consecutiva del Liverpool, la peor racha desde abril de 1987. Con tres jornadas disputadas, el *Pool* era tercero en su grupo y necesitaría ganar en dos semanas, a domicilio, al equipo francés para seguir vivo en la Champions.

Sin embargo, la nefasta tendencia de derrotas se cortaría en la décima jornada en Anfield ante nada más y nada menos que el Manchester United, en un encuentro que para muchos era una prueba de fuego para un Rafa Benítez que cumplía 200 partidos en la Premier. En un agitado choque en el que los hinchas del United lanzaron al césped balones de playa mofándose de lo sucedido en la jornada anterior frente al Sunderland, el Liverpool se reconcilió con su afición y consigo mismo en el quizás, mejor partido del curso hasta la fecha.

Fernando Torres (ya de vuelta) a pase de Benayoun al hueco, se zafaba de Rio Ferdinand, se hacía hueco y con la derecha fusilaba a Van der Sar logrando el primero en el minuto 65 ante The Kop. Golazo del delantero madrileño que parecía no acusar sus recientes problemas físicos.

Michael Owen era ligeramente abucheado en su vuelta a Anfield Road con la elástica de los *red devils* y Vidic era expulsado por tercera vez consecutiva frente al Liverpool, antes de que N´Gog en el 90 y en una contra cerrase el partido. La celebración de Reina, corriendo desde su portería a abrazar al atacante galo por su gol, es una de las imágenes de esa temporada. Victoria psicológica y muy celebrada en un tosco e intenso duelo. Tres puntos que cortaban la mala racha y daban moral, y Anfield que, con cientos de banderas al aire de los aficionados *scouser*, volvía a sonreír.

No obstante, poco duró la euforia, pues en Carling Cup en la cuarta ronda, llegaba un nuevo jarro de agua fría en, eso sí, un buen partido. Sin españoles en el once y, por fin, con Aquilani teniendo sus primeros minutos, los *reds* caían eliminados ante los de Wenger en el Emirates.

La mala racha en tierras londinenses continuó en Premier ante el Fulham, cayendo por 3-1 en un partido en el que los de Benítez acabaron con nueve hombres. Torres volvió a mojar con un latigazo según le venía desde la medialuna del área en el minuto 42 y los de *Merseyside* cerraban octubre en quinta posición con 18 puntos, a nueve del Chelsea, líder.

DECEPCIÓN EN CHAMPIONS Y, OTRA VEZ, TORRES LESIONADO

Ya entresemana, los *reds* se la jugaban ante el Lyon y, a pesar del golazo de Babel, el Olympique, por medio de Lisandro López en el 90, empataba dejando al equipo inglés obligado a ganar a Debrecen y Fiorentina y esperar otros resultados para tener aún alguna opción de meterse en segunda ronda. Además, Torres, que no terminaba de recuperarse bien, volvía a recaer de sus constantes problemas físicos y se perdería varios encuentros.

En liga siguieron otros dos empates en Anfield, ambos a dos goles, frente a Birmingham y Manchester City, antes del importante compromiso en Budapest en el quinto partido de la fase de grupos, donde el equipo inglés debía ganar al Debrecen y esperar un cable del Olympique de Lyon en Florencia. Aunque el Liverpool cumplía su objetivo con un solitario tanto de N´Gog, finalmente la victoria de la Fiorentina en el otro partido mandaba a los de Benítez a la Europa League.

Noviembre concluía con victoria en el derbi ante el Everton en Goodison Park con tantos de Mascherano y de Kuyt, este tras un potente chut de Riera que Howard despejó y el holandés remató al fondo de las mallas. Victoria importante que dejaba al Liverpool quinto con 23 puntos a 13 del Chelsea, que comandaba la clasificación.

Ya en diciembre visitando al Blackburn Rovers, aún sin Torres y en el partido 500 de Gerrard, el *Pool* empataba en un encuentro sin goles y caía a la séptima posición antes del intrascendente sexto partido de la fase de grupos en Champions recibiendo a la Fiorentina. Dado que no se jugaba nada, Benítez iba a alinear a hombres con menos minutos, pero hubo una sorpresa de última hora en la convocatoria: N´Gog se sentía indispuesto horas antes, por lo que desde el club llamaron de urgencia a Dani Pacheco.

«Lo recuerdo perfectamente porque fue además muy curioso, porque yo no estaba en los planes para jugar», rememora Pacheco. «Entrené por la mañana con el segundo equipo ese mismo día, y recuerdo que marché a casa y a las dos o a las tres de la tarde me llamaron del club que había habido una incidencia con algún jugador que no se encontraba bien, y que me uniese a la convocatoria del equipo», relata con detalle.

El encuentro, de primeras, tendría poca emoción con los *reds* ya eliminados y con la Fiorentina clasificada. Con Aquilani como titular, por primera vez, el Liverpool se adelantaba al filo del descanso por medio de Benayoun. El equipo italiano lograba empatar mediada la segunda mitad y con 1-1 en el electrónico Dani Pacheco saltaba al césped de Anfield sustituyendo al propio Aquilani y luciendo el dorsal 47. «Si te fijas en las fotos es muy gracioso, como no estaba nada preparado, la ropa me iba gigante, yo creo que era una L o una XL y más aún se notaba lo niño que era», comenta con humor.

«Es cierto que el equipo ya no se jugaba nada, que no podíamos pasar a la siguiente fase, pero eso para mí era secundario; poder jugar en Champions en Anfield cuando ya llevaba varios años viendo lo que era un partido de Champions allí, pues era un sueño», reconoce un futbolista que ,posteriormente en España, lograría tres ascensos consecutivos con Betis, Alavés y Getafe. El pizarreño, en el primer balón que tocaba y con el descaro que le caracterizaba, lo probaba con un potente disparo que Frey tenía que despejar a córner. ¡Casi marca en su debut! Pacheco incluso, por unos minutos, fue el socio de ataque de un Fernando Torres que reaparecía saliendo desde el banquillo en el minuto 65 tras más de un mes fuera de los terrenos de juego.

Aunque el conjunto inglés estaba siendo superior al transalpino, en el 92 Gilardino conseguía el 1-2 definitivo dejando un sabor agridulce a pesar del buen juego de los de Benítez. Se acababa la aventura de la Champions, pero no de Europa, pues en febrero esperaba la Europa League.

La Fiorentina terminaba primera de grupo con 15 puntos y el Olympique de Lyon segundo con 13. El Liverpool finalizaba tercero con siete puntos en seis partidos disputados, el peor bagaje logrado desde que Benítez llegase al club en 2004. El Debrecen, por su parte, concluía la fase de grupos sin puntuar.

En Premier League, derrota ante el Arsenal con Torres titular después de cinco jornadas y junto a Gerrard de inicio por primera vez desde comienzo de octubre. Aunque Kuyt adelantaba al Liverpool, un gol en propia puerta de Glen Johnson y, otra vez, un golazo de Arshavin, como en la temporada anterior cuando marcó en cuatro ocasiones, daban la vuelta al marcador con ese 1-2. Las sensaciones que dejaba el equipo continuaban siendo bastante distintas de lo esperado de un club que debía pelear por la liga.

La jornada decimoséptima, por su parte, suponía el 50 aniversario desde la llegada de Bill Shankly a Anfield, por lo que antes del partido frente al Wigan se recordó su leyenda de 15 años al frente de la nave *liverpudlian* en la que el club ascendió desde la segunda división inglesa para lograr tres ligas, dos FA Cups, y una Copa de la UEFA, antes de iniciar una época dorada a nivel europeo.

Centrándonos en el choque ante los *lactics,* N´Gog adelantaba al *Pool* con su sexto tanto del curso y Torres, que salía por el propio N´Gog en el 64 llegando al centenar de partidos, conseguía poco después el segundo. Su tanto número 61 con la camiseta del Liverpool. Pelotazo desde el área de Carragher, Gerrard peina hacia atrás y deja solo a Torres que encara y se va de Kirkland y, con el meta ya vencido, dispara con poca fuerza, pero Bramble la saca como puede. El rechace le cae de nuevo a Torres que, con la espuela y con Bramble aún en el suelo, hace el segundo. A pesar de su irregular campaña marcada por las lesiones, el de Fuenlabrada continuaba haciendo historia en Inglaterra; era su tanto 35 en Premier League en Anfield en 37 partidos. Casi nada.

Aunque en el final del encuentro N'Zogbia marcaba un golazo batiendo a Reina, el marcador ya no se movería y el Liverpool lograba su primera victoria desde finales de noviembre. No obstante, en la jornada siguiente frente el Portsmouth, colista de la Premier, llegaría otra nueva derrota en el partido 600 de Carragher como red, en un encuentro, además, en el que Mascherano acababa expulsado y lesionado.

Ya metidos en Navidad, el equipo iniciaba una racha positiva en la liga que mantendría hasta bien entrado febrero. El Liverpool llegaba al Boxing Day recibiendo al Wolverhampton habiendo vencido solo dos de sus anteriores ocho encuentros ligueros, por lo que ganar era imperativo. Finalmente, los goles de Gerrard y Benayoun daban cierto respiro a la afición y a un cuestionado, por algunos, Rafa Benítez. En lo referente a los nuestros, Dani Pacheco se estrenaba en Premier League tras sustituir en el minuto 84, nuevamente a Aquilani. «Mi debut fue en Boxing Day nevando, con todos los ingredientes de un Boxing Day de Inglaterra y en Anfield», recuerda el mediapunta malagueño. «Obviamente, cuando empiezas estando en el banquillo alguna vez te vas poniendo pequeños sueños, pequeños objetivos, y debutar en Premier en Boxing Day, pues la verdad que fue impresionante, un recuerdo para siempre y muy bonito», comenta el futbolista que, como en Champions, saltó al césped con el dorsal 47.

Tres días después, en el último partido del año, victoria a domicilio ante *los villanos,* con Fernando Torres como protagonista. En un día muy frío con aguanieve, Pepe Reina con sus paradas salvaba en varias ocasiones a un Liverpool que buscaba terminar el año ganando para no alejarse de los cuatro primeros. Y justo al final apareció *The Kid.* Minuto 93. Benayoun mete un balón en profundidad a Torres, que se interna en el área y, con su diestra, cruza el cuero ante el norteamericano Friedel. ¡Gol en el último suspiro! La locura, como hacía semanas no sucedía, se volvía a apoderar de la afición *scouser* y de los propios jugadores.

Un tanto, además de récord, para un Fernando Torres que finalizaba el año marcando su gol número 50 en 72 partidos en la Premier League. La alegría de los *reds* al final estaba justificada pues con esa agónica victoria, la décima de la liga, despedían 2009 a solo cuatro puntos de la zona Champions.

El Liverpool era séptimo con 33 puntos, a 12 del Chelsea que era líder, y a cuatro del Tottenham, cuarto. Todavía los malos resultados se podían revertir en un 2010 con varios meses importantes por delante, y varias competiciones aún en las que el equipo estaba vivo, sin olvidar que muchos jugadores de ese equipo, y entre ellos los españoles, tenían una cita en el Mundial de Sudáfrica.

Para empezar el año, el día 2 de enero esperaba la famosa tercera ronda de FA Cup donde el Liverpool jugaba como visitante ante el Reading. Una vez eliminados de la Champions y con la Premier casi fuera del alcance, el club se había marcado como objetivo la FA Cup (además de la Europa League donde entrarían en liza en febrero); por eso, Benítez apenas rotó a sus hombres más importantes en el Madejski Stadium frente a un Reading que estaba sufriendo de lo lindo en la Championship. El empate a uno final dejaba todo en el aire y obligaba a jugar un segundo encuentro de desempate, el popular *replay,* que se disputaría en once días en Anfield.

Por otra parte, en esos primeros días de enero, el temporal de nieve que asolaba parte de Europa propiciaba que el partido de liga ante el Tottenham correspondiente a la jornada 21 tuviera que ser aplazado, por lo que el siguiente compromiso de los *reds* era el mencionado *replay* de FA Cup recibiendo al Reading.

Aunque los de Benítez se iban al descanso mandando en el marcador, el Reading, como tantas veces estaba sucediendo esa accidentada campaña, empataba de penalti en el 92 y forzaba una prórroga que ganaría por 1-2, eliminando al Liverpool y clasificándose para cuarta ronda. ¡Menuda decepción para los primeros días del año! Otra vez el Liverpool caía eliminado en FA Cup en un día para olvidar en el que tanto Torres como Gerrard y Benayoun, volvían a caer lesionados.

PRIMERA OPERACIÓN

El madrileño se retiraba a la media hora quejándose de la rodilla derecha. Una lesión en el menisco que requería operación y por la que el internacional español estaría fuera del equipo unas seis semanas y que le daría más problemas en los siguientes meses…

Con tantas bajas y lesiones, el equipo necesitaba refuerzos sobre todo en la parte ofensiva de cara a la segunda parte de la temporada y, en el mercado invernal, Rafa Benítez volvió a buscar en la liga española. El argentino Maxi Rodríguez llegaba a Merseyside después de cuatro temporadas y media de buen fútbol y goles en el Calderón con la camiseta del *Atleti*. Su versatilidad, pudiendo jugar indistintamente tanto de centrocampista como de delantero, convenció a un Benítez en busca de revulsivos en ataque dadas las continuas lesiones que estaba habiendo en la plantilla.

La llegada de Maxi compensaba también, en parte, la definitiva salida de Voronin, que se marchaba a Rusia al Dinamo de Moscú tras dos temporadas y media en las que nunca se asentó completamente en el equipo. Otro que hacía las maletas era Dossena, que regresaba a Italia después de año y medio como *red* donde, sin duda, su gol ante el Real Madrid en el famoso 4-0 en Champions fue el momento cumbre de su etapa en Anfield.

Ya en lo que nos atañe, y en la jornada 22, aunque el griego Kyrgiakos adelantaba al *Pool* en el Britannia Stadium, el Stoke empataba *in extremis* un choque en el que Maxi Rodríguez sumaba sus primeros minutos como *red* saliendo desde el banquillo. Cuatro días después, un doblete de Kuyt daba los tres puntos ante el Tottenham en la carrera por el cuarto puesto que daba acceso a la Liga de Campeones, en una victoria importante y de peso. A pesar de las críticas, la mayor parte de los aficionados estaban con Benítez y así lo demostraron con una pancarta de apoyo en The Kop y cánticos una vez el controvertido y famoso Howard Webb pitó el final del choque.

En la jornada siguiente, empate sin goles visitando al Wolverhampton en la vuelta de Gerrard, antes de derrotar en casa al Bolton en el último partido del mes de enero. Los *reds* eran quintos, a 13 del Chelsea que continuaba líder, pero solo a uno del Tottenham.

Febrero empezaba con victoria de prestigio en el derbi ante el Everton con gol de Kuyt. Su tanto número 50 en, seguramente, su temporada más completa desde que había llegado a Inglaterra. Paco de Miguel, el preparador físico en ese momento, destaca el papel del jugador holandés: «Dirk Kuyt era un futbolista, desde el punto de vista físico, completísimo. Era muy resistente, no dejaba de correr y de trabajar, era intenso, era relativamente rápido; era de esos jugadores de equipo que hacen todo entre el ocho y el nueve. La verdad es que me sorprendió muchísimo la capacidad de sufrimiento que tenía». Los *reds,* que estuvieron más de una hora con un hombre menos por expulsión de Kyrgiakos en la primera mitad, volvieron a imponerse a un Everton que no conseguía ganar en Anfield desde 1999.

Cuatro días después, en Londres, el Arsenal cortaba la racha de siete partidos sin perder en liga que se inició en la jornada 19, antes de que la Europa League entrase en acción con la ida de los dieciseisavos de final.

El equipo inglés, que venía rebotado de la Champions al caer en la fase de grupos, recibía al semidesconocido para muchos, Unirea Urziceni rumano, con la misión de pelear el único título que aún podían conquistar. Por ello, Rafa Benítez dispuso a su once de gala disponible, aún sin Fernando Torres, que ultimaba su reaparición y puesta a punto, pero con los Gerrard, Reina, Kuyt o Carragher sobre el verde de Anfield.

Aunque el Liverpool era favorito ante un equipo que no jugaba oficialmente desde hacía más de dos meses debido al parón invernal de la liga rumana, los de Benítez sufrieron más de lo esperado y solo un tardío gol de N´Gog a nueve del final, tras dejada de cabeza de un Pacheco que volvía a tener unos minutos en la segunda parte, daba la victoria al equipo de Merseyside y cierta ventaja de cara al partido de vuelta que se disputaría en una semana en Bucarest.

«Cada uno tendrá su corazoncito y sus sentimientos. He estado en muchos equipos, he jugado en mi casa en Málaga, he jugado en el Bernabéu, he jugado en el Camp Nou, he vivido ascensos, pero Anfield es algo especial», señala Pacheco. «Siempre digo que no es el estadio más grande, no tiene la capacidad mayor, pero el ambiente es increíble. Lo que se vive el fútbol, lo que se respeta el fútbol, lo que la gente de verdad ama a su club, no importa el rival que venga, el estadio está siempre lleno y yo creo que se vive algo impresionante, único, y que a todo el mundo que me pregunta, si tiene la oportunidad de visitarlo, le aconsejo ir», responde contundente el futbolista andaluz sobre esas noches en las que incluso un equipo poco conocido como el conjunto rumano visitaba Anfield.

Un aburrido 0-0 en Manchester frente al City, que servía para que Torres tuviera sus primeros minutos desde su operación de rodilla, fue la antesala para que justo un año después de la noche del *chorreo*, con el gol de Benayoun en el Bernabéu, los *reds,* sin alardes, pero con efectividad, venciesen en Rumania al Unirea Urziceni y se clasificasen para octavos de final en Europa League.

De vuelta a tierras británicas con la visita del Blackburn Rovers y con Fernando Torres titular por primera vez desde el 13 de enero, el día de la eliminación en FA Cup ante el Reading, victoria por 2-1 y golpe de autoridad sobre la mesa para los escépticos. Gerrard adelantaba a los *reds* y, aunque el Blackburn empataba de penalti, justo antes del descanso, *The Kid* salía al rescate. Minuto 44. El madrileño no llega a un balón en profundidad de Lucas que es interceptado y el rechace le cae a Maxi Rodríguez, que de primeras la pone para Torres y este, cayéndose en el área pequeña, consigue batir a Robinson.

Un gol de «nueve clásico», su dorsal, el que brillaba en la Premier a pesar de su irregular temporada marcada por las lesiones, y el que esperaba llevar en tierras sudafricanas en unos meses. Su primer gol de 2010 y, sin duda, una gran noticia para la selección española y un Vicente del Bosque pendiente del fuenlabreño en esos meses previos a la cita mundialista. «Obviamente, todos sabíamos que era muy importante que él estuviese bien y que llegase bien al Mundial», explica Paco de Miguel. «Aparte, tenía que estar bien para el equipo, que al final también era importante, y recuerdo que eran altos y bajos, pero sí que es verdad que al final no tengo el recuerdo como que aquello fuese una situación caótica», comenta.

El Liverpool terminaba febrero sexto con 48 puntos, a solo uno de los *spurs* que continuaban en esa tan codiciada cuarta posición. Ante el Wigan de *Bob* Martínez, pinchazo en una jornada en la que Torres jugaba los 90 minutos por primera vez en varias semanas. Partido aciago para el madrileño, que no tuvo su día dando al palo en una ocasión y fallando varias claras. Se le veía con ganas, pero todavía lejos del nivel que todos conocían. Incluso, fruto de la impotencia, culminaba el partido con una fea entrada por la que vio una amarilla con tintes naranjas.

La Europa League volvía a la palestra y llevaba a los *merseysiders* a Francia en el encuentro de ida de octavos de final ante el Lille, donde el solitario gol de un joven Eden Hazard, a cinco del final, dejaba bastante difícil la eliminatoria de cara a la vuelta en Anfield. Por otra parte, Albert Riera, que saltaba al terreno de juego sustituyendo a Babel en el minuto 73, disputaría, sin saberlo, su último partido como futbolista *red*. Días después, el centrocampista manacorí hacía unas duras declaraciones en el programa *Intermedio* de Radio Marca, cargando contra Rafa Benítez por apenas contar con él sin darle explicaciones, y dejando además la puerta abierta a salir cedido a algún equipo ruso, ya que su objetivo era jugar para poder disputar el Mundial con España.

Evidentemente, la entrevista llegó a oídos del equipo inglés y, de primeras, el jugador balear fue suspendido temporalmente y apartado del equipo. Aunque estuvo cerca de recalar en el Spartak de Moscú buscando los minutos que le ayudaran a colarse en la lista de Del Bosque, finalmente la operación no se concretaría y Riera vería cómo su tren del Mundial, como el de la Eurocopa dos años antes, se escapaba.

Aunque su primera temporada fue notable y su juego pareció encajar en Anfield, la suplencia en la segunda, la falta de continuidad y su crítica pública a Benítez en una entrevista en la radio española precipitaron su marcha, que se hacía oficial en julio de 2010 firmando por el Olympiakos griego.

Volviendo a la competición, la derrota en tierras galas pareció espolear al *Pool* que, en Premier, en la jornada 30, derrotaba en Anfield al Portsmouth con Fernando Torres casi de vuelta a su mejor nivel. En el 26 conseguía el primero, empujando al fondo de las mallas un pase, otra vez, de Maxi Rodríguez, con quien la sintonía era muy buena tras coincidir previamente en Madrid años atrás. Dos minutos después, Babel hacía el segundo tras pase del fuenlabreño y, cuatro más tarde, Aquilani el tercero tras una buena jugada de Torres y Gerrard. ¡Tres goles en seis minutos! Estaban siendo, quizás, los mejores momentos del Liverpool en la temporada. Y es que con Fernando Torres y Gerrard sanos y sin lesiones, el equipo era otro.

El madrileño volvió a avisar golpeando en el poste. Se le veía cómodo, con esa velocidad y ritmo que hacía semanas no demostraba debido a las lesiones. En la segunda mitad, Torres metía el mejor gol de todos: corría el minuto 77 cuando recibía dentro del área de Aquilani, se hacía hueco amagando ante Rocha y el ex del Liverpool, Finnan, y con la derecha le pegaba seco al palo del portero. ¡Vaya golazo! Este sí que era el Fernando Torres que había cautivado Merseyside.

El Portsmouth maquillaba el marcador en el 88 con el definitivo 4-1, pero los tres puntos se quedaban en Anfield y, sobre todo, Fernando Torres, ahora sí, por fin se parecía al que deslumbró en su primer año en Inglaterra, algo que venía genial pues el siguiente compromiso en tres días era la vuelta de octavos de final en Europa League recibiendo al Lille.

El ambiente en el Templo volvía a ser el de las famosas noches europeas y es que, ganando, el *Pool* se metía en cuartos y estaría a cinco partidos de lograr un título. Para dar más glamur al momento, las cámaras enfocaban en las gradas al seleccionador argentino, Diego Armando Maradona, que en esos meses ultimaba el bloque de jugadores con el que iría al Mundial de Sudáfrica en busca de la tercera estrella para la selección albiceleste.

Mascherano, Insúa y Maxi Rodríguez, aunque este ausente en el partido, estaban el radar del Pelusa de cara a la cita mundialista, por lo que en esos días en Inglaterra visitó a varios jugadores con los que contaría en Sudáfrica. Curiosamente, Maradona nunca había jugado en Anfield, pero desde el Milagro de Estambul, quien fuera el verdugo de Inglaterra en el Mundial de México en 1986, con dos goles que son patrimonio e historia del fútbol, afirmaba que el Liverpool era su equipo favorito de Inglaterra.

Ya en el partido, los *reds* salieron decididos a empatar pronto la eliminatoria y Gerrard conseguía el primero de penalti en el minuto ocho, aunque el conjunto francés también tendría sus ocasiones; la más clara, una de Hazard que salvaba Reina en un mano a mano que habría supuesto el empate. En la segunda mitad, en el 48, balón largo de Agger a Torres que ni Rami ni Chedjou defienden bien, y el madrileño pica con clase salvando la salida de Landreau. 2-1. Buen gol de *The Kid* que parecía enrachado, y su primer gol en Europa League para las estadísticas. En el 89, el atacante madrileño, otra vez, aprovechaba un rechace de Landreau tras disparo de Gerrard y cerraba el partido con su segundo doblete en cuatro días. 3-1 y el Liverpool que se metía en cuartos de final donde esperaba el Benfica.

El subidón de la clasificación, sin embargo, duró poco pues tres días después los *reds* caían en Old Trafford. Aunque Torres adelantaba a los de Benítez en el minuto cinco con un impecable remate de cabeza tras un pase de Kuyt, Rooney empataba poco después. Reina le paraba un penalti al ex del Everton, pero este fue el más rápido en llegar al rebote y remachaba poniendo el empate en el marcador del Teatro de los Sueños.

En la segunda mitad, el coreano Park lograba el segundo de los de Ferguson y el United cogía el liderato de la Premier, mientras que al Liverpool se le complicaba la pelea por la codiciada cuarta plaza. Benítez, además, tuvo sus más y sus menos con Ferguson tras el controvertido penalti que supuso el gol del empate de Rooney alegando que el ecuatoriano Valencia se había tirado tras el forcejeo de Mascherano.

Era evidente la tensión entre ambos. «Al principio buena, en aquel momento tensa, y ahora normal», responde sobre cómo era la relación en aquellos años con Alex Ferguson. «Tensa porque igual que me pasaba con Mourinho, tenía que competir con ellos y dices: "Tú quieres ganar y yo también. Yo lo hago de una manera, tú lo haces de otra que a mí no me gusta". Yo defiendo la implicación con esta ciudad, defiendes tu terreno», explica el entrenador madrileño sobre esos partidos frente al United.

Una semana después, el equipo se quitaba el cabreo de la derrota en Old Trafford ganando con autoridad a un Sunderland que, recordemos, en la ida se había impuesto gracias al gol de Darren Bent con la ayuda del famoso balón de playa. Torres, en el minuto tres, conseguía el primero tras recibir en el costado izquierdo un pase lejano de Reina, amagar ante Turner y, casi desde el vértice del área, pegarle con todo. 1-0 y golazo por la escuadra. ¡Qué clase! El equipo era otro con sus goles y con él. A pesar de las lesiones, ya llevaba 17 tantos en la temporada. Johnson anotaba a la media hora el segundo, antes de que Torres le pegara al palo y fallara también el rebote con todo a su favor, poco antes del final de la primera mitad.

No obstante, se sacaría la espina en el 60 tras un pase del propio Glen Johnson y, desde casi el punto de penalti, volvía a batir a Gordon cerrando el partido con su décimo doblete en liga con los *reds*. El Liverpool continuaba sexto, aún a cuatro del Tottenham que marcaba la zona Champions en cuarta posición.

Abril se iniciaba con la ida de los cuartos de final en Benfica, donde a pesar del tempranero gol inicial de Agger de tacón, el Liverpool, con diez hombres por expulsión de Babel, sucumbía ante el equipo luso con dos tantos de penalti de Cardozo en la segunda mitad. Como ya se ha visto varias veces en este libro, Anfield debía volver a ser clave en una semana para lograr el pase a semifinales y seguir con opciones de levantar un título.

En la Premier, y seguramente con el foco puesto en Europa, empate a uno en casa del Birmingham y las opciones de entrar en Champions que se disipaban.

Y llegaba la gran noche. Anfield Road se preparaba para uno de esos partidos en los que la afición y el estadio también jugaban su parte, esta vez frente al Benfica en la vuelta de los cuartos de final en Europa League. Con el espectacular ambiente de las noches europeas, Kuyt firmaba el 1-0 que de primeras fue anulado pero que al final sí subió al marcador, y Lucas Leiva el segundo con el que se llegaba al descanso. En la segunda mitad, y con el *Pool* dominando, apareció *él*: transcurría el minuto 59 cuando Benayoun conectaba con Kuyt y este de primeras para Fernando Torres que, también de primeras, batía a Julio César. ¡Menuda jugada de tiralíneas!

Cardozo, otra vez el paraguayo, recortaba distancias de lanzamiento de falta, metiendo el miedo en el cuerpo con el 3-1, pero en el 82, Torres, determinante nuevamente, la picaba ante Moreira, el sustituto de Julio César, y el Liverpool sellaba su pase a semifinales con un global de 5-3 en la eliminatoria. Al final 4-1, con una gran actuación y la Europa League que parecía un título bastante conseguible en una competición que Benítez ya había logrado años atrás cuando aún se denominaba Copa de la UEFA en su etapa dirigiendo al Valencia. En semifinales ya esperaba el Atlético de Madrid, que había apeado precisamente al conjunto che en su respectiva eliminatoria.

Fernando Torres tenía que retirarse con molestias en el minuto 86, sustituido por N'Gog, recibiendo una bonita ovación. Ya venía tocado desde los primeros compases del choque y, pese a ello, metió dos goles importantísimos, por lo que pocos creerían que ese sería su último partido de la temporada. Al menos en Inglaterra...

En Premier League, pinchazo ante el Fulham en un encuentro sin goles en el que antes del mismo, se guardaba un emotivo minuto de silencio recordando a las 97 víctimas de Hillsborough en la semana que se cumplían 21 años de la tragedia.

Tras el empate, y justo antes de la siguiente jornada, se confirmaba un hecho que marcaba lo que quedaba de competición para el equipo *red*, al *Spanish Liverpool* y, también, a uno de los principales protagonistas de este libro: Fernando Torres tenía que pasar nuevamente por quirófano y operarse otra vez de la rodilla derecha, por lo que se perdería lo que restaba de temporada. El delantero de Fuenlabrada iba a estar fuera de los terrenos de juego unas seis semanas. Se lesionó como apuntábamos un poco antes, en el partido de Europa League frente al Benfica el 8 de abril, justo en el minuto dos, por lo que disputó casi todo el partido mermado y dolorido hasta que fue sustituido.

SEGUNDA OPERACIÓN

Había algunos sectores de la prensa y también de la afición que le «acusaban» de que se operaba pensando más en la selección y en el Mundial que en el equipo inglés, por lo que incluso tuvo que salir a dar explicaciones públicamente. Con la intervención quirúrgica, además, se perdería nuevamente, como en la temporada anterior, los partidos frente al Atlético de Madrid de semifinales de la Europa League. Volvía a ser la misma lesión que ya requirió cirugía en enero a manos del Doctor Cugat, quien realizaría también la segunda operación en Barcelona. Si todo iba bien, estaría de vuelta para el Mundial, pero llegaría bastante justito. Incluso a pesar del tiempo que ya había estado de baja, 42 días tras la primera lesión, y 35 que estaría para la segunda, los datos dicen que la temporada 2009-10, a pesar de las lesiones y las dos operaciones y de perderse un gran número de partidos, su media en liga de goles por encuentro fue la mejor desde que llegara a Inglaterra con 18 goles en 22 partidos.

Vicente del Bosque daba la lista de los seleccionados el 20 de mayo y España debutaba el 16 de junio, por lo que, si el delantero llegaba a tiempo, sería muy justo y sin ritmo de partidos. Los problemas se le acumulaban al seleccionador salmantino con Iniesta y Cesc Fábregas, también siendo duda las semanas previas al Mundial.

En la Premier, cómoda victoria en Anfield ante los *hammers* antes de viajar en tren a Madrid para jugar contra el *Atleti* por la imposibilidad de hacerlo por vía aérea debido a las cenizas del volcán en Islandia que interrumpieron el tráfico aéreo durante varios días en gran parte de Europa.

En el Calderón, sin Torres, como en la temporada 2008-2009, 1-0 con gol de Diego Forlán y gracias. El resultado pudo haber sido más abultado de no ser por la actuación de un soberbio Pepe Reina que, con sus paradas, mantenía las esperanzas del *Pool* de dar la vuelta a la eliminatoria en Anfield en siete días.

En la antepenúltima jornada liguera, y con Ayala de nuevo en el once del Liverpool, 0-4 visitando al Burnley en lo que era la primera victoria a domicilio del año. «Creo que Rafa Benítez me puso ese día porque él pensaba que era un partido bueno para poder jugar y seguir cogiendo minutos y confianza, porque era un equipo que al final estaba abajo», recuerda Dani Ayala sobre ese choque que era, además, su cuarto partido en liga, el segundo de titular. «Cuando eres joven, normalmente, que te puedan dar minutos con equipos que están abajo, para coger confianza, es muy importante», recalca el central andaluz.

OTRA VEZ FORLÁN

Y llegó el 29 de abril, el día del partido más importante de la temporada con la visita del Atlético de Madrid en la vuelta de semifinales de la Europa League, donde el Liverpool intentaría alcanzar la tercera final europea en seis años. Con el ambiente ensordecedor de Anfield en eliminatorias europeas, los *reds* fueron superiores y se marcharon al descanso mandando en el marcador con un gol de Aquilani que empataba la eliminatoria.

En la segunda mitad, De Gea sostuvo al conjunto colchonero y el partido se fue inevitablemente a una prórroga que parecía para los *reds* tras el gol de Benayoun en el 95, aunque Forlán, como en la ida, anotaba el 2-1 final que dejaba al Liverpool con la miel en los labios. ¡Menudo palo! Ahora sí, la temporada se daba por terminada para el equipo de Rafa Benítez en un año bastante discreto tirando a malo.

Ya solo quedaban dos jornadas con prácticamente nada por jugarse para el equipo de Merseyside. La penúltima, recibiendo al Chelsea cayendo por 0-2 en el que iba a ser el último partido del *Spanish Liverpool*, o lo que quedaba del mismo, en Anfield. Solo Reina estaba en el once inicial. Con Torres lesionado y Riera apartado, los jóvenes Ayala y Pacheco, en el banquillo, eran los otros españoles en la convocatoria. De hecho, el central sevillano sustituía en el 57 a Jamie Carragher que se retiraba cojeando.

CAMBIO DE CICLO EN VARIOS SENTIDOS

Ese día también significaba la despedida de Carlsberg como patrocinador. Las camisetas, en el último partido del curso en Anfield, aparecieron con el logo de la cerveza danesa, pero en letras chinas como guiño a la Expo 2010 celebrada en Shangai, donde además de haber una gran afición al club y al equipo, Liverpool era la única ciudad inglesa presente en la exposición, lo que hacía ver, incluso para la camiseta, «un cambio de ciclo», pues la popular cerveza danesa y el club separaban sus caminos tras 18 años juntos. De hecho, el logo chino de Carlsberg era *solo* el quinto impreso en una camiseta del Liverpool, tras Hitachi, Crown Paints, Candy, y desde 1992, el mítico y clásico logo de Carlsberg, ligado sin duda al Liverpool en los años de Rafa Benítez y, por lo tanto, al *Spanish Liverpool*.

A la conclusión del partido, y a pesar de la derrota, los jugadores con sus familias, al igual que Benítez y sus ayudantes, dieron la vuelta al terreno de juego agradeciendo a la afición el apoyo en esa complicada campaña. Muchos lo vieron como una posible despedida y que la etapa de Benítez llegaba a su final…

La última jornada de la temporada 2009-2010 llevaba al *Pool* al KC Stadium, donde el empate final sin goles frente al Hull City daba el carpetazo a la temporada de los hombres de un Benítez de quien se rumoreaba, y cada vez con más fuerza, podía estar en su último partido dirigiendo al Liverpool.

Reina fue titular y Pacheco saltaba al campo en el minuto 73 sustituyendo a Aquilani, por lo que ambos se convertían en los últimos futbolistas españoles en jugar en el llamado *Spanish Liverpool*. Para las estadísticas de los libros de historia *red*, otro dato: el canterano Jack Robinson, de 16 años, debutaba oficialmente convirtiéndose en el futbolista más joven en jugar con la camiseta del conjunto *liverpudlian*.

El Liverpool terminaba la temporada en séptima posición con 63 puntos, el peor puesto logrado desde 1999. Aunque hacía semanas que buscaba la cuarta plaza que le diera acceso a la Champions League el curso siguiente, la irregularidad fuera de casa y las lesiones, sobre todo las de Torres y Gerrard, pero también de otros hombres importantes, condicionaron la marcha del equipo durante gran parte del curso.

MUCHAS LESIONES, POCO PRESUPUESTO

«Tuvimos las lesiones de los centrales a principios de temporada y nos quedamos ahí un poquito cortos, pero también sin Xabi (Alonso) perdimos un poquito de manejo», comenta Benítez sobre ese último curso futbolístico que concluía. «Yo creo que esa temporada falla porque realmente no teníamos dinero para fichar», explica. El entrenador pidió expresamente el fichaje de

Stevan Jovetic, el joven atacante de la Fiorentina para apuntalar el ataque, pero finalmente el técnico madrileño no pudo contar con ese dinero de cara a efectuar esa operación. «Cuando quiero fichar a Jovetic y no tenemos dinero, me sorprendo porque claro, yo llevaba un *business planning,* llevaba el control de lo que gastábamos y de lo que ingresábamos y es cuando te das cuenta de que algo no funciona».

Además, el fichaje que vino para compensar la salida de Alonso tampoco cuajó: «Como no tenemos dinero, no nos sale bien Aquilani, que tiene una lesión muy larga, una lesión de tres o cuatro meses en el tobillo y nos afectó, y nos hizo perder un poquito de confianza en el grupo», aclara en referencia a algunas de las causas que mermaron el rendimiento del equipo.

La Premier League concluía con el Chelsea campeón con 86 puntos, uno más que el United con 85, tercero era el Arsenal con diez menos que los *red evil*, 75, y cuarto el Tottenham con 70. Incluso City, quinto con 67, y Aston Villa, sexto con 64, quedaron en mejor posición que un Liverpool que si la temporada anterior había finalizado a cuatro del campeón, el United, en esta lo hacía a 23 puntos del Chelsea.

En FA Cup y en Carling Cup los resultados tampoco fueron mejores. En la primera cayendo en tercera ronda allá por el mes de enero ante el Reading, y en la Carling bastante antes, en cuarta ronda en octubre frente al Arsenal.

En Europa el camino fue algo mejor o, al menos, más largo y sólido. A pesar de no superar la fase de grupos en la Champions en un cuadro, a priori, bastante asequible, el consuelo de poder disputar la Europa League fue cogiendo cuerpo y los *reds* finalmente cayeron en la prórroga de la semifinal ante el Atlético de Madrid.

El equipo competía mejor en las eliminatorias europeas que en las domésticas, eso era evidente. De hecho, esta era una de las principales críticas que Rafa Benítez había recibido en sus años en Inglaterra y así lo atestiguaban parte de las estadísticas. El propio Benítez lo justifica de esta manera. Y no le falta la razón: «La Premier tenía equipos muy fuertes que en una temporada son mucho más consistentes. O sea, tú cuando compites en la Premier, el Chelsea, el Arsenal, el Manchester United, son muy fuertes... nosotros a un partido, dos partidos, yo tácticamente los preparo bien, pero claro, cuando tienes que estar continuamente... ellos mantienen una regularidad que tú no puedes, por eso vas cayendo en la Premier, porque ellos no fallan y tú tienes más posibilidades de hacerlo. Mis suplentes, por ejemplo, eran jugadores de un millón, y los suyos son jugadores de 20 millones».

No obstante, esa teoría no se iba a poder demostrar el año siguiente, al menos en Champions League, pues al terminar en séptima posición, el equipo no tendría opción de disputar la máxima competición europea. No así la Europa League, donde por lo menos sí podría participar entrando en tercera ronda en el temprano mes de julio. De hecho, el no disputar la Champions iba a ser un hándicap para la temporada venidera, y con la situación financiera ya en entredicho y el poco presupuesto que había para fichar, crecerían los rumores sobre la continuidad de futbolistas como Torres, Gerrard o Mascherano.

La temporada terminaba en lo deportivo para el club, pero no en los despachos, donde todavía habría bastante movimiento... Tampoco para los futbolistas que disputarían el Mundial, que eran unos cuantos. Entre ellos, los españoles.

VICENTE, ESPÉRAME

Justo un día después de la última jornada, el 20 de mayo, Vicente del Bosque daba la prelista de 30 hombres, de la que saldrían los 23 elegidos que estarían en el Mundial. Como se preveía, tras estar varias semanas sin competir, Albert Riera se quedaba fuera de la misma. No así Fernando Torres y Pepe Reina, que figuraban en la misma y que, si no pasaba nada raro, sobre todo al delantero madrileño tras su segunda operación, estarían en la convocatoria final.

«Claro que estábamos preocupados», explica Del Bosque preguntado por la lesión de Torres. «Yo creo que aguantamos todo lo que pudimos con él y con el caso de Andrés (Iniesta), estuvimos hasta última hora porque pensábamos que debían estar en la selección y, bueno, aconsejados siempre por los médicos en el caso de los dos, pues aguantamos hasta el final y con fortuna pudieron ser útiles también durante el Mundial».

Los doctores de la Federación Española de Fútbol, Óscar Celada y Juan Cota, dieron el visto bueno a la recuperación del delantero madrileño, por lo que, como se esperaba tras todos los esfuerzos por parte del propio futbolista, médicos, *fisios*, recuperadores y también del equipo técnico, tanto de la selección como del Liverpool, Torres podría estar en Sudáfrica, algo que se oficializó diez días después en la lista definitiva.

Durante toda la temporada, pero más en esas semanas aún si cabe, los responsables de la preparación física de la selección española y del Liverpool estaban en contacto continuo siguiendo la evolución de la recuperación del que tenía que ser el nueve de España en Sudáfrica. «Yo creo que era algo que se manejaba. Hablaba mucho con Javier Miñano porque tenemos buena relación», explica Paco de Miguel. «Intentábamos coordinar bien todo el trabajo que hacíamos, porque en aquel entonces nosotros realizábamos un trabajo de fuerza que a Fernando le venía muy bien, que intentábamos coordinar con él», recuerda el preparador físico madrileño. «Creo que al final llegó en el estado en que llegó, pero pudo estar, que era lo importante y aportar», explica De Miguel sobre la forma física con la que *The Kid* llegaba al torneo.

FERNANDO, TE ESPERO

Finalmente, Pepe Reina y Fernando Torres serían los dos futbolistas españoles del Liverpool que viajarían con la selección al Mundial de Sudáfrica, pero no los únicos: Gerrard, Carragher y Glen Johnson (Inglaterra), Mascherano y Maxi Rodríguez (Argentina), Kuyt y Babel (Países Bajos) y Agger (Dinamarca) eran los otros jugadores del *Pool* que disputarían también el Mundial con sus países. Además, Xabi Alonso y Álvaro Arbeloa, ya como madridistas, al igual que dos años antes en la Eurocopa, también estaban entre los convocados.

España había quedado encuadrada en el grupo H junto a Suiza, Honduras y Chile, y debutaba el 16 de junio frente al combinado helvético. Antes habría tres partidos de preparación, por lo que aún quedaba casi un mes de rodaje para el combinado español y, en concreto, para un Fernando Torres que debía ir cogiendo la forma.

Torres no disputó los dos primeros, uno a finales de mayo ante Arabia Saudita, y otro a primeros de junio frente a Corea del Sur, ambos en Innsbruck, pero sí el tercero ante Polonia en la Nueva Condomina, donde España se impuso por un contundente 6-0 con el jugador *red* sustituyendo a David Villa en la segunda parte, e incluso logrando el quinto tanto de la selección. Volvía a jugar justo dos meses después desde que se lesionara ante el Benfica en la Europa League, lo que le obligó a pasar por quirófano por segunda vez.

EL COMUNICADO

Pero en esas fechas en las que la selección se preparaba para el Mundial, el 3 de junio, justo el día del segundo partido amistoso ante Corea del Sur, saltaba una noticia que ya muchos presentían: Rafa Benítez dejaba de ser el entrenador del Liverpool. Por la tarde, el club sacaba un comunicado informando que el entrenador español y Liverpool separaban sus caminos por mutuo acuerdo tras seis temporadas como máximo responsable técnico.

La mala temporada en un año en el que se esperaba que el club diera un paso más en la Premier, la relación con los propietarios norteamericanos que distaba mucho de ser la mejor, y el poco presupuesto que tendría para fichar el curso siguiente, limitado aún más al no clasificarse para la Champions, no ayudaron a que el técnico madrileño continuase al frente del equipo a pesar de tener aún cuatro años de contrato.

Sin duda, fue un shock para miles de aficionados, tanto ingleses como de otras partes del mundo, incluido, por supuesto, los españoles, donde el *Spanish Liverpool* o «el Liverpool de Benítez», como también se conocía, era seguido y apoyado prácticamente como un conjunto más. El propio Benítez se despedía en la web del club con una emotiva carta ese mismo día:

Es muy triste para mí anunciar que ya no seré el mánager del Liverpool. Me gustaría dar las gracias a todo el staff y a los jugadores por el esfuerzo.

Siempre guardaré en mi corazón los buenos momentos que he vivido aquí, el fuerte y leal apoyo de los aficionados en los momentos difíciles y el amor de Liverpool.

No tengo palabras suficientes para agradeceros por todos estos años y estoy muy orgulloso de poder decir que he sido vuestro entrenador.

Gracias una vez más y siempre recordad: Nunca caminar*éis* solos.

La salida de Benítez fue una sorpresa para mucha gente y también algo inesperado para los que trabajaban a su lado. Aunque era obvio que el proyecto necesitaba un cambio, pocos apostaban que la temporada que acababa de finalizar fuera el epílogo a esos seis años. «Yo, cuando renuevo, lo hago muy contento, pero tal y como va la cosa... el club llega un momento en que casi entra en administración; casi va en bancarrota, porque no estaban aportando el dinero y el banco iba casi a intervenirlo, entonces estaba claro que no era una situación ideal para crecer», explica Benítez. «A partir de ahí tenemos que salir y aparece una oferta y tenemos que irnos. Pero, básicamente era porque se veía que lo que estaba pasando no era lo que nos habían prometido; claramente lo que se planteaba no tenía nada que ver con la realidad. Ya está», sentencia el entrenador madrileño.

SORPRESA PARA TODOS

«Ni yo ni nadie nos lo esperábamos. Yo, de hecho, compré casa en Liverpool. Firmaron cinco años de contrato. Nadie pensaba que aquello podía acabar de la manera en la que acabó», comenta Paco de Miguel sobre lo sorpresivo de la salida de Rafa Benítez. «También es verdad que la situación se enrevesó porque para los propietarios era una inversión sin más. Es cierto que en el tiempo que yo estuve, y previamente, era un equipo que gastaba muy poquito en fichajes. Nunca fue un equipo de gastar y, sin embargo, era un equipo muy equilibrado y competitivo. Entonces, creo que nos hubiese encantado seguir allí más tiempo; es inolvidable el recuerdo de Anfield. Para mí fueron tres temporadas, pero fueron maravillosas», dice con cariño.

«Con los propietarios al final no salió como él pensaba y es una decisión que tomó y tampoco nosotros podíamos hacer nada, pero es verdad que todos pensábamos que íbamos a estar muchos más años en esa ciudad tan especial que es Liverpool», señala Antonio Gómez sobre el adiós de Benítez. «A mí me firmó un año, pues viendo un poco como es Rafa; si salen las cosas bien y tal… Pero bueno, adaptarse y ya está. Cuando Rafa habla conmigo, al final no puede llevarme a donde se fue y yo seguí mi carrera y me fui al Valladolid y la verdad es que estuve encantado el tiempo que estuve», reconoce un Gómez que después volvería a trabajar con Benítez en el Nápoles, donde ganaron la Copa y la Supercopa italiana, Newcastle, por aquel entonces ascendiendo de la Championship a la Premier League, Dalian Yifang (China), Everton, Real Madrid y Celta de Vigo.

«Creo que a todos nos hubiese gustado quedarnos», comenta Xavi Valero en la misma línea. «Yo creo que allí sentías que habías construido algo muy especial y que la conexión era máxima y el equipo era muy competitivo, y creo que a todos nos hubiese gustado seguir allí más tiempo», dice el preparador de porteros. «Esa salida de Liverpool fue un poco, al final, inesperada, porque el año anterior Rafa había firmado cinco años de contrato y todos pensábamos que íbamos a estar allí bastante más tiempo y no fue así, pero es la lógica del fútbol y es lo que es», continúa señalando quien fuera guardameta del Wrexham.

«Fue una etapa muy bonita, para mí fue especial porque fue mi primera experiencia. Inigualable por ser la primera, también porque allí conocí a la que hoy es mi mujer, porque allí nació mi primera hija, entonces son muchas cosas para mí que empezaron allí», comenta con cariño y cierta nostalgia. «En ese momento yo creo que sentó como que te quitan algo que casi pensabas que era tuyo, quizás esa es la equivocación en el fútbol, cuando piensas que algo es tuyo, no un club que es mucho más grande que ninguno de nosotros. Cuando te identificas demasiado, casi es una equivocación, porque acabas creando esos vínculos y después cuesta más, pero en ciudades tan pasionales como Liverpool o Nápoles, al final son ciudades que te llegan muy hondo y cuando te vas, te cuesta un poco más que las demás», finaliza un Xavi Valero que, como Antonio Gómez o Paco de Miguel, también continuó trabajando junto a Rafa Benítez en otros clubes.

«Su última temporada fue muy decepcionante, pero se ha demostrado que él no era el problema», afirma Matt Ladson de *This is Anfield*. «Creo que había una gran división entre los aficionados, pero había una división mayor entre la directiva y entre The Kop, y entre Benítez y los propietarios, Gillett y Hicks. No digo que Rafa no hiciera algunas cosas mal y que perdiera el estilo de juego y su juego se convirtiera en menos atractivo, pero los propietarios eran casi como una enfermedad terminal para el club, que podía entrar en administración y no existir en la forma que lo venía haciendo, así que el mayor problema para gran parte de los aficionados fueron los propietarios. Hubo muchos que creían que Rafa ya no era el mismo que conocimos y quisimos, pero, al mismo tiempo, el descontento era hacia los propietarios», sigue apuntando Ladson sobre la salida de Benítez.

No obstante, el jefe de contenidos de *This is Anfield*, pone en relieve lo que sucedería más adelante y que coloca al entrenador madrileño en el lugar que le corresponde: «Cuando unos pocos años después finalmente la propiedad cambió, no mucho después de que Rafa se fuera, se sentía como un asunto pendiente y hubo aficionados a los que les hubiera encantado ver que Benítez volvía para terminar el trabajo y ganar el título de liga como todos creíamos que él y el Liverpool merecían en esos años».

«Al final de su época en Anfield, era cada vez más obvio que su situación era insostenible. Cuando la situación con los propietarios alcanzó el punto de crisis, combinado con una mala racha de resultados y la pérdida de jugadores clave, parecía que su salida era inevitable», rememora Jeff Goulding. «En realidad, algunos aficionados habían decidido que tenía que irse, mientras que otros, entre los que me incluyo, sentíamos que era la víctima de esas circunstancias y merecía más paciencia de la que se le dio. Me entristeció mucho verle marcharse, pero al final había una sensación inevitable sobre aquello. Cuando vemos lo duro que fue reemplazarle, y cómo peleamos los años posteriores, entendemos la contribución que hizo Rafa Benítez al Liverpool Football Club», concluye el escritor y aficionado Jeff Goulding.

Una vez asumido que Rafa Benítez se marchaba y que eso significaba que una etapa concluía y, en parte, propiciaba el final del *Spanish Liverpool*, quedaba por ver qué rol y papel iban a tener los jugadores *reds* en Sudáfrica.

EL MUNDIAL

Volviendo a la selección española y a la participación en el Mundial, al valorar la actuación que tuvieron los dos jugadores del Liverpool, Reina y Torres, el balance no puede ser más positivo. Si bien es cierto que, en cuanto a títulos a nivel de club, en la temporada 2009-2010 no se logró nada, ambos, como miembros y representantes del equipo inglés, consiguieron el título más importante que un futbolista puede alcanzar, eso sí, a nivel de selecciones: la Copa del Mundo.

Fernando Torres disputó los siete partidos que España jugó en Sudáfrica, aunque, esta vez, al contrario de lo que sucedió cuatro años antes en Alemania, donde logró tres goles hasta que España cayó en octavos de final, no vio puerta.

PAPEL SECUNDARIO PERO DETERMINANTE

Salió desde el banquillo en el primero, el de la derrota ante Suiza, y fue titular en los dos siguientes de la fase de grupos ante Honduras y Chile, pero en ambos fue sustituido en la segunda mitad. En octavos de final ante Portugal y en cuartos frente a Paraguay, continuó siendo de la partida, pero igualmente en ambos encuentros fue reemplazado en la segunda parte. En semifinales, en cambio, perdió la titularidad en detrimento de Pedro, algo que se repitió en la final ante Holanda. En los dos encuentros saltó al césped desde el banquillo: jugó los últimos minutos frente a la selección teutona y ante la *tulipán* lo hizo en la prórroga.

Aunque era obvio que su estado de forma no era el idóneo, y más comparándolo con lo que había demostrado en la Premier League las tres últimas temporadas, su concurso fue vital. De hecho, tres de los cinco tantos que David Villa logró fueron con él en el campo o interviniendo directamente en la jugada, como el que el Guaje consiguió frente a Chile.

O más aún, si cabe, en el celebradísimo gol de Iniesta: el fuenlabreño, que precisamente había salido por Villa en el minuto 106, fue uno de los protagonistas de la jugada más importante de la historia del fútbol español. Tras recibir de Jesús Navas y ligeramente escorado a la izquierda, en el minuto 116 ponía un balón a la frontal del área que cortaba Van der Vaart, antes de que Cesc Fábregas conectase con Iniesta, quien metería el gol de todo un país.

Su última acción en la final fue un balón largo al que no llegó y por la que se volvió a romper al arrancar en la carrera. ¡Otra vez lesionado!, otra vez a parar, esta vez con un desgarro muscular en el muslo izquierdo. Se retiró llorando y con dudas de cuánto tiempo estaría de baja, aunque lo importante era que España había ganado el Mundial y él había ayudado, y mucho, a ello. Aun a sabiendas de que estar en Sudáfrica acortando los plazos de recuperación suponía, como declaró meses después en *Informe Robinson,* un peligro para su carrera: «Yo quería jugar el Mundial; si había que quitar la mitad o todo el menisco y jugar tres o cuatro años menos al fútbol… yo solo veía hasta el Mundial, después de ahí, no veía nada». Palabra de Fernando Torres.

«Teníamos que saltarnos muchos pasos que los médicos sabían que estaba mal hecho, pero entendían que yo quería llegar», relata el delantero madrileño en el documental sobre la selección española que ganó el Mundial. «Quería estar, quería jugar, y sabía que España podía ganar», sentenciaba con contundencia y seguridad Fernando Torres en *Informe Robinson* en 2010.

Vicente del Bosque, que le esperó y confío en él aun sabiendo que su nivel no era el óptimo, valora pasados los años el papel de Torres en Sudáfrica: «Fernando es el delantero centro que siempre nos podía hacer falta. En algunos momentos nos hizo falta y lo utilizamos en función de cada partido. Creo que hicimos bien en esperar todo lo que pudimos a que se incorporara», razona Del Bosque, que ya había trabajado junto a un joven Rafa Benítez en la antigua Ciudad Deportiva del Real Madrid. «Los que vinieron estaban dentro de nuestras condiciones para traerlos, porque eran necesarios, por los antecedentes y por el presente, por lo que estaban haciendo», argumenta.

El periodista vitoriano de Radio Nacional de España, Antonio Muelas, cantó el inolvidable gol de Iniesta ese mágico 11 de julio de 2010 que daba a España el Mundial. Para Muelas, la actuación de Fernando Torres en Sudáfrica es clave para la consecución del campeonato. Y no solo en el plano deportivo. «Fernando Torres fue un jugador muy importante en aquella selección que no olvidemos que empezó perdiendo contra Suiza. Los demonios empezaron a aparecer en todo, o sea, en los medios de comunicación. Hubo una serie de jugadores, entre los que estaba Torres, que tuvieron mucha personalidad y fueron jugadores que tuvieron mucha importancia en el título fuera de lo deportivo», exclama el periodista del popular *Tablero Deportivo*.

«Los jugadores con más personalidad yo creo que también aparecieron. Hablo de Casillas, de Puyol... y en este caso, repito, Fernando Torres, que es otro de los futbolistas que tuvo mucha importancia a nivel de personalidad, a nivel de ayudar a Vicente del Bosque, a aplacar las críticas, a remar todos en la misma dirección», declara el narrador habitual de los partidos de la Roja en la radio pública.

«Le penalizó mucho físicamente la lesión de rodilla para llegar al Mundial, en la que arriesgó y al operarse del menisco externo pierde potencia. Él sabía lo que se jugaba, pero quería ser campeón del Mundo con España y lo fue, no rindiendo tanto al nivel que había tenido en 2008, pero fue un secundario de lujo y está presente en casi todos los goles de Villa», comenta también Javier Matallanas con relación al papel que tuvo el delantero del Liverpool en el Mundial.

REINA, CLAVE EN EL GRUPO

En cuanto a Reina, poco se puede decir a modo de estadísticas y participación, porque no tuvo ni un minuto durante todo el torneo. Una vez Suiza había ganado el primer partido, ya no hubo, como en la Eurocopa, la opción de una tercera jornada en la que el equipo estuviese ya clasificado y el seleccionador diese minutos a jugadores menos habituales, por lo que Casillas disputó los siete partidos completos.

Sin embargo, el guardameta del *Pool* fue muy importante en el triunfo de España por varios motivos: primero, por cómo era personalmente en el equipo. «Reina aportó ese puntito de humor que tiene. Le vino muy bien también en los momentos difíciles. Es un tipo divertido, un tipo entrañable, todo el mundo le quería», señala Antonio Muelas. Y segundo, porque fue clave en el pase a semifinales advirtiéndole a Casillas del lado al que Cardozo iba a disparar el penalti. «Jugó una importante labor en esa comunicación que le hace a Casillas sobre la marcha en el penalti de Cardozo», comenta Vicente del Bosque.

No obstante, el seleccionador, que volvería a contar con Reina en tres torneos más, Eurocopa 2012 en Polonia y Ucrania, Copa Confederaciones 2013 en Brasil y Mundial 2014 también en Brasil, matiza: «Pepe viene principalmente por la clase de portero que era, un *porterazo*, pero al mismo tiempo, estaba tan identificado con el equipo, que eso es lo que verdaderamente es importante. Si lo focalizamos en la figura de los tres porteros, pues evidentemente Víctor (Valdés), Pepe (Reina) e Iker (Casillas) fueron tres elementos clave que hicieron piña y fueron un equipo desde la portería hasta el final».

Esa fue la aportación de los futbolistas del *Spanish Liverpool* al Campeonato del Mundo de 2010 en Sudáfrica. Pero no quedaba ahí la cosa. Todavía con la euforia del Mundial latente, una semana después, otro futbolista *red* volvería a brillar a nivel de selecciones, pues Dani Pacheco disputaba con España el Campeonato de Europa Sub-19 en Francia.

La selección, con jugadores como Thiago Alcántara, Marc Bartra, Iker Muniain o el propio Pacheco, llegaría a la final cayendo ante la anfitriona por 2-1. Pacheco, que consiguió cuatro goles, se convertía en el máximo artillero del torneo y se postulaba como una realidad que debería seguir creciendo en Merseyside.

Así fue la participación de los miembros del *Spanish Liverpool* a nivel de selecciones en la temporada 2009-10 que, ahora sí, llegaba a su conclusión. Torres, Reina, Pacheco y también Ayala continuarían en la disciplina del club en 2010, ya con Roy Hodgson en el banquillo, aunque por diferentes circunstancias y motivos, sus etapas, de alguna u otra forma y en distintas temporadas, llegarían al final.

LOS QUE SE QUEDABAN: AYALA EL PRIMERO EN SALIR

Quien primero salió fue Dani Ayala. «Cuando Rafa Benítez se fue, la verdad es que para mí fue un golpe duro, porque creo que, si Benítez hubiera seguido en el Liverpool, podría haber tenido más minutos y seguir cogiendo confianza y afianzarme un poco más en el primer equipo», cuenta Ayala. «Una vez que Rafa Benítez se fue, era mucho más difícil para los jugadores españoles, especialmente jugadores jóvenes como yo». Con Hodgson no lo iba a tener fácil. «Hice la pretemporada con él, pero después me dijo que no iba a tener minutos, que debería salir cedido y coger minutos y, claro, al final para un jugador como yo, que era joven, tenía que empezar a jugar partidos y lo vi bien», explica sobre su salida.

Desde que llegara a Merseyside en 2007 y destacara en el *reservas*, finalmente en la 2009-10, con 18 años, pasó a ser considerado jugador de la primera plantilla. Al final, oficialmente, solo disputó cinco partidos oficiales con el Liverpool, los cinco en Premier League. Al comienzo de la 2010-11 se marchó cedido al Hull City para luego recalar, también cedido, en el Derby County en busca de minutos y más oportunidades. Su contrato con los *reds* finalizó en agosto de 2011 y luego ya iniciaría una larga carrera por diversos equipos ingleses.

TORRES, UNA SALIDA TRISTE, PERO UNA LEYENDA

Por otra parte, ya como campeón del mundo y recuperado de la lesión en el abductor de su pierna izquierda que se produjo en la final ante Holanda, Fernando Torres continuó en el Liverpool entre los rumores de una posible salida debido a la mala situación financiera del club. Sin embargo, en enero de 2011 y, a pesar de los nueve goles que llevaba, se marchaba traspasado al Chelsea tras tres exitosos (aunque sin títulos) años y medio en Merseyside en un controvertido movimiento de mercado, que muchos en Liverpool no entendieron.

«Muchos aficionados del Liverpool sienten que, cuando Torres se fue, les rompió el corazón y desde ese momento nunca se volvieron a permitir el querer a otro jugador. Es como cuando un chico y una chica se separan y su corazón está roto y no vuelven a ponerse otra vez en esa posición», comenta Matt Ladson.

«Los aficionados realmente lo llevaban en el corazón. Creo que Torres también llevaba al Liverpool en su corazón. Creo que una de las grandes penas es que el Liverpool no ganó la Premier League con Benítez y Torres», afirma con cierta melancolía el periodista de la popular web. «Fernando, el Niño, fue un fenómeno, fue una pena que no ganase ningún trofeo importante con el Liverpool y la forma de su salida rompió muchos corazones. Creo que algunos aún se resienten», añade.

Su nivel, sin ninguna duda, creció jugando al lado de Gerrard. Y viceversa. El escritor Jeff Goulding califica a la pareja que formaron Steven Gerrard y Fernando Torres como «un *match* en el cielo». «Liverpool, a través de los años, ha sido agraciado con geniales sociedades entre futbolistas. Me vienen a la mente Keegan y Toshack, o Rush y Dalglish. Gerrard y Torres merecen ser mencionados al mismo nivel. Parecía que tenían una conexión telepática, respeto mutuo, y sacaron lo mejor el uno del otro. Durante una o dos temporadas, fue la mejor pareja goleadora en Europa. Fue una pena que no pudieran estar más tiempo juntos», lamenta.

«Es verdad que la salida fue abrupta, pero lo que vivió allí es que fue mágico, porque la conexión con Steven Gerrard era brutal. Y todo sin ganar títulos, si llegan a ganar títulos todavía sería más legendario», comenta Matallanas. «Fue a la Premier por Benítez, por lo que es el Liverpool, que ya había vuelto a ganar la Copa de Europa y a él, de alguna manera, también le atraía y, además, es que ir a Anfield es una mística especial», explica el periodista madrileño.

«Yo creo que su mejor etapa como futbolista, evidentemente, fue en el Liverpool, sobre todo esa primera temporada que hizo allí de la mano de Benítez», comenta Emilio Javier Arroyo de Radio Nacional. «En el Liverpool se salió, y luego curiosamente donde obtuvo mayores réditos en cuanto a títulos se refiere fue en el Chelsea, pero ni siquiera allí consiguió tener las cifras goleadoras o de rendimiento que tuvo con el Liverpool. Para mí, la mejor versión que hemos visto en toda la carrera de Fernando Torres ha sido claramente en el Liverpool. No se puede entender aquel *Spanish Liverpool* sin la figura de Fernando Torres», destaca para finalizar Arroyo, *Torrista* confeso.

Tras salir de Merseyside, el delantero madrileño llegaba a Stamford Bridge con la vitola y etiqueta de ser el traspaso más caro de la historia de la Premier League: 50 millones de libras. Su conexión con Gerrard en el Liverpool había sido casi perfecta; habría que ver cómo encajaba ahora en el Chelsea de Ancelotti con Drogba y Anelka en la delantera...

En Londres estuvo otras tres temporadas y media en las que incluso llegó a coincidir con Rafa Benítez. Con el Chelsea ganó una FA Cup, precisamente ante el Liverpool en 2012, aunque fue suplente y no jugó, la Champions dos semanas después y la Europa League al año siguiente, marcando en la final, antes de, tras un breve paso por el Milán, volver al Atlético de Madrid y cerrar el círculo ganando una segunda Europa League. En 2018 se marchó a Japón al Sagan Tosu donde finalizó su carrera un año después.

PACHECO, CESIONES Y VUELTA A ESPAÑA

En cuanto a Dani Pacheco, tras brillar en el *reservas,* debutó oficialmente en la temporada 2009-10. El curso siguiente estuvo a las órdenes de Roy Hodgson, primero, y Kenny Dalglish después, hasta que en marzo de 2011 saldría cedido al Norwich City. Fue nuevamente cedido al Atlético de Madrid donde no llegó a jugar y desde allí al Rayo Vallecano. Regresó a Anfield en la 2012-13 disputando tres partidos más y volvió a marcharse cedido al Huesca hasta que su contrato como *red* expiró. Después se convertiría en un futbolista «especialista» en ascensos (Betis, Alavés y Getafe) y ha continuado jugando en España, en Primera y en Segunda, además de en la liga chipriota y polaca.

En total, desde que debutara oficialmente en diciembre de 2009, Pacheco disputó 17 partidos oficiales: cinco en Premier, dos en Copa de la Liga, uno en Champions y nueve en Europa League. Al contrario de con el *reservas* donde, desde que llegó en 2008, vio puerta con frecuencia, con el primer equipo no llegó a marcar ningún gol en partido oficial.

PEPE REINA, QUIEN MÁS AGUANTÓ

Por su parte, Pepe Reina fue quien más aguantó, pues, aunque había renovado con los *reds* en abril de 2010 hasta 2016, y ser un fijo para Roy Hodgson, Kenny Dalglish y Brendan Rodgers durante las siguientes tres temporadas, en la 2013-14 salía cedido al Nápoles volviendo a coincidir con Benítez en el Calcio. Después le seguiría una larga etapa que se extiende hasta su retirada en 2025 jugando y, con éxito, en Italia, Inglaterra o España, donde en 2022 regresaría al Villarreal.

De esas seis temporadas de Rafa Benítez en el Liverpool, sin duda, lo más destacado es la Champions League ganada al Milan en 2005. Sin embargo, en el aficionado hay cientos de recuerdos, goles, partidos, logros y hechos, algunos mejores y otros no tanto, que perdurarán siempre de ese equipo y las personas que lo conformaban.

RECUERDOS

En esos recuerdos de partidos que se quedan en las memorias colectivas, ya sean de los aficionados, de muchos de los periodistas que lo vivieron *in situ* o lo contaron después en sus crónicas, y de los propios jugadores o entrenadores y *staff* de esas plantillas, sin lugar a dudas están las célebres noches europeas a las que en unas cuantas ocasiones nos hemos referido a lo largo de estas páginas.

Hay equipos de fútbol con bloques ganadores y generaciones buenísimas a los que se les recuerdan victorias importantes ante rivales de enjundia y en estadios de renombre; pero pocos hay como ese Liverpool que tenía una cita con la historia y la épica en muchas de esas noches. Y no necesariamente, aunque sí en su mayoría, sobre el verde de Anfield.

LAS NOCHES EUROPEAS

En el primer año de Benítez, el *Pool* dio la vuelta al partido ante el Olympiakos de Rivaldo levantando un 0-1 que le dejaba fuera de la Champions, y consiguiendo tres goles en la segunda mitad con un misil salvador de Steven Gerrard en el 86 que le metía en octavos de final. Esa victoria, a la postre, sería clave, pues abría el camino a lo que sucedería en unos meses en Turquía. En esa misma campaña 2004-2005, el equipo inglés vencería en Delle Alpi a la Juventus en cuartos de final antes de obrar el milagro en el Atatürk frente al Milán con esos tres goles en seis minutos.

En la temporada 2007-2008 el otro equipo milanista, el Inter de Milán, también sucumbiría ante la garra y determinación del conjunto entrenado por Benítez con gol, cómo no, de Fernando Torres, en la primera temporada en Merseyside del fuenlabreño.

Otro choque que figura en la mente de miles de aficionados es el que tuvo lugar en el Camp Nou en 2007 ante un Fútbol Club Barcelona que, en ese momento, era el vigente campeón. Y cómo no, dos años después ese gol de cabeza de Benayoun que daba la victoria en el Bernabéu el archiconocido día del *chorreo*, o lo que pasó dos semanas después en Anfield goleando al Real Madrid por un 4-0 que está considerado, por muchos, como uno de los mejores partidos en la era Benítez.

En Premier League también hay partidazos para el recuerdo como la goleada en Old Trafford por 1-4, cuatro días después de aplastar al Madrid y, aunque este no sea una victoria, el 4-4 ante el Arsenal el día que el ruso Arshavin consiguió cuatro goles.

Evidentemente, esos partidos van de la mano de goles, paradas o también de acciones «famosas» de muchos de nuestros protagonistas que, a su vez, fueron momentos históricos como el penalti de Xabi Alonso errado ante Dida y el posterior remate del centrocampista tolosarra que igualaba la final en Atenas, el *voleón* de Luis García que sorprendía a Buffon en esa Champions o su gol fantasma al Chelsea (habría que ver qué pasaría con VAR), los tres penales atajados por un inspirado Pepe Reina en su primera campaña en Merseyside en la final de la FA Cup ante el West Ham, los golazos desde el centro del campo de Alonso, o los innumerables de Torres mezclando explosividad, velocidad ,creatividad y definición, siendo uno de los delanteros más letales del momento en todo el mundo.

También, por qué no, ese gol de Miki Roqué ante el Manchester City ganando la final de la FA Youth Cup en 2006, o la Liga del *reservas* en 2008 que contaba en su plantilla con cuatro protagonistas de este libro: Fran Durán, Dani Ayala, Dani Pacheco y Mikel San José.

Una de las señas de identidad de esos años, además de la inconfundible camiseta roja con el patrocinio de Carlsberg, fue el tinte español que cogió el club, no solo a nivel de futbolistas, sino también de *staff* y trabajadores, que tan buen poso ha dejado con los años en los aficionados, en la prensa y entre los mismos protagonistas.

«Realmente allí se hizo una piña entre los españoles y cuando le decían que era el *Spanish Liverpool*, es que tenía mucho de español ese equipo», afirma Paco de Miguel. «Tenía un sello español porque tenía lo más importante: al entrenador español que abrió el camino a todos los demás. La gente a veces se olvida de esto, pero el entrenador que abrió el camino a todos realmente fue Rafa. Y eso se notaba mucho», apunta el preparador físico del Liverpool de 2007 a 2010.

La comunión de Anfield y la afición del Liverpool con Rafa Benítez fue, es y seguramente será algo que perdurará con el paso de los años. Incluso tras la exitosa (y mucho más reciente) etapa de Jürgen Klopp, que evidentemente se ha ganado por méritos propios un sitio en la historia de los *reds*, el legado del Liverpool que dirigió el entrenador español durante seis años, de 2004 a

2010, sigue vigente entre los seguidores del Liverpool y entre la afición *scouser.*

UN ENTRENADOR QUERIDÍSIMO

«Una cosa que me impactó mucho es el grado de fanatismo y conexión brutal que había con Rafa Benítez», apunta el periodista Antonio Muelas. «Yo he visto pocas veces una conexión tan fuerte entre un público y un entrenador. Queridísimo. Le animaban, le hacían canciones, pancartas... era una cosa increíble. Era más ídolo que los jugadores», explica.

Solo había que ver, por poner un par de ejemplos, cómo más de 2000 aficionados respaldaban al técnico madrileño en una manifestación antes de un Liverpool-Oporto en noviembre de 2007 en contra de los, por aquel entonces, propietarios norteamericanos Tom Hicks y George Guillett, o cómo encabezados por la asociación *Spirit of Shankly*, centenares de seguidores animaban al entrenador español en protestas multitudinarias antes de un Liverpool-Manchester United en septiembre de 2008. «Nunca he visto a un estadio tan rendido como Anfield a la figura de un entrenador como Rafa Benítez; eso es lo que más me impactó, el enorme cariño y respeto que había de la afición del Liverpool y Anfield a Rafa Benítez. Fue un entrenador queridísimo, absolutamente idolatrado como nunca he visto», concluye Antonio Muelas.

El Liverpool de Rafa Benítez es un equipo que ha dejado huella. Con identidad propia. Iván Campo coincidió con el entrenador madrileño en su primera experiencia en Primera División, allá por 1995 en tierras pucelanas. El que fuera zaguero del propio Valladolid, Valencia o Real Madrid, ha visto la evolución de Benítez desde aquel lejano 1995 hasta lo que él mismo comprobó ya en las filas del Bolton una década después. «En aquella época Rafa salía del Real Madrid, de las categorías inferiores, coge a un equipo muy jovencito en Valladolid y las cosas no salen bien porque en diciembre es destituido y nos viene Vicente Cantatore y, luego, él empieza a crear su propia hegemonía en el mundo del fútbol», relata Iván Campo.

«Llega a un Liverpool con un estatus de no tener un gran nombre», continúa argumentando el exfutbolista donostiarra. Es verdad que había hecho cosas interesantes aquí en España, en el Valencia, y de repente se rodea de un cuerpo técnico fantástico, de unos jugadores a cada cual mejor, ya pongamos Pepe Reina, o Mascherano, o Fernando (Torres), o Xabi (Alonso), o Steven Gerrard, y creo que él lo que hace es plasmar un poquito la idea del juego del fútbol español, porque tenía jugadores para ello, y del fútbol inglés, y al mezclarlos, creo que hizo un Liverpool impresionante de juego, de fútbol, de golear, de marcar y de crear una época», señala.

«Como he dicho, esa temporada final no fue del todo culpa de Benítez, había otros asuntos además del club, así que, cuando piensas en Rafa, piensas en Estambul, piensas en cuando se sentó en la banda durante la tanda de penaltis frente al Chelsea para que los aficionados pudieran ver, piensas en todas las grandes noches europeas que hemos disfrutado en esos años», dice Matt Ladson, fundador y editor de *This is Anfield*.

«Nunca tuvimos eso antes de la Champions League; los aficionados del Liverpool no habían experimentado estar en semifinales de la Champions League en temporadas consecutivas, y ser recordados como uno de los equipos punteros de Europa, un equipo que contaba con jugadores *top* como Alonso, Torres, Mascherano, o Steven Gerrard en su *prime* más absoluto, jugando el mejor fútbol de su vida», explica el periodista inglés.

«Benítez en Liverpool ciertamente es recordado con mucho afecto y también más allá del fútbol. Entendió el Liverpool Football Club, entendió a la comunidad y a los aficionados en la forma que lo hizo también Jürgen Klopp. Para tener éxito en el Liverpool como mánager, necesitas entender quiénes son los aficionados, a la comunidad y lo que representa con el fin de apoyar en situaciones como la del desastre de Hillsborough. Rafa fue absolutamente fantástico con eso, también su mujer, muy comprometida y con un gran impacto en la comunidad local donde ellos viven, con las donaciones y las campañas que han hecho cuando ellos dejaron el club, viviendo aquí en Merseyside», sentencia el también colaborador de la revista *Four Four Two*.

«No hay duda de que Benítez fue y es adorado por los aficionados al Liverpool» admite Jeff Goulding. «La forma en que le arropamos cuando pensábamos que los propietarios buscaban despedirle, las marchas fuera del campo y la forma en la que cantábamos su nombre sin parar durante los partidos... Fue visto como el hombre que llevó de vuelta al Liverpool a lo más alto del fútbol europeo, más incluso que Houllier, quien, aunque consiguió más trofeos, falló en la Champions League. El Liverpool tiene una relación especial con esa competición y el mánager que lleva ese trofeo a casa va a ser venerado», concluye el escritor, Jeff Goulding.

CIFRAS Y NÚMEROS

En cuanto a datos y estadísticas, Rafa Benítez dirigió al Liverpool en un total de 350 encuentros en las seis temporadas que fue el mánager y entrenador de los *reds*. Esos 350 partidos se dividen en 228 encuentros en Premier League, 17 en FA Cup, otros 17 en Copa de la Liga, 77 en Champions League, ocho en Europa League, uno en Supercopa de Europa, y dos en el Mundial de Clubes. Logró 194 victorias, 77 empates y perdió 79 encuentros.

En esos años consiguió la Champions League en la temporada 2004-2005, la Supercopa de Europa y la FA Cup en la 2005-2006, y la Community Shield en la 2006-2007. Cuatro títulos que, depende de cómo y quién lo mire, pueden parecer menos de lo que realmente significó en su momento.

Con todo, es justo decir que, ni de lejos, los presupuestos para fichar y mejorar esas plantillas eran altos. De hecho, la fórmula usada en esas seis temporadas estaba clara: comprar jugadores para luego intentar sacar beneficio de sus ventas. «He hecho una recopilación de los jugadores que compré y vendí, que fueron muchos en esa época, a parte de los de la academia y demás, y al final les sacamos rendimiento a muchos, como por ejemplo la venta de Mikel San José, que nos supuso recuperar mucho dinero», explica Benítez.

«Buscábamos tener una serie de jugadores que nos fueran dando rendimiento, que se fueran acoplando más o menos, pero que era muy difícil porque, insisto, veíamos a jugadores como Gareth Bale o de ese nivel como Ramsey, con 17 años, y pagaban ocho millones el Tottenham, o cinco millones el Arsenal. Nosotros pagábamos 200 000 libras por nuestros jugadores jóvenes. No podíamos competir, por eso mucha gente no entendía que hiciésemos tantos fichajes, pero era intentar ver si alguno de esos fichajes evolucionaba, crecía y nos daba más rendimiento».

Por otra parte, oficialmente usó a un total de 83 futbolistas. Quien más jugó en esos años fue Jamie Carragher, 326 encuentros, y los que menos, Daniele Padelli, Mark Smyth, James Smith, Antonio Barragán, Miki Roqué y Jack Robinson. Todos jugaron una vez con el entrenador madrileño en el banquillo.

De hecho, entre los diez jugadores más utilizados en su etapa en el *Pool* hay dos españoles: como dijimos, Carragher tiene el honor de ser el futbolista más utilizado por Benítez con 326 partidos y Steven Gerrard el segundo, con 292. Pepe Reina es el tercero con 259 partidos y Xabi Alonso el cuarto, con 210. Además, como curiosidad sobre los españoles, Luis García ocupa la posición 13 con 121 partidos, Fernando Torres la 15 con 116, y Arbeloa la 18 con 98 encuentros.

Bastante más atrás están Fernando Morientes en el puesto 28 con 61 partidos, Albert Riera en el 29 con 56, Josemi en la posición 40 con 35 encuentros y Antonio Núñez en la 45 con 27 partidos. De los chicos del *reservas* que llegaron a jugar oficialmente, Dani Pacheco está en la posición 67 habiendo disputado siete encuentros, Dani Ayala en el puesto 69 con cinco participaciones, y Antonio Barragán y Miki Roqué están en las posiciones 81 y 82 con un partido oficial disputado ambos.

LEGADO

Esto es lo que comprende la historia del *Spanish Liverpool* que se formó en torno a la figura de Rafa Benítez. Cientos de recuerdos, vivencias, alegrías, también decepciones y cabreos, sueños, goles, partidos… todo en esas seis temporadas inolvidables. Ahora es cuando se ha cumplido el 20 aniversario de la victoria en Estambul en la final de la Champions League frente al Milán en mayo de 2005. Eso lo cambió todo para muchos. Ya fueran futbolistas, el cuerpo técnico, periodistas o aficionados.

Puedo dar fe de que el día que entrevisté a Benítez para este libro, y compartí con él varias horas en Liverpool, cuando terminamos y anduvimos varios minutos por el centro de la ciudad, no podía dar más de diez pasos sin ser reconocido, felicitado (20 años después) y saludado. Era una locura. Ahí está su legado y su reconocimiento a su trabajo en esos años. Pasarán décadas, pasarán futbolistas y entrenadores, pasarán partidos y títulos, y se le seguirá recordando por lo que consiguió y cómo lo logró.

En ese momento en el que la gente de Liverpool, ingleses y también, cómo no, algún español, le paraban para saludarle, estrecharle la mano o pedirle una foto, me di cuenta de que Rafa Benítez y ese equipo, *el Spanish Liverpool,* nunca caminarán solos.

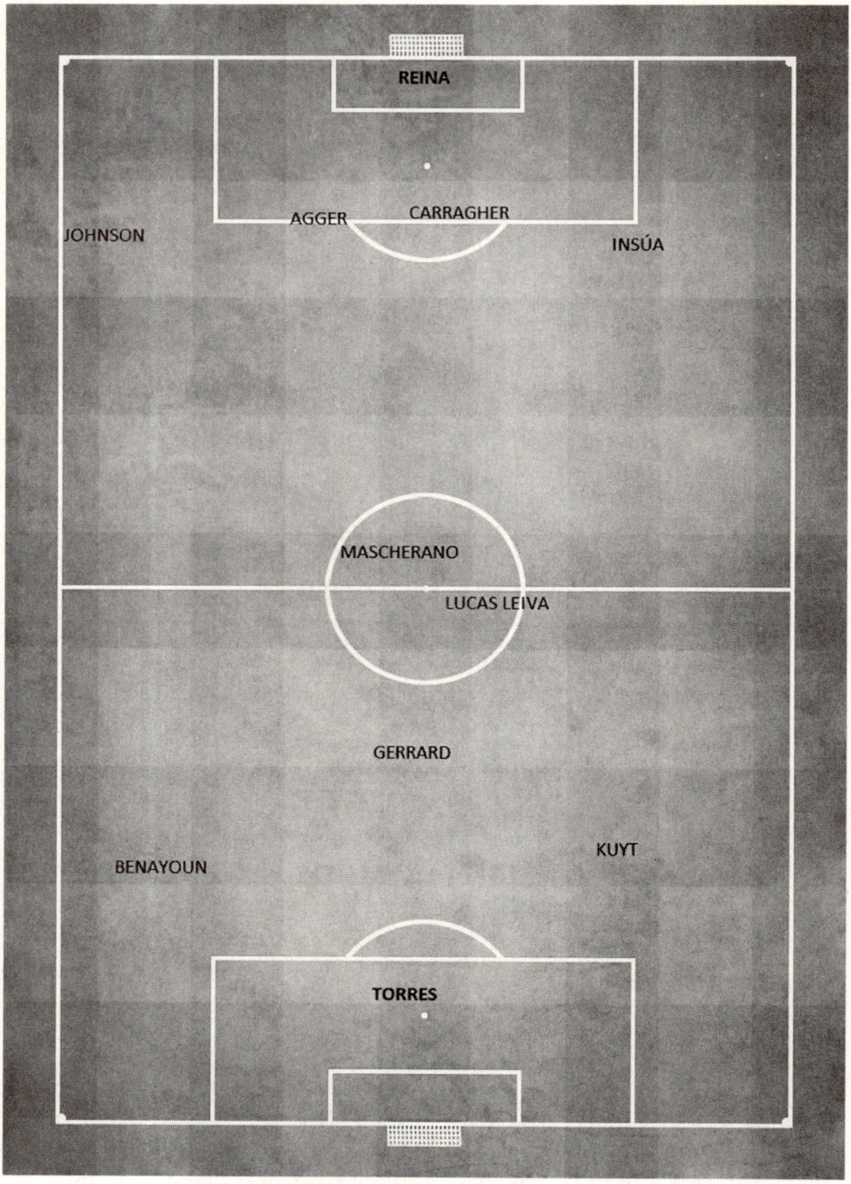

Alineación tipo 2009 - 2010

AGRADECIMIENTOS

Para este libro, me gustaría dar las gracias a unas cuantas personas que, de una u otra forma, han aportado y sido importantes en la elaboración del mismo.

Desde que empecé a escribirlo en febrero de 2023, hasta que lo terminé aproximadamente dos años después, quien más ha estado a mi lado y me ha entendido es Cris, mi chica. Muchas gracias por tu apoyo en todos los sentidos, por quererme y aguantarme. Por tu paciencia y consejos. Aunque no te guste nada el fútbol, sé que ya eres un poquito del Liverpool. Como sé que también eres un poquito *raulista* y que Los Beatles te gustan cada vez más.

A mi familia por estar siempre: mis padres, mi hermana y cuñado, abuela, tíos y primos. A la familia de Cris por hacerme sentirme como en casa y entender mis manías.

Hay muchos amigos que siempre me han apoyado y dado energía para este proyecto. Muchos ya estuvieron a mi lado con el anterior libro, pero es justo que aparezcan nuevamente en estas líneas. Gracias a José Hermógenes, Fernando Sastre, Daniel Gascón, Guillermo Hernández, Santiago Díaz, Víctor Garijo, David García - Gil Prada, Jorge Antona, Juanra Fernández, Pablo Romay, Miguel Lara, Gonzalo de Diego, Juanjo Peris, Álvaro Díaz, Iván Malfaz, Sergio Vázquez, Sergio Tomillo, Jesús del Prado, José Manuel Simón de «Beatles 4 U», Marta García Pérez, Lydia Bermejo, Alonso Mariñas, Benito Herrera, Francisco Ortiz, Juan Carlos Jiménez, Luis Martín del Valle, Alberto Díaz Caballero, Imanol González Gete, Patxi Ibáñez, Alberto García Almaraz y Fernando Davara (hijo).

También quiero mencionar a mis compañeros y amigos de la Universidad Camilo José Cela. Gracias especialmente a Jorge Sanz, Lucas Rampérez, Fernanda Suárez, David Rentero y Daniel Díaz por ayudarme en momentos complicados. Tampoco me puedo olvidar del personal de Cruz Blanca de la calle Hortaleza por darme de comer tan bien durante estos meses en los que, después de trabajar en la Universidad, me ponía en casa a hacerlo en el libro. ¡Esos filetes de pollo empanado con patatas son oro, chavales!

Para conseguir material y testimonios, unas cuantas personas me han echado un cable durante todo este tiempo: Gracias a Sergio Benítez Pérez, Miguel Ángel Vara, Mafalda Herrera, David Briz, Salva Campos, Marta Fernández Arenas, Óscar Egido, Antonio Pérez del Castillo, Rodrigo de Pablo y Víctor Paredes. Gracias también a Manuel García Quilón por la atención. No me puedo dejar al personal de la Hemeroteca Municipal de Madrid, gracias por vuestra ayuda.

Ahora, ya vamos con el libro en sí: quiero agradecer, de verdad, la ayuda, predisposición, compromiso y facilidades que me han dado todas las personas que con su testimonio, palabras y recuerdos han aportado en este libro. Gracias a Guillem Balagué. Creo que no hay un mejor prologuista para contar esta historia y recordar esos años. Gracias a los miembros del *Spanish Liverpool*. Ya fueran futbolistas del primer equipo, miembros del cuerpo técnico o jugadores del *reservas*, todos han hecho que estas páginas sean lo que un día quise. Mi agradecimiento a Antonio Núñez, Josemi, Fernando Morientes, Paco Herrera, José Manuel Ochotorena, Xavi Valero, Paco de Miguel, Antonio Gómez, Mikel San José, Dani Ayala, Dani Pacheco y Fran Durán. También a quienes defendían a otros equipos como Iván Campo o Juande Ramos, o escribían sus crónicas o narraban algunos de sus partidos vibrando porque ese Liverpool tenía mucho de España. Gracias a Javier Gómez Matallanas, Antonio Muelas, Emilio Javier Arroyo, José David López y Sid Lowe. Mi gratitud también para Matt Ladson y Jeff Goulding por hacerme entender lo que es ser un verdadero *scouser* e hincha *red*. Gracias a Vicente del Bosque por ayudarme a recordar algunas claves de esa España campeona que tenía mucho del Liverpool y a Fernando Davara (padre) por sus correcciones, consejos y algún que otro palito.

A mi editor, Eneko Garate, por la confianza y consejos. ¡Gracias de corazón!

Y, sobre todo, a Rafa Benítez, cerebro y responsable de este Liverpool que nos enamoró a muchos hace 20 años. Nunca olvidaré tu cercanía y trato en las entrevistas para este trabajo. Sabía que eras grande en el mundo del fútbol, pero, tras escribir este libro, me he dado cuenta de que eres una leyenda del fútbol español y del fútbol inglés. ¡Gracias, Rafa!

BIBLIOGRAFÍA Y WEBGRAFÍA

LIBROS:

A season on the brink. Guillem Balagué / Orion Books / 2005

RAFA. Liverpool FC, Benítez and the new Spanish Fury. John Williams y Ramón Llopis / Mainstream Publishing / 2006

The official Liverpool FC Annual 2008. Paul Eaton / Grange Communications / 2007

*Champions League Dreams.*Rafa Benítez / Headline / 2012

Un equipo llamado España. MiguelVidal / 2012

PRENSA: REVISTAS, PERIÓDICOS Y PUBLICACIONES:

-Diario AS (diversos artículos, crónicas y noticias)

-Diario MARCA (diversos artículos, crónicas y noticias)

-Guía Marca de la Liga (Temporadas 2004 a 2011)

-LFC Official Magazine (20/26-5-2008)

-Revista Don Balón (nº 1546, nº 1722)

-Revista Panenka (nº 88)

-This is Anfield, official matchday programme 5-2-2005

-This is Anfield, official matchday programme 7-5-2008

COLECCIONES DE CROMOS:

-F.A Premier League 05 Autograph Edition/ Merlin Collections / 2005

-F.A Premier League 06 Autograph Edition / Merlin Collections / 2006

-UEFA Champions League Sticker Collection 2007-2008 / Panini / 2007

-UEFA Champions League Sticker Collection 2008-2009 / Panini / 2008

-UEFA Champions League Sticker Collection 2009-2010 / Panini / 2009

WEBS:

-Anfield-online.co.uk

-As.com

-Bbc.com

-Bdfutbol.com

-Ceroacero.es

-Espn.com

-Lfchistory.net

-Liverpoolecho.co.uk

-Liverpoolfc.com

-Liverpoolfc.fandom.com

-Marca.com

-Rafaelbenitez.com

-Rtve.es

-Theguardian.com

-Theredmentv.com

-Thisisanfield.com

-Transfermarkt.com

-Uefa.com

-Wikipedia.org

MULTIMEDIA: DVD

-Season Review 2004-2005 / itv DVD

-Season Review 2005-2006 / itv DVD

-Season Review 2006-2007 / itv DVD

-Season Review 2007-2008 / itv DVD

-Season Review 2008-2009 / itv DVD

-Season Review 2009-2010 / itv DVD

MULTIMEDIA: YOUTUBE

-Informe Robinson: «Cuando fuimos Campeones» / Canal + / Movistar +

-Sky Sports Premier League: Rafa Benitez and Jamie Carragher on how Liverpool won the Champions League in 2005

-Sky Sports Retro: FACT! Rafa Benitez rant at Sir Alex Ferguson

-The Overlap: Rafa Benitez: The Liverpool era and his management journey

-We are Liverpool Podcast S01, E05/ Rafa Benitez

Dan Perjovschi/ Nedko Solakov

01

Walls and Floor (Without the Ceiling)

Bank Austria Creditanstalt
Ein Mitglied der UniCredit Group

Kultur Kontakt Austria

BA-CA Kunstforum
DATING ART IN VIENNA

Dan Perjovschi/ Nedko Solakov

Walls and Floor (Without the Ceiling)

Verlag für moderne Kunst Nürnberg

01

Inhalt
Contents

Erich Hampel

Vorsitzender des Vorstands der Bank Austria Creditanstalt Mitglied des Management Committee der UniCredit Group

Chairman of Bank Austria Creditanstalt Member of the Management Committee of the UniCredit Group

Mit diesem Katalog, den Sie in Händen halten und der ihm zugrundeliegenden Ausstellung *Walls and Floor (Without the Ceiling)* setzt die Bank Austria Creditanstalt den Auftakt zu einer neuen Initiative im Bereich Bildende Kunst.

Unter dem Titel BA-CA Artforum CEE wollen wir Künstler aus Zentral- und Osteuropa einladen, im tresor des BA-CA Kunstforums in Wien auszustellen und einen Katalog zu produzieren. BA-CA Artforum CEE ist eine gemeinsame Initiative mit KulturKontakt Austria, die die Absicht verfolgt, den Austausch und die Vernetzung von Künstlerinnen und Künstlern aus den Ländern Ost- und Südeuropas zu fördern. Ein Anliegen, das sich sehr gut mit der Rolle der Bank Austria Creditanstalt innerhalb der UniCredit Group – als Brückenkopf nach Zentral- und Osteuropa – sowie mit dem Selbstverständnis der gesamten Gruppe als wahrhaft europäische Bank verträgt.

Die Bank Austria selbst hat sich schon sehr lange der aktiven Förderung der Bildenden Kunst verschrieben und stellt dies nicht nur mit dem BA-CA Kunstforum – einem der meistbesuchten Ausstellungsplätze in Wien – unter Beweis, sondern auch mit ihrer eigenen Sammlung. Unser Haus besitzt mit rund 9.000 Objekten eine der bedeutendsten privaten Sammlungen zeitgenössischer österreichischer Kunst und leistet damit auch auf dieser Ebene einen wichtigen Beitrag zum kulturellen europäischen Netzwerk der UniCredit Group.

Mit Dan Perjovschi aus Bukarest und Nedko Solakov aus Sofia – beide ehemalige „Artists in Residence" von KulturKontakt Austria – bilden zwei mittlerweile sehr prominente Künstler der internationalen Kunstwelt – sie sind auf der Biennale in Venedig ebenso zu Hause wie auf der documenta in Kassel oder im MoMA in New York – den Auftakt zu dieser neuen Ausstellungsinitiative.
Kurzzeitig haben sie auch im tresor des BA-CA Kunstforums eine künstlerische Heimat gefunden. Kurzzeitig deshalb, weil *Walls and Floor (Without the Ceiling)* wieder übermalt worden ist.
Doch mit Hilfe des vorliegenden Kataloges lässt sich dieses außergewöhnliche Kunstwerk auch über seine tatsächliche Existenz hinaus studieren und genießen.

Die Bank Austria Creditanstalt freut sich, mit der Unterstützung der Produktion des Katalogs einen Beitrag zur „Erhaltung" des Kunstwerks leisten zu können.

With this catalogue and the corresponding exhibition *Walls and Floor (Without the Ceiling)*, Bank Austria Creditanstalt is launching a new initiative in the field of fine art.

Under the title of BA-CA Artforum CEE we want to invite artists from Central and Eastern Europe to exhibit their works in our tresor venue at the BA-CA Kunstforum in Vienna and we also intend to produce a catalogue. BA-CA Artforum CEE is a joint initiative with KulturKontakt Austria, which aims to promote exchanges and networking between artists from the countries of Eastern and Southern Europe. This is a goal which is highly compatible with Bank Austria Creditanstalt's role within the UniCredit Group – as a bridgehead to Central and Eastern Europe – and with the way the entire group perceives itself as a truly European bank.

Bank Austria itself has actively devoted itself to promoting fine art for many years now and can point to the BA-CA Kunstforum – one of the best-visited exhibition venues in Vienna – and to its own collection as proof of this. With around 9,000 objects, we have one of the most significant private collections of contemporary Austrian art, and in this way we make an important contribution to the European cultural network of the UniCredit Group.

With Dan Perjovschi from Bucharest and Nedko Solakov from Sofia – both former "Artists in Residence" of KulturKontakt Austria – this new exhibition initiative is being started off with two very well-known figures from the international world of art who are just as at home at the Venice Biennial as they are in the MoMA in New York.
For a while they found an artistic home in the BA-CA Kunstforum's tresor. But only for a while, because *Walls and Floor (Without the Ceiling)* was painted over again. But with the help of this catalogue their extraordinary work of art can be studied and enjoyed again and again.

Bank Austria Creditanstalt is pleased that by supporting the production of the catalogue it is able to make a contribution to the "preservation" of this work.

Der internationale Kunstbetrieb gefällt sich heute in seiner weltumspannenden Betriebsamkeit und verlangt von den Künstlern und Künstlerinnen ständig präsent und unterwegs zu sein. Zwischen New York und Shanghai, zwischen den Biennalen von Tirana und Sao Paulo scheint vor allem eines zu zählen – künstlerische Innovation und die Fähigkeit medientauglich den Erfordernissen des globalen Kunstmarkts zu folgen. Der Erfolg, nur dem Talent geschuldet, hat nichts mit der Herkunft und den sozialen Verhältnissen zu tun.

Und doch müssen wir immer wieder feststellen, dass so gleich nicht alle sind. Der Osten und Südosten Europas hat noch immer einen „Sonder"status. Er ist nicht mehr so grau und unbekannt wie noch in den 90ern unmittelbar nach der Wende, auch nicht mehr so exotisch als man euphorisch dieses unbekannte Europa zu entdecken begann, aber es ist immer noch anders und fremd. Für Künstler und Künstlerinnen aus diesen Ländern ist es oft ein schwerer Weg, vom Kampf um Anerkennung in der Heimat bis zur Überwindung der Skepsis und den Vorurteilen des Westens. Von den materiellen Nöten nicht zu reden.

Auch Dan Perjovschi und Nedko Solakov sind diesen schweren Weg gegangen: Heute überaus erfolgreich, sind sie bei jedem großen Kunstereignis vertreten und es werden ihnen große Ausstellungen in berühmten Häusern gewidmet. Der Umstand, dass sie aus Bukarest und Sofia kommen, findet nur mehr am Rande Erwähnung, sie sind doch anerkannte Mitglieder der internationalen Kunstszene. Beide haben ihren Lebensmittelpunkt nach wie vor in Rumänien und Bulgarien und sie haben nicht aufgehört in und mit ihren Arbeiten die noch immer bestehenden Unterschiede zwischen West und Ost zu thematisieren, die Auswüchse westlichen Lifestyles zu karikieren, Stellung zu nehmen zu politischen und gesellschaftlichen Entwicklungen hier wie dort. Ihr Blick auf unsere Lebenswelten und ihre ironischen Kommentare können für uns zu einem wichtigen Korrektiv werden.

Wir haben Dan Perjovschi 1992, Nedko Solakov 1993 kennengelernt. Sie waren Gäste unseres „Artists-in-Residence"-Programms, das wir damals begonnen hatten.

Seitdem haben sich unsere Wege immer wieder gekreuzt und wir konnten an ihrer Entwicklung ein wenig teilhaben. Immer wieder kam es zu Kooperationen, ob Katalogproduktionen, Ausstellungen oder Kunstpreise, – diese Begegnungen waren immer wieder aufs Neue spannend und interessant. Wir freuen uns sehr, dass sie – zwischen vielen anderen Verpflichtungen in diesem Jahr – diese Einladung angenommen und für Wien eine ganz eigene, neue Arbeit entwickelt haben.

Unser Dank gilt dem BA-CA Kunstforum, das nicht nur den tresor für diese Ausstellung geöffnet hat, sondern zu einem guten Partner in jeder Hinsicht wurde. Insbesondere Heike Eipeldauer begleitete dieses Projekt mit sehr viel Engagement, Enthusiasmus und organisatorischer Umsicht.

Ohne die großzügige Unterstützung der Bank Austria wäre dieser Katalog, der erste einer neuen Reihe von Künstlerportraits, nicht möglich. Es ist sehr ungewöhnlich, dass eine so langjährige Partnerschaft, wie jene, die uns mit der BA-CA verbindet, immer noch neue Impulse erfährt.

Neben der zweisprachigen Buchreihe Edition Zwei, die neue Literatur aus Ost- und Südosteuropa den deutschsprachigen LeserInnen zugänglich macht, dem Großen Preis für Literatur, der für die ausgezeichneten Schriftsteller und Schriftstellerinnen zu einem Sprungbrett auf dem Weg zu internationaler Anerkennung ist, gilt unsere Aufmerksamkeit nun auch bildenden KünstlerInnen dieser Region. Und wir freuen uns, Ihnen ab nun interessante Künstlerpersönlichkeiten aus Ost- und Südosteuropa vorstellen zu können.

Annemarie Türk

Instead of a foreword …

The international arts scene rather fancies itself in its worldwide bustle these days, and demands that artists should be constantly available and on the road. One thing seems to count more than anything else between New York and Shanghai, and between the biennials of Tirana and Sao Paolo – artistic innovation and the ability to fulfil the needs of the global art market in a media-friendly way. Success should ideally be only due to talent and have nothing to do with a person's origin and the social conditions there. But then we experience again and again that not all people are equal. Eastern and South Eastern Europe still have a "special" status. They are no longer as grey and unknown as they were in the 1990s straight after the fall of Communism. They are also no longer as exotic as when we euphorically began to discover this unknown part of Europe. But it is still different and unfamiliar. Artists from these countries often have to follow a difficult path, from the struggle for recognition in their home countries to overcoming the scepticism and prejudices of the West. Not to mention the material hardships.

Dan Perjovschi and Nedko Solakov have also trodden this difficult path: highly successful today, they are represented at every large art event, and major exhibitions in famous galleries are dedicated to their works. The fact that they come from Bucharest and Sofia is only mentioned in passing; they are now recognised members of the international art scene. They are still based in Romania and Bulgaria, and in and with their works they have not stopped exploring the continuing differences between West and East, caricaturing the excesses of Western lifestyle, and making statements about social and political developments in both areas. Their perspective of our lifeworlds and their ironic comments can act as an important corrective for us.

We got to know Dan Perjovschi in 1992 and Nedko Solakov in 1993. They were guests of our "Artists in Residence" programme, which we initiated at that time.

Since then our paths have crossed a number of times, and to a small extent we have been involved in their development. We have worked with them on numerous occasions, whether in producing catalogues or organising exhibitions or art prizes – these encounters have never failed to be exciting and interesting. We are very pleased that they – in between many other commitments this year – accepted this invitation and developed a completely new and different work.

We are grateful to the BA-CA Kunstforum, which not only opened its venue tresor for this exhibition, but was also a good partner in every sense of the word. Heike Eipeldauer in particular accompanied this project with great commitment, enthusiasm and organisational circumspection.

Without the generous support of Bank Austria, this catalogue – the first of a new series of portraits of artists – would not have been possible. It is very unusual that a long-standing partnership such as that between us and BA-CA can still generate new impulses.

Alongside the bilingual book series Edition Zwei, which makes new literature from Eastern and South Eastern Europe accessible to German-speaking readers, and the Prize for Eastern European Literature, which is a springboard to international recognition for outstanding writers, our attention is now also focused on artists. And from now on we are looking forward to presenting interesting personalities from the art world of Eastern and South Eastern Europe to you.

tresor
im BA CA KUNSTFORUM
GRUPPE
SORRY, the welcoming message was wiped away by -

d by whom

loose ~~part~~ all of his (her) savings next year (and I know this for sure)

+ actually the guy who did it has no bank acount at all, I was told

a melodramatic
story not worth
to be told

two aliens (or asteroids)
and a sleeping cloud

all spot-ligts lit surfaces
come from the previous
show light arrangements
(where they lit some real art)

"we are not the real power here"

no!
yes?

#1 remembers better days than #2
2.
1.

LET'S HAVE
A FAIR
DIALOG
I LOVE
MY

SOMEBODY WANT
MY
CHAIR ?

I HATE MY BOSS
I HATE MY JOB
I HATE MY WIFE
I HATE MY HOUSE
I HATE MY KIDS
YOU ARE A
LUCKY
FREE MAN

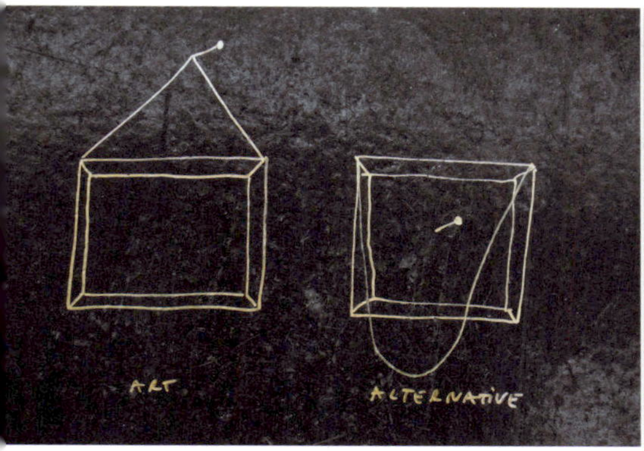
ART
ALTERNATIVE

WE DECIDE
TO MERGE
FOUNDATION
ONE
FOUNDATION
TWO

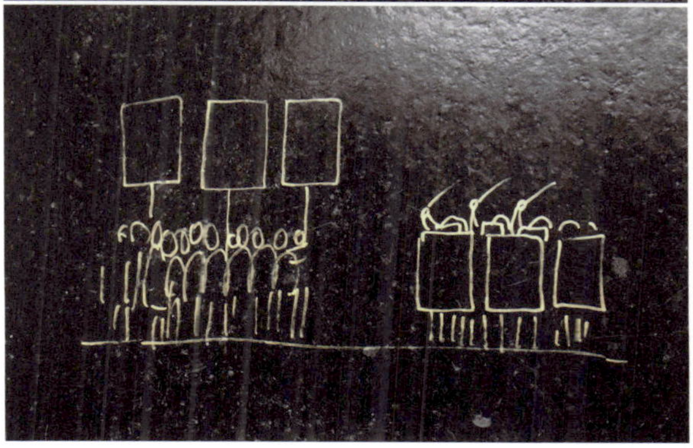

WHAT YOU
DID LOOK FOR ?

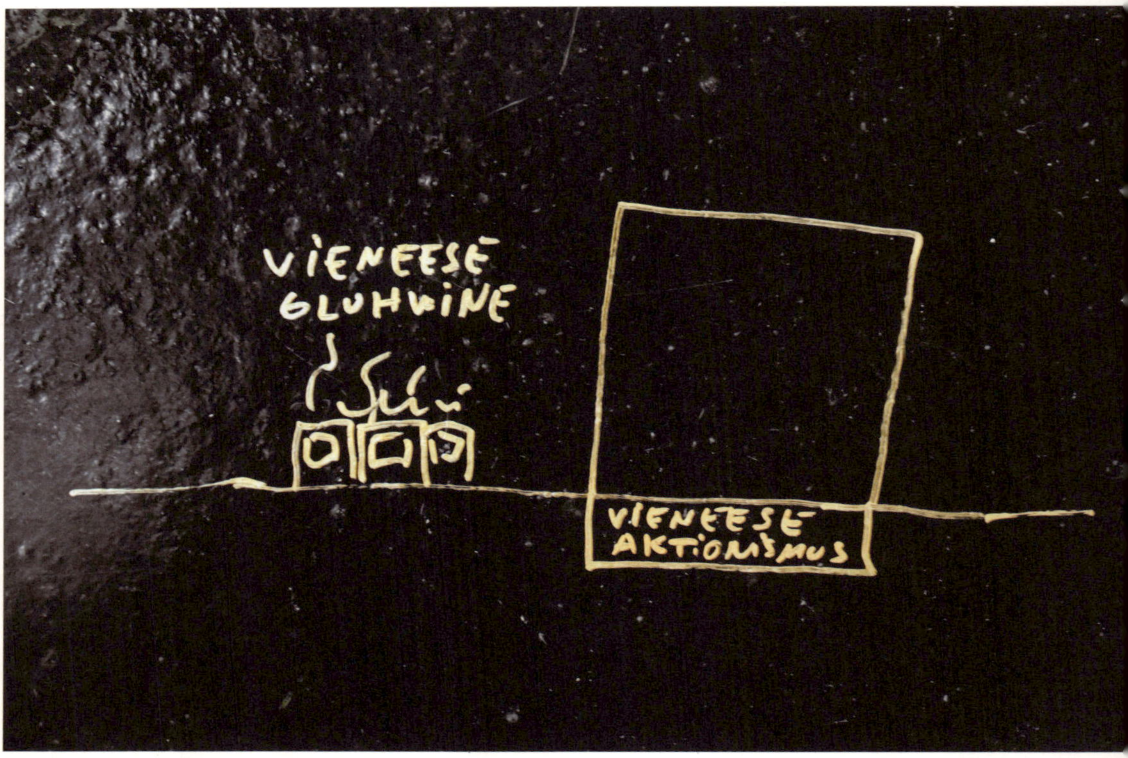
VIENEESE
GLUHWINE
VIENEESE
AKTIONISMUS

LANGUAGE:
GERMAN
CLIMAT:
CONTINENTAL
SOUL:
PSYHO
ANALISE
COLOR: BLACK
SHOES: HAND MADE

Here comes a story which may sound absurd but it is quite possible to take place
a snake with 2 heads is
moving back and forth

in an underdeveloped society (not like this one). So, one day (a quite sunny day actually) an ordinary man walked man walked out of his home, crossed the street and entered the house infront of his

the stairs to the
forth floor (he lived on the forth floor too) and rang the bell

MD20

culture clash

CONSERVATO

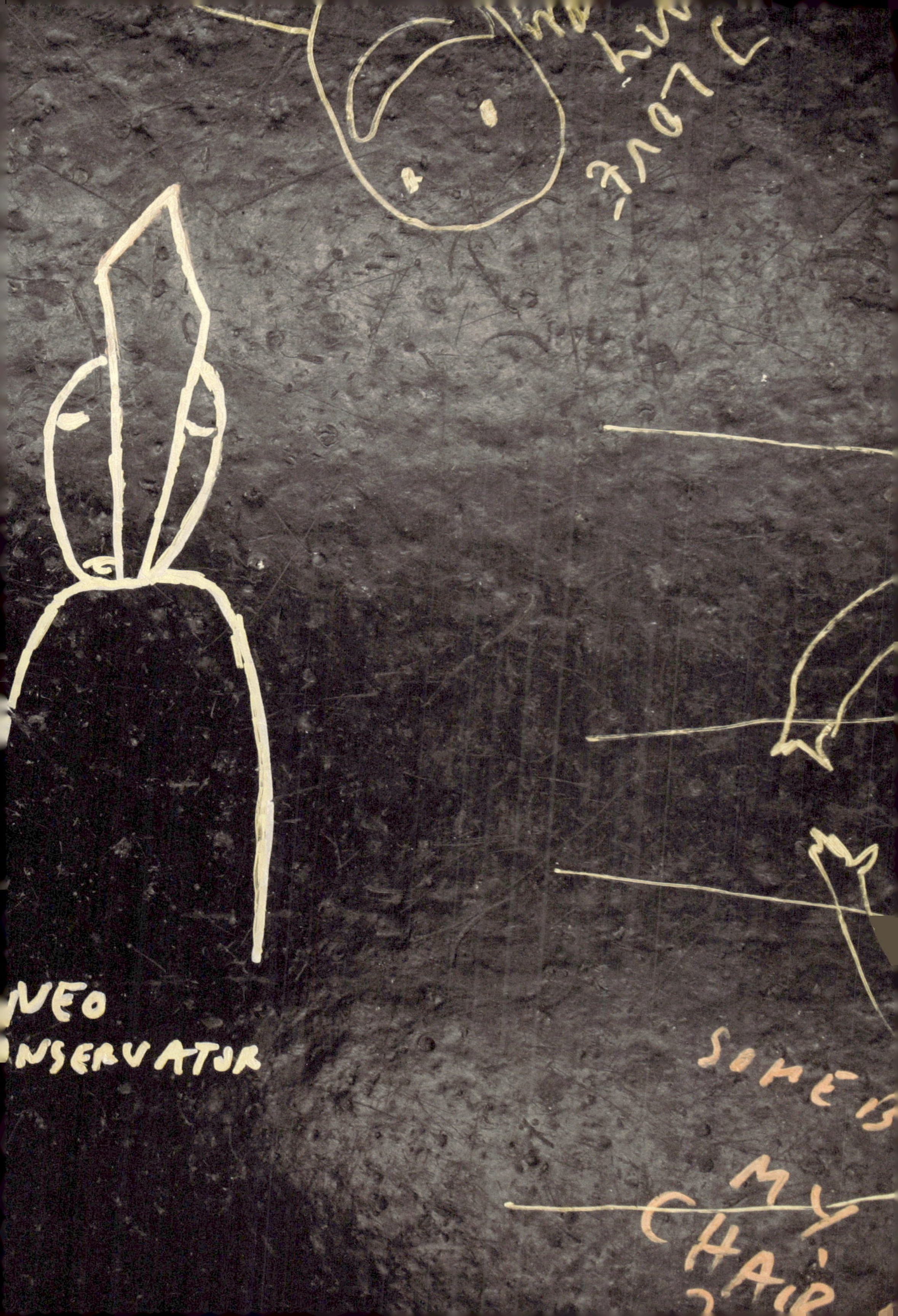
NEO
NSERVATOR
MY

civilization clash
AUSTRIANS
ME

a SILLY PERSON
right now
in
the
ROOM,
SO I hide
here

a MAN is sleeping. No dreams this time
because he has to be fast

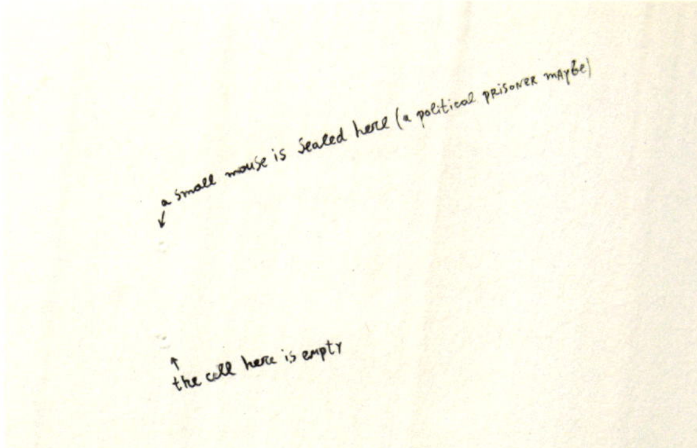
a small mouse is sealed here (a political prisoner maybe)
the cell here is empty

good luck to my beloved people

The only reason to write this
is that an Austrian TV
team is shooting
me right now

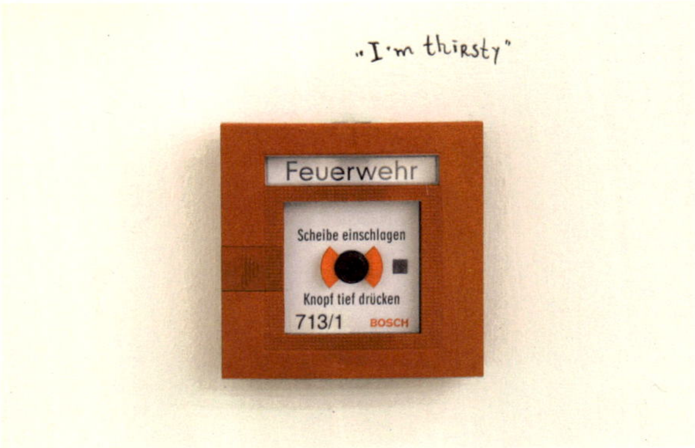
"I'm thirsty"
Feuerwehr
Scheibe einschlagen
Knopf tief drücken
713/1
BOSCH

two representatives
of two superpowers
are creating
a new, independent state

A DEVIL ON STAND-BY

a princess-bird married
a young, a bit stupid, guy.
Some years later the
author of the fairy tale
rewrote the story and
took away the princess, so
the young guy lived
happily ever
after (because actually
he was not so stupid, quite the
-he was just an autist investor
who earned a lot of money,
when unexpectedly for
all others the princess
was kicked out of
the throne)

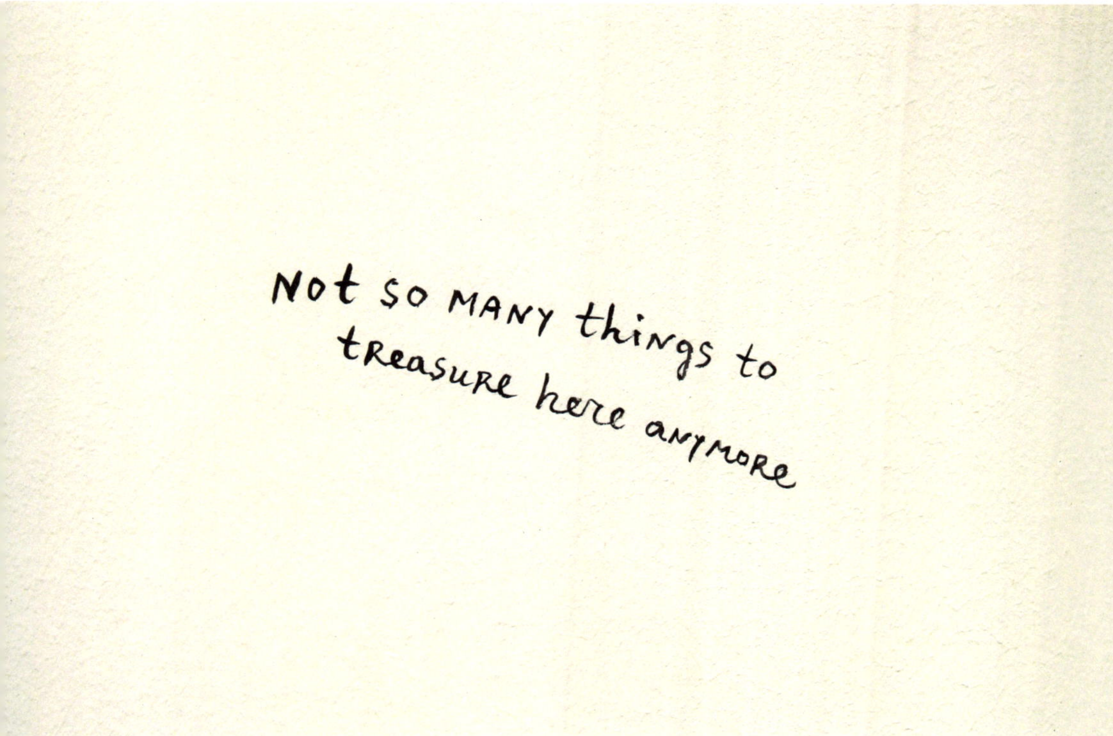
Not so MANY things to
treasure here anymore

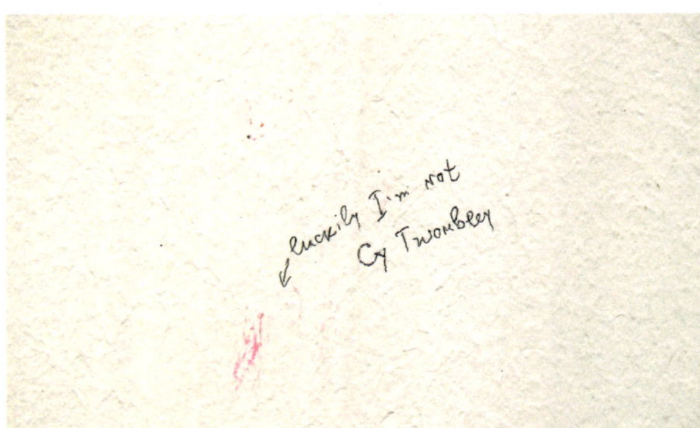
luckily I'm not
Cy Twombley

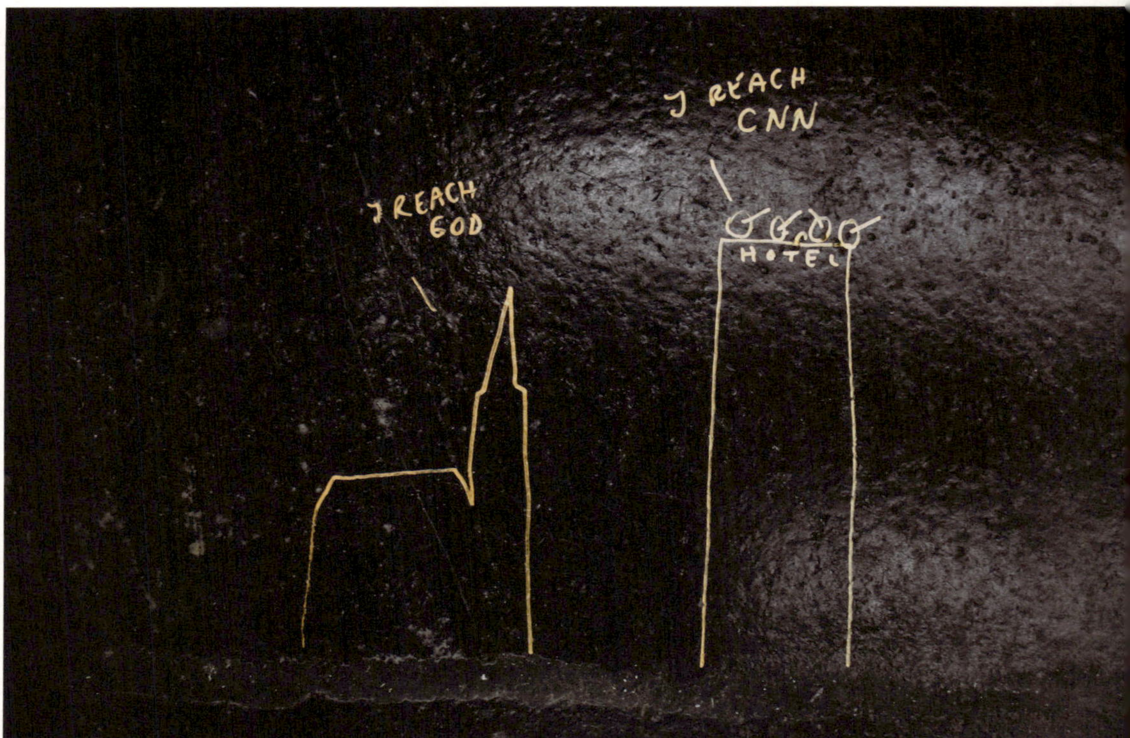
I REACH GOD
I REACH CNN
HOTEL

I Feel opressed !!

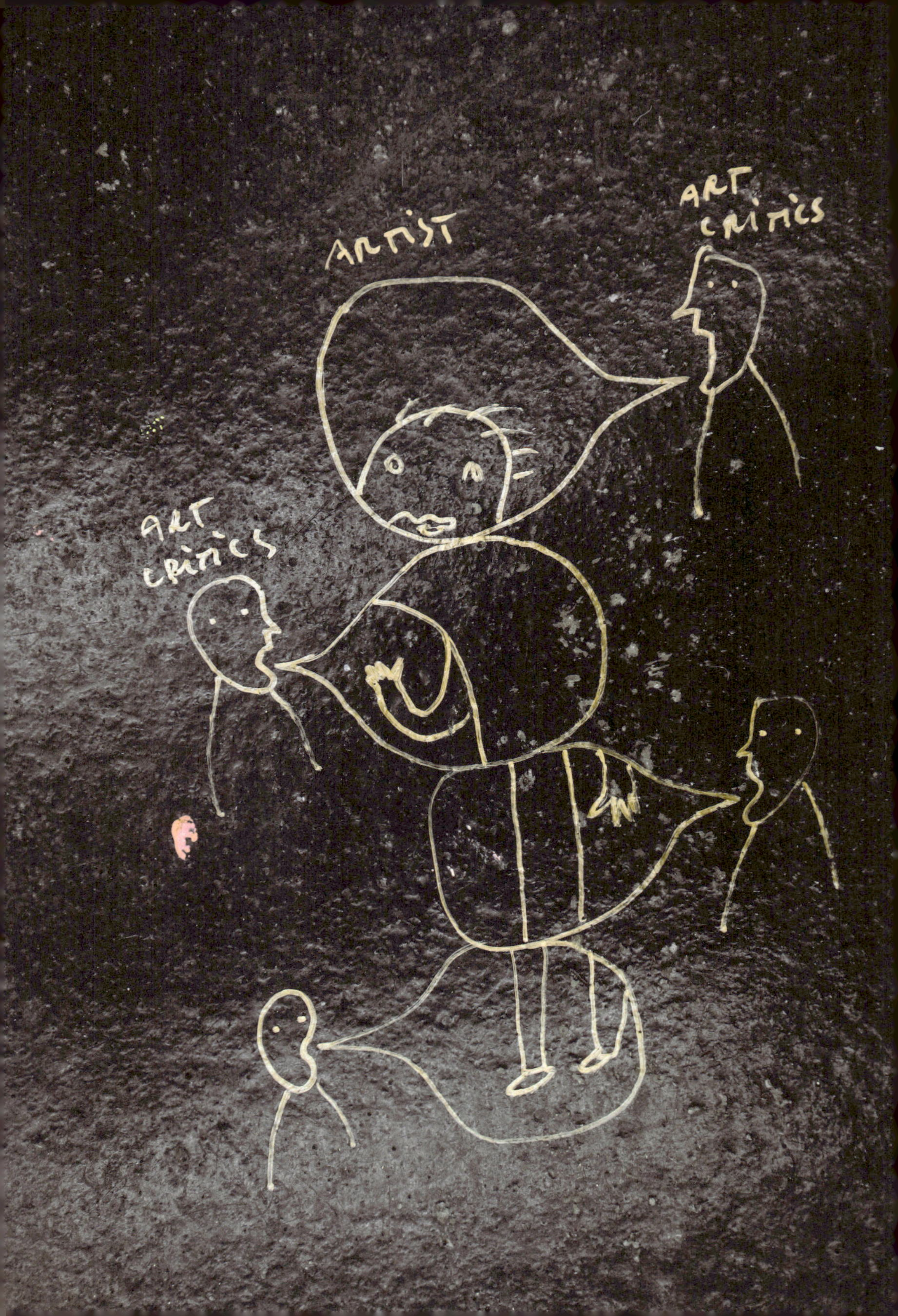
ARTIST
ART CRITICS
ART CRITICS

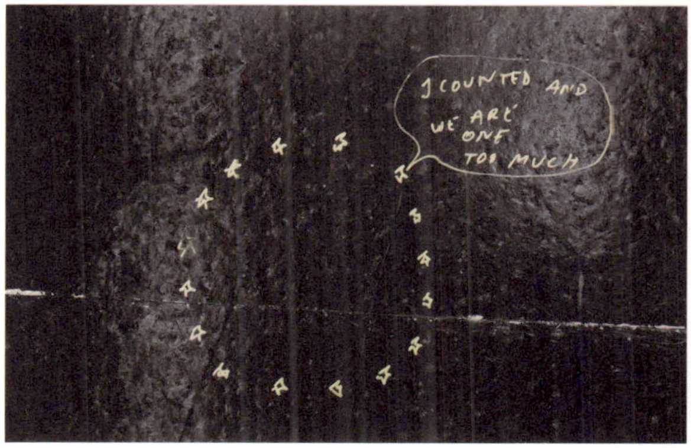
I COUNTED AND WE ARE ONE TOO MUCH

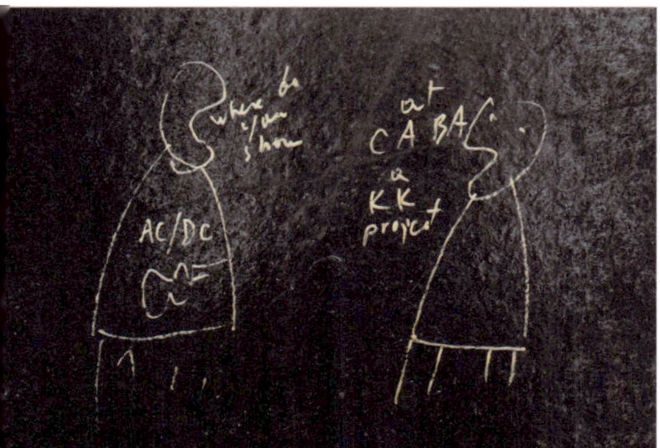
AC/DC
at CABA a KK project

KUNSTFORUM
KUNSTHALLE
KUNSTMUSEUM
KUNSTOFFE

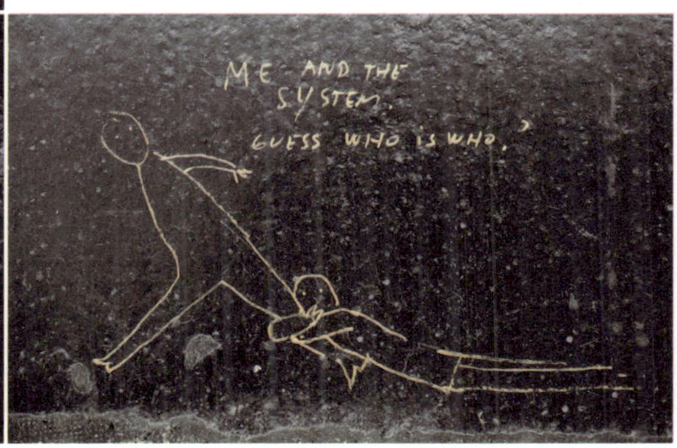
ME AND THE SYSTEM.
GUESS WHO IS WHO?

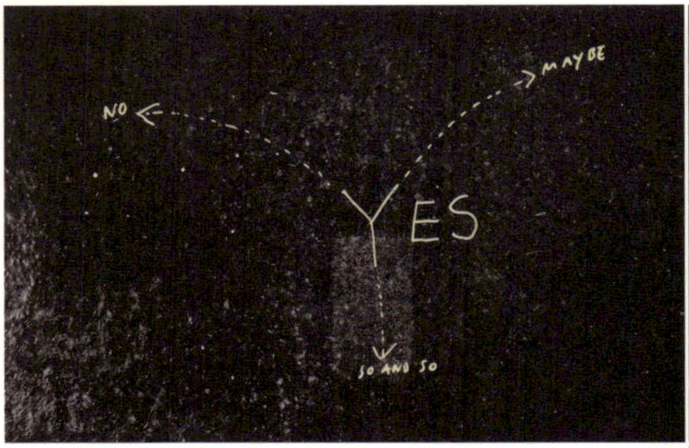
NO
MAYBE
YES
SO AND SO

I'M BETTER IN SECOND LIFE

NO*

* is a twin brother
of a huge, invisible
amount of
negative energy
"Why we are
so different?" -
the two brothers
keep worrying
when there is
a family meeting.
"It is all my fault!
Forgive me!"
usually says
their mother (a middle-aged
lady with no memories
who their father
was. one thing
she remembers
for sure: that she didn't like the whole thing)

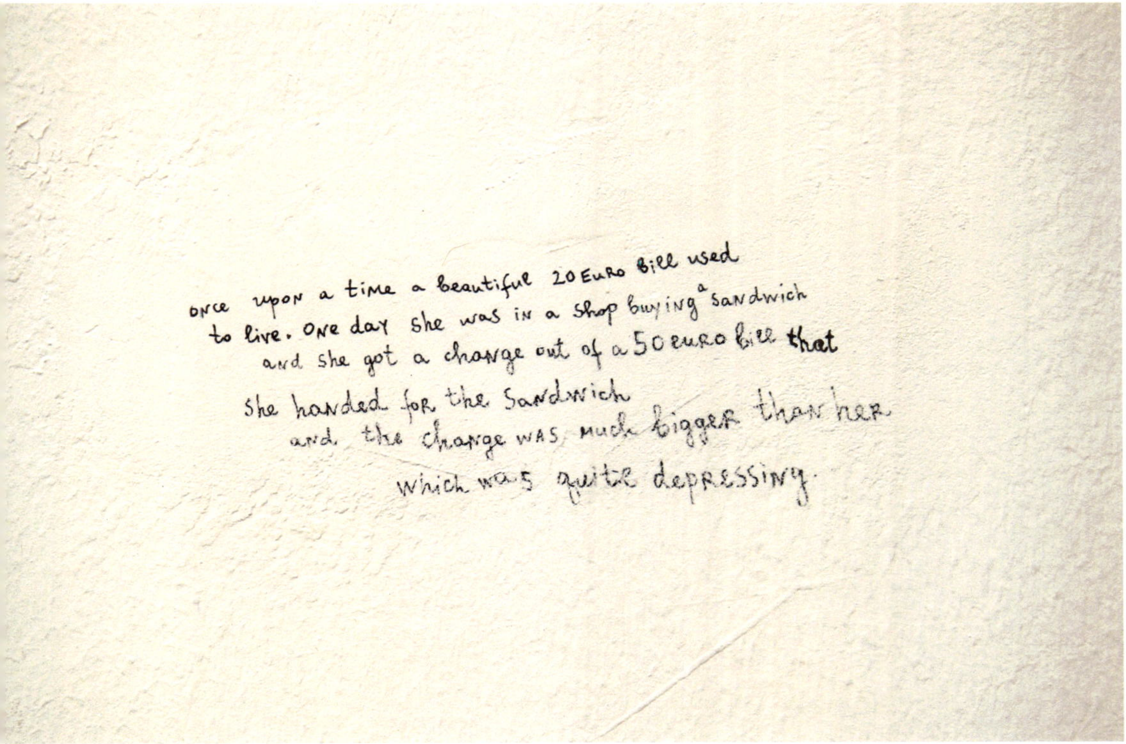
once upon a time a beautiful 20 Euro Bill used
to live. One day she was in a shop buying a sandwich
and she got a change out of a 50 euro bill that
she handed for the sandwich
and the change was much bigger than her
which was quite depressing.

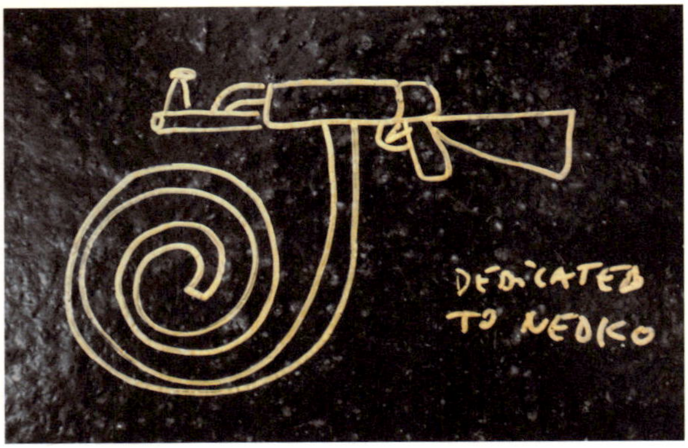
DEDICATED
TO NEDKO

Thank you! Look up, to the right, for "Dedicated to DAN" →

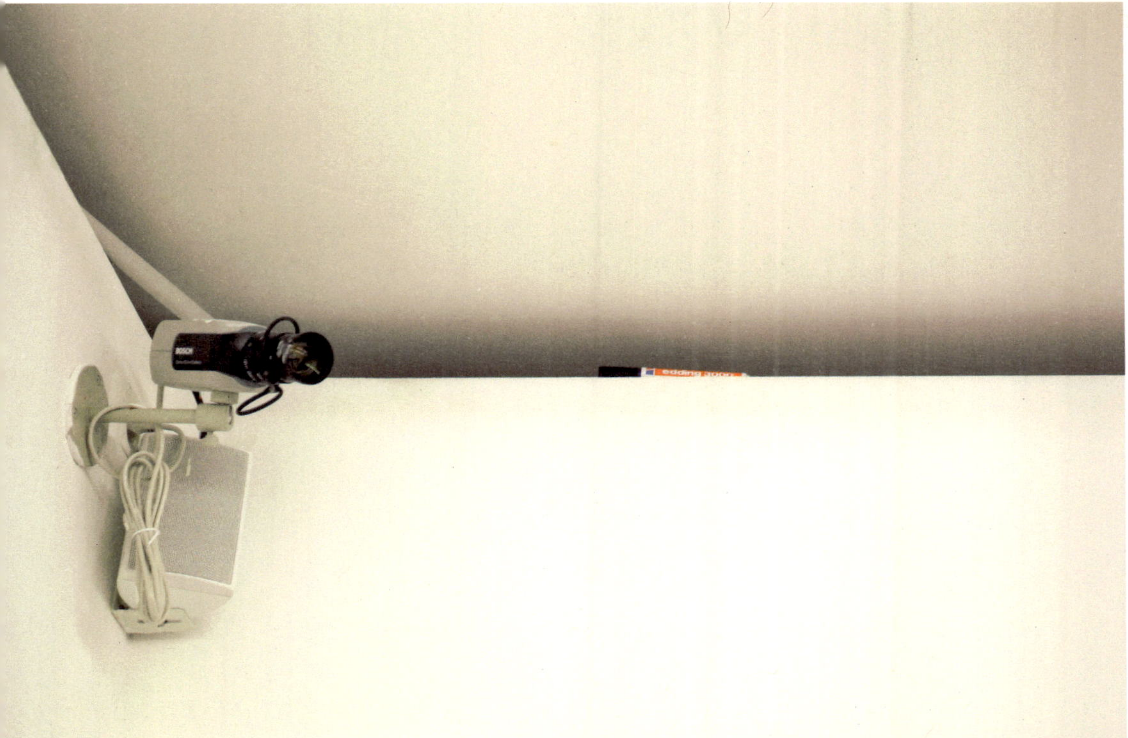
edding 3000

an important "something"

"we have cousins on the other side of the room:
such loosers they are"

a meaning of
life with 2ends

a house whose
inhabitants (3 adults and
9 children) went for
vacation is having
a rest too

after 3 seconds there will be a tragic accident
which is not caused by the global
WARMING or a terrorist cell
which is a good NEWS

”

a quotation mark
lost the expression
she was attached
to and maybe
she has to
appey for a job
as 2 commas
(hopefully in
one sentence)

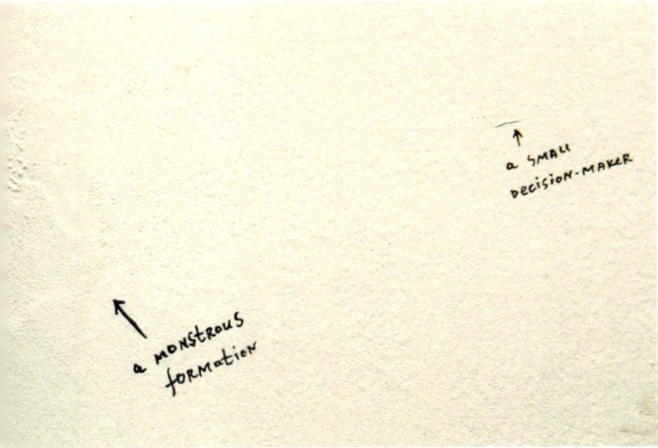
a SMALL
DECISION-MAKER
a MONSTROUS
formation

"NO, I am not alone"

THE COWBOY TODAY

HARRY
POTTER

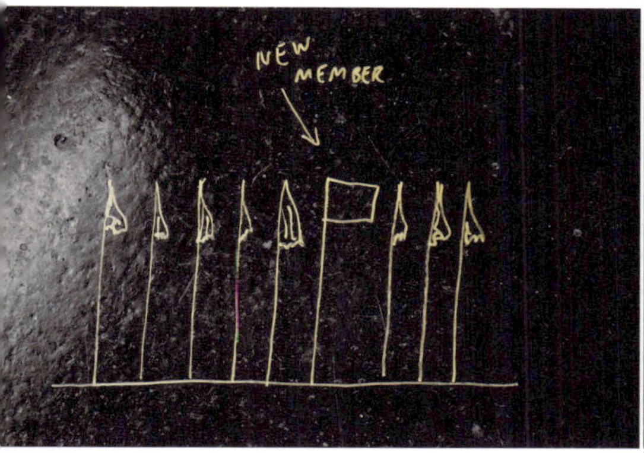
NEW
MEMBER

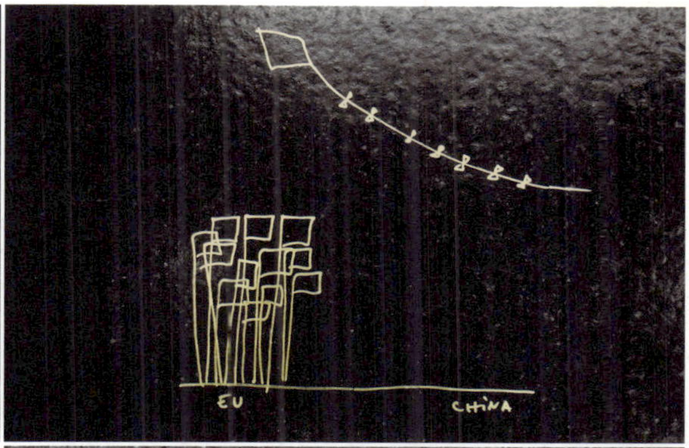
EU
CHINA

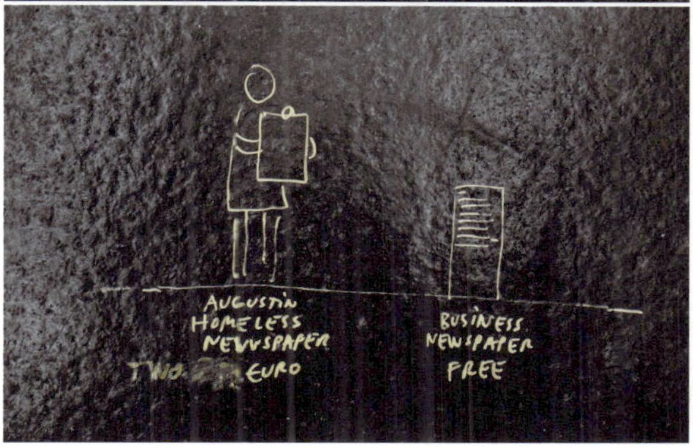
AUGUSTIN
HOMELESS
NEWSPAPER
TWO EURO
BUSINESS
NEWSPAPER
FREE

BIRD FLU, MAD COW, GLOBAL VILLAGE

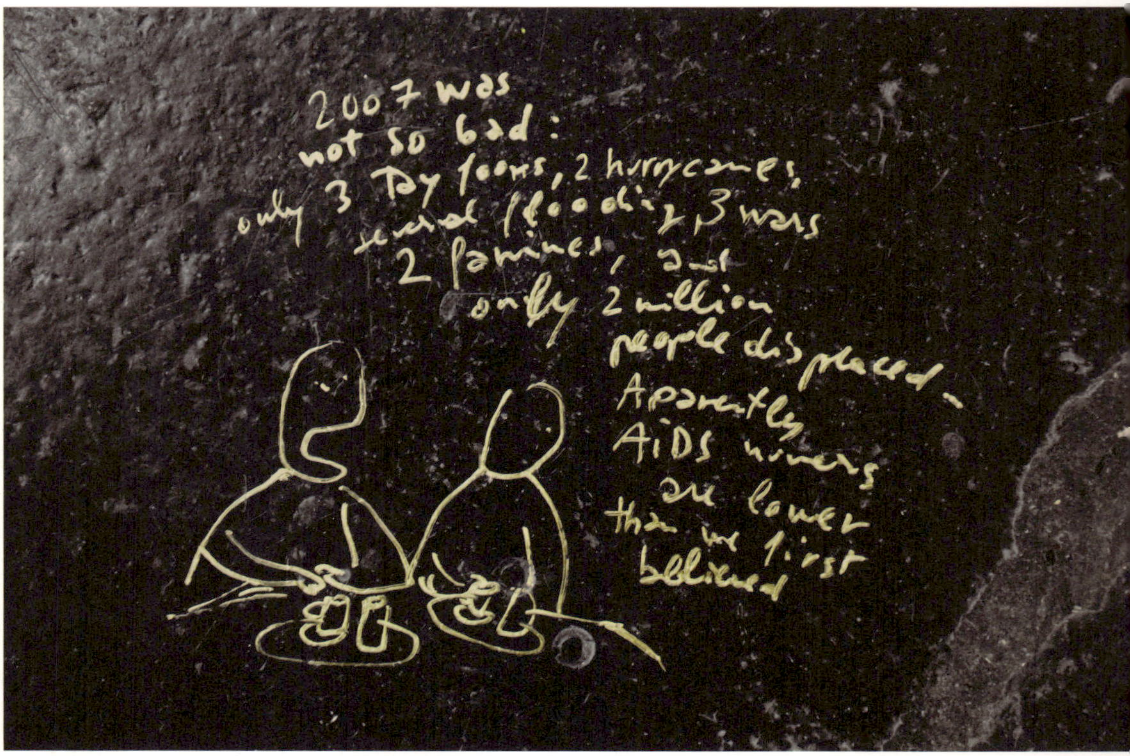
2007 was
not so bad:
only 3 Tayfoons, 2 hurrycanes,
several flooding, 3 wars
2 famines, and
only 2 million
people displaced -
Apparently
AIDS numbers
are lower
than we first
believed

I once
had a
big idea

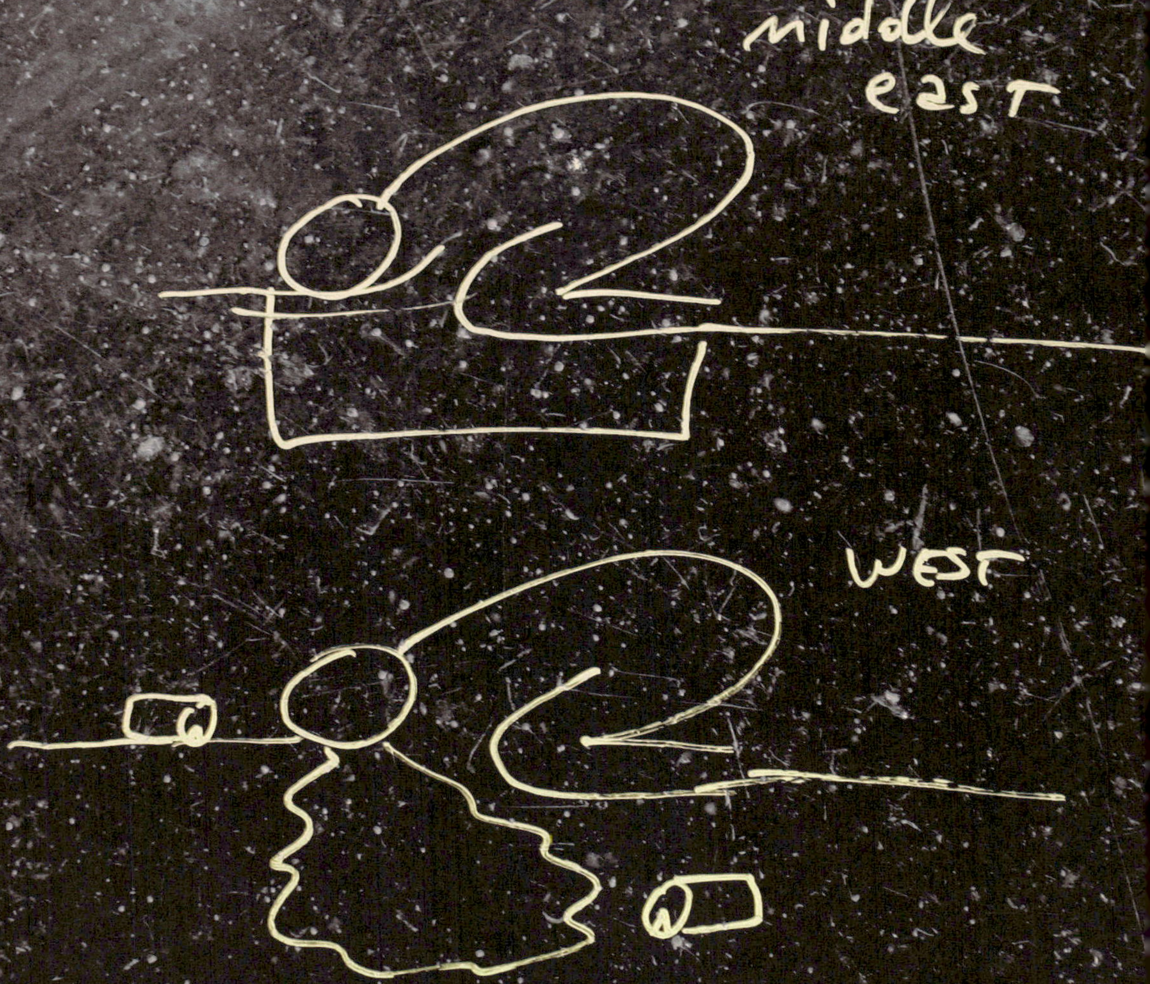
middle
east
WEST

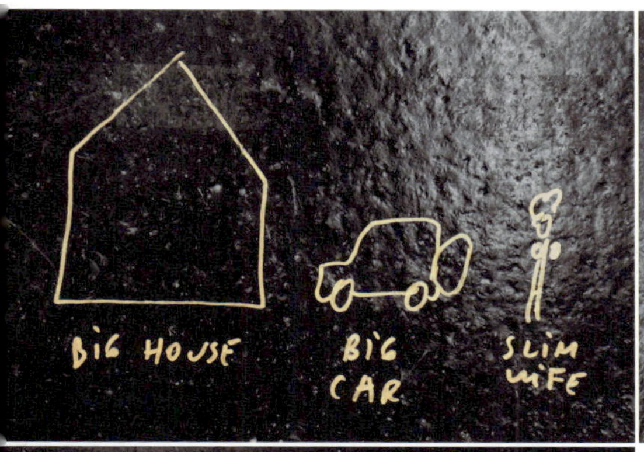
BIG HOUSE
BIG CAR
SLIM WIFE

DIRECTOR
PRESIDENT
CURATOR
THE SHOW IS OPEN NOW
MINISTER
ARTIST

Think of it as the full half

TRESOR ME!

RE

Heike Eipeldauer und Katarzyna Uszynska im Gespräch mit Dan Perjovschi und Nedko Solakov

28. November 2007

Heike Eipeldauer Vor eineinhalb Jahren fand in New York Eure erste große Zusammenarbeit statt, *Back to Back*, ein Projekt, bei dem Ihr ein hölzernes Panel, das im Ausstellungsraum bei Lombard Freid aufgestellt war, von der jeweils anderen Seite bearbeitet habt – Nedko von Innen, Dan von Außen. Inwiefern unterscheidet sich *Walls and Floor (Without the Ceiling)* von *Back to Back*? Haben sich Eure kollaborativen Strategien gewandelt? Könnte man hier von einer komplementären Struktur sprechen, nicht nur im architektonischen, sondern auch im konzeptuellen Sinn? Dan Perjovschi *Back to Back* war ein Objekt – ein Statement mitten in der Galerie. An den Wänden haben wir teilweise gemeinsam gearbeitet, um einen Kontext für das Objekt herzustellen. Im tresor in Wien haben wir nur den Kontext bearbeitet, das heißt, wir arbeiteten direkt auf der Architektur, aber nicht gemeinsam, sondern jeder hat gewissermaßen das Territorium des anderen respektiert, Nedko an den Wänden und ich auf dem Boden. Das also ist anders bei diesem Projekt. Und es ist auch anders, weil die Stadt um uns herum anders ist, und genauso der Schauplatz: ein unterirdischer Tresorraum, das hat schon eine Bedeutung. Nedko Solakov Ich finde, dass es jetzt anders ist. Aber auch wenn es eine klare Trennung von Wänden und Böden gibt, finde ich doch, dass hier nicht weniger Symbiose zwischen uns beiden besteht als in New York. Katarzyna Uszynska Ist die Architektur, die Wand, die Decke, der Boden ein unverzichtbarer Teil einer Installation aus Zeichnung und räumlichem Kontext? Welche Rolle spielt die von Euch für die Zeichnung benützte Architektur? Dan Perjovsch Hier hat sie mehr Bedeutung als in New York, das stimmt. Hier liefert die Architektur das Konzept. In New York stand das Objekt im Zentrum der Galerie. Wir haben den Titel *Back to Back* genommen, weil man im Fernsehen so dazu sagt, wenn zwei Folgen derselben Serie nacheinander ausgestrahlt werden. Was beide Projekte verbindet, ist, dass Nedko sein Sujet im Raum findet, in New York innerhalb des Objekts und hier innerhalb dieses Raumes. Und ich bringe etwas von Außen ein, aus der Welt des Politischen. Das Prinzip ist dasselbe. Die Gestaltung und Atmosphäre sind aber anders. Es ist, wie Du gesagt hast: Die Architektur spielt jetzt eine Rolle. Heike Eipeldauer Aber *Back to Back* ist doch auch eine Metapher für Freundschaft, oder? Dan Perjovschi Sicher. Wir haben das mehrdeutig interpretiert, besonders in New York. Dazu die Anlage des ganzen Objekts: der eine auf der einen, der andere auf der anderen Seite. Man weiß nicht, wer auf wessen Rücken sitzt. Nedko Solakov Die Konstruktion war aus Sperrholz, das wir als Trägermaterial benutzten, so wie wir jetzt Wände und Böden benutzen. Du weißt, Sperrholz hat immer Muster, und die habe ich genutzt wie hier verschiedene Risse und Luftblasen – alle diese kleinen Unvollkommenheiten in der Wand selbst. Und für Dan war es einfach ein Träger, um dem Betrachter eine Botschaft zu vermitteln. Heike Eipeldauer Ihr berücksichtigt also beide den Kontext. Für Dan liegt der Schwerpunkt auf aktuellen makropolitischen Ereignissen, und für Nedko ist es vor allem eine Reaktion auf den konkreten Raum. Nedko Solakov Was ich jetzt zum ersten Mal getan habe, war, die Beleuchtung einzubeziehen, die Spots von der vorherigen Ausstellung. Also nutze ich jetzt die ausgeleuchteten Stellen an der Wand als etwas Vorgegebenes, so wie ich ein Pinselhaar oder irgendetwas in der Wand nutze, um meine Geschichten zu erfinden. Anstatt ein Kunstwerk an die Wand zu hängen und dann ordentlich auszuleuchten (was der natürliche Weg wäre), verwende ich also diese beleuchteten Stellen von früheren Kunstwerken und baue meine kleinen Geschöpfe und Geschichten in diese Lichtinseln ein. Dan Perjovschi Das Interessante ist, dass man für gewöhnlich die Lichtspots nicht sieht, weil man ja auf die Kunst schaut. Man schaut sich ja die Kunst an und nimmt von den Lichtern gar keine Notiz. Jetzt aber sieht man die Lichter, man erkennt das Display. Ich denke, das ist eine Art Premiere hier, dass Nedko mit den Spots arbeitet und ich zum ersten Mal in meinem

Leben mit anderen Farben als nur Schwarz und Weiß. Aber diese Adaptionen, von denen Du sprichst, ergeben sich, glaube ich, in Nedkos und meinen Projekten ganz natürlich. Man denkt anders, weil der Kontext und der Raum anders sind. Die Strategie mag gleich aussehen, aber es ist eine andere Zeit, ein anderer Ort und andere Leute, die das Gesamtergebnis eben verändern. Katarzyna Uszynska Nedko, wenn Du die Rolle der Beleuchtung in deiner Ausstellung betonst, so scheint es Dir um die Gesamtpräsentation Deiner Arbeit zu gehen. Wie wichtig ist es Dir, die Kontrolle über alle Elemente einer Ausstellung zu haben? Beziehst du Dich womöglich auch auf die klassische Ausstellung moderner Kunst eine Etage höher? Nedko Solakov Es ist sehr wichtig, dass diese Ausstellung im oberen Stockwerk stattfindet. Für mich bedeutet das viel, weil unsere Arbeit nicht funktionieren würde, wenn das Kunstforum nur zeitgenössische Kunst im Programm hätte. Dan Perjovschi Ich glaube, jetzt gibt es den größtmöglichen Kontrast. Nedko Solakov Der Kontrast ist maximal, und das ist gut für uns. Ich weiß nicht, ob es auch gut für die Symbolismusschau oben ist, aber wenn man einen normal funktionierenden Raum für zeitgenössische Kunst hat, und dann sind da diese zwei Künstler, die im Untergeschoß irgendwas an den Wänden und auf dem Boden machen, dann würde das nicht so viel Wirkung haben, zumindest für mich und hoffentlich auch für die Betrachter. Die klassische Ausstellung über uns, sehr gut besucht, die Art von Blockbuster-Veranstaltung, die ihr üblicherweise habt, und unsere funktionieren sehr gut zusammen. Katarzyna Uszynska Einer von Deinen Texten „(...) eine prachtvolle Schönheit mit langem roten Haar, die ihren Körper teilweise bedeckt (...)" wurde – wie Du selbst schreibst – von der Symbolismusausstellung im Obergeschoß des Kunstforums inspiriert. Nedko Solakov Ja, diesen kleinen Haken, der sich auf die Schau oben bezieht, den musste ich einbauen. Aber der zählt nur, wenn man auch alles andere sieht und liest, was vom lokalen Kontext, dem tresor, sehr weit entfernt ist, Zeichnungen und Geschichten. Heike Eipeldauer Ihr nutzt den Raum, wie Ihr ihn vorfindet. Wie habt Ihr reagiert, als ihr von der früheren Funktionsbestimmung des Ausstellungsraums als Tresorraum erfahren habt, anders gesagt, als einem Ort mit klar definierten Werten? Man konnte Kommentare lesen wie „TRESOR ME". Geht es um ein Spiel mit Wertigkeiten auf verschiedenen Ebenen? Nedko Solakov Das Tolle an diesem Raum ist, dass er dazu benutzt wurde, etwas aufzubewahren, dessen Wert feststeht – Geld. Und nun haben wir darin Dinge, die nach sehr viel weniger Wert aussehen, unbedeutend und kurzlebig, und trotzdem werden die Leute hierher gelockt, um sich die Ausstellung anzusehen. Deren Wert unterscheidet sich völlig vom Wert des Geldes, der ja nur sehr schwer zu tilgen ist, außer man stiehlt das Geld aus dem tresor. Dan Perjovschi Deswegen habe ich beschlossen, mit Gold zu arbeiten und damit meine Schrift wertvoller aussehen zu lassen. Der tresor hier ist ja sehr groß – wenn das also der Tresorraum war, dann kann man sich vorstellen, wie viel Zeug hier drin war, Geld, Gold oder was immer. Daher fand ich den Kontrast sehr gut. Es war nicht nötig für uns, bis in kleinste Detail zu planen, aber am Ende wurde alles sehr gut. Da besteht ein Widerspruch, oder? Es ist ein Tresor, der dazu da ist, die Sicherheit seines Inhalts zu gewährleisten. Hier wird das nicht der Fall sein. Heike Eipeldauer Ihr spielt aber doch auch mit der Bedeutungsebene, dass es der Museumsraum selbst ist, der auratisiert und Wert verleiht. Dan Perjovschi Auch mit dem Wissen, dass das hier ein Museum ist, ein Ort, an dem man den Leuten Bildung und eine kulturelle Definition von Leben vermittelt. Wir bieten eine andere Definition. Heike Eipeldauer Eine Sache, die mich interessiert, ist der Begriff des „White Cube". Es war der amerikanische Künstler und Kritiker Brian O'Doherty, der 1976 in „Artforum" das Konzept des „White Cube" formuliert hat. Er beschreibt ihn als typischen Raum der Kunst der Moderne, als neutrale Zelle, die die Trennung der Sphären des Ästhetischen und des Politischen repräsentiert. Und die Ideologie des White Cube besteht demnach darin, dass er sich als neutral präsentiert, obwohl er doch in Wirklichkeit Ausdruck spezifischer sozialer, ökonomischer und politischer Interessen ist. Meine Frage wäre daher: Ihr realisiert Eure Konzepte einer ortsspezifischen, mit dem Kontext arbeitenden Kunst innerhalb des White Cube, innerhalb kunsteigener Parameter. Inwieweit lässt sich das vereinbaren bzw. inwieweit unterminiert Ihr damit die Konzeption des White Cube? Wie geht Ihr an den White Cube heran? Nedko Solakov Für mich ist es nicht selbstverständlich, einen perfekten Raum mit idealen Wänden vorzufinden, das ist auch hier so. Denn der Begriff des „White Cube" ist ja der eines perfekten Hintergrunds, um zwei- oder dreidimensionale Kunst auszustellen, den es ja in Wirklichkeit nicht gibt. Es gibt keine solche Fläche. Für mich ist der tatsächliche White Cube mit all seinen kleinen Unzulänglichkeiten sehr stimulierend – ein kleiner Farbtropfen könnte zu einer Maus werden, oder zu einer Plattform, von der jemand runterspringt. Sie könnten hübsche Nester abgeben, in denen meine kleinen Geschöpfe und Geschichten wohnen. 2001, im P.S. 1, habe ich die erste Serie von Arbeiten gemacht, die *A (not so) White Cube* betitelt war. Ich habe das erste Mal mit der Wand des White Cube gespielt, obwohl das im ehemaligen sozialistischen Bulgarien war, als wir noch gar nichts von all diesen kapitalistischen White Cubes wussten. [lacht] Damals, Anfang 1988, hinterließ ich in einer großen Einzelausstellung in Sofia „Kommentare" auf den Wänden, in denen beispielsweise die Überreste der Beschilderung der vorherigen Ausstellung verwendet wurden. Katarzyna Uszynska Ihr verlasst aber auch den traditionellen Raum des White Cube; Ihr benutzt Mauern, Gebäude, öffentlichen Raum, Toiletten und verlassene Häuser. Das alles sind seit vielen Jahren attraktive Ziele für Interventionen von Graffitizeichnern. Warum benutzt Ihr solche Orte? Nedko Solakov Ich kann es nicht wirklich auf eine Formel bringen, aber es gibt einen gewaltigen Unterschied zwischen Graffitikünstlern und den „anderen" Künstlern. Katarzyna Uszynska Ganz entschieden. Die meisten Graffiti werden illegal gemacht. Ihr arbeitet legal an Euch zugewiesenen Orten. Nedko Solakov Nein, das Illegale ist nur ein Aspekt. Sie tun es verbotenerweise, aber Verbote sind relativ – sobald eines dieser Werke in eine Auktion gebracht und versteigert wird – siehe unlängst den Rummel um Banksy –, ist es nicht mehr illegal. Aber die wollen sich einfach irgendwo ausdrücken und tun es in einer Art fremdem Kontext, den nicht jeder versteht. Okay, sie bemalen auch Züge, aber ich hab noch nie von einem Graffitikünstler gehört, der beschrieben hätte, was der Zug in diesem Moment denkt. Wenn ich Graffiti auf einem Zug machen würde, dann würde ich für den Zug sprechen. Dan Perjovschi Nedko, ich glaube, die Frage bezieht sich auch darauf, wie es kommt, dass wir nicht nur White Cubes benutzen, sondern unseren Diskurs auch in ziemlich „rauen" Territorien anbringen. Ich glaube, die Antwort liegt schon in der Frage. Weil unsere Arbeitsweise sich eben anpassen oder an Orten stattfinden kann, wo andere Kunst nicht hin kann. Daher kann das Statement auch an einem sehr rauen Ort überleben, oder es nutzt eben genau diesen Ort – so wie Nedko das in dieser desolaten Wohnung in Istanbul gemacht hat. Ich habe das Gefühl, das ich überall zeichnen kann, absolut überall, vom Büro bis zum Treppenhaus und bis zum Klo. Die Architektur ist für mich ein Trägermaterial. Ich passe mich ihm an, ob es nun ein dynamischer Raum ist wie ein Treppenhaus oder eine plane Ebene. So oder so werde ich einen Weg finden, es zu nutzen. Und dieser Permanentmarker, der bleibt. Heike Eipeldauer Es macht wirklich einen fundamentalen Unterschied, ob man auf einer planen horizontalen Ebene oder aber an der Wand arbeitet – sowohl für die Produktion als auch für die Rezeption. Nedko Solakov Aber ich finde, es ist ein guter Unterschied. Normalerweise, wenn Dan an die Wand zeichnet, kann man kaum etwas übersehen, man sieht alles auf einen Blick. Wenn ich Kritzeleien an die Wand mache, baue ich dabei normalerweise auch viele versteckte Dinge ein, die Leute müssen was dafür tun, um sie zu finden (das Schönste daran ist, die Besucher dazu zu bringen, sich hinunterzubeugen, hinzuknien, zu kauern). Bei diesem Projekt habe ich gewissermaßen mit Dan Rollen getauscht in der Art, wie wir das Publikum ansprechen, und das ist schön. Jetzt sind meine Geschichten größtenteils auf den gut beleuchteten Stellen der Wand platziert, in bequemer Höhe, gut sichtbar (obwohl es auch hier ein paar versteckte Dinge gibt). Während Dans Zeichnungen – obwohl sie ganz klar wirken, wenn man sie aus der Nähe sieht – aus einiger Entfernung durch die Reflexe der Neonlichter auf dem spiegelnden Boden dem Betrachter erst Schritt für Schritt, Insel um Insel, erscheinen. Es sieht aus wie ein Spiel. Heike Eipeldauer Nedko, Du hast 1981 dein Studium als Wandmaler an der Akademie der Schönen Künste in Sofia abgeschlossen. Würdest Du diese auf den Standort und Kontext abgestimmten Arbeiten als Wandgemälde bezeichnen, wenn auch in einem völlig antimonumentalen Sinn? Nedko Solakov Nun, ich mache Dinge auf Wänden, also könnte man sie vielleicht auch Wandgemälde nennen. Ich muss allerdings sagen, dass es, obwohl es eine erzkonservative Akademie war und ich kaum sagen kann, dass ich dort viel gelernt habe, eine Regel gab, die unser alter Professor mir beigebracht hat und an die ich mich immer noch halte: erst kommt die Architektur und dann kommst du als Künstler. Selbst wenn man bei einem Gebäude mit einem Architekten von Anfang an zusammenarbeitet, sodass man ihn beeinflussen kann, ist das, worauf es wirklich ankommt, das Gebäude. Du bist an zweiter Stelle. Sobald man das akzeptiert, wird es ganz einfach. Mich könnte kein Raum je wieder überraschen. Ich kann mich auf jeden Ort einstellen und mich dem Raum, der Architektur fügen. Es kann sein, dass ich ihn dann am Ende des Tages mit meinen Legionen winziger Männchen erobert habe. Man muss sich das selbst beibringen, es braucht viel Erfahrung, aber es lohnt sich. Dan Perjovschi Das unterscheidet uns vielleicht, denn ich mochte die Kunstschule überhaupt nicht, und die haben uns dort fast genau dasselbe beigebracht, wenn auch in anderer Form, mehr politisch, es hieß: „Architekten sind die Besten, du bist ein Niemand, weil du bildender Künstler bist. Architekten zählen was in der Gesellschaft. Du bist Künstler, du zählst nicht.“ Dagegen lehne ich mich auf. So was will ich nicht hören. Nein, meine Arbeit ist genauso wichtig wie die von jedermann sonst. Darum verleugne ich die Architektur in gewisser Weise, wenn ich Zeichnungen auf eine Wand mache. Nedko Solakov Okay, aber Du passt Dich immerhin an. Wenn da eine Ecke ist, kannst du die nicht verleugnen. Dan Perjovschi Sicher. Nein, dagegen rebelliere ich auch nicht. Aber ich verstehe genau, was Du sagst, und interessant ist es im Fall von jedem von uns beiden, weil wir eine Geschichte haben. Wir sind ja nicht erst gestern in der Kunstwelt aufgetaucht. Es ist wie eine lange, lange Geschichte, zwanzig Jahre Arbeit mit verschiedenen Formaten und Taktiken, so dass das, was wir jetzt machen, sehr leicht aussieht. Wie bei Eiskunstläufern, bei denen das Eislaufen auch immer so wahnsinnig einfach aussieht – aber versuch's einmal selber. Manchmal hat man ganz plötzlich das Gefühl, dass man es sich entweder zu leicht gemacht oder zu schnell gearbeitet hat, aber in gewissem Sinne funktioniert es jetzt wie der Stoffwechsel, wie von selbst. Katarzyna Uszynska Mit dem gewählten Titel *Walls and Floor (Without the Ceiling)* definiert Ihr klar eure Ausstellungsstrategie – keine aufwändigen architektonischen Umbauten, keine zusätzlichen Ausstellungswände; Ihr arbeitet mit dem Vorhandenen. Hat das etwas mit Eurer Biografie zu tun – keine Infrastruktur, kein Geld? Habt Ihr auf diese Weise aus der Not eine Tugend gemacht? Nedko Solakov Nein, eigentlich nicht. Ich mache immer noch eine Menge Dinge, die nach der Fertigstellung bleiben – Zeichnungen auf Papier, Gemälde, Installationen.

Objekte. Andererseits brauche ich auch diese „Linie" von Arbeiten, die nach der Schau zerstört werden. Die halten mich frisch, sozusagen. Sehr oft, wenn ich diese kleinen Geschichten an der Wand erfinde, stelle ich mir die potenziellen Betrachter vor und wie er oder sie Spaß daran haben, sie zu lesen und zu deuten. Mit diesen Fabeln spreche ich zu den Betrachtern, und wie jedes gesprochene Wort lösen diese Zeichnungen an der Wand sich am Ende in Luft auf. Manchmal überleben sie auf Dauer in Museen oder Privatsammlungen, aber das passiert nur gelegentlich. Dan Perjovschi Das ist interessant. Ich habe mir diese Taktik besonders deshalb ausgesucht, weil sie sehr mobil ist. Sie setzt mich nicht unter Druck, von wegen Transport, Versicherung etc. Und ich kann immer noch behaupten, dass es Low-Budget ist, weil ich kritische Kunst mache. Ich bin kritisch gegenüber Institutionen, gegenüber der Kunstwelt, gegenüber der Welt im Allgemeinen; aber ich kann nicht kritisch sein und gleichzeitig ein Budget von 100.000 Euro haben. Es ist so komisch heutzutage, diese sogenannten „Linken" mit den Riesenbudgets zu sehen. Also bleibe ich genau bei dieser Taktik, was bedeutet, dass alles sehr einfach und schnell geht und ich die Kontrolle behalte. Ich muss nicht alles an Teams von Technikern abgeben, an niemanden. Außerdem muss ich dafür an Ort und Stelle präsent sein. Das bedeutet, dass jemand mich einladen und dass ich reisen muss. Das heißt, ich komme aus dem Land raus, was jahrelang eine Obsession für mich war. Ich war in einer Art Gefängnis und träumte davon zu reisen. Jetzt kann ich das. Nedko Solakov Okay, ich kann das auch, aber ich habe Angst vor dem Fliegen! Heike Eipeldauer Die Idee des Verschwindens, des Transitorischen, ja sogar die bewusste Auslöschung ist in Euren Arbeiten strukturell angelegt. Gleichzeitig hast Du, Dan, mir erzählt, dass Du nach dem Ablauf mancher Deiner Ausstellungen die Ausstellungsmacher förmlich dazu zwingen musstest, Deine Zeichnungen zu übermalen bzw. dass Du manchmal in die Lage gerätst, Leihverträge für Deine Zeichnungen unterschreiben zu müssen? Dan Perjovschi In zwei Fällen musste ich sie bitten sicherzustellen, dass sie die Arbeiten übermalen würden, weil ich begriff, dass ich auch Teil des Kunstmarkts war und dass sich alles kaufen oder verkaufen ließ; heute kann man sogar immaterielle Dinge kaufen. Daher ist es gut, wenn unsere Arbeiten einen Anfang und ein Ende haben. Heike Eipeldauer Ist das nicht ein weiterer Hinweis darauf, dass das Kunstsystem für die Art von Kunst, die Ihr macht, letztlich keinen *modus operandi* hat? Dan Perjovschi Ich arbeite einfach mit diesem Paradox. Tatsache ist, dass man mit jedem Künstler, den man ausstellt, einen Leihvertrag macht; da wird kein Unterschied gemacht. Wenn man andererseits in konzeptuellen Begriffen denkt, ist einer der Parameter unserer Arbeit in diesem Fall die begrenzte Überlebensdauer. Während andere Arbeiten andere Parameter haben, die Größe beispielsweise, geht es in unserem Fall darum, wie lange die Arbeit ausgestellt bleibt. In gewissem Sinne verstehe ich diesen Rahmen, und ich verkaufe auch ein paar Objekte als Teile des Projekts. In meinem Fall sind das die Notizbücher; diese gehen an Sammler. Katarzyna Uszynska Eure Arbeiten sind immer den jeweiligen Orten und Umständen angepasst; bis zu welchem Grad sind Eure Zeichnungen auch von einer formalen Kontinuität und Euren persönlichen Handschriften gekennzeichnet? Könnt ihr mir etwas zu dem Verhältnis von Flexibilität und Kontinuität, Wechsel und Wiederholung von Motiven und formalen Strategien in Eurer Arbeit erzählen? Dan Perjovschi Ich wiederhole viel. Ich habe ein Art Repertoire; zwar nicht auf Papier, aber im Kopf, und ich verwende manche Zeichnungen wieder, einfach weil die politische oder soziale Situation, die ich beschreibe, ähnlich ist oder weil sie auf anderen Wänden schon tot sind. Sie wurden entfernt. Das verschafft mir in gewisser Weise Freiheit, denn wir müssen in begrenzter Zeit eine ganze Reihe von Elementen erfinden. Das ist aber nicht so leicht. Manchmal schaffe ich es in drei Tagen, manchmal brauche ich zwei Wochen, um mir eine solche Menge Dinge auszudenken. Es ist nicht so, dass ich selbst entwerfen könnte wie eine Maschine. Damit ist das eine Art Sicherheit, mein eigener Safe, also wiederhole ich und kontrolliere dadurch auf bestimmte Weise den Raum, weil ich die Zeichnungen schon kenne. Ich fixiere den Raum mit Zeichnungen, die ich kenne, und kann dann andere dazuerfinden. Nedko meint, es ist ein permanenter Balanceakt zwischen Improvisation und sehr strikter, todsicherer Präzision, zwischen einem sehr spontanen Akt und sehr straff gehaltenem Inhalt. Ich balanciere zwischen beidem. Aber ich glaube, hier unterscheiden wir uns auch ein wenig. Nedko Solakov Ich wiederhole nicht wirklich. Es gibt einen Text – „Good luck to my beloved people" – der immer wieder auftaucht. Der ist für meine Familie. Ansonsten aber nur sehr selten. Okay, es gibt eine kleine Spinne, die auch anderswo auftaucht, aber diese Tierchen mit den vielen Beinen neigen ja bekanntlich zur Wanderschaft. Alles andere wird eigens für hier gemacht. Eigentlich bereite ich mich auf diese Geschichten auf eine entspanntere Art vor, ich sehe mir Filme an – ich liebe Filme ... Dan Perjovschi Spielfilme ... Nedko Solakov Ja, ich liebe diese Art zu erzählen. Nicht, dass sich meine Geschichten direkt von Filmen herleiten, aber für mich ist das die beste Entspannung – an Wochentagen im leeren Kino Filme ansehen. Und natürlich lese ich auch eine Menge Zeitungen, um mich über die Absurditäten in meinem Land auf dem Laufenden zu halten. Für unsere Diskussion ist es interessant festzuhalten, wie wir arbeiten: Meine Strategie ist die, mich zu zwingen, nicht im Vorhinein daran zu denken, was ich tun werde – ich spreche jetzt natürlich nicht von narrativen Multimedia-Installationen, wo die Geschichten offensichtlich auf andere Weise zustande kommen. Ich betrete einfach den vorgegebenen Raum, nehme den Stift oder im Falle des tresors den Pinsel und die Tusche und gehe intuitiv zu irgendeiner Stelle im Raum, dann kommt alles von selbst: was genau ich von diesem Stück Wand „benutzen" muss, um die Geschichte unterzubringen, die sich gleichzeitig in meinem Kopf auftut und Sekunden später an die Wand springt. Ich muss das so machen, weil es, glaube ich, meine Fähigkeit ist, unmittelbar auf etwas zu reagieren, und das ist es auch, was die Leute am Interessantesten finden. Dann kommt die nächste Geschichte, nicht notwendigerweise direkt neben der ersten. Über die Jahre bin ich, ganz ohne Bescheidenheit gesagt, ein ziemlicher Spezialist darin geworden, eine Geschichte im Raum zu erzählen, die Leute auf sanfte, aber beständige Weise zu lenken. Einmal, während einer Schau mit dem Titel *Chat* im IASPIS in Stockholm, fiel mir auf, dass ich in einem bestimmten Bereich des auf den ersten Blick völlig leeren Raums die Kringel in einer bestimmten intuitiven Ordnung gesetzt hatte und als die Leute sie nachher ansahen, da wiederholten sie, ob man's glaubt oder nicht, meine Körperbewegungen beim Malen – es beginnt mit einem leichten Herunterbeugen, um etwas nahe am Boden zu lesen, um sich dann wiederum nach rechts zu drehen und in eine Ecke mit einer weiteren kleinen Geschichte zu gehen und dann nach links, um noch eine anzusehen. Eine wichtige Sache für so eine Arbeit ist, dass die Leute sie mit ihrem Verhalten vervollständigen; das Publikum macht sie lebendig. Dan Perjovschi In meinem Fall ist die Vorarbeit der Schlüssel für mein Werk. Ich bin im Raum nicht sehr spontan, ich gehe raus, ich zeichne jedes Element vor, ich suche nach jeder Art von Bild. Dann gehe ich wieder in den Raum und plane alles. Und alles und jedes wird in einem Notizbuch dokumentiert. Katarzyna Uszynska Dan, Deine Zeichnungen erscheinen auf den ersten Blick einfach und reduziert, erinnern geradezu an Kinderkritzeleien, ebenso werden Nedkos Arbeiten oft mit fantastischen, poetischen Kindermärchen in Zusammenhang gebracht. Eine Strategie, um eine leichtere Kommunikation Eurer Vorstellungen zu erreichen? Nedko Solakov Ja. In meiner Jugend, als Student, war ich berühmt dafür, dass ich stundenlang Witze erzählen konnte. Heute kann ich mir Witze kaum noch merken. Gleichzeitig habe ich meinen Sinn für Humor und meine Fähigkeit Leute zu „unterhalten" bewahrt. In einem Ausstellungsraum sehe ich nicht unbedingt die Reaktionen des Publikums auf meine eigenen „Witze", ich stelle sie mir bloß vor. Es ist bequem, obwohl man sich damit nicht so viele Freunde machen kann. Heike Eipeldauer Welche Dimension hat der linguistische Aspekt in Eurer Arbeit für die Produktion von Bedeutung? Euer Werk operiert im aufgeladenen Spannungsfeld von Bild und Text. Aber ich habe das Gefühl, dass weder das Bild in Sprache aufgeht, mit anderen Worten, den Text als bloße Illustration begleitet, noch dass der Text eine bloß deskriptive Rolle spielt. Nedko Solakov Ja, das stimmt. Heike Eipeldauer Und könntet Ihr genau beschreiben, welche Rolle der Text bei der Produktion von Bedeutung in Euren Arbeiten spielt? Inwieweit unterscheidet sie sich? Nedko, Du verwendest oft lange Textpassagen und Dan, Du benutzt eher kurze Kommentare. Dan Perjovschi Für mich ist der Text Teil der Zeichnung; ich trenne das nicht. Er ist wie ein Teil der Zeichnung. Manchmal zeichne ich gar kein Bild, wie Nedko; es ist einfach nur Text. Der ist dann das Bild. Und das mache ich sogar bei der Zeitschrift, für die ich in Bukarest arbeite. Und ich brauche den Text auch, weil ich in meinem Fall ein sehr beschränktes Vokabular verwende – ein Quadrat kann ein Museum bedeuten, ein Gemälde, einen Kopf oder sonst etwas. Also muss ich Text benutzen, um ein Stück zu benennen und den Betrachtern die Richtung zu weisen. Also ist beides gewissermaßen komplementär. Mittlerweile passiert das gänzlich instinktiv, er ist einfach Teil des Bildes. In den letzten sechs Jahren habe ich kleine Kolumnen in der Zeitung gemacht, and die bestehen aus manchmal nur zehn Worten, wie ein *Haiku*, wie politische Statements. Und in gewisser Weise sind auch das Zeichnungen, weil sie ein Bild formen, das eine Bedeutung vermittelt. Nedko Solakov Für mich sind Text und Bild absolut untrennbar; sie formen eine Einheit. Wenn ich meine Zeichnungen mache – das Übliche bei mir sind Zeichnungen von 19 x 28 cm, Sepia-, schwarze und weiße Tusche auf 850-Gramm-Velin, die eine gewisse Popularität erlangt haben –, habe ich immer die Geschichten unter dem gezeichneten Bild. Wenn ich ein Bild zeichne, weiß ich nur sehr vage, wie sich die Geschichte entwickeln wird. Ich fange an, sie am unteren Rand des Blattes aufzuschreiben; aus der Frage, wie sich eine Geschichte auf dem sehr beschränkten Raum von zwei bis drei Zentimetern entfalten kann, erwuchs in den letzten Jahren eine persönliche Spannung. Im Allgemeinen weiß ich nicht, wie die Geschichte ausgehen wird, und darum ist es sehr fesselnd, sie auf logische und trotzdem reichlich absurde Weise zu Ende zu führen, und das auf den verbleibenden Millimetern Papier. Aber weder ist der Text eine Erläuterung des Bildes, noch ist das Bild die Illustration des Textes. Sie können gar nicht anders als zusammenzuwirken. Manchmal ist es, sobald die Geschichte geschrieben ist, gar nicht mehr nötig, am Bild zu arbeiten – das ist üblicherweise bei den kleinen Figuren der Fall, die *alla prima* gemacht werden müssen und bei denen jede zusätzliche Erfindung unsinnig wäre – das Gleiche gilt für die Krakel an der Wand, auch die müssen *alla prima* gemacht werden. Eine eher klassisch angelegte Zeichnung hingegen braucht danach noch eine Menge Bearbeitung. Manchmal kann es Wochen dauern, bis ich die Atmosphäre erreiche, die ich brauche. Die Zeichnungen entstehen in Serien von sieben, neun, zwölf, fünfzehn … Die größte bisher war die Serie *99 Fears* für die documenta 12. Wenn eine Serie fertig ist, rufe ich meinen Lektor an, und der korrigiert die auffälligen Fehler; darüber verhandeln wir ständig. Ich weiße die Fehler aus – oder schwärze sie, das hängt vom Hintergrund ab – und schreibe die verbesserten Worte darüber. Ich kann diese Geschichten gar nicht außerhalb der tatsächlichen Zeichnung schreiben, ich muss sie auf das Originalpapier schreiben. Dasselbe gilt für die Zeichnungen an den Wänden; keine von den Geschichten ist auf einer anderen Basis erfunden, sie erwachen alle hier zum Leben – in diesem spezifischen Raum. Bei den Arbeiten vom Typ von *A (not so) White Cube* bitte ich natürlich keinen Lektor mein Englisch zu korrigieren; mein bulgarisches Englisch scheint zu funktionieren. Es wird zu einem Teil der Arbeit selbst. Dan Perjovschi Es ist Teil des Bildes. Heike Eipeldauer Ist der Grund, weshalb Du Englisch benutzt, einfach der, ein großes Publikum zu erreichen? Dan Perjovschi Ich verwende sehr einfaches Filmenglisch, und meine Absicht ist völlig klar: Ich muss irgendwie Leute ansprechen, die nicht alle unbedingt Englischkenntnisse haben; deshalb gebrauche ich häufig Wörter, die selbst bereits ikonischen Charakter haben und deshalb für jeden verständlich sind. Die größte diesbezügliche Erfahrung hatte ich 1994 in den USA, als ich eine kumulative Installation machte, jeden Tag zeichnete und die Zeichnungen an die Wand hängte. Und dann bat ich die Leute in der Ausstellung, meine Orthografie nachzuprüfen, aber sie meinten: „Vergiss es; es ist so komisch, lass es einfach so." Seit diesem Augenblick war ich also frei zu tun, was ich will. Nedko Solakov Ich weiß, dass manche meiner Arbeiten sich besser „verkaufen", wenn ich das exotische kyrillische Alphabet benutze. Es gibt nur einen Grund, Englisch zu verwenden – ich möchte etwas so vielen Menschen wie möglich vermitteln, und auf möglichst einfache Weise. Ob's einem gefällt oder nicht, Englisch ist die Universalsprache. Dan Perjovschi Es ist eine Art *lingua franca* – ein Vokabular, bei dem man das Gefühl hat, das man es lesen kann, ohne überhaupt Englisch zu verstehen. Ich bin mir dieser Tatsache sehr bewusst. Katarzyna Uszynska Gemeinhin wird die Zeichnung als intimes, was deren Konservierung angeht sogar als lichtscheues Medium wahrgenommen. Du hingegen, Dan, verlässt mit Deinen Zeichnungen sowohl den schützenden, verglasten Bildrahmen als auch das lichtgeschützte Zeichenkabinett. Das traditionelle Zeichenpapier bei Dir bleibt deinen Notizbüchern vorbehalten. Dient Dir die klassische Zeichnung als Skizze für spätere Arbeiten auf Wänden, Glasfassaden und Fußböden? Nedko, Du hast einmal gesagt: „Die größte Herausforderung bei den Wandkritzeleien ist die, dass 99 Prozent von diesen Werken übermalt werden und irgendwann ganz verschwinden. Das reizt mich." Zeichnung als ein, in diesem Fall, rein temporäres Phänomen? Dan Perjovschi Ich verwende gern die Bezeichnung „performative Kunst", denn zu der ganzen Sache gehört, dass, wenn ich zeichne, die Aktion selbst manchmal Teil des Projekts ist. Und nachher sehen wir das Publikum vor der Wand tanzen oder auf den Boden zeigen, also ist es eine Art Performance. Daran bin ich sehr interessiert, denn wenn man heute in Museen geht und sich umsieht, wirken die alle tot. Und die Menschen sehen so gelangweilt und müde aus, wenn sie drinnen waren. Und meiner Erfahrung nach heitert es sie ein wenig auf, wenn sie bei meiner Installation ankommen. Eine Art Leben kommt über sie. Daher bin ich wirklich an dieser performativen Kunst interessiert, und ich finde, dass das Zeichnen heute eines der relevantesten Medien ist. Das Tempo, die Macht, die man nutzen kann, die große Anpassungsfähigkeit. Ich finde das sehr gut für das Leben, das wir heute haben. Nedko Solakov Es ist wie mit Leuten zu reden. Das, was dem Reden mit Menschen am Nächsten kommt, ist diese Art zu zeichnen. Dan Perjovschi Ihr wisst, dass ich Anfang der neunziger Jahre ein paar Performances gemacht habe, die mit dem Körper arbeiteten, denn im postkommunistischen Rumänien wurde der Körper als sehr radikal angesehen. Außerdem war es billig. Das billigste Material, das man kriegen konnte, war der eigene Körper. Und irgendwie hat mir die Idee gefallen. Für mich ist es immer noch radikale Aktionsmalerei und Körperbewegung; mir gefällt die Heftigkeit daran. Ich will nicht in der Albertina enden. [Gelächter] Nedko Solakov Das wirst Du, mach Dir keine Sorgen ... Heike Eipeldauer Nedko, Deine programmatische Arbeit *A Life (Black & White)* verweist ihrem Wesen nach auf ein unvollendetes, unvollendbares Werk. Während der Dauer seiner Existenz ist es zu jedem Zeitpunkt unabgeschlossen. Der Zustand der Unfertigkeit ist ja in gewisser Weise ein Wesenszug des Kunstwerks der Moderne. Dan, wenn man Dich nach Deinem jüngsten Projekt fragt, antwortest Du häufig: „Meine Arbeit ist endlos." Ist Dein Werk unvollendbar? Wie wichtig, wie zentral ist diese Frage des Fertigwerdens bei Deiner Arbeit? An welchem Punkt merkst du, dass eine Arbeit vollendet ist? Nedko Solakov Das ist etwas sehr Wichtiges – zu wissen, wann man aufhören muss. Es ist nur ein Gefühl – ich habe das Gefühl, das ich jetzt aufhören sollte. Was nicht notwendigerweise heißt, dass ich nicht später noch eine Kleinigkeit daran mache. Beispielsweise habe ich gerade eben im tresor etwas gemacht: Nachdem der „Willkommenstext" von Eurem Angestellten weggewischt worden war, habe ich mit dieser „Die Rache des Künstlers"-Zeile reagiert, in der ich mir wünsche, dass seine oder ihre Ersparnisse sich nächstes Jahr in Luft auflösen sollen. Aber dann erzählte mir jemand, dass der Typ kein Bankkonto hat, und darum hab ich den letzten Satz geschrieben, in dem steht, dass der Typ tatsächlich kein Konto hat. Wenn man das alles liest, dann hat man irgendwie Mitleid mit dem armen Aufseher und sympathisiert nicht mit dem angesäuerten Künstler – ich weiß das, aber Selbstironie gehört zum Job. Dan Perjovschi Ich weiß genau, wo ich anfangen kann. Aber ich weiß nicht wirklich, wo ich aufhören soll. Ich habe das Gefühl, dass ich da hineingehen und einen Monat lang weiterzeichnen kann, was das Gesamtbild verdichten wird. Ich weiß nicht, ob ich der Sache damit einen Gefallen erweisen würde. Es ist dasselbe wie mit meiner Dokumentation. Ich kann nicht aufhören. Ich zeichne ein Notizbuch voll, und fange sofort ein neues an. Und irgendwann kommt dann der Moment, an dem wir beide instinktiv sagen: „Vielleicht ist es jetzt okay." Irgendwie mag ich die Vorstellung von einem „Ende" nicht. Und selbst wenn die Arbeiten übermalt werden, ist das für mich nicht wie ein Ende; es ist eher so, dass Platz für andere frei wird. Heike Eipeldauer Aber ihr habt diese Struktur von Anfang und Ende. Dan Perjovschi Ja, aber ich kann nicht einfach sagen, ich bin mit einem Notizbuch fertig, und dann schreibe ich drei Tage lang den Rest. Ich muss weitermachen. Aber das ist eine wichtige Frage und ich habe immer noch Probleme damit, das Ende eines Projekts zu bestimmen. Und das mag daher kommen, dass ich in letzter Zeit sehr mobil war, ich habe mich von einer Wand zur nächsten fortbewegt. Für mich ist es also so, als würde dasselbe Projekt auf verschiedenen Flächen weitergehen. Also kann ich kein Ende definieren, und vielleicht mag ich nicht einmal diese Idee. Ich denke, ich arbeite viel mit Improvisation, es ist wie bei Jazzmusikern – wenn sie zu improvisieren anfangen, ist es schwer vorherzusagen, wann sie zur Ausgangsmelodie zurückkehren werden. Kann sein, dass sie dasselbe Lied, dieselbe Melodie morgen anders spielen, vielleicht länger, vielleicht kürzer. Ich fühle mich in etwa genauso. Katarzyna Uszynska Dans Kommentar zu Eurer gemeinsamen Ausstellung war: „So wie die politische und soziale Realität improvisiert, so tun wir es auch." Improvisation – ein wichtiger Teil Eurer künstlerischen Strategien? Nedko Solakov Ich weiß nicht, vielleicht. Dan Perjovschi Die Gesellschaft in Rumänien hat sich enorm verändert, in bestimmten Parametern aber hat sich gar nichts entwickelt. Ich scheitere deshalb daran, zu definieren, was dort passiert ist. Daher bin ich gewissermaßen strukturell in einem Zustand der Improvisation, das ist absolut klar. Ich komme aus einem Arbeitermilieu, und mein einziger Reichtum oder Vermögen war, wie gut ich mich an die Gesellschaft anpassen und auf sie reagieren konnte, was etwas sehr Immaterielles ist. Man muss dieses Talent in unterschiedlichen Umständen einsetzen – das bildet also meine wahre Grundlage. Außerdem gefällt mir die Tatsache, dass ich alles bei mir habe, in meinem Notizbuch. Und das gibt mir einige Freiheit, im Fluss zu bleiben. Für mich kommen Humor und Selbstkritik aus diesem Zustand der Temporalität. Das ist das wesentliche Element in unser beider Arbeit. Humor ist außerdem ein sehr interessantes Phänomen, weil er Distanz schafft, um Dinge zu beurteilen, aber auch Nähe. Menschen lachen und sind dir dadurch nahe. Heike Eipeldauer Und würdest Du sagen, dass das Menschen verbindet? Weil Ihr ja oft nach Eurer Beziehung zum westlichen Kunstmarkt gefragt werdet, wo Ihr doch aus Osteuropa kommt usw. Glaubt Ihr, dass Humor etwas Universelles ist? Dan Perjovschi Die künstlerische Arbeit ist ziemlich homogen heutzutage. Ich war in Chile und auf anderen Kontinenten, und es gibt tatsächlich eine Form von Homogenität. Das variiert natürlich, in London ist es wahrscheinlich ein bisschen schwärzer. Es gibt verschiedene Geschmäcker, aber es gibt auch eine Gemeinsamkeit, und ich bin sehr stolz darauf, dass ich eine Zeichnung über Frankreich auf einer Wand in einem deutschen Museum machen kann und jemand aus den USA kann darüber lachen. Nedko Solakov Ich versuche meine Geschichten so universell wie möglich anzulegen. Auch wenn sie recht eigen sind und seltsame Themen haben, versuche ich doch in einer möglichst universellen Sprache verschiedene Menschen anzusprechen. Humor und Sarkasmus sind ein wesentlicher Teil dieses Prozesses. Darüber hinaus sind die meisten meiner Geschichten extrem persönlich, aber dann scheint es wieder, als ob sie doch einem Publikum, das aus mehr als einer Person besteht, etwas sagen könnten. Häufig identifiziert sich das Publikum mit den Protagonisten meiner Geschichten. Dan Perjovschi Ich glaube, für mich ist das auch ein Weg, Dinge zu verstehen, ansonsten sind die Dinge heutzutage so dramatisch. Das ist unerträglich! Wie kann man in so einer Welt leben? Da gab es zum Beispiel diese Frau, die im Iran vergewaltigt wurde und daraufhin mit 200 Peitschenhieben bestraft wurde, weil sie zu Jemandem ins Auto gestiegen war. Das ist eine völlig absurde Welt. Ich benutze den Humor, um sie zu verstehen. Nedko Solakov Ja, die Welt ist zu groß, also zeichne ich diese kleinen Kerle und Geschichten, um sie besser zu verstehen. Was ich heute tue, ist vermutlich genau dasselbe, was schon die prähistorischen Menschen getan haben: was sie nicht verstehen oder akzeptieren konnten – wie die schiere Größe eines wilden Tiers – zeichneten sie auf Höhlenwände, um sich ein wenig vertrauter damit zu machen. Dan Perjovschi Oder vielleicht auch, um es später besser jagen zu können. Nedko Solakov Um es zu verstehen, damit zurande zu kommen. Du malst es an die Wand und später – wenn die Angst sich verflüchtigt hat oder erträglicher geworden ist – dann jagst und isst du es, und so kann man beides besser runterschlucken: das Fleisch und die eigene Angst vor dem Tier, von dem das Fleisch stammt. Katarzyna Uszynska Was Euch beide betrifft, Eure künstlerischen Anfänge, wie und warum hat sich Eure künstlerische Praxis in Richtung Zeichnung entwickelt? Ihr habt beide an Akademien klassische Malerei studiert. Was macht das Zeichnen so interessant und herausfordernd für Euch? Nedko Solakov Ich habe meinen Abschluss in Wandmalerei gemacht; niemand hat mir je wirklich beigebracht, Gemälde zu machen, was gut war. Am Ende meines Studiums habe ich angefangen, diese satirischen kleinen Malereien zu machen. Bald begannen die Geschichten in den Bildern vorzuherrschen, und der Text erschien direkt auf der Leinwand. Später, in den achtziger Jahren, begann ich mit kleinen Assemblagen, Installationen, den Museumsinterventionen usw. Die ganze Zeit aber blieb das Machen von Zeichnungen als autonome Arbeiten, nicht als vorbereitende Skizzen für größere Werke, eine Konstante. Ich machte sie die ganze Zeit, egal wie groß die narrativen Projekte, die ich „hauptberuflich" mache, auch sind. Dan Perjovschi Ich habe auch einen Abschluss in Malerei, weil ich eine ausgedehnte Kunstausbildung hatte: Schule, Akademie. Am Ende dieser zwölf Jahre war mir die Kunst verhasst und auch das, was ich malte; und ich habe seitdem nie wieder gemalt. Und dann versuchte ich eine Sprache zu finden; und deshalb ging ich an einem bestimmten Punkt zurück bzw. erinnerte mich an die Zeit in der Schule, als ich für meine Mitstudenten Comics zeichnete. Aber das ist eine Erklärung ex post. Tatsache ist, dass ich zehn Jahre brauchte, um diese Sprache zu finden und dass es nicht geplant war. Ich fing an, künstlerische Zeichnungen zu machen, Grafik auf Papier oder was immer, und dabei kam mir das Papier abhanden. Meine Zeichnungen sind wegen der politischen Ereignisse in meinem Land so wie sie heute sind, weil ich für ein politisches Magazin arbeitete, das diese Ereignisse analysierte und ich musste sie illustrieren. Das war also ein Prozess, es passierte nicht über Nacht. Manchmal war ich auch deshalb unsicher, weil so was in meinem Land nie als Kunst wahrgenommen wurde. Es hieß, Comics seien eine niedere Kunstform, und ich spielte damit und sagte: „Okay, es gefällt Euch nicht; also bin ich Comiczeichner." Aber die Menschen haben einen engeren Begriff davon, und ich will nicht falsch eingeordnet werden. Ich definiere meine Zeichnungen nicht als Comics und auch nicht als Graffiti. Es sind Zeichnungen, aber sie sind auch komplexer als das. Ich habe auch versucht, etwas anderes zu machen, doch das war eine Sackgasse; ich begann, meine Sprache zu verdichten und nur noch Schwarz oder Weiß zu verwenden – als Statement gegen die Malerei und gegen die Art von Malerei, die man mir beigebracht hat. Wenn meine Lehrer sehen, was ich heute mache, sind sie wirklich eher entsetzt. Nedko Solakov Auch in Sofia gibt es Leute, die mir hin und wieder sagen, was für nette Bilder ich doch Anfang der Achtziger gemacht habe. Dan Perjovschi „Du warst doch so talentiert." Nedko Solakov Ja, und sie sagen: „Was machst Du denn jetzt? Dieser verfluchte Westen! Du hattest so schöne Gemälde." Katarzyna Uszynska Als Künstler aus ehemaligen kommunistischen Ländern seid ihr vielleicht noch immer mit dem Etikett eines „Künstlers aus Osteuropa" versehen. War das jemals nützlich für Euch, und inwieweit geht es Euch auf die Nerven? Nedko Solakov Ehrlich gesagt, wo ich im Moment stehe, ist es mir eigentlich egal. Ich schätze, für Dan ist es genauso. Es könnte Auswirkungen auf mich haben, wenn ich nicht diesen internationalen Ruf und alle diese Ausstellungen und so weiter hätte. Also für mich ist das in Ordnung. Aber ich weiß, dass es für manche Leute ein echtes Problem war, vor ein paar Jahren noch an diesen dem Balkan gewidmeten Ausstellungen teilzunehmen, darunter eine in Wien in der Sammlung Essl [*In Search of Balkania*, 2002, Neue Galerie am Landesmuseum Joanneum, Graz; *Blut & Honig – Zukunft ist am Balkan*, 2003, Sammlung Essl, Klosterneuburg; *In den Schluchten des Balkan*, 2003, Kunsthalle Fridericianum, Kassel]. Meinem Status als „internationaler Künstler" konnte das nichts anhaben, aber andere Künstler mit weniger Erfahrung liefen Gefahr, sofort als „Balkankünstler" abgestempelt zu werden, und diesen Ruf wird man nicht mehr los. Andererseits spielte ich mit den Arbeiten, mit denen ich an den drei Ausstellungen teilnahm. Nachdem ich begriffen hatte, dass *A Life (Black & White)* – eine Arbeit, bei der anzunehmen war, dass sie hier in Wien gut funktionierte, da all diese Leute die Arbeit von „normalen" Kunstbiennalen und großen Ausstellungen kannten – in einer Balkanausstellung nicht wirklich funktionieren würde, in der jeder „Balkan-Zeug" erwartet. So machte ich *Insolent Art #2* für die letzte Balkanschau in Kassel. Auf meiner riesigen Wand war nichts, nur ein kleiner handgeschriebener Text, der besagte: „Du, Zuschauer, bist Teil eines Publikums, das (besonders in der Zeit zwischen zwei Documenta-Ausstellungen) für meine Karriere nicht so wichtig ist; deswegen brauche ich hier nichts Wesentlicheres auszustellen." Dan Perjovschi Das mit der osteuropäischen Kunst, das ist so eine Sache, die kommt und geht. Manchmal, Ihr wisst ja, werden auch westlichen Künstlern geografische Stempel aufgedrückt; man denke nur an Künstler von der Ost- bzw. Westküste in den USA – was bedeutet das schon? Und darum ging es mir anfangs wie Nedko. Ich habe einfach von der Gelegenheit und der Aufmerksamkeit profitiert, dann machte ich mir ein bisschen Sorgen, und die Dinge funktionierten und ich entspannte mich wieder. 1993 dann hatte ich eine Performance, bei der ich mir – als Teil dieser Performance – „Rumänien" auf die Schulter tätowierte. Nedko Solakov Ist sie noch da? Dan Perjovschi Nein, denn 2003, aus Anlass der Schau in Kassel, machte ich eine Art „Leinwand in Aktion" und sie gaben mir Geld, also ließ ich sie entfernen. So wurde ich zum internationalen Künstler. Der Titel des letzten Projekts, das ich jetzt in der Kunsthalle Basel gemacht habe, lautete *I Am Not Exotic, I Am Exhausted*; und wie Du vorhin gesagt hast: viele Leute identifizierten sich damit und meinten: „Ich bin auch erschöpft." Für mich war das ein klares Zeichen, dass wir außerhalb dieser geografischen Ecke und auf einer anderen Ebene sind. Aber genau wie Nedko gesagt hat; wenn die von mir als „dem Künstler aus Bukarest oder Rumänien oder Osteuropa oder vom Balkan" denken, dann ist mir das egal, ich sehe das eher locker. Nedko Solakov Die Tatsache, dass wir diese Schau akzeptieren, obwohl wir uns völlig bewusst sind, dass sie Teil einer politischen Agenda ist – nachdem Bulgarien und Rumänien Anfang des Jahres in die EU aufgenommen wurden – spricht für sich. Das heißt, wir nehmen uns nicht nur als rumänische oder bulgarische Künstler wahr – wir sind einfach Künstler, die im Übrigen auch imstande sind mit solchen Agenden zu spielen. Heike Eipeldauer Der bulgarische Philosoph Alexander Kiossev beschreibt das Phänomen der „Selbst-Kolonisierung" und spricht von einer Identitätsmetamorphose ganzer Kulturen, die nun in den Herrschaftsbereich der EU geraten sind: diese würden fremde Werte und Zivilisationsmodelle importieren und durch diese fremden Modelle hingebungsvoll ihre eigene Authentizität kolonisieren. Würdet Ihr euch im Sinne Kiossevs als „selbstkolonisiert" bezeichnen? Dan Perjovschi Es ist als würde man eine Art von Denkweise und Kultur importieren. Und ich stimme zu, das ist im Kommen. Es ist nicht nur der Einzug der Erste Bank und von McDonald's; es ist die Art, wie die Erste Bank und McDonald's benutzt werden. Aber wir sind oder ich bin jetzt entspannt genug, um zu erkennen, dass sich ein großer Teil meiner Tätigkeit daraus ableitet, dass ich da oder dort lebe. In der Wiener Ausstellung wird nie direkt darauf Bezug genommen, dass er Bulgare ist und ich Rumäne. Darüber sprechen wir hier und heute. Nedko Solakov Und das hier steht mehr oder weniger im Zusammenhang mit der Welt im Allgemeinen.

>

Back to Back, Lombard-Freid-Projects, New York 2006
Dan Perjovschi/Nedko Solakov

EQUAL
EAT
FIT
CITY ZEN
REAL
20'68

Heike Eipeldauer and Katarzyna Uszynska talk to Dan Perjovschi and Nedko Solakov

November 28, 2007

Heike Eipeldauer One and a half years ago, you joined forces for your first collaboration in New York. *Back to Back*, a project which involved you working on either side of a wooden panel set up in an exhibition room at Lombard-Freid Projects – Nedko from the inside, Dan from the outside. How far does *Walls and Floor (Without the Ceiling)* differ from *Back to Back*? Did you change your collaborative strategy in any way? Could one talk about a complementary structure not only in architectural terms but also in the conceptual sense? Dan Perjovschi *Back to Back* was an object – a single statement in the middle of a gallery. We mingled on the walls a bit to create a context for it. In the tresor in Vienna we just worked the context. We worked directly on the architecture, but we didn't mingle, we respected each other's territories in a sense. So, Nedko is on the walls and I'm on the floor. It is different to that project. It is also different because the city and the location – an underground strong room – are different. That means something. The other location was an aboveground gallery. Nedko Solakov I think it's different now. But even though there is a clear division between the walls and the floor, I think there is no less symbiosis between the two of us here than there was in New York. Katarzyna Uszynska Is the architecture – the walls, ceiling, and floor – an indispensable part of an installation consisting of drawings and spatial context? What is the role of the architecture you use for your drawings? Dan Perjovschi It's more relevant now than it was in New York. That's true. Now the architecture provides the concept somehow. There, the object was the core of the gallery. We used the title *Back to Back* because that's what they call two episodes of a TV series being shown one after another. What connects the two projects is the fact that Nedko has the subject within the space – in New York, inside the object, and here, inside the room. And I bring something from the outside, from the political world. The principle is the same. But the look and the atmosphere are different. It's like you said: the architecture plays a role now. Heike Eipeldauer But *Back to Back* is also a metaphor for friendship, isn't it? Dan Perjovschi Sure. We took this as a kind of multiple interpretation, especially in New York. Also the physical description of the object: one on one side, the other one on the other side. You don't know who's on whose back. Nedko Solakov The construction was made of plywood, which we used as a support. We are now using the walls and floor in the same way. You know plywood always has patterns, so I employed them in the same fashion as I am now using the cracks and the bubbles – all the imperfections of the wall itself. For Dan, it was just a platform from which to deliver a message to the viewer. Heike Eipeldauer So you both consider the context. Dan focuses on recent macropolitical events while Nedko primarily reacts to a concrete space. Nedko Solakov What I have done now for the first time was to use the lights, the beams from the previous exhibition. So, I'm using all of these lighted surfaces of the wall as something given in the same way as I would use a piece of brush hair, or something in the wall, to create my stories. That's why, instead of placing a work of art on the wall and lighting it properly afterwards – which is the natural way –, I'm now employing the lit areas from the previous artworks, and incorporating my little creatures and my little stories into these lighted islands. Dan Perjovschi What's interesting is that you normally don't see the spots, because you focus on the art. You look at the art, you don't realise that there are lights there. Now you see the lights, you see the display. I think it's a kind of premiere here, with Nedko working with spotlights and me working with colours other than just black or white for the first time in my life. But, I think the adaptation you speak about comes naturally in Nedko's and my projects. You employ a different kind of thinking because the context and the space are different. The strategy may look the same, but it's a different time and place, with different people around who modify the general outcome a bit. Katarzyna Uszynska Nedko, as you also focus on the lighting of the exhibition, you seem to be concerned with the entire structure of the presentation of your work. How important is it for you to stay in control of all the elements of an exhibition? Did you go as far as to relate to the classical modern art exhibition upstairs? Nedko Solakov It's very important that we have the exhibition upstairs. For me, this matters because our art would not work if the whole venue, the Kunstforum, had a completely contemporary art agenda. Dan Perjovschi I think there is maximum contrast now. Nedko Solakov The contrast is maximal and this is good for us. I don't know if it's good for the Symbolist show upstairs, but if you had one of those contemporary art spaces and happened to be showing a couple of artists downstairs doing something on the wall and the floor it wouldn't produce the same impact, at least for me and hopefully for the viewers as well. The classical show at the top, very well-visited, the blockbuster type you have usually, and ours work well together. Katarzyna Uszynska One of your texts "(...) a gorgeous beauty with long red hair, partly covering her divine body (...)" has been – as you write yourself – inspired by the Symbolist exhibition on the upper floor of the Kunstforum. Nedko Solakov Yes, I had to have this little hook related to the show upstairs. But this one matters only if one can see and read everything else, very far away from the local, the tresor context, drawings and stories. Heike Eipeldauer You use the room the way you find it. How did you react to knowing about the former functional definition of the exhibition room as a strong room, in other words a place with clearly defined values? One could read comments like "TRESOR ME". Is it about playing with values on various levels? Nedko Solakov The good thing about this place is that it used to keep something that had a fixed value – money. While now, it holds "things", which, because of their ephemeral nature, may appear as insignificant and of little value. Nonetheless, people choose to come down and view them. Their value is completely different to the value of money, which would be very hard to obliterate. Unless, you were to rob the tresor. Dan Perjovschi That's why I decided to work with gold and make my lines more precious. The tresor here is pretty big; and since the room used to be a safe, you can imagine the amounts of stuff it used to contain – money, gold or whatever. I liked the contrast. It wasn't necessary for us to plan the object in minute detail, but it came out very well. There is a contradiction, right? It's a safe. It's there to ensure safety of its contents. Yet, it shall not. Heike Eipeldauer But you play with meaning on yet another level, namely the fact that the museum space itself is auratic and lends value. Dan Perjovschi Also with the knowledge that this is a museum, a place where you educate people and where you transmit a cultural definition of life. We are offering our definition. Heike Eipeldauer One thing that interests me is the "White Cube" notion. It was a US artist and critic, Brian O'Doherty, who formulated the concept of the "White Cube" in 1976 in Artforum. He describes it as a typical space for modern art, a neutral cell representing the separation of the aesthetic and the political spheres. And the ideology is that the White Cube presents itself as neutral, which in reality is an expression of specific social, economic and political interests. And my question would be: You realise your concepts of site-specificity that work with the context within the White Cube, within parameters indigenous to art. How far can this be compliant with – or how far does this undermine – the concept of the White Cube? How do you approach the White Cube? Nedko Solakov I don't take for granted that it is a perfect space with ideal walls. That's the same here. Because the notion of the "White Cube" is that of a perfect background for exhibiting two- or three-dimensional artworks, which in reality does not exist. You can't have such a surface. For me the actual white cube space is very stimulating with all its imperfections – a little drop of paint could become a little mouse or a tiny platform from where somebody's jumping down. They could be nice nests for my little creatures and stories to live in. In 2001, at P.S. 1, I did the first in the series of works called *A (not so) White Cube*. However, I first played with the wall of the White Cube in socialist Bulgaria at the beginning of 1988 when we didn't know anything at all about these capitalist White Cubes. [laughs] In a big solo show in Sofia I made "comments" on walls using the remains of the previous show's labels. Katarzyna Uszynska You also leave the traditional space of the White Cube, you use walls, buildings, public space, toilets and abandoned houses. These have been attractive targets for graffiti artists for many years. Why do you use these spaces? Nedko Solakov I can't really formulate it, but there is a huge difference between graffiti artists and the "other" artists. Katarzyna Uszynska Definitely. A lot of graffiti is done illegally. You work legally in places which have been allocated to you. Nedko Solakov No, the illegality is only one aspect. They do it illegally, but the illegal nature is relative – as soon as one of these works is taken to an auction and sold – see the recent madness around Banksy –, it isn't illegal any more. But they just want to express themselves somewhere and they do that in a kind of a strange context which not everybody knows. Ok, they do trains, but I've never heard of a graffiti artist who describes something the train thinks at that very moment. If I did graffiti on a train, I would speak on behalf of the train. Dan Perjovschi Nedko, I think the question also refers to how come we both use not only White Cubes, but also accommodate our discourse to rather "rough" territories. Perhaps the question itself provides an answer – because our way of working can adapt, or can go to places where other types of art can't. So, the statement can either try to survive in a very rough space, or use this rough space – like Nedko's one in a run-down apartment in Istanbul. I have a feeling that I can draw anywhere, absolutely anywhere, from an office to a staircase, to a toilet. The architecture serves as a support. I will adapt to it whether it's a dynamic staircase or a flat surface. One way or another, I will find a way of using it – and, by the way, this permanent marker stays. Heike Eipeldauer It really makes a fundamental difference to have this horizontal flat plane instead of going on the wall – in terms of production as well as reception. Nedko Solakov But I think it's quite a good difference. Usually when Dan does the things on the wall, you can hardly miss anything . . In Dan's work you see everything immediately. When I do my "doodles" on the wall, I usually have a lot of hidden things; people have to work to find them – the nicest part is to make the visitors curious enough to want to discover them by bending, kneeling, crouching. For this project, Dan and I have sort of changed places in the way we approach the audience, which is nice. Now, my stories are mainly placed on the well-lit parts of the wall, at a comfortable height and quite visible – although there is quite a bit of hidden stuff too. While Dan's drawings – even though they are quite clear when you look at them closely – from a distance, due to the neon reflections on the shiny floor, appear to the viewer step by step, island by island. They look like a game. Heike Eipeldauer Nedko, you graduated from the Fine Arts Academy in Sofia as a mural painter in 1981. Would you describe these localised and context-specific works as murals, though in a completely anti-monumental sense? Nedko Solakov Well, I do things on walls, so maybe they could be called murals as well. I must say that even though it was a very conservative academy and I could hardly say that I learned a lot there, there was one rule our old professor taught us which I still apply: the architecture comes first and you, as an artist, come second. Even if you work with an architect on a structure from the very beginning, so you can influence him/her, the thing that really matters is the building. You come second. As soon as you accept this, it becomes extremely easy. No space could ever take me by surprise. I can adapt to any kind of site by obeying its space, its architecture. At the end of the day, I can conquer it with my tiny legions of little guys. You have to be self-trained to do this and gain a lot of experience, but it is worth it. Dan Perjovschi Maybe that's where we differ. I didn't like school at all, and they taught us a similar sort of thing in a different, more political form. They said, "Architects are the best, you are nobody because you are a visual artist. Architects matter in society. You don't." I rebel against that. I refuse to hear that. No, my work is as important as everybody else's. That's why when I do drawings on walls I deny the architecture, in a sense. Nedko Solakov Ok, but you still adapt. If there's a corner, you don't deny it. Dan Perjovschi Sure. No, I don't rebel against that. But I understand perfectly what you are saying, and that's also very interesting in both our cases, because we have a history. We didn't just show up in the art world yesterday. It's a long, long history, twenty years of working in various formats and with various tactics, so that we now make our work look very easy. Just as figure skaters do. They make skating look fantastically easy – but just try doing it yourself! But it sometimes strikes you that you've done something too easily or too quickly. That's because, in a sense, it's like metabolism now, completely natural. Katarzyna Uszynska By looking at the title *Walls and Floor (Without the Ceiling)* itself one can conjecture your exhibition strategy – no complicated architectural conversions, no additional exhibition walls. You work with the structures that are already there. Does that have anything to do with your past – no infrastructure, no money? Have you made a virtue out of necessity in this way? Nedko Solakov No, not really. I keep producing a lot of pieces which remain afterwards – drawings on paper, paintings, installations, objects. On the other hand, I need this "line" of to-be-destroyed-after-the-show works. They keep me fresh, let's say. When I invent the little stories directly on the wall I often imagine the potential viewer and the way he/she may enjoy reading them. I speak to the viewer with these fables and, as with any spoken word, the drawings on the walls disappear into thin air. Sometimes they stay permanently in museums or in private collections but this happens only occasionally. Dan Perjovschi That's interesting. I specifically choose this tactic because it's very mobile. It does not put pressure on me in terms of transport, insurance etc. And I can still claim it's low budget, because I do critical art. I'm critical towards institutions, towards the art world, towards the world in general. I couldn't be critical while having a 100,000-euro budget. It's so funny today to see those "leftists" with huge budgets. I specifically stick to this tactic, which means it is very easy and very quick, and the control is in my hands. I don't give it away to technical teams or anyone else. And then there's also the fact that I have to be present. And that means that somebody has to invite me and that I have to travel. That means that I can leave the country, which was an obsession of mine for years and years. I was in a sort of jail and I dreamed of travelling. Now I can do it. Nedko Solakov Ok, I do it as well, but I'm scared of flying! Heike Eipeldauer The idea of vanishing, the transitional, even deliberate erasure is structurally integrated into your works. But at the same time, Dan, you told me that after some of your exhibitions had finished you literally had to force the organisers to paint over your drawings and that you sometimes even got into the situation of having to sign loan contracts for your drawings? Dan Perjovschi In two cases I had to ask them to make sure that they would paint over the work, because I realised that I was also part of the art market where anything could be bought or sold. You can even buy immaterial things these day. So, it's good that our works have their beginning and end. Heike Eipeldauer Isn't it another aspect that in the end the art system has no *modus operandi* for the kind of art you are doing? Dan Perjovschi I work with this paradox. Though, other artists sign loan contracts too, so there is no difference. On the other hand, if you just think in terms of conceptualising, one of the parameters of our work in this case is that it has a limited lifespan. Other work has different parameters – dimensions, for example. In our case, it's how long they will remain on show. In a sense, I understand this framework, and I sell some objects as part of my projects, namely the notebooks. Those go to collectors. Katarzyna Uszynska Your works are always adapted to the respective places and circumstances. To what extent are your drawings also characterised by a formal continuity and by your own very personal style? Can you tell me something about the relationship between flexibility and continuity, change and repetition of motifs and formal strategies in your work? Dan Perjovschi I repeat a lot. I have a sort of repertoire. I don't have it on paper but I have it in my mind, and I recycle some of the drawings just because the political or social situation I describe is similar, or because they are dead already on some other walls. They have been wiped away. Somehow, this gives me freedom because we have to invent a number of elements in a limited time. It's not so easy. Sometimes I can do it in three days, sometimes I need two weeks to invent a lot of stuff. It's not as if I can program myself like a machine. This is a form of security, my own safe. I repeat them and in a way I control the space because I know the drawings. I just fix the space with drawings I know and then I can invent others. Nedko says it's a permanent balance between improvisation and very strict, toxic precision, between a spontaneous act and very taut content. I balance the two. I think here we also differ a bit. Nedko Solakov I don't really repeat. There is one text, "good luck to my beloved people", which appears everywhere. It's for my family. But otherwise – very rarely. Ok, there is one little spider here which appears in other places too, but these many-legged guys tend to migrate, you know. All other things are done specially for here. I am constantly preparing for these stories of mine in a kind of relaxed way, watching movies – I love movies … Dan Perjovschi Narratives. Nedko Solakov Yes, I love those kinds of narratives. Not that my stories come out of movies, but that's the best way for me to relax – watching movies on weekdays, in an empty cinema. And of course I also read a lot of newspapers updated with the absurdities taking place in my country. It's interesting for our discussion to note the way we do things: My way is to force myself not to think in advance about what I'm going to do. I never try to invent a story in advance – of course I am not talking about my mixed media narrative installations where obviously the stories are done in another way. I just enter a given space at a certain moment, take a pen, or in the tresor's case – a brush and ink, and I intuitively go to an area in the space. Then everything comes naturally: what exactly to "use" from that bit of the wall to accommodate the story, which instantaneously pops up in my head and a second later jumps onto the wall. That's the way I need to do it because, I think, my ability to have this immediate reaction to something is what people find most interesting. Then comes the next story, not necessarily next to the first one. This may sound immodest, but over the years I have become quite a specialist in how to tell a story in a space and how to guide people in a gentle but firm way. Once, during a solo show called *Chat* at IASPIS in Stockholm, I noticed that in a particular area of a seemingly empty space, where I'd done some "doodles" in an intuitive order, people who looked at them, believe it or not, repeated the movements of my body while I was producing them – first bending a bit to read something close to the floor, then turning to the right and going to a corner with another silly story and then – to the left, having noticed another one. One important thing for such work is that the people with their behaviour complete the piece. The audience makes it alive. Dan Perjovschi For me, the pre-processing is the key part of my work. I'm not very spontaneous in the room. I go out, I draw each element, and search for each image. Then I go into the room and I plan it. And everything is documented in a notebook. Katarzyna Uszynska Dan, at first glance your drawings seem simple and reduced, they could almost be taken for children's scribblings. Nedko's works are also often associated with children's fairytales with all their fantasy and poetry. Is this a strategy to communicate your ideas more easily? Nedko Solakov Yes. When I was a student, I was famous for the fact that I could tell jokes for hours. Now, I can hardly remember any jokes. At the same time I think I still have my sense of humour and an ability to "entertain" people. But in an exhibition space, I don't necessarily see their reactions to my own "jokes" and have to imagine them. It is convenient, though you don't make many friends this way. Heike Eipeldauer What dimension does the linguistic aspect in your work have for the production of meaning? Your work operates between the charged polarities of image and text. But I have the feeling that neither does the image seem to unfold in the text, in other words, accompany the text as mere illustration, nor does the text take on a merely descriptive role. Nedko Solakov Yes, that's true. Heike Eipeldauer And could you elucidate the role of text in the production of meaning in your works? Does it differ? Nedko, you often use long passages, Dan, you have short commentaries. Dan Perjovschi For me, the text is part of the drawing. I don't separate the two. It's part of the image. Like Nedko, I don't even draw the image sometimes. It's just text. That's the drawing. And I do this even in the magazine I work for in Bucharest. I also need text because I use a very limited range of vocabulary – a square can signify a museum, a painting, a head etc. So, I have to use text in order to name things or point the viewer in the right direction. It's kind of complementary. But it's so instinctive now, it's just part of the image. In the last six years I have been writing small newspaper columns, which have consisted of ten words sometimes, like *haiku*, or political statements. And in a way they are like drawings too, because they form an image which conveys a meaning. Nedko Solakov For me, the text and image are absolutely inseparable. They are one unit. When I do my drawings – the usual for me is 19 x 28 cm, sepia, black and white ink, and wash on 850 grams Arches paper drawings, which have become kind of common –, I always have stories under the drawn image. When I draw an image I vaguely know how the story will evolve. I start writing it at the bottom of a sheet of paper. How a story might unfold within this very limited space of 2–3 cm has been a source of my personal suspense in recent years. In general, I don't know how the story will end, so it is thrilling to try to complete it in a logical still quite absurd way, and to do so on the remaining millimetres of the paper. But neither is the text an explanation of the image nor is the image an illustration of the text. They can't work other than together. Sometimes, after a story has been written, there is no need to work on the image. Usually, this is the case with the little guys who have to be done *alla prima* and any additional intervention from me would be stupid – the same applies to my doodling on walls, it has to be done *alla prima*. But if a drawing is executed in a more classical fashion it needs a lot of rendering afterwards. Sometimes, it takes weeks before I achieve the atmosphere I need. The drawings go in series of 7, 9, 12, 15 … The biggest so far has been the *99 Fears* documenta 12 series. When a series is complete, I call my editor and he corrects the striking mistakes. We are in a constant negotiation process. I whiten the errors up – or cover them with black, depending on the general background – and write the better words on top. I am not able to write these stories outside of the actual drawing. I have to write them on the original paper. The same goes for the wall drawings. None of the stories are invented on another basis, they all come to life in a specific space. Of course for the *A (not so) White Cube* type of works I never ask an editor to correct my English. My Bulgarian English seems to work. It becomes part of the work itself. Dan Perjovschi It's part of the image. Heike Eipeldauer The reason why you use English is just to reach a large audience? Dan Perjovschi I use very simple movie English and my intention is very clear: I somehow have to address people who don't necessarily have a knowledge of English. So, I often use words which are already iconic and can be comprehended by anyone. My biggest experience with text was in the USA in 1994 when I did a cumulative installation, drawing every day and putting the drawings on the walls. And then I asked the people at the exhibition venue to check my spelling, and they said, "Forget it. It's funny. Just leave it like that." So, since that moment I've been kind of free to do what I want. Nedko Solakov I know that some works may "sell" better if I use the exotic Cyrillic alphabet. There is only one reason to use English – I want to communicate something to as many people as possible, in the simplest possible way. Like it or not, nowadays English is the universal language. Dan Perjovschi It's a kind of *lingua franca* – vocabulary you feel you can read without any knowledge of English. I'm very aware of this fact. Katarzyna Uszynska Drawing is generally perceived as intimate, and as far as its preservation is concerned, as a medium which doesn't tolerate light. Whereas you, Dan, forgo the protective glass of picture frames as well as light-protected print rooms. You reserve traditional drawing paper for your notebooks. Does classical drawing serve strictly as a sketch for later works on walls, glass facades and floors? Nedko, you once said: "The greatest challenge as regards wall scribblings is the fact that 99 percent of these works are painted over again and will completely disappear at some stage. That attracts me." Is drawing purely a temporary phenomenon in your case? Dan Perjovschi I use the term "performative art", because somehow the drawing – the action in itself – is sometimes part of the project. And afterwards we see how the public dances in front of the wall or point to the floor in a kind of performance. And I'm really interested in that, because museums look dead these days. And people look so bored and tired after seeing them. And in my experience, when they see my installation they kind of lighten up. A bit of life kind enters into them, whatever that means. So, I'm really interested in performative art, and the destruction of it, and I think that drawing is one of the most relevant media today. The speed, the power you can use, the great adaptability of it. I find it corresponds to the life we have now. Nedko Solakov It's like talking to people. This type of drawing comes closest to talking to people. Dan Perjovschi You know that in the early nineties I did some performances involving the body; in post-Communist Romania the body was considered very radical. It was also cheap. Your own body was the cheapest material you could get. And then somehow I liked that idea. For me action drawing, and body movement is still radical. I like the edge it has. I don't want to end up in the Albertina. [laughter] Nedko Solakov You will, don't worry ... Heike Eipeldauer Nedko, your programmatic work *A Life (Black & White)* points to an unfinished, unfinishable work. It remains unfinished at every point in time throughout the duration of its existence. A state of incompletion is in a certain way a basic characteristic of modern works of art. Dan, when you are asked about your most recent project, you often say "My work is endless." Is your work unfinishable? How central is the question of finishing in your work? At what point do you realise your work is finished? Nedko Solakov That's is a very important thing – to know where to stop. It's just a feeling – I get the feeling that I should stop now. Which doesn't necessarily mean that I will not do something a little later on. For example, I did something in the tresor just now: After the "welcoming" text was wiped away by your employee, I reacted with this "artist's revenge" kind of line wishing that his or her savings would melt away next year. But then somebody told me that the guy had no bank account so I've just written a sentence about the guy not having an account. When you read it you are likely to feel pity for the poor guard rather than sympathise with the pissed off artist. I know that, but being self-ironical is part of the job. Dan Perjovschi I know precisely when I can start But I really don't know when to stop. Right now I feel I could go in there and keep drawing for a month, which would make the image tighter. Though, I don't know if I'd be doing it any favours. The same goes for my documentation. I just can't stop. I finish one notebook only to start another. And, at some point we both instinctively say, "Maybe now it's ok." Somehow, I dislike the idea of an "end". And even when the works are painted over it doesn't feel like an end to me, more like freeing space for others. Heike Eipeldauer But you have a structure of a beginning and end. Dan Perjovschi Yes, but I can't say, "Ok, I've finished a notebook." I have to go on. But it's an important question, and I still have problems defining the end of the project. And that may be because I have been very mobile lately, I've been moving from one wall to another. For me it's as if the same project was happening on on different surfaces. That's why I can't define an end, and I perhaps don't even like the idea. My work involves a lot of improvisation. It's like with jazz musicians – when they start to improvise it's very hard to say when they will come back to the original tune. They might play the same tune, the same melody in a different way tomorrow, maybe longer, maybe shorter. I feel a bit like that. Katarzyna Uszynska Dan's remark about your joint exhibition was, "Just as political and social reality improvises, so do we." Is improvisation an important part of your artistic strategies? Nedko Solakov I don't know, maybe. Dan Perjovschi My society has changed enormously and in some parameters nothing has changed at all. I'm at a loss trying to define what exactly happened there. So, I am in a state of improvisation as a kind of structure, that's absolutely clear. I come from a working-class background, and my only wealth or fortune has been how smart I could be, to adapt and react to society, which is something very immaterial. You have to really deploy your talent, or whatever it is, in different circumstances – this forms my basis. I also like the fact that somehow I have everything with me, in my notebook. And that gives me some freedom to flow. For me, humour and self-criticism come from the state of temporality. This is a crucial element in both our work. Humour is also a very interesting phenomenon because it creates a distance of judgement, and also closeness. When people laugh they are close to you. Heike Eipeldauer And would you say that connects people? Because you are often asked about your relationship with the Western art market, coming from Eastern Europe and so on. Do you think humour is something that is universal? Dan Perjovschi In a certain way artistic work is pretty homogeneous in our days. I have been to Chile and to some other continents, and there is a kind of homogeneity. Of course, it varies. In London it is a bit darker perhaps. There are different flavours, but there is a commonality, and I am very proud that I can do a drawing about France on a wall in a German museum and someone from the US can laugh about it. Nedko Solakov I try to make my stories as universal as possible. Even though they are very peculiar and have very strange subject matter, I try to speak to different people in a universal type of language. Humour and sarcasm are an essential part of this process. On top of this, most of my stories are extremely personal, but then again – it seems that they are able to speak to a more-than-one-person crowd. Very often the audience identifies with the protagonists of my fables. Dan Perjovschi I think that for me it's also a way of understanding things. Otherwise things are so dramatic these days. It is unbearable! How can we live in a world as it is? That woman who was raped in Iran and punished with 200 lashes because she broke the law by entering a man's car. The world is totally absurd. I use humour to understand it. Nedko Solakov Yes, the world is too big, so I draw these little fellows and stories in order to understand it better. What I do now, I suppose, is just like what prehistoric men did. Things that they couldn't understand or accept, like the sheer dimensions of a fierce beast … in order to tame it they drew it on a cave wall. Dan Perjovschi Or maybe more precisely they did that in order to hunt it! Nedko Solakov

In order to understand it, to cope with it. You put it on the wall, and later eat it. When the fear is gone or at least is more acceptable and you can swallow both better: the meat and your own fear of the beast the meat comes from. **Katarzyna Uszynska** And as far as you are concerned, how and why did your artistic practice develop towards drawing since you both studied classical painting at art academies? What makes drawing so interesting and challenging for you? **Nedko Solakov** I graduated in mural painting. Nobody really taught me how to paint, which was good. I started producing small satirical paintings at the end of my studies. Soon, the stories in the paintings became dominant and the text appeared directly on the canvas. Later on, in the eighties, I started with small assemblages, installations, museums interventions and so on. But all the time, the making of drawings as autonomous pieces, not preparatory sketches for bigger works, was a constant activity. I keep doing them all the time, no matter how big the narrative projects I do as a "main" job are. **Dan Perjovschi** I also graduated in painting. I had extensive training in art: primary school, high school, academy. At the end of these twelve years I hated art, I hated what I painted, and I never painted again. Later, I was searching for a language; and there was a moment when I regressed or remembered that stage at school where I drew cartoons for my fellow students, which made them laugh. But this is a post-explanation. The fact is that I needed ten years to find my language. I hadn't planned it. I started doing artistic drawing, graphic art on paper etc., but I gave up paper along the way. My drawings are the way they are because of the political events in my country, because of the fact that I worked for a political magazine that analysed those events; and I had to illustrate them. So, it was a process, it didn't happen overnight. Sometimes, I lost confidence in my work because it was not perceived as art in my country. They said cartoons were an inferior form of art. I played along with that, I said, "Ok, if you don't like it call me a cartoonist." But people have a narrow understanding of the term, and I don't want to be misplaced. I don't see my drawings as cartoons, nor as graffiti They are drawings, but they are much more complex than that. I also tried to do something else but it turned out to be a dead end. Instead, I began to narrow the language and I started to use only black and white – as a statement against painting, especially the type of painting which they taught me to do. When my teachers see what I do now they are really rather horrified. **Nedko Solakov** There are also people in Sofia who tell me once in a while what nice paintings I used to do in the early eighties. **Dan Perjovschi** "You were so talented!" **Nedko Solakov** Yes, they say, "What are you doing now? This bloody West! You had such beautiful paintings." **Katarzyna Uszynska** As artists from the former Communist countries, you still perhaps carry the label of "an artist from Eastern Europe". Was that ever useful for you, and to what extent does it get on your nerves? **Nedko Solakov** To be frank, it doesn't really matter to me now. I guess it's the same with Dan. It could affect me if I didn't have this international reputation, all of these exhibitions and so on. It's fine as far as I'm concerned. But I know that for some people it was a real problem to participate in these Balkan-dedicated exhibitions a few years ago, including the one in Vienna in the Essl collection [*In Search of Balkania*, 2002, Neue Galerie am Landesmuseum Joanneum, Graz; *Blut & Honig – Zukunft ist am Balkan*, 2003, Sammlung Essl, Klosterneuburg; *In den Schluchten des Balkan*, 2003, Kunsthalle Fridericianum, Kassel]. It couldn't hurt my "international artist" status, but other artists with less experience could have been immediately labelled as "Balkan artists", and then you just can't take that stain away. On the other hand, I did play with the works which I exhibited at those three shows. I realised that *A Life (Black & White)* – a piece which was bound to be successful here in Vienna because all the people knew the work from "normal" art biennials and big shows – wouldn't really work in a Balkan context where everyone expected to see "Balkan-stuff". So, I did *Insolent Art #2* in the last Balkan show in Kassel. On my huge wall there was nothing, no art work, only a small handwritten text saying: "You, viewer, are part of an audience, which (especially between two documenta exhibitions) is not so important to my career; therefore, it is not appropriate for me to exhibit something more substantial here." **Dan Perjovschi** This is an on and off thing with Eastern European art. And sometimes you know that even Western artists are branded geographically. If you think about East Coast or West Coast artists in the States – what does it mean? And so at the beginning I was like Nedko. I just profited from the opportunities and the attention, then I got worried a bit but things functioned, so I relaxed. Then, in 1993, I had a performance where I did a tattoo. I tattooed Romania on my shoulder, as part of a performance. **Nedko Solakov** Is it still there? **Dan Perjovschi** No, because in 2003 on the occasion of the show in Kassel I did a kind of a "canvas in action" and they gave me the money, so I had it removed. Then I became an international artist. The title of the last project I did at the Kunsthalle Basel was *I'm Not Exotic, I'm Exhausted*, and many people, as you said earlier, identified with that and said, "I'm exhausted too." For me that was a clear sign that we were out of that geographical place and on another plateau. But exactly as Nedko said, it doesn't matter whether they think of me as an artist from Bucharest, or Romania, or Eastern Europe, or from the Balkans, or whatever. I'm relaxed about it. **Nedko Solakov** The fact that we are accepted this very show, being fully aware that it's also part of a political agenda – Bulgaria and Romania accepted into the EU earlier this year –, speaks for itself. This means that we do not perceive ourselves only as Romanian or Bulgarian artists – we are just artists who are able to play with such agendas as well. **Heike Eipeldauer** Describing the phenomenon of "self-colonisation", the Bulgarian philosopher Alexander Kiossev refers to the metamorphosis of the identity of entire cultures who have now come under the domain of the EU: they import alien values and models of civilisation by themselves and devotedly colonise their own authenticity through these foreign models. So, in Kiossev's terms would you refer to yourselves as "self-colonised"? **Dan Perjovschi** It's as if you import some way of thinking and culture. And I agree, it is coming. But it's not only about the arrival of McDonald's and Erste Bank. It's about the way Erste Bank and McDonald's are being used. But I think we are relaxed enough now, and I am relaxed enough now to recognise that a part of what I do comes from the fact that I live here or there. In the Vienna exhibition there are no direct references to the fact that he is Bulgarian and I am Romanian. We are speaking about the here and now. **Nedko Solakov** And this here is more or less connected to the world in general.

Dan Perjovschi
geboren 1961 in Sibiu, Rumänien.
Lebt und arbeitet in Bukarest.
born 1961 in Sibiu, Romania.
Lives and works in Bucharest.

Zu seinen letzten Einzelausstellungen zählen *What Happened to Us?* im Museum of Modern Art, New York, 2007, *The Room Drawing* in der Tate Gallery of Modern Art, London, 2006 und *On the Other Hand* im Portikus, Frankfurt am Main, 2006.

Er nahm an Gruppenausstellungen teil wie *Brave New Words* im Walker Art Center Minneapolis, *Le Nuage Magellan* im Centre Georges Pompidou, Paris, der 52. Biennale von Venedig 2007, *The Vincent* im Stedelijk Museum, Amsterdam, der 2. Biennale von Sevilla 2006 und der 9. Bienniale von Istanbul, *New Europe* in der Generali Foundation, Wien, *I Still Believe in Miracles/Dessins Sans Papier* im Musée d'Art moderne de la Ville de Paris, 2005.

Seine erste Retrospektive *State of Mind* wurde im August 2007 im Nasher Museum Art der Duke University in Durham (North Carolina) eröffnet.

2004 erhielt Perjovschi den George-Maciunas-Preis.

His recent solo exhibitions include *What Happened to Us?* at MoMA, New York in 2007, *The Room Drawing* at the Tate Modern, London and *On the Other Hand* at Portikus Frankfurt in 2006.

He participated at group shows like *Brave New Worlds* at the Walker Art Center Minneapolis, *Magellanic Cloud* at Centre Georges Pompidou Paris or the 52nd Venice Biennial in 2007, *The Vincent* at Stedelijk Museum Amsterdam, the 2nd Sevilla Biennial in 2006 and the 9th Istanbul Biennial, *New Europe* at Generali Foundation Vienna and *I Still Believe in Miracles/Dessins Sans Papier* at Musée d'Art moderne de la Ville de Paris in 2005.

His first retrospective *State of Mind* opened at Nasher Museum at Duke University, Durham, North Carolina, in August 2007.

Perjovschi received the George Maciunas Prize in 2004.

Nedko Solakov
geboren 1957 in Tcherven Briag, Bulgarien.
Lebt und arbeitet in Sofia.
born 1957 in Tcherven Briag, Bulgaria.
Lives and works in Sofia.

Seit Anfang der neunziger Jahre hat er vielfach in Europa und in den USA ausgestellt.

Seine Arbeiten waren bei der Aperto '93 (Biennale von Venedig) ebenso vertreten wie bei der 48., 49. und 50. und 52. Biennale von Venedig, der 3. und 4. und 9. Biennale von Istanbul, der Biennale von São Paulo '94, der Manifesta 1 in Rotterdam, der 2. und 4. Biennale von Gwangju, der 5. Biennale von Lyon, der Sonsbeek 9 in Arnheim, der 4. und 5. Biennale von Cetinje (Montenegro), der 1. Biennale von Lodz, der 7. Sharjah-Biennale (Vereinige Arabische Emirate), der 3. Triennale von Tirana, der 2. Biennale von Sevilla, der 2. Biennale von Moskau und der documenta 12.

Zuletzt hatte er Einzelausstellungen im Museu do Chiado, Lissabon, in der Stichting De Appel, Amsterdam, im CCA Kitakyushu, Japan, im Museo Nacional Centro de Arte Reina Sofía, Madrid, im Israel Museum, Jerusalem, im Centre d'Art Santa Mònica, Barcelona, sowie im Kunsthaus Zürich.

2003–2005 zeigten das Casino Luxembourg, das Rooseum Malmö und das O.K Centrum Linz unter dem Titel *A 12 1/3 (and even more) Year Survey* eine Retrospektive seines bisherigen Lebenswerks. Seine nächsten Einzelausstellungen werden im Kunstmuseum Bonn, Kunstmuseum St. Gallen und der Ikon Gallery, Birmingham, gezeigt.

Since the beginning of the 1990s he has exhibited extensively in Europe and the United States.

His work was featured in Aperto '93 (Venice Biennial); the 48th, 49th, 50th and 52nd Venice Biennials; the 3rd, 4th and 9th Istanbul Biennials; São Paulo '94; Manifesta 1, Rotterdam; the 2nd and 4th Gwangju Biennials; the 5th Lyon Biennial, Sonsbeek 9, Arnhem, the 4th and 5th Cetinje Biennials, the 1st Lodz Biennial; the 7th Sharjah Biennial, United Arab Emirates; the 3rd Tirana Biennial; the 2nd Seville Biennial; the 2nd Moscow Biennial and documenta 12.

Recently he put on solo shows at Museu do Chiado, Lisbon; Stichting De Appel, Amsterdam; CCA Kitakyushu, Japan; Museo Nacional Centro de Arte Reina Sofía, Madrid, The Israel Museum, Jerusalem; Centre d'Art Santa Mònica, Barcelona and Kunsthaus Zürich.

In 2003–2005 an extensive mid-career retrospective *A 12 1/3 (and even more) Year Survey* was presented at Casino Luxembourg, Rooseum Malmö and O.K. Centrum Linz. Among his forthcoming projects are solo exhibitions at Kunstmuseum Bonn, Kunstmuseum St. Gallen and Ikon Gallery, Birmingham.

Heike Eipeldauer, geboren 1978 in Wien, studierte Kunstgeschichte und Rechtswissenschaften mit dem Schwerpunkt Kulturrecht in Wien und Dijon. 2000–2005 personale und mediale Kunstvermittlung am Museum moderner Kunst Stiftung Ludwig Wien (MUMOK) und am BA-CA Kunstforum, Wien. Seit 2004 Kuratorin am BA-CA Kunstforum, Wien. Zahlreiche kuratorische Projekte und Essays zur modernen und zeitgenössischen Kunst.

Heike Eipeldauer, born 1978 in Vienna, studied art history and law with the emphasis on cultural law in Vienna and Dijon. 2000–2005 personal and media-based cultural educator at the Museum moderner Kunst Stiftung Ludwig in Vienna (MUMOK) and at the BA-CA Kunstforum, Vienna. Since 2004 curator at the BA-CA Kunstforum, Vienna. Numerous curatorial projects and essays on modern and contemporary art.

Annemarie Türk, geboren 1953, Studium der Geschichte und Politikwissenschaft an den Universitäten Salzburg und Wien, Kulturmanagement an der Hochschule für Musik und darstellende Kunst in Wien, Feministisches Grundstudium in Wien und Strobl/OÖ. Arbeit im Theaterbereich als Dramaturgin, Produktionsleiterin und P.R.-Verantwortliche (u. a. Jura-Soyfer-Theater Wien, Schauspielhaus Wien), Assistentin von André Heller (u. a. Feuertheater Berlin, Begnadete Körper). Seit 1992 arbeitet sie für KulturKontakt Austria und übernahm dort 1995 die Bereichsleitung Kulturförderung und Sponsoring. Zahlreiche Vorträge und Seminare zum Thema Sponsoring im In- und Ausland. Lehrauftrag IKM/Universität für Musik und darstellende Kunst Wien.

Annemarie Türk, born 1953, studied history and political science at the Universities of Salzburg and Vienna, and cultural management at the University of Music and the Performing Arts Vienna, and the fundamentals of feminism in Vienna and Strobl/Upper Austria. Has worked in the field of theatre as a script editor, production manager and P.R. manager (i.a. Jura Soyfer Theatre Vienna, Schauspielhaus Vienna), and as Assistant to André Heller (i.a. Fire Theatre Berlin, Gifted Bodies). Has worked for KulturKontakt Austria since 1992, and took up the post of Department Manager for Cultural Cooperation and Arts Sponsorship in 1995. Numerous lectures and seminars on the theme of sponsorship in Austria and abroad. Part-time lecturer at the Institute of Culture Management Studies of the University of Music and the Performing Arts Vienna.

Katarzyna Uszynska, geboren 1975 in Warschau, studierte Kunstgeschichte und Slawistik an der Universität Wien. 2001–2002 und 2004–2005 kuratorische Assistenz an der Kunsthalle Wien, 2002 wissenschaftliche Assistenz am Leopold Museum Wien. 2004–2006 Assistenz des Direktors, Charim Galerie, Wien. Seit 2007 Projektleiterin bei KulturKontakt Austria. Seit 2003 tätig als freie Kuratorin. Seit 2007 Initiatorin des Projekts im öffentlichen Raum *uszynska schaufenster* in Wien.

Katarzyna Uszynska, born 1975 in Warsaw, studied art history and Slavonic philology at the University of Vienna. 2001–2002 and 2004–2005 Assistant Curator at the Kunsthalle Wien, Vienna, 2002 Scientific Assistant at the Leopold Museum Vienna. 2004–2006 Assistant to the Director, Charim Galerie Vienna. Since 2007 Project Leader at KulturKontakt Austria. Has worked as an independent curator since 2003. Since 2007 initiator of the public space project *uszynska schaufenster* in Vienna.

Impressum
Imprint

Herausgeber/Editor
KulturKontakt Austria
Bank Austria Creditanstalt
BA-CA Kunstforum

Redaktion/Editing
Katarzyna Uszynska

Grafische Gestaltung/Graphic design
MVD Austria – Michael Rieper,
Christine Schmauszer

Transkription/Transliteration
Mike Delaney (engl.)

Übersetzung/Translation
Mike Delaney (engl.)
Michael Strand (dt.)

Lektorat/Copy-edit
Mike Delaney
Heike Eipeldauer
Aneta Graham
Lisa Kreil
Katarzyna Uszynska

Bildbearbeitung/Image editing
MVD Austria – Michael Rieper,
Christine Schmauszer

Bildnachweis/Picture credits
Martin Hesz, Wien/Vienna
Lombard-Freid Projects, New York (S./pp. 82–83)
MVD Austria – Jakob Winkler (S./pp. 14–15, 28)

Druck/Print
Remaprint, Wien/Vienna

Auflage/Edition
1000

Erschienen im
Verlag für moderne Kunst Nürnberg
Luitpoldstraße 5, D-90402 Nürnberg
Telefon +49-911-240 21 14
Fax +49-911-240 21 19

Printed in Austria

ISBN: 978-3-940748-19-5

Bibliografische Information der Deutschen Nationalbibliothek
Die Deutsche Nationalbibliothek verzeichnet diese Publikation in der Deutschen Nationalbibliografie; detaillierte bibliografische Daten sind im Internet über http://dnb.d-nb.de abrufbar.
Bibliographic information published by the Deutsche Nationalbibliothek
The Deutsche Nationalbibliothek lists this publication in the Deutsche Nationalbibliografie; detailed bibliographic data are available in the Internet at http://dnb.d-nb.de.

Distributed in the United Kingdom
Cornerhouse Publications
70 Oxford Street, Manchester M1 5 NH, UK
Phone +44-161-200 15 03
Fax +44-161-200 15 04

Distributed outside Europe
D.A.P. Distributed Art Publishers, Inc.
155 Sixth Avenue 2nd Floor,
New York, NY 10013, USA
Phone +1-212-627 19 99
Fax +1-212-627 94 84

Ausstellung/Exhibition

Walls and Floor (Without the Ceiling), tresor des BA-CA Kunstforums, Wien
30. November 2007 – 3. Februar 2008

Walls and Floor (Without the Ceiling), tresor, BA-CA Kunstforum, Vienna
30. November 2007 – 3. February 2008

Kuratorisches Team/Curatorial team
Heike Eipeldauer
Annemarie Türk
Katarzyna Uszynska

KulturKontakt Austria

Geschäftsführer/Director
Dr. Kurt Wagner

Leiterin Kulturförderung + Sponsoring/
Head of Culture + Sponsoring
Annemarie Türk

Universitätsstraße 5
1010 Wien/Vienna, Österreich/Austria
www.kulturkontakt.or.at
kulturfoerderung@kulturkontakt.or.at

KulturKontakt Austria

Bank Austria Creditanstalt
Ein Mitglied der UniCredit Group

BA-CA Kunstforum
Dating Art in Vienna

Estelle Blaschke
Banking on Images: The Bettmann Archive and Corbis

Estelle Blaschke

Banking on Images: The Bettmann Archive and Corbis

Analysis & Excess
Spector Books

Acknowledgements

The author would like to thank Claire Bacher, Matthias Bruhn, François Brunet, Mirjam Brusius, Tanja von Dahlern, Lorraine Daston, Nathalie Doury, Sébastien Dupuy, Linda Earme, Elizabeth Edwards, Jeff Guess, André Gunthert, Ann Hartmann, Ken Johnston, Anne König, Sarah Lamparter, Audrey Leblanc, Armin Linke, Olivier Lugon, Nora Mathys, Kito Nedo, Michel Poivert, Els Rjiper, Sarah Scott Kubiak, Helmut Völter, Jan Wenzel, Kelley Wilder.

Introduction

On June 26 in 1843, William Henry Fox Talbot, the inventor of photographic reproducibility, the first negative-positive technique known as calotype, signed an agreement with the French entrepreneur and 'capitalist' Eugène Maret, Marquis de Bassano.[1] The document transferred the patent for the commercial exploitation of Talbot's groundbreaking invention to Maret for the period of fifteen years in exchange for a quarter of the profits generated by the sale of calotype paper and the finished prints as well as the extensive promotion of "the merit of Mr. Talbot's invention"[2] in France; this would, as Talbot's mother Lady Elisabeth Fielding marvelled, "produce more fame ..., besides eventually more money."[3] For the Marquis de Bassano the acquisition of a photography patent was just one of his numerous investments, which were primarily focused on the thriving mining industry. However, Bassano sensed the enormous potential of the calotype process, a technique that Talbot assured him "was simpler, much simpler"[4] than the daguerreotype, and was capable of producing "a hundred copies"[5] of the original picture that could "be kept for an indefinite period of time."[6] Shortly thereafter, the *Société Calotype* was established in Paris to instruct 'artists' in the creation of calotypes, "of which the results are so perfect that they assure success."[7] It set up a workshop in which the production of copies was to be carried out by unskilled workers, women and children, since according to Talbot "making the copies is merely a mechanical affair."[8] Bassano anticipated big business, a production and licensing scheme on an industrial scale with "a veritable swarm of artist-photographers at every corner of France,"[9] creating a growing stock of negatives. The company, consisting of several associates, was to embrace capitalist methods, namely geographical expansion, the division of labour and efficient administrative structures. Although the venture failed and Bassano and his associates withdrew from the photography business by ceding the patent back to Talbot in 1845, it was the first attempt to commercially exploit photography as a means of making and copying pictures mechanically.[10]

Photography and its dual role of reproducing the existing world and producing quasi-identical copies from a negative, was applauded by some and condemned by others. Charles Baudelaire, mocking commercial photography, was sorely alarmed about the medium's imminent future and its power to undermine the established categories of art and culture. In Baudelaire's view, photography should be limited to a state of servitude, to simply recording the past in order to "rescue from oblivion those tumbling ruins, those books, prints and manuscripts, which time is devouring, precious things whose form is dissolving and which demand a place in the archives of our memory ...."[11] At about the same time, in his 1859 article "The Stereoscope and the Stereograph," the American physician and writer Oliver Wendell Holmes advocated for the creation of "enormous collections of forms [of reproduced images]... classified and arranged in vast libraries, as books are now."[12] Despite its various shortcomings, especially in the early decades, contemporaries marvelled at the prospect of this new technology, as it promised to considerably ease the accumulation, handling and exchange of images (be it as records, documents, illustrations or art).

The second half of the nineteenth century saw the establishment of photographic collections and catalogues for a variety of purposes: for visual mapping and documentation, as undertaken by the *Mission héliographique* in France,[13] the Photographic Survey Movement in Great Britain[14] and similar enterprises in the United States[15] and Germany;[16] for scientific research and teaching, with particular disciplinary values for the fields of anthropology, archaeology, astronomy[17] and art history;[18] and for the improvement of police tracking systems and criminal identification.[19] Some of these collections were small, depending on their objective; others such as Paul Otlet's *Répertoire iconographique universel* or Albert Kahn's *Archives de la planète* were designed as world documenting projects. However, there was another use developed that has attracted relatively little scholarly interest so far, and which is the object of this book: the establishment and management of photographic collections for commercial purposes.

This book focuses on the development of photographic agencies and commercial picture libraries and on the commodification of images via photography from the 1920s up to the present. Image banks, used as an umbrella term for photographic agencies and commercial picture libraries in the context of this work, are companies, which collect, produce and stock images as photographs, in order to make them available for all kinds of editorial and commercial uses. Thus, they must ensure the accessibility to images (for which they charge a fee), be it by means of a specific office location and trade catalogues, by mail and more recently by online delivery. The capital of photographic agencies and commercial picture libraries is either accumulated through the purchase of collections or deposited by photographers in the form of reproducible negatives and prints, including the licensing rights for using these images. Image banks are places where images are kept safely; they are repositories. In contrast to archives, however, they are characterized by the broad circulation of their material, and in contrast to libraries by their commercial motive.

Why the concentration on this particular time frame? True, the second half of the nineteenth century experienced various earlier forms of "industrial madnesses,"[20] revolving around the collection and reproduction of photographs. There were the publishers of high-quality photographic art and art reproductions, such as Blanquardt-Evrard in France and later Goupil & Cie,[21] and the Florentine company Fratelli Alinari; other companies, including Underwood & Underwood and Keystone specialized in the management and the large-scale distribution of stereoscopic views; and then there were the countless postcard and illustration businesses, among others the French companies Lévy and Neurdien Frères. With the appearance of printed photographs in newspapers, journals and magazines towards the end of the nineteenth century, the first news picture agencies were established in the principal cities of the industrialized world, whose functioning defined modern, or twentieth-century, concepts of photographic agencies.

Although these earlier models show traces of the phenomenon that I examine, the focus on the 1920s as a point of departure derives from a particular constellation of technological advances and the radical expansion of sales markets, namely the distribution of photographs to the media and advertising industry, satisfying the "picture-hunger of modern man."[22] The development of photographic agencies and commercial picture libraries is therefore closely related to the evolution of modern consumer society during the 1920s and 1930s. With mass production and spurred by heightened competition, image banks adapted more sophisticated and efficient methods of storage and distribution. Indeed, the provision of the 'infrastructure' of an image was their primary concern. As a result, these companies asserted their status as catalysts and indispensable mechanism between the production and the distribution of photographs. Photographic agencies and commercial picture libraries increasingly banked on images, as an investment and for long-term use; they influenced and regulated the flow of images, ultimately shaping visual culture. Image banks were not a simple side effect, but became the vectors of the industrialization of the image via photography, and by extension of the proliferation of images and their vulgarization as industrial products. The principles of their functioning, which developed during the 1920s, are still valid today, regardless the changing technologies, markets and distribution systems.

However, rather than serving as mere intermediaries between the two parties, the photographer and the client, photographic agencies and commercial picture libraries must be considered quite literally as 'agents,' based both upon the meaning of the word *agentum*, "one who acts effectively, powerfully," and also on the definition of *agens*, "a pleader, an advocate"[23] (for photography). As an expansion of previous theories on the role of photographers, editors and the production of visual news,[24] I argue that photographic agencies and commercial picture libraries have assumed a vital role, albeit in different degrees, in moulding 'raw' material into a commercial product and in creating the exchange value of photographs.

Thus, I examine one of the elements in the *dispositif* behind the way images come into our world.[25] I ask about how picture products, whether in analogue or digital form, are constructed, and how they are distributed and promoted. In what way do these commercial companies influence the creation of new methods of distribution, how do they create a desire for their products, and how do they shape and regulate the market? What are the criteria for selection, what are the criteria for storage? How are photographs organized and archived for their use and re-use? How do different photographic methods impact on the commercialization and the archiving? What concepts of photography are behind the collection of photographs for commercial purposes and what do the practices of image banks tell us about photography? What do they tell us about the image?

Since its beginnings, one of the vital aspects of the sales potential of photography lay in the substitution of an object by its image—replacing the "immobile and expensive"[26] form of an object depicted in the photograph itself—and in the exploitation of the reproductive capabilities of photography. In contrast to the art market of photography, which is based on the concept of the photographic object and the original as represented by categories such as the fine print or (more recently) the vintage print, photographic agencies and commercial picture libraries trade on the image content and the licensing rights for reproducing and using the photograph in all possible ways. However, I claim, that besides the image content, there occurred a gradual shift towards the logistics and services required for the commodification of image products, contributing to the exchange value of photography.

The title of the book points to another thread of my argumentation: in the commercial context, photography functions as a medium that transforms all kinds of images, including (analogue) photographs, into standard-formatted commodities via mechanical reproduction. Extracted from their original material context, the images become mobile elements. This idea is absolutely crucial, since the enhanced mobility is the precondition for the commodification of images. Moreover, it adds to the technological fantasy of photography, namely the notion of immateriality. This, technological imaginary seems the inspiration for the accumulating ever-greater collections. In addition to this, I argue that (again in the commercial context) the transformation from the analogue to the digital image market has been characterized by continuity rather than disruption. Yet, as the case studies show, the tremendous difference in scale between analogue-era and digital-era collections re-emphasizes certain problematic issues in photography, such as the ambiguity between an original and its copy, between the construction of the "singularity, rarity, and authenticity" required for creating a product, and the nature of photography itself, marked by "multiplicity, ubiquity and equivalence."[27]

The central theme of the analysis is the intrinsic relationship between photography, economy and the archive and the consequences thereof. This demands some explanation. Holmes's essay is highly relevant as it points to the convergence between photography, its reproducibility and its resulting sales potential. As a surrogate, or simulacrum to use Baudrillard's term,[28] the photograph, or stereograph, is compared to the virtual, but also solid nature of banknotes; its universal language makes it a universal currency.[29] Understood as an industrial product, photography becomes part of an economic system determined by supply and demand, circulation, accounting and investment. In addition to this, Holmes links both these aspects—photography and its sales potential—to the creation of a classification system and the need to arrange these banknotes efficiently in order to render them accessible. A well-organized classification and storage system make the accumulation of ever more visual material possible and contribute to the formation of the exchange value for photographic reproductions. In other words, the classification and archiving of photographs creates value. The case of image banks is particularly illuminating when thinking of photography as an object and medium of the archive because, first, in the commercial context, it is literally both the object and the medium. The photograph is stored for its use and re-use, it is the artefact itself, and at the same time, the photographic reproduction is the medium for the commercial distribution. Second, one is usually confronted with masses of images; the question of how to handle these images intelligently thus arises. Photographic agencies and commercial picture libraries are heavily dependent on archival functionality and efficiency in order to ensure their continued ability to use and disseminate images, as well as for administrative and accounting purposes; it is the very basis of their business.

However, the most problematic and hybrid aspect is undoubtedly the use of the word 'archive.' I argue that while the photographic agencies and commercial picture libraries do not correspond in all senses with the institutional idea of an archive and do not possess the authority associated with the term, the actual practices of these enterprises can be seen, to some degree, as archival practices. This is especially true for distributors of historical images and photographs, referred to here as commercial picture libraries, which represent only a small fraction of the picture market. One may claim that the business model of photographic agencies and commercial picture libraries oscillates between the concept of the *library* and the *archive*, between a sales platform and a depot or repository. Images are licensed for a fee; they circulate; they are rented to the client for reproduction and returned thereafter. However, with the storage and preservation of the material these images also function as archival records: they are proof of the owner's right to make and license copies, as well as the image provenance; they document material histories; they serve as a starting point to reconstruct the past—they reflect 'things as they were,' but require an interpretation to be legible und used.

Another rather vague aspect is the definition and delimitation of photographic agencies and commercial picture libraries. For the purposes of this study (and in addition to the preliminary remarks) they are defined as companies that make their income from marketing photographs on behalf of the photographer or from marketing a purchased collection. This process includes the development and promotion of picture products, negotiations with clients, and the administration and storage of the material. However, as we will see, numerous overlaps exist: agents may act as producers, clients such as newspaper publishers sometimes establish their own distribution systems, and in some instances, public institutions such as museums and libraries commercialize their visual holdings themselves. Whereas photographic agencies predominantly sell contemporary material, commercial picture libraries tend to concentrate on non-current imagery. The vagueness also results from the multitude of terms in use, including 'illustration service,' 'wire service,' and 'visual content providers.' These terms convey similar meanings, yet mirror varying approaches, markets and time periods. For example, the term 'illustration service' was the common reference during the late nineteenth century, while 'agency' and 'wire service' are associated with the rising news and magazine culture of the 1920s and 1930s. The term 'image bank' actually appears only later in the 1970s with the rise of the so-called stock market. As is true for 'the visual content provider', a phrase that dates from the 1990s, the use of these terms is connected to technological changes such as electronic data processing and digital imaging and their implications.

The choice of the Bettmann Archive, founded in Berlin during the late Weimar Republic and the American company Corbis, a child of the digital age and information technology as case studies was determined by conceptual and logistical considerations. In 1995, the American company Corbis, owned by Microsoft founder William H. Gates, purchased the Bettmann Archive together with a number of other historical collections. Specialized in the sale of digital and digitized images for print and website applications, Corbis engaged in large-scale editing and scanning projects to develop digital image products from its historical collections. This process, and especially the transfer of the analogue holdings to Iron Mountain, a high-security underground storage in rural Pennsylvania provoked much and continued criticism from scholars, artists and the media related to the appropriation and control over collective memory. The virtually unanimous and certainly legitimate condemnation of Corbis' policy, however, raised numerous additional questions, which were hardly addressed in the public debate: besides the highly complex definition of collective memory and photography, the history and functioning of image banks, including the Bettmann Archive remained vague. The Bettmann Archive, and by extension Corbis, are indeed extremely suited for the purpose of this book. Created by the German historian, librarian and entrepreneur Otto Bettmann around 1933, the Bettmann Archive was a picture research and distribution service for historical images and photographs. The Archive's development and Bettmann's academic background resulted in a highly level of sophistication and reflection in the search for efficient, resourceful methods of image classification and retrieval, including the creation of pre-electronic visual database. The link between the Bettmann Archive and Corbis illustrates the trajectory of commercial practices in the twentieth century with a clear focus on the mid-1920s and 1930s and the mid-1990s as transformative moments instigated by major technological changes and the development of new markets.

Beyond these conceptual criteria, the choice of these cases was influenced by the opportunity to access the analogue holdings at Iron Mountain, an opportunity that is rarely obtained in a private company (explaining the relative lack of research in this field). This also included the possibility of conducting interviews with professional editors, archivists and managers at Corbis (and other companies)[30] and the availability of information, such as trade catalogues, the Corbis website, bibliographical material and articles published in journals, magazines and newspapers. That said, it is the absence of empirical data, the blind spots in documentation and a lack of actual usage data for images in print and advertising as well as the unwillingness of most companies to provide information on sales figures, details on legal contracts, and other sensitive information, that are clearly the weaknesses of this study.

So, how does one do research on photographic collections consisting of several million items? The method I used to study the archival structures in both cases was first to immerse myself in the sheer abundance of the analogue and digital material, both in the archive and on the website. I then attempted to establish certain points of reference and criteria to reconstruct the details of rather heterogeneous, complex, and at times inconsistent systems of archival organizations, classifications, and practices. This approach would have been impossible without complete autonomy in examining negatives and prints, card catalogues, registers and un-catalogued Bettmann notebooks and memorabilia on the one hand, and on the other hand the knowledge of the Corbis archivists.

With the case studies selected, the analysis is geographically limited to Germany and the United States, although Corbis conducts business internationally. The patterns of development and the conclusions may, however, be measured against similar cases in other Western European countries, the USA, and other countries throughout the twentieth century, and could eventually inspire the re-evaluation of past and current institutional practices. In this sense, the study of the Bettmann Archive and Corbis is not intended as a comprehensive company history, nor as a history about people and their achievements, but may provide a lens for exploring the various methods of using and conceptualizing photography, and its paradoxes. Moreover, given that this book focuses on the functioning and the structure of economic markets, the photographs of the Bettmann Archive and Corbis will not be discussed from an aesthetic or qualitative point of view.

Scholars in visual and cultural studies, art history, and media and communication studies, who have treated commercial aspects of photography production and distribution usually point to the considerable lack of existing research and the general resistance towards the subject in their respective fields. This is certainly true, and it is only in recent times that the analysis of the picture market has begun to attract interdisciplinary attention. Works pieced together from these different fields form the theoretical foundation for the various aspects of this study and situates it in previous research and thinking. The relevant references are provided in the appropriate sections of this book. Increased attention, in the field of visual culture studies, has been attributed to the structure and development of the stock photography market and the cultural implications of industrialized image production. These works have been fundamental in defining the questions raised here. However, in addition to these recent contributions, this book offers concrete and detailed examples in the form of a critical history of the Bettmann Archive and Corbis. It furthermore elaborates on archive and retrieval systems as a crucial factor for the commodification of images and the industrialization of production processes. Moreover, rather than focusing on the stock photography market since the 1970s and the creation of 'generic' images, I propose a distinctively photo-historical perspective on the subject, tracing certain patterns in the uses of photography.

What has been highly influential as a method of thinking is the material turn in recent critical writing on photography, specifically the idea of perceiving and studying photographs not merely as two-dimensional surfaces, but also as "socially salient objects."[31] Taking into consideration the materiality of analogue and digital photography is indeed vital for understanding the functioning of the picture market and the performance of photography as a medium and an object of the archive. From the vast corpus of archival theory and its various facets and uses in different disciplines, I favoured the scholarship that deals with the specific natures of photo or visual archives, as well as recent postmodernist writings (especially in the field of Library and Information Studies) that investigate subjectivity in the creation of archival records and in archival interpretation. More generally, I have been inspired by visual culture studies and cultural geography that have investigated the image as a highly mediated amalgam of meanings and social, cultural, historical, and political constructions and practices.

The work is structured into three main parts. Part I describes the development of the German picture market during the late Weimar Republic, shaped by technological advances, which led to an enhanced mobility and affordability of photography, the expansion of sales markets, and the controversial formation of photographic copyrights. Part II uses the case of the Bettmann Archive first to establish the basic functioning principles of the picture market and second to develop several satellite topics that are relevant to the Bettmann Archive. The latter serves at situating the practice of photographic agencies and commercial picture within a wider context of cultural production and includes topics as diverse as the methods and genres of reproduction photography, the use of photographic copyright, advertising photography, modernist concepts of typography or card catalogues in photographic collections. Part III traces the brief history of Corbis from the early 1990s to the present day, taking up various ideas developed throughout the book, such as the concepts of immateriality and materiality and the formation of analogue and digital products and markets as well as the consequences of the digital transition.

1 See the article by Nancy Keeler, "Inventors and Entrepreneurs," *History of Photography* 26, no. 1 (2002), 26–33. Keeler traces Talbot's attempts to establish business agreements during the 1840s, first in France and then, more successfully, in Great Britain. The calotype workshop in Reading (later relocated to London) was directed by Nicolaas Henneman and predominantly supplied Talbot with prints for his book *Pencil of Nature,* the first commercially published work to be illustrated with photographs.

2 Agreement between Hughes Antoine Eugène Maret, Marquis de Bassano and William Henry Fox Talbot from September 1, 1843. Accessible via the database "The correspondence of William Henry Fox Talbot," http://foxtalbot.dmu.ac.uk. Document number 4685. I thank André Gunthert for directing my attention to the Marquis de Bassano's implication and the foundation of the *Société Calotype*.

3 Letter from Elizabeth Theresa Fielding to Talbot, dated January 29, 1843. Document number 4710.

4 Letter from Talbot to Amélina Petit de Billier, dated February 28, 1843. Document number 4742.

5 Letter from Talbot to Amélina Petit de Billier, dated February 8, 1843. Document number 4722.

6 Ibid.

7 Letter from Amélina Petit de Billier to Talbot, dated February 21, 1843. Document number 3265.

8 Letter from Louis Truffaut to Talbot, dated July 28, 1843. Document number 4844. The studio rented by the *Société Calotype* was located in the very centre of Paris on Place du Carrousel opposite the Louvre museum.

9 Keeler, "Inventors and Entrepreneurs," 27.

10 Maret's idea of a large production scheme was doomed to fail, since the making and multiplication of images was still arduous and highly time-consuming. It was only by the end of the nineteenth century that photogravure techniques made the reproduction of photographs veritably easier and less expensive.

11 Charles Baudelaire, *The Mirror of Art*, ed. and trans. by Jonathan Mayne (London: Phaidon, 1955), 125. [Original: "Qu'e le sauve de l'oubli les ruines pendantes, les livres, les estampes et les manuscrits que le temps dévore, les choses précieuses dont la forme va disparaître et qui demandent une place dans les archives de notre mémoire, elle sera remerciée et applaudie." in Charles Baudelaire, *Curiosités esthétiques: l'art romantique et autres œuvres critiques, Salon de 1859*, textes établis par Henri Lemaître (Paris: Ed. L'Harmattan, 1997).] Unless indicated otherwise, the translations throughout the book were done by the author.

12 Oliver Wendell Holmes, "The Stereoscope

and the Stereograph," *Atlantic Monthly* 3 (June 1859), reprinted in *Classic Essays on Photography*, ed. Alan Trachtenberg (New Haven: Leete's Island Books, 1980), 71–82, here: 81.

13 Anne de Mondenard, "La mission héliographique: mythe et histoire," *Études Photographiques* 2 (May 1997), http://etudesphotographiques.revues.org/index127.html.

14 Elizabeth Edwards, *The Camera as Historian: Amateur Photographers and Historical Imagination 1885–1918* (Durham: Duke University Press, 2012).

15 Robin Kelsey, *Archive Style: Photographs & Illustrations for U. S. Surveys* (Berkeley: University of California Press, 2007).

16 Herta Wolf, "Das Denkmälerarchiv Fotografie," in *Paradigma Fotografie. Fotokritik am Ende des fotografischen Zeitalters* ed. Herta Wolf (Frankfurt am Main: Suhrkamp, 2002), 349–375.

17 See, among others, Jennifer Tucker, "The Historian, the Picture and the Archive," *Isis* 97 (2006): 111–120. Tucker refers to the Royal Astronomical Society in Great Britain, which she considers typical of many scientific organizations that started photographic collections and catalogues. Interestingly, Tucker notes that the Society also loaned and distributed its photographs commercially for use in world fairs, scientific exhibitions and teaching.

18 Angela Matyssek, *Kunstgeschichte als fotografische Praxis. Richard Hamann und Foto Marburg* (Berlin: Gebr. Mann, 2009).

19 Here I am referring to Alphonse Bertillon's use of photography for criminal identification and anthropometric studies.

20 Elizabeth Anne McCauley, *Industrial Madness. Commercial Photography in Paris, 1848–1871* (New Haven, Yale University Press, 1994).

21 Pierre-Lin Rénie, "De l'imprimerie photographique à la photographie imprimée," *Études Photographiques* 20 (2007), http://etudesphotographiques.revues.org/index925.html.

22 Jan Tschichold, *New Typography: A Handbook for Modern Designers*, trans. by Ruari McLean (Berkely: University of California Press, 1995), 87. [Original: "der bildhunger des modernen menschen." in Jan Tschichold, "Fotografie und Typografie," *Die Form. Zeitschrift des deutschen Werkbundes 3* (1928): 140–150, here: 141].

23 Julia Cresswell, ed., *Oxford Dictionary of Word Origins*, 2nd edition (Oxford: Oxford University Press, 2010).

24 See, among others, Thierry Gervais, *L'Illustration photographique. Naissance du spectacle de l'information, 1843–1914* (doctoral thesis, Department of History and Civilizations, École des Hautes Études en Sciences Sociales, 2007), http://www.lhivic.org/info/recherches/lillustration-photographique; Thierry Gervais and Gaëlle Morel, *La fabrique de l'information visuelle. Photographies et magazines d'actualité* (Paris: Éditions textuel, 2015).

25 For the original definition of the sociological term *dispositif* introduced by Michel Foucault, see Michel Foucault, "Le jeu de Michel Foucault," *Dits et écrits*, 2nd vol. (Paris: Gallimard, 1994). See also Gilles Deleuze, "Qu'est-ce qu'un dispositif?" in *Michel Foucault philosophe. Rencontre internationale Paris, 9,10,11 janvier 1998* (Paris: Des Travaux, Seuil, 1989), 185–195.

26 Holmes, "The Stereoscope and the Stereograph," 81.

27 Christopher Phillips, "The Judgment Seat of Photography," *October* 22 (Autumn, 1982): 27–83, here: 28.

28 Jean Baudrillard, *Simulacres et simulation* (Paris: Éditions Galilée, 1981).

29 See Allan Sekula, "Traffic in Photographs," *Art Journal* 91, no. 1. Photography and the Scholar/Critic (Spring, 1981): 15–25. John Tagg, *The Burden of Representation: Essays on Photographies and Histories* (London: Macmillan, 1988).

30 From Corbis, this includes Kenneth Johnston, director of historical collections; Sébastien Dupuy, former director of the Corbis Sygma Initiative; Ann Hartmann, head of records management; Sarah Scott Kubiak, records manager; and Els Rijper, former director of conservation. Additional interviewees were Nathalie Doury, director of Parisienne de la Photographie; Dominique Lecourt, editor at Roger Viollet; and Ulrich Ramershoven, head of collections at Ullstein Bild, Germany.

31 Elizabeth Edwards and Janice Hart, eds., *Photographs Objects Histories: On the Materiality of Images* (London: Routledge, 2004), 15.

“picture-hunger of modern man”: The Picture Market in Germany in the Weimar Republic

1924–32

PART I

A Promising Business: Photographic Agencies and Commercial Picture Libraries

"This boom spawned wholly novel enterprises. Journalists, or writers who fancied themselves journalists, bankrupt businessmen without capital, grand or petty adventurers, all of them opened photo agencies. Their business was not current events—since they could not compete with the old, established firms in that area—but reportage and photo series of all kinds. They provided the 'ideas' and looked for photographers to carry them out. And then they sold the finished product, or didn't. In the end they settled up with the photographer, honestly, dishonestly, or not at all."[1]

Photo agencies and commercial picture libraries existed long before the boom that the Hungarian photographer János Reismann[2] describes in his memoirs *Nyugtalan évek* (The Restless Years). Developments in camera and printing technology, too, did not appear suddenly, but were the results of a continuous process spanning several decades. During the late Weimar Republic, the period to which Reismann refers, however, a number of factors coalesced that unleashed a moment of emergence, causing, once again, an upturn in photography as a visual medium, a social and cultural practice and above all, a business. As both catalyst and result, this phenomenon was accompanied by an acceleration of the commodification of photography and its conceptualization as an industrial product. The workings and organizational structures of the photographic agencies and commercial photo libraries that took shape during this time played an increasingly important role in photography's process of becoming a commodity of modern consumer society. Consequently, this chapter explores the various factors that constituted this moment of emergence.

What Reismann describes, and what recent scholarship has termed an "age of picture agencies"[3] or an "agency culture"[4] is the unprecedented number and variety of commercial picture suppliers during the late Weimar Republic, most of them based in Berlin. At the centre of this development was photography's promise as a potential source of income: the business of photography was, at least at first sight, uncomplicated, modern, and lucrative—so lucrative that amateur photographers, "grand and petty adventurers"[5] with no knowledge of the industry, and impecunious businessmen, but also university graduates and investors, decided to try their hand at selling photographs and photographic reproductions. These enterprises ranged from one-man firms, which were often no more than the registered business of a freelance photographer, to the representatives of several photographers and small agencies specializing in certain subjects, from large publishing houses that established and exploited their own photographic archives to the branch offices of foreign, especially American, firms. Berlin agencies such as Zander & Labisch, Senneken, Atlantic or the Photothek Römer & Bernstein, which had set up in business before the First World War, grew into middle-sized enterprises. The labour became increasingly divided between photographers, operators, commercial managers, copywriters, messenger boys and archive and laboratory staff.[6] As one of three large publishing companies, Hugenberg-Scherl maintained their own agency or form of distribution, the

Scherl-Verlag's central illustration department, which supplied pictorial material for in-house publications or re-distributed it for other purposes. Especially in the field of press photography, business was no longer limited to local or national markets, but extended across borders. The Berlin agencies cooperated with one another, in some cases, or worked with foreign partners to distribute each others' products.[7] The American Keystone Press Agency opened an office in Berlin in 1924 and later one in Paris as well. Branches of the agencies Underwood & Underwood, Associated Press Newsphotos, International News Photo or Wide World Photo Syndicate followed. The number of highly diverse picture suppliers rose rapidly; some were short-lived, others succeeded in establishing themselves or expanding their business. While there were approximately thirty photographic agencies in Berlin in 1919,[8] by the mid-1920s, "it had become difficult to gain an overview of the suppliers of illustration photography in the USA, Berlin, London and Paris."[9]

Because photographic agencies and commercial picture libraries functioned as a hinge between supply and demand, between the production and the exploitation of visual material, the appearance of new enterprises and the expansion of the picture market would have been impossible without the radical expansion of sales markets in the 1920s. The markets for photographs as a commodity, especially after the First World War, were the press and publishing sector and an area utterly neglected thus far by historians: advertising. The absense of substantial research on advertising photography, especially in the European context, is rather surprising as the phenomenon was widely discussed among contemporaries.[10] The picture trade did not only concentrate on photographs intended to illustrate current events in the press, or the photo reportages Reismann evokes in his memoirs. Instead, it encompassed *every* conceivable content and form. Chapter 3 will address this expansion of markets, especially the proliferation of illustrated periodicals and the use of photographs in advertising. New pictorial products emerged in response to the extraordinary diversity of the media, the multiplication of publication channels and the fierce competition among picture suppliers in the 1920s and 1930s. As a result, the agencies increasingly specialized in certain products and markets. This diversification was accompanied by a professionalization of the way companies operated, developing more sophisticated ways of managing and exploiting images. The dynamization of the picture market and the maturing of the press and publishing business as well as advertising were largely the result of technological developments that came to fruition in the period under study. Chapter 2 is devoted to improvements in printing and camera technology as well as the quality of negatives, which facilitated image taking and enhanced the mobility of photographers.

In the quotation cited above, Reismann addresses, albeit indirectly, another factor that will be treated in chapter 4, and that represents a key element in the overall book: photography and intellectual property rights (in German law *Urheberrecht*).[11] "In the end they settled up with the photographer, honestly, dishonestly, or not at all"[12]–the discrepancy between copyright law on the one hand and the actual handling of image copyright on the other acted as a veritable catalyst for the development of the picture market. As we shall see, this discrepancy favoured the emergence of new enterprises and strengthened the status and relative power of commercial picture suppliers in the first third of the twentieth century.

If the diversification and professionalization of the picture market during the Weimar Republic may be read as a history of cultural and economic development, it needs to be stressed nonetheless that the new markets, and consequently the economic situation of the agencies, were extremely sensitive to economic cycles. The dynamism of the picture market, the establishment of countless new forms of publication and agencies on the one hand and the closure or failure of numerous enterprises on the other were not least an expression of the economic crises and political instability of the Weimar era. In economic history, the immensly complex interwar period is characterized as an era of extreme upswings and downturns, which clearly deviated from known cyclical patterns.[13] Historians generally divide economic development during the Weimar Republic into three phases: the immediate post-war period from 1919 to 1923 as a phase of inflation, the phase of currency reform and relative stabilization from 1924 to 1928, and the world economic crisis or depression from 1929 to 1932, which hit the USA and Germany hardest.[14] The structural transformation of the economy as a result of industrialization, with its shift from agriculture to manufacturing as the strongest value-creating sector, was dealt a severe blow by the First World War, and above all by the world economic crisis. The tertiary or service sector, in contrast, increasingly gained in significance and held out hopes of employment at a time when industrial enterprises were laying off workers on a mass scale. Essentially, however, the extreme unemployment rate during the Weimar Republic was considered to be one of the main problems with serious social and political consequences. While the unemployment rate in 1928 was still 7.0 percent, it had more than doubled by 1930 and by 1932 had risen to 30.8 percent—nearly every third man was registered as jobless, with no statistical records on unemployment among women and youth.[15] Particularly in Berlin and other German industrial cities, unemployment increased disproportionately. Thus the fact that increasing numbers of amateurs were trying to make a living from photography and firms from outside the industry decided to enter the picture market testifies not least to the very fragile employment situation in Germany, a situation that the last government of the Weimar Republic unsuccessfully sought to alleviate with the Emergency Law of September 4, 1932, which aimed to create jobs by promoting private entrepreneurial initiatives. The world economic crisis of 1929 and the 1930 electoral success of the National Socialists also led to a standstill in or withdrawal of foreign capital. This made it more difficult to overcome the crisis in the German economy, which was highly dependent upon these loans. These cyclical fluctuations during the Weimar Republic are reflected particularly in the chapter on the developments of sales markets. Given that sales markets, and consequently the picture market, developed mainly after the period of postwar recovery, the so-called stabilization, this chapter concentrates on the years between 1924 and 1932.

Print, Camera, Film: Technological Advances

The technical innovations that contributed to the moment of emergence and boosted photographic production during the 1920s and 1930s concerned not just developments in camera techniques, but also printing techniques and the quality of negatives. Generally speaking, the production and printing of photographs became less expensive, which favoured the trend to regard photography as a potentially lucrative business.

As emphasized by scholarship, the proliferation of printed photographs was the result of a continuous process in improving camera and printing techniques that had started in the late nineteenth century.[16] A crucial invention was halftone printing as a photomechanical printing process, patented in 1882,[17] which gradually replaced the manual woodcut and wood engraving as well as lithography, and mechanized the publication of photographs in books and the printing press. The halftone process instigated the transition from "illustrations after photography" to "photographic illustration" and from the pictorial magazines of the nineteenth century to the "illustrated magazines" or *Illustrierte* that took on shape during the 1920s.[18] The combination of halftone as a printing technique and the rotary press, the high-speed rotary press machine in particular, introduced in Germany in 1901,[19] further accelerated the distribution of photography in the print media and bolstered mass circulation and the multiplication of distribution channels.

Colour printing, too, and accordingly colour photography, were significant innovations with regard to printing and photography, a development driven mainly by the advertising industry. However, due to the high costs, in 1920s' and 1930s' magazines colour printing was almost exclusively reserved for full-page advertisements and cover pages and, thus, less relevant for the vast majority of photographic illustrations.[20]

The introduction of faster and lighter cameras, such as the Ermanox launched in 1925, a handy medium-format camera equipped with an extremely light-sensitive Ernostar lens and numerous small-format apparatuses developed by almost every German and international manufacturer, led to greater mobility and flexibility, which, it is generally agreed, also stimulated the aesthetic development of photography. Widely discussed and advertised in contemporary periodicals, the strong emergence of small-format cameras was driven by "an easier and more convenient exposure in every situation."[21] Photographers, according to Karl Weiss' assessment of the technological developments of 1932, were no longer obliged "to choose the most suitable angle among many possible ones, but able to produce a great number of exposures from various perspectives."[22] Thus, Weiss relates quantity to mobility. Furthermore, the integration of more light-sensitive lenses enabled photographers to shoot with hand-held cameras in interiors without requiring artificial light sources. While this led to "a less careful study of the individual subject," as Weiss pointed out, the enhanced mobility generated "in many cases a greater and more effective freshness in the conceptualization of the image."[23] Through a "more flexible sight," a "faster readiness," more affordable camera equipment and film material, small-format cameras were especially appealing to amateur photographers and artists. In line with fellow critics, Weiss summarized: "Photography has somehow created its own aesthetics."[24]

For press photography or commercial photography more generally, however, the use of small-format cameras was (at first) rather marginal. Despite the "remarkable results" and "unmatched sharpness"[25] of the photographs as well as the camera's handiness, with which the manufacturing company Ernst Leitz of Wetzlar in 1930 promoted its most famous product, the Leica camera,[26] persistent differences in picture quality meant that professional photographers continued to prefer medium-format cameras. Medium-format and large-format cameras had the additional advantage of producing negatives that did not require enlargement in order to create a photographic print. Small-format cameras were used only very occasionally by established photographers, also because they were considered unprofessional by many editors-in-chief and associated with amateur photography. The archives of photojournalistic agencies, such as the historical stock of the American agencies United Press International, ACME, International News Photos, the German Ullstein Bilderdienst and the French agency Roger-Viollet bear witness to this: up until the end of the 1940s and beyond, the standard negative format was medium size. There is no doubt, though, that a new generation of lightweight, hand-held cameras with improved mechanical and optical features allowed for greater mobility and flexibility.

Besides the question of the format, progress in the field of film material also played a role in the accumulation and storage of photographs, thus influencing the creation of photographic agencies and commercial picture libraries. Changes in film material applied in two areas: advances in the flexible celluloid base and the refinement of chemical emulsions. First produced commercially in 1887, cellulose nitrate film was the first flexible and transparent photographic support, used both for cinematography and still photography. Suitable for film packs and roll films, cellulose film gradually replaced the breakable and heavy glass plate, notwithstanding the fact that the stability of the image on film was inferior to the glass plate support. In terms of its storage, celluloid also took up less space than glass plates. The considerable disadvantage of cellulose nitrate was its flammability and its tendency to decompose chemically over time, a handicap that was widely acknowledged at the time.[27] During the late 1920s improvements in plastic technology, however, allowed for the use of acetate as a safer film support, enabling photographic agencies and commercial picture libraries to collect large quantities of visual material and to store the negatives more easily.

In additon to this, photographic production was spurred by the extensive distribution of roll film, in addition to film packs, cut-sheet film or glass plates. The practicability of the spool-wound photographic film compared to other individual support material relied on the lower weight, volume and price of roll film compared to other products, whereby it was possible "to carry roll films of 36 exposures comfortably in a normal coat pocket," and, at the same time, "have enough space for all sorts of other things."[28] First included in the Eastman Kodak box camera of 1888,[29] the roll film was now used in a variety of new camera models, such as the growing range of Kodak cameras, the Voigtländer Bessa series, the Mentor Three-Four camera for 16 pictures and the Kolibri-Kamera manufactured by Zeiss Ikon, and many more, including the Hawkette, Icarette, Cocarette, Ysella, Rollette, Piccolette, Bobette, etc.[30]

Finally, the refinement of chemical emulsions was another element in the development of photography, and one that, together with the emergence of small-format cameras, was widely discussed in contemporary photography periodicals and trade journals.[31] The industry provided "film material of exceptionally high general and colour sensitivity,"[32] which augmented the quality of negative enlargements and prints. While the glass plate was long considered a better and more reliable image carrier than celluloid, the flexible plastic support ultimately achieved a similar quality standard, leading to the replacement of the glass plate as the dominant negative support.

Lightweight cameras, stronger lenses, high-sensitive films and better printing techniques were the technological *sine qua non* for the increase in the production and reproduction of photographs as well as the enhanced mobility of photographers and the flexibility of the medium.

Press and Advertising: The Expansion of Markets

Art and media historians have studied the development of photography in the 1920s and 1930s mainly in relation to press photography and the formation of new aesthetic modes of representation, the emancipation of photography from painting, referred to under the term New Vision (*Neues Sehen*), a term coined by László Moholy-Nagy.[33] Alongside press photography and photography and avant-garde art, however, a neglected history of the 'other' or 'miscellaneous' photography emerges: the use of photography in advertising and for the illustration of non-current editorial content of all kinds, which for many photographers constituted significant, if not the most important sources of income. In contrast to press photography and art photography, the latter could be subsumed under the term *Gebrauchsfotografie*.[34] This term refers to the utilitarian use of photographs in the tradition of illustration, in which the photograph serves as raw material for further processing or inclusion in works of design. The trade in photographs and photographic reproductions accordingly concentrated not only on press photography, but also with increasing frequency on the production and supply of utilitarian photographs and photographically reproduced images, especially advertising. The development of the press and publishing industry and the use of photography in advertising, which will be sketched in the following remarks, functioned as a long-desired outlet for photographic production and reproduction, for it was only with the mass-circulation print media and advertising that the reproducibility of photographs reached its full potential. The multiplication of channels of publication and the plurality of visual or reproductive media such as photography, film, and radio, led to the oft-cited ubiquity (and vulgarization) of the visual image and cultural experience that contemporaries such as Paul Valéry, Walter Benjamin and Siegfried Kracauer and many others commented upon.

The decisive impetus for the development of the picture market and the presence of photography was the strong expansion of the press and publishing industry after the First World War, especially after the currency reform and relative stabilization of German business from 1924 onwards. The 1920s saw the founding of numerous new illustrated papers and the maturing of the *Illustrierte* as a journalistic genre and economic model.[35] It is impossible to draw a clear distinction between an "illustrated paper" and the *Illustrierte*, since from the perspective of media studies, the *Illustrierte* lies somewhere "in-between the conceptual pair of the newspaper and the periodical."[36] Wilhelm Marckwardt describes the *Illustrierte* as a mass-distribution periodical publication of "general content and secondary topicality."[37] In comparison to the professional journal, the *Illustrierte* was characterized first by its orientation towards a mass audience and its broad range of themes, second by its weekly or monthly publication, and third by its focus on pictures, either drawn illustrations or photographs, to accompany contributions, whether reports on current events, series of articles, or serialized novels. In their design, thematic orientation, visual presence, and the hasty manner of their consumption, the *Illustrierte*, according to Kracauer, had less in common with the newspaper business than with the cinema newsreel.[38]

In the mid-1920s, nearly every larger city had its own illustrated weekly paper with national distribution, such as the *Berliner Illustrirte Zeitung* (BIZ), the *Münchner Illustrierte Zeitung* or the *Vossische Zeitung*. Countless picture-dominated periodicals of the most varied types thronged the market, including *Die grüne Post*, *Uhu*, *Die Koralle*, *Scherl's Magazin*, *Die Wochenschau* and *Die Dame*.[39] Numerous illustrated papers and magazines associated with political parties were also created as a mirror and mouthpiece of contemporary politics, the most prominent and widely distributed of which was the *Arbeiter Illustrierte Zeitung* (AIZ). According to the catalogue of newspapers published by the Mosse publishing house, "47 daily newspapers, 33 neighbourhood newspapers (*Stadtteilzeitungen*), as well as 50 weekly papers, including nine illustrated papers and five illustrated weekly supplements to the major daily papers," appeared in Berlin in 1931.[40] Berlin and Leipzig were the centres of illustrated press publication and Berlin, with the three largest publishing houses—Hugenberg-Scherl, Ullstein, and Mosse—as well as Münzenberg and many smaller publishers, was the media capital of Germany.[41]

In comparison to similar developments in cities like London, Paris, and New York, however, Berlin's special status as a "newspaper town"[42] was rooted not just in the size of print runs, but also and more particularly in the wide variety of contents, and the overwhelming number and distribution of newspapers, periodicals and *Illustrierte*. As Peter de Mendelsohn put it, "nowhere were there so many newspapers, and nowhere were they so diverse."[43] Consequently, the literature repeatedly refers to the unprecedented presence and variety of pictorial media, which became a fixture in the everyday lives of broad segments of the population.[44]

The unprecedented variety and number of publications led quite directly to an unprecedented demand for utilitarian and current-events photographs and an increased and ever broader range of images, since, as Kracauer noted,

"The daily papers are illustrating their texts more and more. And what would a magazine be without pictures? The most striking proof of photography's extraordinary validity today is the increase in the number of illustrated newspapers. In them one finds everything assembled from the film diva to whatever is in reach of the camera and the audience."[45]

Because they were conceived as mass media, however, the illustrated papers and *Illustrierte* were highly sensitive to economic cycles during the Weimar Republic. Aspects such as the availability of capital or the willingness to invest, production costs such as paper and postage prices and wages as well as distribution structures profoundly influenced the emergence of new publications, the size of print runs, and the profitability of publishing enterprises. But even if some of the new publications folded soon after being founded, the continuous rise in the circulation of the most important publications up to the late 1920s, and its stagnation or only marginal decline up to 1932 in spite of the world economic crisis, demonstrates the growing status of the press during the late Weimar Republic.[46] The implementation of new structures of distribution is considered to be a preparatory step for the press boom that began around 1900 and the later success of the *Illustrierte* as an economic model. The abolition of compulsory subscriptions and the introduction of street sales and flexible weekly subscriptions made buying newspapers and magazines affordable for a far larger number of readers. The *Berliner Illustrirte Zeitung* (BIZ), founded in 1891, also introduced a comparatively uncomplicated subscription and payment system, which consisted of filling out a postage-free reply postcard and sending it to the publisher. "Easy payment, no compulsory subscription"[47] was the advertising slogan of the BIZ. The BIZ's circulation quadrupled in the first third of the twentieth century, and it became the most important national weekly paper, with a print run of 1.9 million in 1929.

In addition to subscription revenues and street sales, publishers increasingly relied on the sale of advertising space to finance production costs, especially the high expense of printing illustrations.[48] The advertising industry found that the majority of new national, regional and local illustrated newspapers and magazines offered them a highly suitable means of reaching a broad stratum of potential customers.[49] At first, advertisements almost exclusively consisted of text and simple typefaces. Graphic illustrations and photographs only entered advertising later, but then all the more thoroughly.

Text, Illustration, Photograph: The Rise of Advertising Photography

"Photography is not a foreign concept in advertising,"[50] noted Moholy-Nagy in his catalogue text for the path-breaking travelling exhibition *Film und Foto*, or *fifo*, which the *Deutsche Werkbund* organized in Stuttgart and Berlin in 1929. Much as in early press photography, since the 1880s photographs had served as models that, according to Moholy-Nagy, "were often unscrupulously translated into the painterly or graphic."[51] Nonetheless, and this is the important point, "never in such a way that the photographic model as such made an appearance."[52] This changed now. Photography became a multifaceted and widespread advertising medium. Commercial enterprises proceeded "on a larger scale to make use of photographs to extol their products in advertisements, posters, catalogues, and other promotional printed matter."[53]

The rise of advertising photography as a field in its own right is associated with the American market around 1900.[54] By the early 1920s it was well established as a medium of advertising illustration. Magazines in particular used photographs with increasing frequency, and thus advanced to major vehicles for advertising.[55] The American advertising industry's most important trade journal, *Advertising and Selling*, mirrored this development: while in 1926, photographs made up some twenty percent of the periodical's title pages, only two years later eighty percent of title pages featured photographs. As one of many contemporaries who reflected on the use of photography in advertising, the designer Jan Tschichold commented as follows on the expansion of advertising photography, "the picture-hunger of modern man is satisfied today chiefly by photo-illustrated newspapers and magazines; and advertising (especially in America) is making ever-increasing use of photography."[56] While photography's potential as an advertising medium was recognized relatively late in Germany in comparison to the USA,[57] this area now expanded all the more rapidly. "A glance at the advertising sections of our large magazines or the advertising pillars shows how extensive the field of advertising photography has already become, [and] how clearly industry and commerce already recognize the promotional power of photographs."[58] Advertising photography as optical design was omnipresent, from magazine advertisements to large-format advertising posters. For Benjamin the visual presence, the perceptual power of advertising was comparable to that of cinema:

> "Today, the most real, the mercantile gaze into the heart of things is the advertisement. It tears down the stage upon which contemplation moved, and all but hits us between the eyes with things as a car, growing to gigantic proportions, careens at us out of the film screen. And just as film does not present furniture and façades in completed forms for critical inspection, their insistent, jerky nearness alone being sensational, the genuine advertisement hurls things at us with the tempo of a good film."[59]

A rough analysis of the mass circulation *Berliner Illustrirte Zeitung* and the illustrated magazines *Uhu*, *Koralle*, *Scherl's Magazin* and *Die Dame* confirms this development. In the period between 1926 and 1933, the format and number of advertising pages increased radically. Far more importance was placed on advertisements. The use of photographs increased continually in comparison to pure text ads and illustrations, especially in advertisements for luxury and hygiene products—and photo cameras. Yet, it is important to note that photographs did not replace the tradition of painted and drawn illustration, as can be seen from several ads in magazine *Die Dame* [Figures 1 and 2]. As the representative example shows, photography and drawings existed side-by-side. However, as a general tendency, drawn illustrations, which could claim the advantage of incorporating colour, were increasingly relegated to high-quality and high-budget full-page advertisements. Photographs served especially as illustrations for the mass of smaller advertisements and gradually displaced the drawing as the quantitatively dominant advertising medium.

In Germany, the development of advertising in magazines and newspapers and the use of photographs established itself quickly during the late Weimar

Fig. 1
Combination of photographs and drawings in advertisements, *Die Dame* 55, no. 21, 1928, 48.

Republic. Although the world economic crisis of 1929 caused the advertising market to stagnate, advertising was now inconceivable without photography. While, for example, the *Berliner Illustrirte Zeitung*'s 32-page issue of 30 May 1926[60] featured one full-page advertisement and thirteen pages of half- and quarter-page ads, nearly half of its 6 October 1929 issue[61] consisted of advertising. With forty-eight pages in all, this issue had eleven full-page ads and a total of twelve pages composed of half- and quarter-page advertisements as well as smaller text ads. The figures are similar for *Scherl's Magazin*, which appeared for the first time in 1925: the number of pages devoted to advertising and photographic ads rose steadily. In the years 1926 to 1929, the number of advertising pages nearly doubled from 8½ to sixteen. The economic crisis, whose effects were already being felt in late 1929, meant not the decline but the stagnation of advertising pages at a similar level. But advertising did not merely take up more space quantitatively in the illustrated magazine: while in 1926 advertisements had been placed in the back part, from early 1928 they wandered to the front section and the first pages. For the *Berliner Illustrirte Zeitung*, *Scherl's Magazin*, *Uhu*, *Koralle* and *Die Dame*, the increasing use of photos as mediums of illustration and advertising is undeniable, a development that necessarily found imitators.

The expansion of photography in advertising saw the maturing of an economic model whose course had already been set in the second half of the nineteenth century. In order to finance their production costs, especially the expen-

Fig. 2
Combination of photographs and drawings in advertisements (double-page), *Die Dame* 55, no. 21, 1928, 46–47.

sive printing of pictures, newspapers and magazines increasingly depended on the sale of advertising space, a practice that expanded first mainly in the USA and led to the emergence of advertising agencies as well as the cartelization of advertising.[62] As the advertising industry soon came to rely massively on visual design, this set in motion a sort of chain reaction, in which the individual vectors determined one another: advertising financed the magazines and the printing of pictures, facilitated the founding of new periodicals, and accelerated the use and distribution of pictures and photographs.

Photography was favoured as an advertising medium for several reasons. First of all, photographs were perceived as credible, as Willi Warstat proclaimed in 1930, speaking of the widespread notion of photographic representation, which was "highly significant for the psychology of advertising." After all, "the audience has no trouble believing that the photographic representation of an object is more precise and closer to reality than a drawn portrayal."[63] In the USA, researchers had already studied the effect of photography on advertising customers in 1932. According to a survey of 4,000 readers by George Gallup's American Institute of Public Opinion, people found photographs more appealing and effective than other kinds of advertising illustration.[64] Photography was also regarded as a very modern and versatile mode of illustration. The new and varied modes of representation in photography corresponded to the restless search for ever-new advertising images, since "the new and previously unseen, in particular attracts the gaze and attention with especial power."[65] Last but not least, photographs were often less expensive than drawn illustrations. No binding rates or pricing standards existed for advertising photographs, and payment was subject to negotiation. To be sure, drawn illustrations had the advantage of trenchant and abstracting representation and greater ease of translation into colour printing, but photography permitted the more cost-effective design of ads and thus prevailed particularly in the years following the Crash of 1929.[66]

As a mark of modern consumer society, growing competition encouraged industry and commerce to invest more and more in promoting their products and services, unleashing a veritable competition over advertising, which evolved into a profitable business for photographers, advertising designers, photographic agencies and commercial picture libraries and the services associated with them. "A new, lucrative market [is emerging] here for professional photographers," according to the contemporary critic Willi Warstat, "and a new specialized branch of the photographic profession, ... that of the advertising photographer."[67] The profession of the advertising photographer, a "professional identity,"[68] with its own networks and standards (and by extension that of image banks), arose alongside that of the press photographer.

Much as the *Illustrierte* did for the photo reportage, advertising served as an additional experimental ground for photography. The concept of advertising or promotion was extremely broad and referred to both advertisements for consumer goods and services and publicity for events of all kinds. Recent scholarship has pointed to the structural proximity between the avant-garde art of the 1920s and 1930s, the New Typography, *Neue Sachlichkeit* (New Objectivity) and the New Vision.[69] As the economic motor of this development, the intersection of art and utilitarian photography was accordingly also expressed in advertising design, which incorporated modes of representation from contemporary art and art photography. This intersection became visible above all in the use of photomontage as a creative vehicle in contemporary art and advertising, as Curt Glaser's 1931 exhibition review explains:

> "The path however soon led from this free play [of art] to practical application. Photomontage became a sub-area of commercial art and an important resource in modern advertising. From book jackets and advertisements to promotional brochures, photomontage is conquering broad areas of advertising previously dominated by drawings, and the documentary nature of the photographic material involved lends this new advertising vehicle the apparent reliability of pictorial reportage."[70]

The *fifo* of 1929 devoted one of the exhibition's five thematic rooms to so-called advertising art (*Reklamekunst*).[71] Artists and critics explored the interrelationship between art and advertising, and propaganda. Various art and industrial design schools offered integrated advertising design, typography and photography courses. The most prominent example is the printing and advertising workshop at the Bauhaus in Weimar, which the designer Herbert Bayer founded and ran from 1925 to 1928.[72] The diverse potential markets offered by advertising were an essential motor for photography's aesthetic and technical development and experimentation, since, according to Moholy-Nagy, "Advertising can use anything that heightens its effectiveness."[73] Photography's pursuit of effectiveness and its means of representation and expression were now virtually unlimited.[74]

According to Warstat, advertising art opened up "an infinitely broad and varied field of endeavour for photography, and the advertising photographer had no need to cling to a single scheme and lapse into a dreary monotony and style."[75] Moreover, the heightened willingness to invest increasingly translated into the testing of high-quality printing technologies and materials. The "awakening interest in the key economic factors" led "quite suddenly to a refined development of photographic advertising technology, or—why not say it?—photographic advertising art," so that, as Warstat went on to suggest, "it is worthwhile to examine and elucidate this field in its context."[76]

As this sketch, which will be developed in Part II, suggests, advertising offered a new and highly promising market for photography. The economic potential of advertising propelled aesthetic and technical experiments, thereby fostering the further evolution of the medium. Or, to summarize in the words of Roland Marchand, "the photographic image itself became a consumer product,"[77] imbedded in a capitalist economy designed for the consumer society of the nascent twentieth century. It thus seems justified to claim that the expansion of the picture market and the emergence during the 1920s and 1930s of new agencies and commercial picture libraries, which were the beneficiaries and catalysts of this economy, can be traced back to the phenomenon of advertising and to the genre of the *Illustrierte* as one of the most significant advertising vehicles.

Photography and Copyright

Photographic agencies and commercial picture libraries deal in the licensing and management of rights for the use and reproduction of photographs. As a consequence, the picture market evolved and changed congruently to the development of photographic image rights, which assumed increasingly concrete forms in the course of the twentieth century. If this chapter proposes the thesis of the mobility of photography and the mobilization of images by photography, the state of image rights in the 1920s and 1930s plays an essential role. After all, the agencies' remits and *raison d'être* increasingly emerged in this period along with the definition and handling of image rights.

German and international law responded to the mechanical reproducibility and increasingly ephemeral nature of images by including photography in intellectual property law.[78] At the heart of this legislation was the control over the distribution and reproduction of images. The transfer of the concept of copyright to photography was (and because of its dual nature as medium and object, remains) not unproblematic, however. From its very beginning, the concept of copyright for photography was built on a paradox, or a hybrid, that is the idea of the original on the one hand and its reproductive character on the other hand, between the theoretical definition and the inadequacies in the actual handling of photographic image rights. It repeatedly ran up against obstacles, for, as the legal scholar Josef Kohler remarked in 1908, legislators "did not really know what to make of it [photography]."[79]

If one understands "the law as a seismograph that allows us to grasp analytically the fissures and upheavals that the apparatus unleashed in scholarship and art,"[80] the initial debates that led to copyright law and particularly the detailed reform discussion during the late Weimar Republic are symptomatic of this paradox. The present chapter will propose that the extensive and at times highly controversial discussions conducted in Germany between 1928 and 1932 need to be understood as clear reactions and counter-reactions to the prevailing concerns about the loss of control over the distribution and reproduction of images brought about by their reproducibility and omnipresence. The evaporation effect, the threatened dissolution of the art work in the "here and now,"[81] as Walter Benjamin put it (and the alleged democratization), set off by mechanical recording and reproduction devices naturally affected all of the arts, but the remarks that follow will concentrate on the legal treatment of photography.

The rapid development of photography into an industry and its economic relevance especially from the late nineteenth century on elicited a great interest in redefining the legal framing conditions. In the period between 1860 and 1920, legislation concentrated on the fundamental issue of property in the photographic image and the concomitant right to reproduce and use pictures.[82] Did the photos and negatives belong to the photographer or the client? What was the legal framework for exploiting photographic images? What rights were assigned to the person/s depicted? Deliberations centred on definitions of photography either as a purely mechanical, or as an artistic method of generating images. While the opponents of copyright protection for photographs stressed the mechanical nature of photography, its supporters argued that the photographic process was analogous to artistic creation.

With the Copyright Act on Works of Art and Photography of 9 January 1907 (*Gesetz betreffend das Urheberrecht an Werken der Künste und der Photographie*),[83] or Art Copyright Act of 1907 for short, German legislators responded, among other questions, to the medium's prevailing defencelessness against unlawful reproduction and use by third parties. In this law, photography and art were treated together for the first time,[84] whereas the new media of film and radio were combined in a separate law, the Copyright Act on Works of Literature and Music of 19 June 1901 (*Gesetz betreffend das Urheberrecht an Werken der Literatur und der Tonkunst*). This proximity to the artwork ushered in a paradigm shift in the legal definition of photographs, as they were placed *in relation* to one another. Despite their juxtaposition, though, the rules applied to photography and the fine arts varied in order to articulate the different status of art works and photographs. Photographs were accorded a copyright for ten years after their appearance or production, while works of art were protected against unlawful reproduction and distribution for fifty years after the death of the artist (*post mortem auctoris*). The Art Copyright Act of 1907 and the ensuing amendments were concessions to the steadily growing number of professional press and illustration photographers and their influential associations. The copyright law for photography consequently developed chiefly in relation to press and commercial photography, as an attempt to strengthen the rights of photographers in light of improved reproducibility. The fact that photography fell under the Art Copyright Act of 1907 and enjoyed (albeit reduced) copyright protection thus points to the economic interests and political authorities that came into play in the face of the threatened loss of control over images. Together with its subsequent amendments, the 1907 law formed the basis of German copyright law on photography, and until the introduction of the new Copyright Act of 1965, it would shape the social uses of photography and redistribute the rights of disposal of producers and consumers of pictures and the individuals represented in them.

With the focus on authorship and the recognition that the photographer's achievement went beyond the purely mechanical, however, copyright protection for the medium of photography negated a key aspect. This aspect referred to the way in which photographs were often used and produced, and one which was highly relevant and well established in the context of the picture market: photography as a 'copy machine' and a means of mobilizing images. Or, as the historian and legal scholar Monika Dommann puts it, "in order to justify according property rights in technical images as well, they must be labelled works of art, which can only occur at the expense of negating the apparatus."[85]

In the reproducibility of the photograph, and especially the "reproduction of the reproduction," or *Nachdruck* (reprinting), on which many image banks relied on, the apparatus was explicitly in the foreground. Reprinting undoubtedly collided with copyright and the attendant construction of the photographer as author and the idea of artistic production. If, as was mentioned above, no one knew precisely how to define the photograph for the purposes of copyright, the main reason was its potential of (infinite) reproducibility. Yet, reproduction by photographic means was treated rather unmistakably in the development of copyright protection. The 1907 law, for example, stipulated in section §15 (1) that only the copyright holder has the right to "reproduce, commercially distribute and commercially display this reproduction by means of mechanical or optical devices."[86] The prerequisite for the right to reproduction (including the production of another work of visual art or photography by emulating an existing work,"[87]) and commercial exploitation was the official consent of the author or owner of the original work. What is important here is that this also included a provision that no changes could be made to the work, the title of the picture, or the designation of the author.

This consent was rarely obtained, however. The new legal arrangement clearly contradicted everyday business practice, in which the rights of photographers were only very rarely respected. Thus, almost immediately after the Art Copyright Act of 1907 went into effect, interested parties were already vehemently suggesting improvements. In a 1911 manifesto, for instance, the Berlin photographer and chairman of the Central Association of German Photographers' Federations (*Central-Verein Deutscher Photographen Verbände*) Waldemar Titzenthaler[88] criticized the "miserable state of business between photographers and publishers."[89] According to Titzenthaler, not only did publishers wait until publication to pay for the pictures they acquired and categorically neglect to mention the photographer's name, they also only paid the photographer a "paltry sum for permission to reproduce the image and resold the stereotypes and electrotypes as they saw fit."[90]

The "miserable state of business," according to Titzenthaler, was further reflected in a proposal by the photographer and advocate Fritz Hansen for the revision of the 1907 Act. Hansen submitted a draft for the regulation of interests between photographers and newspaper and magazine publishers, which concentrated especially on the issue of reprints.[91] The reproduction of a photograph from a publication—and Hansen referred mainly to the topical press—should oblige the publishers to pay the author a reprint fee. Moreover, they should also immediately inform the author of the reproduction of the photograph. Hansen's proposal targeted the powerful publishing companies as well as the commercial picture suppliers, who clearly profited from the prevailing discrepancy between the theoretical achievement of copyright protection and actual practice in the picture market. However, this was less an isolated phenomenon than an established practice, a long-standing 'culture' of disregard for the terms of copyright and of unlawful reproduction in the press and publishing business, which commercial picture suppliers used for their own ends.

This culture of a rather casual handling of copyright law in the picture market and the difficulties to implement the law properly had its roots in a number of factors.

Supported by publishing law, it was long common practice for publishers to (re)use illustrations for their other publications or to sell them. As the main customers for photographs, publishers argued from a different legal perspective. They traced their right to reutilize pictures not to copyright law, but to the 1893 publishing regulations of the German book trade organization *Börsenverein deutscher Buchhändler*, which dealt with reprints not of images but of texts. Since the photographer had been paid a fixed amount for the initial use, publishers tended to claim ownership and thus considered the reprint or reselling of photographs permitted. A further source of the culture of disregard appears to lie in the earlier legislation on intellectual property: In the Copyright Act to Protect Works of Photography Against Unauthorized Reprinting of 10 January 1876 (*Gesetz betreffend das Urheberrecht an Werken der Photographie gegen unbefugten Nachdruck*), which preceded the law of 1907, reprinting was clearly regulated in favour of clients and end users. The photographer, who in this law functioned not as an artist but as a manufacturer (*Verfertiger*), was accorded a copyright of only five years. The decisive point, though, (and juridical weakness from the photographer's point of view) was that the replication of so-called industrial products was fundamentally permissible without regard to intellectual property law. Thus anyone was allowed to reproduce and commercially exploit printed photographs such as postcards, newspaper illustrations and advertising pictures at any time. Finally, it was the harsh climate in the picture market that nourished the lax handling of photographic image rights. Consistent compliance with copyright law was difficult to implement given the relative power of the major publishing houses and the fierce competition among photographers. Photographers received a one-time fee and had no influence over the further use and potential reproduction of their works. Prints not made and reproduced by the photographers themselves circulated among editorial departments and advertising agencies with no further details about their origins. Photographs were used, reused, cut, stored or discarded. In practice, copyright law led to permanent violations, which, because of the power differential between publishers or advertisers and photographers, rarely led to the latter claiming their rights or seeking legal remedies.[92] Photographic agencies formed not least *because* of these abuses, since the 'agency' as a distribution and management structure promised to represent photographers administratively and ensure that customers respected their rights.

The concrete application of intellectual property rights during the 1920s and 1930s and the status of photo agencies can be demonstrated by examining contemporary *Illustrierte* such as *Scherl's Magazin*. While fifty-one out of the seventy-four photographs that appeared in the September 1926 issue of *Scherl's Magazin* mention no copyright information whatsoever, the May 1931 issue printed only forty-two out of seventy-one photographs without such information. The same was true of the *Berliner Illustrirte Zeitung* and the illustrated magazine *Die Dame*. Mentions of the author or copyright holder of the printed photos, which were rather uncommon in the early twentieth century, appear in nearly half of photographic illustrations from the mid-1920s on. The more prominently placed photographs were within the magazine, the more likely it was for copyright information to appear. Large-format photos and those that occurred within a series of pictures, for example, tended to be 'signed' more often than small-format, individual photos. One may say that mentioning the origins of pictures was more likely when the photographs were explicitly orchestrated and dramatized than in the case of incidental, nondescript, and 'anonymous' photographs. However, the majority of mentions named not the individual photographers, but the photo agencies. The Berlin agencies Zander & Labisch, Senneken and Mauritius and Scherl's in-house picture department, the French Atelier d'Ora, and the American agencies Keystone, Underwood & Underwood or Wide World were represented in every issue. Unless it was an explicitly artistic work by a well-known photographer, the author of the photograph disappeared behind the name of the commercial picture supplier. Thus the photographer did not appear as the official provider of the image, but the agency, which not only held the rights of reproduction and use, but also actively claimed and managed them. Moreover, in their role as intermediaries between producers and users, it was the agencies and not the photographers that negotiated with the publishers or other customers. Although one can speak of a gradual institutionalization of copyright protection for photographs, mentioning the author or origin of images was by no means standard practice yet in the 1920s and 1930s.

In light of the glaring discrepancy between theory and practice, the 1907 Art Copyright Act was subjected to several amendments in subsequent decades. For all that, it was mainly the reform discussions in the late Weimar Republic, that is, from 1928 to 1932, which again challenged the apparently secure principles of the 1907 law. Was it truly legitimate to combine photography and the fine arts in a single law? Should photography not be treated in a separate law? How could a clear distinction be drawn between the craft and the chemical-optical process of photography, between art photography and utilitarian photography? The necessity or the renewed desire for changes to the law is evidence, albeit indirect evidence, of photography's dynamism and the upheavals in the media and ideas that occurred at this time.

The catalysts for the urgent need to revise copyright law for all the arts were technical innovations and their rapid establishment, particularly the various visual and sound media and their material devices. The reform discussions emerged from the recognition that the "technical developments in the field of the exploitation of objects of copyright were difficult to reconcile with the existing laws."[93] Legislation had to react, but at the same time the questions raised by reproducibility were becoming increasingly complex. The reform discussions were conducted on both the national and the international level, the latter within the framework of the International Berne Convention for the Protection of Literary and Artistic Works. In 1928, more than 40 years after the first international copyright agreement, the Berne Convention of 1886, 37 member states[94] convened in Rome with the aim of formulating new guidelines for international copyright protection. While these guidelines—the Revised Berne Convention of 1928—were not binding, each of the member states were encouraged to use them as a model for revising its own national legislation. The negotiations centred on the issue of mechanical reproducibility and its consequences. For the first time, individual sub-committees were formed for the media of photography, radio and film.[95] The formulation of the *droit moral* (moral right) for works of art, literature and music was considered the most significant outcome of the Revised Berne Convention: defined as the non-transferable copyright, the *droit moral* gave authors the possibility of transferring only the right to use their works to a third party, without ever losing their copyright, This provision was an attempt to counter or at least regulate the anticipated mass distribution by means of technical reproduction, which was already a reality and was creating economies in its own right. The *droit moral*, however was rejected my the majority, and thus abandoned. As for the protection period, while detailed provisions were set down for the new media of cinema, radio and sound recordings, the guidelines for photography and its legal interpretation went into a different (eventually unanticipated) direction. From the standpoint of photographers and photographers' associations, the Revised Berne Convention scarcely brought the hoped-for improvements. On the contrary: the ten-year term of copyright was not extended, but retained. In addition, photography was treated independently from art, in contrast to German copyright law. The German representatives at the Rome meeting interpreted this distinction as implying that "works of photography do not constitute literary or artistic works, since the photograph is the result of a mechanical-chemical process, subject at most to the personal influence of the photographer."[96]

Following the Revised Berne Convention, the reform discussions in Germany took shape. While the German Art Copyright Act of 1907 was largely consonant with the international copyright protection proposed by the Revised Berne Convention, the latter provoked a renewed fundamental legal discussion about the legitimacy and applicability of copyright to photographs. It is important to bear in mind, however, that the reform discussions did not only concern photography, but copyright law as a whole. The concrete reform suggestions and drafts were proposed by jurists, who on the one hand represented interest groups, such as publishers, broadcasting companies, manufacturers and artists' or photographers' associations, and on the other served as members of the Copyright Commission of the German Association for the Protection of Commercial Property (*Verein für den Schutz des gewerblichen Eigentums*), which in turn acted as an advisory board for the German Ministry of Justice. These reform suggestions, which were referred to as private drafts (*Privatentwurf*) accordingly carried substantial weight. Depending on their orientation, the reform suggestions referred to various forms of artistic expression or "works of the intellect" (*Geisteswerke*). Two of the four semi-official submissions, by the jurists Willy Hoffmann and Alexander Elster, treated photography. Inspired by the Revised Berne Convention, Alexander Elster's 1929 draft proposed what was probably the most radical amendment of the Art Copyright Act of 1907. Elster argued, first of all, that photography should be removed from the Art Copyright Act. The protection of photographs should be treated in a special law, separate from art. Second, a stricter distinction should be made between the works of photography and the photographic process. Certain photographs—and Elster was referring here to "photographs of photographs … the manufacture of photographs from a two-dimensional original [and] photomechanical (offset-) printing"[97]—were denied the status of individual works. Instead, they could be placed under the existing Design Protection Act (*Musterschutzgesetz*), together with catalogues, instruction manuals, patterns and models.[98] Elster believed that his suggested reform was justified by the fact that "photographic 'copyright' was increasingly recognized to be an anomaly in the overall picture of copyright law, and its legitimacy was tenable only because of a certain kinship with the industrial arts."[99] Both Hoffmann and Elster were of the opinion that photographs could by no means be viewed as equivalent to works of art, but could in certain justified cases be works deserving protection as art that fell under the protection of the industrial arts and design. Both men found the widespread view that "works of photography are not literary or artistic works, since the photograph is the product of a mechanical-chemical process,"[100] confirmed in the Revised Berne Convention of 1928. Elster, who was clearly sceptical of photography, criticized its inclusion in the protection of artworks as "a sign that there is no downward limit to the work of art."[101] Moreover, Elster regarded the acknowledgement that the concept of the individual work could apply to photography as plainly dangerous for art. The copyright committee, which acted as an advisory body to the Ministry of Justice and to which Hoffmann and Elster belonged, consequently unanimously rejected the protection of photography under art copyright in a future copyright act. It called for revoking the photograph's status as an individual work, while recognizing (not further specified) exceptions.

But what exactly explains the overwhelmingly negative attitude of Elster and Hoffmann, and correspondingly of the German copyright committee and the Revised Berne Convention, towards recognizing photographs as individual works? Why, in spite of the increasing professionalization of photographers, the emancipation of photography, and the entry of photography into everyday life but also into avant-garde art, was copyright not tightened? Why this conceptual regression?

The answers to these questions are to be found in the reproducibility of photography. In contrast to the situation at the beginning of the twentieth century, by the 1920s and 1930s the mechanical nature of photography and its potential for abundant replication was undeniable. Anything could be photographed, anything reproduced. Cheap and easy reproduction, improvements in printing technology, the widespread introduction of the 35-mm camera and the roll film, the rapid increase in photographic production, the omnipresence of the photograph in scholarship, the arts, and advertising, its presence in magazines and newspapers and on advertising posters—all of this emphasized the mechanical, constantly reproducible, repeatable, mass quality of photography. The mass nature and variety, the very abundance of photography, was diametrically opposed to the uniqueness and singularity of the work of art upon which copyright was based, and carried this concept for photography *ad absurdum*.

The clear emergence of the mechanical nature of photographs and their mass appearance in the 1920s and 1930s consequently provided the impetus for the demand that a clear distinction be drawn between explicitly artistic photography and 'mere photography,' as Elster called it.

The deliberations of the German copyright committee proved unsuccessful, however, in implementing its recommendation to remove photography from the protections of the Art Copyright Act. Opposing attempts to strengthen the position of the photographer were, however, also doomed to failure. As a compromise, in its official draft of 1932[102] the German Ministry of Justice saw fit *not* to change the copyright provisions concerning photography at all, that is, neither to weaken nor to strengthen them, despite the abuses cited in the debate. How can this reticence on the part of the Ministry of Justice be explained?

One reason for this reluctance to strengthen copyright for photographs at this time was the power of the publishing companies and the picture market. The commercial users, whether publishing houses or photo agencies, had little interest in combating the abuses for which they were responsible and from which they profited. As an expression of not only social but also economic interests, legislators thus saw no reason to expand the protection and with it the control over photographic reproduction. On the contrary: they were keen to avoid implementing any changes. The fact, however, that reform was being discussed so intensely at this time, and that reform suggestions were given an official, political forum between 1928 and 1932, points indirectly to the dynamism and ubiquity of photography. Such a debate would presumably have received little attention earlier. Thus the most significant effect of the reform discussions was the renewed challenge to the character of the photograph as an individual work versus photography as a copy machine.[103]

In conclusion, the reform discussions on copyright during the late Weimar Republic proved decisive for the moment of the emergence of photography as well as the new media. They were indicators not just of the massive upheavals in the media, but also of the difficulty of grasping the new media and technical reproducibility in legal terms. In comparison to cinema, radio, and gramophone records, photography was not quite a new medium. Nevertheless, it underwent such a significant accelerated development in the 1920s and 1930s that the latent uncertainty over how to treat photography reawakened legislatively. As we have seen, requests for changes were submitted not long after the enactment of the Art Copyright Act of 1907, which defined copyright protection for photography more precisely. Photographers and their interest groups criticized the discrepancy between official copyright provisions and actual practice in the picture market. It was not until towards the end of the Weimar Republic that the reform discussions assumed a concrete or official form, however. This occurred particularly under the influence and effects of the international negotiations to reform copyright law, which resulted in the Revised Berne Convention of 1928. When it came to photography, both these international negotiations and the reform discussions in Germany took a different turn than might have been expected. Instead of voting to institute stronger control mechanisms or to expand the rights of photographers (as, for example, in the *droit moral* called for by France) in light of the threatened evaporation of the image, no changes whatsoever were made in the legal definition of photography. Between the Art Copyright Act of 1907 and the extension of the duration of copyright in the reformed Act of 1940, there was no legal response to the technical and societal development of photography and its consequences. This striking inaction reflected the uncertainty towards photography. Legislators did not know how to act, and therefore did not act, or quite deliberately failed to act.

The photographic agencies and commercial picture libraries profited in two respects from the actual practices and inadequacies to which the Art Copyright Act and various approaches to reform gave rise. As photographers' representatives, their responsibility was to administer and verify image copyright. They had to ensure that the manner of use and reproduction of the photos they supplied conformed to the agreements made and that the customers actually abided by them. Because the agencies participated in the sale of pictures by charging a commission and administrative fee, they were naturally anxious that the photos were not used unlawfully and thus in a manner damaging to their reputation. As "publishers" of photographs, and this applied especially to the commercial photo archives, they however profited in any case from the lax application of and contempt for image copyright and the relatively weak position of photographers in a situation of massive competition. Many photographers ceded their works to the agencies and commercial picture libraries for a one-time payment or a monthly income. The photographers did not know, and presumably were not in the position to care, which photos were chosen, or how—and how often—the agencies and commercial picture libraries used their works. As a rule, the photographers had only limited control over their material. The detailed reconstruction of the development of image copyright for photographs undertaken in this chapter helps to explain the business model of the photo agencies and commercial picture libraries—a business model that developed in relation to image copyright and increasingly held out the promise of success.

***

The "age of picture agencies"[104] in the late Weimar Republic was marked by the emergence of a plethora of new companies and the growth of existing photographic agencies, both domestically and at the international level; these enterprises offered news photographs and utilitarian pictures to the press and also to the rapidly expanding advertising industry. This development was the result of a variety of factors, each of which had ramifications for the others. The technological advances in cameras and printing techniques and the improvements in film quality were one facet of this development; these innovations increased the mobility of photography and lowered the costs of producing and printing photographs. Another facet was the unprecedented quantity and diversity of distribution channels, above all the rise of new media formats such as the *Illustrierte*; rather than simply publishing photographs as occasional accompaniments to articles, these magazines structured their content around visual illustrations and advertisements. Commercial advertisements in particular played an essential role in the development of illustrated magazines, as they served not only as a platform for distribution, but also as a vital source of income for publishers and photographers, and by extension for their agents. Accordingly, photographic agencies and commercial picture libraries began to specialize in certain products and markets, which led to their professionalization in terms of the administration and organization of their material. As the chapter on photography and copyright has described, the dynamization of the picture market during the first decades of the twentieth century created the pressing need to regulate supply and demand between photographers, picture suppliers, and their clients. The modern picture market evolved with the advent of photographic image rights that was gradually taking shape during this period. However, the increased reproducibility, mobility, and ubiquity of mass-produced images also led to a wider debate about the sustainability of copyrights and the very nature of photography. Indeed, it is alongside the establishment of copyright protection that photographic agencies and commercial picture libraries asserted themselves as intermediaries and rights representatives, placing themselves squarely between the production and distribution of images and between the theory and practice of photographic image rights.

1 János Reismann, *Nyugtalan évek*, trans. into German by Marian Reismann and Geza Jaszai (Budapest: Corvina Kiadó, 1982), cited after Herbert Molderings, "Eine Schule der modernen Fotoreportage. Die Fotoagentur Dephot (Deutscher Photodienst) 1928 bis 1933," *Fotogeschichte. Beiträge zur Geschichte und Ästhetik der Fotografie* 28, no. 107 (2008): 10. [Original: "Diese Konjunktur hat ganz neuartige Unternehmen ins Leben gerufen. Journalisten oder Schriftsteller, die sich für journalistisch begabt hielten, verkrachte Geschäftsleute ohne Kapital, großspurige und kleinkarierte Abenteurer, sie alle gründeten Fotoagenturen. Ihr Geschäft war nicht die Aktualitäten—denn da konnten sie nicht mit den großen alteingesessenen Firmen konkurrieren—sondern Reportagen und Fotoserien aller Art. Sie lieferten die 'Ideen' und suchten dazu die Fotografen, die sie ausführten. Und sie brachten das fertige Produkt dann unter, oder auch nicht. Zum Schluss wurde mit den Fotografen abgerechnet, ehrlich, unehrlich oder gar nicht."]. Unless indicated otherwise, the translations throughout this book were done by the author.

2 Born in Hungary in 1907, János Reismann moved from Paris to Berlin in 1927 where he completed a course at the *Staatliche Fachschule für Phototechnik* (Technical college for photography). From 1929 to 1931, he worked for the illustrated weekly magazine *Arbeiter Illustrierte Zeitung* (AIZ) alongside John Heartfield and Erwin Piscator. In 1931, Reismann moved to Moscow where he was a correspondent for AIZ. He died in 1976. See database of the Hungarian Museum of Photography, http://fotomuzeum.hu/fotografiak.

3 Diethard Kerbs, "Die Epoche der Bildagenturen," in *Die Gleichschaltung der Bilder. Zur Geschichte der Pressefotografie 1930–1936*, ed. Diethard Kerbs, Walter Uka, and Brigitte Walz-Richter (Berlin: Froelich & Kaufmann, 1983), 32. According to Kerbs, the "age of photo agencies" refers to the years between 1900 to 1933.

4 Matthias Bruhn, "Tarife für das Sichtbare. Eine kurze Geschichte der Fotoagenturen," *Fotogeschichte. Beiträge zur Geschichte und Ästhetik der Fotografie* 27, no. 105 (2007): 19.

5 See note 1.

6 Kerbs, "Die Epoche der Bildagenturen," 37–38. As Kerbs specifies, a "middle-sized news picture agency, such as Photothek Römer & Bernstein in Belle-Alliance Street 82 employed a photographer in chief, a business director, who would sometimes also work as editor or copywriter, in addition 2 or 3 operators, that is to say staff photographers, secretaries, archival and laboratory assistants and messenger boys .... The whole staff totalled to 7 to 12 employees. In its most busy times, a large company such as Atlantic provided work for thirteen operators alone." [Original: "Eine Pressebildagentur mittlerer Größe wie z. B. die Photothek Römer & Bernstein in der Belle-Alliance-Str. 82 hatte damals einen Cheffotografen und einen kaufmännischen Leiter, der oft auch als Schriftsteller und Texter arbeitete, dazu 2 bis 3 Operateure, also angestellte Fotografen, sowie Sekretärinnen, Archiv- und Laborangestellte und Botenjungen .... Die ganze Belegschaft bestand aus 7 bis 12 Personen. Eine große Firma, wie z. B. Atlantic hatte in ihrer besten Zeit allein 13 Operateure."]

7 Ibid., 38.

8 Ibid., 36.

9 Bruhn, "Tarife für das Sichtbare," 18.

10 While advertising is generally acknowledged as a crucial sales market for photography, hardly any research has been carried out on the history of advertising photography so far. Exceptions are Robert Sobieszek, *The Art of Persuasion: A History of Advertising Photography* (New York: Harry N. Abrams, 1988); Françoise Denoyelle, *La lumière de Paris.*

Le marché de la photographie 1919–1939, vol. 1 (Paris: l'Harmattan, 1997); Helen Wilkenson, "The New Heraldry: Stock Photography, Visual Literacy, and Advertising in the 1930s Britain," *Journal of Design History* 10, no. 1 (1997): 28–38; Rolf Sachsse, "Die Fotografie in der Werbung," in *Strategien der Werbekunst 1850–1933*, ed. Jörg Meißner (Berlin: Deutsches Historisches Museum, Bönen Kettler, 2004), 78–87.

11 Although there are some differences between the German legal concept of *Urheberrecht* and the English term copyright, for the sake of simplicity, I will speak here of copyright.

12 See note 1.

13 Heike Knortz, *Wirtschaftsgeschichte der Weimarer Republik. Eine Einführung in Ökonomie und Gesellschaft der ersten deutschen Republik* (Göttingen: Vandenhoeck und Ruprecht, 2010), 14–15. See also, Eberhard Kolb, *Die Weimarer Republik*, 6th ed. (München: Oldenburg Wissenschaftsverlag, 2002).

14 Thomas E. Hall and J. David Ferguson, *The Great Depression: An International Disaster of Perverse Economic Policies* (Chicago: University of Michigan Press, 1998). The authors argue that Germany and the United States were the countries most affected by the world economic crisis of 1929, and by consequence experienced the greatest political and social changes.

15 Knortz, *Wirtschaftsgeschichte der Weimarer Republik*, 219.

16 For the pre- and early history on photographic illustrations and the development of printed photography see Charles Grivel, André Gunthert and Bernd Stiegler, eds., *Die Eroberung der Bilder. Photographie in Buch und Presse 1816–1914* (München: Wilhelm Fink Verlag, 2003); Thierry Gervais, *L'Illustration photographique. Naissance du spectacle de l'information, 1843–1914* (doctoral thesis, École des Hautes Études en Sciences Sociales, 2007), http://www.lhivic.org/info/recherches/lillustration-photographique; Bernd Weise, "Pressefotografie III. Das Geschäft mit dem aktuellen Foto: Fotografen, Bildagenturen, Interessenverbände, Arbeitstechnik. Eine Entwicklung in Deutschland bis zum Ersten Weltkrieg," *Fotogeschichte. Beiträge zur Geschichte und Ästhetik der Fotografie* 37 (1990): 13–37; Ivo Kranzfelder, "Idylle—Aufbruch—Propaganda. Fotografie in Deutschland 1900–1938," *Fotogeschichte Beiträge zur Geschichte und Ästhetik der Fotografie* 113 (2009): 5–20.

17 Here, the year of the invention of the halftone printing process refers to Georg Meisenbauer's patent of May 9, 1882. Parallel to this, similar commercially successful methods were developed and patented in Great Britain and the United States.

18 As Thierry Gervais has shown, starting as early as 1843, photography played an increasingly important role in the illustration of newspapers and periodicals and for the creation of 'visual news.'

19 The mounting of halftone plates on a rotary press first succeeded in Germany in 1901 with the printing of the daily newspaper *Der Tag*, published in Berlin by Hugenberg-Scherl.

20 Several scholars have pointed to the relationship between the development of colour printing and colour photography and the rise of the advertising industry during the late 1920s and 1930s. Richard Benson, for example, argues that, "we should not be naive about the reason for the development of color printing; it was entirely due to the belief that you had a better chance to sell someone something they didn't need if you advertised it in color rather than in drab old black and white," in Richard Benson, *The Printed Picture* (New York: The Museum of Modern Art, 2008), 228. In his study on the history of American advertising, Roland Marchand provides further details: "As magazine advertising had mushroomed in the early 1920s, the percentage of ads in color had advanced hesitantly to levels between 12 and 38 percent. As late as 1924, however, an issue of *Saturday Evening Post* might include color in less than one-fourth of all full-page ads. Only 20 pages in a 160-page magazine would contain any color but white, grey or black. Against the greyish blandness of such a background, a colored product could immediately and ingeniously provide an eye-catching advertising advantage," in Roland Marchand, *Advertising the American Dream: Making Way for Modernity 1920–1940* (Berkeley: University of California Press, 1985), 121. More explicitly referring to colour photography in advertising, Robert Sobieszek suggests that, although the "graphic-arts industry had proved itself capable of printing three- and four color images since the turn of the century," the "sudden success of color advertising photography" in the mid-1930s was due to the sharp growth of the industry during that time. See Sobieszek, *Art of Persuasion*, 68.

21 Karl Weiss ed., *Deutscher Kamera-Almanach. Ein Jahrbuch für die Photographie unserer Zeit*, vol. 23 (Berlin: Union, 1933), 7. The *Deutscher Kamera-Almanach* (German camera yearbook) was one of the most important and comprehensive annual reviews addressed to amateur and professional photographers. Published from 1905 to 1941, it reported on the latest technical developments, photographic trends and provided a directory on photographic associations and professional addresses.

22 Ibid., 7. [Original: "Man hatte es nicht mehr nötig den geeignetsten Aufnahmestandpunkt

unter anderen zu wählen, sondern stellte eine größere Zahl von Aufnahmen von verschiedenen Standpunkten aus her."]

23 Ibid., 7–8. [Original: "Mit der Verringerung des Studiums am einzelnen Motiv wurde in vielen Fällen eine größere und wirksamere Frische in der Bildauffassung erreicht."]

24 Ibid., 8. [Original: "Die Photographie hat sich gewissermaßen eine eigene Ästhetik geschaffen."]

25 Ibid.

26 As a fixed section, the yearbook *Deutscher Kamera-Almanach* also contained advertisements by the photographic industry, entitled *Mitteilungen und Anzeigen der photographischen Industrie* (Annoncements and advertisements by the photographic industry). The advertisements by companies such as Ernst Leitz, Wetzlar promoting its Leica camera and Zeiss-Ikon highlight in particular the enhanced mobility achieved by a new generation of small-format cameras. According to these ads, given the excellent picture quality and the moderate prices, these cameras satisfied the needs of both amateurs and professionals.

27 In addition to the flammability of nitrate film, the chemical instability of cellulose acetate film has been causing major problems with the storage and the preservation of historical photographic collections, an aspect that will be treated in Part III.

28 Otto Mente, "Über einige Erfahrungen beim Photographieren mit Filmen," in *Deutscher Kamera,* vol. 18 (1928), 147–157, here: 148. [Original: ... wodurch man "Rollfilme für 36 Aufnahmen nicht nur bequem in einer normalen Rocktasche" unterbringen konnte, sondern "daneben noch Platz für allerlei andere Dinge" hatte.]

29 Patented in the United States by Hannibal Goodwin in 1887, the combination of a transparent flexible celluloid film with roller cameras was further developed and manufactured by George Eastman and his collaborator Henry Reichenbach. Eastman was convinced of the commercial potential of the rollfilm and promulgated it by using it in a wide range of Kodak cameras.

30 Hans D. Abring, *Von Daguerre bis heute* (Herne: Privates Fotomuseum, 1985).

31 The *Deutscher Kamera-Almanach*, for example, published several articles on the matter, such as "Vom Kleinbild-Negativ zur Großkopie?" [no author credited] in *Deutscher Kamera-Almanach,* vol. 22 (1932), 32–40; Kurt Jacobsohn, "Fortschritte in der Herstellung und Verarbeitung höchstempfindlichen und höchstfarbenempfindlichen Aufnahmematerials" in *Deutscher Kamera-Almanach,* vol. 20 (1930), 129–140; Heinz Naumann, "Kleinbildaufnahmen und Vergrößerungen: hohe Tiefenschärfe, Notwendigkeit des qualitativ hochwertigen Films (Feinkornemulsionen) für die Vergrößerung," in *Deutscher Kamera-Almanach,* vol. 21 (1931), 87–105.

32 Kurt Jacobsohn, "Fortschritte in der Herstellung und Verarbeitung," 138. [Original: "Dank der Fortschritte, die in den letzten Jahren auf dem Gebiet der Fabrikation von Platten und Filmen gemacht worden sind, steht dem Lichtbildner ein Aufnahmematerial von außerordentlich hoher Allgemein- und Farbenempfindlichkeit zur Verfügung."]

33 László Moholy-Nagy, *Malerei, Fotografie, Film*. Bauhausbücher vol. 8 (München: Albert Langen Verlag, 1925). For recent studies on *Neues Sehen* and the history of photography in Germany see Olivier Lugon, *La Photographie en Allemagne. Anthologie de textes, 1919–1939* (Nîmes: Editions Jacqueline Chambon, 1997); Christine Kühn, "Kunstbibliothek und Neues Sehen. Die Wahrnehmung moderner Fotografie im Berlin der Weimarer Republik," in *Neues Sehen in Berlin. Fotografie der Zwanziger Jahre,* ed. Bernd Evers (Berlin: Staatliche Museen zu Berlin, Preussischer Kulturbesitz, 2005); Ivo Kranzfelder, "Idylle—Aufbruch—Propaganda," 2009.

34 I furthermore understand *Gebrauchsfotografie* in the sense Jeremy Aynsley has described the notion of *Gebrauch*. Aynsley rightly points out, that the prefix *Gebrauch* was used in various cultural arenas of Weimar Germany, such as poetry and music, among others Hanns Eisler's *Gebrauchsmusik* (Utilitarian music). It signified a functionalist, non-elitist, usually Marxist approach, introducing everyday subject matter into art, ultimately aiming at flattening the distinction between high art and popular and commercial art. Hence, *Gebrauchsfotografie* is inevitably linked to the context it appears in, that is the popular mass media. See Jeremy Aynsley, "*Gebrauchsgraphik* as an Early Graphic Design Journal, 1924–1938," *Journal of Design History* 5, no. 1 (1992): 53–72.

35 As scholars have argued, the foundations of this phenomenon were largely laid during the nineteenth century. See, among others, Thierry Gervais, "L'invention du magazine. La photographie mise en page dans 'La Vie au grand air,'" *Études Photographiques*, 20 (June 2007) 50–67. Thierry Gervais and Gaëlle Morel, *La fabrique de l'information visuelle. Photographie et magazines d'actualité* (Paris: Les éditions textuel, 2015).

36 Wilhelm Marckwardt, *Die Illustrierten der Weimarer Zeit. Publizistische Funktion, ökonomische Entwicklung und inhaltliche Tendenzen* (München: Minerva-Publikationen, 1982).

37 Ibid., 4.

38 Siegfried Kracauer, "Die Photographie," [1927] in *Das Ornament der Masse* (Frankfurt am Main: Suhrkamp, 1963), 37. [Original: "Ihrem Verfahren entspricht das der Film-Wochenschau."]

39 Molderings, "Eine Schule der modernen Fotoreportage," 7.

40 Kerbs, "Die Epoche der Bildagenturen," 4. [Original: "47 Tageszeitungen, 33 Stadtteilzeitungen, sowie 50 Wochenzeitungen, darunter neun Illustrierte und fünf illustrierte Wochenbeilagen großer Tageszeitungen."] The statistics provided by Kerbs, however, may be subject to variation. As Thomas Friedrich points out, establishing the exact number of published newspapers and magazines is impossible due to the various overlaps and a more general confusion about the types of publications. See Thomas Friedrich, "*Die Berliner Zeitungslandschaft am Ende der Weimarer Republik,*" in *Berlin 1932. Das letzte Jahr der Weimarer Republik*, ed. Diethard Kerbs and Henrick Stahr (Berlin: Edition Hentrich, 1992), 56–67, here: 59–60.

41 Friedrich, "*Die Berliner Zeitungslandschaft*," 67.

42 Ibid.

43 Peter de Mendelsohn, *Zeitungsstadt Berlin. Menschen und Mächte in der Geschichte der deutschen Presse* (Berlin: Ullstein, 1985), 153. [Original: "Nirgends gab es so viele Zeitungen, und nirgends waren sie so vielgestaltig."]

44 Kerbs, "Die illustrierte Presse am Ende der Weimarer Republik," in *Berlin 1932. Das letzte Jahr der Weimarer Republik*, ed. Diethard Kerbs and Henrick Stahr (Berlin: Edition Hentrich, 1992), 68–89, here: 70.

45 Kracauer, "Die Photographie," 33. [Original: "Die Tageszeitungen bebildern immer mehr ihre Texte, und was wäre ein Magazin ohne Bildmaterial? Der schlagende Beweis für die ausgezeichnete Gültigkeit der Photographie in der Gegenwart wird vor allem durch die Zunahme der *illustrierten Zeitungen* geliefert."]

46 Marckwardt, *Die Illustrierten der Weimarer Zeit,* 43–46.

47 Kurt Korff, "Die Berliner Illustrirte Zeitung," in *50 Jahre Ullstein. 1877–1927* (Berlin: Ullstein, 1927), 280.

48 Bruhn, "Tarife für das Sichtbare," 14.

49 Erik L. Olson, "How Magazine Articles Portrayed Advertising from 1900 to 1940," *Journal of Advertising* 24, no. 3 (1995): 41–54. As Olson argues: "Prior to 1900 and the advent of most mass advertising, magazines relied almost exclusively on subscription revenues for their operating income. Magazines were therefore expensive and readers tended to be in the highest socioeconomic classes. As advertising became more acceptable to both the business and publishing communities, the increasing revenues it provided enabled subscription revenues to drop and circulation figures to soar. This advertising-financed expansion made magazines the first and only nationally distributed source of news and entertainment during the period studied."

50 László Moholy-Nagy, "Die Photographie in der Reklame," in *Film und Foto der zwanziger Jahre. Eine Betrachtung der Internationalen Werkbundausstellung* Film und Foto *1929*, ed. Ute Eskildsen and Jan-Christopher Horak (Stuttgart: Verlag Gerd Hatje, 1979), 146–156, here: 146. [Original: "Die Photographie in der Reklame ist kein fremder Begriff."]

51 Ibid., 146. [Original: Fotografien wurden "oft skrupellos ins Malerische, Graphische übersetzt, niemals so, dass die photographische Vorlage als solche in Erscheinung getreten wäre."]

52 Ibid.

53 Willi Warstat, "Die Photographie in der Werbekunst," in *Deutscher Kamera-Almanach,* vol. 20 (1930), 85–100, here: 85–87. Compared to the USA, Warstat states, the value of photography as a means for modern advertising was understood relatively late in most European countries. [Original: "Unternehmen gingen in größerem Umfange dazu über sich bei der Anpreisung ihrer Waren im Inserat, im Plakat, in Katalogen und sonstigen Werbedrucksachen der Photographie zu bedienen."]

54 This, however, does not mean that advertising photography was a particularily American phenomenon, but rather that the emergence of advertising photography in Europe occurred later. Moreover, compared to the European situation, the subject has mostly been treated by American scholarship.

55 On this matter, Sobieszek cites an advertisement by the Western Camera Publishing Company of 1904: "There is a large demand for photographs suitable for use in connection with Modern Advertising. We are in a position to know what is acceptable work and to place it where it will command the highest price." See Sobieszek, *Art of Persuasion,* 25.

56 Jan Tschichold, *New Typography: A Handbook for Modern Designers,* trans. by Ruari McLean (Berkely: University of California Press, 1995), 87. [Original: "der bildhunger des modernen menschen wird hauptsächlich durch die fotografisch illustrierten zeitschriften und magazine befriedigt; die inseratreklame (vor allem in amerika), bedient sich mehr und mehr des fotos."] in Jan Tschichold, "Fotografie und Typografie," *Die Form. Zeitschrift des deutschen Werkbundes* 3 (1928): 140–150, here: 141.

57 Warstat, "Die Photographie in der Werbekunst," 86. As Warstat points out, the late arrival of photography in advertising is all more surprising as its advantages, it particular its mechanical character and alleged objectivity, which were of great use to advertising, were already widely acknowledged at the time. [Original: "Die späte Würdigung der Photographie als Werbemittel ist umso unverständlicher, weil die Eigenschaften,

welche sie zu werbetechnischer Verwendung gewissermaßen prädestinieren, seit langer Zeit bekannt und in anderem Zusammenhange, namentlich auf wissenschaftlichem Gebiete, längst betont und ausgenützt worden sind."]

58 Ibid., 96. [Original: "Wie umfangreich das Arbeitsgebiet der Werbephotographie heute bereits ist, wie klar Industrie und Handel schon die Werbekraft der Photographie erkannt haben, das beweist uns ein Blick in die Anzeigenteile unserer großen Zeitschriften oder auf den Plastiksäulen."]

59 Walter Benjamin, "This space is for rent," [1928] in *Reflections: Essays, Aphorism, Autobiographical Writings*, ed. Peter Demenz, trans. by Edmund Jephott (New York: Schocken, 2007), 85–86. [Original: "Der heute wesenhafteste, der merkantile Blick ins Herz der Dinge heißt Reklame. Sie reißt den freien Spielraum der Betrachtung nieder und rückt die Dinge so gefährlich nah uns vor die Stirn, wie aus dem Kinorahmen ein Auto, riesig anwachsend, auf uns zu zittert. Und wie das Kino Möbel und Fassaden nicht in unvollendeten Figuren einer kritischen Betrachtung vorführt, sondern allein ihre sture, sprunghafte Nähe sensationell ist, so kurbelt echte Reklame die Dinge heran und hat ein Tempo, das dem guten Film entspricht." In Walter Benjamin, "Diese Flächen sind zu vermieten," *Einbahnstraße*, in Walter Benjamin, *Medienästhetische Schriften* (Frankfurt am Main: Suhrkamp, 2002), 198. first published in Walter Benjamin, with Theodor W. Adorno and Gershom Scholem, *Gesammelte Schriften*, vol. 7 (Frankfurt am Main: Suhrkamp, 1972–1989), 131.]

60 *Berliner Illustrirte Zeitung 35*, no. 22, May 30, 1926.

61 *Berliner Illustrirte Zeitung* 38, no. 40, October 6, 1929.

62 Bruhn, "Tarife für das Sichtbare," 14.

63 Warstat, "Die Photographie in der Werbekunst," 86. [Original: "Denn das Publikum glaubt eben ohne weiteres, das die photographische Darstellung eines Gegenstandes genauer und der Wirklichkeit entsprechender sei als die zeichnerische Wiedergabe."]

64 The mentioned Gallup survey was published in 1932 in the periodicals *Advertising and Selling*, *Printer's Ink Monthly* and *Advertising Age*, see note 90 in Marchand, *Advertising the American Dream*, 149.

65 Warstat, "Die Photographie in der Werbekunst," 87. [Original: Die neuen und vielfältigen Darstellungsmodi der Fotografie korrespondierten mit der unablässigen Suche nach immer neuen Werbebildern, da "besonders das Neue, noch nie Dagewesene den Blick und die Aufmerksamkeit mit besonderer Kraft auf sich zieht."]

66 Marchand, *Advertising the American Dream,* 149.

67 Warstat, "Die Photographie in der Werbekunst," 98. [Original: "Für Berufsphotographen [entsteht] hier ein neues, ertragreiches Absatzfeld und ein neuer photographischer Spezialberuf ... der des Werbephotographen."]

68 Wilkenson, "New Heraldry," 23.

69 For the convergence of avant-garde art, typography and photography during Weimar Republic see Sherwin Simmons, "Advertising seizes control of life: Berlin Dada and the power of advertising," *Oxford Art Journal* 22, no. 1 (1999): 121–146; Bernd Stiegler, "Das Typophoto. Jan Tschichold und die epistemologischen Grundlagen der Typografie," *Fotogeschichte. Beiträge zur Geschichte und Ästhetik der Fotografie* 28, no. 108 (2008): 39–46; Olivier Lugon, "La photographie des typographes," *Etudes Photographiques*, no. 20 (2007): 100–119.

70 Curt Glaser, "Fotomontage, Ausstellung im Lichthof des ehemaligen Kunstgewerbemuseums, 25.4.–31.5.1931," ed. Staatliche Kunstbibliothek (Berlin: Reckendorf, 1931) [Original: "Von diesem freien Spiel aber führte der Weg sehr bald zu praktischer Verwendung. Fotomontage wurde ein Teilgebiet gebrauchsgrafischer Arbeit und ein wichtiges Hilfsmittel neuzeitlicher Werbung. Vom Buchumschlag, vom Inserat bis zur Werbebroschüre erobert die Fotomontage große Gebiete der Reklame, die früher der Zeichner beherrschte, und der dokumentarische Charakter des verwendeten Fotografematerials gibt diesem neuen Mittel der Werbung den Anschein der Zuverlässigkeit bildmäßiger Reportage."]

71 Warstat noted that the importance and the growing status of *Reklamekunst* was cemented by the display of particularly promising examples at *fifo*. [Original: "Wie wichtig Werbefotografie ist, das bewies vor allem auch die Werkbundausstellung *Film und Fotografie* (fifo) in Stuttgart im Sommer dieses Jahres. Dort war eine sehr interessante Kollektion von werbephotographischen Entwürfen ... zusammengekommen." in Warstat, "Die Photographie in der Werbekunst," 86.]

72 Herbert Bayer (1900–1985) emigrated to the United States in 1938, where he joined the inner circle of European artists and designers who deeply shaped American industrial design from the 1940s onwards.

73 Moholy-Nagy, "Die Photographie in der Reklame," 148. [Original: Die vielfältigen Absatzmöglichkeiten, welche die Werbung bot, waren ein essentieller Antrieb für die ästhetische und technische Entwicklung und Erprobung der Fotografie, da, so Moholy-Nagy, "Reklame alles verwenden kann, was ihre Wirksamkeit steigert."]

74 As Wilkinson points out: "There is an absence of aesthetic consensus among advertising photographers: contemporary

professional journals are rich in polemic both those who used experimental styles, and from those who deplored 'stunt' photography. However, this debate is, in a sense, more indicative of the unity of the profession than its diversity. In the previous decade [that is to say in the 1920s] advertising photographers could not have held such a debate because there was no forum for them to do so, and less of a sense of shared professional activity." in Wilkinson, "The New Heraldry," 23.

75 Warstat, "Die Photographie in der Werbekunst," 98.

76 Ibid., 85–86. [Original: "Das erwachende Interesse der maßgeblichen wirtschaftlichen Faktoren führte in fast sprunghaftem Emporschnellen zu einer Hochentwicklung der photographischen Werbetechnik, oder sagen wir ruhig: der photographischen Werbekunst ... dass es sich lohnt, dieses Gebiet einmal im Zusammenhange zu betrachten und zu beleuchten."]

77 Marchand, *Advertising the American Dream,* 153.

78 Monika Dommann, "Der Apparat und das Individuum. Die Verrechtlichung technischer Bilder (1860–1920)," in *Konstruierte Sichtbarkeiten. Wissenschafts- und Technikbilder seit der frühen Neuzeit,* ed. Martina Heßler (München: Wilhelm Fink Verlag, 2006), 347–367.

79 Josef Kohler, *Kunstwerkrecht, Gesetz vom 9. Januar 1907* (Stuttgart, 1908), 17. [Original: "Man weiß eigentlich nicht was man mit ihr (der Fotografie) anfangen soll."]

80 Dommann, "Der Apparat und das Individuum," 350. [Original: Versteht man das "Recht als Seismograph, um die Risse und Erschütterungen, die in der Wissenschaft und Kunst durch den Apparat ausgelöst werden, analytisch zu greifen," so lassen sich die Debatten die zum Urheberrecht geführt haben und insbesondere die detaillierten Reformdiskussionen während der Weimarer Republik als Spiegel dieser Problematik interpretieren.]

81 Walter Benjamin, *Das Kunstwerk im Zeitalter seiner technischen Reproduzierbarkeit* (Frankfurt am Main: Suhrkamp, 1977).

82 Dommann, "Der Apparat und das Individuum," 352.

83 The *Gesetz betreffend das Urheberrecht an Werken der bildenden Künste und der Photographie* of January 19, 1907 or short Kunsturhebergesetz (KUG) was in vigour until the revision of the German copyright legislation in 1965.

84 Parallel to the Art Copyright Act, literature and music were combined in the Copyright Act on Works of Literature and Music of 19 June 1901 (*Gesetz betreffend das Urheberrecht an Werken der Literatur und der Tonkunst vom 19. Juni 1901*).

85 Dommann, "Der Apparat und das Individuum," 366. [Original: "Um die Eigentumsrechte auch für technische Bilder zu begründen, müssen sie deshalb zum Kunstwerk erklärt werden, was nur zum Preis der Negation des Apparats möglich ist."]

86 KUG, § 15 (1): [Original: "Der Urheber hat die ausschließliche Befugnis, das Werk zu vervielfältigen, gewerbsmäßig zu verbreiten und gewerbsmäßig mittels mechanischer oder optischer Einrichtungen vorzuführen."]

87 KUG, § 15 (2): [Original:" Auch wer durch Nachbildung eines bereits vorhandenen Werkes ein anderes Werk der bildenden Künste oder der Photographie hervorbringt, hat die in Abs. 1 bezeichneten Befugnisse; jedoch darf er diese Befugnisse, sofern der Urheber des Originalwerkes gleichfalls Schutz genießt, nur mit dessen Einwilligung ausüben."]

88 Waldemar Franz Hermann Titzenthaler (1869–1937) was under contract with the photographic agency Firma Zander und Labisch, working among others for *Berliner Illustrirte Zeitung* and later for *Die Dame*. In 1897, he founded his own studio and and became one of the first photographers specialized on advertising photography. In 1901 he joined the *Freie Photographische Vereinigung* (Independent photographic society) and soon became one of its directors. In this function, he served as a consultant on photography in lawsuits and advised the Berlin industry chamber, see Jörg Krichbaum, *Lexikon der Fotografen* (Frankfurt am Main: Fischer, 1981).

89 Waldemar Titzenthaler "Vorschläge zur Regelung des Geschäftsverkehrs zwischen Photographen und Verlagsanstalten durch den Central-Verband Deutscher Photographen Vereine," *Photograph* no. 80 (1911): 317–18.

90 Ibid. [Original: Auch würden diese dem Urheber nur einen "geringfügigen Betrag für die Reproduktionserlaubnis bezahlen" sowie "Klischees und Galvanos beliebig weiterverkaufen."]

91 Draft by Fritz Hansen [Original: "7.a) Die Re-produktion einer Photographie aus einer Zeitschrift soll nicht als unberechtigter Nachdruck aufgefasst werden, wenn die Redaktion sich zur Zahlung des Wiederabdrucks-honorars an den Urheber verpflichtet; b) Ist die Reproduktion verboten, darf der Wiederabdruck nur mit vorheriger Einwilligung des Urhebers erfolgen; c) die unberechtigte Vervielfältigung wird nach dem Gesetz vom 1. Januar 1907; 4. Abschnitt des Urhebers erfolgen; d) der Nachdruck ist von der Redaktion dem Urheber sofort zur Kenntnis zu geben.", in Bernd Weise, "Pressefotografie V. Probleme zwischen Fotografen und Redaktionen und der Beginn der Bildtelegrafie in Deutschland bis 1914," *Fotogeschichte. Beiträge zur Geschichte und Ästhetik der Fotografie* 59 (1996): 33–50, here: 39.]

92 KUG § 31–50 foresaw the indemnification, fines and in some cases even the destruction of the illegal reproductions.

93 Ralf-M. Vogt, *Die urheberrechtlichen Reformdiskussionen in Deutschland während der Weimarer Republic und des Nationalsozialismus* (Frankfurt am Main: Peter Lang Verlag, 2004), 32. [Original: "Die Reformdiskussionen resultierten aus der Erkenntnis, dass die technischen Entwicklungen auf dem Gebiet der Verwertung von Urheberechtsgut nur schwer mit den bestehenden Gesetzen in Einklang gebracht werden konnten."]

94 In contrast to most European countries as well as Canada, Austrialia and Brazil, the USA was not an official member of the Berne Convention; they did, however, participate in the sessions as observers.

95 Vogt, *Die urheberrechtlichen Reformdiskussionen,* 22.

96 Ibid. [Original: Darüber hinaus, wurde die Fotografie im Gegensatz zum geltenden deutschen Urheberrecht gesondert behandelt, was wiederum als Ansicht gewertet wurde dass, "es sich bei den Werken der Photographie nicht um Werke der Literatur oder Kunst handle, da die Photographie ein Ergebnis eines mechanisch-chemischen Vorgangs sei, den der Photograph bestenfalls persönlich beeinflussen könne."]

97 Ibid., 52. [Original: Bestimmten Fotografien, und damit meinte Elster die "Photographie der Photographie ..., die Herstellung von Klischees nach zweidimensionaler Vorlage ... photomechanische (Offset-) Druckverfahren" wurde jedoch der Werkcharakter abgesprochen.]

98 Ibid.

99 Alexander Elster, *Urheber- und Erfinder, Warenzeichen- und Wettbewerbsrecht. Lehrbücher und Grundbegriffe der Rechtswissenschaften* (Berlin, Leipzig: Walter de Gruyter, 1928), 182. See also an earlier publication Alexander Elster, "Gibt es ein Urheberrecht des nachschaffenden Künstlers," *Gewerblicher Rechtsschutz und Urheberschutz* GRUR (1927): 42–50.

100 Vogt, *Die urheberrechtlichen Reformdiskussionen,* 182. [Original: Begründet sah Elster seinen Reformvorschlag dadurch, dass "das photographische Urheberrecht immer mehr als eine Anomalie im Gesamtbild des Urheberrechts erkannt wurde, und seine Berechtigung nur durch eine gewisse Zugehörigkeit zum Kunstgewerbe haltbar war."]

101 Elster, *Urheber- und Erfinder, Warenzeichen- und Wettbewerbsrecht*, 180. [Original: Elster, welcher der Fotografie spürbar skeptisch gegenüber stand, kritisierte, dass die Einbeziehung der Fotografie in den Kunstschutz "ein Zeichen dafür [war], dass sich das Kunstwerk nicht nach untenhin abgrenzen lässt."]

102 Although the draft of 1932 was submitted as an official document, the reform was only realized eight year later with the general copyright reform. This reform of 1940 extended the protection period from ten to twenty-five years.

103 This is also noteworthy because the legal distinction between art photography and 'all other' photography demanded a hierarchy among different types of photographs. This demand was only cemented legally decades later in the German photography law of 1985, with its distinction between the photographic work (*Lichtbildwerk*) and the photograph (*Lichtbild*).

104 See note 3.

“Making history a slightly profitable thing”: The Bettmann Archive

1933–81

Chapter 1 From the Bildarchiv Dr. Otto Bettmann to the Bettmann Archive

"I am the Bettmann Archive."[1]

Reconstructing Otto Bettmann's persona [Figure 3][2] is crucial to the very understanding of the Bettmann Archive. His family background, education, and professional orientation nourished the business idea, an idea equally shaped and determined by the place, time, and socio-cultural environment in which it emerged: the city of Berlin during the late Weimar Republic.

The primary sources related to Otto Bettmann's life and the history of the Bettmann Archive are numerous, yet noticeably homogenous in their description. In addition to several newspaper and magazine articles about the Bettmann Archive and its founder published as early as 1936[3] and carefully collected by Bettmann himself until his death, there exists a detailed interview, which Bettmann granted the American Jewish Committee in the framework of the William E. Wiener Oral History Library project. It was authorized and released, after several modifications, in 1972.[4] Otto Bettmann's autobiography *Bettmann: The Picture Man*, published in 1992,[5] is largely based on this interview, on a number of short profiles, as well as on more indirect forms of image cultivation. The latter includes Bettmann's own, mainly educational writings, which he continued throughout his career, and the public image of the Bettmann Archive itself, constructed through advertising and other means of promotion. Both the writings and public representation are dependent upon one another. The difficulty with autobiographical sources in general certainly lies in the critical analysis of the material, in allowing the contrived and biased information to 'speak' while at the same time contextualizing this information. It is evident that Bettmann not only propelled, but consciously shaped the historiography of his company through a

Fig. 3
Michael O'Connor, "Portrait of Otto Bettmann with Magnifying Glass." ca. 1988. In Bettmann, *Picture Man*, 1992, 3.

deliberate and highly calculated verbal and visual rhetoric. Thus, these sources need to be examined as what they are: valuable biographical notes and promotional vocabulary. The myth surrounding the Bettmann Archive and its founder quickly grew into a brand, marking a distinction *vis-à-vis* its competitors, and developing into a powerful and lasting instrument.

Otto Ludwig Bettmann was born in Leipzig on October 15, 1903 to Charlotte Bettmann, née Frank and Hans Isidor Bettmann. Both part of the intelligentsia of Leipzig, Bettmann's mother was from a prominent and wealthy Jewish family and his father, a famous orthopaedic surgeon, had his own clinic. Together with his brother Ernst, Otto Bettmann was raised in an educated atmosphere of science, music and literature. Entering the University of Leipzig in 1923, he pursued history, philosophy, and modern literature as major fields of study in both Leipzig and Freiburg, and attended, among others, Edmund Husserl's philosophy classes.[6] In 1927, he completed his doctoral dissertation on "The Emergence of Professional Ideals in the German Book Trade of the eighteenth century,"[7] an analysis of the impact of the enactment of copyright legislation on the book trade, which, to some extent, inspired his future business model. Shortly thereafter, Bettmann moved to Berlin, the country's political and cultural centre.

Supported by his family, he strived to earn a living from writing,[8] but soon returned to the University of Leipzig to earn an additional diploma in library studies. In 1930, after a brief period of employment at the renowned music publishing house C. F. Peters in Leipzig, and in the midst of the world financial crisis, he moved back to Berlin. There he obtained a position as a librarian at the *Staatliche Kunstbibliothek* (National Art Library).[9] His biographical notes suggest that he was employed in the department of rare books and was responsible for the development of the library's Hans Grisebach collection of incunabula, graphic prints, and illustrated books from the sixteenth to the nineteenth century.

Since most pre-war documents relating to the internal organisation and personnel of the umbrella organisation *Staatliche Museen zu Berlin* (National Museums), of which the *Kunstbibliothek* was part, were lost or destroyed during the Second World War, the actual terms of Bettmann's employment cannot be verified.[10] The fact, however, that references to different institutions within the *Staatliche Museen* appeared, with the *Kunstbibliothek* mentioned alongside the *Kupferstichkabinett* (Museum for Prints and Drawings),[11] suggests that Bettmann was employed either for temporary missions or as an early career trainee, a position responsible for a variety of assignments in a number of institutions within the *Staatliche Museen*.

Otto Bettmann and the *Kunstbibliothek*

It was in this environment—with everyday library and archival work on the one hand, and the unrestrained access to the diverse and abundant collections of the *Staatliche Museen* on the other—that Bettmann began photographing various types of prints, reproductions of art works, and illustrations from art books with his first camera, a 35-mm Leica.[12] This procedure laid the foundation for a loose photographic collection driven by his personal interest in historical illustrations from the fields of medicine, music, and literature. Bettmann himself attributed the idea of using photography for reproducing and collecting images to his childhood pastime of gathering medical illustrations and discarded x-ray photographs from his father's surgery. While working at the *Kunstbibliothek*, he conceptualised and proposed an exhibition on the occasion of the 100th anniversary of Johann Wolfgang von Goethe's death. Entrusted with this task by his supervisor, the renowned art historian and library director, Curt Glaser,[13] Bettmann assembled a thematic exhibition drawn from the library's collection. The exhibition was rather small and of little prominence within the library's activities and programme, but it was of crucial importance to its curator. Before the dismantlement of the exhibition, he photographed each book, engraving, and print that had served as an object in the exhibition and kept the photographic negatives.

During the 1920s and 1930s, and in particular under the direction of Curt Glaser, the *Kunstbibliothek* played a pivotal role in Berlin's art scene and cultural life.[14] With the integration of contemporary photography, *Gebrauchsgraphik* (graphic design), and *Reklamekunst* (advertising art) into the library's collection, and with the organisation of exhibitions and lectures ranging from popular culture and arts and crafts to more canonical art historical themes, the *Kunstbibliothek* aimed at positioning itself within the contemporary cultural landscape, "providing a forum for the present debate in Berlin."[15] In this programme, particular attention was paid to photography. In addition to hosting and sponsoring the pioneering Deutscher Werkbund touring exhibition *fifo* in 1929, as well as numerous monographic exhibitions, the *Kunstbibliothek* supported contemporary photography by purchasing the works of Florence Henri, Helmar Lerski, László Moholy-Nagy, Albert Renger-Patzsch, and many others.[16] During the late 1920s and early 1930s, the *Kunstbibliothek* organized a series of public lectures on contemporary photography and cinematography. The photographer Hugo Erfurt spoke about "*Die Entwicklung der Bildnisphotographie*" (The Development of Portrait Photography), the graphic designer Paul Renner discussed "*Die Photographie in der Werbekunst*" (Photography in Advertising Art), and art historian Rudolf Arnheim addressed new media with a lecture on "*Mechanische Künste. Von der Kamera zum Mikrofon*" (The Mechanical Arts: From Camera to Microphone). Functioning as a link between museums, art historical research, and the general public,[17] the *Kunstbibliothek* provided contemporary photography with an institutional framework and proclaimed its role as an "advocate for modernism and the *Neues Sehen* (New Vision)."[18] Along with this concrete support of photography as a contemporary medium and art form came Glaser's initiative to forge a photography archive, the *Deutsches Bildarchiv* (German Picture Archive), modelled on and a complement to the German Documentation Centre for Art History, the *Bildarchiv Foto Marburg*, founded and directed by the art historian Richard Hamann in 1913.

Otto Bettmann's institutional career ended abruptly: a German Jew, he was dismissed from his position at the library in April 1933 as a consequence of the enforcement of the anti-Semitic "Law for the Restoration of the Professional Civil Service,"[19] one of the first legal measures imposed by the National Socialist regime after its accession to power.[20]

Pictorial Research: The Bildarchiv Dr. Otto Bettmann, Berlin

Following his dismissal, Bettmann established his own business. Aware of the futility of finding employment under the widely imposed discriminatory laws and motivated by the dynamics of the contemporary picture market, including the creation of numerous photographic agencies, Bettmann sought to transform his collection of photographic reproductions into a commercial venture for the distribution of historic visual imagery: the Bildarchiv Dr. Otto Bettmann, Berlin [Figure 4]. There is much to be said for the assumption that Bettmann had intended to establish a business based on photographic reproductions earlier, that is to say during his active years at the *Kunstbibliothek* and the *Kupferstichkabinett*.[21]

Notwithstanding Bettmann's efforts, the development of a new business became increasingly difficult for German Jews, as they were denied the obligatory business and tax registration by the authorities. Especially in the press and publishing sector, Jews suffered immediate repressions, soon leading to the *Gleichschaltung*, the enforced political conformity and streamlining of the press sector. From 1933 onwards, the various news photographers and agency associations

Fig. 4
Eduard Sauer, "Business Emblem, Bildarchiv Dr. Otto Bettmann, Berlin." Photograph, ca. 1933.

were incorporated into a single association, the newly established *Reichsverband der Deutschen Presse*. Membership in the *Reichsverband* was mandatory, yet Jews were excluded from it. In addition, the *Schriftleitergesetz*, adopted in October 1933, banned Jews from any journalistic activity. The Bildarchiv Dr. Otto Bettmann, Berlin was, thus, forced to operate as a semi-official, one-man company. As a necessary qualification for an agency or picture service company, Bettmann hoped to draw upon his scattered professional and private contacts within the press and publishing business, both in Berlin and Leipzig. However, owing to the severe competition in the picture market, and the worsening political and economic situation, Bettmann's endeavour at self-employment was destined to fail. Judging from its internal business documentation[22] the company sold very few reproductions, too few to break even, let alone being profitable. While receiving continuous financial support from his family, Bettmann was able to publish articles on contemporary graphic design, illustration art, and *Buchkunst* (book art) in the leading journal on graphic design *Gebrauchsgraphik*.[23] His aspirations and efforts to leave the country became increasingly definite, yet he used the time until his emigration in 1935 to develop a more comprehensive business model and systematically expand his collection. While consisting primarily of visual material from Berlin institutions, Bettmann also surveyed and reproduced material from various other library and museum collections during his frequent travels to Italy, France, and the United Kingdom. In November 1935, the state of uncertainty came to an end, and he emigrated to the United States with the help of American relatives.

With his emigration to New York, Otto Bettmann became one of a small number of German intellectuals of Jewish descent working in the fields of art, culture, and media, who benefited from indispensable private and professional contacts, and who had the financial means for emigration to the United States.[24] Alongside Kurt Korff, editor-in-chief of the *Berliner Illustrirte Zeitung* (BIZ), who directed the launch of the American illustrated magazine *Life* (first published in

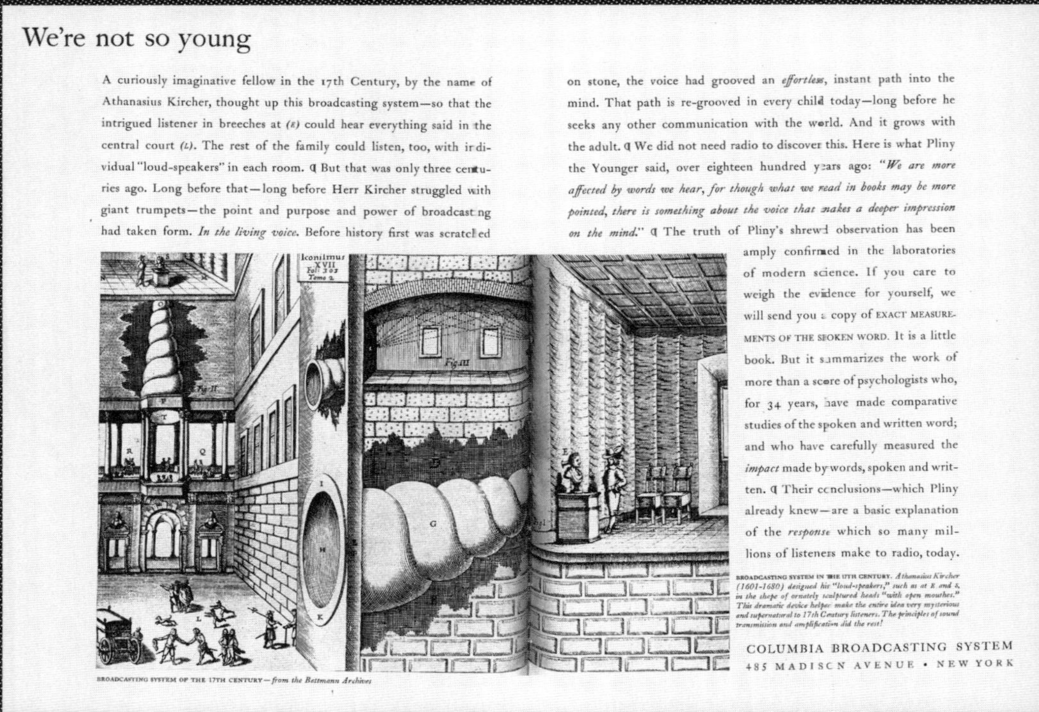

Fig. 5
Advertisement "We're not so young" for Columbia Broadcasting System, (doublepage). In *Fortune,* February 17, 1938.

1936), and Korff's former colleague Kurt Safranski, co-founder of the news picture service Black Star Picture Agency, numerous publishers and photographers such as Hermann Ullstein, Martin Munkácsi, and Alfred Eisenstaedt left Berlin in order to build a new life in New York, the capital of the American press and publishing sector.

Despite the hardship and financial failure of the Berlin years, the first years of the Bettmann Archive's existence were defining ones for the conceptualisation and development of its business model. Here, Bettmann set the course for his later success, which in turn, may only have been attainable in its new environment, the United States. Bettmann developed the prototype of a service company for historic visual imagery during his years in Berlin, in the socio-cultural context of the late Weimar Republic, a service that unfolded fully only after Bettmann's emigration to New York.

With Bettmann's emigration to the United States, the 'official' narrative of the Bettmann Archive, emerging from "two trunks filled with old pictures,"[25] was written. The references relating to the number of imported images differs according to sources; indications vary from 10,000 to 25,000 images.[26] Again, with the support of relatives, Bettmann re-established the Bettmann Archive in his apartment in uptown Manhattan soon after his arrival.[27] In response to the growing success and expansion of the company, in 1943 the Bettmann Archive relocated to 215 East 57th Street, near the Museum of Modern Art, an area with a high concentration of antiquarians and galleries. Bettmann shared the premises with his American wife, Anne Gray, an antique dealer and interior designer, whom he had married in 1937.[28] Defined as a service company for historic visual imagery, Bettmann began canvassing publishing houses and advertising agencies and presenting his collection to them. It proved an arduous endeavour given the competition and also the predominant demand for contemporary illustrations and photographs. The turning point according to Bettmann, occurred with the sale of an illustration from the *Musurgia Universalis* by Jesuit scholar Athanasius Kircher, first published in 1650,[29] for an advertising campaign for Columbia Broadcasting System (CBS), which appeared in the February 1938 issue of *Fortune Magazine* [Figure 5].

It is this advertisement that represents the ideal commercial use of historic imagery as conceived by Otto Bettmann, and which, at the same time, appears to be both ingenious and strikingly simple.

Chapter 2
Creating a Commodity, Creating a Service

Through photography, images of all kinds could become part of a new chain of commercial exploitation. Otto Bettmann's business idea of an image bank consisted of transforming image resources, publicly accessible or purchased, valuable or considered insignificant, into commercial products by their reproduction, rating, indexing, archiving, and marketing. In contrast to the business model of news picture agencies, the enterprise focused on the commercialization of non-current, or non-contemporary images. With the marketing of already existing, accumulated, and archived photographs classified by subject, the Bettmann Archive tied back into the tradition of the postcard trade and photographic illustration of the nineteenth and early twentieth centuries. However, the market targeted by the Bettmann Archive alongside the press and publishing sector was that of advertising, with its immense demand for imagery and new forms of presentation.

As argued earlier, the concept of the Bettmann Archive was considerably shaped by the place, time, and socio-cultural context from which it emerged. Yet, what distinguished it from its many, and often stronger competitors was the deliberate and strategic merging of traditional art historical and archival methods with contemporary influences and market tendencies. It is indeed this integration of seemingly disparate approaches that is one of the predominant characteristics of the Bettmann Archive, and which, in turn, determined its business model. Hence, the thesis is that the success of the Bettmann Archive was grounded, to a great extent, in this concept of duality: the Bettmann Archive embodied a bit of 'everything' and could, thus, become, or present itself as a bit of 'everything' while oscillating between an institutional/academic character and a commercial/pragmatic practice. The present chapter will examine and contextualize these methods and influences and their ramifications on one another.

As the title of this chapter suggests, the prototypical concept that Bettmann formulated in the early years (ca. 1933–40) was by no means static. Rather, it was subject to continual adjustments and reconfigurations in reaction to the market as well as to contemporary currents and trends. With the rise of the Bettmann Archive, and its periodic bursts of expansion, the many-faceted concept of an 'ideal' image archive as initially conceived by Bettmann was visibly weakened, simplified, and diluted. The changes can be reconstructed with the help of the still existing archive, especially through the examination of its organization and structure.

The idea of the enhanced mobility and mobilization of images effected by photography becomes evident in the concept of the Bettmann Archive and it surfaces in various forms. Indeed, the idea of mobility and mobilization seems so dominant, that it must be acknowledged as a guiding principle of the Bettmann Archive and a reason for its success. Consequently, this idea resurfaces in the sections on "Re-Production", the "Re-Cycling" of visual material, the function of the image as a versatile means of illustration and communication, and finally in the section relating to the archiving and image retrieval system.

A further element permeating these chapters is Bettmann's anticipation that, in the context of the picture market, the value of a photograph does not lie solely *in* the image, but rather is constituted by the service *to* the image. The value of a photograph or a photographic reproduction is not only determined by what it depicts, i.e., the image content, but by the efforts and labour that surround it and the framework and form, that is given to the image. Therefore, when thinking of a photograph as a product, or commodity, it needs to be understood as a multi-layered and complex object consisting of various elements: the reproduction (i.e., the material basis); the image carrier (print, negative, etc.); the textual information; image rights; and the organization and archiving, as well as its visualization and marketing. Or, to put it more abstractly: through the comprehensive service to the image, an image resource, a reproduction of a reproduction, which may be perceived as immaterial, is given a material 'body.'

Re-Production

With the idea of the re-evaluation and re-use of visual material, an essential ontological feature of photography comes to the fore: photography as a technique of mechanical reproduction.[30] The photographic method and genre, which is primarily based on this feature, is reproduction photography, often referred to as microphotography. The task of reproduction photography is to reproduce and replicate not three-dimensional spaces, but two-dimensional surfaces. With photography, image and text masters were reproduced and replicated mechanically, and compared to manual reproduction techniques such as lithography or copper- and wood-engraving, the reproducibility of photography was hailed as quick, simple, and cost-effective. Since William Henry Fox Talbot's invention of the negative-positive process, and in particular after the 1880s, reproduction photography has been a crucial and widely applied function of the medium.

The Bettmann Archive was formed on the principle of the accumulation of visual material and the production of a corpus through the photographic reproduction of images. For Bettmann, reproduction photography was an efficient medium in building a collection of exploitable reproductions: image sources were reproduced and by this transformed into reproducible image masters, again and again. Bettmann found these sources to be in abundant supply: in public libraries and image archives; in out-of-print and antiquarian books, in lavishly illustrated magazines, such as *Harper's Weekly* or *Illustrated London News*, all of which he purchased. Later he was to acquire entire image collections with varying thematic focuses.

During the early years in particular, Bettmann could not have been in a more favourable position to build up his inventory of images. While the holdings of the *Kunstbibliothek*, as those of most libraries, were primarily reserved for researchers and custodians, he had unrestricted access to what interested him. In contrast to the general public, he could avail himself of the breadth of the *Kunstbibliothek* collection with its illustrated books, prints and photographs, and could make his reproductions on site. For him, library holdings represented a rich and a highly convenient source of references, which allowed him to build the initial capital of the Bettmann Archive. In addition to photographing in the *Kunstbibliothek* whilst still in Germany, Bettmann, both before and after his emigration, photographed in the great museums and libraries of Europe, including the *Bibliothèque nationale* in Paris, the National Gallery and the British Library in London, as well as in the Dutch and Swedish National libraries.[31] In his early writings, he expressly valued the libraries in his new home country, especially the New York Public Library and the Library of Congress in Washington, D.C. Compared with German and most European libraries, which still defined themselves as the guardians of their holdings, American libraries were allowing their books to circulate.[32]

Reproduction Photography

While reproduction photography was already widely established in publishing houses for commercial and documentation purposes during the second half of the nineteenth century, it was introduced in public libraries only at the beginning of the twentieth century, and practiced on a broader scale during the 1930s. In the early years of the Bettmann Archive, the relationship between photography and the library was of particular relevance. The way photography was used in the library context, in the form of reproduction photography or microphotography,[33] considerably influenced the enterprise both on the conceptual and practical level.

Photographic studios for the production of photocopies and photographs, which are two distinct techniques, were initially established within the manuscript and rare book departments of libraries. There, reproduction photography replaced the hitherto common practice of manual copying.[34] The early forms of reproduction photography, such as the prisma technique or *Photostat*—photography on paper without negative, which most closely approximates today's definition of photocopying—were relatively costly and thus rarely used, or used only for the reproduction of individual book pages or manuscripts. However, the improvement in camera technology and the introduction of fire-resistant celluloid acetate film, or safety film, as a purportedly stable image carrier in the

1920s, marked the beginning of an intense international discussion about the potential and possible uses of reproduction photography for librarianship.[35] Even though this discussion had already begun, to some extent, several decades earlier with Paul Otlet's *Répertoire iconographique universel*[36] (Universal Iconographic Repertoire) launched in 1906 or the idea of a National Photographic Library[37] supported by American librarian Melvil Dewey, the increased interest on the part of librarians as well as manufacturing companies for this new business market led to a renewed impetus or rise in reproduction photography. In addition to the expansion of copying activities for scientific use, which were intended to replace the external loan or interlibrary loan of books, reproduction photography was discussed as a medium for the conservation of library holdings on the one hand, and as a potential storage medium on the other hand, alluding to one of the key problems facing libraries: space.

The storage of data on flexible film rolls, which enjoyed increased application in the early 1930s, enabled the reproduction of books, magazines, and newspapers. The use of these films, later known as microfilms, held the promise of a reduction in storage space and the possibility of making available more, or previously inaccessible, material.[38] With microphotography, not only individual pages were now reproducible, but entire books: their subsequent visualization through the magnification and development of prints or the use of projectors, gave meaning to Oskar Barnack's famous quotation: "Small negative, great image."[39]

From the perspective of libraries, the prospect of the reduction of material and space and the lowering of production costs was immensely appealing and, thus, acted as the catalyst for a series of large-scale, publicly financed reproduction projects for books, manuscripts and museum holdings such as the so-called Project A of the Library of Congress, a large-scale reproduction project of library and museum holdings financed by the Rockefeller Foundation, or the survey on the customer reception of reproduction photography carried out by the New York Public Library.[40]

The cameras and film formats employed during the 1930s, especially in the United States, which pioneered microphotography in libraries, varied.[41] According to the reproduction purpose and institutional strategy, there existed three major camera types, which operated, depending on the design, with 16 mm, 35 mm, and 70 mm roll film. The first were high performance cameras, such as Eastman Kodak's Recordak or the Draeger reproduction camera, a camera with a capability of recording approximately 1,000 pages per hour. These were geared towards the reproduction of entire book collections. The second type included smaller and cheaper cameras such as the Minigraph and Photorecord, which were developed specifically for reproduction photography, and differed from the first group in price and output. The third group saw the adaptation or use of 35 mm cameras, in particular the Leica I camera and other types of small format cameras.[42] As Keyes D. Metcalf, the director of the Reference Department of the New York Public Library, and later head of Harvard University Libraries noted, though "not designed with book copying in mind,"[43] the Leica camera as well as the projectors produced by the company Leitz, which first appeared on the market in 1924, were seen as important innovations in the context of libraries.[44] It was the precision and flexibility of the Leica camera along with its accessories that were highlighted in promotional material at the time, as well as the improvement of negative films, through which the 35 mm camera, "systematically and unstoppably, penetrated the area that had previously been considered as an uncontested domain of large format namely, in the scientific realm."[45] In libraries, the small format camera promised not only a reduction of costs and an easier handling,[46] but also this camera type and its most prominent example, the Leica, had the advantage of "not being bound to the place of issue so that the library user himself can act as the photographer."[47]

And that was precisely what Bettmann did: he photographed by himself.

> "I remember *Time* once asking for a picture. [...], which I didn't have in my collection. Undaunted, I packed my portable reproduction setup and rushed out to catch the number 20 bus on Fifty-seventh Street to the New York Public Library on Fifth Avenue. In the reading room I ordered illustrated editions of the novel and photographed what seemed to fill the bill. Then I rushed back to my office, quickly dried and copied the film, and had the approval pictures ready for *Time*'s messenger at three o'clock. My "express service" was observed with some amazement by my stepdaughter Beverly, who was then working with me. The next time a similar situation arose and our own resources let us down she suggested with a smile, "Why don't you run down to our little annex on Fifth Avenue?"[48]

Bettmann used his personal Leica camera, presumably a Leica II model with an automatic focus, in conjunction with copy stands, with which most libraries were equipped. This apparatus provided a height-adjustable mechanism to which the camera would attach. Lights on either side provided illumination, and at the base was an optional glass surface for securing the original.[49] Bettmann photographed individual book pages, magazines, and newspaper clippings. But instead of focusing on the text, his camera was pointed at a detail: the image.

This simple apparatus, which Bettmann later installed in his workplace [Figure 6], allowed even untrained photographers or autodidacts such as Bettmann himself, to reproduce images with relative sharpness through long exposure times and with the help of artificial light. Promoted for its versatility, especially for its use in science and technology, all that was required of the photographer was that he attach the Leica camera to the copy stand, illuminate the masters, focus, and release the shutter.

As a librarian in the department of rare books at the *Kunstbibliothek*, Bettmann was acquainted with this method of reproduction photography. This method allowed for the possibility of producing up to thirty-six images per roll of film, of storing the image content in a highly reduced format, and of enlarging and replicating the material for commercial purposes. Bettmann adopted this methodology but applied it not to text, but rather to visual imagery exclusively. It was the combination of these elements, the 'traditional' photographic reproduction of printed text and its unprecedented, quasi-industrial application to imagery that defined the new direction, which the Bettmann Archive took. While most reproduction photography served primarily the reproduction of text pages of books, Bettmann's interest was directed towards the unnoticed, forgotten, or hidden visual treasures found in various forms of publications, in which they usually played a subordinate or complementary role. Released from their original form and context, these copied book illustrations and prints became autonomous, and, above all, mobile elements that could be put to new uses. This release,

Fig. 6
Bettmann Archive, "Otto Bettmann on Office Copy Stand." Photograph, ca. 1940.

or liberation of an image with the help of photography becomes manifest when examining the advertisement for Columbia Broadcasting System mentioned earlier [Figure 5, p. 56]: a barely visible vertical line appears in the right half of the image, marking the gutter of the book, from which the illustration by Athanasius Kircher was reproduced.[50]

Compared with text, the reproduction of images is far more complex and demands considerable mastery, given that the standards, in terms of quality, vary depending on the ultimate uses of the photographic reproduction. Text copies must, above all, be legible, while reproductions of images require the closest possible representation of the forms, contrasts, and colours of the original, especially if they are meant to be the masters for later reproductions.[51] As the early contact sheets and internal records suggest, Bettmann needed several years of practice in order to create usable reproductions.[52] Some negatives were out of focus or blurred, some were either over- or under-exposed; it is, therefore, not unusual to find several negatives of one and the same subject in the archive. However, the problem of the faithful rendition of originals, a problem that was indeed central to the debate about the possibilities and limits of reproduction photography,[53] especially in the art historical context,[54] was handled in a highly pragmatic way.

First of all, until the 1960s, the Bettmann Archive consisted almost exclusively of black and white reproductions. This is not surprising since most historical book illustrations, lithographs, and photographs were monochromatic. The Bettmann Archive, self-described as a picture service for historic visual imagery, supplied material to the press, and to the publishing and advertising industries: the early demand was predominantly for black and white material. In instances when colour material was needed, clients availed themselves of other suppliers.[55] With the rising demand for colour images during the 1960s, however, the Bettmann Archive also increasingly reproduced in colour and purchased colour images for its collection, or in some cases, hand-coloured a selection of particularly popular images. In addition to reproduction quality, the form and quality of masters themselves were also treated in a pragmatic fashion: images were reframed, and from some masters only details were photographed. In the event of an original, a reproduction master, being lost or damaged a new master was produced from a duplicate. By using a small format camera for reproduction and 35 mm roll film negatives as reproduction masters, the Bettmann Archive visibly broke with the standards prevalent among image providers during the 1930s and later. First, this concerned the standards for the reproduction of art works, a major component in the field of reproduction photography.[56] Second, with very few exceptions, photographers, especially press photographers, worked with plate and medium format cameras. Prints were produced directly (contact printed), without enlargement, saving both time and effort. Moreover, the image and reproduction quality was manifestly greater when using such cameras.[57]

Regardless of existing standards, from Bettmann's perspective, reproduction with the Leica camera and the use of the 35 mm roll film had only advantages: images could be reduced and converted into a single format and subsequently enlarged and reproduced again. As small format negatives, these images became independent of the place of their physical location, independent from time and place. And even though celluloid was lesser in quality than the glass plate negative, it was far more resilient than a paper print. Photography's ability to free images, especially printed images, images on paper, from their original form and context, and to mobilize them, was their economic potential, a potential Bettmann recognized and of which he made ample use.

'Valueless' and 'Value-free' Images

The advantage the Bettmann Archive had over the myriad photographic agencies competing on the German and the American market for topical visual material was decisive: in the context of that time, historic images, and in particular photographic copies, were deemed 'valueless' in the economic sense of the word. That these images, extracted and reproduced from publications, were of no monetary value can be explained by the fact that their primary economic use lay within the production of the publication itself. Through mass publishing, the individual reproduction, now a printed image, lost the value it may once have had. Alongside the reproductions from books, magazines, and newspapers, gleaned from the holdings of public libraries, most of the photographic collections purchased over the course of time were also considered of little economic value and were thus inexpensive: "Give me my fifty bucks and drag it away."[58]

Fig. 7
Bettmann Archive, "Otto Bettmann with Pictorial Magazine Master Files." Photograph, ca. 1960.

This included works by unknown photographers; overwhelmed heirs, wanting to get rid of boxes of old glass-plate negatives; mass produced trade cards and lantern slides bought at antiquarian bookshops or auctions; complete pictorial magazine volumes from the late nineteenth century for less than five dollar, neatly stored [Figure 7] and exploited [Figure 8].[59] In some cases, this also included 'visual treasures,' purchased inexpensibly such as six volumes of scenic views of the Middle East of the nineteenth century by French photographer Félix Bonfils. The Bettmann Archive, like other suppliers of non-current photography operating outside the market of art photography,[60] benefited enormously from the ignorance towards historic images, in particular the plethora of popular images for visual entertainment. Moreover, compared to lithography and engraving as traditional reproduction techniques, photography was considered as a low quality medium, in particular with regard to the reproduction of art works. As a consequence of this indifference towards photographic imagery, the cost of manufacturing the reproduction masters was exceptionally low. The cost of production was, in essence, reduced to that of the photographic materials, including the negative films and their development, as well as to any possible library fees for reproduction or the one-time costs for the acquisition of a collection of images. Bettmann acknowledged that he did not hesitate in reselling a purchased collection at auction or to antiquarians once negatives of the selected items had been made, thereby generating additional profit.[61]

While there is no extant information on the amounts paid by the Bettmann Archive for diverse image collections, the fees charged by libraries during the

Fig. 8
Bettmann Archive, Item 350–19, "Thomas L. Luders' Pedespeed, 1870." Clipping from *London Illustrated News* on cardboard, ca. 1940.

1930s may partly be reconstructed on the basis of the contemporary literature on reproduction photography.

In 1933, the Parisian *Institut international de coopération intellectuelle* as part of the *Société des Nations* published a guide for international loans between libraries, in which reproduction fees were listed. The available formats and prices of photocopies varied from one library to another, but were generally inexpensive in support of the public mission and the spirit of cooperation between the libraries. At the *Berliner Staatsbibliothek* (Berlin State Library), for example, a Photostat or the positive-negative print was priced between 0,35 and 1,10 Reichsmark, whereas at the Library of Congress in Washington these copies cost between twenty-five and forty cents; the fees for a photographic print in the French *Bibliothèque Nationale* ranged from four to six francs, depending on the format.[62] For the library user, the photographic reproduction or *épreuve photographique* was, in most cases, more advantageous than lengthy interlibrary loans, often involving loan fees. This was primarily true for negatives. Whether photographed by the user, the library staff, or externally contracted companies, the cost of negatives was significantly lower than that of prints. The costs of negatives or the right to photograph with one's own camera were a fraction of the above-cited prices and sometimes involved a one-time access fee, irrespective of the number of objects photographed. In the event that library users or clients did not do the actual photographing themselves, the library could be commissioned to carry out the work for them, with the negative then given to the client. It was furthermore common practice that the library in question handed the negative over to the users or clients in case they did not photograph by themselves, but commissioned photographs. Thus, one could argue that, for the Bettmann Archive, the reproduction of book and magazine illustrations was not only an uncomplicated, easily facilitated procedure, but that it was, above all, fairly inexpensive. Especially in the early years, the investment in the accumulation of visual material amounted to insignificant sums.

With regard to Bettmann's intention of minimizing the production costs, another aspect played an important, if not decisive role: the majority of historical illustrations were either so-called orphaned works or un-copyrighted images. These value-free images were unattributed, anonymous, and authorless images, or else the images were not (or no longer) protected by any copyright laws then in force. Many of the images reproduced and distributed by the Bettmann Archive were in the public domain, be it images taken from publications or as 'autonomous' photographs. Under the terms of public domain, these images were, theoretically speaking, in the possession of all and thus public property. The library holdings and countless private image collections, for the most part valueless or value-free images represented an inexhaustible resource for the Bettmann Archive, one from which endless reproduction masters could be produced at low production costs. In its abundance, it resembled a natural resource, a resource waiting to be unlocked and exploited.[63]

Fascinated by the richness and profusion of existing images, and by the medium of photography as a reproduction technique, Bettmann appropriated the resource image. In this context, 'appropriation' is to be understood as the act of taking possession of an image through photographic reproduction without the permission or knowledge of the image 'owner', and by doing so laying claim to ownership. In the case of images both in the public domain and those protected by copyright, the appropriation through photography was mostly carried out without the explicit consent of the owner of the work, whether it be an institution, community, or an individual, the author or copyright holder of the work.

Appropriation Processes

With the appropriation of images, the authority of the photographer coincided with the person Otto Bettmann. In striving for cost-efficiency, taking photographs himself or having his staff do it had an obvious advantage: instead of sharing the revenue for the exploitation of images with the respective artist, photographer, or rights owner, all proceeds remained within the company. The potential profit that was made through the exploitation benefited the Bettmann Archive solely. It took on the role of the photographer or producer and, as such, the Bettmann Archive accumulated images through photography. While these images were, in principle, at everyone's disposal, they were not 'seen' by everyone, or not seen for what they could eventually become: a commercial product, a commodity.

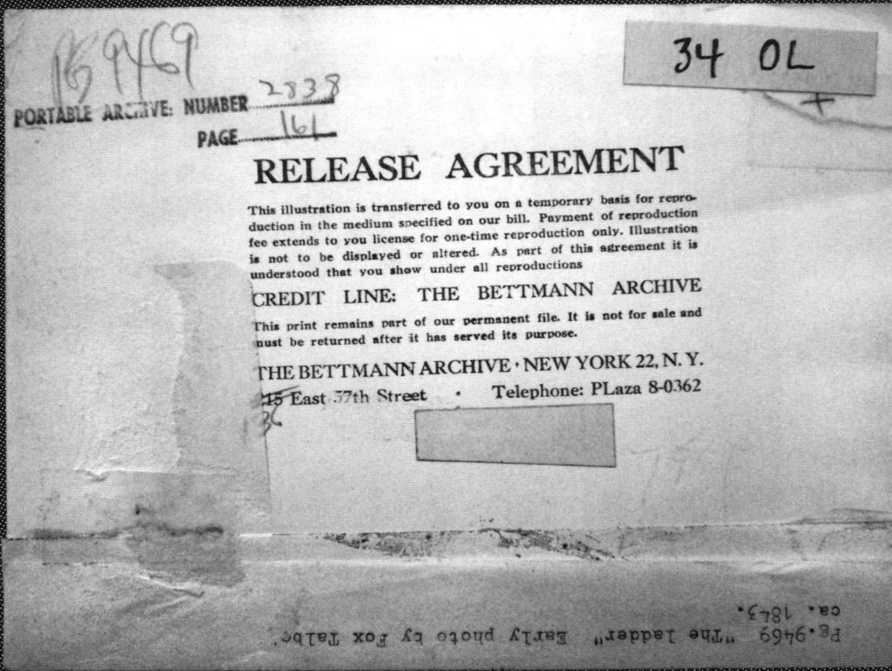

34 OL

PORTABLE ARCHIVE: NUMBER 2838

PAGE 161

RELEASE AGREEMENT

This illustration is transferred to you on a temporary basis for reproduction in the medium specified on our bill. Payment of reproduction fee extends to you license for one-time reproduction only. Illustration is not to be displayed or altered. As part of this agreement it is understood that you show under all reproductions

CREDIT LINE: THE BETTMANN ARCHIVE

This print remains part of our permanent file. It is not for sale and must be returned after it has served its purpose.

THE BETTMANN ARCHIVE · NEW YORK 22, N. Y.
15 East 57th Street · Telephone: PLaza 8-0362

Fig. 9
Bettmann Archive, Reverse side of item Pg. 9469, "The Ladder. Early Photo by Fox Talbot, ca. 1843." Photograph, ca. 1945.

The appropriation of visual material revealed itself unmistakably in the form of the release agreement, in this case William Henry Fox Talbot's calotype "The Ladder," ca. 1843 [Figure 9]. Every print, every framed slide, every master sent to a client, was marked on the back with a stamp, declaring the Bettmann Archive to be the owner of the photograph and, by this claim, prohibiting any further or unauthorized use, including resale. "As part of this agreement, it is understood that you show under all reproductions CREDIT LINE: THE BETTMANN ARCHIVE:" the Bettmann Archive insisted on the citation of the company's name in any use or publication. Consequently, the copyright indication "From the Bettmann Archive" or "Bettmann Archive" usually accompanied the publication of images distributed by the company. This was, indeed, the case with the CBS advertisement. From the very beginning, Otto Bettmann was well aware of the value and the importance of this designation. It was a free and widely circulating publicity and marketing tool for the Bettmann Archive and buttressed the establishment of Bettmann Archive as a trade name.

The significance of hand-written, stamped, or affixed information and notes on the reverse side of photographs has received increased attention in recent scholarship. Encapsulated in the idea of the 'material turn' in photographic theory,[64] these material traces are recognized as vital sources in reconstructing the history and narrative of a photograph as a "socially salient object."[65] These traces or provide information about the organization within the archive, the provenance of the images or photographs, as well as the functions of photography.

One could further argue here that the stamped release agreement or copyright information plays an equally compelling part in the construction of a narrative, as it turns into a constitutive element of the product named photography. Through the stamped copyright, the product photography takes on form. A distinctive feature, this stamp, like a signature, marks the fundamental difference between *the* reproduction and other potential reproductions. Thus, the master, though an endlessly reproducible reproduction itself, valueless at first, takes on a 'material' body beyond the photographic material, negative, emulsion, and paper. The stamped Release Agreement therefore served as the visible expression of the control exerted by the Bettmann Archive on the use of images.

While Bettmann may be characterized as a visionary, his business idea and its implementation appear audacious, especially from today's legal perspective. Both copy- and licensing rights were systematically ignored. This applied not only to the early years and the reproduction of historical illustrations from public collections, but also to the collections incorporated into the Bettmann Archive through purchase. A feature of the Bettmann Archive was that image rights were circumvented or ignored altogether, regardless of the development and the more rigorous implementation of copyright for photography over the course of the twentieth century. This seems all more surprising, at least ironic, as in his dissertation, Bettmann examined the ills of the publising business during the eighteenth century, marked by widespread piracy, the latter resulting in the increased regulation and the formation of a moral code.[66]

The striking ease with which the Bettmann Archive appropriated images and photographs on the one hand, while persistently disregarding copy- and licensing rights by claiming the full copyright for itself on the other, again refers back to the notion of duality that is characteristic of Bettmann's approach to his collection and the marketing of it. The appropriation and disregard of copyright laws was a vital and calculated element of the business concept. However, it also refers to the ambivalent status of photography as a medium and the photographs as an object. Following the argument proposed in Part I concerning the general disregard of copyright laws as a wide-spread practice among the commercial image suppliers and publishers during the 1930s, the following quote illuminates the fact that the Bettmann Archive, took substantial advantage of this well-entrenched culture or mentality of appropriation.

Starting from the copies of library material.

> "From the *Bibliothèque Nationale* in Paris, for example, I brought home an almost complete collection of portraits of France's great personalities in the arts and literature by simply selecting and having copies made from hundreds of negatives taken by the great French photographer-balloonist Nadar (1820–1910)." [67]

In the 1930s, libraries began raising concerns with regard to copyright issues, yet, the demand for copies of library material was still relatively low.[68] Photographic reproduction was not considered an imminent threat,[69] especially given the fact that most libraries were research libraries, limiting the access to researchers and custodians. As Bettmann's statement mentioned above suggests, the library copy did not only consist in copying text. Photographic collections, such as the Nadar collection in the Bibliothèque Nationale's *Département des*

Estampes et de la Photographie were traditionally preserved in libraries and were, in principle, reproducible. It is only later and under different terms that photography found its way into museums.[70]

With most collections, library users were permitted to reproduce holdings or have copies made, provided it was done for private purposes. The issue of copyright was addressed as follows: Within American copyright law, the notion of fair use referred to a comparatively flexible legal interpretation of the reproduced material. A copyright infringement only applied if substantial parts of a work, for instance an entire chapter, were reproduced, not individual pages or details. Similarly, German libraries allowed for reproduction of their collections for private use, assuming that these copies would be used exclusively for research and not commercially exploited.[71] According to the contemporaneous German legal commentator, Heinrich Schreiber, no legal disputes were registered for the inappropriate use of library copies until the mid-1930s.[72] The matter of copyright for library holdings was considered secondary to that of the other arts, such as film, literature, art, etc. Consequently, the Revised Berne Convention for the Protection of Literary and Artistic Works of 1928, which aimed at revising the recommendations for the international harmonization of copyright regulations in light of the increasing mechanical reproducibility of art works, did not include the copies of library-held materials as part of its resolutions. The majority of library holdings were considered to be part of the public domain, and as such, there was no explicit regulation under copyright law for copies of library material. The Bettmann Archive would not, however, have been allowed to exploit its photographic reproductions commercially without the consent of the respective library or museum, which usually held and managed the licensing rights for material in their collections. No evidence of such consent exists, and it is more likely that Bettmann simply pretended that he was photographing the library and museum holdings for private or research purposes. It is also plausible that the reproduction of this material remained unnoticed or was given little attention, as it was executed with a small and discreet camera. At the *Kunstbibliothek*, Bettmann's former employer, the reproduction of rare books and other library items may well have been part of his duties. In addition, Bettmann's academic degree certainly facilitated the procedure. An academic, Bettmann would have had access to almost any institutional collection, but more importantly, he would have been permitted to take his own photographs. Bettmann emphasized and cultivated his image as a scientific researcher or 'independent scholar' throughout his career, especially after his emigration to the United States and in the course of expanding the Bettmann Archive.

In many cases, the appropriation of copyrighted photographs by the Bettmann Archive proved equally uncomplicated. Besides the general disregard for existing copyright regulations, the Bettmann Archive, like all providers of non-current or historical photographs, benefited from the rather low protection scheme established by the German copyright law of 1907. In comparison with other artistic media, the ten years of copyright protection enjoyed by a photograph after its production or publication was relatively short. At the end of this time period the photograph became part of the public domain. As a result, the Bettmann Archive was able to reproduce and exploit formerly copyrighted photographs, and also to appropriate countless images from beyond libraries and other institutions. Despite the reforms and amendments, the protection period of ten years, determined by German copyright law, was in vigour until 1940,[73] thus allowing for a seemingly unlimited accumulation and repurposing of visual imagery.

From 1935 on, the Bettmann Archive was subject to U. S. copyright law. Although American and European legislation shared similarities in their basic principles,[74] they differed in some significant aspects. Generally speaking, these differences were embedded in the fact that most European copyright laws tended to argue from the perspective of the photographer and initial copyright holder, whereas the American copyright law emphasized the economic exploitation. As with most European countries, the American copyright law was subject to numerous changes, especially with regard to the rapid technological development during the first decades of the twentieth century. The United States Copyright Act of 1909 imposed a general protection period of twenty-eight years, extendable for a further twenty-eight years, after the production or publication of an artwork, which included photographs. This scheme was in effect until the United States copyright reform in 1976. However, the protection period only applied to an *officially* registered work of art, be it fine art, literature, photography, music, architecture, etc. at the Copyright Office of the Library of Congress. The registration in the Catalogue of Copyright Entries, consisting of the name of the copyright holder and the year of production, was mandatory.[75] The registration did not only concern works produced in the United States, but also foreign production. Moreover, the copyright protection was only granted if an artwork bore a clear indication of its producer, or its copyright holder. In the case of the picture market, however, the multiple circulating prints, or copies of a copy, did not necessarily always indicate the copyright holder. Copyright information often went missing, or was simply dropped, since photographers did not always develop and reproduce their work themselves. Thus, reproductions could circulate without any indication of ownership, and without the photographer's knowledge and permission. Copyright claims were therefore not always traceable or verifiable. In additionto this, in American jurisprudence, the photographer was able to fully transfer his rights, including the copy- and licensing rights to a third party. Consequently, the Bettmann Archive became the copyright holder for most of the photographs and collections it purchased, a common practice in the picture market. As a result, the Bettmann Archive was not only able to control the distribution and the continuous reproduction of images. It was also allowed to crop or alter a photograph and modify the information associated with it without any legal constraints.

With the initial collection of approximately 10,000 images that Bettmann took to the United States in 1935, the lack of information concerning the copyright or the provenance of the images is particularly striking. Yet, this had few consequences, since the relocation of the Bettmann Archive to New York facilitated the casual handling of images from a copyright perspective. Given that the onus of proof of a copyright infringement was and still is on the plaintiff, in the case of the Bettmann Archive, the photographer or copyright holder's geographical distance from the United States considerably complicated the detection of any infringement and made enforcement almost impossible. "On the other side"—a small, but recurring annotation that can be found on the catalogue cards— suggests

Fig. 10
"Photography Category." In Bettmann, *Bettmann Portable Archive*, 1966, 161.

that Bettmann was well aware of this geographical distance and its consequences. The likelihood of a copyright claim from a museum, library, photographer, or artist from 'the other side' was slight, especially, since the Bettmann Archive explicitly concentrated its operations on the local and national U. S. market until 1981, the year of its sale. The company did not seek out cooperation with foreign partners, nor did it expand its operations beyond the United States as most commercial image providers tended to do. The risk of a potential confrontation with copyright claims was therefore left to chance, in particular with regard to images originating from European collections.

As suggested earlier, the cavalier handling and management of copyright relating to photography as well as the multiple re-use and repurposing of photographic reproductions, was a widely established practice during the 1930s, at the time the Bettmann Archive was founded. This indifference encouraged the accumulation and commercial distribution of non-current, non-contemporary visual material and inevitably buttressed the appropriation of images. If the Bildarchiv Dr. Otto Bettmann, Berlin benefited from this culture of disregard during its early years, it certainly also served in the establishment and expansion of the Bettmann Archive later on.

The practice of the Bettmann Archive suggests that it indeed considered itself as the sole copyright holder. As was shown with the release agreement, it insisted on the mention of the Bettmann Archive as a precondition for its use, replacing the photographer's or artist's name.[76] Also, further evidence to the appropriation as a strategic device is provided by the filing system and the sales catalogue of the Bettmann Archive, the Bettmann Portable Archive.[77] The image captions and the internal organisational system provided virtually no information of an image's provenance. In the first version of the card template, for instance, while there was a field for the provenance of the reproduced image, with very few exceptions, it remained blank and ultimately disappeared altogether in later templates. Even when reproducing well-known photographs, such as Walker Evans's "Penny Picture Display, Savannah, Georgia, 1932," an image filling an entire page in the Bettmann Portable Archive, the name of the photographer was not indicated. In this particular example, the caption was also modified. As part of the thematic category Photography, the reproduced images were treated in a similar fashion [Figure 10]. The captions are short and despite the numerous images arranged on the page, only two photographers were identified by name. The names, those of Daguerre and Talbot, do not, however, refer to the photographer as author or artist, but as inventor.

Despite the progressive affirmation of the photographer's professional status throughout the twentieth century, especially through the enhanced implementation of copyright legislation, to which the picture market inevitably responded, the Bettmann Archive adhered to its own policy of negating the role of the photographer or artist, and effectively denying any provenance for the images. It was, indeed, part of the concept.

Unlike many photojournalistic agencies and later forms of what one may call author-agencies[78] such as Magnum, or the French agencies Vu and Sygma, the Bettmann Archive did not represent photographers. It 'represented' images. What Bettmann valued in photography, above all, was the apparatus and the technological achievement of photographic reproducibility. For him, photography was a copying machine, not an art. However, concerning the debate about copyright and photography—photography as a purely mechanical depictive device versus photography as a result of an artistic process—the standpoint of the Bettmann Archive offered two different interpretations as the method of re-production and appropriation led to an ambivalent situation. On the one hand, the Bettmann Archive ignored the idea of the photographer as author. Any reference to the name of the photographer or artist or to an image's provenance is absent from the material. As a result of their photographic reproduction, images were transferred into a single format, into one aggregative form. These photographed images lost their material features and particularities. Their material history—as book illustration or news picture, as element of a photographic collection or of a series of images—faded. On the other hand, the Bettmann Archive, using the existing laws, unequivocally claimed the full image rights for itself. As the Bettmann Archive considered itself as the author or producer of the images it supplied to clients, it claimed the two different rights, both copy- and licensing rights, for itself. In doing so, it capitalized on the interpretative breadth and vagueness of photographic copyright legislation.

As one might expect, the issue of image appropriation was addressed in a different, or more abstract way by Otto Bettmann himself. In an article published in the *Wilson Bulletin for Librarians* in April 1939, for example, he pleaded for the liberation of "the thousands of images in art books, journals and manuscripts," which "needed to be freed and made accessible in a systematic form."[79] The Bettmann Archive wanted to be understood as a "circulating library of authentic photo-prints,"[80] a library of images. By offering its service as an image bank, it put into practice the exploitation ofimages that libraries and museums were denied given their public mission. As public entities, the latter were to function "not only as banks, but as exchange bureaus for intellectual values."[81] These banks or exchange bureaus were to diseminate knowledge, "allowing the participation of each individual, even those who cannot access the book as a material good" helping to instigate "the creation and being of intellectuality."[82]

However, the desirability and potential of distributing photographic reproductions commercially without intermediaries was repeatedly discussed among libraries and especially museums. Curt Glaser, former director of the *Kunstbibliothek* (and Otto Bettmann's supervisor during his tenure at the library), for instance, created the *Deutsches Bildarchiv* in 1930 with a dual approach in mind. Designed to collect and commercialize photographic prints of German monuments, the *Deutsches Bildarchiv* was modelled upon and intended to complement *Foto Marburg*. Its aim was to serve scientific research, and, as Glaser envisioned, to commercially distribute its holdings, as "loose plates in portfolios," or "as an inexpensive alternative, separately, as individual photographs." This would satisfy the library's "immediate needs and the postcard businesses would be defeated once and for all."[83] Defining itself as the fusion of two institutional models, the library and the museum, the *Kunstbibliothek*, thus, sought to distribute photographic reproductions of its holdings and, by doing so, circumventing external companies. Glaser's initiative failed due to incompatibility between its commercial purposes and public mission, as well as the absence of a functioning sales structure. The *Kunstbibliothek* lacked the financial means and expertise for creating such structures. For decades, the market for art reproductions had been dominated by independent distribution companies, in particular art publishers, who had negotiated the licensing rights with institutions, and specialized in high-quality photographic reproductions. By contrast to museums, which, by definition, were well aware of the value of their holdings, the marketing idea was less present in libraries other than the *Kunstbibliothek*. Most of them understood themselves as guardians of their collections, rather than of the content of their objects. In addition, the demand (and the market) were minimal, except for the copies of library material. With the distribution of historic visual imagery, consisting primarily of library copies, in particular in its beginnings, the Bettmann

Archive developed and implemented a commercial sales structure, that might well have been inspired by Glaser's unfulfilled vision. However, instead of focusing on the most prominent works, it speculated in a market for the irrelevant and the superfluous, the forgotten and the overlooked yet abundant visual treasures in books, magazines, and newspapers. The idea of availability of and accessibility to visual material was crucial to Bettmann's endeavour. The Bettmann Archive was designed as a image bank, providing historic visual material in exchange of a fee, and making anonymous and un-copyrighted as well as copyrighted images available for new uses.

* * *

The creation of the Bildarchiv Dr. Otto Bettmann, Berlin and the development of the Bettmann Archive were considerably shaped by the time, the place, and the socio-cultural environment from which they emerged. The institutional framework, and in particular Otto Bettmann's background as both historian and librarian, are essential for the understanding of the Bettmann Archive. The new possibilities offered by microphotography for libraries and the dynamics of the contemporary picture market were the incentives for developing a commercial distribution service. The potential of the small format camera and the 35 mm roll film represented an almost 'ideal' technique for reproducing masses of images and reproducing them cost-effectively. The inferior, yet steadily improving quality of the negatives was only of secondary concern to Bettmann, especially in the company's early years. The exploitation of non-current images had the obvious advantage that the costs for reproducing and accumulating vast collections were extremely low, as these images were considered either valueless or common property. With the appropriation of images through photography and the commercial exploitation of photographic reproductions, Bettmann consciously ignored existing copyright and licensing rights. Thus, as an agent, the Bettmann Archive did not represent the works of individual photographers, but represented images. Within this concept of an image bank, photography was understood as a medium for storage and standardization. Through photography, images of all kinds were reduced to a single negative format. The material traces, however, the copyright and image provenance disappeared with the reproduction of these images. As standardized objects, the photographs crossed the threshold to a new market: they could be used and re-used, again and again. Hence, potential hierarchies of image categories, as established by the art historical canon for example, were dissolved, as the reproduction in the form of 35 mm negatives produced raw material. That raw material needed to be shaped and transformed into a product. The liberation of inaccessible or forgotten photographs and images played a crucial role in Bettmann's concept of the re-use of non-current, historical visual imagery. Yet, the idea of earning money from it was equally inherent to this concept. The Bettmann Archive oscillated between an institutional image and an efficient commercial distribution service, taking advantage of the opposing principles of the public institution and the commercial market, and by extension of the concepts of high and low culture.

Re-Cycling

The reproduction of images through photography was the first step in transferring an image to a new chain of commercial exploitation, and the first step in creating a pictorial product. The Bettmann Archive, which did not trade its stock or represent photographers exclusively but instead mostly offered reproductions of pictures that were valueless or value-free as they originated from public collections, faced a significant problem, however, one that essentially affected any provider of non-exclusive visual material: How could one make money with a reproduction that could also be acquired elsewhere, and perhaps at a lower price? How could a company justify the fee for such a picture? Or putting it differently: How did one reproduction become more valuable than another? While in press photography standard rates for photographs developed as early as 1900,[84] (although, as described in Part I, these rates were by no means binding and served more as orientation) establishing a monetary value, that is the exchange value of a reproduction, proved far more complicated in the context of the Bettmann Archive and the commodification of non-exclusive visual material.

The argument followed and further developed here is that Bettmann realized early on that the value of a photographic reproduction consisted not only of its visual content, but also of the services and actions surrounding an image, which went far beyond their reproduction and sale and included the evaluation and selection, the indexing and archiving of images. As a librarian and historian, Bettmann knew exactly where and how to find pictorial resources in libraries, museums, antiquarian bookshops and private collections. More importantly, though, his academic training endued him with a precise idea and an astute understanding of the historical or aesthetic relevance of the source materials. This ability allowed him to navigate an endless stream of illustrated publications and collections with the aim of gleaning images that could be expected to have commercial potential. Hence, far more accurate than the description of Otto Bettmann as a preserver or archivist, a notion that will be discussed later on, is the characterization of his approach as that of a picture editor, or 'image publisher.' This editorial function applies in principle, as was mentioned earlier, to all photographic agencies and commercial photo archives, albeit to varying degrees. As agents of the images and photographers they represent, they by no means act passively. Photographic agencies and commercial photo archives have always been far more than mere intermediaries or way stations between the production and distribution of photographs, for they produce the pictures they sell. This becomes especially evident when examining the concept behind the Bettmann Archive.

The present chapter accordingly focuses on studying the selection of images and the concrete services and actions surrounding the picture subjected to photographic reproduction. The first part will be analysing the preconditions for recycling images and the criteria that determined the choice of source material and consequently formed the focus of the Bettmann Archive's collection until around 1960. The second part will investigate the American picture market, namely the press and advertising as the main distribution channels as well as on the ways the Bettmann Archive tried to position itself within this market environment. Given that the selection of images was, to a large extent, tied to the structure of the classification and archiving system—the criteria determined the structure of the archive, and the structure of the archive determined the criteria—the discussions in this chapter are interrelated with the chapter on the archive and retrieval system.

The recycling of images, especially reproductions of artworks, was based on the idea of a *different* point of view, one that departed from art historical or canonical methods of pictorial analysis and interpretation. On the one hand, Otto Bettmann made use of specific academic or institutional methods he had been trained in during his studies and his early career. The concept and structure of the Bettmann Archive accordingly show traces of these methods. On the other hand, though, they were reshaped, simplified and combined for the purposes of commercial exploitation. It was precisely the transfer of high culture principles to popular media and advertising and its reverberation that contributed to the success of the enterprise.

Subject Eyes: Evaluating the Iconographic Content

The primary criterion for selecting sources from among the wealth of available material was their iconographic content, i.e., their potential as "subject pictures."[85] By concentrating on the represented objects, or, as Bettmann referred to it, looking at pictures with "subject eyes,"[86] one could identify a number of descriptive and associative keywords, which, in combination with the caption, constituted the picture's metadata.

Bettmann's method is illustrated by [Figure 11]: The left side shows a photographic reproduction of a woodcut by the Nuremberg artist Susanna von Sandrart (1658–1716). Measuring approximately postcard size, the vertical format is affixed to a sheet of cardboard, which, as the stamp suggests, was preserved as a "valuable original."[87] The woodcut, in turn, was a reproduction of the print *"Die fleischkaufende Köchin"* (The cook buying meat) from the 1689 book *"Der kuriose Spiegel"* (The Curious Mirror) by Elias Porcelius. As a sort of *mise en abyme* of several reproductions, the corresponding catalogue card depicted at right, features a miniature photographic reproduction pasted on the upper left.[88] In addition to the picture's caption on the right-hand side of the card, there is a list of handwritten, thematic key words in German and English extracted from the image and inscribed underneath: *Fleischerei* (butcher shop), scales, *Einkauf* (shopping), *Fleisch* (meat), *Hund* (dog), *Laden* (shop). The information concerning the artistic quality, the artist or the technical characteristics were secondary for the exploitation of the photographic reproduction or its classification. Such information, where included at all, was merely part of the picture caption. The truly significant textual information, however, revealed itself in the thematic key words, which in turn determined the categories under which the image was to be archived and exploited. As a result, and thus in exchange for artistic-aesthetic qualities, the image opened itself, through a concentration on the depicted objects and themes, to new or different uses, namely the illustration of scales, dogs or shops, etc..

> "The project induced me to take a new look at the world of art. Up to then I had thought in terms of the artist: Gossaert, Rembrandt, Vermeer, Watteau, Picasso. Now I began to see the topical aspect or subject matter of the works themselves."[89]

As a "picture-librarian,"[90] Bettmann traced the act of exploring pictures with subject eyes back to an exhibition he organized in 1931 on the subject of "Reading and Books in Graphics and Painting,"[91] displayed on the occasion of the annual day of the book in the *Kunstbibliothek* in Berlin. As the Bettmann quotation cited above suggests, putting together images from different artistic periods and genres from the *Kunstbibliothek* collection inspired him to look at pictures from the viewpoint of the represented themes and objects. However, what Bettmann propagates in his autobiographical account as the origin of a genuine business idea was by no means new, but rooted in philisophy and iconography as a method of analysing and interpreting images. In his teachings on phenomenology, Edmund Husserl developed the idea of *Einklammerung*, or époche, the phenomenological reduction. In order to see and understand the very nature of 'things,' Husserl pledged for an unbiased, unmediated and unintentional view as a precondition for logic. The principle of subject pictures seems further to rely on modern iconography as an art historical method, as it was proposed by Erwin Panofsky and the Hamburg School.[92] In addition to this, Bettmann's approach may also be traced back to the concept of historical iconography as debated among historians during the late 1920s as well as to specific library methods for the classification of images. Bettmann himself did neither mention iconography and its proponents, nor explicitly refer to other methods in his statements or writings, yet, they are apparent.

In the early 1930s, following Aby Warburg's work on critical iconology as well as those of Fritz Saxl and Ernst Gombrich, the art historian Erwin Panofsky presented the first systematic scheme of iconography as an art historical method—the branch of art history "which concerns itself with the subject matter or meaning of works of art, as opposed to their form."[93] In his study of history and art history at the University of Leipzig from 1923 to 1927, it is highly probable that Bettmann (parallel to Husserl's phenomenology) became acquainted with the teachings of iconography and iconology, or that he at least knew about the contemporary debates. The historian of economics and cultural historian Alfred Doren, specialized in Italian Renaissance and one of Bettmann's teachers and dissertation advisors at Leipzig University, for instance, was a close friend and colleague of Aby Warburg.[94] Bettmann's professional and personal environment yields a further connection. In his autobiography he mentioned a fellow émigré art historian, Julius Held (1905–2002), a friend from his days in Berlin.[95] Held was Bettmann's first connection in New York, and the two men shared an apartment until Bettmann got settled. Like Bettmann, Julius Held had studied at the University of Freiburg and was employed as a trainee at the State Museums in Berlin between 1931 and 1933, working at the *Kunstbibliothek* as well as the *Staatliche Gemäldegalerie* under Max Friedländer.[96] In the USA, Held established himself as a Rubens and Rembrandt scholar and was soon appointed as professor of art history at Columbia University.[97] Held's research focused particularly on the iconology, social and cultural history of Flemish and Dutch art.[98] While it remains unclear whether Held and Bettmann ever discussed the potential of exploiting historical images commercially, it is more than likely that Bettmann had been introduced to iconology and modern iconography not only from his university studies but also from his immediate environment, and used elements for his business model, adapting them to his own purposes.

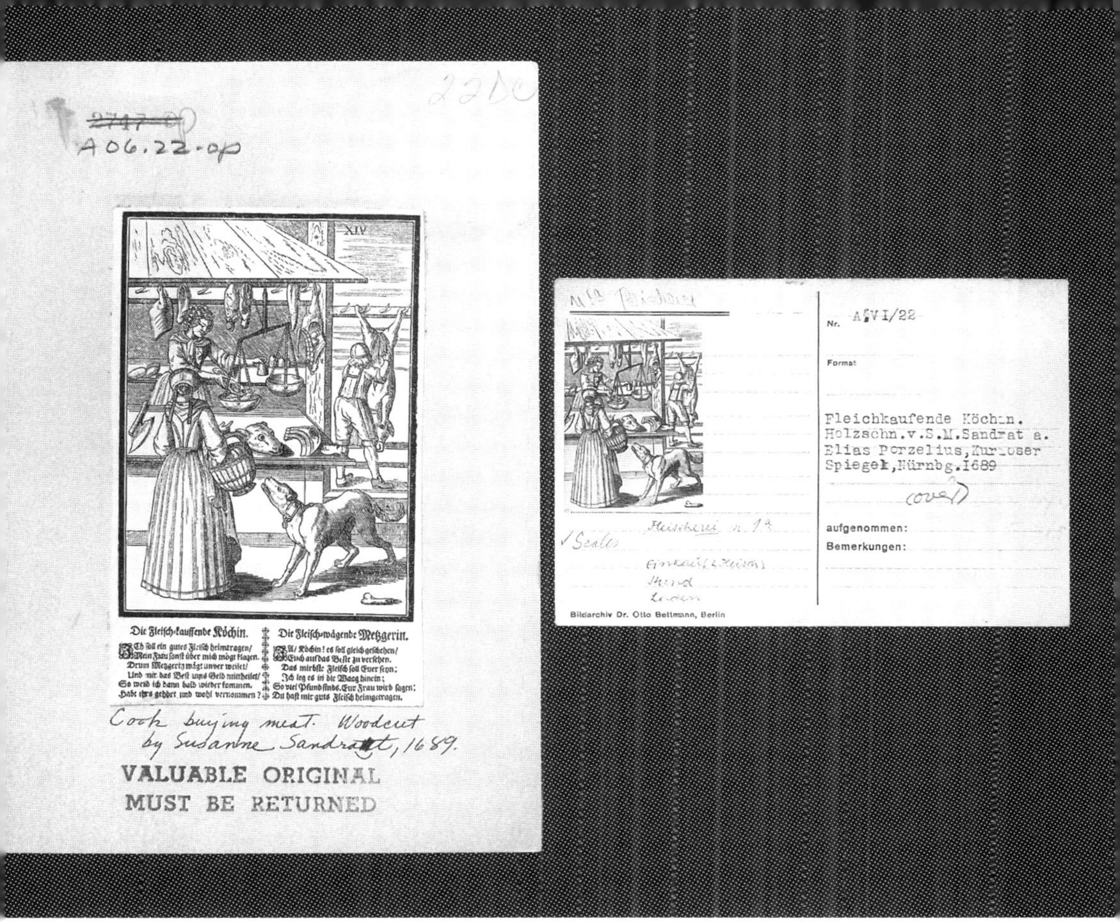

Fig. 11
Bettmann Archive, Item 22DC, "Cook Buying Meat, Woodcut by Susana von Sandrart." Photographic print on cardboard, ca. 1935–40 (left); Bettmann Archive, Item A VI/22, "Fleischkaufende Köchin." Index card, cardboard, ca. 1933, (right).

In contrast to Panofsky's three-stage scheme consisting of the pre-iconographical description, the iconographical analysis and iconological interpretation, however, one could describe Bettmann's approach as an interrupted one that ended with the factual apprehension, the simple inventory of the objects and subject matter depicted in the image, that is, with the pre-iconographical description. Yet, its intention was not the basis for a semantic consolidation, contextualization, and interpretation of the image. Similar to the history of style and aesthetic, the semantic level and iconological interpretation were irrelevant for the commercial exploitation of a reproduced work of art. Instead, the phenomenological reduction or pre-iconographical perception and inventory of the objects, gestures and events were used to dissect a picture into its motif components and, by extracting key words, put it to other, commercial uses, as was shown in the example of Sandrart's woodcut "*Die fleischkaufende Köchin*." On a more abstract level, the reduction of the picture to its subject matter was heightened by its photographic reproduction as such, since the aesthetic qualities of an artwork and its materiality necessarily retreated into the background with its reduction to a standardized black and white print. The gaze of the spectator was not distracted by the virtuosity of the artistic technique nor influenced by the aesthetics of formal and colour composition. To put it another way: the limitations of photography, and in particular of photographic reproductions of art works, favoured and facilitated a pre-iconographical view on pictures.[99]

Parallel to the Husserl's concept of *Einklammerung* and iconography as methodology of art history, another influence also appears plausible. In the first third of the twentieth century, the potential of visual documents, especially of film and photography, for other academic disciplines, notably history, became increasingly evident. In response to this, the International Iconographic Commission was founded in 1928 at the International Congress of Historical Sciences held in Oslo.[100] As one of several special commissions, the founding of this body was rooted in the recognition that "up until now ... the material to be found in museums and similar collections has been regarded almost exclusively from the perspective of art history, that is, primarily from an aesthetic standpoint."[101] In light of an increasingly strong tendency towards illustrations in historical publications and the growing importance of the visual in scholarship and teaching, however, the commission called for a firmly historical iconography.[102] The aim was to develop historical iconography as a method that in contrast to the discipline of art history would make use of materials in their capacity as historic documents without regard to their aesthetic value or place in stylistic history.[103] Apart from the concrete motivation to "improve the illustration of historical works," as a discipline, historical iconography was to formulate standards for the "critical assessment of which artistic remnants of the past could be used historically,"[104] and thereby contribute to the reconstruction of historical narratives and particularly aid in teaching. In Sigfrid Steinberg's above-cited report on the emergence and aims of the International Iconographic Commission and its national representations, the author also pointed the potential role of the Leipzig *Institut für Kultur- und Universalgeschichte* (Institute for Cultural and Universal History) founded in 1909, which possessed "a very fine collection of historical plates and prints of portraits, mainly pertaining to the German history of the Middle Ages."[105] The quality and orientation of this collection as well as the Institute's cataloguing and archival practice was considered useful in the development and promotion of historical iconography. The fact that the head of the Institute, the historian Walter Goetz (1867–1958), was a member of the *Deutsche Ikonographische Kommission* (German Iconographic Commission) and editor of the scholarly journal *Archiv für Kulturgeschichte*, contributed greatly to the realization of this objective.

Although the development of the International Iconographic Commission came to a standstill because its members could not agree on common concepts and definitions, and although this early "visual history"[106] project did not assume more concrete form within German history studies at the time, the initiative was nonetheless an expression of a contemporary debate that was doubtless familiar to Bettmann. Thus not only were there connections and mutual interests between the Institute for Cultural and Universal History and the history department of the University of Leipzig, but also because the Institute director, Walter Goetz, was one of Bettmann's major professors and, together with Alfred Doren, his dissertation advisor.[107] Thus, one needs to ask whether the debate on historical iconography inspired Otto Bettmann to create his enterprise. Did he see economic potential in the Commission's call for the re-evaluation of pictorial documents and the supply of adequate historical illustrations for editorial and teaching purposes?

The negation of the pictures' semantic level and of their cultural, aesthetic or political context took one of Bettmann's core ideas that was already emphasized earlier still further: the a-historical treatment of images. The photographic reproduction of a picture or work of art and its extraction from its original form erased the picture's material history. This first step was followed by the a-historical treatment of pictures on the level of viewing, analysis and selection, which was exacerbated by the radical reduction of images to the objects they depicted. It might appear as a contradiction or irony that the Bettmann Archive defined itself as a historical picture archive on the one hand, but on the other supplied pictures whose original context had been extinguished, or was of only limited relevance. Whether "The Cook Buying Meat" was based on the "The Curious Mirror" of Elias Porcelius or was later reproduced as a woodcut by Susanna van Sandrart was eventually of little importance except insofar as these facts served as guarantees of a certain pictorial quality and historical relevance. The provenance of a picture, or the intentions behind its creation, was also ultimately secondary, apart from a 'historical approximation'. What mattered for the Bettmann Archive was an image's potential as a subject picture, the creation of timeless pictures reduced to the subject level, which could be used over and over again. A picture, so to say, void of its original meaning and context, but ready to acquire new meanings and news contexts. The a-historical treatment of images was accordingly not a conceptual weakness but rather the essential precondition for the reuse or recycling of pictures through photography.

Developing Selection Criteria

In the practice of the picture market, however, the iconographic content of an image and its relevance for the present were too imprecise or too broadly defined to be true selection criteria, since any figurative image could essentially be viewed as a subject picture that depicted some kind of object or theme. The expression of one or several subjects was, rather, an initial point of orientation in choosing material for reproduction. According to Bettmann's account, very few pictures qualified for inclusion in the collection. Additional, more concrete criteria were the good-quality and easy reproducibility of the source picture and the immediate legibility of its content.[108] Low contrast images, extremely large formats or damaged works, for example, were ineligible or used only in exceptional cases. The quality of immediate legibility, in turn, corresponded to the general demands made of photography as an illustration medium, especially in the field of advertising, as the following quotation from a 1905 manual on commercial photography elucidates:

> "The print must be clear and the idea to be expressed must be clear. The photo should possess strength, not only as regards the photographic qualities but as regards the expression. It must be bold and impressive and make itself seen. It must almost talk. The idea or ideas to be expressed must present themselves at the first glance. No complication .... Anything in the photo that does not lend itself thus must be left out."[109]

Bettmann, for his part, applied these criteria, which have been maintained as the standard rhetoric for commercial press and advertising photography ever since, to historical images of all kinds. In order, however, "to make history a useful and slightly profitable thing,"[110] the selected images also had to conform to other perhaps more subtle yet important expectations. On the one hand, the selection of pictures had to be compatible with the cataloguing system that Bettmann had developed parallel to collecting images. On the other, the selection was of necessity orientated towards the market itself or towards the different markets it sought to supply.

The idea of efficient cataloguing and archiving was of such intrinsic importance to Bettmann's enterprise as well as to the commodification of images through photography that the present investigation treats this aspect in a separate chapter. The thesis put forward here is that the structures of organization and archiving developed to manage analogue (or digital) picture collections provided a key impetus for the commodification of the image. It is important to emphasize at this juncture that the selection of pictures that shaped the Bettmann Archive step-by-step or image-by-image was orientated towards the Archive's cataloguing and archiving system, of which the mentioned catalogue card was the starting point. Parallel to Bettmann's early collecting focus on literature, music and medicine, a basic framework of categories and sub-categories emerged based on the list of keywords noted on catalogue cards, according to which the pictures were catalogued and classified. The formation of this framework and the selection of pictures were mutually influencing. Pictures were chosen according to the existing categories, while the selection of pictures led to the development of new categories.

A handbook for librarians much used in professional circles served as a tool for setting up an efficient English-language subject catalogue and as orientation in matters of indexing: the "List of Subject Headings for Small Libraries"[111] by the American bibliographer Minnie Earl Sears (1873–1933), which was first published in 1923. An edition of this book was also in the papers of the Bettmann Archive.[112] In order to meet the needs of small libraries in particular, Sears had developed an alternative to or simplification of the widely employed Library of Congress Subject Headings (LCSH) catalogue. Sears's manual provided a less detailed list of subject keywords than the Library of Congress. In addition, her manual also contained instructions for the consistent development of keywords tailored to the individual library and their integration into the existing basic framework. Using an excerpt from this publication—from Bettmann's own copy—it is possible to extrapolate the manual's function for the Bettmann Archive:

Let us take the example of the section on photography [Figure 12]: filling slightly more than one page, the list of subject headings for photography covers terms concerning the technical aspects of photography, different types of cameras, photographic processes and genres such as Apparatus and supplies; Photography, color; Telephotography; Photography, aerial; Photography of animals; Photography of birds, etc. Bettmann marked those keywords he wished to adopt for the organizational structure of the Bettmann Archive collection. But this was only a starting point. He also supplemented this existing librarian's

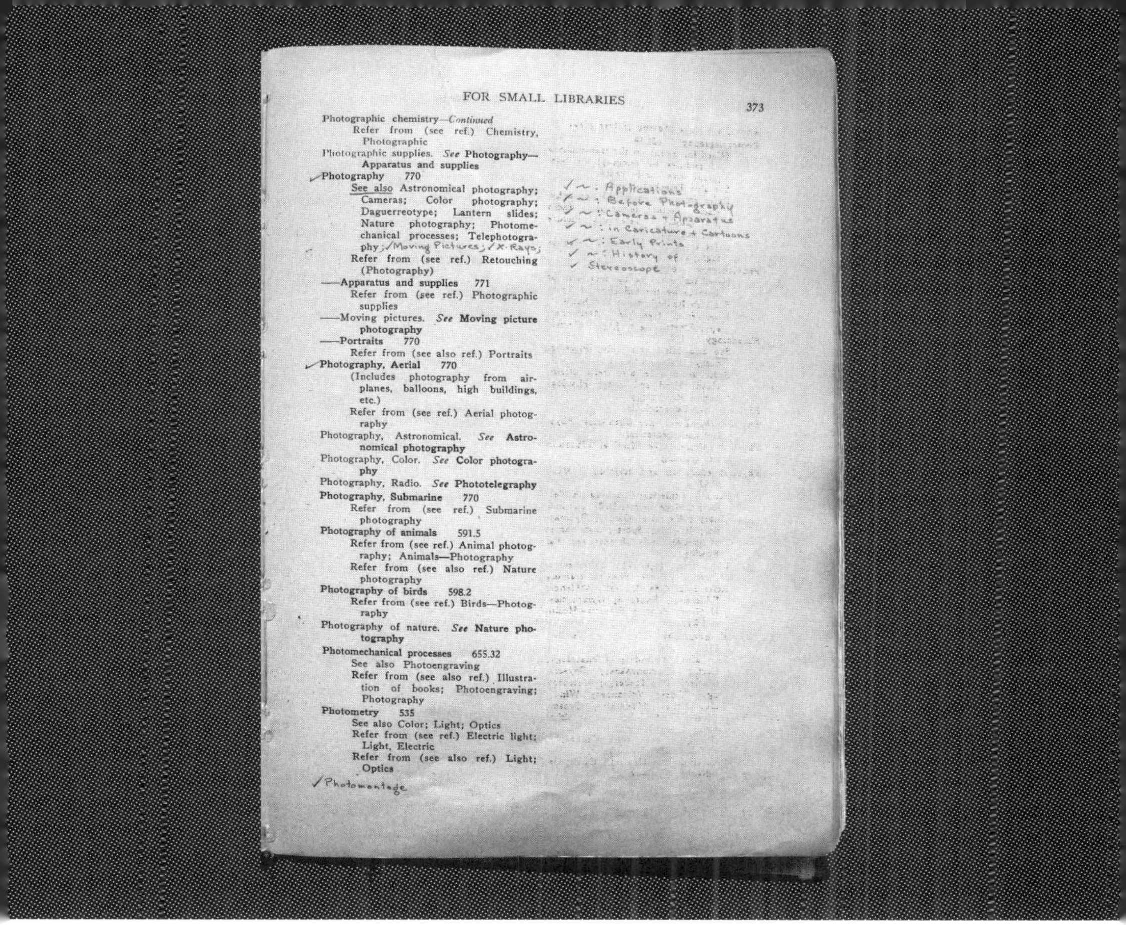

FOR SMALL LIBRARIES 373

Photographic chemistry—*Continued*
Refer from (see ref.) Chemistry, Photographic
Photographic supplies. *See* **Photography—Apparatus and supplies**
Photography 770
See also Astronomical photography; Cameras; Color photography; Daguerreotype; Lantern slides; Nature photography; Photomechanical processes; Telephotography; Moving Pictures; X-Rays;
Refer from (see ref.) Retouching (Photography)
—Apparatus and supplies 771
Refer from (see ref.) Photographic supplies
—Moving pictures. *See* **Moving picture photography**
—Portraits 770
Refer from (see also ref.) Portraits
Photography, Aerial 770
(Includes photography from airplanes, balloons, high buildings, etc.)
Refer from (see ref.) Aerial photography
Photography, Astronomical. *See* **Astronomical photography**
Photography, Color. *See* **Color photography**
Photography, Radio. *See* **Phototelegraphy**
Photography, Submarine 770
Refer from (see ref.) Submarine photography
Photography of animals 591.5
Refer from (see ref.) Animal photography; Animals—Photography
Refer from (see also ref.) Nature photography
Photography of birds 598.2
Refer from (see ref.) Birds—Photography
Photography of nature. *See* **Nature photography**
Photomechanical processes 655.32
See also Photoengraving
Refer from (see also ref.) Illustration of books; Photoengraving; Photography
Photometry 535
See also Color; Light; Optics
Refer from (see ref.) Electric light; Light, Electric
Refer from (see also ref.) Light; Optics
Photomontage

~: Applications
~: Before Photography
~: Cameras + Apparatus
~: in Caricature + Cartoons
~: Early Prints
~: History of
Stereoscope

Fig. 12
Minnie Earl Sears, *List of Subject Headings for Small Libraries*, 1944: 373. Detail with handwritten annotations, ca. 1944.

thesaurus with additional themes or keywords, neatly written and placed next to the selected subject headings. While photographic genres were of little interest for the Bettmann Archive, the photographic processes, applications and historical predecessors of the medium were expanded to include the Archive's own categories including Photomontage; X-Rays; Stereoscope; Caricature+Cartoons; Before Photography; Early Prints, or Moving Pictures. Sears's manual accordingly served as an aid to setting up and developing the Bettmann Archive's collection and in turn reflected and documented the existing picture collections and motifs that the Bettmann Archive distributed. As was illustrated with regard to reproduction photography, Bettmann applied a method that originated in library science—in this case, the classification of books by subject—to pictures.

Finally, the demand itself was an important factor in the selection of pictures. As the Bettmann Archive developed and grew more successful, it became increasingly clear which subjects sold well. The saleable subjects in turn influenced the expansion and orientation of the areas of collection. The Bettmann Archive's subject categories thus reflected the demand and, as it were, the sum of the images that had been sold in the past. And as the modifications of the list of keywords demonstrated, the collection and its system of classification were by no means static, but were adapted to customer interests and anticipated requests. The essentially library-based subject categories used by the Bettmann Archive were a dynamic and above all flexible grid of themes that changed with the evolution of the market and the development of the company over the years.

"We need specialists:" the American Picture Market and the Bettmann Archive

In order to understand the shifts within the collecting areas from the original orientation to the development of the Bettmann Archive during the first twenty years of its existence, it is necessary to examine more closely the structures of the American picture market and describe how the Bettmann Archive adapted to it. Following the classic distribution channels of the picture market, the Archive's offerings can be divided into two basic types, namely pictures for magazines, newspapers and books, and pictures for commercial advertising.

By the early twentieth century, the picture market, especially the trade in press photographs as a complementary element of news transfer, was already increasingly orientated towards (western) global structures. The situation in the USA can accordingly be regarded as a mirror image of the European market, although the market volume in the USA tended to be higher than in European countries. Thus the American market, in which the Bettmann Archive had to re-position and re-invent itself, followed, on the formal level, a similar logic as the market for photographs that had established itself in Berlin and other European cities. The distribution of photographs and the accompanying establishment of new photographic agencies developed in proportion to the multiplication of distribution channels in the press, publishing and advertising.

With the establishment of the half-tone print in combination with the high-speed rotary press in the early twentieth century, illustrated supplements became a fixed feature of American newspapers, especially their weekend editions. In 1914 the *New York Times* introduced a Sunday supplement illustrated with drawings and photographs to a very positive response; by 1918, 47 national newspapers published an illustrated supplement, and by 1925 the figure had doubled.[113] The British model of the tabloid press—cheap, entertaining newspapers like the *Daily Mirror*, which were dominated by prints and photographs and should be viewed within the tradition of the nineteenth-century pictorial magazines—was introduced with some delay in the USA in 1919, when the owners of the *Chicago Tribune* launched the *New York Illustrated Daily News*. The *Illustrated Daily News*, which reached a circulation of one million in 1925, was followed by a number of similar New York-based publications like the *New York Journal American*, *Daily Mirror* and *Evening Graphic*, as well as tabloids in other cities such as the *Los Angeles Illustrated News* and the *San Francisco Illustrated Herald*.

The phase of the drastic expansion of the newspaper market, which historians locate between 1890 and 1925,[114] was followed by a phase of concentration, cartelization and syndication in the American newspaper industry. Monopolists such as Joseph Pulitzer, the publisher William Randolph Hearst or the magazine publisher Henry Robinson Luce dictated the news and picture market. In the mid-1930s, Hearst's empire encompassed twenty-eight dailies and seventeen weeklies as well as a number of illustrated magazines such as *Cosmopolitan*, *Good Housekeeping* and *Harper's Bazaar*.[115] The company Time Incorporated[116] founded by Luce competed with the highest-circulation nationally distributed magazines, the *Saturday Evening Post*, *Time*, *Fortune* and *Life*. In contrast to the magazine format, which diversified during this period to cover a wider range of themes, the field of daily and weekly newspapers underwent an opposite development beginning around 1900. Many independent regional and local papers either ceased publication or were incorporated into larger structures, and newspapers became big business. This process of cartelization in publishing as well as the growth of syndication led to the expansion of correspondent bureaus and the internationalization of news, but also to a certain standardization of content.[117]

Under the impact of the economic situation, in particular the international economic crisis, and but also profiting from the expansion of advertising in the print media, the American market for newspapers and weekly and monthly magazines, the main media and channels of diffusion for pictures, underwent massive changes beginning in the early 1920s. Print runs and geographical distribution grew, new magazines were founded, and established periodicals expanded their market shares. The majority of magazines and journals, which were sold by subscription, targeted a small and generally very specific audience. The most influential and financially successful among them in the field of entertainment, in terms of their circulation and wide readership, were the *Saturday Evening Post* (founded in 1821), *Time* (1923), *Reader's Digest* (1922), *Life* (1936) and *Collier's* (1888) as well as a number of magazines such as *Vogue* (1892), *Cosmopolitan* (1886) and *Ladies' Home Journal* (1883) that explicitly targeted a female readership. In 1929 the weekly *Saturday Evening Post* reached a circulation of nearly three million. As became clear from the case of the German illustrated magazines, the print run of the *Saturday Evening Post* and other established magazines fell only slightly even during and after the Depression, which reflects the viability of the format. Hence, visual representations of the abundant offer displayed at newsstands can be found quite often in American and European photography of the time as a trope of early twentieth-century consumer culture and its "mentality of externalising,"[118] namely of representing mass produced images in urban settings. One may think of Berenice Abbott's 1935 photograph "Newsstand," or a similar take by Arthur Rothstein "Magazines at newsstand" [Figure 13],[119] that illustrates the wealth of periodical offerings presented to contemporaries.

Europeans critics commented on developments in the American press, photography and their uses with both admiration and scepticism, as an excerpt from the published travel account *Amerika baut auf!* by Curt Glaser, director of the Berlin *Kunstbibliothek* suggests:

> "It would be easy to prove that … photography in general plays an even greater role in American life than it does in present-day Europe. At any rate the bulk of the illustrated supplements corresponds to the size of the newspapers, and one can appreciate the comparison with Europe when one knows that in order to transport the Sunday issues of a few of the usual daily papers one needs not a suitably capacious coat pocket, but a sturdy handcart."[120]

And Glaser continues:

> "One finds sophistication, in contrast, in a number of the best illustrated

magazines that can afford to employ photographers of note, and particularly in the advertising, where no expense is spared in the belief that only the best is good enough. If artistically superior advertising exists at all in America, it uses not pictures but photographs."[121]

As the most important medium for contemporary advertising, the expansion of the magazine and newspaper market during the 1920s directly influenced the evolution of the advertising industry, a relationship already elucidated earlier. In the words of the historian David M. Potter, one cannot overestimate advertising as a cultural phenomenon: "Advertising created modern American radio and television, transformed the modern newspaper, evoked the modern slick periodicals, and remains the vital essence of each of them."[122] Advertising functioned not just as an accessory or financial foundation, but was the actual motor and creative factor behind the development of the new media, a development that consequently cannot be understood without the history of advertising. The 1920s in particular were the years in which advertising matured into a commanding cultural presence. As was shown for German magazines, the number and size of advertising pages was constantly growing. In his study of the development of print advertising, the advertising and economic historian Richard W. Pollay concluded that while before the 1920s advertisements in the USA were limited to half-, quarter- or eighth-page size, in the years that followed an average of forty-two per cent of American magazine advertisements were full-page, with a clear upward trend.[123]

The history of the aesthetics and economics of advertising, a "billion dollar institution,"[124] certainly deserves more attention than it has received thus far from visual and cultural studies or than can be devoted to it in the framework of the present book. Building on the work of Roland Marchand[125] and Robert Sobieszek[126] and the discussion in Part I, however, let us recapitulate the most important aspects in regard to photography: first, advertising acted as a catalyst for the development and growth of the picture market; and second, photography became a permanent fixture in the visual design media of advertising, alongside drawn and frequently colour illustrations. Similar to the German illustrated magazines, the use of photography in advertising in the American print media grew continually and in proportion to the development of periodical publishing. By the 1930s, around sixty per cent of advertising in the large magazines with a national circulation such as the *Saturday Evening Post*, *Life*, *Look* or *Ladies Home Journal* used photos.[127] The radical rise of photography in American advertising was rooted on the one hand in photography's promise of credibility and on the other in the fact that photographs were usually cheaper to produce and print than hand-drawn colour illustrations, as the manual work was cut out, an argument that proved especially compelling with the Depression and cuts in advertising budgets.[128] The exponential growth of the advertising industry went hand-in-hand with its professionalization. Aware of its expanding power, the industry, or the individual adman, achieved new social prestige and developed increasingly precise and varied methods of using text and image. More and more, advertising, which was always seeking new means of presentation, left behind the simple promotion of products and moved towards a more subtle and indirect promotion by suggesting a mood or way of life connected with the product. Thus advertisements, as Marchand aptly puts it, "increasingly gave predominant attention to

Fig. 13
Arthur Rothstein, "Magazines at Newsstand," Photograph, 1939.

the consumer rather than the product."[129] This last circumstance meant that the image, whether a photograph or a hand-drawn illustration, could be placed in *association* to the object, it could function metaphorically and thereby opening up previously unheard of creative freedoms. Marchand summarizes the developments of the 1920s and 1930s as follows: "American advertising took on a new scope and maturity during these years [when] the number of advertisements, the variety of the products advertised, and the media available to advertising expand[ed] dramatically."[130]

The protagonists on the American picture market included the large picture agencies such as the Keystone View Company or Underwood & Underwood,[131] which had been founded in the late nineteenth century and sought to adapt their offerings to altered demand, from stereographs to news images, as well as the picture distribution systems attached to news agencies and publishing companies. The latter applied to companies such as Associated Press News Photos, founded in 1927, the Wide World Photo Syndicate or International News Photos, subsidiaries of William Randolph Hearst's International News Service, as well as ACME News Pictures, which was founded in 1922 and belonged to the Scripps Howard group, which also owned the United Press Association news agency.[132] As a counterpart to the processes of concentration evident in the print media, these large agencies dominated major segments of the market and competed above all for the nationwide distribution of news pictures.

Spurred on by the expansion of marketing opportunities, a plethora of smaller agencies and individuals existed alongside these major enterprises serving the national and international press and advertising market. The former specialized in a particular thematic area or photographic genre, and either established their own distribution structures or supplied larger agencies. The many manuals published and circulated in the 1920s and 1930s with such programmatic titles as *Cash from your Camera,"*[133] *"Photography as a Business,*[134] *Fifty Dollars a Week with Car and Camera; Being an Account of a Delightful Out-of-Doors Occupation for the Photographer with his Camera*[135] or *Commercial Photography. A Practical Handbook*[136] may serve as seismographs of the flexibility of the market and its general accessibility and openness to amateur photographers seeking an income from photography.

Attempts by media and publishing workers, graphic artists and photographers who had emigrated from Germany and elsewhere in Europe to re-establish themselves in their professions were no easy undertaking given the fierce competition and entrenched structures, especially since the effects of the Depression in the form of high unemployment and a reluctance to invest were still very much in evidence. If scholarship in cultural history points to the varied effects of émigré culture, which introduced European Modernism in the fields of art, architecture and design and influenced parts of American culture in the decades that followed,[137] this also applied to photographic agencies and commercial photo archives, as well as to the print media, publishing and the advertising industry more generally. Networking and collaboration were important foundations for operating in exile. Apart from key prerequisites such as an individual's language skills and financial situation, professional and personal connections with potential employers helped émigrés to get started professionally and socially. In New York, a loose network of contacts emerged among former colleagues who had previously worked in Berlin or other German cities. These contacts, as well as contacts to American colleagues, were virtually indispensable for professional reintegration. The latter resulted among other things from the fact that transnational relations and co-operation between the USA and Europe had already existed for some time. Beginning in the mid-1920s, large American picture agencies such as Keystone, Underwood & Underwood, Associated Press News Photos International News Photo or Wide World Photo Syndicate set up branch offices in Berlin and other European cities for the import and export of photos. The co-operation between Berlin photographers and agencies and American, British and French agencies was well established. Between 1928 and 1933, for instance, the Berlin photographer Erich Salomon published more than eighty picture stories in foreign newspapers and magazines.[138] Kurt Korff, the former editor-in-chief of the *Berliner Illustrirte Zeitung* who was later responsible for reconceptualizing the American picture magazine *Life* or his former colleague Kurt Safranski are successful examples of reintegration into the picture market. Together with Ernest Mayer, former head of the Berlin photographic agency Mauritius and Kurt Kornfeld, Safranski founded the New York agency Black Star Picture Agency in 1936.[139] Safranski, former managing director of the Ullstein publishing house in Berlin, also maintained good contacts in European publishing and journalism. Black Star brought together respected German and European photographers such as Fritz Goro, Andreas Feininger, Philippe Halsman, Walter Sanders, Herbert Gehr, Fritz Henle and Ralph Crane and became an exclusive source for *Life* magazine, whose first issue appeared in 1936. Some of the Black Star photographers later became regular staff members at *Life*.[140] *Life* was the agency's most important customer, particularly in the early years. The magazine's publisher, Time Incorporated, funded Black Star with a yearly fee of $5,000 in order to secure agency photographs for its other publications as well.[141] Another New York-based agency, Pix Publishing, followed a similar path of relying on a European or German émigré network. Pix Publishing was founded in November 1935 by Leon Daniel and Celia Kutschuk,[142] both of whom had worked as picture editors at the Associated Press Berlin bureau, as well as the photographers Alfred Eisenstaedt and Georg Karger. Their main customers were also *Life* and *Sports Illustrated*.

In comparison to the European picture market and the aesthetic developments in photography, historians often characterize the American market as a leader in terms of market volume, but homogeneous on the level of aesthetics and content. A contemporary critic, Curt Glaser commented as follows on the ubiquity of photography and in particular American amateur photography:

> "It would be wrong, however, to claim that the quality of these mass-produced photographs is influenced by the high standard of [American] photography overall. On the contrary, the quality of this everyday commodity is lower than it is here. It is in keeping with the Eastman-Kodak motto: anybody can do it."[143]

The most important illustrated magazines such as the *Saturday Evening Post*, *Vogue* and *Collier's* attained large circulations, and thus used substantial quantities of this "everyday commodity," but the German illustrated magazines of the Weimar Republic were considered far more innovative in their variety, visuality and design than contemporary American magazines.[144] Or as the American graphic design critic Steven Heller argues: "The United States was resolutely and unapologetically capitalist and advertising was the foremost means of influencing the consumer. Commercialism was far more advanced here than in Europe yet our marketing strategies were much more conventional and word-based."[145] This aesthetic and conceptual difference chiefly benefited European emigrants, since it opened up a certain space for new ideas, or for the transfer of ideas and pictorial products, in a business that was always looking for fresh impulses. The use of pictures as 'visual language' in particular, the New Typography and New Vision movement and the genre of the social and political photo reportage, or picture story, as it emerged in Europe in the 1920s and 1930s were considered fields in which the USA still had room for creative and economic development.

The importation of the European avant-garde into American journalism, publishing and advertising, however, already began, to some extent, before the forced emigration of 1933, that is in the late 1920s, as was suggested above. One prominent example is the long-time art director of American magazines, notably *Vogue* and *Vanity Fair*, Dr. Mehemed Fehmy Agha[146] (1896–1978), who in 1929 was transferred from his position as art director at German *Vogue* to the New York headquarters of publishing house Condé Nast with the aim of renewing and modernizing the concept and appearance of the publisher's American magazines.[147] Black Star co-founder Kurt Safranski, too, tested the waters of the American market prior to his emigration during several business trips he took to New York around 1930. Inspired by his experiences there, he encouraged a number of colleagues, including Ernest Mayer, to emigrate to the USA instead of England, the path taken by Stefan Lorant, for example, the former picture editor of the *Münchner Illustrierte*. Korff, Safranski and others were convinced or at least hopeful that the time had come for the development of illustrated magazines on the German or European model, especially for the introduction and adaptation of the photo reportage as a genre. Mayer noted in retrospect,

> "If we had come five years before, we [Black Star] wouldn't have had the possibility to exist. The new ideas wouldn't have developed. It was just the right moment .... I thought there would be much wider possibilities of working, a much more open market, much newer field ... I saw, and I am sure Safranski saw, that there was a wide field to work in a big chance to develop the business quickly and create something worthwhile, not just to make money."[148]

Apart from *Life, Look*, the *Saturday Evening Post, Collier's, Newsweek* and *Parade* were considered potential markets for picture stories.[149] Black Star, Pix Publishing and others profited from the development of photojournalism in the USA in the 1930s and beyond. They acted as intermediaries between émigré photographers and the American newspaper and magazine market, or, as Zoe C. Smith has put it, "Black Star served as a conduit for many émigrés fleeing Europe who wanted to pursue a career in photojournalism in the United States."[150] Advertising, a lucrative field for illustrators, photographers and picture agencies, also opened up a wealth of possibilities:

> "Compared to what transpired in American advertising, European advertising was revolutionized during the twenties. In Russia, Germany, France, and the Netherlands, the image of advertising was transformed, as was most subsequent art and design. Russian constructivism, Dutch *De Stijl*, French *l'Art décoratif* and the work of the German *Bauhaus* were all successfully incorporated into the domain of commercial advertising."[151]

Alongside the agencies that focused on news pictures and contemporary photography, severe competition also arose over the commercialization of historical images. Those involved either had long-standing archives and business connections or, as newcomers, pursued strategies similar to that adopted by the Bettmann Archive. Apart from the large publishing houses, which set up archives in order to reuse their material, the notable enterprises in the field included Brown Brothers, which was founded in 1904 and had a large collection of stereoscopic pictures and glass plate negatives and was a well-established name in the USA.[152] The photographer Max Peter Haas, who like Bettmann had emigrated from Germany, started his own business in 1935, the European Picture Service, an agency that concentrated on the distribution of European picture collections as well as contemporary photography. The company that according to Bettmann was his most direct competitor was Culver Pictures, which had been founded in the early 1920s in Philadelphia and possessed an extensive collection of nineteenth-century visual material.[153] Culver Pictures dominated the American market for historical photographs on the one hand by taking over countless picture collections, including the holdings of the 'first' American press picture agency, the Bain Picture Service. On the other, Culver Pictures maintained an archive of reproductions referred to as graphic history, photographic reproductions from the nineteenth-century pictorial magazines, which Bettmann too had recognized as an important source of images.[154]

Given the vast field of competitors and the fact that the Bettmann Archive initially offered only historical illustrations from Europe—which was both an advantage and a disadvantage—its business model and profile increasingly took shape and adapted to the new circumstances and demand by expanding its collection. Judging from his own account, Bettmann had only very limited financial means for developing his company; he was, however, well aware that in order to distribute historical pictures successfully in the US market, his company needed a clear rhetorical and thematic identity. During a presentation in the New York office of Condé Nast art director Dr. Agha, the latter offered Bettmann the following advice, "We got plenty of photographers .... What we need in America are specialists! Try to concentrate on one subject—like dogs, so I can put you under 'dogs' in my index."[155]

Those who wished to survive among the myriad of agencies and long-established contacts and structures had both to present distinctive content in a specific area, whether it was photojournalism, historical pictures, animal photography or something else *and* to distinguish themselves by quick availability, competitive prices and good conditions. Moreover, photographs that generated demand had to offer something special both aesthetically and thematically, something rare. As the handbook *Cash From Your Camera* suggested, a promising photograph was "any photograph which is out of the ordinary and has appeal from the unusual feature .... The oddity or uniqueness of a picture are [sic] strong factors in putting it over."[156] In contrast, "the ordinary travel or scenic pictures find little sale due to much gratis material on the market."[157] The virtually unlimited supply of photographs, photographic reproductions of all kinds and gratis material meant that making a choice among the pictures on offer no longer followed thematic or aesthetic qualities alone, or competitive prices, but increasingly also the complementary services that an agency could provide.

The Bettmann Archive aspired to distinguish itself from other agencies and commercial photo archives both through the materials and the additional services it provided. In so doing, it was subject to a conflict that all suppliers of images, whether photographers, picture agencies or commercial picture libraries, ultimately face. On the one hand, the need to specialize necessarily entails a reduction in thematic variety. On the other hand, the material has to be as extensive as possible, or suggest that any image the client desires can be supplied. The photographs must distinguish themselves from the mass of images in order to attract the attention of picture editors and ad executives. Every company faces the challenge of being able to meet all demands in order to bind customers in the long run or acquire new ones.

The Bettmann Archive responded to this dichotomy by establishing a basic framework of flexible and expandable categories, as demonstrated with regard to the "List of Subject Headings for Small Libraries." To set itself apart from its rivals, the company strongly emphasized its capacity to supply fresh material *within* these individual categories at competitive prices. Thus in the short-lived "Bettmann Archive Newsletter" launched in 1940, the Archive noted that despite their great rarity, its pictures were available "at rates commensurate with those charged for ordinary news stock photographs."[158]

Whether or not the Bettmann Archive lived up to these standards is relative; the postulate of rarity and uniqueness may apply better to some categories or individual images than others. What counted, though, is that the Bettmann Archive's concept also transformed less 'special,' valueless or value-free images into "picture gems."[159] The core idea was that a picture could be rendered more valuable by the actions and services surrounding it. An essential aspect here, and one in which the Bettmann Archive doubtless excelled, was the carefully balanced verbal and visual rhetoric the company employed to convey the idea of a clearly defined identity and a highly selective authority, while still suggesting a vast and wide-ranging collection. It was thus no coincidence that the first category of the Bettmann Portable Archive was a thematic and highly eclectic compilation of spectacular or utopian representations under the heading "Absurdities," which was intended to be characteristic of the collection's originality [Figure 14].[160]

The reputed singularity of the Bettmann Archive's holdings is perhaps most evident in its relatively extensive collection of photographic reproductions of artworks and book illustrations from European museums and libraries that were unavailable or difficult to procure in the USA. These reproductions were not limited to the most outstanding works treated by art historians, a field in which the Bettmann Archive could not compete anyway with museums or the established agencies specializing in art reproductions, but instead encompassed a rather non-hierarchical conglomeration of "subject pictures."

In the realm of "graphic science fiction," an important category for the Bettmann Archive, alongside the illustrations of Athanasius Kircher, the illustrations and cartoons of the French writer, artist and illustrator Albert Robida (1848–1926) were a rich source of utopian images. Robida was considered the "Jules Verne of the sketch pad and magazine drawing,"[161] he produced more than 6,000 drawings and illustrated numerous books. In the magazine *La Caricature*, which he edited, and the science fiction novels "Le Vingtième Siècle" (1883), "La Guerre au Vingtième Siècle" (1887) and "La Vingtième Siècle. La Vie éléctrique" (1890), [Figure 15], Robida published his fictional visions of the future,[162] including drawings of "air taxis, transatlantic balloons, aerial hotels, apartment blocks made from compressed paper, the telephonoscope and television for all, synthetic foods, submarine cities, underwater sports and a women-only stock exchange."[163]

Fig. 14
"Absurdities Category." In Bettmann, *Bettmann Portable Archive*, 1966, 11.

The Bettmann Archive's claim to possess unusual or singular pictures was thus not incorrect, especially in regard to the American market. In regard to quantity, though, this assertion was certainly exaggerated and an element of marketing rhetoric. In order to serve the American market, however, the Bettmann Archive collection originally produced in Berlin had to be expanded to include new categories, especially Americana—illustrations on American history, politics and society—which would soon comprise the greater part of the Archive. Pictures of the American Civil War, the streets of New York, tourist sights, portraits of presidents, American writers and actors and the like. In order to expand his Archive, Bettmann continued his strategy of reproducing library and museum holdings and purchasing illustrated books and increasingly acquired entire picture collections or "photo-morgues."[164] Although selections were made from these collections, the purchase of larger picture collections was an efficient means of expanding the size of the Bettmann Archive cheaply and quickly. There was, however, no genuine specialization in the sense of a focus on particular themes.

Fig. 15
Albert Robida, *Le Vingtième Siècle. La Vie Eléctrique,* 1890. Front cover, drawn illustration.

On the contrary, the Bettmann Archive was designed to be able to fulfil any picture order. According to an excerpt from the 1941 Bettmann Archive Newsletter,

> "We supply upon request and without obligation whatsoever, a selection of 5'' by 7'' glossy photographs ready for reproduction. Subjects cover any industry, profession, event, invention. Mention your requirements, and a fine group of prints will be sent for your examination."[165]

But how was the Archive to attract the attention of potential customers with a collection that was characterized neither by outstanding pictures nor by a sharply defined and narrow thematic focus? A collection that did not include contemporary photography or works of photojournalism, that offered reproductions of artworks, but not of a technically high quality or representative of the most significant works of the art historical canon from European collections? A collection that consisted mainly of non-exclusive images which could generally be found elsewhere as well?

The answer to these questions lies in the Bettmann Archive's dual function: While suggesting the availability of an endless supply of material—"we supply upon request and without obligation whatsoever"—it also transported the idea of connoisseurship as part of the company's service, which was vouched for by Bettmann's status as an (art) historian and librarian. As Bettmann put it, "I took consolation in the thought that my background as an art historian and librarian might enable me to make a fresh contribution to American picture research."[166]

This is precisely what contributed to a picture's material value: the capacity to find images, to make a pertinent selection and to process them conceptually. The Bettmann Archive regarded itself not merely as a distribution agency, but also as a catalyst for ideas and a picture-finding machine—a service in the form of Bettmann as the ultimate picture editor who "locates and discards images,"[167] thereby saving the customer time and labour. As a constitutive element of the strategy of transfer between high and popular culture, Bettmann propagated and cultivated his image as an academic as well as the rhetoric of picture gems—the visual treasures that the Bettmann Archive collected, or could be recovered from the depths of visual culture. The portrait of Bettmann with a magnifying glass [Figure 3, p. 52] appears repeatedly in Bettmann's self-representations, as is evident from two illustrations published in Bettmann's autobiography [Figures 16 and 17]. These photographs were taken at the beginning of Bettmann's career in the USA and towards the end of his active years as director of the Bettmann Archive.

The evocation of the 'Man with magnifying glass' generates an entire series of associations. One could mention the precision of a scientist analyzing, arranging and classifying his specimen, equipped with a microscope and reference works [Figure 18]. The pictures also suggest the habitus of a picture editor or photographer scrutinizing negatives or slides for details in order to make a selection from among the pictorial material; or the figure of the stamp collector, who requires a magnifying glass to look at the miniature formats, as well as a dealer in gemstones,[168] who uses a loupe to determine the quality of his precious wares and test their authenticity [Figure 19]. What these interpretive approaches have in common is the authority of the selecting and examining subject who handles his objects of study and collections with care and precision. The magnifying glass acts here as an instrument of seeing and suggests the preciousness and rarity of the objects. The topos of the 'Man with magnifying glass' also plays with the idea of formats: tiny objects, whether insects, negatives, postage stamps or precious gems can be magnified at will for the purposes of examination.

A further motif that supports these associations and a visual interpretation of a picture researcher is an undated and unlabeled image within an image featuring Bettmann, in which he assumes the guise of the prototypical detective: Sir Arthur Conan Doyle's invention Sherlock Holmes, with Bettmann as the ultimate picture sleuth [Figure 20].

* * *

The analysis of the concept of subject pictures shows that Bettmann was inspired by modern philosophy, art history and history teachings, yet, he employed these influences for structuring and exploiting the collection commercially. For instance, while iconography as an art historical method aims at creating and reconstructing meaning, Bettmann's approach de-contextualized the image and reduced its meaning in order to recycle it. The selection criteria for the development of the Bettmann collection consisted in the relevance of the iconographic content of an image, its fast and easy legibility as well as technical aspects, including good reproducibility. The criteria for selection were also influenced by the organizational structure, in particular the classification system as well as market expectations. The latter were a driving force for the development of the Bettmann Archive, which had to re-invent itself on the American picture market,

Fig. 16
Bettmann Archive, “Otto Bettmann in His Office with Magnifying Glass.” Photograph, ca. 1935–40.

Fig. 17
Bettmann Archive, “Otto Bettmann Viewing an Illustrated Book.” Photograph, ca. 1980.

Fig. 18
Anne Clopet / Corbis, "Lepidomterist Jacques Pierre Doing Research." Photograph, ca. 1990–98.
Fig. 19
Maurice Maurel / Bettmann, Corbis, "Man Marking Diamond with India Ink." Photograph, June 24, 1961.
Fig. 20
Bettmann Archive, "Bettmann as Sherlock Holmes." Photograph, ca. 1980–90.

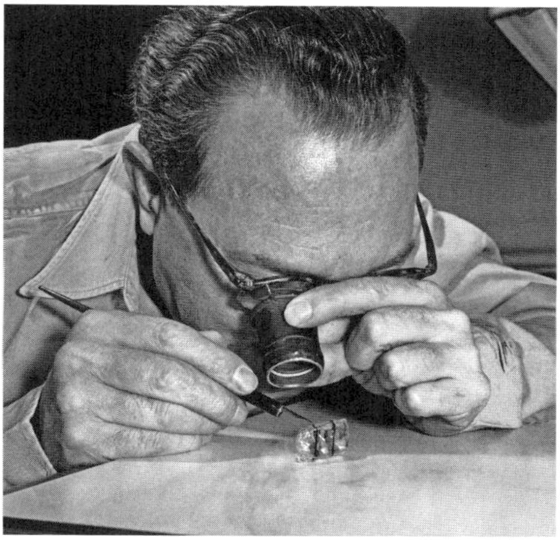

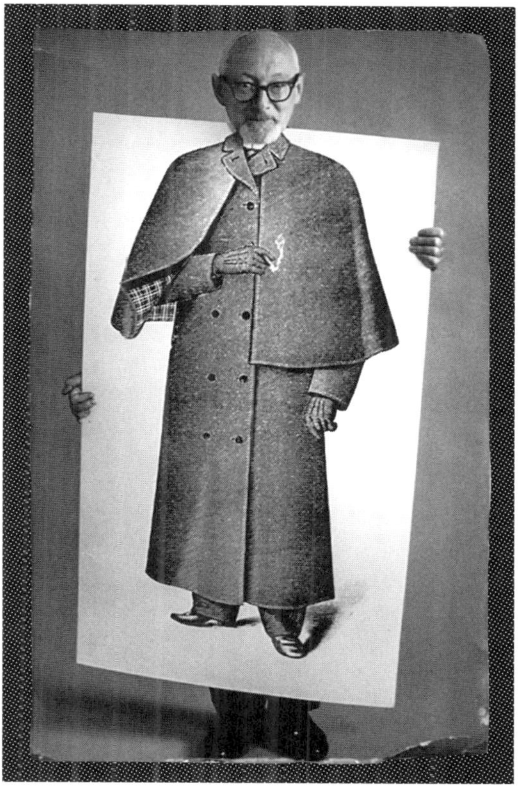

a market essentially controlled by already established companies, but one that also allowed for the creation of new ideas, products and businesses. In New York, Bettmann was able to build on contacts with fellow émigrés working in the fields of graphic design, publishing and advertising, which facilitated the re-establishment of his company. An decisive attribute in this endeavour was the creation of a distinct business profile emphasizing the singularity of the stock and the superiority of the company's services. However, what distinguished the Bettmann Archive from its competitors was not so much the uniqueness, originality or aesthetic qualities of its products. It functioned as a commercial picture library with a quasi-scholarly authority, embedded in a well-calculated verbal and visual rhetoric that placed the company's image and reputation in the service of the popular media and the advertising industry.

Pictorial Products

"Old Prints and Photographs in Modern Use"[169] and Beyond

While the early collection consisted primarily of reproductions of art works, as time passed the focus increasingly shifted to other categories: namely, to historical photographs and hand-drawn illustrations, which were either collected or reproduced from books, magazines, or other image sources. The recycling of both historical photographs and drawn illustrations seemed promising because drawings continued to be a widespread medium in advertising design and book illustration, despite the increasing popularity of photography. Compared to commissioning a draftsman or illustrator, the mechanical reproduction of drawings had the obvious advantage of quick and relatively cheap availability, as recycling made it possible to circumvent the manual work of the illustrator. The preference for mechanical reproduction was concisely explained by Jan Tschichold, who proclaimed in 1928, "it would be absolutely impossible today to satisfy the enormous demand for printed illustrations with drawings and paintings. There would be neither enough artists of quality to produce them, nor time for their creation and reproduction .... Such an extraordinary consumption could never be satisfied except by mechanical means."[170] By recycling drawn illustrations, the Bettmann Archive traded in this established market while simultaneously supplying the market for historical photographs. In the commercial philosophy of the Bettmann Archive, there was no distinction between reproduced drawings and reproduced photographs, no preference for art works over miscellaneous images as commodities: all were considered equally valuable, and photography served as an instrument of image transfer and mobility.

The range of pictorial products offered by the Bettmann Archive was remarkably wide: from single pictures to portfolios, illustrated texts, and complete picture stories, the Archive offered services "from the evaluation of a single print and data, to the assembling of a complete historic museum of your trade or industry."[171]

As has been argued thus far, the Bettmann Archive's business model was decidedly influenced by the socio-cultural environment of Berlin and the late Weimar Republic; however, it was only after Bettmann's emigration to New York that the enterprise expanded and truly became professionalized. Sources suggest that Bettmann, like many others, was able to build on his personal and professional contacts in émigré circles. Apart from his friend Julius Held, another important contact in the picture agency world was Leon Daniels, co-founder of Pix Publishing in New York:

> "My first Thanksgiving in America was modest, but reassuring in a way. Leon Daniels, a fellow refugee whom I had known in Berlin as manager of the Associated Press, offered to celebrate with me .... He brought along a friend. My eyes lit up when Leon introduced him as Alfred Eisenstaedt, already well known in Europe and soon to become one of Life's leading photographers .... Leon Daniels, like myself, was to become the founder of a picture agency."[172]

Bettmann also maintained contacts in New York's community of graphic artists and the publishing world, some of these dating back to his time in Berlin; this facilitated his integration into the American picture market.[173] These contacts included Paul Renner, Herbert Bayer, and the trendsetting typography and graphic design workshop known as the Composing Room.[174] The services Bettmann developed in his new homeland primarily targeted publishers, advertising professionals, and designers. In relation to the markets for which they were created, the pictorial products can be divided into two main categories: pictures intended as illustrations for books, magazines, and newspapers, and pictures that could serve as the raw material for advertising design. However, this distinction would increasingly become blurred over time.

Selling Illustrations, Selling Inspiration

Bettmann had a special affinity for books, and throughout his life he regarded himself as a "book man"[175] as well as a "picture man." Not only was he a librarian by profession, also but his dissertation had dealt in detail with the history of publishing and the book trade. He took photographs from books and magazines, he collected books, he wrote books, and he published picture stories. Coming from this background, especially in the early years the Bettmann Archive concentrated on the distribution of historical images for the illustration of editorial content in books and magazines, and only more rarely for newspapers. Bettmann cites the provision of illustrations for a ten-volume series of books on world history as one of his first major projects, a commission that the Bettmann Archive carried out in 1937.[176] Pictures for illustrated encyclopaedias, history books, and a broad range of textbooks followed.[177] Magazines made up the largest share of the Archive's work, overshadowing earnings from book illustrations and occasional picture sales for postcards and calendars, which may be classified under the rubric of utilitarian editiorial products. Since magazines are ephemeral media compared to books, they generated higher and cyclical demand. As has been argued in Part I, the development of the picture market and thus the expansion of the Bettmann Archive would have been unthinkable without the high level of demand from both established and newly founded illustrated magazines. Offering both individual prints and picture features, the Bettmann Archive supplied numerous popular magazines and journals, including *Life*, the *Saturday Evening Post*, *Fortune*, *The American Weekly*, and *The Rotarian*.[178] Examples of picture features using historical material can be found in *Life*, to which the Bettmann

Archive sold photographs and ideas beginning in 1937 and with increasing frequency from the 1940s on. For example, the Archive was able to place a piece with six illustrations from Albert Robida's 1883 *La Guerre au vingtième siècle* in the "Speaking of Pictures" section of the June 15, 1942 issue, about six months after the USA entered Second world war.[179] In addition to the main photo stories covering the latest political and social events, *Life*'s "Speaking of Pictures" section presented a wider variety of thematic illustrations. Marketed as pictorial futurism, the article entitled "Speaking of Pictures ... A Frenchman Foresaw Mechanized War in 1883" consisted of a combination of text and image in a ratio of approximately 1:8 in a two-page spread [Figure 21].

Fig. 21
"Speaking of Pictures ... A Frenchman Foresaw Mechanized War in 1883," (doublepage). In *Life*, June 15, 1942: 12–13.

Fig. 22
"Mulberry Bend." In *Saturday Evening Post*, (doublepage), August 2, 1958: 34–35.

As a complementary service, the Archive not only provided the pictures, but also researched their historical contexts and wrote descriptive captions as well as more detailed texts. Combining images and texts into ready-made stories and selling these as image/text products was reminiscent of the photojournalistic picture story for which agencies such as Dephot in Berlin had once been famous;[180] this genre also achieved (relatively delayed) popularity and widespread use in the American press. In the case of the Robida images, the relationship between image and text, or rather the dominance of the images and the simple, unadorned graphic design that characterized the picture stories published in *Life* was implemented to showcase historical pictures. An additional example that invokes the design and format of the picture story, and for which the Bettmann Archive supplied both photographs and ideas, was the photo gallery "Mulberry Bend," which appeared in the *Saturday Evening Post* in 1958 under the title "The Post Picture Story." Bettmann had purchased these pictures at the estate sale of the medical doctor and amateur photographer William J. Bartlett, who had documented street life in New York's Lower East Side around 1900. Publicized as an example of early street photography, this picture story was trumpeted in the accompanying text as a veritable photographic rediscovery: "Long stored in a trunk and forgotten, they are finally published on these pages, following their discovery by graphic historian Otto Bettmann" [Figure 22]. Moreover, to emphasize the before-and-after-effect, Bartlett's scenes were re-enacted and re-photographed by Marjory Lewis in 1958 and printed alongside the historical photographs (right-hand column).

In addition, the Bettmann Archive also compiled *longue-durée* picture stories using pictures of varying provenance and era that illustrated a certain theme over a longer time period, such as a feature on the history of Canadian-American relations published in the magazine *The Rotarian*, for which the Bettmann Archive supplied photographs, maps, and drawings.[181]

However, the sale of pictorial features that were put together by a single provider such as the Bettmann Archive appears to have been the exception. Far more frequently, individual pictures were sold as background information for current political or social events—for example, for the *Life* story "Iran: Ancient Land Is Seat of Trouble"[182] in the April 8, 1946 issue, or for a multi-page article entitled "Calendars: Once Laboriously Calculated and Carved in Stone, They Are Printed Today by the Millions."[183] The picture editors at *Life* and *The Rotarian*

SPEAKING OF PICTURES . . .

. . . A FRENCHMAN FORESAW MECHANIZED WAR IN 1883

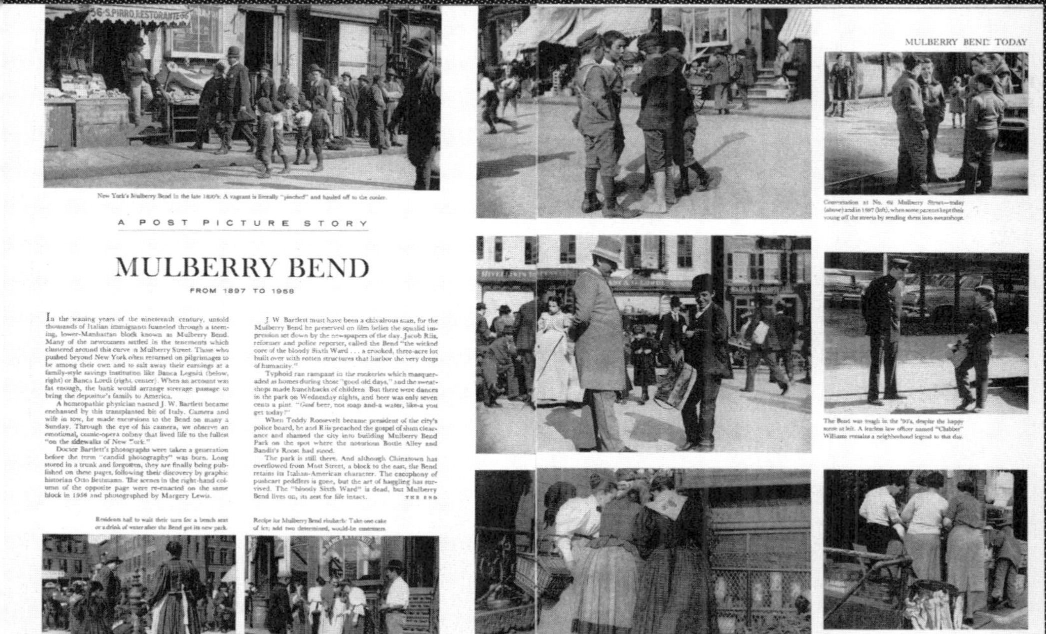

New York's Mulberry Bend in the late 1800's. A vagrant is literally "pinched" and hauled off to the cooler.

A POST PICTURE STORY

MULBERRY BEND

FROM 1897 TO 1958

In the waning years of the nineteenth century, untold thousands of Italian immigrants funneled through a teeming, lower-Manhattan block known as Mulberry Bend. Many of the newcomers settled in the tenements which clustered around this curve in Mulberry Street. Those who pushed beyond New York often returned on pilgrimages to be among their own and to salt away their earnings at a family-style savings institution like Banca Legniti (below, right) or Banca Lordi (right, center). When an account was fat enough, the bank would arrange steerage passage to bring the depositor's family to America.

A homeopathic physician named J. W. Bartlett became enchanted by this transplanted bit of Italy. Camera and wife in tow, he made excursions to the Bend on many a Sunday. Through the eye of his camera, we observe an emotional, comic-opera colony that lived life to the fullest "on the sidewalks of New York."

Doctor Bartlett's photographs were taken a generation before the term "candid photography" was born. Long stored in a trunk and forgotten, they are finally being published on these pages, following their discovery by graphic historian Otto Bettmann. The scenes in the right-hand column of the opposite page were re-enacted on the same block in 1958 and photographed by Margery Lewis.

J. W. Bartlett must have been a chivalrous man, for the Mulberry Bend he preserved on film belies the squalid impression set down by the newspapers of the day. Jacob Riis, reformer and police reporter, called the Bend "the wicked core of the bloody Sixth Ward . . . a crooked, three-acre lot built over with rotten structures that harbor the very dregs of humanity."

Typhoid ran rampant in the rookeries which masqueraded as homes during those "good old days," and the sweatshops made hunchbacks of children. But there were dances in the park on Wednesday nights, and beer was only seven cents a pint. "*Good* beer, not soap and-a water, like-a you get today!"

When Teddy Roosevelt became president of the city's police board, he and Riis preached the gospel of slum clearance and shamed the city into building Mulberry Bend Park on the spot where the notorious Bottle Alley and Bandit's Roost had stood.

The park is still there. And although Chinatown has overflowed from Mott Street, a block to the east, the Bend retains its Italian-American character. The cacophony of pushcart peddlers is gone, but the art of haggling has survived. The "bloody Sixth Ward" is dead, but Mulberry Bend lives on, its zest for life intact. THE END

Residents had to wait their turn for a bench seat or a drink of water after the Bend got its new park.

Recipe for Mulberry Bend rhubarb: Take one cake of ice; add two determined, would-be customers.

MULBERRY BEND TODAY

Conversation at No. 62 Mulberry Street—today (above) and in 1897 (left), when some parents kept their young off the streets by sending them into sweatshops.

The Bend was tough in the '90's, despite the happy scene at left. A fearless law officer named "Clubber" Williams remains a neighborhood legend to this day.

The stamp of mother Italy is still upon the Bend, and her people favor the hearty foods of the old country. No precooked "quickie" dinners here, *si si pace!*

35

Photo: Margaret Bourke-White from Acme

She's Still a Thriller!

SYMBOL OF FREEDOM, THE STATUE OF LIBERTY IS HER COUNTRY'S PRIDE—BUT HER WELCOME WAS TARDY!

DID you know that the Statue of Liberty's gigantic features were hammered out of bronze sheets and not cast in a mold? Did you know that she towered in a back street in Paris, France, for more than six months before taking up her stand in New York Harbor? And did you know that there's room for 40 people inside her head alone . . . and that she'll be celebrating her 63d birthday in October?

Take that matter of her features having been hammered out: that's the method of metal working known as *repoussé*, in which copper or bronze sheets are pounded into wooden molds. It took 300 sheets, each nine-tenths of an inch thick, to make this best known of world statues. Riveted together, these molded sheets form the figure's "envelope" which is affixed to an ingenious iron skeleton.

Then there's the question of Miss Liberty's six-month stay in Paris: that's where she was built, of course, and, after her official presentation to the United States on July 4, 1884, she remained on exhibition until it was time for her to be taken down, crated, and shipped.

And, as for the vast spaces inside her—well, if you're attending Rotary's Convention in New York City in June—and if you have plenty of wind—you can climb the spiral stairs to the observation room in her diadem and enjoy an unequalled view of Manhattan Island and the Upper Bay. She's 151 feet from toe to torch, stands on a 154-foot pedestal which, you'll be glad to know, has an elevator.

But you can't tell Miss Liberty's story with facts and figures alone, any more than the story of a nation is told by the number of square miles it contains. It's a story of two freedom-loving peoples joined together in a common venture; a story of international goodwill at its best; and it's a story which very nearly didn't have a "happy ending."

No, arriving on her pedestal on Bedloe's Island, New York, wasn't all plain sailing for "the old girl," as many a G. I. Joe called her when she welcomed him home. In fact, it may surprise you to know that 21 years were to pass between the time Sculptor Auguste Bartholdi began to create her in his imagination and the October day in 1886 when President Grover Cleveland accepted her in the name of the people of the United States.

What happened? Well, for one thing, M. Bartholdi thought about his project for nearly five years. "What does freedom look like?" he kept asking. Then came the Franco-Prussian War, in which he fought; and it was not until 1871 that he sailed for the United States to see whether the country itself might inspire him. Furthermore, even when he had returned to France with his plans full-blown, had received the backing of the French-American Union in Paris, and the promise of $250,000 for the statue's pedestal from the Americans, the task was barely begun. It was not only that the statue must be modelled and made, but that its cost—another $250,000—must be raised from among the French people.

What followed was, without doubt, one of the most generous and unselfish gestures ever offered to one people by another, for contributions poured in from every Province in France: housewives dug into their thriftily hoarded savings; schoolchildren dropped sous into collection boxes; workmen surrendered their hard-earned francs. There were benefit balls, county fairs, and raffles, until, long before the statue was ready to make its journey across the Atlantic, the people of France could stamp the bill "Paid in Full"!

But what about the Americans and their half of the bargain—the building of the pedestal? Was it ready and waiting? Had the fund-raising committee been overwhelmed with subscriptions, and was the public beside itself with excitement?

Astonishing though it may seem to us now, none of these things was true: 11 years after its promises to Bartholdi, the committee had raised only half the necessary sum, Bedloe's Island was barren, and the citizens of New York showed little or no interest in the project. Even when the giant torch-bearing right arm was put on exhibition, enthusiasm failed to develop; and, for a while, it appeared that the French gift might be refused.

But finally, in 1883, the great publisher Joseph Pulitzer hit on the cause of the Americans' apathy and began to boost the project in his New York *World*. "We must raise the money!" he wrote. "Let us not wait for the millionaires. Let us hear from the people!"

The directness of this appeal, bolstered by countless editorials and cartoons, roused not only his readers but plain citizens from all over the United States, and now, for the first time, they rushed to contribute their nickels and dimes and dollar bills. Within 11 months the necessary sum had been raised, the 154-foot pedestal completed, and the work of riveting the statue's plates begun.

"Liberty Enlightening the World"—which, of course, is the huge figure's full name—began her long reign on October 28, 1886, when Auguste Bartholdi himself unveiled the great work in a bedlam of whistles, gun salutes, and cheering crowds—the "happy ending," at last!

But Miss Liberty doesn't "end." The words on her pedestal clearly tell her meaning:

Give me your tired, your poor,
Your huddled masses yearning to breathe free,
The wretched refuse of your teeming shore;
Send these, the homeless, tempest tossed, to me!
I lift my lamp beside the golden door.

The mammoth Statue of Liberty as it appeared during construction in the yards of Messrs. Gaget, Gauthier & Co. in Paris.

FROM THE PEOPLE OF FRANCE

Bartholdi

Frédéric Auguste Bartholdi, sculptor of the Statue of Liberty, was already famous, at 31, for his monumental statues when the idea for his masterpiece came to him. A chance remark at a dinner party in Paris, in 1865, first set him to thinking of a monument to independence, to be erected in the United States, but it was not for many years that he was able to make his dream come true.

A native of Alsace, Bartholdi served with Garibaldi during the war of 1870, and, the following year, visited the U. S. to gather impressions for the work he had in mind. He met many famous Americans of the day and returned to France with the promise of their support for his project.

Bartholdi was most noted for understanding the principles and mechanics of colossal sculpture and for the fact that he eliminated all unnecessary details. For Liberty, he first made life-size models of plaster and wood, later multiplied their dimensions, finally built the gigantic wooden molds into which plates of the final statue were carefully hammered.

He died October 4, 1904.

Cross section, showing steps.

America Had to Be Roused to Provide a Statue Base!

Miss Liberty's right forearm and torch were erected in New York City's Madison Square to rouse interest and increase contributions for her base.

It was cartoons like this which Joseph Pulitzer published in the New York World to boost the building of the Statue's pedestal. Pulitzer campaigned so effectively that funds were raised in 11 months, and the first plate riveted carried his name.

The American people finally respond. Rallies like this one, with banners and drum-and-fife corps, were held all over the United States after Pulitzer wrote, "We must raise the money! . . . Let us hear from the people!"

Even a downpour couldn't keep the crowds away when the cornerstone of the pedestal their pennies and nickels had paid for was laid. It was a truly thrilling moment for everyone!

With the pedestal (shown in the background) nearing completion, the Statue's plates were assembled. Here the face is finished.

"Can you spare a match, Mister?" might be the title of this drawing—another in the series designed to excite public indignation.

In a skyscraperless day the view from the observation platform on the torch was unexcelled. Visitors are now barred from the arm.

"Liberty Day," October 28, 1886. Accepted by President Grover Cleveland, the statue's unveiling was celebrated with a display of fireworks.

Fig. 23
"She's still a thriller," In *The Rotarian*, May 1949: 16–19.

often ordered images from different providers to illustrate a single article or picture story, as a *Rotarian* piece on the Statue of Liberty shows: the article combines photographs by Margaret Bourke-White from ACME and historical reproductions from both the Bettmann Archive and their competitor Culver Pictures[184] [Figure 23].

The Bettmann Archive, like most contemporary agencies with access to historical images, compiled "timely features"[185] in anticipation of coming events or in response to current ones, which included the picture stories on nineteenth-century ideas of future military technology and the history of Iran. The timely features were also a means of bringing less frequently sold material into circulation. In order to enhance the visibility of its holdings, the Bettmann Archive also published its own brochures and books; these were directed at potential customers as prototypes or inspiration for possible picture stories, but they were also motivated by Bettmann's pedagogical ambitions. Early examples were the *Educational Forum Portfolios* published from 1941 on, including *The Story of the Wheel, The Story of Roads, The Story of Vehicles*, and *Street Life and Inns Through the Ages*. The compilation of images from various sources and media, both photographs and drawings, enabled the construction of a visual trajectory. Historical images were employed to depict the different facets of a subject and to suggest continuity and the subject's relevance for modern readers.

Economically speaking, however, another market was of far greater significance to the Bettmann Archive than journalism and the publishing industry: specifically, the advertising market, as documented by Bettmann's account:

> "In the early days of the Archive, our picture sales were made mostly to newspapers, magazines, and publishers. But a friend I had made, Allen Klein, an account representative at a medical advertising agency, tipped me off that book publishing was not where the 'real money' was. To improve my income, I would have to break into advertising. Whereas textbook houses and newspapers paid five dollars a picture, promotional fees for an ad illustration could go into the hundreds. The advertising market opened up for me in a fortuitous manner .... It was one of those strange twists of fate."[186]

The Art of Advertising

Alongside illustrations for magazines and books and utilitarian images, a variety of pictorial products targeting the advertising industry also evolved; some were independent suggestions by the Bettmann Archive, others were developed in conjunction with art directors, ad men, typographers, and designers [Figure 24]. The products on offer ranged from a single image used as a raw material for an advertising design or the integration of an image into an advertising concept to complete picture stories or picture sequences. Compared to editorial products, the Bettmann Archive could charge higher fees for advertising images. According to a letter in response to a client's request dated April 13, 1961, the prices for the editorial use of Bettmann pictures were $25 per picture, with cover pictures costing between $50 and $75. Advertising rates, however, were adjusted to the size and distribution of the advertisements.[187]

The illustration by Athanasius Kircher used as an advertising concept for Columbia Broadcasting Services (CBS) [Figure 5, p. 56] is worth closer scrutiny in this context. Incorporated into an extensive explanatory spread researched and written by the Bettmann Archive, Kircher's illustration for the *Musurgia Universalis* published in 1650,[188] depicts the model of a loudspeaker system and details its functions. In relation to the text, the picture takes up about half of the page of the advertisement. The visual reference to the history of technology and science is framed by the text, which explains Kircher's model and places it in relation to contemporary studies of perception of the spoken and printed word. The text does not explicitly mention the CBS, but promotes it indirectly by promoting the phenomenon of radio as living voice. Bettmann selected this picture from Kircher's richly illustrated *Musurgia Universalis*, an antiquated but widely distributed work on acoustics and musical genres, since a connection could be drawn to the present—i.e., to the new medium of radio—thus enabling the recycling of the image. The primary criterion for using an image was its reusability and relevance to the present, rather than reasons of purely art historical or historical interest.

An article on patents entitled "You Can't Patent That," which appeared in *The Rotarian* in 1946, further illuminates the recycling and de- or re-contextualization of pictures as the guiding philosophy and practice of the Bettmann Archive [Figure 25]. As the collage demontstrates, it was not unheard of for the Bettmann Archive to sell identical material multiple times and for different purposes: both the engraving used for the beer ad (below left) and Athanasius Kircher's print from the *Musurgia Universalis* (upper right side) were re-used in the *Rotarian*-collage. The same image could serve to advertise a product such as a brand of beer or a radio broadcaster and also to illustrate a text about patents. This flexibility or adaptability of content is also evident on the formal level: Images were cut, mirrored, retouched, and rendered available in many forms. They served as raw material that was expected to be adaptable to fit into an idea for an advertisement or a text, and into a pre-determined format. Another example that helps to demonstrate the Bettmann Archive's approach is German illustrator and graphic artist Toni Zepf's 1938 design for an advertisement for the Container Corporation of America [Figure 26].[189]

Founded in 1926 by Walter Paepke, beginning in the mid-1930s the Container Corporation of America (CCA) became a pivotal promoter of American advertising art, that marriage between European-influenced avant-garde art and the advertising industry, and was thus central to the history of American industrial design.[190] The integration of historical images or pictorial elements into a composition was not atypical of the CCA's advertising campaigns, which were created between 1930 and 1950 by graphic designers and artists including Herbert Bayer, Herbert Mattern, György Kepes, Ferdinand Léger, and Man Ray. In Zepf's design, the illustration of a baroque concert provided by the Bettmann Archive functions as a visual counterpart to the title of the advertisement, "Harmony," which suggests the company's smooth and trouble-free provision of services.

As the above-mentioned quotation implies, Bettmann was well aware of advertising's potential both as an art form and a market. This is not very surprising, since during his Berlin years, Bettmann dealt closely with advertising art and the New Typography movement. In addition to his reviews of contemporary

Fig. 24
Bettmann Archive, "Otto Bettmann with Clients." Photograph, ca. 1965.

illustrators and graphic artists for the respected German-English bilingual journal *Gebrauchsgraphik*,[191] Bettmann wrote an article for the British graphic arts magazine the *Penrose Annual* in 1930 entitled "Elements of the New German Typography."[192] In obvious reference to the work of Jan Tschichold, the article emphasized the role of advertising in the aesthetic style and reorganization of typography:

> "The present [printing and typographic] reform starts from advertising work. Here, not in the domain of the book, the new style has been born. This change is a consequence of economic conditions .... The industry has great demand in printed matter and is a better customer than the publisher, who just now has to fight against difficulties in Germany. So it seems only natural that the printing industry adapted itself to the task of this lucrative line."[193]

While book design was also affected by typographical and stylistic reforms, and although photography was used with increasing frequency as a medium of illustration for books, progress and change were most visible in advertising, since, as Bettmann noted, "the industry ... disposes of rich resources, whilst the publishers are passing through a sort of crisis."[194] Highlighting the aesthetic and conceptual potential of magazine advertising, Bettmann commented further: "Every periodical brings advertisements striking by the clearness of their arrangement and quickly leads the harassed worker of the present to the

NEARLY 300 years ago plans for this system of sound transmission were projected. Conversation and action noises of people in the court were to be carried through giant amplifiers in the wall to the listening studio and the sculptured loud speaker.

PEACE AND QUIET for parents at last (right), as envisaged in this 19th-Century engraving by George Cruickshank, English artist and caricaturist. With this invention, childish screeches would be smothered under glass, while Father could read and Mother doze.

LONG BEFORE the first passenger elevator was installed in New York in 1857 by E. G. Otis, an Englishman (in 1790) engraved on copper his idea of an elevator combined with a coach (below). No need here for milady's dainty feet to touch dirty pavements or spread plumes to brush against dusty doorways.

EVERYTHING else is on wheels, why not knowledge?—perhaps thus reasoned the inventor of this reading wheel (right). A generous supply of reference works or novels was to be arranged on the wheel for the day's reading. It would be a timesaver for the tired reader—and even more tired librarian.

Fig. 25
"You Can't Patent That." In *The Rotarian*, September 1946: 29.

essential meaning."[195] Although both the Bildarchiv Dr. Otto Bettmann and the Bettmann Archive were oriented towards the distribution of historical images and not contemporary photography, Bettmann had a definite affinity for the New Typography movement, as underlined by the following statement he made in retrospect:

> "Like many other young people, I carried this enthusiasm for new approaches and modern ideas into my own field of interest, that of printing and books. In this field, 'functional typography' was the innovation of the day—applauded by some for its clean design, condemned by others for its stripped-down coldness. Paul Renner's Futura was then the typeface of choice, the expression of modernity in print ... I became an enthusiastic adherent of the new school and met the circle of typographic pioneers headed by Jan Tschichold and Herbert Bayer .... Of particular interest to me was the innovative way in which these new designers made photography and textual material work together to communicate ideas."[196]

For Bettmann, the combination of a pictorial element and typography as an advertising technique was not restricted to photographs in the sense of the typo-photo as defined by Tschichold (photography used as typographic material); rather, it extended to the entire range of photographically reproduced illustrations. The New Typography and contemporary design reform were significant for him because of the combination of image and text as modes of

Fig. 26
Toni Zepf, “Advertisement for Container Corporation of America.” Photograph, 1938.

communication, a principle he intended to apply to historical pictures and images of all kinds. What Bettmann especially valued about photography was its technical quality, an aspect particularly central to the concept of typo-photography. Pictures could be translated into the photographic medium and reprocessed as a combination of different elements into a holistic design. As a medium of collage, photography opened up new paths for design and the use of images, thereby suggesting unprecedented flexibility and freedom in working with pictures.

A 1945 advertisement for the Bettmann Archive illustrates this concept in exemplary form [Figure 27]. The ad targeted advertising professionals, “selling inspiration to the nation’s admen.” The Bettmann Archive, it states, “offers innumerable idea-inspiring picture prints .... They will put new sales impetus into your message ... Every conceivable subject of interest to you.”[197] This self-promotion documents the incorporation of three ‘picture gems’ shown on the left side of the page (“The Rococo lady surrounded by private cosmeticians, Surugue, 1743, Order no. B44.07,” “The Cold Shower, as administered prior to modern bathing fixtures, Daumier, 1847, Order no. 250.19,” and “Locked seats for impatient audiences, Wagner caricature by Cham, 1862, Order no. B9.09”) into three product advertisements, reproduced in smaller format on the right side. The Bettmann Archive sold inspiration—images that gave birth to ideas and concepts for advertisements. The notion of the picture as a raw material that required

Fig. 27
Bettmann Archive, “Advertisement for the Bettmann Archive.” Imprint on paper, ca. 1945.

processing to take its place in an overall composition as a visual element alongside typography and text is especially evident here. The idea of the picture as a discrete entity, the integrity of the image, was relinquished in favour of the extraction of pictorial elements. A picture was to function as a resource from which individual elements could be extracted, a view wholly in keeping with the idea of mobility, and which took the concept of image mining quite literally. While it could be argued that this process enhanced the circulation of images that were rarely seen, the recycling of historical images for advertisements and other editorial creations also led to the vulgarization of the image content.

Bettmann's affinity for the New Typography, his interactions with those involved with the journal *Gebrauchsgraphik* and the graphic designers Jan Tschichold, Paul Renner, and Herbert Bayer, and his later relationships with the New York graphic design community based around the typesetting firm The Composing Room[198] revealed itself not least in the previously mentioned business emblem of the Bildarchiv Dr. Otto Bettmann [Figure 4] and the version adapted for the Bettmann Archive [Figure 28].[199] Designed around 1933 by Eduard Sauer, it made use of a sans-serif Grotesque font (an expression of modern

Fig. 4
Eduard Sauer, “Business Emblem, Bildarchiv Dr. Otto Bettmann, Berlin.” Photograph, ca. 1933.
Fig. 28
Business emblem, “The Bettmann Archive, New York, ca. 1936.” In Bettmann, *Picture Man,* 1992, 51.

design), in combination with the visual plasticity of the framed initial. As a graphic historian, Bettmann followed developments in graphic design and their interactions with contemporary artistic trends throughout his career.

Measured by its changing addresses and number of employees, the Bettmann Archive established itself quite rapidly in the market: by 1939, just three years after the Bettmann Archive was founded in Bettmann’s home, the company already had a staff of four. The Archive expanded spatially in 1943, moving to 57th Street near the Museum of Modern Art, an area known for its many antiquarian bookshops. Twelve years later, the Bettmann Archive had outgrown its space once again. From its basement premises on the Upper East Side, in 1961 it moved to the Tishman Building, a newly constructed office building on the same street. The reasons for the success of the Bettmann Archive despite the fierce competition in the market were manifold. They lay partly in the great demand for visual imagery, and partly in the versatility of the company’s products and services. The Bettmann Archive was able to cater to many different needs: it provided both single images and picture stories, and it sold illustrations and inspiration for editorial and advertising content, among other services. The company’s versatility became particularly evident with regard to advertising.

In concert with the general development of the advertising industry in the 1920s and 1930s, three factors appear to have been key for the Bettmann Archive’s commercial success and establishment as a leading provider of images for advertising. First of all, the Bettmann Archive’s products were aimed less towards the advertising campaigns of major companies—CBS was something of an exception here—and more towards advertising campaigns and print advertisements for smaller companies. These businesses generally had a lower advertising budget than large firms; consequently, they tended to resort to using reproduced illustrations from the collections of the Bettmann Archive or other stock photography agencies rather than commissioning an illustrator or photographer to realize a pictorial idea. For small and mid-sized companies and advertising agencies, the attraction of a commercial picture agency was that they could view a large number of images, make a preliminary selection, and pay only for the pictures they actually decided to use. The Bettmann Archive operated according to this very principle: "You retain the prints you want, return the others, and pay for those you keep."[200] Although the ultimate costs were not necessarily lower than those of commissioned work, the process and services were far less complicated for clients and also spared them possible disappointment.[201] As a whole, the sum of these smaller transactions presumably represented a fair share of the Archive's sales. Another possible explanation for the Archive's success was that advertising designers were increasingly using drawn illustrations or photographs with no direct association to the product—a new means of employing images. It was no longer necessary to depict the product being promoted; this image could be replaced by a drawn or photographed illustration that evoked a feeling or way of life associated with the product or with a certain aesthetic. A third reason for the success of the Bettmann Archive may lie in the development of advertising and specifically advertising psychology in the first half of the twentieth century, a subject that has attracted little attention to date.[202] As Marchand stresses, not everyone in the advertising world welcomed the influence of European avant-garde art in American advertising aesthetics in the 1920s and 1930s, as "many cited the ease with which 'even charlatans' could ape the modernist style; others felt strongly that modernism was essentially foreign, a British and German import that was merely a passing fad in America."[203]

In competition with European-influenced advertising aesthetics, a segment of the American advertising industry chose to stand by tested models and promote continuity, as expressed in both content and aesthetics. This view on traditional American advertising design was not simply a reaction to the new influences, but was also a result of the diversification of advertising and the formation of varied and parallel styles in a "period of reactions, extremes and reappraisals in advertising photography." [204] As Sobieszek describes the era, "Consumers were dazzled and seduced, but they were also, at least in the minds of some advertisers, confused ..." [205] A rather practical or conventional advertising aesthetic therefore persisted alongside more experimental advertising designs of the kind noted above in the CCA campaigns. This reflected the social and economic uncertainties of the crisis beginning in 1929 and the consequences of the worldwide depression and later war years; according to Marchand, this was symptomatic of the professionalization of advertising during this period:

> "Advertisers came to recognize certain vacuums of advice in modern society. They have always offered advice in a narrow, prescriptive sense: use our product. Now they discovered a market for broader counsel and reassurance. In response, they gave advice that promoted the product while offering expertise and solace in the face of those modern complexities ... Advertisers, then and now, recognized a much larger stake in reflecting people's needs and anxieties than in actual circumstances and behavior. It was in their efforts to promote the mystique of modernity in styles and technology, while simultaneously assuaging the anxieties of consumers about losses of community and individual control."[206]

The transformative element in the development of advertising, its modernity (an element which maintains its influence today), was rooted in the advertising industry's capacity to anticipate and articulate the fears and desires of consumers: "This evolution toward an emphasis on consumer anxieties and satisfactions, which culminated by the 1930s, was what made American advertising 'modern'."[207]

Like a number of its competitors, the Bettmann Archive succeeded in serving this market of anxieties and satisfactions and in satisfying its protagonists, the advertising designers who acted as the "guardians of uninterrupted success."[208] The strategy of recycling historical pictorial material worked because the technological or social progress that the advertisement was promoting was highlighted by juxtaposition with a historical illustration, a past *condition humaine*. Thus, a substantial proportion of the advertisements for which the Bettmann Archive provided pictures functioned according to the pattern of "then versus now." For example, although the polymath Athanasius Kircher had imagined the invention of a loudspeaker in the seventeenth century, it took modern radio technology to make his dream a reality. The reference to historical continuity suggested progress and also counteracted the scepticism and potential anxieties of consumers concerning the unbridled technological evolution and transformation of society. By using a historical image, whether drawn or photographic, either a promoted product or a magazine article could be imbedded in a visual and cultural frame of reference:

> "You cannot deal with the future without tying into the past ... Every novel idea, every flash of insight you have, can be communicated to others only in terms of the past—of the familiar—of things we all know about ... To make the past help your future—that's the purpose of the Bettmann Archive."[209]

* * *

The Bettmann Archive supplied not only images, but also picture stories based upon historical imagery and image/text products; in addition, it sold 'inspiration' to editors, advertisers, designers, and artists, as highlighted in an advertisement for the Bettmann Archive, published around 1960:

> "When you are stymied for the right idea to put your point across, or when you have the idea but lack the striking and unusual illustrations to capture your reader's attention—come to the Bettmann Archive for help. Give us a theme and a little explanation of the idea you want to put across, and within 24 hours a package of prints and photos will be on your desk. This selection will be made by graphic experts who know your needs."[210]

Bettmann demonstrated an astute understanding of and sensibility for the different needs of his potential clients. The company was able to generate demand for historical illustrations and to provide products for a variety of uses, sometimes selling the same material for both editorial and advertising purposes. However, Bettmann was also familiar with contemporary trends and debates, such as social and political photo reportage, New Typography, and American Industrial Design, which helped him to anticipate and suggest modern uses for historical images. The use of historical imagery in magazines and advertising mainly facilitated the construction of a visual narrative or trajectory, adding an informational layer and certifying the relevance of the written text. It was the ability to cater to different needs and the versatility of the pictorial products that contributed most to the success of the Bettmann Archive. From the actual use of images in articles and advertisements (as well as from Bettmann's affinity for contemporary graphic design and typography), the Archive's understanding of the image as raw material becomes evident. An image was seen as a resource from which individual elements could be extracted via photographic processing; however, this also led to a certain banalization and vulgarization of the images themselves. This process of vulgarization and the continuous de- and re-contextualization of an image, which really is at the core of its treatment as a commodity, will be further explored in the following chapter.

Picture House: The Archive and Retrieval System

"By training, I seemed destined to plan the Archive like a library, offering quality pictures assembled according to a logical system."[211]

"It's hard enough to retrieve the retrievable."[212]

The development of an efficient archive[213] and retrieval system was pivotal in Otto Bettmann's enterprise. "Picture House," a term used in the Bettmann Portable Archive, published in 1966, may be regarded as a pertinent metaphor for its significance.[214] The archive and retrieval system represented the foundation upon which the collection was built and into which its content—the pictures and their various carriers, be they negatives, prints or other types of reproduction masters—were fitted. The Bettmann Archive was conceived and designed according to its archival matrix.

Contrary to news picture agencies, for which archiving was secondary—upon publication, the topicality of the pictures became obsolete—a commercial picture library, such as the Bettmann Archive, based on the recycling and recirculation of visual material, demanded and, at the same time, generated specific organizational structures. Archival functionality and efficiency were essential in order to ensure the continued use and dissemination of images. The analysis of these structures is the subject of this chapter.

When beginning to accumulate photographic reproductions, which later formed the capital of the Bildarchiv Dr. Otto Bettmann Berlin, Bettmann simultaneously embarked on developing organizational structures that could serve as a basis for the expansion and commercialization of the collection. This system was, and still is, the key to searching and studying the collection, the key to the Picture House, and vital for its accessibility and interpretation. Bettmann's application of his bibliographical knowledge and skills in library classification and the indexing of books to pictures may be seen as quite advanced for its time, especially in a commercial environment; he was relentless in his bid to create a perfect archival organization that would be aligned to the demands of the commercial use of photographs, a system that would not only allow the efficient classification and retrieval of photographs as *objects*, but one that would also use photography as a *medium* of the archive.

However, as this chapter will demonstrate, the adaptation and combination of different archival and retrieval methods and the imposition of library methodologies onto pictures also, and unavoidably, entailed "disturbances, conversions, interruptions, confusions and readjustments."[215] Hence, the organizational mechanisms of the Bettmann Archive were subject to perpetual modifications, revisions, and aggregations. As a result, there was no single or universally adopted system that was in operation from the very beginning until the company's sale in 1981. There were several variations that derived and then deviated from an ideal model. These variants led to occasional gaps or blind spots within the logic of the collection, that together with the lack of internal documentation limit the analysis.

The constitution of an archive always relies on the creation and the use of norms and standards. This chapter will investigate the concatenation of standardization of elements in the archive, from the conversion of varied masters into the photographic format through the index card the archival numbering and codification, the cabinet furniture and boxes to the systemization of captions and additional textual information. The intertwining or "convergence of photography, the archival paradigm and commodity capitalism"[216] laid out in the introduction, is discussed in this chapter. Standardization was the precondition for developing working processes that allowed both Bettmann and the company's employees to understand and to use the archive. Moreover, 'the archive' allowed for the transformation of a photograph into a commodity by providing access to the picture product, and by ensuring a continuous flow through the accumulation, supply, and circulation of these commodities.

The argument put forward here follows the thesis of mobility as a leading principle of the Bettmann Archive. The concept of mobile elements, was developed in terms of photographic reproduction and the use of the 35 mm camera, and identified in connection with the iconographic content—the image as raw material from which individual elements were 'mined' and recycled. In this chapter it is discussed on the material level, in the processing and preservation of the photographic objects in the archive, as well as in the handling and administration of textual information.

The Index Card: Searching, Storing and Displaying

At the time the Bettmann Archive was created, index cards were widely employed for the development and organization of picture collections, both in institutional and commercial contexts. However, what distinguishes the Bettmann Archive from similar collections and commercial enterprises is not the actual use of the index card, but its role as *the* central storage and search mechanism. Bettmann's concept relied on two major components: the conversion of a visual representation into text; and the combination of visual as well as textual information on mobile carriers—the index card.

As previously discussed, the descriptive and associative keywords attributed to the reproduced pictures, together with their caption and classification notes, formed the body of textual information necessary for both the recycling and commercializing of the photograph. In order to store this information and to make it permanently available and as fast as possible, an individual record in the form of the index card was created for each picture, for each negative accepted into the collection.

The card catalogue, as it survives today, can be divided into four series. In the beginning the cards were created consecutively; later, selected cards were transferred from one series to the next, pointing to the process of continuous selection of the circulating products.[217] Given the fact that every bit of information on the index card, and its modification, had implicit ramifications for the classification and organization of the stock, it is necessary to provide a thorough, extensive description of the cards. Every change points to a minor or major event in the company's development.

Fig. 29
First series, Index card B. 35/23, "Werkstatt eines mittelalterlichen Schreibers. Miniatur. K. K. Berlin." Cardboard, ca. 1933.

Fig. 30
Second series, Index card B. 34/19, "Pain: Hands in painful convulsion, Detail from Grunewald, Isenheim Altar, Strassburg." Cardboard, ca. 1936.

The first series, carrying the call numbers A–C (A.1.1 to C 23/23), consists of approximately 6,000 cards, all in German. With the beginning of the archive's commercial activities in the early 1930s, Bettmann commissioned specially designed card templates. In format[218] and layout, these templates were reminiscent of ordinary library cards. However, they were adapted for a new use and conceived quite differently. In the template of this first series, the card was divided by a thin vertical line into two equal parts, as illustrated in the card example B. 35/23, entitled "*Werkstatt eines mittelalterl. Schreibers. Miniatur. K. K. Berlin*" [Figure 29]. The right-hand side was further divided into several fields that comprise the caption, the provenance of the picture resource (*K. K. für Kupferstichkabinett, Berlin*),[219] the accession number (B.35/23), notes relating to the format of the master, and a field for additional remarks. The last, however, was left blank in most instances. The left-hand side combined the miniature photograph glued to the card, with the encoded main classification category *K1i Handschriften* (manuscripts) as well as several thematic keywords listed below the photograph in erasable lead pencil. In the lower left margin of the card, in sans serif type, was the phrase Bildarchiv Dr. Otto Bettmann, Berlin, which inextricably linked the image and the card to Bettmann's company.

When he emigrated to the United States, Bettmann took not only all his negatives and prints with him, but also, aware of its inherent value, this first series of the corresponding card catalogue. Given the restricted luggage limitations, this decision is noteworthy as it points to the important role that Bettmann attributed to the card catalogue in the organization of his collection. The cards were of equal importance to the negatives and print masters; they were a fundamental component of the company's capital.

The second series of index cards (continuation of call numbers A-C and Pl)[220] documents the realignment as well as the early expansion of the company with the resumption of its business activity, now in New York City. In his quest for the ideal homogeneous and functional archive and retrieval system, Bettmann assiduously experimented with the arrangement and content of the text fields, the card layout, and the writing styles as well as with different types of cards. In this, he was first confronted with the arduous task of translating the cards from German into English. Initially the translations of the captions and keywords were inscribed on the imported German cards. Later, this practice was superseded by typing the English captions onto extremely thin paper, which was then trimmed and pasted over top the German captions [Figure 30]. In the case of an index card becoming too disorderly through the various annotations and affixations, it was

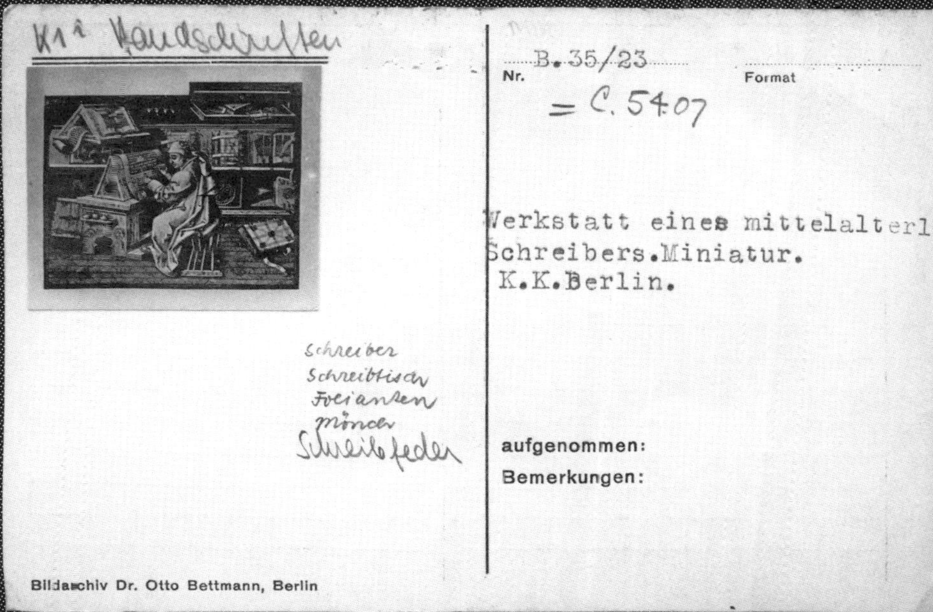
Handschriften

Nr. B. 35/23 Format

= C. 5407

Werkstatt eines mittelalterl.
Schreibers. Miniatur.
K.K. Berlin.

Schreiber
Schreibtisch
Folianten
Mönch
Schreibfeder

aufgenommen:
Bemerkungen:

Bildarchiv Dr. Otto Bettmann, Berlin

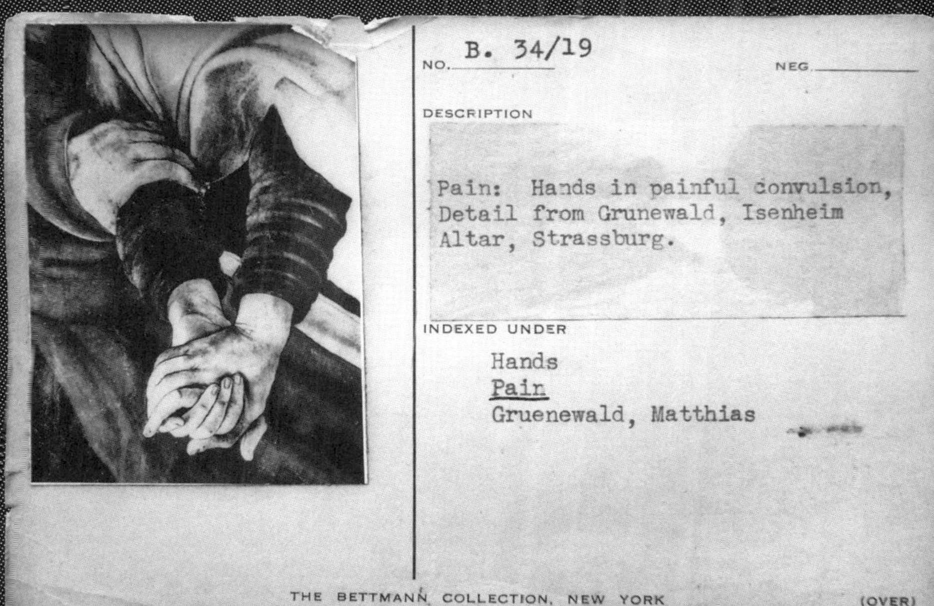
NO. B. 34/19 NEG.

DESCRIPTION

Pain: Hands in painful convulsion,
Detail from Grunewald, Isenheim
Altar, Strassburg.

INDEXED UNDER

Hands
Pain
Gruenewald, Matthias

THE BETTMANN COLLECTION, NEW YORK (OVER)

Erfolg (Abdruck) 1934

12.7.	verkauft an Knoll A.G. Ludwigshafen a/Rh. f. RM 20.– m/R. f. Obzw.

34

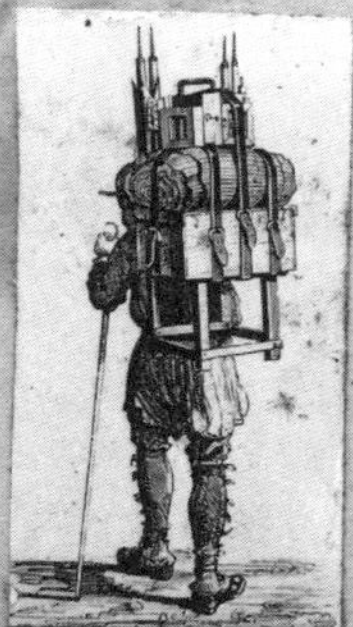

09820

Travel equipment of a photographer around 1870/ Wood engraving. C

Photography; Cameras & Apparatus

136-15

136.15
Photography. Mr. Fenton's Photographic Van, as used during the Crimean War.

Photography

Fig. 31
First series, Index card B.34/19, "Grünewald, Händepaar vom Isenheimer Altar." Detail of recto side, cardboard, ca. 1933.
Fig. 32
Third series, Index card 09820, "Travel equipment of a photographer around 1870 / Wood engraving." Cardboard, ca. 1940.
Fig. 33
Third series, Index card 136–15, "Photography, Mr. Fenton's Photographic Van, as used during the Crimean War." Cardboard, ca. 1940.

completely rewritten. The translation of captions also affected their content, as they were shortened or rearranged in the English version. For reproductions of works of art, for example, the artist's name, an integral part of the German captions, was moved from the title's beginning to its end. In later series of the card catalogue, the artist's name was entirely removed with the exception of a few prominent examples. The photographers' or artists' names gradually disappeared from the captions and metadata attributed to the image. The shift from assembling a collection of reproductions of art to a collection of images of all kinds, and the appropriation of pictures regardless their provenance, was reflected in the modifications of the textual data.

The production of English card templates, now bearing the name "The Bettmann Collection, New York," led to several additional revisions, in particular with regard to the text fields as evidenced by the card *B.34/19, Pain: Hands in painful convulsion, Detail from Grunewald, Isenheim Altar, Strassburg,* [Figure 30]. In comparison with the first card series, in which the list of keywords appeared under the field of "Eventuelle Interessenten" (potential clients)[221] in handwritten form, this field was renamed "Index" in the English templates. It was moved to the right-hand side and was no longer handwritten, but rather typewritten. Through these changes, the miniature photograph gained more space and prominence in the layout, that is to say the entire left-hand side of the card. The reverse side of the card was also subject to changes: anticipating the idea of a holistic commodity tracking, the German templates were designed to indicate the clients' names and addresses, as well as the picture's use and commercial success [Figure 31]. However, these fields were eliminated in the English templates, as filling them had proved to be too time-consuming. The idea of using the card as a recording mechanism for administrative purposes was abandoned.

The creation of the second series (the amendment of existing German cards and the introduction of the new English-language templates), comprising more than 20,000 cards, resulted in the first concrete revision of the original system. The changes and adjustments that were made from the German to the English card templates, along with the translation of the metadata, brought about the revision of fields, captions, and keywords, whether in terms of addition, removal, or reinterpretation.

While the first and second card series, created between ca. 1933 and 1940, used specially designed Bettmann templates, the third series of index cards were devoid of predefined fields. The cards were completely blank [Figures 32, 33, 34]. However, what becomes noticeable is that the processing of the card increasingly relied on simple 'mechanized' practices. From this time on, the card was predominantly typewritten, and stamped with the item's accession number. The latter was first located in the upper centre of the card [Figure 32], it then moved to the upper left [Figure 33] and finally to the upper right [Figure 34]. Compared to the previous examples, this third series, numbering approximately 10,000 cards, appears to be considerably pared down and simplified, particularly with regard to keywords, now handwritten again and condensed to a single word or two.

The fourth and last series of index cards (from accession number 592–01 on) displayed the most significant changes when compared it to its predecessors. The miniature photographic reproduction, a crucial element in the first three sets is eliminated from the card altogether. With these new cards, the arrangement of the keywords also changed. As the example *F. 8406 Fenton, Roger/Crimean War/ Photograph* shows [Figure 35], the keywords were no longer placed below or in any relation to the image, but listed horizontally in the heading line of the card. As such, the keywords gained considerable autonomy and importance, as they came to represent the most important information in the information hierarchy. They were the first element that the archivist would look at and, more importantly, the first element to look *for*.

While the card format remained unchanged, an additional and significant modification concerned the materiality of the card. Instead of using standardized cardboard cards, the company now used far less resistant paper cards, perforated on the upper as well as the lower edges. In this purely text-based card concept, the typewritten accession number (F. 8406) was placed on the left-hand side, the classification reference (34 J) on the right-hand side. With regard to [Figure 5, p. 56], the index card, *"Photography, Mr. Fenton's Photographic Van, as used during the Crimean War"* it becomes clear, that, in some cases, the card catalogue contained different versions of a 'single' image: the photographic reproduction of an engraving of Roger Fenton's photographic van [Figure 33] and the 1855 photograph of Roger Fenton's photographic darkroom van [Figure 36]. This was especially true for details of paintings, such as the detail of Matthias Grünewald's altarpiece [Figure 30] or Jean le Tarvenier's engraving of Jean Mielot working in his scriptorium [Figure 29, "Werkstatt eines mittelalterlichen Schreibers"], images that were broken down into details, but also existed in their entirety in the collection. While the first three card series totalled approximately 36,000 cards, the fourth version amounted to approximately 80,000 cards. This sharp increase in quantity ultimately points to and documents a burst in the expansion of the Bettmann Archive, making a simplified and faster creation and editing of the cards indispensable.

However, as the description of these four series shows, the Bettmann Archive, at this point, was far from achieving a homogenous and consistent practice or methodology. Certain fields that had crystallized over the course of several years were abandoned, some were later reintroduced, and new ones were added.

To understand the elimination of the miniature photograph, and shed light on the reasons for the constant modifications and revisions of the index cards, it is necessary to examine the respective functions of image and text. The hypothesis put forward in this context is that, in Bettmann's original concept, the index card was intended as a storage and search tool, but it also was to serve as a strategy for displaying the collection itself.

As a storage device, the index card was meant to record all textual information, necessary for the commercialization of the photographic reproductions. As we have seen from the first card series, this was the case in the early years of the enterprise. The card was designed to provide not only the caption, the format of the master, its technique and provenance, but also the potential forms of exploitation and the commercial success that an image might have. In Bettmann's

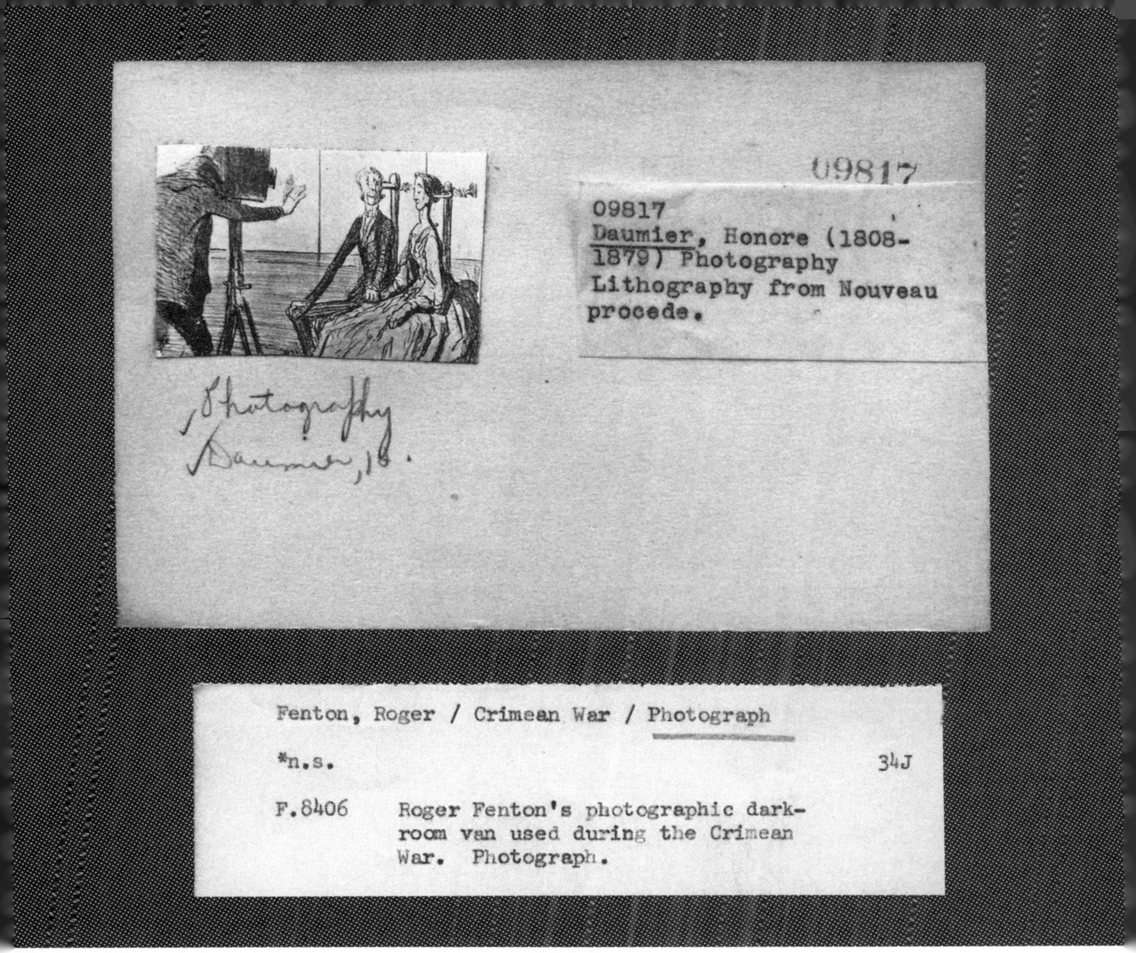

Fig. 34
Third series, Index card 09817, "Daumier, Honoré (1808–1879) Photography, Lithography from Nouveau Procede." Cardboard, ca. 1940

Fig. 35
Fourth series, Index card F. 8406 "Fenton, Roger / Crimean War / Photograph." Detail of front side, paper, ca. 1945.

original idea, the index card served as a condensed embodiment of the archive and of its administration. It was created and used to bring together what could not be done with or was not inherent to analogue photography: to present both the photographic image and its textual information on a *single* carrier. As with most non-book archival material, captioning the photographic object clearly has its practical and material limitations. Captioning the frame of a photographic slide, for example, or the reverse side of a photographic print is inconvenient and therefore often reduced to a minimum. With a few exceptions,[222] the caption and additional text information of a negative, be it a glass or celluloid negative, is usually separate from the picture carrier; the accompanying text data is gathered and maintained in 'satellite' objects. It is usually found in registers, in inventory books, on paper sleeves, or other adjunct text recording material. One may argue that photography has the tendency of being rather resistant to its annotation. This material separation between the picture carrier and the information carrier means that, as an object and a medium of the archive, photography becomes susceptible to disruption and the loss of information engendered by the transmission and migration of data. The Bettmann index card, however, offered the possibility of combining the surrogate of the reproduction master—the miniature photograph—and its essential information on a single, neatly arranged and formatted information carrier. It also allowed viewing the visual and textual information at one consolidated glance.

Notwithstanding these obvious advantages, with the second series of cards, it became clear, that the meticulous elaboration of each individual card was far too laborious and time-consuming to be cost-effective and economically viable. Certain text fields were irrelevant for the commercialization of the pictures. Relying on art historical methods used for the description and organization of pictures that is to say the indication of the title, technique, format and provenance on the one hand mirrored the fact that the Bettmann Archive's earliest collection comprised predominantly reproductions of art, especially etchings and paintings. For the commercialization of such pictures, however, the indication of artistic technique, format, and provenance was of secondary importance. Consequently, this information was eliminated from the subsequent card templates. In fact, very little information was truly indispensable: the title, the keywords, as well as the accession number and classification code. In contrast to captions employed in an institutional, research or educational context, the commercialization of pictures required an edited, carefully chosen and well-adjusted amount of accompanying information.

The fundamental function of the index card certainly consisted in its role as a tool for picture retrieval. The index card allowed access to the archival body. Both the classification code and the keywords referred to the various categories under which a particular photograph could be found and retrieved from the archive. As has been suggested with regard to the arrangement of the individual text fields, the development of the thematic classification system was far from being a linear process. In the first three card series, identified within the Bettmann Archive as the DEC-collection referring to the Dewey Decimal Classification (DDC),[223] each individual picture was assigned to a *single* main category. In the examples shown so far, this practice is illustrated by underlining words such as *Handschriften* [Figure 32] Pain [Figure 33] or Photography [Figure 36]. The list of keywords, whether in manual or typewritten form, did not, as yet, refer to the classification of a negative or print into *several* sub-categories, but rather served as an internal means for creating pre-fabricated picture narratives, such as the picture features or timely features.[224] The list of keywords rather functioned as a mnemonic device or inspiration for the promotion and commercialization of the collection. The latter may provide an explanation for the experimental mode of the various forms and arrangement of keywords.

The indexing and classification of the picture collection was guided by Bettmann's knowledge and skills in librarianship. It was inspired by Minnie Earl Sears' "List of Subject Headings for Small Libraries," as outlined earlier, and —temporarily—organized according to the Dewey Decimal Classification system. Yet, for the management of a commercial picture archive, the simple application of organizational methods for books onto photographs was hardly suitable. The system needed to be tailored to the specific needs of Bettmann's

ERRATA

Please refer to this table when looking for footnotes 139 to 284 of part II .

Number of footnote in text section (pp. 89–145)	*Number of footnote in footnote section (pp. 152–157)*	*Remarks*
139	[no number]	Look for the beginning "Zoe C. Smith ..." between 138 and 139
140 141 142 143 ... 248	139 140 141 142 ... 247	Deduct one
250 251 252 253 ... 275	248 249 250 251 ... 273	Deduct two
276	[no number]	Look for the beginning "Examples of early ..." between 273 and 274
277 278 279 280 281	274 275 276 277 278	Deduct three
282	[no number]	Look for the beginning "See Corbis Film ..." between 278 and 279
283 284	279 280	Deduct four

Fig. 36
Bettmann Archive, ID: F. 8406, "Roger Fenton's photographic darkroom van used during the Crimean war, 1855." Photograph, ca. 1940.

collection of images, and aligned to its ultimate objective: selling pictures.

This adaptation was brought about by the combination of visual and textual information, but its ultimate transformation came with the fourth and last card series: with the elimination of the miniature photograph, which resulted in a purely textual index card, the keywords were moved to the highest rank in the information hierarchy, to the heading line of the card. Instead of the designation of a single classification through the underlining and definition of a single main category, the picture was recast and henceforth assigned to several categories. Depending on a client's needs, a photograph could now be found in more than one category and, thus, appear in multiple contexts. It could, for example, be used as an illustration of Roger Fenton's life and work, for information about the Crimean War, or illustrating the history of photography and its techniques [Figure 36]. The commercial success and circulation of a picture was, therefore, highly dependent on the number of keywords generating multiple potential uses, or as Paul Frosh has critically remarked, a "parsimonious plurality of significations."[225] A picture's richness and the often polysemic nature of images were reduced to a few words and by this contributing to the vulgarization of the picture's content and meaning. With the use of keywords, varying between two and six in number, duplicates of index cards were produced in accordance with the number of keywords for any given picture. Hence, the multiple thematic classification generated not only several potential uses for an image; it also multiplied the archival material as such—that is, the number of index cards in the card catalogue.

In addition to its function as a storage and search tool, the index card had another objective: it served the visualization of the archive *en miniature*. By the synthesis of visual and textual information, it acted as a screen, a visual projection of the archival object. A promotional tool for the Bildarchiv Dr. Otto Bettmann, Berlin, the company's business card from the early 1930s, supports this argument with its invitation to clients: "Besichtigung meiner Bildkartothek jederzeit erwünscht" (Visits to my picture card catalogue always welcome).[226] In Bettmann's original idea, clients were offered the possibility of visiting his home office, to 'browse' the card catalogue and make their own selection of pictures. Although this idea of a semi-public card catalogue was likely later abandoned, as suggested by the general 'messiness' of the index cards, the first three card series nonetheless offer evidence of such a direct approach.

The miniature photograph, accompanied by textual information, was meant to facilitate and accelerate the picture search. The photograph ensured that a particular image was truly relevant to the client's request, without the need to either produce a print copy from a negative, or to cull an existing print from the filing shelves or boxes and then re-filing it. Given that numerous photographs existed only in the form of negatives until being requested by a client for the first time, the aim of the miniature photograph was to save time and money with picture search and retrieval. As complementary information, it was intended to compensate for the widely debated limitations of textual descriptions of a pictorial image. The miniature photograph guaranteed that an image was the right one; randomness was to be excluded from the picture search whenever possible.

The reasons for the elimination of the miniature photograph were both of a conceptual as well as of a practical nature. Apart from the effort involved in producing and affixing the photograph, it was subject to material constraints: over time the glue used for adhering it to the card weakened; the photograph fell off. As a result, adjacent cards stuck to one another, making them unusable and damaging the card catalogue as a whole. The effectiveness of the card catalogue relied upon and demanded standardized formats, accurately measured, from the individual index card to its container, the drawers and filing cabinets. This principle of standardization, however, demanded the exclusion of all manual additions, alterations, or variances, such as pasted elements alien to the system, as these impeded the proper functioning of the system.

When comparing Bettmann's concept with one of the most prominent card catalogues combining image and text, that developed by the French criminologist Alphonse Bertillon,[227] an additional conceptual weakness becomes apparent. In the framework of his anthropometric project for criminal identification, Bertillon created index cards for recording his measurements and the physical descriptions of his subjects. These cards consisted of a mug shot, that is a front and profile photograph, arranged in the center of the card, accompanied by annotations concerning the person's age, height, eye- and hair-color, etc. [Figure 37]. Bertillon's use of the index cards is generally considered to be the precursor of today's personal identity card.

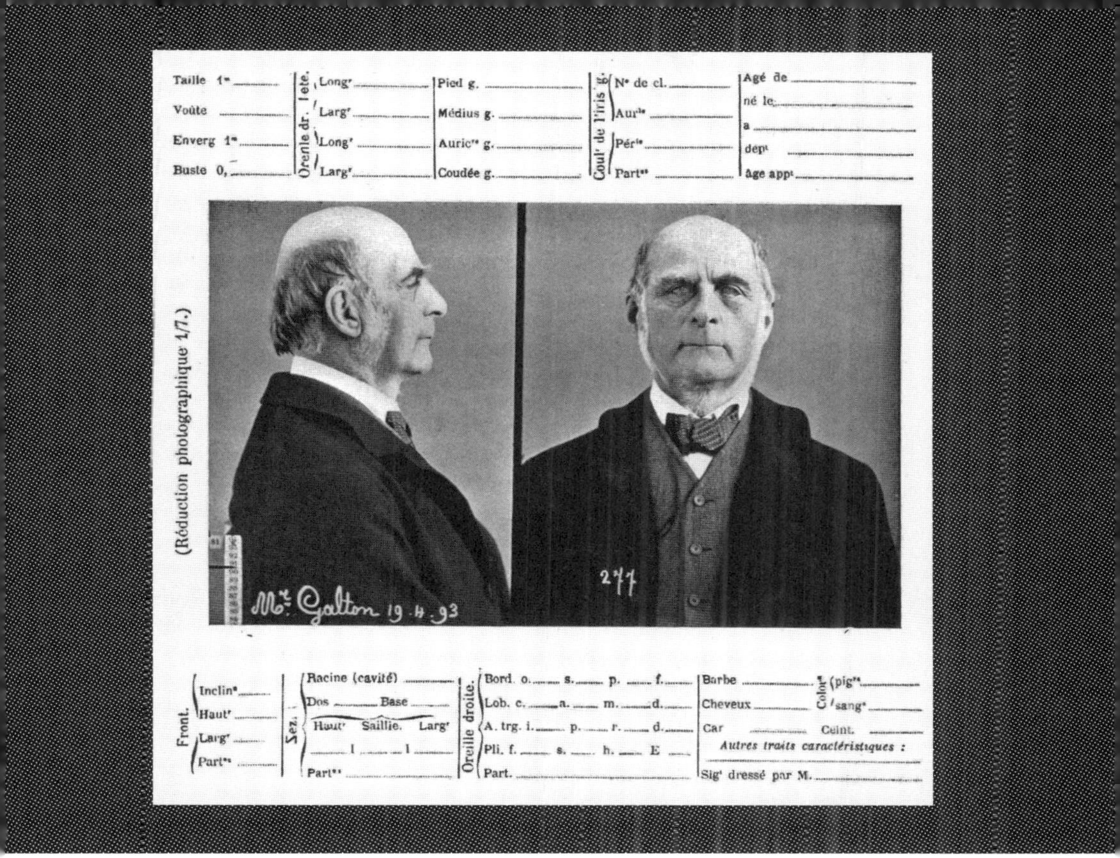

Fig. 37
Alphonse Bertillon, Index card, “Mr. Galton 19.4.93, Nr. 277.” Cardboard, ca. 1893.

Viewed side by side, however, one could argue that Bettmann’s attempt at combining visual and textual information on mobile carriers, of creating the picture archive *en miniature*, eventually failed or proved futile because the combined functions and the benefits of the miniature photograph were limited. While facilitating the search for images, the photograph lacked conceptual ‘weightiness’. In Bertillon’s scheme, the visual information represented the primary source of information, but it played only a secondary or supporting role in the information hierarchy of Bettmann Archive and its retrieval system. Other examples of cards combining text and image, such as the museum accession card “Lens with which the pictures of Henry Fox Talbot’s Pencil of Nature were taken,” created around 1920 and currently preserved at the British National Media Museum, served as a documentation of the archival object.[228] The record photograph was glued on the reverse side of the card [Figure 38]. Moreover, cards incorporating image and text served as pages of product catalogues for clients, as illustrated by the “Roneodex” display system developed by the British design company Roneo in 1951 [Figure 39].[229]

However, despite these examples, it seems that only very few picture collections operated with a filing system of index cards combining image and text and, by this, using analogue photography as both object and medium for the archival organization. In the case of the Bettmann Archive, this type of card

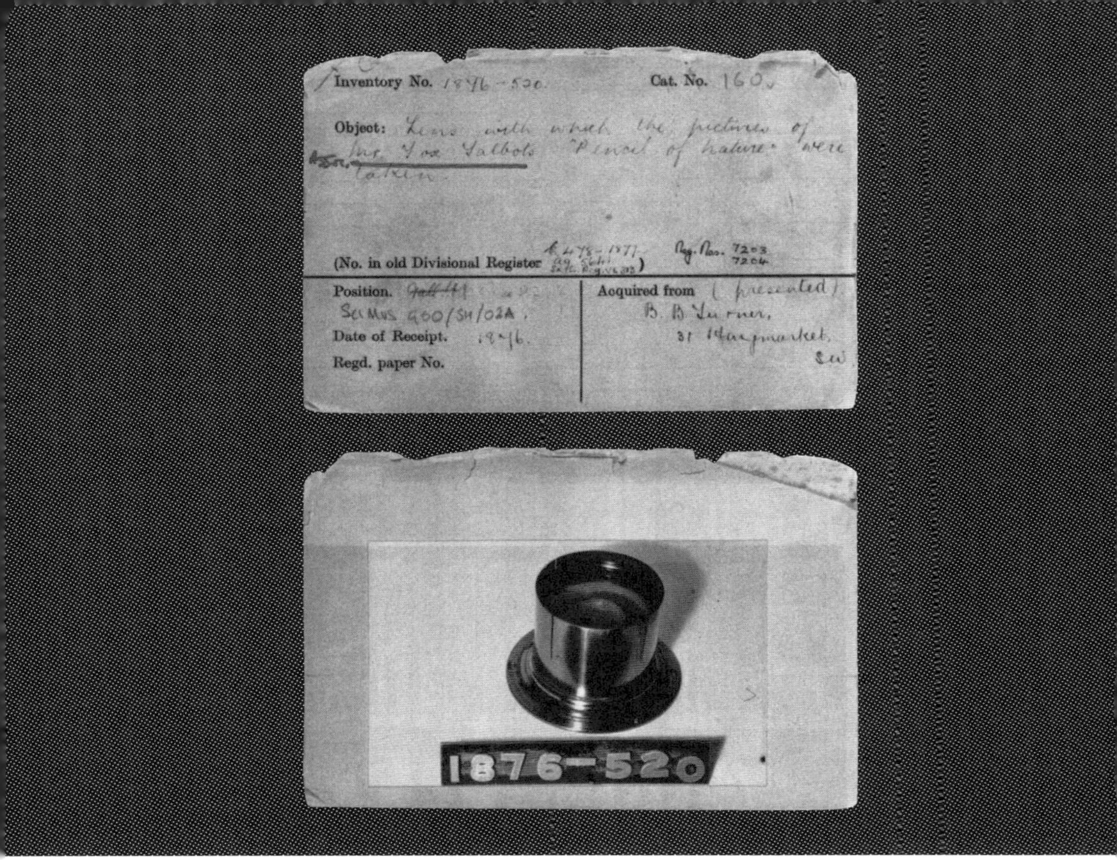

proved impractical due to the work involved in its production, the material incompatibility with standardized formats, and its limited functions in the commercial context.

Fig. 38
National Museum of Film and Television, Accession card "Lens with which the pictures of Henry Fox Talbot's Pencil of Nature were taken." Front and reverse side. In Finn, *Presenting Pictures*, 2004, 160.

In the commercial context, the advantages did not outweigh the effort put into its production, especially when dealing with vast picture collections. Furthermore, the downgrading of pictorial information on the card can be attributed to a simple, often overlooked fact: one does not search for the picture, but for the text associated with it; the textual metadata renders a picture searchable and retrievable.

Classification and Preservation

Similar to the index card, the classification system was also subject to several revisions, yet, given the coding and general lack of internal documentation, these changes are far more difficult to reconstruct.[230] Consequently, they can only be roughly outlined. For picture retrieval, two numbers or codes were crucial: the accession number and the classification code. In the first and second card series, the accession number consisted of one letter, starting with A, and two numbers, divided by a slash, for instance B. 35/23 or C. 54/7, etc. The numbers referred to

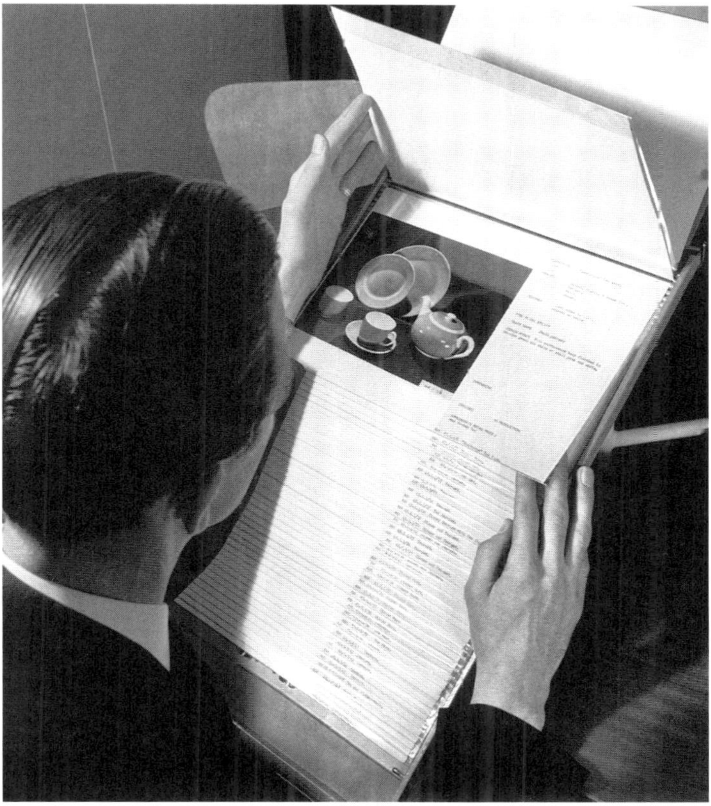

Fig. 39
Roneo Ltd. "Roneodex Filing System, 1951." In Moriarty, "A Backroom Service?," 51.

the manual numbering of the film roll, such as roll 35 of the B series or roll 54 in the C series. The second number referred to the individual negative, such as negative number 23 or 7 of a film roll. Given that some masters were photographed several times before a satisfactory quality was reached, not every negative on the film roll was assigned a number or an index card as not every negative was selected for the body of circulating products in the Bettmann Archive. The thematic classification of a picture was also indicated by way of a code, for example *K1i* [Figure 32, p. 116], denoting the category *Handschriften* (manuscripts), under which a reproduction master was to be found. The complete register of classification codes of the first and second card series, amounting to 24,000 cards, could not be found and likely no longer survives, rendering the analysis of the respective themes impossible. Partial records indicate the application of the Dewey Decimal Classification, yet, this system was maintained for a short time only, and applied to approximately 8,000 cards. With the third and fourth series, however, produced from 1940 on, the cards were arranged alphabetically. Hence, the card catalogue functioned as an index of the archive, a broad and eclectic agglomeration of themes, such as Meat & Butchering, Mecca, Medical, Medici, etc. or Phoenicians, Phonograph, Photographs: Old time, Photography, Photo: Caricature, Phrenology, Picasso, P. [Figure 40].

As mentioned earlier, the extant card catalogue suggests that the collection

Fig. 40
Bettmann Archive, "Card Catalogue in Alphabetical Order, ca. 1940."

of the Bettmann Archive operated with a card catalogue during a limited period of time, for the first two decades of the company's business activity. Pictures were selected and integrated into this system, but also discarded through the partial migration of cards. With the expansion of the Bettmann Archive, however, and especially with the acquisition of entire picture collections and former agency stock, the card catalogue, a more or less homogeneous and consolidated archive and retrieval system, could no longer be maintained. Instead, the card catalogue created by Bettmann ran parallel to other imported organizational systems. The purchased collections of former agencies and other private collections usually had their own methods of cataloging and classification, making the integration with and adaptation to the Bettmann system too complicated and laborious. Hence, these acquired systems were kept alongside the main catalogue of the Bettmann Archive and consulted separately. The vital link between these various systems was provided by the so-called "Category Book," an hierarchical scheme of forty-six main categories that were divided and further divisible into numerous sub-categories, from AA to AZ, from AAA to AZZ, etc. The thematic category "Photography," for example carried the code 34J. The various revisions of the classification codes of the main catalogue and the transformation to the sequence of the Category Book are documented on the front and reverse sides of the reproduction masters: old call numbers were crossed out and

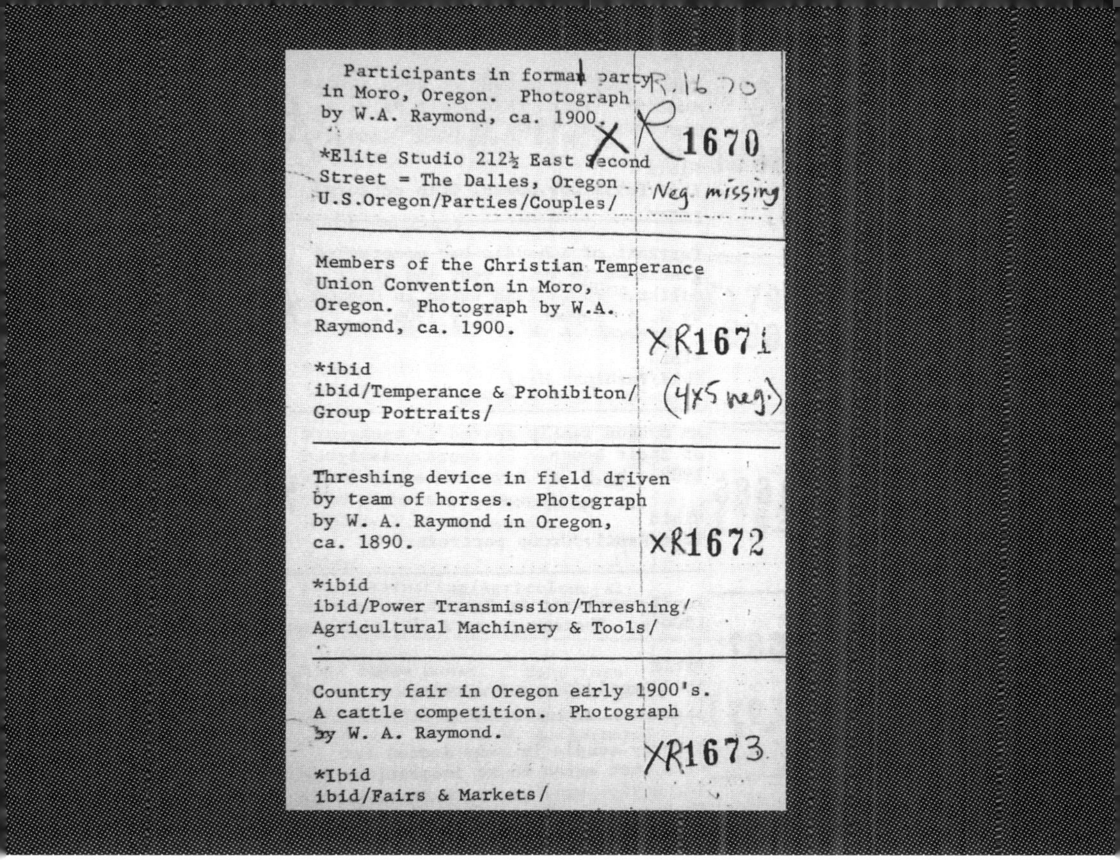

Participants in formal party in Moro, Oregon. Photograph by W.A. Raymond, ca. 1900.

*Elite Studio 212½ East Second Street = The Dalles, Oregon
U.S.Oregon/Parties/Couples/

R.1670
XR1670
Neg. missing

Members of the Christian Temperance Union Convention in Moro, Oregon. Photograph by W.A. Raymond, ca. 1900.

*ibid
ibid/Temperance & Prohibiton/ Group Portraits/

XR1671
(4x5 neg.)

Threshing device in field driven by team of horses. Photograph by W. A. Raymond in Oregon, ca. 1890.

*ibid
ibid/Power Transmission/Threshing/ Agricultural Machinery & Tools/

XR1672

Country fair in Oregon early 1900's. A cattle competition. Photograph by W. A. Raymond.

*Ibid
ibid/Fairs & Markets/

XR1673

Fig. 41
Bettmann Archive, "Logbook, ca. 1945." Detail.

replaced by new ones. In some cases the new numbers were hand-written in black, in others in red. It was indeed the Category Book, a file with removable sections displayed in the company's office that became the indispensable tool for picture search. It remained operational until company's sale in 1981 and represented the informational grid of the Bettmann Archive.

Parallel to the index cards, the Bettmann Archive maintained a data backup, referred to as the company's logbook, which provided a listing of the pictures by accession number, caption, and keywords [Figure 41]. The early logbooks in particular were rigorously edited, and included photographic details such as the length of exposure, the aperture setting, and the distance of the camera from the object. Bettmann was an amateur photographer and these notations helped him to improve his reproduction technique. While the information contained in the logbooks became less detailed over time, they were nonetheless important for the safeguard of textual information and the long-term viability of the organizational system.

Compared with the efforts put into the storage and preservation of textual information, the preservation methods of the pictures themselves—the company's capital—appear rather basic, perhaps reflective of the standards of the time. In the commercial context, the question of the original—in any case a highly disputed concept in terms of photography—was either irrelevant or handled pragmatically. If a negative was damaged or lost, a new negative was produced from a photographic print. The negative became the vehicle for preservation and the original was defined as the available picture source. The easy reproducibility of photography, its fluid character, therefore, undoubtedly alleviated the concerns about the preservation of the picture products.

Fig. 42
Bettmann Archive, Bettmann collection 35 mm negative roll film, ca. 1945 (top); Bettmann collection diapositve, ca. 1950 (centre right); ACME Pictures glass negative, ca. 1920 (centre left).
Fig. 43
Bettmann Archive, 35 mm negative roll film in transparent sleeve, ca. 1945 (bottom).

What is noteworthy from an archival point of view, is the use and status of the 35 mm negative, in particular with regard to the miniaturization of pictures through photography. Exploiting the full potential offered by the small-format camera and the use of 35 mm negative film was an obvious motivation in Bettmann's concept. It allowed for the inexpensive and uncomplicated reproduction of library and museum holdings. The extraction of pictures from books or magazines or other picture carriers through photography and onto a roll film rendered the pictures mobile and reproducible. And with regard to archival storage, the 35 mm negative was easily manageable in terms of its handling and preservation.

The introduction of celluloid nitrate film in 1889 and the development of the safer celluloid acetate film in 1925 not only revived the impulse for photographing 'everything,' but also prompted much discussion among libraries and other archival institutions, as outlined in relation to reproduction photography. The stock of the nucleus collection produced by the Bettmann Archive consists almost exclusively of celluloid acetate negatives.[231] The celluloid negative (of any format) facilitated the everyday handling of the archival holdings, espe-cially in comparison with heavy and breakable glass negatives as the latter required individual preservation in wooden or metal boxes, and a light-free environment.

From both an archival and commercial perspective, the use of celluloid film, and in particular the creation of a less flammable and arguably more stable chemical composition, had clear advantages for the Bettmann Archive, especially in terms of archival space. When comparing celluloid roll film with other types of negatives added to the Bettmann Archive through the acquisition of 'foreign' collections, such as the mounted colour diapositive or the glass-plate negative, the 35 mm roll film offered a far more economic photographic carrier [Figure 42]. The developed 35 mm format was the smallest possible unit for storing and preserving a picture, while at the same time ensuring a satisfactory quality when enlarging and printing it.[232]

Assuming that the example on the right page [Figure 43] corresponds to the original preservation method, the negative filmstrips were put in transparent sleeves and arranged in hanging cabinets. In this way, the entire stock of 35 mm negatives was archived in no more than three cabinet shelves, measuring 1.5 metre in height and 0.5 metre in width. The material stock of the Bettmann Archive was astonishingly small in volume when compressed to a minimum. Bettmann remarked that visiting clients were often surprised by how small the company's office and archival space was when compared to their expectations based on the collection's reputation.[233]

At the same time, however, the use of roll film also gave rise to the accumulation of visual waste, a topic that has hardly been noticed or discussed in photo-

graphic history. In the case of roll film, a photographic archive consisted not only of the selected negatives, but also those, which had been rejected. It is precisely in this respect that roll film differed from all other formats included in the Bettmann Archive: the mounted diapositive, the medium-format celluloid, and the glass negative. With 35 mm roll film everything was preserved.[234]

From the Library to the Office

Thus far, it has been argued that the importance given to the sustainable organization of the collection stemmed from Bettmann's training as a librarian and his professional experience at the *Kunstbibliothek* and the *Kupferstichkabinett*. The Bettmann approach may also be seen in relation to a more national and international preoccupation with photographic documentation and archival organization, such as Bertillon's anthropometric project, Paul Otlet's *Répertoire iconographique universel*[235] (Universal Iconographic Repertoire) launched in 1906, or Franz Maria Feldhaus' semi-public, semi-private "Quellenforschungen zur Geschichte der Technik und Industrie"[236] (Primary sources research on the history of techniques and industry) established in the first decade of the twentieth century. [237] Consequently, it is necessary to widen the explanatory framework. As discussed in Markus Krajewski's work on the history of card filing systems, the imposition of library classification methods onto the organization of a commercial archive also needs to be examined in the context of the vast rationalization movements of the 1920s and 1930s, in particular with regard to the reform of information management and office administration. Bettmann's system needs to be contextualized as a consequence of the "transfer of the card catalogue from the library to the office."[238]

According to Krajewski, the transfer from organizational techniques developed for and used by libraries to their application in business administration occurred in the USA during the second half of the nineteenth century, and soon spread to a wide range of European institutions and companies. Central to the process was the American librarian and co-founder of the American Library Association, Melvil Dewey. Aiming for the universal standardization of library classification and knowledge transmission, Dewey also established a for-profit company in 1877, American Library Association Supply Department. It was conceived as the commercial pendent to the groundbreaking Dewey Decimal Classification (DDC) or Universal Decimal Classification (UDC) introduced one year earlier, in 1876. Renamed Library Bureau in 1883, the company manufactured and marketed a wide range of office and archival supplies: index cards, card boxes, filing cabinets, as well as forms and registers. Although primarily aimed at public institutions, it was soon delivering its products to private companies, as were other newly created companies in the field. The viability of the idea "to not only use card catalogues for economizing on time in libraries, but to address economic entities as such,"[239] manifested itself in Library Bureau's growing clientele which included insurance companies, banks, governmental departments and water, gas and electricity companies. Although Library Bureau's endeavour to expand its business activities to Europe was, for a number of reasons, of limited success, the new methods for the organization of libraries and offices were soon flourishing in Europe, both in the institutional and private sectors. Interrupted by World War One, the quasi-industrialization of organizational techniques was bolstered in the decade following the war. In Germany, numerous companies specializing in office supplies were founded after 1918, stimulated by the creation and increased distribution of various specialized journals such as *Das System. Zeitschrift für Organisation und moderner Betriebsführung*, (The System. Journal for organization and modern management), *Organisation—Betrieb—Büro* (Organization—Business—Office), or later periodicals, such as the 1926 *Wirtschaftlichkeit* (Operating Efficiency) and *Zeitschrift für Organisation* (Journal for Organization) founded in 1927.

A decisive element in the reform of information management was the standardization of index cards, which was based on a simple but effective principle: the storage of information on *mobile* carriers, a "triumph of mobility."[240] According to Krajewski, the index card allowed the storage of information on "independent, streamlined and flexible carriers ... whose information, arranged in a strict organizational scheme, could be processed and easily retrieved."[241] The index card freed information from the rigid form of the register book, the dominant medium for the recording and storage of information, in favour of a more flexible, mobile memory, or externalized memory, facilitating insertions, expansion, and rearrangement. Systematic card catalogues had been in use in a number of contexts and for various purposes for centuries (specifically with Leibniz), but it was their standardization, the multifaceted application and marketing beginning around 1900, that transformed them into powerful instruments for information processing and control. An advertisement from 1929 declared that the index card was capable of functioning as a "register of clients, it can help with tracing orders ... be used for retail and statistics, as a register for all purposes."[242] A universal office machine, the index card held out the promise of control over the handling of information, while saving time and effort.

It is precisely these two factors—the control of visual information and the economizing of time—that were critical for the success of photographic agencies and commercial picture libraries. The ever-expanding production of images led to the *de facto* interchangeability of pictures. The success of a commercial transaction was increasingly dependent upon the logistical services provided by an agency; the iconographic, aesthetic, and formal qualities of an individual photograph were no longer the only consideration for clients. This was particularly the case with news pictures, defined, as they were, by their topicality and the need for immediate and widespread distribution. In accordance with this demand, and for the sake of competitiveness, in 1941 the Bettmann Archive promoted the instant delivery of its products:

> "It takes us exactly 60 seconds to check our files. Pictures available go out within an hour. A Boston client who called us at 9 a.m. had his prints at a conference at 12 o'clock. There was a special messenger to LaGuardia Field; a special messenger from the Boston airport; and the prints were in the client's office in time. The secret of this rapid-fire service is revealed by the card index ... This specialized index enables us to answer specific questions and assemble pictures in a very short time. Ordinarily such prints could not be collected without years of patient research."[243]

Bettmann was indeed familiar with the modernization of library systems and the development of a picture collection. He understood thematic indexation and cross-indexing, the uses and applications of index cards and various classification methods. However, the idea of an integrated information management system and the potential of the card catalogue as a record for administrative processes and as a display tool, reveal Bettmann's entrepreneurial and management skills, and his astute grasp of the impact of a well-functioning archival organization on the company's profitability.

The lead that the Bettmann Archive achieved through the intelligent organization of its stock vis-à-vis its competitors, becomes evident when comparing it to the card catalogues of other commercial picture providers, such as the Gendreau collection or of the agency International News Pictures (INP). Both are now preserved within the framework of the historical collections of Corbis. Neither the poorly maintained Gendreau card catalogue, nor the more sophisticated INP catalogue approaches the level of complexity of the Bettmann archival matrix. In the case of Gendreau, the handwritten annotations are noticeably heterogeneous, truncated, and sometimes even illegible. While these shortcomings may be due to negligence, they may also suggest another purpose for the Gendreau card catalogue: perhaps it was not established with the recirculation of material in mind. It may have functioned as a complementary documentation of the stock, but not as the main search tool. What appear to be blind spots may in fact reveal that the catalogue's use was strictly internal, set up and dependent upon the archivist's knowledge, which would fill any gaps.

The card catalogue of INP, active from 1921 until 1960, operated with a less mobile structure. The INP cards were made of thick, solid carton and were far smaller in size that those used by the Bettmann Archive. Held in place and in sequence by a metal bar running through a hole at the lower center, the cards were fixed to the cabinet drawers. This structure helped prevent the loss of cards through erroneous filing and limited their material abrasion. At the same time, however, this method rendered the card catalogue less flexible. Adding new cards or making changes became more time-consuming. Neither the Gendreau card catalogue nor that of INP offered a combination of text and visual information, and neither operated with multiple keywords and cross-indexation, essential for the recycling and re-contextualization of the pictures.

Ideal vs. Reality

Notwithstanding the various material and practical constraints that the Bettmann Archive, like any archive, library, or museum encountered, the librarian and 'picture man' undoubtedly dreamed the dream of an ideal archive, of an ideal index card reflecting an ideal, flawless order. In an article, entitled "Picture Index"[244] written by Bettmann and published in the *Wilson Bulletin for Librarians* in 1939, Bettmann promulgated the functionality and superiority of his company's archive and retrieval system.

The index card used to illustrate the article [Figure 44] may have perfectly corresponded to Bettmann's original idea. However, it remained only a model, an unrivalled and unique prototype. The extant card catalogue does not contain such cards; it does not contain such thoroughly filled out and accurately edited examples. The discrepancy between the ideal card and those produced and used in everyday practice becomes clear when comparing the model card with the

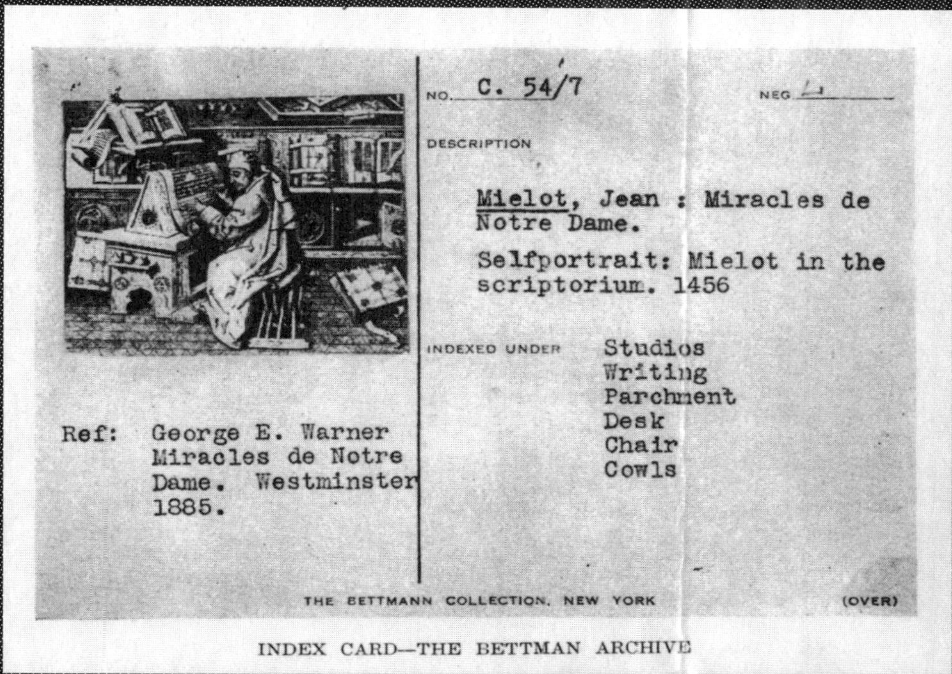
NO. C. 54/7 NEG. 4

DESCRIPTION

Mielot, Jean : Miracles de Notre Dame.

Selfportrait: Mielot in the scriptorium. 1456

INDEXED UNDER Studios
Writing
Parchment
Desk
Chair
Cowls

Ref: George E. Warner
Miracles de Notre
Dame. Westminster
1885.

THE BETTMANN COLLECTION, NEW YORK (OVER)

INDEX CARD—THE BETTMAN ARCHIVE

Fig. 44
Bettmann Archive, model index card C 54/7 "Mielot, Jean: Miracles de Notre Dame." In *Wilson Bulletin for Librarians*, 1939, 536–537.

several 'real' card versions of the same picture, such as B. 35/23 „Werkstatt eines mittelalterl. Schreibers" or its English-language version B. 35/23 "Workroom of a manuscript writer and illuminator of the Middle Ages."

Bettmann's vision of reducing 'everything' onto the small format of an index card and of using it as an externalized memory, as a search and storage tool capable of also visually representing the archive, had apparent limitations. As Markus Krajewski aptly put it with regard to the history of card filing systems: "It seems inevitable, to read the history of the card index as a history of manifold failure."[245]

This was principally due to the size of the Bettmann Archive collection.

In the five years following its re-establishment in New York in 1935, the company's stock of images had increased approximately six-fold. While the Bildarchiv Dr. Otto Bettmann, Berlin had consisted of about 6,000 pictures with corresponding index cards, by the end of the decade, the collection had risen to ca. 36,000 entries. Judging from the fourth card series and the relocation of the company's premises, the Bettmann Archive continued to expand rapidly in the subsequent ten years, augmenting its stock to approximately 116,000 photographs.[246] In order to develop and organize the influx of pictures as efficiently as possible, the textual information was gradually modified and reduced, as we have seen from the evolution of the card catalogue. The miniature photograph was eliminated, captions were condensed, the card became less complex, information was typewritten and numbers stamped, or also typewritten. These modifications and the reduction in informational density point to a dichotomy that principally affects all commercial picture libraries or photographic agencies, then and now. One the one hand, they need to assign as much information as possible to their products in order to ensure a proper and profitable circulation; on the other hand, this information must be reduced to the essentials. It is precisely on this point that commercial collections differ from their institutional counterparts, which—in theory—aim to provide more comprehensive information.

Reflecting the organization of the Bettmann Archive itself, the index card served for the systematization and standardization of information, yet the very format of the card led to a calculated reduction and even loss of both visual and textual information for the sake of simplified processing. The principle of reduction for a more efficient processing also became manifest with regard to the materiality of the card itself. The material of the first three card series consisted of relatively robust, yet flexible carton paper. This standard material was resistant enough to tolerate the repeated manipulation of the cards as they were taken out and returned to their files. The cards were not easily torn, eventual typing or spelling mistakes could be erased and rewritten, and the paper was sturdy enough to handle additional elements being affixed to it. The ca. 80,000 cards of the fourth card series, however, were considerably lighter in weight. The thin material was less firm and therefore prone to abrasion. The perforations on the top and bottom side furthermore suggest that this cards series consisted of tear-off cards. Instead of being created or edited individually, these tear-off cards stemmed from a roll of paper. These paper-rolls were fitted into the typewriter, and filled in sequence, in a single working step, and stamped with the accession number of the image described. The continual bursts of expansion during the first two decades of the Bettmann Archive required a constant revision and reduction of archival practices in order to accelerate the processing of the ever-increasing number of new pictures. The index cards also bear witness to a modest but steady process of mechanization. This process of mechanization—from the manually written annotation to the typewritten form, from the elaborated template to the tear-off paper card—had an obvious goal: defining the card index as a "machine,"[247] its aim was the mechanization of the archive and the retrieval system itself.

However, if certain aspects of the archive and retrieval system were mechaniz-able, the creation and maintenance was by no means and at no time automated. It relied upon the manual efforts of Bettmann and his employees, and by extension, their knowledge and rigor. With the sheer masses of new pictures added to the collection and especially with the acquisition of several 'foreign' collections, maintaining a flawless archival order became increasingly difficult. Inevitably, the system became susceptible to errors and heterogeneity. The multiplication of the stock multiplied the risk of potential errors. This fragility, or what scholarship has characterized as the "in/discipline of the archive,"[248] points to the discrepancy between the notion of a quasi-automated, ideal (and idealized) archive and the actual practice of the archive, especially in a commercial environment.

The archive and retrieval system of the Bettmann Archive was determined by the richness of detail, formed by the keywords and thematic categories, in its encyclopedic index. This is why the extensive list of categories, the company’s index, played such a crucial role in promoting the Bettmann Archive and attracting new clients. “One word is worth a million pictures”—with this telling slogan the Bettmann Archive promoted its services and quality in an advertisement published around 1955 [Figure 45]. In contrast to the practice of most photographic agencies and commercial picture libraries, the Bettmann Archive did not advertise its most prominent images, but rather presented extracts of its index (see its purchase order form [Figure 46]), which also served as a promotional tool for the Bettmann Archive. While the Archive comprised 200 thematic categories with 10,000 reproductions in 1936, the number of categories had increased to 10,000 with more than 1,000,000 pictures by 1961.[250] The aim was not to have as many pictures as possible for any single category, but to have as many categories as possible in order to further the vision of an encyclopaedic picture collection, a “vast collection of photographic reproductions recording man’s progress in every art, profession and trade—in all countries—in all ages.”[251]

The promotional index presented clients with an initial orientation to the collection and marked the quality that distinguished the Bettmann Archive from its competitors and from the public libraries and other institutions whose non-exclusive visual holdings Bettman was offering for sale. Through its research, screening, and re-evaluation of the images and the creation of a complex classification system, the Bettmann Archive claimed superiority over similar picture agencies. Despite the “uniqueness”[252] of the available pictures, the prices, ranging from $5 to $500, were no higher than the usual rates for news or contemporary stock photography.[253] The distinctive characteristic of the Bettmann Archive, and the key to its success, depended upon both the stringent selection of relevant historical illustrations and the instant retrieval of the photographs.

In addition to the various promotional material, the Bettmann Portable Archive was conceptualized as a more representative catalogue, a showcase for the Bettmann collection represented in “a mere 3,669 pictures,” and the first volume of a projected series that would create an “Encyclopaedia Iconographica.”[254] Published in 1966, this portable version of the Archive was meant to inspire, to convey knowledge about the past and to be “a window in the house of pictures.”[255] In contrast to the trade catalogues produced by stock photography companies in the 1970s and later, the *Portable Archive* was addressed to both a professional audience and to the public at large.[256] The Bettmann Portable Archive is indeed noteworthy as it epitomizes several issues and themes discussed throughout this chapter.

A 230-page cloth-bound book, the Bettmann Portable Archive presents 185 miniature picture histories, arranged alphabetically by catagory from A (Absurdities) to Z (Zoology). The list of main categories is enhanced by a subject index, consisting of more refined keywords and a so-called idea and image index, which refers to the “symbols, sayings, human qualities and abstractions,” depicted by

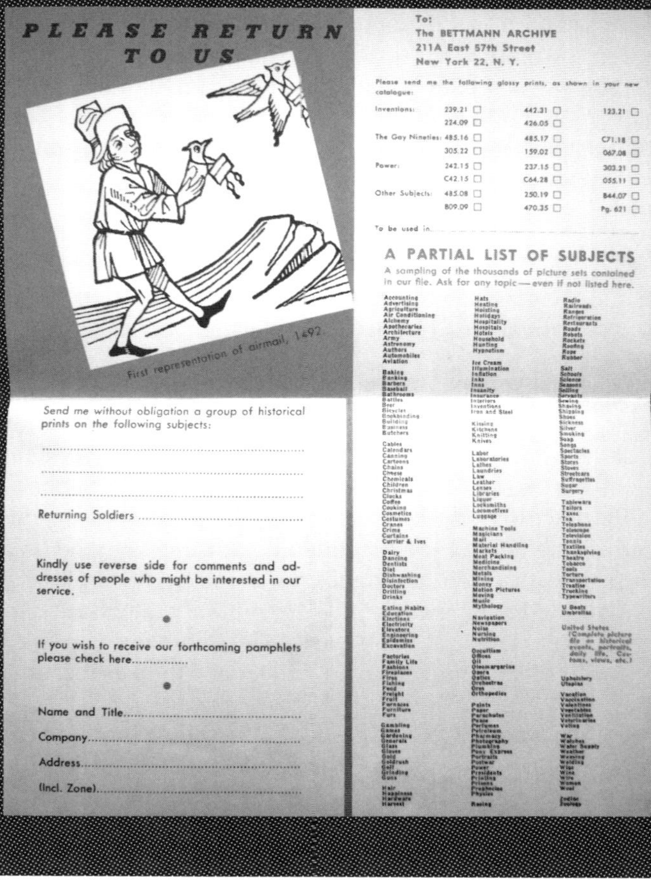

PLEASE RETURN TO US

First representation of airmail, 1492

Send me without obligation a group of historical prints on the following subjects:

....

....

....

Returning Soldiers ....

Kindly use reverse side for comments and addresses of people who might be interested in our service.

•

If you wish to receive our forthcoming pamphlets please check here...............

•

Name and Title..................................

Company..................................

Address..................................

(Incl. Zone)..................................

To:
The BETTMANN ARCHIVE
211A East 57th Street
New York 22, N. Y.

Please send me the following glossy prints, as shown in your new catalogue:

Inventions:	239.21 ☐	442.31 ☐	123.21 ☐
	224.09 ☐	426.05 ☐	
The Gay Nineties:	485.16 ☐	485.17 ☐	C71.18 ☐
	305.22 ☐	159.02 ☐	067.08 ☐
Power:	242.15 ☐	237.15 ☐	303.21 ☐
	C42.15 ☐	C64.28 ☐	055.11 ☐
Other Subjects:	485.08 ☐	250.19 ☐	844.07 ☐
	809.09 ☐	470.35 ☐	Pg. 621 ☐

To be used in..................................

A PARTIAL LIST OF SUBJECTS

A sampling of the thousands of picture sets contained in our file. Ask for any topic — even if not listed here.

Accounting
Advertising
Agriculture
Air Conditioning
Alchemy
Apothecaries
Architecture
Army
Astronomy
Authors
Automobiles
Aviation

Baking
Banking
Barbers
Baseball
Bathrooms
Battles
Beer
Bicycles
Bookbinding
Building
Business
Butchers

Cables
Calendars
Canning
Cartoons
Chains
Cheese
Chemicals
Children
Christmas
Clocks
Coffee
Cooking
Cosmetics
Costumes
Cranes
Crime
Curtains
Currier & Ives

Dairy
Dancing
Dentists
Diet
Dishwashing
Disinfection
Doctors
Drilling
Drinks

Eating Habits
Education
Elections
Electricity
Elevators
Engineering
Epidemics
Excavation

Factories
Family Life
Fashions
Fireplaces
Fires
Fishing
Food
Freight
Fruit
Furnaces
Furniture
Furs

Gambling
Games
Gardening
Generals
Glass
Gloves
Gold
Goldrush
Golf
Grinding
Guns

Hair
Happiness
Hardware
Harvest

Hats
Heating
Hoisting
Holidays
Hospitality
Hospitals
Hotels
Household
Hunting
Hypnotism

Ice Cream
Illumination
Inflation
Inks
Inns
Insanity
Insurance
Interiors
Inventions
Iron and Steel

Kissing
Kitchens
Knitting
Knives

Labor
Laboratories
Lathes
Laundries
Law
Leather
Lenses
Libraries
Liquor
Locksmiths
Locomotives
Luggage

Machine Tools
Magicians
Mail
Material Handling
Markets
Meat Packing
Medicine
Merchandising
Metals
Mining
Money
Motion Pictures
Moving
Music
Mythology

Navigation
Newspapers
Noise
Nursing
Nutrition

Occultism
Offices
Oil
Oleomargarine
Opera
Optics
Orchestras
Ores
Orthopedics

Paints
Paper
Parachutes
Peace
Perfumes
Petroleum
Pharmacy
Photography
Plumbing
Pony Express
Portraits
Postwar
Power
Presidents
Printing
Prisons
Prophecies
Physics

Racing

Radio
Railroads
Ranges
Refrigeration
Restaurants
Roads
Robots
Rockets
Roofing
Rope
Rubber

Salt
Schools
Science
Seasons
Selling
Servants
Sewing
Shaving
Shipping
Shoes
Sickness
Silver
Smoking
Soap
Songs
Spectacles
Sports
Stores
Stoves
Streetcars
Suffragettes
Sugar
Surgery

Tableware
Tailors
Taxes
Tea
Telephone
Telescope
Television
Tennis
Textiles
Thanksgiving
Theatre
Tobacco
Tools
Torture
Transportation
Treatise
Trucking
Typewriters

U Boats
Umbrellas

United States
(Complete picture file on historical events, portraits, daily life, Costumes, views, etc.)

Upholstery
Utopias

Vacation
Vaccination
Valentines
Vegetables
Ventilation
Veterinaries
Voting

War
Watches
Water Supply
Weather
Weaving
Welding
Wigs
Wine
Wire
Women
Wool

Zodiac
Zoology

Fig. 45
Bettmann Archive, “One Word is Worth a Million Pictures.” Illustration by Bernard Bloom. Imprint on cardboard, ca. 1955.

Fig. 46
Bettmann Archive, Purchase Order Form with Index. Imprint on paper, ca. 1955.

the company’s picture products. The categories and ideas selected are an eclectic accumulation of words and images, that do not follow any specific rule, e.g. there are picture histories for Greece, Italy and Japan, but none for other countries. However, the selection was not arbitrary: The diversity of categories for objects, actions, geographical places, concepts and people was intended to allude to the riches and the depth of the Bettmann collection. Each of the main categories (such as Pain, Paper, Paris, Patents, Peddlers, Perfumery, Pharmacy) is represented by a carefully selected combination of reproduced art works, graphic illustrations, cartoons and photographs; these are featured on individually designed pages, arranged in image rows or integrated into a specific graphic design idea. Let us (again) have a closer look at the Photography category: the theme is presented on two pages, juxtaposing Walker Evans’ photograph “Penny Picture Display, Savannah, Georgia, 1932” on the left page [Figure 47] with a miscellany of twenty-nine miniature pictures on the right page [Figure 10, p. 72]. These smaller pictures depict a variety of different types of photographic techniques and cameras, including the Eastman Kodak box camera, captioned with the famous slogan “You push the button,” (no. 2831); pictures on aerial photography; a tintype photographer, entitled “Tintype Man in Hyde Park, London” (no. 2824), a stereoscopic viewing device (no. 2821) and “Daguerre’s first camera” (no. 2817), etc. The page also displays situations of image taking, varrious uses of photography from aerial reconnaissance to portraiture and William Henry Fox Talbot’s calotype “The Ladder,” abbreviated here as “Early Photo (Talbot)” (no. 2838). In the middle of the page we see a graphic abstraction of a camera aperture that reinforces the theme of photographic focus in the layout. Each image is accompanied by a short caption (often reduced to one or two words) and a reference number, which enables the reader to find and order the image. As has previously been noted, names of photographers and artists are rarely indicated. A reflection of the business practices of the Bettmann Archive, the photographic reproductions were considered to become the property of the archive once a collection was purchased or reproduced. This logic of appropriation is further demonstrated by the fact that the Bettmann Portable Archive was protected under the US copyright law by an official request from the company. One of the first pages clearly states, “No material may be reproduced … without the payment of the required fee”[257]—the copyright protection applies not only to the book as a whole, but also to the graphic design and to each individual image.

Another issue that is reflected in the Bettmann Portable Archive concerns the equal treatment of picture resources. Images, whether high art or popular art (or not art at all) are treated in exactly the same way; some are displayed in miniature format, while others are enlarged, depending on the layout of the page and the narrative intention. Images are cropped, cut out and re-assembled in collages; details are sometimes hard to discern. The images were used as expedients for developing narrative idea, and they were quite literally understood and used as illustrations; they were *Gebrauchsfotografien* and as such were meant to serve as an inspiration for art directors and designers. In effect, the Bettmann Portable Archive was a resource book. So, what does the picture history on photography tell us about photography? One interpretation, although certainly not the only one, envisions photography as a history of techniques: Daguerre' first camera, photographic chemicals, photographic plates, developing procedures, etc. By combining Evans' photograph of the shop window of a small-town portrait studio with pictures evoking the social function of photography, photography is also characterized as a popular mass medium, even as a democratic medium. However, despite the diversity of picture resources, the level of information provided remains rather superficial due to the lack of any text or information that could enlighten us about the contexts and meanings of the images and the connections between them.[258]

With regards to its concept and organization, the Bettmann Portable Archive stands in the tradition of trade catalogues, and in particular mail-order catalogues. A marketing tool developed in the second half of the nineteenth century, mail-order catalogues produced by retail companies such as Sears Roebuck and Montgomery Ward in the USA, Eaton in Canada, and Manufrance and La Redoute in France, promoted a variety of goods ranging from clothes, books and furniture to pre-fabricated houses: as the Montgomery Ward catalogue of 1895 claimed, they supplied "for every trade and calling on earth."[259] An effective strategy to expand market reach and sales volume, mail-order catalogues depended heavily on visual representations, either hand-drawn illustrations or photographs. As can be seen in the examples from the Eaton 1917 Fall/Winter catalogue [Figures 48 and 49] and an sample from the 1931 Manufrance catalogue [Figure 50], the products—here "smart hats for girls," men's clothes and wall decorations, such as Kodak photo frames and genuine oil paintings—were accompanied by a product description and arranged according to a more or less distinct graphical scheme. A striking parallel between mail-order catalogues and the Bettmann Portable Archive is the notion of selection: the represented products were advertised as a small selection of the available products; they were, as indicates the example from Manufrance indicates "some of the 'specimen'" of a wide spectrum of products. The rhetoric of selection for such a "great wish book"[260] implied both quality (in the sense that only the best products were represented) and a far greater availability of products beyond those listed in the catalogue.

The picture histories found in the Bettmann Portable Archive can also be seen as part of a long-standing practice of publication that Bettmann developed as an offshoot of and complement to his company's primary business. Beginning in 1939, Bettmann published several books and booklets of visual histories using images from the collection, including the Pictorial History of Medicine, the Pictorial History of Music, The Good Old Days—They were terrible!, The Bettmann Archive Picture History of the World, and a series entitled Educational Forum Portfolios. These publications were directed towards the general public, with an emphasis on their educational value; however, they did not fail to make clear that the pictures included could be acquired via the Bettmann Archive. Thus, the Archive's motivations oscillated between academic, or popular science aspirations and pragmatic business practice. The subtle line between visual historiography and sales promotion, between an educational (or epistemological) tool and a product catalogue, proves to be particularly blurred in the case of the Bettmann Portable Archive. The title itself, with its contradictory idea of a portable archive—implying mobility and flexibility on the one hand and an institutional

Fig. 47
"Photography Category, Walker Evans' 'Penny Picture Display.'" In Bettmann, *Bettmann Portable Archive*, 1966, 160.

concept (or *Denkbild*) bound to a specific location on the other—characterizes the intentions and business philosophy of the Bettmann Archive quite accurately. It can be argue, that the books created and published by the Bettmann Archive resulted from Bettmann's deep-seated conviction (as a librarian) that pictures, like any other cultural expression, needed to circulate. Just as "music not performed ceases to exist"[261] and "art not seen loses its meaning,"[262] in Bettmann's view, pictures needed to be re-activated and re-interpreted; they needed to be 'performed' in order to continue to exist.

* * *

From the analysis of the archive and retrieval system(s) of the Bettmann Archive the following can be concluded: first, the card catalogue, and in particular the first two cards series, bear witness to Bettmann's academic approach and methodological thinking, which rooted in his training as both art historian and librarian. The captioning, indexing, and classifications relied on methods developed for libraries or for the documentation and management of museum collections, though, for the latter, no universal standard model exists to this day.[263] It was informed by methods employed at the *Kunstbibliothek* and the *Kupferstichkabinett*, among others, operating with multiple keywords for the description and

FALL - 1917 - WINTER
THE NEW STYLES
AT EATON PRICES
NEWEST AND MOST POPULAR ROLLING BRIM DRESS HAT
3.95
3.75 ONLY
A REMARKABLE EXAMPLE OF OUR WONDERFUL VALUES
3.75
We can make your hat specially to your order if you desire. Just send us the picture of any hat you like, no matter where you see it. Tell us the colors and materials you like and we will quote you prices.
WONDERFUL SAVINGS IN THE NEW FALL AND WINTER MILLINERY
SMART, STYLISH, SILK PILE VELVET, FUR-TRIMMED HAT
3.65
OUR MILLINERY VALUES SUIT IN STYLE AND PRICE MODERATION

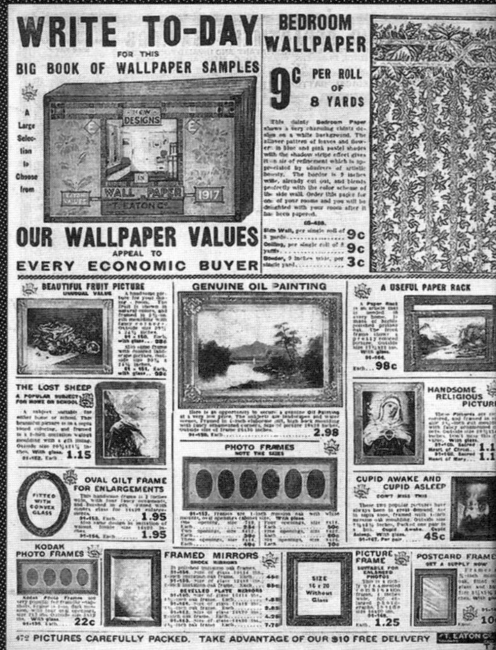
WRITE TO-DAY
FOR THIS
BIG BOOK OF WALLPAPER SAMPLES
A Large Selection to Choose from
NEW DESIGNS
WALL PAPER
T. EATON CO.
1917
OUR WALLPAPER VALUES
APPEAL TO
EVERY ECONOMIC BUYER
BEDROOM WALLPAPER
9c PER ROLL OF 8 YARDS
9c
9c
3c
BEAUTIFUL FRUIT PICTURE
GENUINE OIL PAINTING
A USEFUL PAPER RACK
98c
THE LOST SHEEP
1.15
2.98
HANDSOME RELIGIOUS PICTURE
PHOTO FRAMES
OVAL GILT FRAME FOR ENLARGEMENTS
FITTED WITH CONVEX GLASS
1.95
1.95
CUPID AWAKE AND CUPID ASLEEP
45c
KODAK PHOTO FRAMES
22c
FRAMED MIRRORS
SIZE 16 x 20 Without Glass
PICTURE FRAME
1.25
POSTCARD FRAMES
PICTURES CAREFULLY PACKED. TAKE ADVANTAGE OF OUR $10 FREE DELIVERY

QUELQUES SPÉCIMENS DE NOS VÊTEMENTS POUR LA CHASSE, LE SPORT ET LA VILLE
13-288. Costume de chasse forme " Le pratique ", en gabardine fantaisie, gris beige, veston avec carnier, culotte anglaise. Le costume 2 pièces..... 235. »
13-294. Nouveau costume de chasse, avec fermeture instantanée, en toile coton marron foncé imperméabilisée. Vareuse avec carnier, culotte anglaise. Le costume 2 pièces. 280. »
13-432. Costume de sport en draperie anglaise, pure laine, teinte mode, gris chiné, grands carreaux ton sur ton, veston et culotte genre golf. Le costume 2 pièces......... 465. »
Blouse de sport en tricot laine beige chinée.
31-1110. de 80 à 95 de poitrine. 90. »
31-1110 A. de 96 à 110 de poitrine. 95. »
13-386. Culotte cycliste, genre golf, en draperie beige chiné. La pièce.. 195. »
13-518. Costume de ville, en draperie pure laine peignée, fond bleu à rayures, veston droit, 3 boutons. Gilet croisé, pantalon bas relevé. Le costume (veston, gilet et pantalon)........... 45C. »
13-703. Grand paletot fourré, en très forte toile, gris-réséda foncé, imperméabilisée, forme croisée, fourré en peau d'agneau, avec laine adhérente, col agneau gris, long. 90%. La pièce..... 300. »
Pour la description complète des costumes ci-dessus et de tous nos autres modèles, voir pages 414 et suivantes

Fig. 48
Sample from the Eaton Fall/Winter catalogue, "Girl's Hats," 1917.
Fig. 49
Sample from the Eaton Fall/Winter catalogue, "Wall Decoration," 1917.
Fig. 50
Sample from Manufrance catalogue, "Men's Suits," 1931.

organization of art, and eventually inspired by the general preoccupation with the efficient organization and management of various kinds of archival collections during the first decades of the twentieth century. Second, Bettmann's approach was driven by the idea of using photography to allow an improved access to the collection and, by this, using photography as an archival device in its own right. It was also driven by the idea of moving from an exclusively text-based to a pictorial organizational system. This idea, however, proved impractical and was abandoned. Third, the use of card catalogues by the Bettmann Archive and other photographic and commercial picture agencies of the time emphasized the primary function of these companies as the management of visual material. Like many firms in other fields, such as insurance companies and banks, photographic agencies and commercial picture libraries increasingly made use of modern techniques of archiving, information management, as well as business administration. What becomes evident is the editorial authority of the respective company and its archivists and its impact upon the interpretation of a picture. They decide, almost exclusively, on the length of the caption and the choice of keywords. Finally, the duality of an academic-institutional approach and a business-oriented practice, which characterized the archival organization of the Bettmann Archive, nourished the development of an effective archive and retrieval system. This duality figured significantly in the success of the company. However, the evolution and multiple revisions of the index cards reflect not only the conflict between an academic-institutional approach and a for-profit enterprise, one based on the principles of economic efficiency, but also the variance between the theory and the practice of the archive.

Chapter 3
"Either you grow or you go": Towards the Aggregation of the Market

In 1961, the Bettmann Archive, which now contained approximately 1,000,000 pictures and employed a staff of five, moved to the Tishman Building, a newly constructed office building in Uptown Manhattan. While this move into more modern and spacious offices reflected the company's vitality and its growth from a one-man company into a mid-sized enterprise, it also marked a turning point.

Thus far, the Bettmann Archive had specialized in providing clients with historical imagery, but now it was forced to adapt to the fact that photography had become the leading picture medium; no longer merely a tool for reproduction, photography was now also a means of producing 'autonomous' pictures and had become the leading medium for documentation and illustration of all kinds. In response to this changing environment, the Bettmann Archive acquired large photographic collections and former agency stock, "entire photomorgues"[264] including the Gendreau collection on Americana and the John Springer collection (specializing in film and celebrity portrait photography), both purchased in 1967. In 1971, it negotiated the licensing rights for the Underwood & Underwood collection;[265] of particular interest here were the collection's news pictures, which the Bettmann Archive distributed on a commission basis. Through such acquisitions, the Archive's stock grew sharply, adding stacks of historical and recent images to its vast stock of photographic reproductions. In the case of the Gendreau collection, however, Bettmann objected that its purchase had not effectively added a more modern facet to the existing stock, as the collection was static, "neither old enough to fall within my own collection nor current enough to qualify as truly contemporary."[266] The acquisitions followed a basic principle: "either you grow or you go."[267] In order to remain competitive in the market, the

Bettmann Archive had to expand in order to be able to fill as many potential requests as possible. This was also connected to the rising demand for colour images, as suggested in a 1973 promotional letter from the Bettmann Archive to prospective clients:

> "Things you never knew about the Bettmann Archive" the fact that many of the more than 4,000,000 pictorial artefacts in our vastly expanded quarters here at 136 East 57th Street are now also available in color. Correct. Color … But then, in the early 1970's, coincident with the demands of color television and color roto (newspaper) sections, we were offered a chance to purchase some outstanding private collections."[268]

The Bettmann Archive increasingly sought to acquire colour photographs for its collection, and also reproduced in colour or (in some cases) hand-coloured a selection of particularly popular images. As the quotation above indicates, in addition to print media, television had become an important sales market. However, the sharp increase in stock exacerbated the effect described in the section on the complexity of the archive and retrieval system: each acquisition necessitated the integration of a foreign, often inferior classification system into the archive's existing organization, gradually undermining the complexity of Bettmann's original system. This dilution of complexity was an inevitable consequence of the Archive's response to its clients' demands for an ever-increasing number of images and its own attempts to stimulate demand.

Acquisitions and technological advances compelled the company's core business and organizational system to adapt; the evolution of the archive was also due to new market trends, above all the emergence of contemporary forms of stock photography and the formalization of the stock market during the 1970s. As several scholars have noted, in the 1970s the picture market separated into two distinct fields: agencies concentrating on the supply of news pictures, and stock agencies targeting the advertising industry. While no single point of origin for stock photography can be identified, in the 1970s a wide range of advertising photography began to be produced "prior to any assignment, as a sort of speculative image-making."[269] Stock photographs were pictures conceived as "visual condensations of verbal concepts,"[270] filed and cross-referenced according to general categories and concepts such as People, Business, Leisure, Friendship, Landscape, Worried, Happy, Successful, etc.[271] These pictures were taken with their multiple use and re-use in mind, as readily available stock for advertising clients; this in turn generated a particular aesthetic, a stereotype associated with stock photography.[272] In one of the most comprehensive studies on the subject, in particular on the intersection between stock photography's mode of representation and its cultural economy, Paul Frosh proposes a periodization for the phenomenon: he demarcates a primitive era before the 1970s, during which only small agencies concerned themselves with stock photography and its potential was unexploited, and a classical period, in which the stock agencies developed into a more "unified industry and a subject of discourse … formulating a recognisable, consensual visual aesthetic manifested in the 'generic stock image.'"[273] Frosh further delineates a modern period starting in 1990, a period "characterized by rapid and radical fiscal, organizational, and technological change."[274]

The Bettmann Archive could be categorised as a primitive form of a stock agency, but one that took a quite different approach in the creation of generic images. An analysis of the Archive's transformations of art reproductions into 'subject pictures' and its a-historical treatment of pictures demonstrates that 'meaning' (in the form of text information) was easily modifiable and constantly modified. On the one hand, information irrelevant to the commodification of an image, such as its provenance, photographer, or artistic technique, was often removed. On the other hand, the picture was given new or additional meaning by the attribution of keywords and by its classification. The objective of this de- and re-contextualization was the multiple use and re-use of the image, its recycling for various editorial or advertising purposes. Bettmann's approach shows that the concept of multi-usage images could be applied to any visual representation, be it a painting, drawing, or photograph. This supports Bruhn's thesis that the creation and use of *Fertigbilder* ('ready-made images') did not start with the invention of photography or stock photography; rather, they can be found throughout the history of art.[275]

Frosh is perfectly right in underlining the dramatic changes created by stock companies that focused on providing services for the advertising industry, introducing aggressive sales techniques and applying the concept of worldwide franchises along the way. However, another, often-overlooked factor also affected developments in the picture market: the large-scale introduction of electronic data processing in the mid-1970s, which further accelerated the commodification of photography.[276] Similar to the impact of the introduction of the card catalogue on the effectiveness of modern business administration and organization during the 1920s, the shift towards computerization and electronic forms of data processing had great impact on the operations of photographic agencies and commercial photo archives. While it would be beyond the scope and capability of this book to retrace the nascent computerization process and its impact on the functioning of photographic agencies and commercial photo archives, it is important to bear in mind that this process did not begin with the emergence of companies such as Getty Images and Corbis in the early 1990s, but was already well underway twenty years earlier.

Like many other photographic agencies, the Bettmann Archive was aware of the need for more efficient information management, especially with regard to its proliferating stock. Consequently, the company's new offices in the Tishman Building looked "more like IBM than an archive."[277] Electronic typewriters, computers, and databanks gradually replaced index cards, card catalogues, and hand-written registers.[278] In a 1972 interview, however, Bettmann indicated that compared to other companies with "enormous industrial and capitalistic facilities,"[279] the Bettmann Archive had only very limited financial and technical means for transforming the company into a "modern" operation. Bettmann's semi-retirement as the company's director in 1975 might thus be interpreted as the first sign of the company's decline.[280] Would the Bettmann Archive be able to maintain its position in the future? How could it survive *vis-à-vis* the increasing globalization of the picture market?

In 1981, Otto Bettmann retired completely, selling his company and its collection of approximately three million pictures for an undisclosed amount to the publishing firm Kraus-Thompson Organization, which later merged the Bettmann stock with the photo collections of United Press International (UPI) and Reuters, increasing the total collection to over sixteen million objects (including duplicates). Tellingly, Kraus-Thompson did not change the Bettmann Archive's name, despite its takeover and relocation into new offices and even though it had been merged with the significantly larger UPI collection.[281] From the 1980s onward, the stock, including numerous "iconic images from the 20th century"[282] as well as photographs dating back to the 1860s, was marketed under the names "The Bettmann Archive" and (for the photo-journalistic branch) "Bettmann News Photos."

Investigation of the history of Kraus-Thompson from the acquisition of the Bettmann collection in 1981 to its sale in 1995 proves highly difficult, as the company has since been liquidated.[283] However, interviews with former employees carried out in the framework of this research revealed that Kraus-Thompson was alarmed by the state of conservation of the Bettmann and UPI collections.[284] Large parts of the original collection, in particular the celluloid acetate negatives and polyester prints produced after 1950, were in the process of deteriorating and thus demanded special care. Former employee and collection conservator Els Rijper, who had joined the company in 1984, reported that since Kraus-Thompson had neither the financial means nor the technical know-how for the appropriate conservation of the collection, it began negotiations with potential investors in the late 1980s. According to Rijper, additional motivation for Kraus-Thompson to consider the sale of the Bettmann Archive arose from the fact that "everyone" in the publishing sector was fully aware that the industry was yet again being challenged by radical technological changes that could be summarized by the term 'digital media.' These changes would undoubtedly require significant investments, and Kraus-Thompson, like many others, felt ill-equipped to weather this transition without impairing the quality, depth, or scope of its collection.

1 Otto Bettmann, *Bettmann: The Picture Man* (Gainsville: University Press of Florida, 1992), 7.

2 The portrait was used for the cover of Bettmann's autobiography. It is commented by Bettmann as follows: "My favourite pastime: roaming through the Bettmann Portable Archive, a volume that sums up a lifetime of picture research and bookmaking."

3 Percy M. Seitlin, "Bettmann's Index. A Picture History of Civilization," *PM Production Manager Magazine* 2, no. 7 (1936).

4 Otto Bettmann, interview recorded for the William E. Wiener Oral History Library of the American Jewish Committee, New York City, June 12 and June 24, 1971; published in 1972; revised and authorized in 1974.

5 See note 1, Part II.

6 The biographical sources on Otto Bettmann's fields of study vary considerably. This may be due to the fact that the German higher education system promoted a very broad and multidisciplinary knowledge acquisition. The faculty of philosophy at Leipzig University, for instance, encompassed philosophy, cultural, economic and social history. The source used here is Otto Bettmann's résumé handed in alongside his doctoral dissertation: Otto Bettmann, *Die Entstehung buchhändlerischer Berufsideale im Deutschland des XVIII. Jahrhunderts* (doctoral thesis, Philosophy Department, University of Leipzig, 1927), 119. See also: Donald G. Davis, "Otto Ludwig Bettmann (1903–1998)," in Second Supplement to the Dictionary of American Library Biography, ed. Edward E. Goedeken (Westport: Pub. Libraries, 2003), 29–32. See also Herbert A. Strauss and Werner Röder, eds., Biographisches Handbuch der deutschsprachigen Emigration nach 1933 vol. 2 (München: Saur, 1983), 100.

7 See note 6, Part II (above). The dissertation was directed by Prof. Dr. phil. Alfred Jakob Doren, holding the professorship for economic, social and medieval history, and his colleague Prof. Dr. phil. Walter Goetz, professor for cultural and universal history, see database "Geschichte der Universität Leipzig," http://www.uni-leipzig.de/unigeschichte/professorenkatalog/.

8 During this time, Bettmann was hired to write the history of the publishing house Dr. Walter Rothschild, which appeared in 1930. See Otto Bettmann, *Staat und Menschheit. Ideengeschichte des Verlags Dr. Walter Rothschild* (Berlin: Dr. Walter Rothschild Verlag, 1930).

9 Founded in 1867 as part of the *Deutsches Gewerbemuseum* (National Museum of Applied Arts and Design), the *Staatliche Kunstbibliothek* developed into the central reference library for the Royal Museums, today's *Staatliche Museen Preussischer Kulturbesitz*. Access to the library was reserved to scholars and museum employees.

10 Considerable parts of the institution's internal archive, including the employment records were destroyed during Second World War. This largely contributed to the lack of information concerning Otto Bettmann's employment at the *Kunstbibliothek*.

11 Today, the *Kupferstichkabinett* is Germany's largest graphic arts collection, comprising of more than 500,000 graphic prints and 110,000 drawings. During the 1930s, its collection was preserved and displayed at the *Kunstkammer* of the *Neues Museum*.

12 Bettmann, *Picture Man*, 26. Alongside the Ermanox camera, the Leica 35 mm still camera (Leica I–III), introduced in 1925, with interchangeable lenses and coupled rangefinder for enhanced focusing was renowned for its precision and functionality.

13 Born in 1879 in Leipzig, Curt Glaser, a medical physician, art historian and art collector, was appointed director of the *Kunstbibliothek* in 1924. Glaser was dismissed from his position in 1933. He emigrated to Switzerland and later arrived in the United States where he died shortly after in 1943.

14 Previously under the aegis of the *Kunstgewerbemuseum*, the *Kunstbibliothek* became an independent institution within the *Staatliche Museen* in 1924. See Bernd Evers ed., *Die Kunst in der Bibliothek. Zur Geschichte der Kunstbibliothek und ihrer Sammlungen* (Berlin: Akademie Verlag, 1994), 20–21.

15 Andreas Stroble, *Curt Glaser. Kunsthistoriker— Kunstkritiker—Sammler. Eine Deutsch-jüdische Biographie* (Köln: Böhlau Verlag, 2006), 68.

16 Kühn, "Kunstbibliothek und Neues Sehen," 9. The *Kunstbibliothek*'s liberal policy towards popular arts, or the broad definition of artistic practices also manifested itself in its acquisition policy. Following the *fifo* exhibition of 1929, for example, it purchased several exhibition panels, among them panels on New Typography designed by László Moholy-Nagy.

17 Both directors of the *Kunstbibliothek*, Peter Jessen and Curt Glaser, repeatedly emphasized the importance of providing the general public with free access to the library's services and collection. See Stroble, *Curt Glaser*, 69.

18 Kühn, "Kunstbibliothek und Neues Sehen," 18.

19 Original German title: *Gesetz zur Wiederherstellung des Berufsbeamtentums vom 7. April 1933*.

20 In Bettmann's own recount, it was one of his close superiors, Jakob Rosenberg, curator at the *Kupferstichkabinett*, who informed him of his dismissal. Shortly thereafter, Rosenberg was also removed from the State's service; he emigrated to the United States in 1935.

21 This is suggested by the annotations on the Bettmann Archive card catalogue as well as the notes provided in the inventories. Both elements will be discussed in Part II, Chapter 2.

22 The internal business documentation is indirectly provided by the card catalogue, which is the subject of Part II, Chapter 2.

23 The bilingual German and English journal *Gebrauchsgraphik*, published between 1924 and 1971 was defined as a professional journal for the enhancement of advertising art (*Gebrauchsgraphik: Monatszeitschrift zur Förderung künstlerischer Werbung*). Between 1931 and 1933, Otto Bettmann wrote a couple of short portrayals of contemporary illustrators, such as Oskar Bangemann, Hans A. Müller and Kurt Siebert.

24 Anthony Heilbut, *Exiled in Paradise: German Refugee Artists and Intellectuals in America from the 1930s to the Present*, Weimar and Now, no. 16 (Berkeley: University of California Press, 1997).

25 Bettmann, *Picture Man*, 37.

26 The card catalogue, which has been preserved until today, suggests that Bettmann imported approximately 6,000 negatives, prints, and other picture masters to the United States. Yet, more important than the exact number of images, is the fact that Bettmann also took the corresponding card catalogue with him, as it points to the importance and status of the organizational system of the collection.

27 The first business address of the Bettmann Archive was 145 West, 44th Street, New York City.

28 Widowed with three children, Anne Gray was a lifelong adviser to Bettmann. She died in 1988, shortly after their 50th wedding anniversary. In his biographical notes, Bettmann repeatedly mentioned Gray's American forthrightness and practicality, which complemented his German bookish character. One of Bettmann's step-sons, Melvin, joined the company in the early 1970s.

29 In the *Musurgia Universalis*, which is part of Kircher's *Phonurgia Nova*, the author explores the history of music and musical genres, dividing them into national styles, social functions, and techniques. Kircher's book, widely distributed, laid the foundation for the modern classification system of music. See Jocelyn Godwin, *Athanasius Kircher: A Renaissance Man and the Quest for Lost Knowledge* (London: Thames and Hudson, 1979), 69–71.

30 For a description of the two conceptual and historically distinct processes subsumed under the term "mechanical reproduction," the automatic production of an image without the intervention of the artist on the one hand, and the reproduction of images on the other, see Lorraine Daston und Peter Galison, "Photography as Science and Art," in *Objectivity*, ed. Daston et al., (Cambridge: Zone Books, 2007), 125–138. In the context of this book, the term mostly refers to the 'automatic' multiplication of images, which, as the authors point out, not only applies to photography, but also to other printing techniques, such as lithography and engravings.

31 Bettmann, *Picture Man*, 85.

32 Ibid., 46. Bettmann was indeed enthusiastic about the American system compared to German and European libraries: "In Germany long ago, it was said that librarians deemed themselves „guardians" of books, fearful of having them actually touched by ordinary human hands .... In the United States, I discovered that the librarians made every effort to get books into circulation. A European newcomer cannot help but be impressed by the prevailing liberality with which books can be checked out: the open shelves mirror the country's open mind and society."

33 Stacy Hand, "Microphotography," in *Encyclopaedia of Nineteenth-Century Photography*, ed. John Hannavy (New York: Routledge, 2008), 924–928. Hand argues as follows: "The term has been used to describe two very different processes. According to its etymology, the term microphotography should describe extremely small photographs viewed through a microscope or magnifying lens. Throughout its history, however, the term has been routinely applied to photographs of microscopic subject matter, large enough that they may be viewed unassisted .... The idea of applying microphotography in preserving public records and library catalogues received rare mentions in periodicals as early as 1853." Hannavy's encyclopaedia clearly distinguishes microphotography from photomicrography by treating it in two distinct chapters. While photomicrography uses the microscope to photograph a magnified image of microscopic-sized specimens (e.g. algues etc.), microphotography involves taking a photograph of a large object and reducing it to microscopic dimensions for viewing it with the aid of a microscope or projector. In addition to this, it is important to note that the English term "microphotography" or the French term "*microphotographie*" is equivalent to the German use of *"Reproduktionsfotografie,"* meaning the reproduction of two-dimensional images. Conversely, the German term *"Mikrofotografie"* usually refers to photographs made with a microscope with a built-in camera, the latter corresponding to the English term "photomicrography."

34 Heinrich Schreiber, "Pflicht und Recht der Bibliotheksphotokopie" in *Sonderdruck aus Archiv für Urheber- Film und Theaterrecht* 7, no. 5 and 6 (Berlin: Springer Verlag, 1935): 442–463, here: 443.

35 The potential of microphotography for libraries and museums was discussed in various publications and symposia at the time, such as the guide "*Coordination des bibliothèques. Guide des services nationaux de renseignements du prêt et des échanges internationaux*" published by the *Institut international de cooperation intellectuelle* in 1933. This guide provided librarians and researchers with an international comparison of the modalities and fees for photographic reproductions in various National libraries and museums. In addition, the mentioned proceedings of the Microphotography Symposium at the 1936 Conference of ALA, published in 1937, offered a comprehensive report on the reproduction techniques and practices in American libraries and universities. The report was widely distributed among US-American libraries.

36 With the writing of the history of the Internet, there has been a growing interest, or rediscovery, of Paul Otlet's *Mundaneum* and the collection of photographic documentation. See, among others, Luce Lebart, "Penser / classer les images. Histoire de l'archivage des photographies et émergence de la documentation iconographique (1888–1906)," in *Paul Otlet, fondateur du Mundaneum (1868–1944), Architecte du savoir, artisan de la paix* (Bruxelles: Les nouvelles impressions, 2010); W. Boyd Rayward, "Visions of Xanadu: Paul Otlet (1868–1944)," *Journal of the American Society for Information Science* 45, no. 4, (1994): 235–250.

37 Unrelated to the International Bureau of Photography and the Photographic Survey in Great Britain, the National Photographic Library was founded by Dr. Henry Mason Baum in 1906 in Washington D.C. It was designed for educational purposes and promoted with the phrase "Its Field is the World, Its Scope is the Universe." Yet, the Library's history and scope remain obscure. In its 1908 bulletin, the Library mentions the possibilities brought about by photographic reproduction on film.

38 Augustus F. Kuhlman, "The Place of Microphotography in Research and Library Work," *Peabody Journal of Education* 17 no. 4 (Jan. 1940): 223–235, here: 228.

39 Oskar Barnack cited after Erich Stenger, *Die Geschichte der Kleinbildkamera bis zur Leica* (Frankfurt am Main: Umschau Verlag, 1949), 65.

40 Kuhlman, "The Place of Microphotography in Research and Library Work," 232–233.

41 Fuelled by the efforts and politics of ALA and the Library of Congress, the United States soon occupied a leading position in the field of reproduction photography. The American pavilion at the 1937 World exhibition in Paris *(Exposition Internationale des Arts et Techniques dans la Vie Moderne)* presented the latest reproduction- and projection techniques manufactured in the United States.
42 Raney, *Microphotography for Libraries,* 99–110; in particular the chapter “Standardization. A Panel Discussion.”
43 Ibid., 36.
44 The annual meeting of the American Library Association of 1936 focused on microphotography for libraries and was also attended by the leading manufacturers for reproduction techniques, including the German company Ernst Leitz and the American manufacturer Bausch & Lomb. The discussions centred on the latest technical developments with regard to small format cameras and their use for library services.
45 Heinrich Stöckler cited after Erich Stenger, *Die Geschichte der Kleinbildkamera bis zur Leica* (Frankfurt am Main: Umschau Verlag, 1949), 64.
46 Otto Pretzl, “Die Leica im Dienste der Handschriftenforschung,” *Zentralblatt für Bibliothekswesen,* 49 (1932), 182. Pretzl points out that despite the fact that the Leica was not designed for these purposes, it facilitated the reproduction of manuscripts, and would thus serve humanities studies a great deal. [“In einer Zeit, die geeignet ist jede Unternehmungslust der reinen Geisteswissenschaften zu lähmen, tritt die Leica, ein von der Firma Leitz, Wetzlar konstruierter Kleinfilmapparat, auf den Plan. Zunächst für andere Zwecke bestimmt und auf dem Gebiete der Photographie allgemein eine neue Ära ankündigend, wird sie auch für die Forschung in Bibliotheken und Archiven nicht bloß Ersatz für viel teurere, bisher gebrauchte Apparate, sondern eröffnet auf diesem Gebiete neue Möglichkeiten und Aussichten, indem sie das Photographieren von Handschriften technisch ungemein erleichtert und die Kosten auf ein selbst bei der größten Mittellosigkeit noch erschwingliches Minimum verbilligt.”]
47 Schreiber, “Pflicht und Recht der Bibliotheksphotokopie,” 447. [Original: “Neben den kostspieligen Apparaturen gibt es aber noch Möglichkeiten, weitaus billigere Photographien aus Bibliotheksgut herzustellen, die außerdem den Vorzug haben, nicht an den Ausstellungsort selbst gebunden zu sein, sodass der Bibliotheksbenutzer selbst als Photograph auftreten kann.”]
48 Bettmann, *The Picture Man*, 84.
49 For a description of the reproduction apparatus and the accompanying devices, see Stenger, *Die Geschichte der Kleinbildkamera,* 63. Stenger marvelled about the qualities of the Leica camera and projectors, which would bring about new possibilities for sciences: [“Die Leica brachte eine Großzahl von Zusatzgeräten, die sie eine Universalkamera werden ließen und vor allem auch auf dem Gebiet der wissenschaftlichen und technischen Photographie ganz neue Möglichkeiten eröffnet.”] See also the company’s promotional catalogue, *Die Leica in Wissenschaft und Technik, published by the optical manufacturer Ernst Leitz,* [no author credited] (Wetzlar, 1939).
50 In his biography, Bettmann mentions that the book *Phonurgia Nova* by Athanasius Kircher was part of his father’s book collection, which he, partially, brought with him to the United States. There is no further evidence as to whether the book was a rare first edition or a re-edition. See Bettmann, *Picture Man,* 66.
51 Otto Croy, *Reproduktion und Dokumentation* (Seebruck: Heering-Verlag, 1962), 12–14. As Croy claims, “a good reproduction aims at transferring reality, as it is and as it appears to us.” [“… was in Wirklichkeit vorhanden ist, wie es ist und wie es in Erscheinung tritt. Die Reproduktion von Bildern … nicht bloß Übermittlerin, sondern Darstellerin mit der Aufgabenstellung peinlich genauer Übersetzung.”]
52 This is suggested, on the one hand, by Bettmann’s detailed notes, indicating the exposure time for each picture and, on the other by a dedication by a friend of Otto Bettmann in a copy of a Leica manual, a manual for improving on his skills, that Bettmann received for his 35th birthday. The gradual improvement can be traced back to the early contact sheets. While many of the early negatives appear in several versions, some of them are out of focus or either under- or over-exposed, later examples show that only a single exposure was necessary in order to obtain a negative of adequate quality.
53 An indicator for this development is the noticeable increase in the publication of manuals for microphotography during the 1930s and 1940s, in particular with regard to colour reproduction, such as Carl W. Miller, *Principles of Photographic Reproduction* (New York: Macmillan, 1942) and the mentioned Kuhlman, “The Place of Microphotography in Research and Library Work,” 1940; Proceedings of the conference organised by the *Office international de chimie*, “L’utilisation du film comme support de la documentation,” Paris, March 31, 1935.
54 Several scholars have dealt with the history of photography as an instrument and repository of art history and its role in the formation of the discipline see Angela Matyssek, *Kunstgeschichte als fotografische Praxis. Richard Hamann und Foto Marburg* (Berlin:

Gebr. Mann Verlag, 2009); chapters by Peter Geimer, Pascal Grenier, Dorthea Peters and Kelley Wilder in Constanza Caraffa ed., *Fotografie als Instrument und Medium der Kunstgeschichte* (Berlin, München: Deutscher Kunstverlag, 2009); Friedrich Tietjen, *Bilder einer Wissenschaft. Kunstreproduktion und Kunstgeschichte* (Doctoral thesis, Institute for Art History, Universität Trier, 2007), http://ubtt.opus.hbz-nrw.de/volltext/2007/417/pdf/diss_ft_cover_web.pdf.

55 Although the colour film was already commercialized by Kodak in 1937 (Kodakchrome), the publishing and advertising industries refrained from using colour photography as a more wide-spread practice for several decades. Until then, the use of colour was almost exclusively used for full-page advertisements and cover pages of magazines.

56 Compared to the glass negative, the quality of celluloid was inferior, a fact that was already discussed at the time. Otto Mente, for example, highlights the advantages of film material consisting in the reduction of size, weight and costs, but also points to the fact that the glass surface was more resistant: ["Gewiss hat dieses Negativmaterial, das in drei verschiedenen Erscheinungsformen auf den Markt kommt, nämlich als Roll, Plan und Packfilm seine Nachteile gegenüber der Platte .... Rollfilme sind nicht unwesentlich billiger als Trockenplatten für das Aufnahmeformat. In Bezug auf das Gewicht und Volumen schneiden Filme bekanntlich besonders günstig ab .... Als Vorteile der Glasplatte gegenüber dem Film führt man zunächst meist an, dass das Glas erheblich indifferenter ist als Zelluloid."] See Mente, "Über einige Erfahrungen beim Photographieren mit Filmen," 148.

57 Françoise Denoyelle, *La lumière de Paris. Les usages de la photographie*, vol. 2 (Paris: l'Harmattan, 1997), 56–57.

58 Bettmann, *Picture Man*, 87.

59 Ibid., 77–87.

60 For the history of the art market for photographic prints, see Nathalie Moreau and Dominique Sagot-Duvauroux, "La construction du marché des triages," *Études photographiques* 22 (September 2008): 78–99; Pierre-Lin Renié, "De l'imprimerie photographique à la photographie imprimée. Vers une diffusion internationale des images 1850–1880," *Études photographiques* 20 (June 2007): 18–33.

61 Bettmann, *Picture Man,* 82.

62 Coordination des bibliothèques ed., *Guide des services nationaux de renseignements du prêt et des échanges internationaux* (Paris: Institut international de coopération intellectuelle, 1933). For a legal history of the library copy, see Monika Dommann, "Papierstau und Informationsfluss: die Normierung der Bibliothekskopie," *Historische Anthropologie* 16, no.1 (2008): 31–54.

63 Bettmann, *Picture Man*, 78. As Bettmann acknowledges: "Perhaps coming fresh to this field enabled me to unlock picture sources yet untapped."

64 For the importance of the reverse side of photographs for the research on provenience and in addition to the already mentioned references on the material turn, see Timm Starl, "Hinter den Bildern. Zur Datierung und Identifizierung von Fotografien der Jahre 1839 bis 1945," *Fotogeschichte. Beiträge zur Geschichte und Ästhetik der Fotografie* 26, no. 99 (March 2006).

65 Edwards et al., *Photographs Objects Histories*, 15.

66 See note 6, Part II.

67 Bettmann, *Picture Man*, 85.

68 Schreiber, "Pflicht und Recht der Bibliotheksphotokopie," 442–463.

69 Luise von Schwartzkoppen, "Die rechtliche Zulässigkeit der Photokopie im Rechte des Auslandes und nach dem Entwurf zu einem neuen Urheberrechtsgesetz," in *Zentralblatt für Bibliothekswesen* 51 (1934): 297–311.

70 Christopher Phillips, for instance, describes the complex history of exhibiting photography at the Museum of Modern Art in New York starting in the 1930s, see Christopher Phillips, "The Judgement Seat of Photography," *October*, 22 (Autumn, 1982): 27–63.

71 Ibid., 303.

72 Schreiber, "Pflicht und Recht der Bibliotheksphotokopie," 442–463.

73 In the amendment of 1940, the protection period for copyrighted photographs was extended to a total of twenty-five years. A more profound revision of the copyright law, including photography occurred twenty-five years later, in 1965.

74 The similarities rely in the fact that most Western countries aligned their national legislation to the international guidelines formulated by the Berne Convention for the Protection of Literary and Artistic Works, first ratified in 1886.

75 It was only with the 1976 U. S. copyright reform, that this procedure was dropped.

76 Weise, "Pressefotografie V. Probleme zwischen Fotografen und Redaktionen und der Beginn der Bildtelegrafie in Deutschland bis 1914," *Fotogeschichte. Beiträge zur Geschichte und Ästhetik der Fotografie* 59 (1994): 33–50. The omission or non-indication of the photographer's name from the copyright and caption was a common practice.

77 Otto Bettmann, *Bettmann Portable Archive* (New York: Picture House Press, 1966). Both the archiving system and the Bettmann Portable Archive will be treated separately in Part II, Chapter 2.

78 By author-agency I mean (mainly photojournalistic) agencies, which have in common

that, as a business philosophy and a marketing tool, they put strong emphasis, albeit in varying degrees, on the aesthetic signature and personality of the photographers they represent. Its most famous example Magnum was founded in 1947 as a countermodel to the common business practices and aimed at strengthening the photographers' rights, especially with regard to the long-term use of their work. For the construction of notion of the author in photography, see Gaëlle Morel, "La figure de l'auteur. L'accueil du photoreporter dans le champ culturel français (1981–1985)," *Études Photographiques* 13 (July 2003): 35–55; Aurore Deligny, "Viva, une alternative à Magnum," *Études Photographiques* 15 (November 2004), 78–103.

79 Otto Bettmann, "A Picture Index," *Wilson Bulletin for Librarians*, April 1939, 535–536.

80 Bettmann Archive ed., *The Bettmann Archive Newsletter*, no.3 (1941), 1.

81 Heinrich Schreiber, "Pflicht und Recht der Bibliotheksphotokopie," 442–463. [Original: "Als öffentliche Institutionen sind die Bibliotheken, urheberrechtlich gesehen, "nicht nur die Banken, sondern auch die Wechselstuben geistiger Werte."]

82 Ibid., 442–463. [Original: Der öffentliche Auftrag der Bibliotheken ist die Vermittlung, die "Ermöglichung der Teilnahme jedes einzelnen, auch desjenigen, dem das Buch als materielles Gut nicht erreichbar ist," um so "das Werden auf dem Gebiet des Geisteslebens," zu fördern.]

83 See Curt Glaser in a letter to Anton Kippenberg of November 23, 1924, cited after Stroble, *Curt Glaser,* 54. [Original: "Ob die Tafeln lose in Umschlägen erscheinen oder eventuell billig auch einzeln käuflich sein sollten, womit vor allem den Bedürfnissen an Ort und Stelle gedient wäre und die Ansichtskarten aus dem Felde geschlagen würden, oder ob sie in Heftform herausgegeben werden sollen, wäre eine Nebenfrage."]

84 Weise, "Pressefotografie IV," 37–38. Prices for press photographs were established according to the print-run and prize of the publication as well as the format and topicality of the photograph.

85 Bettmann, "A Picture Index," 536.

86 Bettmann, *Picture Man*, 26.

87 As can be seen from [Figure 11], the full sentence reads: "Valuable original must be returned." This suggests that the print on cardboard was handed over to the client for reproduction and returned afterwards. However, the notion of the original is highly problematic here, as it was not the 'original' negative of the photographic image itself that circulated. The later was preserved in the collection and served as picture source.

88 As a key element to the archive and retrieval system the index card and the card catalogue of the Bettmann Archive will be discussed in detail in Part II, Chapter 2.

89 Bettmann, *Picture Man*, 26.

90 Ibid., 23.

91 Ibid., 26.

92 Cheryce Kramer suggests parallel approaches between Bettmann's practice and iconography as a methodology of art history. However, in contrast to Kramer, I argue that Bettmann had a quite different, contradictory concept of an iconographical analysis in mind. See Cheryce Kramer, "© Bettmann/CORBIS— Techniken der Sichtbarmachung von historischem Bildmaterial," in *Konstruieren, kommunizieren, präsentieren. Bilder von Wissenschaft und Technik*, ed. Alexander Gall (Göttingen: Wallstein, 2008), 245–291.

93 Erwin Panofsky, "Iconography and Iconology: An Introduction to the Study of Renaissance Art," in *Meaning in the Visual Arts* (New York: Doubleday, 1955), 26–54, here: 26; first published in 1939. See also Panofsky's earlier work: Erwin Panofsky, "Zum Problem der Beschreibung und Inhaltsdeutung von Werken der Bildenden Kunst," *Logos* XXI (1932): 103–199.

94 In a letter to Aby Warburg for Warburg's 60th anniversary, Doren speaks highly of their friendship. [Original: "... einen der größten Aktivposten auf der gewiss nicht armen Habenseite meines Lebens.", cited after Perdita Ladwig, "Das wirtschaftliche Fundament der Renaissance. Alfred Doren 1869–1934," in *Das Renaissancebild deutscher Historiker 1898–1933* (Frankfurt am Main: Campus Forschung, 2004), 34–114, here: 34.]

95 Bettmann, *Picture Man*, 42.

96 Ulrike Wendland, *Biographisches Handbuch deutschsprachiger Kunsthistoriker im Exil: Leben und Werk der unter dem Nationalsozialismus verfolgten und vertriebenen Wissenschaftler*, vol. 1 (München: Saur, 2009), 284–289.

97 Lee Sorensen, ed., "Held, Julius," *Dictionary of Art Historians*, http://www.dictionaryofarthistorians.org/heldj.htm.

98 Christopher White, "Julius Held (1905–2002)," *The Burlington Magazine* 145, no. 1200 (2003): 219–220.

99 The 're-formatting' and standardization of art works through the photographic reproduction has been evoked, among others, by André Malraux and his concept of the *Musée Imaginaire*, see André Malraux, *Le Musée Imaginaire* (Paris: Gallimard, 1965), 123–125.

100 Thanks to Matthias Bruhn for pointing out the existence of the International Iconographic Commission to me. The reference to Bettmann's practice seems indeed obvious.

101 Sigfrid Steinberg, "Die internationale und die deutsche ikonographische Kommission," *Historische Zeitschrift* 144, no. 2 (1931): 287–296.

102 Percy Ernst Schramm, “Über Illustrationen zur mittelalterlichen Kulturgeschichte,” *Historische Zeitschrift* 137, no. 3 (1928): 425–441, here: 425.
103 Steinberg, “Ikonographische Kommission,” 287–288.
104 Ibid. [Original: Neben der konkreten Motivation der “Besserung der illustrativen Ausstattung geschichtlicher Werke,” sollte die historische Ikonografie als Methode Maßstäbe formulierenzur “kritischen Auswertung des historisch Verwendbaren aus dem Bestande der künstlerisch geformten Überreste der Vergangenheit.”]
105 Ibid., 292. For the history of the *Institut für Kultur- und Universalgeschichte* see Matthias Middell, *Weltgeschichtsschreibung im Zeitalter der Verfachlichung und Professionalisierung. Das Leipziger Institut für Kultur- und Universalgeschichte 1890–1990*, 3 vol. (Leipzig: Akademische Verlagsanstalt, 2005).
106 For visual history as a research field in history studies, see Gerhard Paul, *Visual History. Ein Studienbuch* (Göttingen: Vandenhoeck und Ruprecht, 2006); Jens Jäger and Martin Knauer ed., *Bilder als historische Quellen? Dimensionen der Debatten um historische Bildforschung* (München: Fink, 2009); Ilsen About and Clément Cheroux, “L’histoire par la photographie,” *Études Photographiques* 10 (November 2001), 8–33.
107 A reference to this can be found in Bettmann’s dissertation, in which he expresses gratitude to his professors. [Original: “Meine Lehrer waren die Herren Professoren: Brandenburg, Doren, Driesch, Finke, Goetz, Goetze.”]
108 Bettmann, *Bettmann Portable Archive*, 81.
109 Lewis S. Harvey, “Commercial Photography and Its Adaptation to Modern Advertising,” *Western Camera Notes*, no. 7 (1905), 181, cited after Sobieszek, *Art of Persuasion,* 20. “Clear, striking and quickly understood,” is indeed, as Sobieszek points out, a recurring vocabulary when it comes to the criteria for successful press and advertising photographs and one that is perpetuated to this day. It would be beyond the scope of this book to critically investigate the history and the various manifestations of this notion. However, the study of the selection criteria and use of images from the Bettmann Archive clearly challenges this concept as it shows that the criteria were not solely reduced to the content and aesthetics of an image, but also related to the services and image infrastructure.
110 Leslie Hanscom, “A ‘little Bettmann Archive’ for Everyone,” *Newsday*, November 19 (1978), 32–33.
111 Minnie Earl Sears, *List of Subject Headings for Small Libraries* (New York: H. W. Wilson Company, 1923).
112 It was the fifth edition of Searl’s handbook published in 1944 that Otto Bettmann worked with. The book is preserved at the Corbis film preservation facility, alongside various other uncatalogued items.
113 Willard G. Bleyer, *Main Currents in the History of American Journalism*, [1927], 2nd ed. (New York: Da Capo, 1973), 389–390.
114 Ibid.
115 David Welky, *Everything was Better in America: Print Culture in the Great Depression* (Urbana and Chicago: University of Illinois Press, 2008), 18.
116 James L. Baughman, *Henry Luce and the Rise of American News Media* (Baltimore: The Johns Hopkins University Press, 2001).
117 Bleyer, *Main Currents*, 389–390.
118 For display strategies during Weimar Consumerism, see Janet Ward Lungstrum, “The Display Window. Designs and Desires of Weimar Consumerism,” *New German Critique* no. 76 (1999): 115–160, here: 122. Ward’s analysis of display strategies in the Weimar era seems perfectly applicable to the American case.
119 Arthur Rothstein’s picture was taken in the framework of the photographic survey commissioned by the U.S. Farm Security Administration/Office of War Information/Office of Emergency Management/Resettlement Adminstration between 1939–45.
120 Curt Glaser, *Amerika baut auf!* (Berlin: Bruno Cassirer, 1932), in particular 118–124. [Original: “Es dürfte leicht fallen, zu beweisen, dass ... die Photographie überhaupt auch im amerikanischen Leben eine noch größere Rolle spielt als im heutigen Europa. Immerhin entspricht der Umfang der illustrierten Beilagen dem Umfange der Zeitungen, und man ermisst, was das im Vergleich mit Europa bedeutet, wenn man weiß, dass zur Beförderung der Sonntagsnummern von ein paar der üblichen Tagesblätter nicht eine genügend weite Rocktasche, sondern ein stabiler Handwagen notwendig ist.”]
121 Ibid., 118–124. [Original: “Anspruchvoll dagegen ist eine Reihe der besten illustrierten Zeitschriften, die es sich leisten können, Photographen von Rang zu beschäftigen, und anspruchsvoll ist vor allem die Reklame, die es sich etwas kosten lassen kann, und die der Meinung ist, das für ihre Zwecke das beste gerade gut genug sei. Gibt es überhaupt eine künstlerisch hochwertige Reklame in Amerika, so ist nicht die bildmäßige, sondern die photographische Anzeige.”]
122 David M. Potter, *People of Plenty. Economic Abundance and the American Character* (Chicago: University of Chicago Press, 1958) cited after Robert Westbrook, “Consuming Images,” *Reviews in American History* 16, no. 1 (March 1988): 85–92, here: 86. Potter further elaborates on this thought: “It is as impossible to understand a modern popular

writer without understanding advertising as it would be to understand a medieval troubadour without understand the cult of chivalry, or a nineteenth-century revivalist without understanding evangelical religion." in Potter, *People of Plenty*, 167. Potter's consequent approach of conceptualizing media via advertising is essential here, and one that could also be applied to today's new media, since advertising is not only financing the Internet, but is also deeply shaping its functioning and aesthetics.

123 Richard W. Pollay, "The Subsiding Sizzle: A Descriptive History of Print Advertising, 1900–1980," *The Journal of Marketing* 49, no. 3. (Summer, 1985): 24–37, here: 28.

124 Colston E. Warne, "Present-Day Advertising. The Consumers' Viewpoint," *Annals of the American Academy of Political and Social Science*, 173 (May 1934): 70–79.

125 See note 20, Part I.

126 See note 10, Part I.

127 Pollay, "The Subsiding Sizzle," 28.

128 Ibid., 31.

129 Marchand, *Advertising the American Dream,* 21.

130 Ibid.

131 Keystone View Company was established in 1892, Underwood & Underwood in 1881. The latter was founded by Elmer and Bert Elias Underwood, and was, together with Keystone, the leading distributor of stereoscopic views, developing and dominating the international market for stereos for decades. Around 1900, Underwood & Underwood produced 25,000 stereographs per day, often marketed in thematic boxes, and sold approximately 300,000 stereoscopic viewing devices. By 1910 the company shifted towards news photography, but ceased business in the late 1940s. The collections got dispersed and integrated into various agency collections (including Keystone, and the Bettmann Archive) and institutional collections.

132 "The Press. Picture Battle," *Time Magazine*, September 24, 1934, [no author credited], html://www.time.com/time/magazine/article/0,9171,754452,00.html. In 1953, the news agency United Press Association formed a branch for the distribution of press photography, United Press International, known as UPI news pictures.

133 Henry Rossiter Synder, *Cash From Your Camera; How to Make and Sell Photographic Prints, with a Market List* (Boston: American Photographic Publishing Company, 1929).

134 Arthur G. Willis, *Photography as a Business* (London, New York: Pitman & Sons, 1928).

135 Henry Rossiter Synder, *Fifty Dollars a Week with Car and Camera; Being an Account of a Delightful Out-of-doors Occupation for the Photographer with his Camera* (New York: Rossiter Synder Publishing Company, 1936).

136 David Charles, *Commercial Photography; a Practical Handbook Explaining Modern Methods and Appliances for the Production of High-Grade Commercial Photographs* (London, New York: Pitman & Sons, 1933).

137 For the influence of European émigrés on American industrial design, see Julie Jones, "L'avant-garde européene au service du capitalisme," *Etudes Photographiques* 24 (November 2009): 42–71; Lorraine Ferguson and Douglass Scott Source, "A Time Line of American Typography," *Design Quarterly* 148 (1990): 23–54.

138 Bernd Weise, "Pressefotografie I. Die Anfänge in Deutschland, ausgehend von einer Kritik bisheriger Forschungsansätze," *Fotogeschichte. Beiträge zur Geschichte und Ästhetik der Fotografie* 9, no. 31 (1989): 15–40. One of the most prominent photographer around 1930, Erich Salomon, published 250 photo reportages in German magazines and another 80 in international publications between 1928 and 1933.
Zoe C. Smith, *The History of Black Star Picture Agency: Life's European Connection* (paper presented at the annual meeting of the Association for Education in Journalism and Mass Communication, Gainesville, Florida, August 7, 1984). Large parts of the Black Star collection are preserved at Ryerson University in Montréal, Canada. See "Black Star collection Ryerson University," http://www.imagearts.ryerson.ca/collection/.

139 Smith, *The History of Black Star Picture Agency,* 2.

140 Ibid., 10.

141 Leon Daniel started his career as a picture editor for the Associated Press office in Berlin. He was co-founder of Pix Publishing in New York. An independent agency mainly supplying photographs to magazines and newspapers, was dissolved in 1969. See "Orbituary Leon Daniel," *New York Times,* December 31, 1974.

142 Curt Glaser, *Amerika baut auf!*, 118–124. [Original: "Es wäre aber zu abwegig, zu behaupten, dass die Qualität dieser massenweise reproduzierten Photographien durch den hohen Standard der [amerikanischen] Lichtbildkunst im Ganzen beeinflusst würde. Die Qualität dieser Gebrauchsware ist im Gegenteil eher geringer als bei uns. Sie entspricht dem Motto des Eastman-Kodaks: jeder kann es."]

143 For comparative studies on the history of European versus American journalism see, among others, Michael L. Carlebach, *The Origins of Photojournalism in America* (Washington: Smithsonian Institution Press. 1992); David Reed, *The popular magazines in Britain and the United States 1880–1960* (Toronto: University of Toronto Press, 1997), in particular: 103–194.

144 Steven Heller, "Advertising Arts: Advertising Becomes Modern(istic)," *Typotheque*, http://www.typotheque.com/articles/advertising_arts_america_becomes_modernistic.

145 Mehemed Fehmy Agha (1896–1978) was born in the Ukraine of Turkish parents and worked as an art director for the German *Vogue* in Berlin before being appointed art director at Condé Nast, overseeing the visual concepts of a numerous Condé Nast magazines.

146 David Raizman, *History of Modern Design. Graphics and Products Since the Industrial Revolution* (London: Laurence King Publishing, 2003), 229–232.

147 Smith, *The History of Black Star Picture Agency*, 7–8. Smith' study relies, among others, on an interview with Ernest Mayer recorded on May 22, 1978.

148 Ibid., 12.

149 Ibid., 2.

150 Marchand, *Advertising the American Dream,* 33.

151 See company website of Brown Brothers, http://www.brownbrothersusa.com/], See also Miller, "Pictures for rent," 124.

152 See company website of Culver Pictures, http://www.culverpictures.com/.

153 Bettmann, *Picture Man*, 56–57.

154 Ibid., 49.

155 Rossiter Synder, *Cash From Your Camera,* 3.

156 Ibid.

157 Bettmann Archive ed., *The Bettmann Archive Newsletter*, no. 3 (1941).

158 Ibid.

159 Bettmann, *Picture Man*, 101.

160 Ian F. Clark, "Future-War Fiction: the First Main Phase," *Science Fiction Studies* 24, no. 3 (1997): 387–412, here: 397.

161 See also website "Association des Amis d'Albert Robida," http://www.robida.info/.

162 Clark, "Future-War Fiction," 397.

163 Bettmann, *Picture Man*, 83.

164 Bettmann Archive ed., *The Bettmann Archive Newsletter*, no. 3 (1941).

165 Bettmann, *Picture Man*, 56–57.

166 Hanscom, "A 'little Bettmann Archive' for Everyone," 32–33. Hanscom brings it to the point, when stating, "essentially what the Bettmann Archive as to sell is a service that saves a client infinite, perhaps prohibitive labor." The article also cites Bettmann himself, characterizing his professional service: "People pay me for finding pictures, and for eliminating them—that is for screening thousands of pictures so that only a good choice remains."

167 The association of gem trade with the picture market is borrowed from Cherye Kramer's article on the Bettmann Archive, see Kramer, "© Bettmann/CORBIS," 285.

168 This phrase refers to an advertisement displayed in one of the meeting rooms of the Bettmann Archive in the Tishman Building. See "From A-Z: New Offices for Bettmann Archive," *Interior Design* 32 (November, 1961): 150–151.

169 Jan Tschichold, *Die Neue Typographie. Ein Handbuch für zeitgemäß Schaffende*, [1928], 2nd edition (Berlin: Brinkmann & Bose, 1987), 89. Jan Tschischold, *New Typography: A Handbook for Modern Designers*, trans. by Ruari McLean (Berkeley: University of California Press, 1995), 87.

170 Bettmann Archive, ed., *The Bettmann Archive Newsletter*, no. 3 (1941).

171 Bettmann, *Picture Man*, 45.

172 Bettmann mentions that he met Arthur Hays Sulzberger, the publisher of the New York Times, shortly after his arrival; the two were to become lifelong friends. Bettmann also makes reference to Lincoln Schuster, the founder of the American publishing company Simon and Schuster. See Otto Bettmann, interview, 1971, see note 4, Part II.

173 Founded in 1927 by Sol Cantor and Dr. Robert L. Leslie, The Composing Room, located in New York, one of the leading and most influential typesetting firms thrived on the growth of the advertising and printing industry in the interwar period. The Composing Room became the sponsor for a variety of intellectual and educational endeavors starting with PM and A-D magazines, graphic arts courses, the A-D Gallery, Gallery 303 and eventually the lecture series Heritage of the Graphic Arts in the 1960's. See, among others, Steven Heller, *Design Literacy: Understanding Graphic Design,* 2nd. ed. (New York: Allworth Press, 2004) 55–56.

174 Bettmann, *Picture Man*, 8–9.

175 Ibid., 53.

176 For an analysis of the American book trade and reading habits during the 1920s and 1930s, see Welky, *Everything was Better in America*, 2008.

177 Bettmann, *Picture Man*, 54. In his autobiography, Bettmann elaborates as follows: "Bennett [Arnold Bennett, Bettmann's first hired assistant] had a flair for combining some of the material in my files to create 'picture features.' These we tried to peddle to magazines."

178 *Life Magazine*, June 15, 1942, 12–13.

179 For a history of Dephot, see Molderings, "Eine Schule der modernen Fotoreportage," 2008. See note 2, Part I.

180 "Fixing Friendly Frontiers," *The Rotarian,* September 1941, 19–25.

181 "Iran: Ancient Land Is Seat of Trouble," *Life Magazine,* April 8, 1946, 30–36.

182 "Calendars: Once Laboriously Calculated and Carved in Stone, They Are Printed Today by the Millions," *Life Magazine*, January 1, 1945, 42–43.

183 "She's Still a Thriller!" *The Rotarian*, May 1949, 16–19.

184 Bettmann, *Picture Man*, 54.

185 Ibid., 66.

186 See letter from the Bettmann Archive to Mr. Martin Master, manager of the advertising company Pioneer Industries Inc., un-catalogued item, Corbis film preservation facility.
187 See note 29, Part II.
188 A photographic print of this advertisement was part of the Bettmann Archive papers. Even though there is no explicit mention that this picture belonged to the Bettmann collection, I assume that it was a copy proof sent to the Archive.
189 For a history of the Container Corporation of America and Walter Paepke's influence on American industrial design, see Julie Jones, "L'avant-garde européenne au service du capitalisme. Walter P. Paepke et le couple art/commerce aux États-Unis (1930–1950)," *Etudes Photographiques* 24, November 2009: 42–71.
190 See note 23, Part II.
191 Otto Bettmann, "Elements of the New German Typography," *The Penrose Annual*, 32 (1930): 116–121.
192 Ibid., 117.
193 Ibid., 120.
194 Ibid.
195 Bettmann, *Picture Man*, 23.
196 Original wording of the advertisement: "Selling inspiration to the nation's admen. The Bettmann Archive offers you innumerable idea-inspiring picture prints. They will put new sales impetus into your message ... help you create captivating ad campaigns, editorials, picture spreads. These fine, action-filled Bettmann photos bring to life customs, foibles, inventions, manufacturing methods of long ago. They portray industrial, social, and scientific progress."
197 J. Abbott Miller, "Pictures for Rent: From Steroscope to Sterotype," in *Design Writing Research: Writing on Graphic Design*, ed. Ellen Lupton and J. Abbott Miller (New York: Princeton Architectural Press, 1996): 121–134, here 125.
198 The emblem uses a sans-serif type, which reflected the modernisation of graphic design in the first decades of the twentieth century. The emblem may further be understood in a symbolic way: the design is reminiscent of *ex libris* bookplates or signets that mark the ownership and provenance of books (literally, "from the books" or "from the library of"). *Ex libris* bookplate design was an illustrative genre in its own right, associated with connoisseurship and intellectuality.
199 Bettmann Archive ed., *The Bettmann Archive Newsletter*, no.3 (1941).
200 Edward Austin Searle, "The £'s of Advertising Photography," *Advertising Monthly*, January (1938), 39, cited in Wilkenson, "The New Heraldry," 23–38.
201 Marchand, *Advertising the American Dream*, 86. [Original citation: "Based on the examination of approximately 180,000 ads as well as research into agency archives and other contemporary sources, Marchand's study focuses on the development of national advertising in the 1920s, the decade in which it matured into a commanding cultural presence."].
202 J. R. McKinney, "What Has Happened to Modern Art in Advertising?" *Printer's Ink Monthly* 19, November (1929).
203 Sobieszek, *Art of Persuasion*, 65.
204 Ibid.
205 Marchand, *Advertising the American Dream*, 21–22.
206 Ibid.
207 Ibid., 2.
208 Draft of a letter from the Bettmann Archive to its clients, ca. 1960, un-catalogued item, Iron Mountain Preservation facility.
209 Letter from the Bettmann Archive to its clients, un-catalogued item, Corbis Preservation facility, ca. 1960.
210 Bettmann, *Picture Man*, 57.
211 Bettmann Archive, *Portable Archive*, 81.
212 The term archive is used here as a synonym for an organizational structure of visual documents, which shares the features of all archives as defined by Aleida Assmann: selection, preservation and access.
213 Bettmann, *Picture Man*, 3.
214 Markus Krajewski, *Zettelwirtschaft. Die Geburt der Kartei aus dem Geiste der Bibliothek* (Berlin: Kulturverlag Kadmos, 2003), 10. [Original: "... Störungen, Wandlungen, Stockungen, Irritationen und Umlenkungen."]
215 Frosh, *Image Factory*, 98.
216 The card catalogue is also preserved at Iron Mountain, alongside various unclassified records, such as early handwritten registers and notebooks, newspaper clippings on the Bettmann Archive, and Bettmann memorabilia. There exists no documented evidence as to whether the extant card catalogue is complete. However, the analysis of the card catalogue clearly suggests that the catalogue, consisting of the four series described in this book, represent the original, more or less complete corpus. The archival staff of Corbis supports this assumption.
217 The format of the cards is A6.
218 "K. K., Berlin" refers to the *Kupferstichkabinett* in Berlin, see also Part II, Chapter 1.
219 It remains unclear why the reference order changed from the alphabetical A, B, C order to the abbreviation Pl, nor what this abbreviation stands for.
220 The field *Eventuelle Interessenten* (potential clients) is covered by the photograph in the example *Index card B. 35/23* [Figure 29, p. 115]. In other examples this field is clearly visible, such as *A.VI/27 Dürer: Das Rhinozeros, 155.B.136, Kl.d.K.*, or *A.I./13 Am Schlagbaum. Zollverein. I. Hälfte des XIX. Jahrh. Silh.*
221 An exception is the so-called Autographic Kodak, a method through which it was

possible to directly write onto the negative after image taking. It was invented by Eastman Kodak around 1915, but was not further developed. Many thanks to Patrick Peccatte for pointing this out to me.

222 W. Boyd Rayward, "Melvil Dewey and Education for Librarianship," *The Journal of Library History*, 3, no. 4 (1968): 297–312.

223 This assumption is supported by the fact that for some index cards an extensive description, consisting to up to approximately 150 words, was affixed on the reverse side. This text was part of the image/text product, described in Part II, Chapter 2.

224 Frosh, *Image Factory*, 98.

225 This business card has also been inserted into the card catalogue; it carries the accession number: B. 14/1, but with no title or further inscription.

226 For the use of photography for identification purposes and so-called *Bertillonage*, see Allan Sekula, "The Body and the Archive," in *The Contest of Meaning: Critical Histories of Photography*, ed. Richard Bolton (Cambridge: MIT Press, 1992) 343–389; Christian Phéline, *L'image accusatrice* (Paris: Cahiers de la Photographie, 1985); Christian Phéline, "Portraits en règle," in *Identités. De Disdérie au Photomaton* (Paris: Centre National de la Photographie, 1985), 53–59.

227 Another, later example of the use of image/text cards in museums is the card catalogue for the photography collection of the George Eastman House, created in the early 1970s.

228 Catherine Moriarty, "A Backroom Service? The Photographic Library of the Council of Industrial Design, 1945-1965," *Journal of Design History* 13, no.1 (2000).

229 For example, the abbreviations DEC, Pl, F and SF refer to specific sections within the collection; their actual meaning, however, remains unknown to the Corbis archivists. However, this ignorance does not impair on the actual retrieval of the pictures.

230 Corbis faced myriad problems with the conservation of the celluloid acetate and nitrate negatives. This aspect is dealt with in Part III.

231 For a discussion on the format used for reproduction photography, see Part II, Chapter 2. Although 16 mm film was also used in reproduction photography, the 16 mm format was impracticable for enlarging and printing photographs with an adequate quality. Interestingly, the limitation of the celluloid film, that is the overall instability of the celluloid acetate and triacetate were already known during the 1930s. Thus, it was clear that celluloid was far from being a permanent, or long-term image carrier. See, for example, Otto Mente, "Über einige Erfahrungen beim Photographieren mit Filmen," *Deutscher Kamera,* vol. 18 (1927): 147–157, here: 149.

232 Bettmann, *Picture Man*, 51. As Bettmann recalls: "People also tended to believe that the Bettmann Archive sprawled over a whole building at least—many even a whole city block. In fact, the collection was highly compact and organized rather than massive and random accumulations of pictures."

233 From today's perspective, the preservation of unselected negatives, the accumulation of visual waste, is essential for the research on agency practices and the contexts of photographic production.

234 See note 36, Part II.

235 Markus Popplow, "Franz Maria Feldhaus—die Weltgeschichte der Technik auf Karteikarten" in *Cut and Paste: Der Zeitungsausschnitt um 1900*, Anke te Heesen ed., *Kaleidoskopien* 4 (2002); Markus Krajewski, "Der Privatregistrator. Franz Maria Feldhaus und seine Geschichte der Technik" in *Bürokratische Leidenschaften. Kultur und Mediengeschichte im Archiv*, ed. Sven Spieker (Berlin: Kadmos, 2004), 295–318.

236 Some of these projects, such as Paul Otlet's *Répertoire iconographique universel* or Albert Kahn's *Archives de la planète* were designed as world documenting projects. For the notion of 'world-projects,' which appeared around 1900 in a variety of contexts, media, scientific disciplines and reform initiatives, see Markus Krajewski, Restlosigkeit. Weltprojekte um 1900 (Frankfurt am Main: Fischer 2006).

237 Markus Krajewski, *Zettelwirtschaft. Die Geburt der Kartei aus dem Geiste der Bibliothek* (Berlin: Kulturverlag Kadmos, 2003), 10.

238 Ibid., 111.

239 Ibid., 154.

240 Ibid., 10. [Original: "Die Karteikarte ermöglichte die Speicherung von Informationen auf gesonderten, gleichgerichteten und frei be- weglichen Trägern ... um nach strengen Ordnungsschemata arrangiert, weiter verarbeitet und abgerufen zu werden."]

241 Ibid., 154–155. [Original: "Kundenregister, zur Auftragsverfolgung ... für den Verkauf und die Verkaufsstatistik ... als Register aller Art."]

242 Bettmann Archive ed., *The Bettmann Archive Newsletter*, no. 3 (1941), 6.

243 Otto Bettmann, "A Picture Index," *Wilson Bulletin for Librarians*, April 1939. The *Wilson Bulletin for Librarians* was published between 1914 and 1995 and widely distributed in the USA among library professionals.

244 Krajewski, *Zettelwirtschaft,* 13.

245 As mentioned earlier, the size of the Bettmann collection had not been documented. The estimation provided here is based on the approximate size of the card catalogue. The forth set of index cards amounts to ca. 240.000 cards, contained in two registers, with a total of 32 drawers. The rapid expansion of the collection is furthermore suggested by the increase in size of the office and archival space, as outlined in Part II, Chapter 2.

246 Krajewski points out that a card catalogue not only possesses all logical components of a "Universale Diskrete Maschine" (universal discrete machine), but that it also corresponds to the definition of theoretical kinematics. The latter characterization is supported by the capability of the individual elements of being re-ordered and re-combined. Krajewski, *Zettelwirtschaft,* 14–15.

247 Gillian Rose, "Practising photography: an archive, a study, some photographs and a researcher," *Journal of Historical Geography* 26, no. 4 (2000): 555–571, here: 564.

248 "Dr. Bettmann and his Picture Archive," *Publishers Weekly*, December (1961) [no author credited].

249 Bettmann Archive, *The Bettmann Archive Newsletter*, no. 3, May 1941.

250 Bettmann Archive, *The Bettmann Archive Newsletter*, no. 4 March 1942.

251 Ibid.

252 Bettmann Archive, *Portable Archive*, 2.

253 Otto Bettmann, interview, 1971. See note 4, Part II.

254 Bettmann, *Picture Man*, 135.

255 Bettmann Archive, *Portable Archive*, 2.

256 Cheryce Kramer indirectly compares the Bettmann Portable Archive to Aby Warburg's Mnemosyne Atlas; in my view, this is a highly problematic interpretation. As demonstrated in connection to the concept of subject eyes and subject pictures, Bettmann's approach was very different from that of art historians.

257 Nick Lyons, ed., *Montgomery Ward & Co., 1895 Catalogue and Buyers' Guide*, reprint, (New York: Skyhorse Publishing, 2008).

258 Ibid., back cover.

259 Bettmann Archive, *Portable Archive*, 3.

260 Ibid.

261 For the discussion on the various attempts for the standardization of captions and the classification of art works, in particular in the context of museum management, see: Christine L. Sundt, "The quest for access to images. History and development," *Advances in librarianship* 22, (1998): 87–106; Matthias Bruhn, "Die unsichtbaren Wörter," in *Das abc der Bilder*, ed. Moritz Wullen (Berlin: Staatliche Museen Stiftung Preussischer Kulturbesitz, 2007), 22–25. A noteworthy systemization project for the thematic classification and indexing for images, in particular art works, putting into practice the idea of (art) historical iconography, is Iconclass system developed by the art historian Henri van de Waal in the early 1970s. See also Matthias Bruhn, "Die unsichtbaren Wörter," in *Das abc der Bilder,* ed. Moritz Wullen et al. (Berlin: Staatliche Museen zu Berlin, Preussischer Kulturbesitz, 2007), 22–25, here: 23.

262 Bettmann, *Picture Man*, 101.

263 The Bettmann Archive negotiated the licensing rights for mining the news picture segment of Underwood & Underwood, covering the period between 1900 up to the Second World War.

264 Ibid.

265 Ibid, 93.

266 Letter from the Bettmann Archive, dated April 13, 1973; un-catalogued item, Corbis collection.

267 Miller, "Pictures for Rent, 128.

268 Ibid., 128.

269 See here the art work by Jeff Guess "Bank of Nature: Concepts," *La Vitrine de la Société française de la photographie*, Paris, 2007

270 For more detailed studies on the concept of stock photography as an aesthetic genre and a business model that emerged in the 1970s, see the work of Miller, "Pictures for Rent," 1996; Frosh, *Image Factory*, 2003; Bruhn, *Bildwirtschaft.* 2003; Sobieszek, *Art of Persuasion,* 1988; James Ong, *Photography Best Seller: One Hundred Top Moneymaking Photos* (New York: Moore & Moore, 1987).

271 New companies including The Image Bank and Comstock, both founded in 1974 became synonymous with the stock photography market aesthetics of generic images.

272 Frosh, *Image Factory*, 26.

273 Bruhn, *Bildwirtschaft*, 2003. The term *Fertigbilder* ('ready-made images') was coined by Matthias Bruhn and Pablo Schneider, "Fertigbilder. Allegorien des Alltäglichen," in *Kritische Berichte* 2 (1998): 32–43.
Examples of early automation projects for the management of library data can also be found in the institutional sector. Sponsored by IBM, the Metropolitan Museum of Art in New York launched its first electronic data-processing project in 1956 to improve the management of the museum's research library (later renamed the Thomas J. Watson Library, after the founder of IBM and trustee of the Museum from 1951 until 1956). See the Library's website http://libmma.org/portal/library-history/.

274 Bettmann, *The Picture Man*, 94.

275 John F. Baker, "Living in the past with Dr. Otto Bettmann," *Publishers Weekly*, November 25, 1974, 24–25.

276 Otto Bettmann, interview, 1971. See note 4, Part II.

277 Bettmann's stepson Melvin Gray (from his marriage with the antiques dealer and interior designer Anne Clemens in 1938) took over as the managing director of the Bettmann Archive in 1975. Bettmann subsequently divided his time between New York and Florida, where he became affiliated to Florida Atlantic University in Boca Raton. However, the sources suggest that he continued to be involved in the business operations of the company.

278 Founded in 1953, UPI is itself a conglomerate

of several photographic agencies including ACME (1923–1960) and INP (International News Pictures, 1912–1958).

See Corbis Film Preservation and the Bettmann Archive factsheet, updated 2007, http://www.corbis.com/corporate/PressRoom/PressFactSheet.asp. Similar sentiments have appeared in several articles, including Mary Battiata, "Buried Treasure," *Washington Post Magazine*, May 2003: "millions of the greatest images of the 20th century;" Dirck Halstead, "A Visit to the Corbis Picture Mine," *The Digital Journalist*, June 2003, http://www.digitaljournalist.org/issue0306/cpmine.html: "a vast proportion of the world's visual legacy;" Scott Williams, "Freezing Time," *Washington CEO Magazine* 15, no. 5 (May 2004): 69–70: "the most famous pictures in history."

279 Founded in 1947, Kraus-Thompson established itself as an academic publisher, distributing (among other products) journals and books to college and university libraries.

280 Interview with Els Rijper, employee at the Bettmann Archive from 1984 to 2001, carried out on April 19, 2010. Rijper was responsible for the preservation of the archival holdings and picture research at the Archive, and has published a book on the visual history of Kodachrome: Els Rijper, *Kodachrome: The American Invention of Our World, 1939–1959* (New York: Delano Greenidge Editions, 2002). Another essential source of information for this thesis was Kenneth Johnston, director of the historical collections at Corbis, interviews conducted in March 2009 and April 2010. Johnston began his career in 1989 at the Bettmann Archive, while it was owned by Kraus-Thomson; he has co-authored a book on the history of American news picture agencies, in particular UPI: William Hannigan and Kenneth Johnston and, *The Rise of American News Pictures* (New York: Harry N. Abrams, 2004).

Corbis, or the Excess of the Photographic Archive

1989–present

PART III

Chapter 1 The Emergence and Development of Visual Content Providers

In 1995, the Bettmann Archive changed hands for a second time; in contrast to Kraus-Thompson, the new owner Corbis had no *a priori* knowledge of the functioning of the picture market. Often referred to as a "visual content provider,"[1] Corbis was created in 1989 by Microsoft founder and owner William H. Gates under the name Interactive Home Systems (IHS) to specialize in the commercialization of digital imaging. Otto Bettmann himself approved of the purchase of his former company, claiming to be pleased "to have seen my original acorn nourished and cultivated into a formidable digitized oak."[2] Bettmann praised the potential of digital archiving: "picture seekers no longer have to consult a multiplicity of sources to fill their graphic needs; all can be satisfied in one well-organized picture emporium,"[3] thereby reaffirming not only his pragmatism but also his indifference towards photographic materiality. [4]

The Dream of Immateriality

The invention of digital imaging reanimated the dream that has infused photography ever since its earliest days: the fantasy of collecting everything, of accessing "enormous collections of forms ... classified and arranged in vast libraries, as books are now," as Oliver Wendell Holmes advocated in regard to stereoscopic views.[5] To facilitate the development of such collections, Holmes suggested the formation of a "comprehensive system of exchanges, so that there may grow up something like a universal currency of these bank-notes."[6] Like Holmes, Paul Valéry applauded the economic potential of photography and its site-less and time-less reproducibility; in his 1928 essay "The Conquest of Ubiquity," he stated: "like science, it [the reproduced work of art] becomes an international need and commodity."[7] Understood in relation to the development of an increasingly democratic process, Valéry explicitly connected the advantages of mechanical reproduction to the empowerment of the individual. Liberated from the location of its performance and its temporal continuum, mechanical reproductions would enable the individual not only to access and participate in the experience of art, but also to choose when and where to do so. In regard to the visual experience of reproduced images, Valéry concedes that "we are still far from having controlled visual phenomena to the same degree" due to the limitations of image reproduction, meaning photography, in contrast to the reproduction of sound: "Color and relief are still rather resistant. A sunset on the Pacific, a Titian in Madrid cannot yet be enjoyed in our living room with the same force of illusion as a symphony."[8] However, Valéry envisioned that various types of reproductions would soon spread into the private space, individually programmed, to "satisfy our needs in response to a minimal effort ... at a simple movement of the hand, hardly more than a sign," and as basic as "water, gas, and electricity ... coming to our houses from far off."[9] The comparison of a reproduced work of art and, by extension, a photograph with utilities reaffirms the reproduction's character as a product of the mass consumerism of 20th century society; however, it also emphasizes its notional status as a vital, ubiquitous element of modern life, in particular for the modern (bourgeois) individual whose home is equipped with standard amenities such as running water, gas, and electricity, and who listens to the radio, takes photographs, leafs through illustrated magazines, plays records, and attends movies. "I do not know," Valéry continues, "whether a philosopher has ever dreamed of a company engaged in the home delivery of Sensory Reality."[10]

The creation of a distribution service for images, Valéry's "home delivery of Sensory Reality,"[11] simulating and satisfying the alleged needs of modern society and of the modern individual is precisely what Gates envisioned when founding IHS in 1989, though in a very different context. In contrast to Valéry's vision, the universal accessibility and the shift of the experience of art from the public to the private sphere in Gates' scheme was clearly intended to turn a profit.

In his book *The Road Ahead*,[12] published in 1995, Gates elucidates his vision of an information society and his motivation for creating IHS. The chapter "Cyber-Home" presents the construction plans for Gates' own private home, which was designed to be equipped with "news coverage and entertainment at the touch of a button."[13] An individual choice of images, recordings, films, and TV programs were to be displayed on several synchronized wall monitors. Gates specifically mentions photography: as the first private user of a "databank of a million pictures" comprising photographs and photographic reproductions of art, he imagines a "unique and comprehensive archive of images of all kinds."[14] With the help of wide-ranging data registers, these images were intended to be easily retrievable. In contrast to most photographic agencies and commercial image banks that primarily targeted the media, publishing, and advertising industries, the IHS business model was additionally designed for a highly powerful group of customers: individual consumers.

It is precisely this juxtaposition between the liberation of experience on the one hand and its privatization on the other that is illustrated in the digital painting by Louie Psihoyos, "The Information Revolution, 500 Monitors" from 2003 [Figure 51]. Situated in the very centre of a panoptic structure, we see the dark silhouette of a person in front of a white, glaring light, comfortably leaning back in a chair. Conveying an atmosphere of leisure, the person is surrounded by a grid of colourful, brightly illuminated screens. While the image suggests a maximized visual experience, the boundaries between entertainment and control, monitors and monitoring, and the observer and the observed are blurred. Thus, the work may be interpreted as corresponding perfectly to the *Zeitgeist* that has been increasingly pervasive since the early 1990s: the idea of the ultimate transformation of everyday life facilitated by the progress of communications technology and its electronic apparatuses.[15] As predicted by David Bearman in 1995, the "growing penetration of interactive, broadband services into homes, schools and businesses and the emergence of a facility for information and entertainment will be of an importance equal to that of television today."[16] At the same time, intentionally or not, Psihoyos' juxtaposition of countless images and the shadow of a viewer represents a critique of this concept, especially when comparing the 500 monitors with the image of a panopticon [Figure 52], such as the *Presidio Modelo* prison in Cuba. The panopticon was conceived in such a way that a prison warder in the central tower could observe the detainees without being seen, thus imposing the ultimate pre-emptive control.

The critique of Valéry's idea of the ubiquity of the aural or visual experience reflected in "The Information Revolution, 500 Monitors" has further resonance in the writings of Walter Benjamin. In the mentioned 1928 text "This space is for rent," part of the essay collection *One-Way Street*, Benjamin claims that the "insistent, jerky nearness" and "special ubiquity of things"—here referring to advertising and film—"make criticism impossible," as "criticism is a matter of distancing. It [criticism] was at home in a world where perspectives and prospects counted and where it was still possible to take a standpoint."[18]

What made the digital form of photography so appealing to anyone involved in the archiving and the management of collections in both commercial and institutional contexts, for whom constraints of space, time, and money were ever-present problems, was the idea of its immateriality. The digital image was understood as an image without a physical carrier, reduced to a binary code, an image "produced without the intermediaries of film, paper or chemicals."[19] The economic potential of digital imaging as well as other forms of photography relied precisely on this: the idea of immateriality and enhanced mobility. As Holmes suggested in 1859 in his plea for the sales potential of stereoscopic views, "Form is henceforth divorced from matter."[20] The anticipated potential of analogue photography lay in substituting an object with an image, thus obviating the immobile and expensive form of the object depicted in a photograph. The same reasoning was applied to digital imaging: while the digital reproduction of an image was not considered the equivalent of the original photograph, its quality was adequate and it could therefore be rendered marketable. Additionally, since the picture market, in contrast to the art market for photographs, deals not with the photographic object but with the intangible rights for reproducing, using, and publishing the image, the shift from analogue to digital was interpreted as a mere continuation of existing practices. Digital imaging promised to be a further step in the continuous search for greater efficiency in reproduction techniques

Fig. 51
Louie Psihoyos, "The Information Revolution, 500 Monitors." Digital composite, 2003.

and in the management and exploitation of images. Thus, it was assumed that in comparison to analogue material, digital reproduction would be more mobile and inexpensive and as such would inevitably replace its analogue predecessor. Just as photography superseded previous reproduction techniques (most importantly, lithography and engraving and the related businesses) during the early 19th century, a new digital market with new rules would emerge and would eventually replace existing businesses.

The idea of immateriality and enhanced mobility was so powerful that it "captured the imagination of the cultural heritage community"[21] and private companies alike. Numerous institutions and private companies involved in the archiving of collections sensed the opportunity not only to reduce the volume of their collection by preserving digital surrogates, but also to earn income from their digitized holdings. In the future, a picture archive or any archive would be, as Corbis imagined, condensed into a deserted room equipped with data servers, with shelves, boxes, and folders replaced by machines and pictures by electronic data; this idea of immaterial and mobile data was visualized in the abstract form of a spinning red light in a publicity image of the Corbis Computer Center [Figure 53].

Accompanied by a widespread debate on their impact on knowledge production and the dissolution of 'the archive' as an authoritative body,[22] advancements in digital imaging led to major financial investments and the emergence of new business ventures. Most of the players in the traditional picture market, primarily photography agencies and commercial image banks, were hesitant or simply did not have the financial means or the technological know-how to invest

Fig. 52
The Presidio Modelo in Cuba, inspired by Bentham's panopticon.

in digital technology; however, the possibilities of digital imaging were considered so promising that they attracted companies entirely new to the picture market, including Corbis and its principal competitor, Getty Images. Referring back to the quotation by Janos Reizmann that opened Part I, a parallel may be drawn to this contemporary phenomenon: the development of a new photographic (and reproductive) technology held the promise of a potentially lucrative business and functioned as a magnet for investors and speculators. This latter point seems particular pertinent with regard to Corbis and Getty Images, as they were investing in a yet-to-be-optimized technology and an undeveloped market.

Drawing on the idea of immateriality, the business model of the IHS distribution service was based on two assumptions: First, it relied on the hypothesis that the 'information highway,' whose infrastructure in the early 1990s was still rudimentary, would soon allow for the transmission and reception of large amounts of data, including images. This technological development would automatically stimulate demand and create a desire for digital images and would subsequently generate new marketing opportunities. Many feared that IHS would benefit from this infrastructure by installing "a tollgate on the information super highway."[23] Indeed, by investing heavily in digitization and the technology for storing and disseminating images, IHS sought to control the anticipated stream of digital images. The fear of an image monopoly seemed justifiable, given the dominance over the world's personal computers that the Microsoft Corporation had previously achieved through its operating systems.[24] Second, Gates believed that "just as software had replaced hardware as technology's most valuable product, so too would content eventually replace instruction sets as a

Fig. 53
Christopher J. Morris / Corbis, "Data Computer Center at Corbis, Bellevue." Photograph, 2001.

basis of digital value."[25] Digital content, be it visual, aural, or textual information, would become the capital of information technology—and this capital needed to be amassed.

For Corbis and Getty Images, the imperative of the subsequent years was the accumulation of as much visual material as possible in order to establish a comprehensive collection of images: as Corbis described it, a "digital Alexandria" or an "Encyclopedia Britannica without body text."[26] The company's aim was to be "*the* place for pictures on the Internet,"[27] assuming that there was a clearly defined number of images worth owning. The development of a particular grid of categories and keywords, creating a "gridded territory,"[28] determined the images needed to build this place. In the words of Allan Sekula, this place was a "territory of images"[29] composed of potentially profitable images; in view of the prospective clients, it was a place dominated by American and Western visual regimes and visual histories. To distinguish itself from existing photographic agencies and image banks, the Corbis collection would function like a department store or a shopping mall (one of the markers of twentieth-century consumer culture), allowing the client to find everything in one place, thus saving time and effort.

The Corbis Collection

In the early 1990s, Corbis negotiated non-exclusive licensing rights with many photographers and a number of museums and libraries to market their collections; partners included the Barnes Foundation, the Academy of Natural Sciences in Philadelphia, the Minnesota Historical Society, the Smithsonian Institute, the Seattle Art Museum, the Detroit Institute of Arts, the Carnegie Institute, the archive of the Massachusetts Institute of Technology's School of Architecture and Planning, and also non-American institutions such as the British National Gallery and the State Hermitage in St. Petersburg, Russia. Corbis, as its former director Steve Davis explained, was "interested in different types of works from around the world" and thus approached a number of museums "based on the nature of the collections, or because of their interest in working in digital technology."[30]

The non-exclusive rights agreements would allow Corbis to create digital reproductions and distribute them to private consumers as well as to publishing and advertising professionals. Museum collections seemed particularly appealing, as they represented a pre-selection of acclaimed artworks certified by the authority of the cultural institutions and thus promised to be valuable and profitable. In turn, many museums, especially smaller ones, were actively seeking cooperative agreements with private or institutional partners at the time, as they were aware of the need to engage in the digitization of their holdings for promotional and editing purposes, as well as for recordkeeping and conservational needs.[31] Benefits for the museums from the arrangement were partly financial, as the profit generated was to be shared with Corbis, but also resulted from the indirect promotion of their collections.[32]

However, many museums balked or gave their consent only for a very limited period of time, as they feared a loss of control over the use of their holdings, especially given that copyright legislation had yet to be adjusted to reflect the rapidly changing technological developments. The primary concern of photographers and institutions was that Corbis initially claimed a separate copyright protection, arguing that the digital reproduction of an artwork or photograph could be considered as fundamentally distinct from the original. Potentially, by adjusting the colour, brightness, or contrast of a photograph, the digital reproduction could be interpreted as a unique work of art. In addition, museums feared that Corbis would take possession of and commercialize and vulgarize a wide range of artworks in the public domain. The company countered these allegations by stating that the copyright protection it claimed applied only to the digital image, the visual surrogate of the primary material produced by Corbis, and argued that it was not preventing anyone from reproducing and subsequently disseminating the same work of art.[33] The company undoubtedly capitalized on the general confusion about "who owns what version of what"[34] and the broader debate in the early 1990s on the authenticity and validity of digital records. The efforts by Corbis to cooperate with public institutions were highly controversial in part because they "forced the non-profit cultural sector—libraries, archives and museums—to think carefully about whether and how they can position themselves to earn income from their digitized holdings or reach popular audiences."[35] Corbis and also Getty Images to some extent were criticized for challenging not only the authority of public institutions as cultural repositories, but also their non-profit status.[36] However, as the history of Corbis shows, the accumulation of "virtually anything imaginable"[37] proved to be more difficult than anticipated.

From 1995 on, the year that Corbis adopted its name,[38] the company was forced to reconfigure its business model to confront the issue of rights and economic realities in its attempts to achieve a leading position in the picture market. As one might expect, the concept of a separate copyright, the legal divorce from matter and the appropriation of images using the digital medium, was not viable. Amassing visual content by means of cooperative agreements with museums and photographers proved to be too complicated and time-consuming and was soon abandoned. The new strategy was the acquisition of myriad photographic collections and the takeover of a wide range of photography agencies and commercial picture libraries [Figure 54].

Corbis' strategy was to cover a variety of subject areas, including fine arts, entertainment, science and technology, and political, social, and cultural history. In 1995, it purchased the Bettmann Archive, which had previously merged with UPI and which itself was an amalgam of various collections (including ACME, INP, and Pacific & Atlantic). In 1996, the holdings of the French agency Sygma, with a corpus of approximately 40 million images, were added, as well as those of various smaller collections. In addition to the accumulation of material stock and entire businesses, which alleviated problems of copyright, Corbis also established several commission contracts for mining pre-digitized private and institutional collections, among them parts of the prints and photographs collection of the Library of Congress, the publishing house Condé Nast, the Alinari Collection, the estate of Ansel Adams, and the Andy Warhol Foundation. Acting as a flagship brand, Corbis also increasingly invested in stock photography. In 1998, it purchased Digital Stock Corporation and later acquired the stock photo agency Veer, both of which offered images very inexpensively under a royalty-free licensing scheme.[39] The company also bought Outline Press Syndicate, which specialized in celebrity portrait photography, and founded Greenlight, a company focused on image rights services, namely rights clearance, tracking, and administration.

Getty Images, founded in 1995 by Marc Getty and Jonathan Klein, followed a similar strategy. In its development and acquisition policy, it can be regarded as a mirror image of Corbis. The two companies competed for supremacy in the picture market, although Getty Images took the lead for various reasons.[40] Often mistakenly assumed to be connected to the Getty Institute or the Getty Museum, Getty Images laid the foundation for its operations by acquiring the leading stock photo agencies Tony Stone Images (1995) and The Image Bank (1998), a subsidiary of Eastman Kodak Company with more than 70 sales offices in 40 countries, as well as many other thematic collections. With the purchase of the Liaison Agency in 1997, which also cooperated with the French agency Gamma, the company acquired a vital source of photojournalistic material. In addition, it invested in PhotoDisc (1998), a stock agency specializing in royalty-free images and electronic distribution, and the company iStock Photos (2006), which distributed images mainly for Internet applications. It also obtained vast quantities of historical photographs by purchasing the Hulton Deutsch Collection in 1996 from the British Broadcasting Corporation (BBC); this primarily consisted of the collections

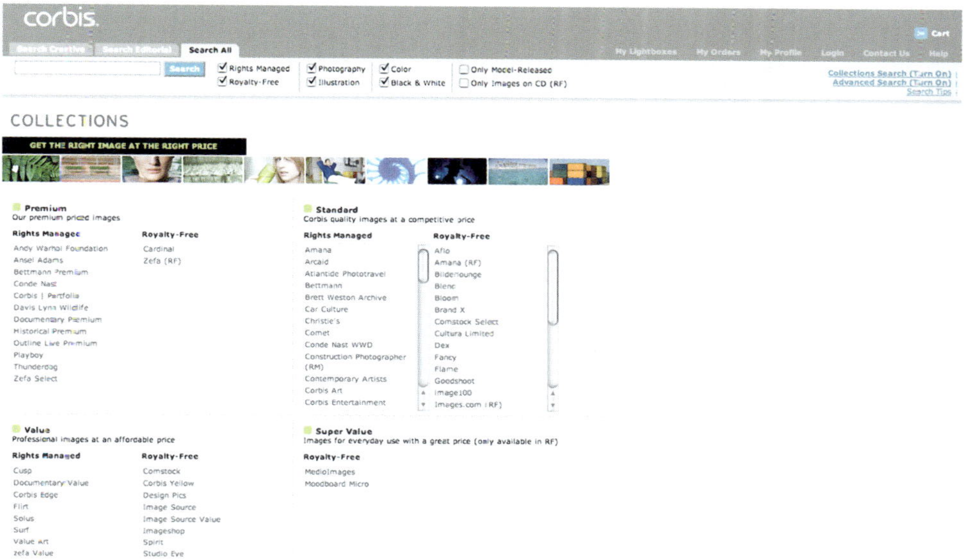

Fig. 54
Corbis website, Array of collections distributed through the Corbis website. Screenshot, March 25, 2009.

of the former photo agency Keystone and the British illustrated magazine *Picture Post*. In contrast to Corbis, which was privately held, Getty Images was publicly traded on the American stock market until 1998.

Interestingly, both Corbis and Getty Images consciously sought out and purchased historic collections of 19th- and early 20th-century photographs in an attempt to recycle visual history and to exploit the vague notion of collective memory. Enriched by the process of time, these photographs were considered highly valuable. They broadened the collections and provided the companies with credibility. With digitization, these historical photographs gained an added market value—the digital form, and the ability to be used and re-used in new and different ways, the "re-use value"[41] of images. Indeed, through digitization these photographs were integrated into a new economic cycle. Moreover, in order to flesh out its thematic grid, photographers hired by Corbis set out to systematically capture images of potentially profitable objects, themes, and sites that were missing from the collection. For particularly promising subjects, various views and combinations were photographed: for example, the Eiffel Tower in all seasons, by day and by night; as a close-up, panoramic, or aerial view; with one person, two or more, or with crowds of people; in black-and-white and in colour, etc. These contemporary photographs were added to the previously purchased photographs of the Eiffel Tower under construction, portraits of its engineer, and drawings and paintings of the Eiffel Tower over time. This 'bulimic appetite' for images was whetted by photographic reproducibility, the idea of the immateriality, and the capitalist principle of continuous growth. As Elizabeth Swan, the chief librarian at the Academy of Natural Sciences in Philadelphia recalls, "Initially Corbis wanted only selected images from selected classics. The more they saw, however, the more they wanted. Then they wanted all the images from the selected classic."[42]

The ultimate aim of Corbis' world-documenting project was to become a company that would be hard to avoid, or, as Corbis put it, "The range of the company's visual content attempts to encompass the breadth of civilization, containing everything from reproductions of cave drawings to contemporary celebrity photographs."[43] Its motivation was purely commercial, yet it was draped in a vocabulary that had accompanied photography since its beginnings. Photography, as early enthusiasts marveled, was capable of bringing to us "hieroglyphs from Thebes, Memphis and Karnak,"[44] alongside artworks from the Louvre, water from the Seine, pavements, and the sky," all things big and small, permitting the collection of all riches and treasures. [45] Photography suspended time and space; it leveled miscellaneous representations, from cave drawings to celebrity portraits, into one all-encompassing narrative.

According to Corbis' corporate statements, the company today represents the work of more than 30,000 photographers and owns stock totalling over 100 million images, which are distributed via the company's website with the help of sales offices in numerous countries worldwide.[46]

As we have seen throughout this study, the policy of acquisition and merger of collections is a common practice in the history of photography agencies and commercial archives; holding as many pictures as possible is the principle of and the catalyst for the picture market. However, with the emergence of digital images and the creation of a new industry, the picture market was radically transformed. For example, in 1996, the hitherto protagonist in the picture market, The Image Bank, considered the distribution of digital images insignificant, estimating it at 5% of total market transactions;[47] two years later, the company was taken over by Getty Images. Owing to their substantial investments, Corbis and Getty Images absorbed a variety of collections and companies that represented the majority of the pre-digital market environment.[48] As a consequence, photographic collections of unparalleled scale emerged.

Creating Digital Image Products

In the pursuit of developing digital image products, Corbis faced two challenges: On the one hand, it had to transfer its analogue collections into digital data and incorporate different pre-digitized collections into one organisational structure. On the other hand, it had to develop and set up the electronic system for distributing its products. In the beginning, however, marketing opportunities for digital images were virtually non-existent. Both these marketing opportunities and also the desire for digital images had to be created.

As the chronology of the acquisition and cooperation policy illustrates, Corbis initially sought to license its collection to private consumers, but soon widened its scope to include distribution of digital reproductions in print and electronic media for editorial and advertising purposes. After the original IHS idea of delivering digital reproductions to private homes had to be abandoned due to its technical infeasibility and lack of demand, Corbis turned to a different marketing tool. It produced a variety of CD-ROMs that were conceived of as virtual exhibitions, such as *Leonardo da Vinci*, *Volcanoes: Life on the Edge*, and *A Passion for Art: Renoir, Cezanne, Matisse and Dr. Barnes*. In addition to the spectacle of viewing (relatively) high-quality images on computer screens for the first time,[49] the concept consisted of enhancing the reproduced image by the addition of complementary features and applications. This development of multimedia products followed a general trend in the 1990s of exploring the possibilities of new media, as David Bearman describes with regard to photography:

> "Digital conversion of printed books and photographs produces fast paper; it has some advantages in terms of storage and delivery over the original, but it fundamentally fails to use digital multimedia technologies to advantage. A photograph of a windmill is nice; a photograph that allows us to peel back the cover, see the mechanisms, run the mill and watch the way the crank is attached to power distribution systems, examine the renovation history and the ownership of the mill over time, etc., uses interactive multimedia to advantage. The first point to make about digital knowledge then is that it is functional, it should do something or be a service. If it is not, then it is digitized information from analogue sources, and it won't excite or really do what we need."[50]

The CD-ROM that perhaps came closest to embodying this idea was *Leonardo da Vinci*, which was based on the inventor's scientific writings assembled in the Codex Leicester, bought by Gates at auction in 1994. Corbis promoted this product by highlighting the quality and comprehensiveness of the reproduced documents and drawings, which were enhanced by the so-called Codascope, a movable viewing frame and translation tool. Especially in the early years, Corbis strongly emphasized the educational dimension of its products: "Interactive exhibits allow users to experiment with the concepts and ideas behind [da Vinci's] theories on astronomy, geology and the movement of water, [they] can imagine themselves alongside Leonardo as he made discoveries and developed his theories."[51] In addition, by licensing a selection of images displayed in the CD-ROM, "students, teachers and surfers" were encouraged to "create their own documentaries by doing moulded searches."[52] This description suggests that in the beginning Corbis had only a vague idea of the potential users of and uses for digital images. Despite the company's efforts, the sales figures for the CD-ROMs were hardly satisfying and bore no relation to the production costs.[53] As later developments revealed, Corbis was fundamentally mistaken in viewing CD-ROM technology "as an expedient training for the ultimate transition to online."[54]

Having in its early years heavily invested in the purchase of content with an eye toward professional clients, starting in 1996 Corbis engaged in a vast editing and digitization project; this process is still being carried out to this day, although on a different scale. Operating with what was then the largest concentration of high-quality scanners (such as the Heidelberg Topaz and Creo Scitex, costing approximately US$500,000 each), the digitization of previously purchased collections operated at full stretch. Soon, several hundred thousand scans were at Corbis' disposal; the company was scanning around the clock, adding 10,000 images each month.

The conversion of a photograph such as the 1940 picture "Massive Crowd on Beach at Coney Island" by the American photographer Weegee [Figure 55] into digital form [Figure 56] and its development into a digital product requires multiple steps. First, the analogue material is thoroughly examined, with duplicates identified. Information related to the photograph (i.e., caption, photographer, copyright) is verified, researched, and corrected when necessary in order to

Fig. 55
Bettmann Archive, ID: 566420 BACME, Weegee masterprint, "Massive Crowd on Beach at Coney Island." Photographic print, ca. 1940.

render the image exploitable. As in most private or institutional digitization projects, the digitization of the analogue form and the transfer from one visualization and storage medium to another can prompt a major reassessment and re-evaluation of a collection, eliciting such questions as: In what material condition is the negative or print? Is the negative the original, or is it a copy? Does the collection contain vintage prints? Who owns the image? What exactly does the photograph show or document? Is the material interesting to today's viewers? Is it historically valuable? Will it generate profit? In the case of Corbis, this evaluation process also involved the attribution of the photographer's name, a step that had previously been irrelevant for the marketing of an image. As a result, an image such as "Massive Crowd on Beach at Coney Island" was not simply an illustration of a massive crowd of people on the beach at Coney Island, but was promoted as a masterpiece by the acclaimed photographer Weegee. Another example is the previously 'authorless' photograph from the Bettmann Archive, "Advertising in Window of Midwestern Small Town Portrait Studio, 1932," prominently featured in the Bettmann Portable Archive [Figure 47, p. 139]. Following re-evaluation of the material, the image was completely re-captioned as "Photographer's studio window. Portraits adorn the window of a penny photographer's studio. Birmingham. Alabama, March 1936" by Walker Evans—the information was extended and corrected and now included the photographer's name.[55] In accordance with the ideas of Douglas Crimp, who had described the process of reclassification at the New York Public Library some thirty years earlier, a new category was added to the set of accompanying information for the Bettmann collection: the "artist" who took the photograph.[56] While this *a posteriori*

Fig. 56
Corbis website, Display of scanned image "Massive Crowd on Beach at Coney Island." Screenshot, December 8, 2010.

attribution of the photographer's name contributes to the further alienation of the photograph from its original production and agency context and the construction of what John Szarkowski coined "photography itself," it also enhances the commercial value of the image and adds a sense of quality to the collection as a whole.

In a second step, the Corbis editors select photographs for the digital reproduction according to their relevance, their re-use and sales potential, and the physical condition of the analogue negatives and prints. A photograph is then digitized as a high-quality scan of approximately 60 MB, which serves as the raw, uncropped version. This master file is considered the 'original' digital file. The actual visual products are modified and resized versions of this raw scan. Formatted in various dimensions, they are available as low-resolution images for 'Web & Mobile' and as small, medium, and large images [Figure 57]. The image resolution thus affects the intended end products and their potential uses. One digital image is offered as several products, each differently priced. Consequently, the commercial value of a digital image product is not only defined by the scope of its distribution (such as the number of print-runs or regional, national, or international coverage) but also by its resolution and format. The latter could be characterized as the 'scalability' of the digital image, as André Gunthert proposed.[57] It is important to note that the analogue carrier is not discarded; rather, it remains in the collection and is marked with a barcode by which the complete set of original and added metadata becomes machine-readable. The analogue negative or print serves as a guarantee in a double sense: On the one hand, it is considered the source, and can be re-scanned if the digital data is damaged or if future quality standards require it. On the other hand, in most cases the

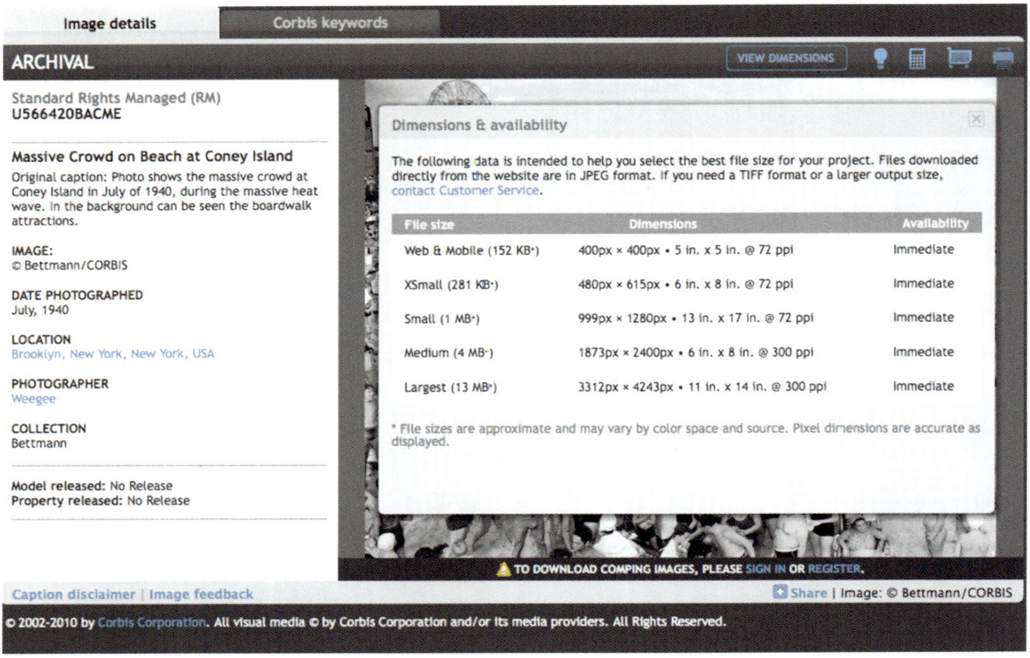
Image details
Corbis keywords
ARCHIVAL
VIEW DIMENSIONS
Standard Rights Managed (RM)
U566420BACME
Massive Crowd on Beach at Coney Island
Original caption: Photo shows the massive crowd at Coney Island in July of 1940, during the massive heat wave. In the background can be seen the boardwalk attractions.
IMAGE:
© Bettmann/CORBIS
DATE PHOTOGRAPHED
July, 1940
LOCATION
Brooklyn, New York, New York, USA
PHOTOGRAPHER
Weegee
COLLECTION
Bettmann
Model released: No Release
Property released: No Release
Dimensions & availability
The following data is intended to help you select the best file size for your project. Files downloaded directly from the website are in JPEG format. If you need a TIFF format or a larger output size, contact Customer Service.
File size
Dimensions
Availability
Web & Mobile (152 KB*)
400px × 400px • 5 in. x 5 in. @ 72 ppi
Immediate
XSmall (281 KB*)
480px × 615px • 6 in. x 8 in. @ 72 ppi
Immediate
Small (1 MB*)
999px × 1280px • 13 in. x 17 in. @ 72 ppi
Immediate
Medium (4 MB*)
1873px × 2400px • 6 in. x 8 in. @ 300 ppi
Immediate
Largest (13 MB*)
3312px × 4243px • 11 in. x 14 in. @ 300 ppi
Immediate
* File sizes are approximate and may vary by color space and source. Pixel dimensions are accurate as displayed.
TO DOWNLOAD COMPING IMAGES, PLEASE SIGN IN OR REGISTER.
Caption disclaimer | Image feedback
Share | Image: © Bettmann/CORBIS
© 2002-2010 by Corbis Corporation. All visual media © by Corbis Corporation and/or its media providers. All Rights Reserved.

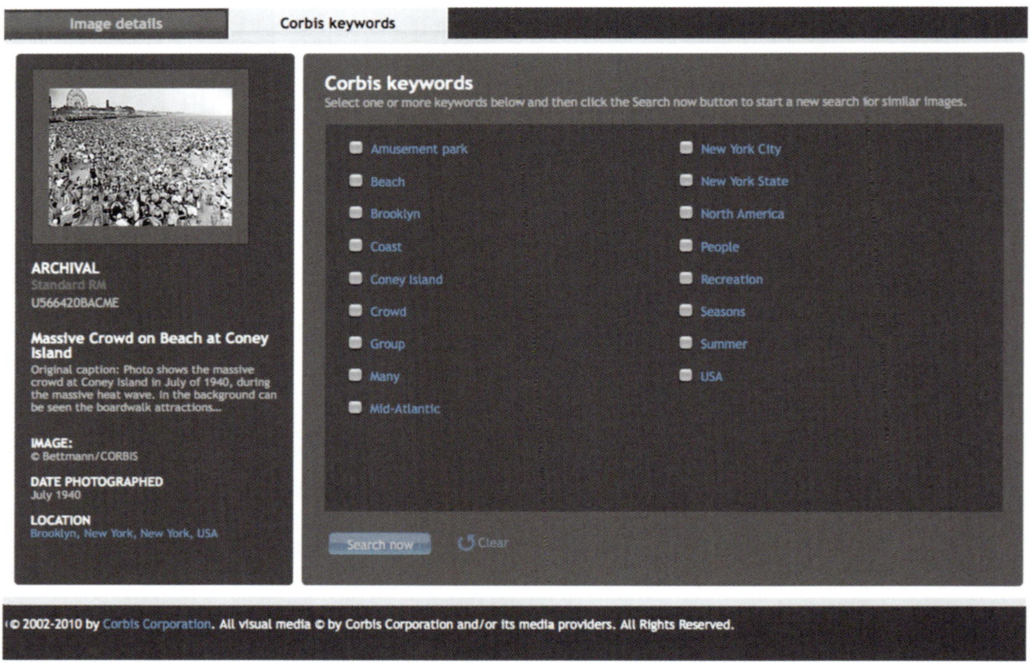
Image details
Corbis keywords
ARCHIVAL
Standard RM
U566420BACME
Massive Crowd on Beach at Coney Island
Original caption: Photo shows the massive crowd at Coney Island in July of 1940, during the massive heat wave. In the background can be seen the boardwalk attractions...
IMAGE:
© Bettmann/CORBIS
DATE PHOTOGRAPHED
July 1940
LOCATION
Brooklyn, New York, New York, USA
Corbis keywords
Select one or more keywords below and then click the Search now button to start a new search for similar images.
Amusement park
Beach
Brooklyn
Coast
Coney Island
Crowd
Group
Many
Mid-Atlantic
New York City
New York State
North America
People
Recreation
Seasons
Summer
USA
Search now
Clear
© 2002-2010 by Corbis Corporation. All visual media © by Corbis Corporation and/or its media providers. All Rights Reserved.

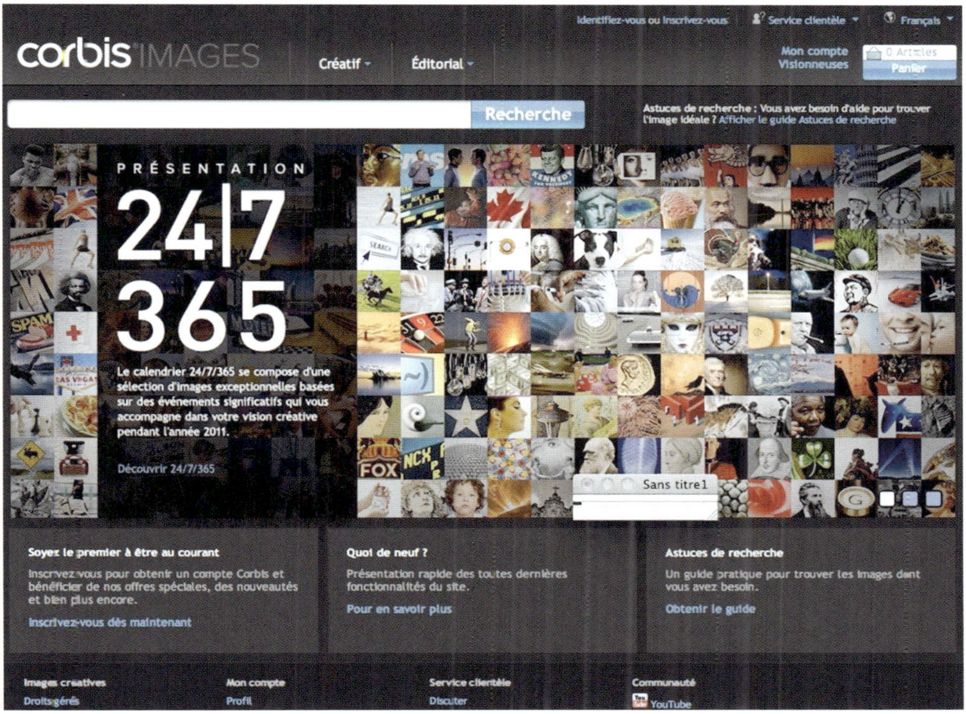

Fig. 57
Corbis website, Available formats for "Massive Crowd on Beach at Coney Island." Screenshot, December 8, 2010.
Fig. 58
Corbis website, Indexing "Massive Crowd on Beach at Coney Island." Screenshot, December 8, 2010.
Fig. 59
Corbis website, Portal "24|7, 365." Screenshot, December 8, 2010.

analogue photograph functions as the essential rights certificate, stamped or marked on the reverse side of the print or envelope.[58]

Following digitization and formatting, all available text information is incorporated into the electronic file, including the caption, the provenance, and the available sizes, along with the copyright. The attribution of categories and the detailed indexing of the image are accomplished by the editor and the indexing department [Figure 58]. Finally, the digital image products are displayed in the virtual picture store and in the gigantic searchable shop window, the Corbis website [Figure 59]. Thus, reflecting the methods of the traditional picture market, the creation of a digital image product is embedded within a detailed production process built upon the ideas of economic efficiency and the division of labour.

As the design of the Corbis website in 2010 suggests, the electronic display on the screen has led to an unprecedented virtual availability of a selection of the company's stock in the form of standardized, medium-sized, watermarked screen pictures. With its search mechanism employing both keywords and cross-referencing, the electronic database realizes what Otto Bettmann had envisioned with his card index, as described in the Bettmann Portable Archive of 1966: a mobile catalogue.

> "Ideally, picture retrieval should work in the following manner (and perhaps one day it will): The picture user in search of 'Melba eating Melba

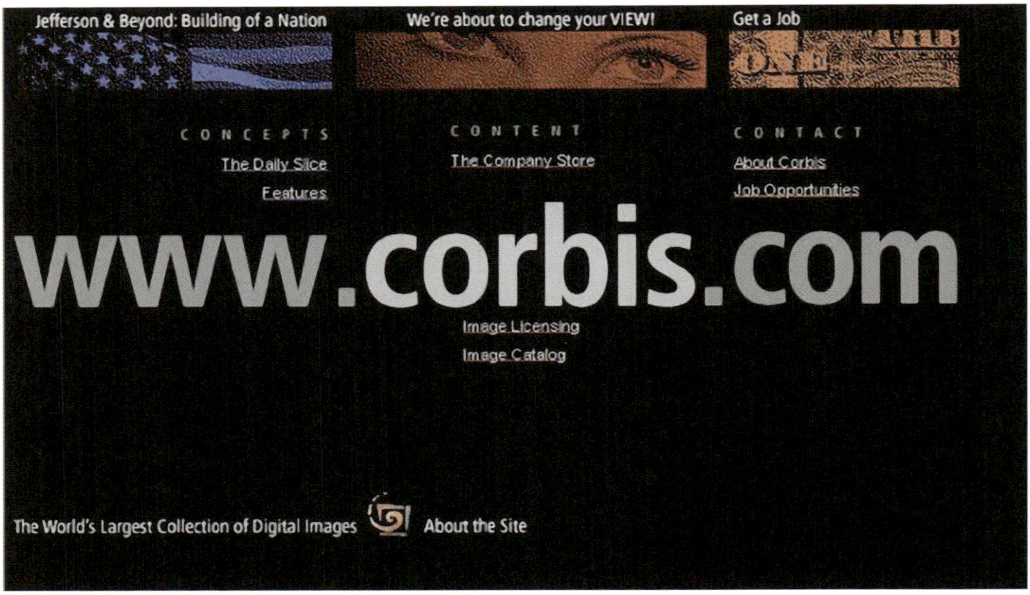

Fig. 60
First Corbis website, Portal April 5, 1997. Screenshot, Internet Archive.

toast' will teletype his coded request to an electronic picture research pool. After a few minutes' wait, a Western Union messenger will arrive with a fat envelope containing pictures of Melba eating Melba toast, dry, buttered or with marmalade! Only a digit here and there has to be changed should the request happen to be for 'Thomas Jefferson eating spaghetti' or a reproduction of Leonardo da Vinci's Mona Lisa ... This Pictorial Futurama is not offered facetiously. We are getting there ... To help in such pursuits and to speed up the retrieval of pictures—the right pictures—the Bettmann Archive has developed a visual index."[59]

For the sake of clarity, at this point several consequences engendered by the digitization of analogue photographs should be noted: First, digitization promotes the reassessment and re-evaluation of accumulated material. In some cases, such a procedure has not been performed for a long time, if ever. Information relating to the materiality of the analogue object, such as the photographic technique, quality, and size of the print are undeniably lost in the process, as they are not integrated into the digital file.[60] In turn, however, editing and re-evaluation can also result in a gain in information, as missing information and information necessary for the commodification of the image is located and added to the file. Second, digitization results in the selection of and distinction between images that remain only in analogue form and images also available in digital form. Third, the digitization of a photograph is far from being an automatic, effortless procedure; rather, it is divided into several working steps and requires manual pre- and post-production. Fourth, digitization accelerates the process of searching for pictures and, in the case of commercial collections, it increases the visibility of archival holdings that had previously only been accessible to professional clients. It goes without saying that although screen images are generally accessible, their use requires the payment of a licensing fee.

Fig. 61
Corbis Images, *Speaking in Visuals*, (doublepage), 1997, 106–107.

Since Corbis was conceived of as an e-business, one key concern was the development of an operational website and powerful search engine in order to efficiently market and distribute the company's digital image products. As introduced here and addressed in detail later, the development of a business platform and functioning search engine was a slow process. In addition to the technological dimension, the transition from a business relying on service and direct contact between clients and agency editors to electronic commerce based on individual search and electronic delivery produced considerable psychological resistance, especially among professionals. This resistance also resulted from the fact that this shift threatened to, and indeed did, significantly reduce the number of picture editors, thus threatening an established profession.

In 1997, Corbis launched its first website [Figure 60], which was rather limited in its options; it mainly served as an information sheet, a billboard for the company's URL address, and a miniature picture gallery. To begin with, clients had to be instructed in and become accustomed to the procedures of searching for, selecting, and buying images. The 1997 Corbis catalogue "Speaking in visuals," a combination of a standard agency catalogue and promotion for its online services, featured an illustrated manual explaining the picture search and retrieval in eight steps [Figure 61].

By using historical images as 'funny' black-and-white pictures, the manual conveys the notion of an easy, effortless procedure. At the time, however, only a small number of images could be browsed, searched for, and viewed online. The actual delivery was still mostly done by mailing CD-ROMs containing high-resolution images to the clients. Another major obstacle, in addition to the rudimentary technological infrastructure, was the lack of a functioning watermarking system for the diffusion of the images. In 1997, Getty Images took the lead in the development of this crucial tool in cooperation with the American computer manufacturer IBM (International Business Machines). Modelled on the IBM Digital Library, Getty created a secure watermarking system that enabled a digital image to be visually identified as belonging to a copyright holder without detracting from the image's visual appeal.[61]

By the end of the 1990s, the Corbis business strategy started to show positive results. Between 1998 and 1999, the company's sales figures increased by 200 percent.[62] This development was considered to be an indicator that the right strategy was in place and that there would be a promising market for digital images in the future.

Chapter 2
The Revenge of Materiality

Things turned out quite differently. While digital technology certainly enhanced the mobility of images and changed the way images were produced, stored, distributed, and viewed, digital imaging was far from being inexpensive and immaterial. Corbis, like many others who invested in the digitization, development, and recycling of historical collections, encountered myriad problems, mainly originating in the materiality of photography. These problems related not only to the materiality of the analogue holdings that Corbis had purchased, but also to the materiality of the digital images, an aspect that had long been neglected.

Iron Mountain: Preserving the Analogue Matter

"When we acquired the Bettmann Archive in 1995, both Bill and I immediately recognized not only its commercial potential, but even more important, our stewardship obligation."[63] In citing the company's stewardship obligation, Steve Davis, former CEO of Corbis, points to an episode in the company's history that generated much criticism in the media and in the form of artistic writings and artworks.[64] In 1997, Corbis solicited photography conservators (namely, Grant B. Romer from George Eastman House and Henry Wilhelm, an independent consultant) to develop a preservation plan to alleviate the deterioration process of large numbers of negatives, a process that was already underway in the early 1980s. In particular, nitrate and acetate celluloid films posed serious conservational problems. Like nitrate, cellulose acetate is chemically unstable unless kept

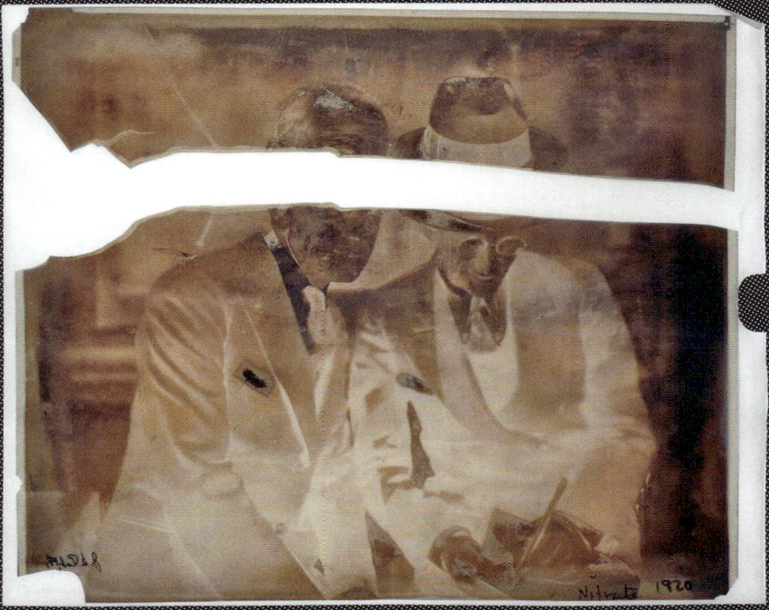
Nitrate 1920

Fig. 62
Corbis Film Preservation Facility, Deterioration process of cellulose nitrate film, 2009.

Fig. 63
Corbis Film Preservation Facility, Deterioration process of cellulose nitrate film, 2009.

Fig. 64
Corbis Film Preservation Facility, Negative evaluation of colour negative, ca. 2002.

at low temperatures. Acetate negatives are prone to a slow base decay, often referred to as the "vinegar syndrome." Recognizable through the pungent acid smell and the brittleness, buckling, and shrinkage of the negatives, vinegar syndrome affects all types and formats of acetate film, as illustrated by an example from the Corbis collection [Figure 62]. The historical collections purchased by Corbis consisted predominantly of cellulose acetate and polyester film. The cellulose nitrate film in the collection, when not previously discarded, also showed obvious signs of decay, including yellowing of the support, silver mirroring of dark areas in the image, and softening of the gelatine binder [Figure 63]. In addition, parts of the colour images on polyester film included in the UPI collection had begun to fade because of the unstable nature of the colour dyes, rendering these images unusable. Handwritten remarks on a colour negative from the Bettmann collection reflect this degradation: "Poor quality, no hope, no original prints, no high quality dupes on file, no options." [Figure 64] In addition to the photographic material itself, envelopes, negative sleeves, markers and stickers, folders, caption sheets, index cards, and registers—all indispensable sources for the exploitation and interpretation of the visual material—were also prone to deterioration.

The preservation plan submitted to Corbis in 1997 recommended the immediate and long-term cooling of the entire negative collection.[65] In keeping with this plan, in 2002 Corbis transferred the Bettmann Archive and UPI files to an underground storage facility located in a secluded area north of Pittsburgh.

Fig. 65
Office and catalogue space at Iron Mountain Corbis Film Preservation Facility, Boyers, Pennsylvania. Photograph, 2009.

A former limestone mine, the facility is owned and managed by the information protection and storage company Iron Mountain. Iron Mountain holds documents and data from approximately 2,300 clients, including government departments, private companies, libraries, museums, and media corporations.[66] This includes highly sensitive documents and data from the US Patent and Trademark Office, the Census Bureau, the Social Security Administration, bank details, and insurance papers, as well as the complete collection of film and music recordings from Universal Pictures Company. Storage in this humidity-controlled and high-security facility offers documents and data protection from man-made and natural disasters; the company describes itself as "protecting the world's information."[67] It functions both as a gigantic repository for original holdings and also as a service company for records management, archiving, and digitization. In the Iron Mountain facility, Corbis leases a relatively small space of approximately 950 square metres. This space is divided into an office area in the front, including a scanning facility and housing for the card catalogues from the Bettmann Archive, ACME, INP, UPI, and the Gendreau Collection [Figure 65]. The glass and film negatives and prints, as well as additional material from the Bettmann Archive, including logbooks and notebooks, numerous original copies of the *Illustrated London News* and *Harper's Weekly*, and Bettmann Archive memorabilia are stored in a separate temperature- and humidity-controlled vault [Figure 66]. The vault, which holds roughly 13 million items, is kept at about 7° Celsius and an average humidity

Fig. 66
Storage vault at Iron Mountain Corbis Film Preservation Facility. Photograph, 2009.

of 35%. For a selection of approximately 28,000 'icons of photography'[68]—a set of vintage negatives of best-selling and best-known pictures, internally referred to as VIP (Very Important Pictures)—the preservation plan recommends storage at -20° Celsius, thereby freezing the negatives. The initial plan provided for a temperature of -20° Celsius for the entire collection of 13 million items.[69] However, due to the considerable costs of cooling down the vault and the need for archivists to work with and handle the prints on an everyday basis, this plan was later abandoned.[70] The low temperature and controlled humidity greatly decelerates the deterioration process and thus extends the predicted storage period of the photographic objects to several hundred years.[71] In addition to this professional storage, Corbis archivists have engaged in a massive reorganization of the archival holdings, including repackaging negatives and prints into protective sleeves, wrapping glass negatives, and scanning index cards and registers. The company does not provide detailed information about the maintenance costs for its preservation facility; however, one of the archivists has stated that in 2010 the costs for the maintenance of the collection and space rental at Iron Mountain equalled the profit made from the distribution of the historical collections.[72]

Fig. 67
Corbis office, New York. Photograph, ca. 1996.

Corbis' facility at Iron Mountain is a radical example of the consequences of digitization that also apply to most other archives and collections, both commercial and institutional: digitization does not replace analogue holdings, but rather forms *parallel* archives. The digital archive is not a replica but rather a 'trace' of the physical archive. It establishes its own archival paradigm by distinguishing between a digital master file and various compressed versions, between the original and the copy. Thus, Corbis both preserves the analogue holdings (such as the Bettmann Archive, UPI, and Sygma collections) *and* maintains a digital archive. In the case of Corbis, which transferred its analogue holdings to Iron Mountain in rural Pennsylvania, digitization has resulted in a geographic divide between the conservation and archiving of photographs and the circulation and distribution of their digital surrogates. The latter is accomplished via the company's website and with the assistance of sales representatives and picture researchers at one of the Corbis offices, as seen in a picture taken at the New York office in 1996 [Figure 67]. However, the artefact does not become obsolete following digitization. Quite the contrary: information related to the photographic object, in particular the copyright indication and its initial context and use, is crucial for the image's very existence in digital form and is a precondition for building a product from digital data. As Kenneth Johnston, the director of the historical collections at Corbis sees it, "digitization is not preservation, but rather a safety back-up."[73]

Digital Materiality

In contrast to the materiality of the analogue carriers, the materiality of digital images is distributed across many more levels in a more scattered form, and is therefore more difficult to identify and to interpret. It is only in recent years that the myth of the immateriality of digital imaging and digital holdings in general has begun to unravel, catching the attention of scholars.[74] As I argue in the following sections, the materiality of digital images and their undeniable dependency on analogue holdings become clear when describing the functioning of Corbis and the problems that the company has encountered in the creation of their products.

The initial objective proposed in 1996 of reproducing 40,000 photographs per month and ultimately scanning the entire collection was soon curtailed. Today, the number of pictures scanned from the Corbis historical collections (the Bettmann Archive and UPI, Underwood & Underwood, etc.) is stalled at about 250,000 items. Of these 250,000 items, only a fraction are displayed on the Corbis website, thus considerably limiting the number of circulating images. New scans are predominantly carried out upon a client's request, thus the digitization has shifted from a large-scale project to an on-demand *modus operandi*. In the end, it is the client who determines which pictures are digitized and which are not.

The reasons behind this complete reversal in approach were manifold. Not only were the costs for digitization (including handling, indexation, and post-production) soaring, but additional complications arose from attempts to merge different collections and their individual classification systems. Most collections were not necessarily intended for re-use: in many cases, information was missing or erroneous, files were lost, or the copyright either could not be traced or existed under different rights regimes. Corbis, like many others, had misjudged the difficulties in migrating what was often very heterogeneous metadata into a new visual database, and had underestimated the importance of having both a well-functioning database and an effective search engine. By primarily concentrating on the accumulation of image content and by envisioning the photograph and the digital image merely as two-dimensional resources, the company had underestimated the time and labour needed to turn digital data into a valuable product. Economic value, however, relies not only on image content; rather, it is primarily constituted through the information attributed to and the services associated with an image. In other words, in the picture market, the value of a photograph or a digital image is composed of both the image content and the way it has been formed, interpreted, distributed, etc.—that is, the context in which it appears. These two aspects are intertwined and cannot be separated. Furthermore, the 'materialization' of a digital image product is not an automated process; it must be carried out individually for each image and relies on evaluation and interpretation by professionals photo editors and archivists. The materialization of a digital image is, therefore, the precondition not only for the image's commercial exploitation but also for its very existence.

To understand this initial misconception, it is helpful to examine how a digital image appears on the computer screen and how it is experienced, which inevitably connects to the idea of immateriality. As scholars have argued, digitization and the digital image displayed on the screen reemphasize the illusion of

Fig. 68
Corbis website, Portal November 10, 2002 "The possibilities are endless." Screenshot, Internet Archive.

transparency, prioritizing once more the perception of the image content rather than its context.[75] Digital imaging accentuates an aspect of photography that is certainly an important characteristic of the medium, but one that may have prevented us from understanding the multiple functions of the medium: that is, its quality as a depictive device and as a means of creating multiple reproductions. The seemingly effortless reproducibility of digital images and the ease with which digital information can be copied, altered, and combined has prompted comparisons of digital imaging to reproductive cloning.[76] This concept may well be purposefully invoked by the opening page of the Corbis website from 2002, ultimately pointing to the company's understanding of the medium [Figure 68]. The microphotography of spermatozoa zipping in various directions, accompanied by the heading "The possibilities are endless," promotes the notion of digital imaging as a quasi-natural resource, endlessly reproducible and endlessly combinable.

The relationship between image content and the way in which it is formed, interpreted, and distributed becomes apparent in examination of the display of an individual image on the Corbis website, such as the previously discussed "Massive Crowd on Beach at Coney Island" [Figure 56, p. 173]. The digitized photograph takes up approximately half of the screen surface and appears in combination with all sorts of information listed as "Image details." It is accompanied by an indication of the image category (archival), the historical collection the image belongs to (Bettmann), a condensed and more detailed original caption, and the digital archive number. The location (Brooklyn, New York, USA) and the photographer (Weegee) are hyperlinked, corresponding to the image classification and the searchable keywords. Special emphasis is placed on the copyright, both in the form of the digital watermark inserted into the image and in the information concerning the model and property release. The image, situated on the right-hand side, is framed by a dark grey background, evoking (although in inversion) the viewing mode of a light table supported by the luminosity of the computer screen. In addition, the configuration of the screen design, combining both image and text, is reminiscent of the design of the accession cards used in library or museum collections. The various information accompanying the image and its prominent display point out an essential, but oddly ignored aspect: one does not search for an image, but rather for the text associated with the image. Reflecting the archival structure, image query tools have always been (and still are) largely text-based. Hence, an individual image like "Massive Crowd on Beach at Coney Island" is visualized and materializes through the textual information associated with it. The image echoes the information attributed to the image, as deduced from the analogue object, and its layers of interpretation.

As the example of Corbis shows, the materiality of digital imaging manifests itself in the visible and invisible metadata attributed to the images, the copyright, and the software and hardware required for their archiving and distribution. The characterization of photography as a "multilayered laminated object," as suggested by Sassoon and others, could therefore also be applied to digital imaging.[77] In particular, it has been the merging of collections and the development of digital imaging products that have brought the various layers of photographic materiality to light. Although digital imaging may be perceived as flat or ephemeral, it produces matter that is indeed material when one considers the substantial investment needed for the development of digital imaging products and the maintenance of collections, as well as the efforts put into conservation of the digital data. It also becomes evident that a digital image does not have a value in itself, but that it needs to be materialized to become valuable. This "exchange value"[78] and the conversion of an image into a "visual currency"[79] depend upon the development of demand and of market structures; however, creating these structures has proven to be arduous, complicated, and time-consuming.

As is true for digital holdings in general, the materiality of digital images is further represented by the support structures required for the archiving, display, and distribution of the products. As Manoff, among others, has argued, "we access electronic texts and data with machines made of metal, plastic, and polymer. Networks composed of fiber optic cables, wires, switches, routers, and hubs enable us to acquire and make available our electronic collections."[80] The intensive energy consumption required for maintenance of the servers hosting large digital image collections has not only become a growing cost factor, but is also increasingly raising ecological concerns.

On a more abstract level, the rhetoric employed by Corbis in advertising their products and services may also be seen as indirectly contributing to this materialization, infusing the digital products with value. Interestingly, this rhetoric has oscillated for many years between two concepts: on the one hand, appreciation of the photograph as an object with a treasured genealogy, and on the other hand, the two-dimensional, endlessly reproducible and de-contextualized a-historical image. In its search for a functioning business model and business philosophy, Corbis has deliberately positioned itself between philanthropy and business, as evidenced by the visual and verbal rhetoric used by the company.

Public access, Private Library

In *The Road Ahead*, Gates rebuts the concerns of museums regarding the uncontrolled proliferation of digital images, claiming that "exposure to the reproductions is likely to increase rather than diminish reverence for real art and encourage more people to get out to the museums and galleries."[81] This argument recalls André Malraux's idea of the *Musée Imaginaire* (Museums without Walls) and the envisioned potential for photography as a medium for studying and popularizing art: "the colour reproduction does not compete with the masterpiece; it merely evokes it, and rather enlarges our knowledge than satisfy our contemplation."[82] Yet, as Douglas Rowan, the former CEO of Corbis, stresses in an interview from 1996: "This is not a 'not-for-profit' organization"[83]—and Bill Gates is no altruist. Tellingly, the allusion to the concept of the library appears repeatedly. The reference to the Library of Alexandria, for instance, was eagerly picked up by the media during the mid-1990s, prompting predictions that "[Corbis] may swell into the world's most comprehensive digital reserve of the imagery of mankind."[84] For the magazine *Wired* in 1996, "Corbis is more than the ultimate digital stock image house. It may be the first online, for-profit library." In turn, Corbis viewed itself as "the prototype of an all-content-on-demand, public access, private library,"[85] further blurring the line between public and private ambitions.

Corbis used the idea of the library as an institution dedicated to the public by turning it into a tool for its own self-promotion, and as a catalyst for digitization. However, the functioning of the company and in particular the organization of its holdings clearly controverts this idea. First, the company's strategies are designed to benefit stakeholders and not the general public. Second, the Corbis digital archive is not structured according to the metonymic principle of the library, the *Nebeneinander* (juxtaposition) of elements, but operates using a hierarchical system. In a library, all books (apart from the rarest) are valued and handled in the same way, and are assigned to places on the bookshelves next to all the other books; in contrast, Corbis has highlighted certain images and prioritized certain collections, as will be described in later sections.

Corbis does not use this cultural vocabulary for mere marketing purposes. By making references to the Library at Alexandria and the idea of the Museum without Walls, and particularly to the idea of the liberation and promotion of works of art through digital reproduction, the company seeks to legitimize its business model. Digitization as a technological invention, one that has been strongly supported and developed by both Corbis and Getty Images, is framed within a wider cultural history of technological innovation. These efforts of legitimization emerged in the mid-1990s, a time when the commercial benefits of and sales potential for digital reproduction were still purely hypothetical, and also a time of considerable unease with regard to this new technology. This

PHOTOGRAPHY

Picture This

A company called Corbis wants nothing less than to capture the history of human existence—and sell it

Fig. 69
Jane Wexler, "Picture This!" Douglas Rowan posing in front of photographic 'icons.' In *Newsweek*, June 26, 1996.

dichotomy and the appropriation of collective memories is evident in the illustration for a *Newsweek* article that shows a transparency (identifiable by the thin black frame) of the (then) Corbis CEO operating an old-fashioned camera directed towards us, the spectator, and posing infront of several black and white 'iconic' photographs [Figure 69]. By this representation, Corbis explicitly seeks to position its efforts not only as part of the historical development of photographic techniques. The image also creates a clearly delineated, rather plain but reassuring visual narrative of the human and political achievements and artistic and cultural icons deeply entrenched in Western visual history. Corbis has mobilized cultural history as a marketing strategy to legitimize its policies, thereby alleviating anxieties about the consequences of the new technology. It has also mobilized cultural history to counter widespread criticism of the appropriation and control over shared visual cultural heritage exerted by Corbis and by private companies in general.

Finding Pictures

Fig. 70
Corbis website, Portal November 12, 1999. Screenshot, Internet Archive.
Fig. 71
Corbis website, Portal May 25, 2002. Screenshot, Internet Archive.

Out of a total of 100 million photographs owned or managed by Corbis, 'only' four million pictures are currently displayed on the website, which drastically limits the number of visible and circulating images belonging to the Corbis collections.

The question of accessibility is indeed pivotal. On the one hand, this question naturally relates to the control and the authority wielded by the archive. On the other hand, the archival systems providing access and allowing the fast retrieval of the holdings are an essential part of the economic potential of archiving. In the commercial context, an image is worthless if it cannot be found quickly; an image is non-existent if it cannot be found at all. Thus, the economic potential of archiving relies not only on the accumulation and long-term storage of holdings, but is also reflected in the various tools and methods for managing and accessing a collection. As we have already seen with the Bettmann Archive, the history of image query tools is particularly illuminating with regard to photographic agencies, image banks and visual content providers, as their business models are largely based on the pertinence and the fast retrieval of their holdings.

In the past, the service of image providers consisted of searching for and filtering a selection of pictures according to clients' needs. Essential to this was the specific knowledge of the archivists and editors that derived from dealing with a certain collection on a daily basis. In the case of digital archives, however, it is the client who performs this task, with the help of electronic search engines. Consequently, the primary concern and the crucial problem for commercial image suppliers lies in rendering their products as accessible as possible and in facilitating the client's navigation through this vast quantity, this visual oversupply, this plethora of digital images. As for most digital archives, the challenge for Corbis, with its digital holdings of four million objects, is displaying the abundance of its collection and the variety of images the company has to offer; however, its search engines must provide not only a relevant selection, but must find the precise image the client is seeking.

The development of editing and managing tools for these massive picture collections—namely, the development of electronic databases and efficient, user-friendly search engines—is not a straightforward success story, but rather one of continuous experimentation and slow progress. The frequently changing interfaces and search mechanisms implemented on the Corbis website bear witness to this process. For example, the search field for entering keywords was integrated rather late, in 1999 [Figure 70], two years after the launch of the first Corbis website, which had primarily functioned as a billboard for the company's URL address [Figure 63, p. 180]. The advanced search options were featured more prominently on the portal in the design from 2002 [Figure 71] and were later developed into a multi-optional search field, as seen on the current website, combining search by keywords with search options related to the location, date, photographer, collection, availability, copyright, and formats, among other classifiers [Figure 72]. To enable a variety of search scenarios, the client is given several options to access and search the collection. With its unfolding menu and the

Corbis
The Place for Pictures on the Internet
HOME | MY CORBIS | HELP | FEEDBACK | CORBISIMAGES.COM
START YOUR SEARCH
All Products
Go
Tips
Professional Licensing
THE WORLD'S LARGEST COLLECTION OF FINE ART AND PHOTOGRAPHY
THE CORBIS PICTURE EXPERIENCE
SEARCH. SHOP. CREATE.
CHOOSE A PRODUCT
Digital Pictures
Limited Edition Prints: The Living Lens
Photographic Prints
Framed Sets
Ansel Adams
Screensavers
E-Cards
Creative Studio
CHOOSE AN EXHIBIT
Jazz
Today in Pictures
The 20th Century
Ansel Adams
CHOOSE A SERVICE
Marketplace
Professional Licensing
Digital Pictures
Prints Gallery
Free E-Cards
Click a picture. See what's inside!
Bare Walls?
CELEBRATE JAZZ
View our tribute to Jazz in a special Flash exhibit! Check out jazz prints, send jazzy e-cards, and groove with jazz greats of the 20th Century.
NEW SCREENSAVERS
Blossoms & bugs, fishing & flowers—spring is in the air and we have screensavers to prove it! Only $3.95.
FREE GREETINGS
Choose any of our e-cards to send instant greetings, or design and print your own cards in the Corbis Creative Studio—all for free!

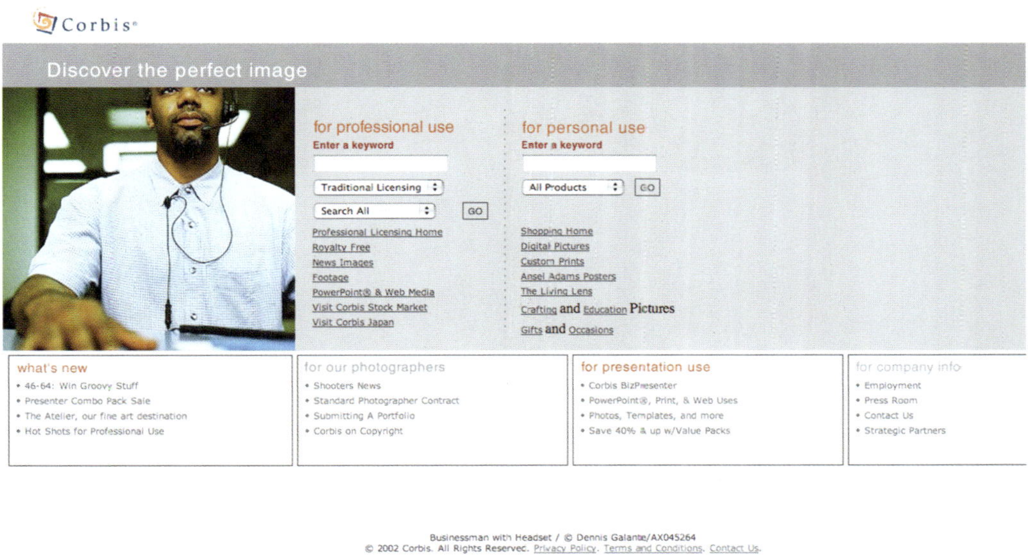
Corbis
Discover the perfect image
for professional use
Enter a keyword
Traditional Licensing
Search All
GO
Professional Licensing Home
Royalty Free
News Images
Footage
PowerPoint® & Web Media
Visit Corbis Stock Market
Visit Corbis Japan
for personal use
Enter a keyword
All Products
GO
Shopping Home
Digital Pictures
Custom Prints
Ansel Adams Posters
The Living Lens
Crafting and Education Pictures
Gifts and Occasions
what's new
• 46-64: Win Groovy Stuff
• Presenter Combo Pack Sale
• The Atelier, our fine art destination
• Hot Shots for Professional Use
for our photographers
• Shooters News
• Standard Photographer Contract
• Submitting A Portfolio
• Corbis on Copyright
for presentation use
• Corbis BizPresenter
• PowerPoint®, Print, & Web Uses
• Photos, Templates, and more
• Save 40% & up w/Value Packs
for company info
• Employment
• Press Room
• Contact Us
• Strategic Partners
Businessman with Headset / © Dennis Galante/AX045264
© 2002 Corbis. All Rights Reserved. Privacy Policy. Terms and Conditions. Contact Us.

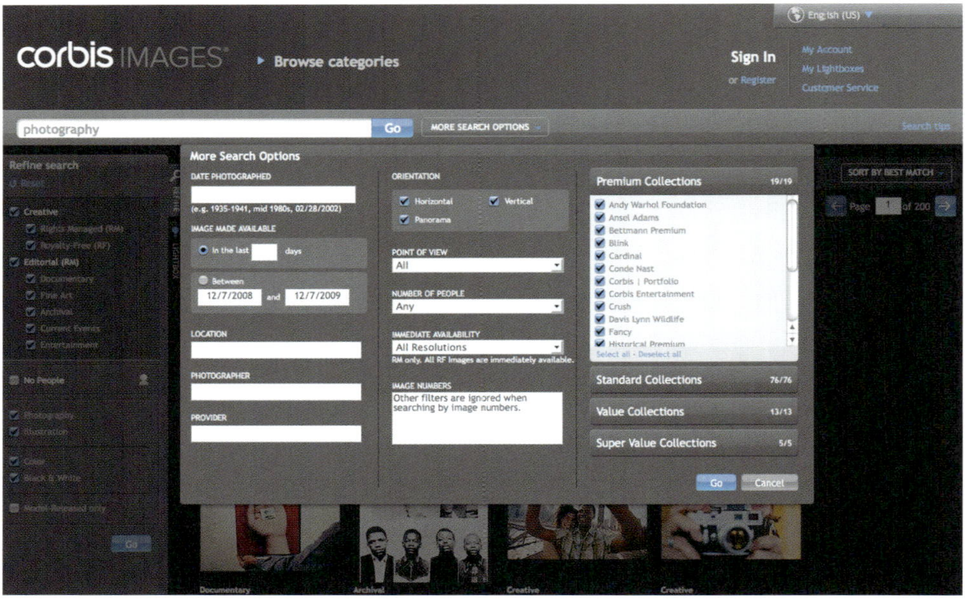
English (US)
corbis IMAGES
Browse categories
Sign in
or Register
My Account
My Lightboxes
Customer Service
photography
Go
MORE SEARCH OPTIONS
Search tips
Refine search
Reset
More Search Options
DATE PHOTOGRAPHED
(e.g. 1935-1941, mid 1980s, 02/28/2002)
IMAGE MADE AVAILABLE
In the last
days
Between
12/7/2008
and
12/7/2009
LOCATION
PHOTOGRAPHER
PROVIDER
ORIENTATION
Horizontal
Vertical
Panorama
POINT OF VIEW
All
NUMBER OF PEOPLE
Any
IMMEDIATE AVAILABILITY
All Resolutions
RM only. All RF Images are immediately available.
IMAGE NUMBERS
Other filters are ignored when searching by image numbers.
Premium Collections 19/19
Andy Warhol Foundation
Ansel Adams
Bettmann Premium
Blink
Cardinal
Conde Nast
Corbis | Portfolio
Corbis Entertainment
Crush
Davis Lynn Wildlife
Fancy
Historical Premium
Select all - Deselect all
Standard Collections 76/76
Value Collections 13/13
Super Value Collections 5/5
Go
Cancel
SORT BY BEST MATCH
Page
1
of 200
Documentary
Archival
Creative
Creative

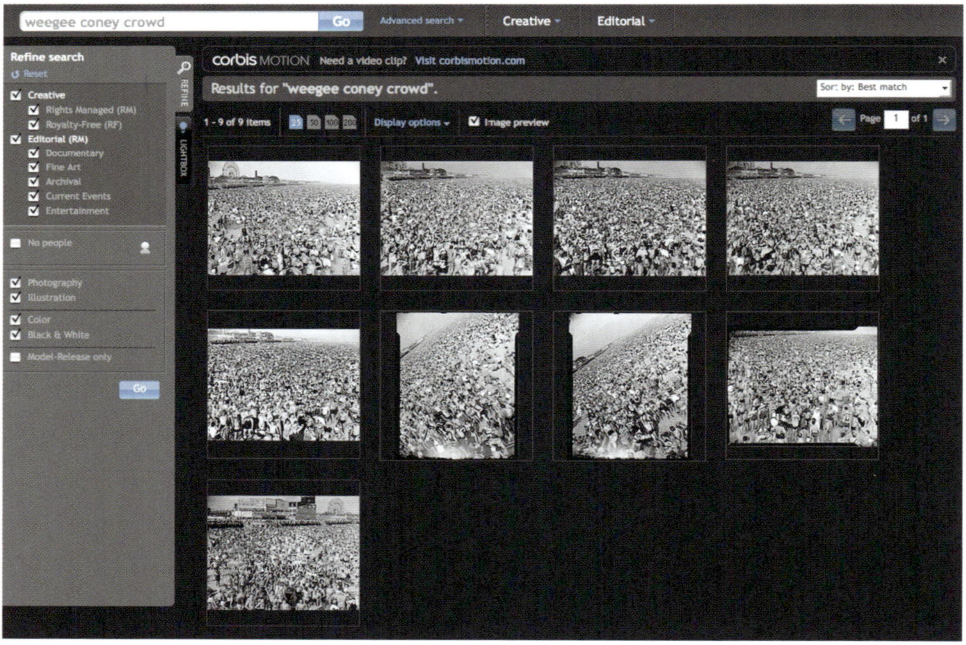
weegee coney crowd
Go
Advanced search
Creative
Editorial
Refine search
Reset
Creative
Rights Managed (RM)
Royalty-Free (RF)
Editorial (RM)
Documentary
Fine Art
Archival
Current Events
Entertainment
No people
Photography
Illustration
Color
Black & White
Model-Release only
Go
REFINE
LIGHTBOX
corbis MOTION Need a video clip? Visit corbismotion.com
Results for "weegee coney crowd".
Sort by: Best match
1 - 9 of 9 items
25
50
100
200
Display options
Image preview
Page
1
of 1

Fig. 72
Corbis website, search options. Screenshot, May 22, 2010.
Fig. 73
Corbis website, search results for "weegee, coney, crowd." Screenshot, May 22, 2010.

various fields and boxes provided, the present interface is reminiscent of a control board, or perhaps a mixing console. Corbis' quest for an ever more efficient search engine indicates the difficulties in finding images, especially in light of the radical increase in digital image production; it also demonstrates that image research tools are becoming more important than ever in the accessing and use of digital image archives.

However, regardless of on-going improvements in search options and the revision of metadata, the Corbis database and search engine are far from perfect. Searches often generate an overly broad selection of results that lack pertinence and include repetitions [Figure 73]. From the perspective of a photography historian, the search results for "weegee, coney, crowd" may be valuable; from the perspective of a commercial image provider, however, the display of eight still images on more or less the same motif is archival noise.

While the lack of pertinence and the repetitiveness are partly due to the sheer quantity of images corresponding to the image query, they also result from the fact that each image is conceived of and handled as an individual image within the digital archive, without consideration of whether it previously belonged to a series of photographs on one object, topic, or event. Moreover, the photographic image has, paradoxically, proven to be quite resistant to indexing and retrieval, although it has widely shaped archival practices as an efficient medium of information storage. The polysemic nature of photographs and visual representations in general often hinders unambiguous classification, especially with regard to large collections and even more so for historical photography. The layer of time, or time distance, draws our eyes to marginal details in a photograph that we may not have noticed before: the way people, streets, clothes, hairstyles, advertising, or gestures looked in the past may draw our attention, as Roland Barthes famously noted when describing the "punctum" and "studium" of photography.[86]

As a consequence, in recent years Corbis and other companies involved in digital information and image management have developed additional tools and methods for structuring this data overload. Since the efforts to develop a mechanism capable of recognizing image content by means of colour and form are still in progress, Corbis is structuring its vast visual corpus using image ratings. Images are assessed with regard to their sales potential and accumulated revenue, their present-day relevance, and their artistic quality; these ratings are hidden to the person accessing the digital archive. In addition to assigning labels indicating a basic category (among others, fine arts, archival, or entertainment[87]), editors rank images according to one of five levels; the highest rating carries the abbreviation SS, for 'Super Showcase.'[88] Image rating has become a vital tool for organizing the massive quantity of images, as it determines the order in which search results are displayed on the website.

With the creation of a rating system and other marketing tools to highlight certain collections, the digital archive functions according to a hierarchical system. This system replaces the metonymic system, the principle used in libraries, which had previously characterized analogue photographic archives. However, in an attempt to counterbalance the effects of this hierarchization (that is, the reduction of the 'visible' digital holdings) and in order to emphasize the depth and variety of the Corbis collections, the search engine mixes different picture categories (documentary, archival, current events, entertainment, etc.) and includes lower-rated images along with 'picture gems.'

Reflecting the industry's current developments, Corbis is also actively engaged in the widespread profiling of its customers and the analysis of their search behaviours. In accessing the Corbis website and making an image inquiry, and especially by registering on the site, a researcher or client leaves numerous traces behind, also referred to as the 'digital footprint.' These traces are analyzed to keep track of the client, but more importantly also to automatically anticipate potential requests, personal taste, and consumer attitude. While it can be argued that profiling enhances navigation, the process also seriously challenges the paradigm of the archive. Instead of providing more or less unbiased and universally valid search results, results are shaped according to the individual client. The resulting visualization of images is the sum of one's previous inquiries and search behaviours. This also means that, to some extent, the client is mirroring him- or herself in each image or piece of information requested. As part of this individualization of results for an archival request, the displayed selection is additionally moulded based on the client's specific location; e.g., accessing the Corbis website from the United Kingdom rather than France influences the search process and its results. Corbis' electronic databases and search engines, like many across the Internet, are in the process of development from simple text-based documentation to a multilayered mechanism of visible and invisible information and metadata, and of predetermined choices and decisions. It could be argued that the advantages of this development, which has led to an unprecedented virtual availability of images in the form of cross-referenced, standardized, and watermarked screen pictures, have been negated by the individualization and customization of search results. While archives have always been marked by predetermined choices and decisions, it is this absolute lack of transparency of how an image is shaped and displayed through metadata and algorithms that creates a divide between what a photographic archive was in the past, how its content was read and re-activated, and the ways we will interact with and make use of images in the future.

In consequence, Corbis, like every commercial archive in the digital age, exerts control over its collection in two ways. First, it controls access to its analogue collection by deciding what will be digitized and what will remain only in analogue form. In this respect, digitization may be regarded "as an insidiously repressing technology, enabling institutional control over what is made accessible."[89] With this in mind, it was the transfer of the analogue holdings to the remote preservation facility at Iron Mountain that was especially widely condemned as an imperious cultural act. Reasons for this become particularly obvious when comparing Iron Mountain, a private endeavour "protecting the world's information," with the high-security, long-term storage facility and former silver mine Oberried in Germany, also known as the *Barbarastollen* (Barbara Tunnel). In an attempt to create a time capsule for preserving the nation's cultural heritage, the German government has been storing a variety of defining manuscripts, documents, artefacts, and artworks on microfilm in this former mine since 1975.[90] While the methods used by the two projects are similar, it is important to distinguish between a governmental action to protect public treasures and a for-profit corporation's decisions to benefit its stakeholders. At the same time, this comparison inevitably leads to the highy complex question of cultural heritage and ownership. The business model of Iron Mountain is far more than mere information management; in the words of Aleida Assmann, it is an immortalization industry (*Verewigungsindustrie*).[91] In the case of Corbis' historical collection or the Universal film archive, with the preservation of photographs and film this notion of immortalization in a high-security, sub-zero storage facility creates a noteworthy tautology: photography freezes the moment and is frozen in time.

Given the geographical location, this transfer has theoretically limited access to the analogue holdings and limited the availability of visible pictures to those selected for digitization. An idiosyncratic search, vital to any scientific examination of the collection, is thus considerably constrained. Finding a picture at random or because it is classified in the same category as another, or finding a picture that one does not expect becomes virtually impossible. Moreover, the disproportionate ratio between digitized and non-digitized holdings is unlikely to improve, since like many others, Corbis has shifted from systematic digitization to more carefully selected projects, such as the digitization of card catalogues and reverse sides of photographs, as well as digitization on demand.

Corbis' second method of control is wielded through the search engine. Current developments have demonstrated that control over a collection is exercised not only by controlling the digital technology, but also by how the collection is rendered accessible through the programming of a search engine—"a power that has equal potential to be democratizing and passive, or repressive and active."[92] Thus, the question of the "ownership of the printing press" that determined "the politics of the use and the access to the images"[93] has shifted towards the technology used for searching and finding images.

The In/Discipline of the Archive

With the exception of the nucleus collection of the Bettmann Archive, the historical collections acquired by Corbis were not created with their long-term preservation in mind, which undoubtedly contributed to the difficulties Corbis encountered in the development of its products. However, through the consolidation, editing, digitization, and particularly the preservation at Iron Mountain the Corbis historical collection, although it is clearly intended as a commercial endeavour, resembles an archive and performs like one, especially when taking into account the three defining features shared by all archives proposed by Aleida Assmann: conservation, selection, and access.[94]

The effort expended and difficulties encountered by Corbis in establishing a commercial archive and turning it into a profitable business exemplifies what scholarship has characterized as the "in/discipline of the archive."[95]

The assignment of an archival number, keywords, categories, and groups and the attribution of a specific storage place for analogue material (a folder, box, or shelf, or a programmed databank for digital images) conveys the idea of the archive as a fixed, disciplined structure, an orderly place—and it certainly is; otherwise, it would be useless. However, what becomes evident from the history of Corbis and the Bettmann Archive (like most archives or collections) is also the fragile character of the archive: its indiscipline. This fragility varies in degree, and it tends to be hidden by the overarching concept of the archive as a robust, authoritative body.[96]

This indiscipline reveals itself first of all in the materiality of the analogue and the digital forms and the idea that a photograph cannot be imagined without taking into account its performance within the archive. Information gets lost, photographs and digital data deteriorate, images cannot be found or exist in several quasi-identical copies, etc. The Corbis collection, for example, contains considerable amounts of so-called orphaned works. These are historical photographs that cannot be exploited commercially either because the copyright remains unresolved or unidentifiable, or because it is simply impossible to tell what the photograph depicts and where, when, or why it was taken. Thus, regardless of their form, the photographic archive contains considerable numbers of static, non-circulating images; this is particularly counterproductive in the case of commercial enterprises, as these turn into visual waste.

Second, it is the aforementioned polysemic nature and the different time layers of photography that produce the fragile character of photography as an archival object. As generally acknowledged, the translation of a photograph (or an image) into text is by definition impossible, given the contrasting natures of visual and textual information, of image and text. The description of an image through keywords and its caption is thus limited by 'aboutness.'

Third, an archival system is and will always be predicated on the manual efforts of the archivists and editors and, by extension, their know-how and rigor. In the case of Corbis, however, the disembodiment of the archive—the geographic divide between Iron Mountain, Corbis headquarters, and the sales offices—inevitably has a negative impact on the skills that stem from daily interactions and responsibilities connected with the handling of a photographic collection. If, for example, the indexing of a digitized photograph is not conducted by the editor who selected the image but instead by a separate indexing department, inaccuracy and the loss of information may be the result.[97]

The in/discipline—that is, the discrepancy between the notion of a quasi-automated, ideal (and idealized) archive and the actual practice of the archive—is undoubtedly amplified by digitization and the accumulation of not only vast but excessive amounts of images. As has been pointed out earlier with regard to the Bettmann collection, this follows a simple logic. With masses of pictures added to the collection and the integration of foreign collections, the archival system becomes susceptible to errors and heterogeneity. The consequence is an eclectic compilation of collections. Lacking institutional authority, the Corbis digital archive has no epistemic value per se. Through the abundance of styles, themes, and categories [Figure 74] and the increasing individualization of search results, it becomes merely a serendipitous juxtaposition of images, an archive of 'everything' that is potentially marketable and that has been sold in the past, reflecting and nourishing the notion of taste in consumer culture. The sheer impossibility of setting boundaries and creating a narrative impairs the essential function and purpose of an archive, that of 'making sense.' That being said, the Corbis endeavour informs us about how the reproducibility of photography repeatedly activates the fantasy of the archive; about the ways by which photographs and digital images are transformed into commodities; about the economic potential

Fig. 74
Corbis website, Display of "Standard Archival Collection." Screenshot, January 28, 2008.

for reproducing and archiving; and about the ambiguity of photography as an object and as a medium of the archive.

Today, references to a 'digital Alexandria' have been dropped from Corbis' business rhetoric. One reason for this may be that visual content providers face tough competition from a new generation of digital image archives, such as Flickr, Google Images, Facebook, and YouTube. For instance, in less than five years, the picture sharing website Flickr has accumulated more than four billion digital images provided by and exchanged among its users.[98] Many professional photographers and public institutions use Flickr for promoting their collections, and since 2008 Flickr has been working in cooperation with Getty Images in the area of image licensing. However, as Flickr's example shows, without archival authority (in the form of consistent classification and indexing), the problem of finding a specific image has become even more complex.[99]

With this in mind, in addition to the fragility of the archive, it is paradoxically the fluidity of photographic reproductions and the mobility and mobilization of images that increasingly challenge the commodification of images. While it has been argued thus far that reproducibility is the basis of and condition for the development of a business model built on the licensing of images, this very process is also clearly inflicting harm on photographic agencies, commercial picture libraries, and visual content providers. It is especially with digitization and digital imaging that this paradox arises.

Corbis holds the licensing rights for the digital version of the iconic photograph known as "Migrant Mother" taken by the American photographer Dorothea Lange, which was created in the context of the Farm Security Administration (FSA) initiative in 1936. Corbis displays two different versions of Lange's photograph on its website, as well as several other images, either part of Lange's

corbis

corbis

gettyimages

Fig. 75
Corbis, ID: IH081187, Premium Rights Managed, "Migrant Mother by Dorothea Lange." Screenshot, August 22, 2009, (upper left).

Fig. 76
Corbis, ID: BE064808, Standard Rights Managed, "Migrant Mother by Dorothea Lange." Screenshot, August 22, 2009, (upper right).

Fig. 77
Getty Images, ID: 2665346, "Migrant Mother." Screenshot, August 22, 2009, (centre left).

Fig. 78
National Media Museum, "Migrant Mother, Nipomo, California." Screenshot, August 24, 2009, (centre right).

Fig. 79
George Eastman House, "Migrant Mother, Nipomo, California." Screenshot, August 24, 2009, (bottom left).

Fig. 80
Library of Congress, "Destitute Pea Pickers in California. Mother of Seven Children. Age Thirty-Two. Nipomo, California, LOC." Screenshot, August 24, 2009, (bottom right).

reportage or images tagged with the keywords "migrant" or "mother." The first version of "Migrant Mother," a sharp and finely nuanced high-quality reproduction is distributed under the "Premium Rights Managed" rights scheme [Figure 75]. The text information on the left-hand side lists the caption and the copyright holder (Corbis) and indicates that the image belongs to the Corbis Historical Premium collection. The photographer's name is highlighted in two places: in the short title "Migrant Mother by Dorothea Lange" and as a hyperlinked name. The second version, which originates from the Bettmann collection and which is available as "Standard Rights Managed," bears the same title and a slightly different caption. The image itself, however, appears quite different. It is visibly less detailed, grainier, and features greater contrast, creating high-pitched black and white areas [Figure 76]. Getty Images also distributes a copy of "Migrant Mother," which is not surprising given the fact that many photographic agencies used to share the same material [Figure 77]. The quality of the Getty Images copy seems even lower than the Bettmann copy. It is slightly blurry and in even higher contrast. In addition, the text information, such as the title ("Migrant Mother") and the caption, is shortened. Copies of "Migrant Mother" are also owned by at least three other institutions, namely the British National Media Museum [Figure 78], the George Eastman House [Figure 79], and the Library of Congress [Figure 80], all viewable through the non-commercial website Flickr. The copy from the Library of Congress suggests that we are dealing with the 'original.' As indicated by the thin black frame surrounding the picture, the digitized photographic print remains uncropped. Compared side-by-side with the high-quality scan from Corbis, the Library of Congress image appears clearer and the depth of focus is greater. Moreover, the text information presents not only a different title, but also provides technical information and details about the context of the image. We learn that the woman was a 32-year-old destitute pea picker from Nipoma, California, and the mother of seven children. The photograph was taken by "Lange, Dorothea, photographer" in February or March 1936. The Library of Congress owns one negative, a nitrate negative in 4 × 5 inch format. In addition, the notes provide an extended caption and technical facts on the digitization, including the information that the negative was retouched shortly after its creation.

What becomes clear from this comparison is that although there are qualitative differences between analogue and digital reproductions, the more significant differences lie in the text information that shapes the image content. It is this text information that exemplifies the very purpose (e.g. documentary, commercial, art historical) of the archive and its conservational approach. The nature of photography and of digital imagery in particular may be considered fungible, yet, the care, knowledge, and the surrounding context provided by the archivist determine how an image will be interpreted and used. To this day, the photographic archive remains, in the words of Christopher Pinney, a "vast linguistic grid enmeshing otherwise volatile images,"[100] rather than the visual grid that the arrangement of search results on the Corbis website may suggest [Figure 74].

* * *

A particular constellation of technological, economic, cultural and political factors was decisive for the expansion and the maturing of the German picture market during the Weimar Republic. The 1920s and 1930s saw the emergence of a plethora of new agencies and image banks and the growth of existing companies, both in Germany and at the international level. None of the analyzed factors were truly new, but rather the result of a continuous process spanning several decades. However, the convergence and culmination of technological advances, the radical expansion of markets, such as the *Illustrierte* and the advertising industry, the appeal of photography as a modern visual language, and the state of photographic copyright unleashed what I have termed a moment of emergence. This moment of emergence gave rise to an upturn in photography as a visual medium, a social and cultural practice, and not least a business.

Each of these factors had ramifications for the others. The advances in camera and printing techniques and the improvement of film quality enhanced the mobility of photographers and lowered the production and printing costs, which, in turn, affected the production and diversity of photographic representation. Illustrated magazines, financed to a considerable degree through advertising, appeared in unprecedented numbers. The expansion of distribution channels multiplied the possibilities of selling images. Especially, the growing market of photographic advertisements played a fundamental role in the development of the picture market, as they served as a vital source of income for publishers and photographers, and by extension for their agents. Photography was omnipresent. It became a medium of the masses, and as such it existed and was offered *en masse*. In response to the fierce competition between image suppliers and the diversity of sales opportunities, photographic agencies and commercial picture libraries increasingly specialized in certain products and markets, such as news pictures or various types of *Gebrauchsfotografie*—utilitarian photography for editorial or advertising purposes. The production and distribution of masses of images and the quasi-interchangeability between images required efficient logistics and more sophisticated administrative and organizational methods, including the division of labour and the establishment of sustainable business relations and cooperation. It is precisely the growing importance of the logistics and the image 'infrastructure,' which must be acknowledged as indicators for the industrialization of images. The intense circulation furthermore created the pressing need to juridically regulate supply and demand between photographers, agencies, and their clients. As highlighted at several instances, the modern picture market evolved with the advent of photographic image rights that was taking shape during the first decades of the twentieth century. It is indeed alongside the establishment of copyright protection that photographic agencies and commercial picture libraries imposed themselves as unavoidable mechanism between the production and the distribution of images. As 'agents' they represented the interests of photographers; they negotiated image rights;

they produced copies and delivered them to editorial departments, advertisers, graphic designers and artists; they administered image rights and ensured their observance; they handled the accounts and stored photographs. As 'producers,' or image banks they also acquired exclusive rights, purchased whole stocks of images and developed thematic collections. Thus, the professionalization of the way photographic agencies and commercial picture libraries operated must be seen as pivotal in the acceleration of the commodification of photography and the industrialization of the picture market during the first decades of the twentieth century.

The detailed study of the development and history of the Bettmann Archive presented a unique case for taking up and exploring those established threads. It provided a lens for investigating the various methods of using and conceptualizing photography in the commercial context. As I have argued, the foundation of the Bildarchiv Dr. Otto Bettmann, Berlin around 1933 was symptomatic for the time, place and socio-cultural environment in which it emerged. Establishing a distribution service for photographic images (and in the case of the Bettmann Archive, a picture research and distribution service for photographically reproduced historical images) promised to be uncomplicated, modern and lucrative. The dynamic of the picture market, coupled with the worsening political and economic situation, drove all sorts of newcomers (including an academic and dilettante like Otto Bettmann) to try their hand at selling photographs and photographic reproductions. What became evident throughout Part II was the strategic merging of Bettmann's academic background and institutional experience with contemporary influences and market tendencies. It is indeed the recurring oscillation between an institutional/academic character and a commercial/pragmatic practice that determined the business model of the Bettmann Archive and contributed to its success. Consequently, the concept of duality has been the central theme of Part II and the starting point for studying the numerous influences and satellite topics that become surfaced through the study of the Bettmann Archive.

First, there was Otto Bettmann's training in library studies and his professional experience as a librarian at the *Kunstbibliothek*. Bettmann's idea of reproducing images with his private Leica camera was clearly inspired and made possible by the advances and uses in the field of reproduction photography in the 1920s and 1930s. During that time, the capability of reproduction photography as a copy machine for systematically reproducing documents and books was intensely discussed among libraries and museums, governmental institutions and scholars worldwide. It promised to considerably ease the exchange, circulation and storage of visual or textual information. The potential of reproduction photography had already been confirmed decades earlier, namely since René Dragon's first microfilm applications during the Franco-Prussian war of 1870–71 and the siege of Paris. In the 1920s, however, the technical advances (i.e. the improvement of cameras and film material, including the use of safety film) and the strong interest by manufacturing companies such as Eastman Kodak or Leitz in microphotography for library and archival management spurred its widespread application and use. As a librarian at the *Kunstbibliothek* in Berlin, Bettmann was well acquainted with this method. Throughout his career, he photographed the collections of various European and American libraries, which were usually equipped with reproduction apparatuses. Like in many commercial agencies, a copystand was furthermore installed in the office of the Bettmann Archive itself. The latter served for reproducing the company's own collection of antiquarian books and prints, and for rescaling or reproducing photographs in case the original prints were inadequate or damaged. As 'raw' material, the library holdings and purchased image collections were for the most part of no, or little monetary value. Moreover, many of them were uncopyrighted images or part of the public domain. They represented an inexhaustible resource for the Bettmann Archive, one from which endless reproduction masters could be produced at low production costs. The investment in the accumulation of the Bettmann stock was thus reduced to a minimum. In their abundance, these collections resembled a natural resource, a resource that waited to be untapped, fashioned and exploited. The possibilities offered by microphotography for libraries and the dynamics of the contemporary picture market were the crucial incentives for Bettmann to develop a commercial distribution service.

What Bettmann valued in photography was its ability to store image content in a highly reduced format, and to enlarge and replicate it later on. Bettmann used reproduction photography to copy the unnoticed, forgotten, or hidden visual treasures found in various forms of publications or other sources. Released from their original form and context, these copied book illustrations and prints became autonomous, and, above all, mobile elements that could be put to new uses. Photography's ability to free images, especially printed images from their original form and to mobilize them was an essential part of its economic potential, a potential Bettmann recognized and of which he made ample use. In this sense, the small format camera and the 35 mm film represented an almost ideal technique for reproducing masses of images and reproducing them cost-effectively. This method may not have corresponded to the standards prevalent among image providers during the 1930s and later. However, the Leica camera, the 35 mm negative format, and the use of celluloid acetate roll film had decisive advantages in terms of mobility, storage and archiving. Photography transformed all kinds of images into standard-formatted commodities; the 35 mm negatives were easily manageable; they became the vehicle of reproduction, storage and preservation. Surprisingly, the actual quality of negatives and by extension the image quality was rather of secondary concern, especially in the company's early years.

Bettmann's broad academic background in history and art history as well as philosophy also considerably influenced the company's business model and its viability. The analysis of the concept of subject eyes suggested that Bettmann's approach was inspired by phenomenology and modern iconography. However, these theoretical methods were reshaped, simplified and combined in order to serve the needs of a commercial enterprise; they functioned as devices, as techniques, for selecting, structuring and exploiting images of varying provenance, style, intention and era. As a librarian and historian, Bettmann knew unerringly where and how to find pictorial resources in libraries, museums, archives, antiquarian bookshops and private collections, but more importantly he knew exactly what to look for in images. His visual literacy enabled him to navigate an endless stream of illustrated publications and picture collections with the aim of gleaning images that could be expected to have commercial and archival potential. The selection criteria for the development of the Bettmann Archive consisted in the relevance and 'subject-ness' of the content of an image, its fast and easy legibility and good reproducibility. The selection procedure was not least influenced by the organizational structure, in particular the classification system, and the market expectations. The latter proved to be of major importance. Bettmann demonstrated an astute understanding of and sensibility for the specific needs (and sometimes vague ideas) of his clients. As a result, the company's pictorial products were highly versatile. The Bettmann Archive provided both single images and picture stories; it sold illustrations and ideas for editorial and advertising content; it searched for pictures and created picture narratives. Hence, the company was able to generate demand for historical illustrations for a variety of uses. In this, Bettmann's awareness of contemporary trends and debates, such as social and political photo reportage, New Typography, American Industrial Design and 1920s and 1930s avant-garde and popular culture undoubtedly contributed to his distinct ability to anticipate and suggest modern uses for historical images.

The precondition, albeit not exclusively, for the re-use and re-cycling of images was their a-historical treatment, their de-contextualisation and the negation of the function of an image as a discrete entity. Departing from phenomenological and iconographical methods of picture analysis and interpretation, the radical reduction of images to the objects and ideas they depicted de-contextualized the image and condensed its meaning to keywords (and text in general). The style and provenance of a picture, or its initial use were ignorable. Instead, the Bettmann Archive aimed at the creation of timeless pictures reduced to the subject or concept level. With exceptions, pictures had to be cleared of their original meaning and context in order to acquire new meanings and news contexts. Accordingly, the a-historical treatment of images was not a conceptual weakness but the qualification for the re-use or recycling of pictures through photography. It thus appeared as an irony that the Bettmann Archive defined itself as a historical picture library on the one hand, but on the other supplied pictures whose original context had been extinguished, or was of only limited relevance.

Again, in this scheme, photography functioned as an ideal medium. Not only did it standardize all kinds of images to a single negative format. Photography also obliterated the material traces, including the copyright and image provenance of the image sources. The material features and particularities as book illustrations, news pictures, as element of a photographic collection or of a series of images, the contextualizing information faded with the photographic reproduction of an image. As standardized objects, these images crossed the threshold to a new market: they could be used and re-used for varying purposes. In addition, the existing hierarchies between image categories, such as fine arts versus illustrations of popular culture were flattened. The reproduction provided raw material; yet, as such it was only of little value. As I have argued, the photographic reproduction needed to be shaped and transformed into a product—it needed to be commodified through the services and actions that surround the image in the commercial context: the image infrastructure.

The development of this infrastructure and the benefits (and conflicts) resulting from the dual approach became particularly evident in the chapter on the archive and retrieval system of the Bettmann Archive. The analysis of the index card, the card catalogue and classification system illustrated Bettmann's academic approach and methodological thinking. The captioning, indexing, and classifications relied on models developed for libraries and for the documentation and management of museum collections. It was informed by the Dewey Decimal Classification and methods employed at the *Kunstbibliothek* and the *Kupferstichkabinett*, among others, operating with multiple keywords for the description and organization of art. At the same time, it was inspired by the general preoccupation during the first decades of the twentieth century with modern techniques of archiving, information management and business administration, which emphasized the primary function of image banks as managers of visual material. Bettmann's inventive application of his bibliographical knowledge and skills and the importance attributed to the efficient retrieval of images were advanced for its time, especially in the commercial context. Bettmann aimed at using photography not only as a medium to mobilize and commodify images, but also as a tool for the organization and fast retrieval of images. In other words, it was driven by the idea of moving from an exclusively text-based to a pictorial organizational system. However, the evolution, multiple revisions and simplification of the index cards as well as the changing status of the Bettmann card catalogue also reflected the conflict that resulted from the adaptation and combination of different archival methods. The continuous experimentation and modifications not least bore witness to the incompatibility of an academic-institutional approach with a for-profit enterprise based on the principles of economic efficiency.

In Part III, I opened arguing that in the 1990s the anticipated economic and archival potential of digital imaging reanimated a fantasy that had infused photography from its early days on, and one that the librarian and picture man Otto Bettmann had undoubtedly shared: the idea of the immateriality of the (analogue or digital) photographic reproduction. This alleged immateriality would considerably ease the accumulation, management, storage and exploitation of ever-growing collections. This technological fantasy, or imaginary, buttressed the creation of new companies, new standards and new markets. Coming from the field of information technology, Corbis and Getty Images attempted to monopolize the market for digital imaging through their unrivalled technical and financial means. For Corbis, the acquisition of the Bettmann Archive was merely one of various collections; yet, comparing the incomparable histories of both companies revealed several significant parallels. Although different in their approach and selection process, the Bettmann Archive and Corbis first concentrated on the reproduction and licensing of museum and library collections, as they represented a pre-selection certified by the authority of the respective cultural institution. In reference to Curt Glaser's failed attempt to commercialize the holdings of the *Kunstbibliothek*, I argued that Otto Bettmann was able to take advantage of the absence of sales structures within the Kunstbibliothek and other institutions as well as from the discrepancy between the existing copyright laws and their actual application. The situation in the 1990s was quite different. The appropriation of images using the digital medium was not viable due to the moral and financial power of copyright and the increasing market-dependent nature of most cultural institutions.

Another aspect was the role and intrinsic value of a well-functioning archive and retrieval system. The development of such system was crucial for the success and the public image of the Bettmann Archive. Bettmann's strength and superiority undoubtedly resided in his understanding of the importance of archival functionality and efficiency for the successful exploitation of images. As we have seen from the analysis of the Corbis search engine and the transition to an electronic commerce, the problem of accessibility has considerably amplified with digital imaging. It has become the primary concern of today's image banks. In addition, the Bettmann Archive and Corbis were confronted with the consequences of the materiality of photography and the paradigm of the market itself: holding as many pictures as possible is the principle and the catalyst of the picture market. Yet, with masses of pictures added to a collection and the integration of foreign collections, the archival system becomes susceptible to errors and heterogeneity. This eventually increases the fragility and in/discipline of the archive with profound consequences for the meaning, visibility and circulation of images.

For both, the Bettmann Archive and Corbis (and this can be said for image banks in general), photography functioned as a medium to mobilize, standardize and commodify images. A major technical development in the tradition of photography, digital imaging ultimately emphasizes the ambiguities of photography, including its fluidity, the problematic status of the original and the copy (and by extension copyright), its dependency on text and the polysemic nature of photographs (and images in general). Finally, one may claim that, paradoxically, it is the consequences of the industrialization of images, forged by photography agencies and commercial picture libraries throughout the twentieth century, that represent today's greatest challenges in making photography ... a profitable business.

1 This term features prominently in the self-portrayals of both Corbis and Getty Images and points to the fact that the two companies distribute not only still images but also film. In this chapter, however, I will only address analogue and digital photography.

2 Jesse Birnbaum, David Bjerklie, and Patrick E. Cole, "Gates Snaps Top Pix," *Time*, October 23, 1995.

3 Bettmann, *Picture Man*, 144.

4 The notion of the material turn in photography has been introduced and discussed in Elizabeth Edwards and Janice Hart, eds., *Photographs Objects Histories: On the Materiality of Images* (London: Routledge, 2004); Geoffrey Batchen, *Burning with Desire: The Conception of Photography* (Cambridge: MIT Press, 1997); Nina Lager Vestberg, "Archival Value," *Photographies* 1, no. 1 (March 2008). The analysis of the form and function of photographic objects is, of course, not a new subject in the history of photography, but rather a recurring topic. Most recently, photographic materiality (including its contemporary forms) was the subject of an exhibition at the *Maison Européene de la Photographie* entitled "*L'objèt photographique, une invention permanente*," Paris, April–June 2011.

5 Oliver Wendell Holmes, "The Stereoscope and the Stereograph," *Atlantic Monthly* 3 (June 1859), reprinted in *Classic Essays on Photography*, ed. Alan Trachtenberg (New Haven: Leete's Island Books, 1980), 71–82, here: 81.

6 Ibid.

7 Paul Valéry, "La conquête de l'ubiquité," *Œuvres. Pièces sur l'art,* vol. 2 (Paris: Gallimard, Bibliothèque de la Pléiade, 1960), 1283–1287, here: 1284; first published in *De la musique avant toute chose* (Paris: Éditions du Tambourinaire, 1928); [Original: "Telle que la science, elle devient besoin et denrée internationaux."]. English translation: *The Collected Works of Paul Valéry*, ed. Jackson Mathews, trans. by Stuart Gilbert (Princeton: Princeton University Press, 1970), 225–226.

8 Ibid. [Original: "Nous sommes encore assez loin d'avoir apprivoisé à ce point les phénomènes visibles. La couleur et le relief sont encore assez rebelles. Un soleil qui se couche sur le Pacifique, un Titien qui est à Madrid ne viennent pas encore se peindre sur le mur de notre chambre aussi fortement et trompeusement que nous y recevons une symphonie."]

9 Ibid. [Original: "Comme l'eau, comme le gaz, comme le courant électrique viennent de loin dans nos demeures répondre à nos

besoins moyennant un effort quasi nul, ainsi serons-nous alimentés d'images visuelles ou auditives, naissant et s'évanouissant au moindre geste, presque à un signe."]

10 Ibid. [Original: "Je ne sais si jamais philosophe a rêvé d'une société pour la distribution de Réalité Sensible à domicile."]

11 Ibid., see note 10, Part III (above).

12 Bill Gates, with Nathan Myrvold and Peter Rinearson, *The Road Ahead* (New York: Viking Penguin, 1995).

13 Ibid., 257.

14 Ibid.

15 The effects of the emergence of digital media on 1990s culture and society have been discussed most prominently by Nicolas Negroponte, *Being Digital* (New York: Vintage Books, 1996); Lev Manovich, *The Language of New Media* (Boston: MIT Press, 2001); and Carl Shapiro and Hal R. Varian, *Information Rules: A Strategic Guide to the Network Economy* (Boston: Harvard Business School Press, 1998).

16 David Bearman, "Standards for Networked Cultural Heritage," *Archives & Museum Informatics* 9, no. 3 (1995): 279–307, here: 279.

17 Benjamin, "This space is for rent," 85–86. [Original: "Kritik ist eine Sache des rechten Abstands. Sie ist in einer Welt zu Hause, wo es auf Perspektiven und Prospekte ankommt. Die Dinge sind indessen viel zu brennend der menschlichen Gesellschaft auf den Leib gerückt." in Walter Benjamin, "Diese Flächen sind zu vermieten," [1928], in Walter Benjamin, *Medienästhetische Schriften* (Frankfurt am Main: Suhrkamp, 2002), 198.]

18 Joanna Sassoon, "Photographic Materiality in the Age of Digital Reproduction," in Edwards et al., *Photographs Objects Histories*, 186.

19 Holmes, "The Stereoscope and the Stereograph," 80.

20 Jennifer Trant, "The Getty AHIP Imaging Initiative: A Status Report," *Archives and Museum Informatics* 9, no. 3 (1995): 262–278, here: 262.

21 Jacques Derrida, *Mal d'archive: Une impression freudienne* (Paris: Édition Galillée, 1995).

22 Jane Lusaka, Susannah Cassedy O'Donnell, and John Strand, "Whose 800-lb Gorilla is it? Corbis Corporation Pursues Museums," *Museum News*, May/June (1996): 34–37 and 76–79, here: 37.

23 Microsoft's policy regarding operating systems culminated in the highly publicized 1998 trial *United States v. Microsoft*, in which the US government conducted an investigation into Microsoft's monopoly power. The trial undoubtedly contributed to Corbis' negative image.

24 Richard Rapaport, "In His Image," *Wired Magazine* 2, no. 11 (1996), http://yoz.com/wired/2.11/features/corbis.html.

25 Ibid.

26 This sentence refers to a promotional slogan on the Corbis website from November 1999.

27 Gillian Rose, "Practising Photography: An Archive, a Study, some Photographs and a Researcher," *Journal of Historical Geography* 26, no.4 (2000): 555–571, here: 564.

28 Allan Sekula, "Reading an Archive: Photography Between Labour and Capital" in *The Photography Reader*, ed. Liz Wells (London: Routledge, 2003), 443–452, here 444.

29 Lusaka, et al., "Whose 800-lb Gorilla is it?" 35.

30 Ibid., 78. It should be noted here that, compared to most European cultural institutions, American museums and libraries have always been heavily dependent on private funding, as they receive little or no governmental support. This explains Corbis' attractiveness for these cultural institutions. Today, the American model of public-private ventures in the cultural field is also widely implemented in European institutions.

31 Patricia Failing, "Brave New World or Just More Profitable?" *Artnews*, no. 9, October (1996): 114–118.

32 Lusaka, et al., "Whose 800-lb Gorilla is it?" 78; See also Barbara Hoffmann, *Exploiting Images and Image Collections: Goldmine or Legal Minefield?* (London: Kluwer Law International, 1999).

33 Lusaka, et al., "Whose 800-lb Gorilla is it?" 77.

34 David Bearman, "The Challenge of the Acquisition of the Bettmann Archive by Corbis," *Archives & Museums Informatics* 9, no. 3 (1995): 261. See also Bruce Upbin, "Image Enhancement," *Forbes*, March 1 (2004): 58–60.

35 Because of the market-dependent nature of government grants and philanthropic contributions, public institutions in the US are increasingly reliant upon funding streams from offering additional services, such as the scanning of library holdings, museum gift shops and restaurants, and venue rental for private events. See also note 30, Part III.

36 Bearman, "The Challenge," 261.

37 The name Corbis is derived from the Latin *corbis*, meaning 'basket.' The choice of this name can be interpreted as a reference to the 'shopping cart' that would later become the icon of electronic commerce. Prior to adopting this name in 1995, IHS had been renamed Continuum Corporation in 1994. The repeated change of the company's name is an indicator of the difficulties Corbis encountered with the establishment of its brand during the early 1990s.

38 Royalty-free is a widely established non-exclusive licensing scheme by which the payment of a one-time fee allows a client to use an image multiple times and for multiple purposes.

39 The history of Getty Images is certainly

deserving of its own study. There are several reasons for Getty Images' leading role in the market. Compared to Corbis, Getty Images focused from the very start on the customary clients of the picture market, namely the publishing and advertising industries. Like Corbis, Getty Images also distributed historical imagery via the Hulton Deutsch Collection. However, it did not invest in lengthy negotiations with museums and libraries, limiting retro-digitization to a small number of particularly promising pictures instead of attempting the digitization of entire collections. As a consequence, Getty Images avoided or minimized the problems arising from the editing, indexing, and merging of collections.

40 Jenny Tobias, "Re-use Value," *Cabinet* 22 (2006): 44–47.

41 Lusaka et al., "Whose 800-lb Gorilla is it?" 76.

42 Tina Gant, ed., *International Directory of Company Histories*, vol. 31 (St. James Press, 2000). Partly accessible through http://www.fundinguniverse.com/company-histories/c.html.

43 Dominique François Arago "Rapport de M. Arago sur le daguerreotype. Lu à la séance de la Chambre des Députés le 3 juillet 1839, et a l'Académie des Sciences, séance du 19 août."

44 Jules Janin, „Le Daguerotype" [*sic*], *L'Artiste*, [1838–39], in André Rouillé, *La Photographie en France: Textes et controverses, une anthologie, 1816–1871* (Paris: Macula, 1989), 45–148, here: 48.

45 See Corbis corporate fact sheet, updated November 2009, http://www.corbis.com.

46 Rapaport, "In His Image," see note 25, Part II.

47 In the early 1990s, the picture market consisted of a variety of smaller agencies that specialized in specific areas; these included photojournalistic news agencies as well as stock photography agencies. Anticipating the radical transformation in the field of communications, Corbis and Getty Images quickly became major players, as most established agencies had underestimated the impact of digital imaging and online distribution.

48 For an analysis of the display methods and aesthetics of the computer screen, see Anne Friedberg, *The Virtual Window: From Alberti to Microsoft* (Boston: MIT Press, 2006).

49 David Bearman, "Investing in Digital Knowledge" *Archives & Museums Informatics* 9, no. 4 (1995): 379–380, here: 379.

50 See promotional text for the Codascope on the back cover of the *Leonardo da Vinci* CD-ROM, published in 1996.

51 Rapaport, "In His Image."

52 Gant, *International Directory*. The article indicates that of the more than 5,000 titles produced annually by Corbis, only four percent turned a profit. Again, there is no further evidence to support these estimates.

53 Rapaport, "In His Image."

54 The Metropolitan Museum of Art in New York holds the Walker Evans archive and is the institutional warden of Evans' work. The archive includes a gelatin silver print of the black and white photograph "Photographer's studio window;" however, this print carries a different name and date ("Penny Picture Display, Savannah. Photographer's Studio Window with Portraits, 1936."). It remains unclear whether it was the photographer himself who provided the museum's caption, i.e., if it is the 'correct' description.

55 Douglas Crimp, "The Museum's Old/The Library's New Subject," in *The Contest of Meaning: Critical Histories of Photography*, ed. Richard Bolton (Cambridge: MIT Press, 1992). Crimp describes the implications of the reclassification of photographs in books using the example of the archival process at the New York Public Library, which ultimately led to the formation of the library's Photographic Collections Documentation Project in the early 1980s; today, this project forms a part of the library's Department of Photographs and Prints.

56 André Gunthert, "L'échelle de l'information," *L'Atélier des icônes*, http://culturevisuelle.org/icones/568.

57 See also Part II for a more detailed discussion on provenance and the importance of annotations and stamps on the back of photographs, envelopes, sleeves, folders, etc.

58 Bettmann ed., *The Bettmann Portable Archive*, 81.

59 It is precisely these different types of information that transcend the purpose and nature of a specific collection or archive.

60 Gant, *International Directory*.

61 Ibid. There is no further evidence to support this claim, as the company does not disclose official financial statements.

62 Henry Wilhelm, with Ann C. Hartmann, Kenneth Johnston, Els Rijper and Thomas Benjamin, *High-security, sub-zero cold storage for the permanent preservation of the Corbis-Bettmann Archive photography collection*, Final Program and Proceedings: IS&T Archiving Conference, The Society for Imaging Science and Technology, April 20–23, San Antonio, USA, 2004: 122–127.

63 See, for example, the writings of Hal Foster, "The Archive Without Museums," *October* 77, Summer 1996: 97–119; Geoffrey Batchen, "Photogenics/Fotogenik," *Camera Austria International* 62–63, 1998: 5–16; Allan Sekula, "Between the Net and the Deep Blue Sea (Rethinking the Traffic of Photographs)," *October* 102, Fall 2002: 3–34. See also the art work by Alfredo Jaar, "Lament of the

Images," (2002), installation displayed at Documenta XI, Kassel, 2002. The list of newspaper and magazine articles critical of Corbis is endless. See, in addition to the articles mentioned above, Sarah Boxer, "A Century's Photo History Destined for Life in a Mine," *New York Times*, New York, April 15, 2001.

64 Wilhelm et al., *High-security, sub-zero cold storage*, 2004.

65 See the website of the Iron Mountain Corporation, http://www.ironmountain.com. The mine has been in service as a long-term storage facility since the early 1950s, even before Iron Mountain purchased it; it was previously run by the private company National Underground Storage Incorporated. See "Photo Archives Heads Underground," *New York Times*, April 15, 2001, accessible through the website of Wilhelm Imaging Research, http://www.wilhelm-research.com/corbis_subzero.html.

66 This refers to an advertising slogan used by the Iron Mountain Corporation in 2010. The company is active in more than 40 countries. However, the site in Pennsylvania is its only high-security preservation facility.

67 Gary Hayes, "Under Iron Mountain: Corbis stores 'Very Important Photographs' at zero degrees Fahrenheit," NPPA (National Press Photographer's Association), http://www.nppa.org/news_news_and_events/2005/01/corbis_cave.html.

68 Wilhelm et al., *High-security, sub-zero cold storage*, 2004.

69 The preservation plan for the Bettmann Archive and UPI also served as a model for the long-term preservation project for the Sygma collection, the so-called Sygma Initiative. Since 2009, the analogue holdings of the former news picture agency have been preserved at a storage facility located in Garnay, about 75 km west of Paris.

70 Wilhelm et al., *High-security, sub-zero cold storage*, 2004.

71 Unauthorized interview conducted by the author with a Corbis archivist at Iron Mountain, April 11, 2010.

72 Interview conducted by the author with Kenneth Johnston on March 25, 2009, at the Corbis New York office. Like the head office of Microsoft Corporation, the Corbis headquarter is located in Seattle, Washington.

73 Marlene Manoff, "The Materiality of Digital Collections: Theoretical and Historical Perspectives," *Libraries and the Academy* 6, no. 3 (2006): 311–325, here: 320. See also Johanna Drucker, "Intimations of Immateriality: Graphical Form, Textual Sense, and the Electronic Environment," in *Reimagining Textuality: Textual Studies in the Late Age of Print*, ed. Elizabeth Bergmann Loizeaux and Neil Fraistat (Madison: University of Wisconsin Press, 2002), 152–177; N. Katherine Hayles, "Translating Media: Why We Should Rethink Textuality," *Yale Journal of Criticism* 16, no. 2 (2003): 263–290; Andreas Kitzmann, "The Page, the Camera and the Network. Media and the Materiality of Memory," in *Memory Work: The Theory and Practice of Memory*, eds. Andreas Kitzmann, et al. (Frankfurt am Main: Peter Lang Publ., 2005), 35–49.

74 Manoff, "The Materiality of Digital Collections," 320.

75 Geoffrey Batchen, "Photogenics/Fotogenik," 1998. The idea of identical reproduction or the cloning of images that arose in the mid-1990s is indeed interesting, as it tied into a much larger political and cultural debate of the time—namely, the debate over the cloning of mammals (and the potential cloning of humans), which reached its peak with the birth of the cloned sheep "Dolly" in July 1996.

76 Sassoon, "Photographic Materiality," 186.

77 Edwards et al., *Photographs Objects Histories*, 5.

78 John Tagg, *The Burden of Representation: Essays on Photographies and Histories* (London: Macmillan, 1988).

79 Manoff, "The Materiality of Digital Collections," 312.

80 Gates et al., *The Road Ahead*, 259.

81 Translated by Stuart Gilbert; André Malraux, *Le Musée Imaginaire*, [1965], (Paris: Gallimard, 1996), 123. [Original: "La reproduction ne rivalise pas avec le chef-d'oeuvre présent: elle l'évoque ou le suggère."]

82 Rapaport, "In His Image," 1996.

83 Ibid.

84 Ibid.

85 Roland Barthes, *La chambre claire. Note sur la photographie* (Paris: Gallimard Seuil, 1980).

86 Corbis distinguishes between two major categories, namely "creative" and "editorial." There are two subcategories for "creative" pictures (Rights Managed and Royalty Free) and five subcategories for "editorial:" documentary, fine arts, archival, current events, and entertainment. See also Frosh, *The Image Factory*, 2003; Bruhn, *Bildwirtschaft*. 2003.

87 The different levels are SS (Super-Showcase), S (Showcase), B, C, and D; most pictures belong to the first three categories. This information was supplied by Sébastien Dupuy, the former head of the Sygma Initiative at Corbis.

88 Sassoon, "Photographic Materiality," 187.

89 Aleida Assmann, *Erinnerungsräume: Formen und Wandlungen des kulturellen Gedächtnisses* (München: C. H. Beck, 2006); first published in 1999. See also Stephan Krass, "Alexandria—London und zurück. Via Oberried, Bukarest, Paris. Kleine Exkursion für Bibliothekare, Brandstifter und

Bunkerspezialisten," *Kunstforum International* 127 (1994): 126–133, here: 127–128.
90 Assmann, *Erinnerungsräume*, 350.
91 Sassoon, "Photographic Materiality," 187.
92 Ibid.
93 Assmann, *Erinnerungsräume*, 345.
94 Gillian Rose, "Practising Photography," 567.
95 See Allan Sekula, "The Body and the Archive," in *The Contest of Meaning: Critical Histories of Photography*, ed. Richard Bolton (Cambridge: MIT Press, 1992); Hal Foster, "The Archive Without Museums," 1996.
96 Many thanks to Sébastien Dupuy for pointing this out to me.
97 See Flickr's website [http://www.flickr.com].
98 It is certainly questionable whether the concept of the archive applies with regard to the participatory websites mentioned in this paragraph. See André Gunthert, "L'image partagée," *Études Photographiques* 24 (2009).
99 Christopher Pinney, "The Parallel Histories of Anthropology and Photography," in *Anthropology and Photography 1860–1920*, ed. Elizabeth Edwards (New Haven and London: Yale University Press in association with The Royal Anthropological Institute, 1992), 74–95, here: 90.

Bibliography

About, Ilsen, and Clément Cheroux. “L’histoire par la photographie.” *Études Photographiques* 10 (November 2001): 8–33.

Abring, Hans D. *Von Daguerre bis heute*. Herne: Privates Fotomuseum, 1985.

Arago, Dominique François. *Rapport de M. Arago sur le daguérreotype. Lu à la séance de la Chambre des Députés le 3 juillet 1839, et à l’Académie des Sciences, séance du 19 août.* Paris: Bachelier, 1839. (Online: http://gallica.bnf.fr/ark:/12148/bpt6k1231630), accessed on January 3, 2011.

Armitage, Linda, and Peter Enser. “Analysis of User Need in Image Archives.” *Journal of Information Science*, April 23 (1997): 287–299.

Assmann, Aleida. *Erinnerungsräume: Formen und Wandlungen des kulturellen Gedächtnisses*. München: C. H. Beck, 2006.

Aynsley, Jeremy. “Gebrauchsgraphik as an Early Graphic Design Journal, 1924–1938.” *Journal of Design History* 5, no. 1 (1992): 53–72.

Barthes, Roland. *La chambre claire. Note sur la photographie*. Paris: Gallimard Le Seuil, 1980.

Batchen, Geoffrey. “Photogenics / Fotogenik *Camera Austria International*.” 62–63 (1998): 5–16.

———. *Burning with Desire: The Conception of Photography*. Cambridge: MIT Press, 1997.

Baudelaire, Charles. *Curiosités esthétiques: l’art romantique et autres œuvres critiques, Salon de 1859*, edited by Henri Lemaître. Paris: Editions L’Harmattan, 1997.

Baudrillard, Jean. *Simulacres et simulation*. Paris: Éditions Galilée, 1981.

Baughman, James L. *Henry Luce and the Rise of American News Media*. Baltimore: The Johns Hopkins University Press, 2001.

Bearman, David. “Investing in Digital Knowledge.” *Archives & Museums Informatics* 9, no. 4 (1995): 379–380.

———. “Standards for Networked Cultural Heritage.” *Archives & Museum Informatics* 9, no. 3 (1995): 279–307.

Benjamin, Walter. *Das Kunstwerk im Zeitalter seiner technischen Reproduzierbarkeit*. [1939]. Frankfurt am Main: Suhrkamp, 1977.

———. “Diese Flächen sind zu vermieten.” [1928]. In *Medienästhetische Schriften*, edited by Detlef Schöttker. Frankfurt am Main: Suhrkamp, 2002: 198.

———. “This space is for rent.” [1928]. In *Reflections: Essays, Aphorism, Autobiographical Writings*, edited by Peter Demenz, translated by Edmund Jephott. New York: Schocken, 2007: 85–86.

———. “Ich packe meine Bibliothek aus. Eine Rede über das Sammeln.” [1931]. In *Medienästhetische Schriften*, edited by Detlef Schöttker. Frankfurt am Main: Suhrkamp, 2002: 175–182.

Benson, Richard. *The Printed Picture*. New York: The Museum of Modern Art, 2008.

Bermingham, Ann, ed. “Nineteenth-century Popular Arts.” *Visual Resources. An International Journal of Documentation* 22, no. 1 (March 2006).

Bleyer, Willard G. *Main Currents in the History of American Journalism*. [1927]. New York: Da Capo, 1973: 389–390.

Brennen, Bonnie, and Hanno Hardt. *Picturing the past. Media, history and photography*. Champaign: University of Illinois Press, 2009.

Browning, John. “Libraries without walls for books without pages. Electronic libraries and the information economy.” *Wired Magazine* 1, no. 1 (March / April, 1993).

Bruhn, Matthias, and Pablo Schneider. “Fertigbilder. Allegorien des Alltäglichen.” *Kritische Berichte* 2 (1998): 32–43.

Bruhn, Matthias. *Bildwirtschaft. Verwaltung und Verwertung der Sichtbarkeit*. Weimar: VDG Verlag, 2003.

———. “Visualization Services: Stock photography and the picture industry.” *Genre* XXXVI (Fall / Winter 2003): 365–382.

———. “Die unsichtbaren Wörter.” In *Das abc der Bilder*, edited by Moritz Wullen et al. Berlin: Staatliche Museen Preussischer Kulturbesitz, 2007: 22–25.

———. “Tarife der Sichtbarkeit. Eine kurze Geschichte der Bildagenturen.” *Fotogeschichte. Beiträge zur Geschichte und Ästhetik der Fotografie* 105 (2007): 27–62.

Buckland, Michael. *Emanuel Goldberg and his Knowledge Machine: Information, Invention, and Political Forces. New Directions in Information Management*. Westport: Libraries Unlimited, 2006.

Cameron, Fiona, and Sarah Kenderdine, eds. *Theorizing Digital Cultural Heritage. A Critical Discourse*. Cambridge: MIT Press, 2007

Caraffa, Costanza, ed. *Fotografie als Instrument und Medium der Kunstgeschichte*. Berlin, München: Deutscher Kunstverlag, 2009.

Carlebach, Michael L. *The Origins of Photojournalism in America*. Washington D. C.: Smithsonian Institution Press, 1992.

Clark, Ian F. “Future-War Fiction: the First Main Phase.” *Science Fiction Studies* 24, no. 3 (1997): 387–412.

Codell, Julie F., ed. “Second Hand Images.” *Visual Resources. An International Journal of Documentation* 26, no. 3 (September 2010).

Crimp, Douglas. “The Museum’s Old / The Library’s New Subject.” In *The Contest of Meaning: Critical Histories of Photography*, edited by Richard Bolton. Cambridge: MIT Press, 1992.

Croy, Otto. *Reproduktion und Dokumentation*. Seebruck: Heering-Verlag, 1962.

Daston, Lorraine, and Peter Galison. “Photography as Science and Art.” In *Objectivity*. Cambridge: Zone Books, 2007: 125–137.

Deleuze, Gilles. “Qu’est-ce qu’un dispositif?” In *Michel Foucault philosophe. Rencontre*

internationale. Paris, 9,10,11 janvier 1998. Paris: Des Travaux, Seuil, 1989: 185–195.
Deligny, Aurore. "Viva, une alternative à Magnum." *Études Photographiques* 15 (November 2004): 78–103.
Denoyelle, Françoise. *La lumière de Paris. Le marché de la photographie 1919–1939*, vol. 1; *La lumière de Paris. Les usages de la photographie*, vol. 2. Paris: l'Harmattan, 1997.
Derrida, Jacques. *Mal d'archive: Une impression freudienne*. Paris: Édition Galillée, 1995.
Dommann, Monika. "Der Apparat und das Individuum. Die Verrechtlichung technischer Bilder (1860–1920)." In *Konstruierte Sichtbarkeiten. Wissenschafts- und Technikbilder seit der frühen Neuzeit*, edited by Martina Heßler. München: Wilhelm Fink Verlag, 2006: 347–367.
———. "Papierstau und Informationsfluss: die Normierung der Bibliothekskopie." *Historische Anthropologie* 16, no.1 (2008): 31–54.
Drucker, Johanna. "Intimations of Immateriality: Graphical Form, Textual Sense, and the Electronic Environment." In *Reimagining Textuality: Textual Studies in the Late Age of Print*, edited by Elizabeth Bergmann Loizeaux and Neil Fraistat. Madison: University of Wisconsin Press, 2002: 152–177.
Ebeling, Knut, and Stephan Günzel, eds. *Archivologie. Theorien des Archivs in Philosophie, Medien und Künsten*. Berlin: Kadmos, 2010.
Edwards, Elizabeth, and Janice Hart, eds. *Photographs Objects Histories: On the Materiality of Images*. London: Routledge, 2004.
Edwards, Elizabeth. *The Camera as Historian: Amateur Photographers and Historical Imagination 1885–1918*. Durham: Duke University Press, 2012.
Elster, Alexander. "Gibt es ein Urheberrecht des nachschaffenden Künstlers." *Gewerblicher Rechtsschutz und Urheberschutz* (1927): 42–50.
———. *Urheber- und Erfinder, Warenzeichen- und Wettbewerbsrecht. Lehrbücher und Grundbegriffe der Rechtswissenschaften*. Berlin, Leipzig: Walter de Gruyter, 1928.
Ernst, Wolfgang. *Das Rumoren der Archive*. Berlin: Merve, 2002.
———. *Das Gesetz des Gedächtnisses. Medien und Archive am Ende des 20. Jahrhunderts*. Berlin: Kadmos, 2007.
Ernst, Wolfgang, Stefan Heidenreich and Ute Holl, eds. *Suchbilder. Visuelle Kultur zwischen Algorithmen und Archiven*. Berlin: Kadmos, 2003.
Eskind, Andrew, and Deborah Barsel. "International Museum of Photography: Conventions for Cataloging Photographs." *Image* 21, no. 4 (1978): 1–31.
Evers, Bernd, ed. *Die Kunst in der Bibliothek. Zur Geschichte der Kunstbibliothek und ihrer Sammlungen*. Berlin: Akademie Verlag, 1994.
Ferguson, Lorraine, and Douglass Scott Source. "A Time Line of American Typography." *Design Quarterly* 148, (1990): 23–54.
Finn, Bernard, ed. *Presenting Pictures*. Artefact Series. London: Science Museum, 2004.
Flach, Sabine, Inge Münz-Koenen and Marianne Streisand, eds. *Der Bildatlas im Wandel der Künste und Medien*. München: Wilhelm Fink Verlag, 2005.
Foster, Hal. "The Archive Without Museums." *October* 77 (Summer 1996): 97–119.
———. "The Archival Impulse." *October* 110 (Fall 2004): 3–22.
Foucault, Michel. "Le jeu de Michel Foucault." *Dits et écrits*, vol. 2. Paris: Gallimard, 1994.
Friedberg, Anne. *The Virtual Window: From Alberti to Microsoft*. Boston: MIT Press, 2006.
Friedrich, Thomas. "Die Berliner Zeitungslandschaft am Ende der Weimarer Republik." In *Berlin 1932. Das letzte Jahr der Weimarer Republik*, edited by Diethard Kerbs and Henrick Stahr. Berlin: Edition Hentrich, 1992: 56–67.
Frosh, Paul. *The Image Factory. Consumer Culture, Photography and the Visual Culture Industry*. Oxford, New York: Berg Publishers, 2003.
Geimer, Peter. "The Art of Resurrection. Malraux's Musée imaginaire". In *Fotografie als Instrument und Medium der Kunstgeschichte*, edited by Costanza Caraffa. Berlin, Müchen: Deutscher Kunstverlag, 2009: 77–89.
Gervais, Thierry. "L'invention du magazine. La photographie mise en page dans 'La Vie au grand air.'" *Études Photographiques* 20 (June 2007): 50–67. (Online: http://etudes photographiques.revues.org/index997.html), accessed on May 22, 2011.
———. *L'Illustration photographique. Naissance du spectacle de l'information, 1843–1914*. Doctoral thesis, Department of History and Civilizations. École des Hautes Études en Sciences Sociales, 2007. (Online: http://www.lhivic.org/info/recherches/lillustration-photographique), accessed on July 1, 2008.
Gervais, Thierry, and Gaëlle Morel. *La fabrique de l'information visuelle. Photographies et magazines d'actualité*. Paris: Les éditions textuel, 2015.
Glaser, Curt. "Das deutsche Bildarchiv." *Berliner Museen* 51, no. 1 (1930): 17–18.
———. *Fotomontage. Ausstellung im Lichthof des ehemaligen Kunstgewerbemuseums, 25. 4.—31. 5. 1931*. Berlin: Staatliche Kunstbibliothek, 1931.
———. *Amerika baut auf!* Berlin: Bruno Cassirer, 1932.
Glückler, Johannes. "Digitalisierung und das Paradox informatorischer Reichweite in der Agenturfotografie." *Geografische Zeitschrift* 93, no 2. (2005): 100–120.
Godwin, Jocelyn. *Athanasius Kircher—A Renaissance Man and the Quest for Lost Knowledge*. London: Thames and Hudson, 1979.
Grainge, Paul. "TIME's Past in the Present. Nostalgia and the Black and White Image." *Journal of Amercian Studies* 33, no. 3 (1999): 383–392.

Grivel, Charles, André Gunthert and Bernd Stiegler, eds. *Die Eroberung der Bilder. Photographie in Buch und Presse 1816–1914*. München: Wilhelm Fink Verlag, 2003.

Gugerli, David. *Suchmaschinen. Die Welt als Datenbank*. Frankfurt am Main: Suhrkamp, 2009.

Gunthert, André, and Michel Poivert, eds. *L'art de la photographie des origines à nos jours*. Paris: Citadelles et Mazenod, 2007.

Gunthert, André. "L'empreinte digitale. Théorie et pratique de la photographie à l'ère numérique." In *Face au réel. Éthique de la forme dans l'art contemporain*, edited by Giovanni Careri and Bernhard Rüdiger. Paris: Éditions Archibooks, 2008: 85–95. (Preprint online: http://www.arhv.lhivic.org/index.php/2007/10/03/506-l-empreinte-digitale), accessed on May 3, 2009.

———. "L'image partagée." *Études Photographiques* 24 (November 2009).

Hall, Thomas E., and J. David Ferguson. *The Great Depression: An International Disaster of Perverse Economic Policies*. Chicago: University of Michigan Press, 1998.

Hand, Stacy. "Microphotography." In *Encyclopaedia of Nineteenth-Century Photography*, edited by John Hannavy. New York: Routledge, 2008: 924–928.

Hannigan, William, and Kenneth Johnston. *The Rise of American News Pictures*. New York: Harry N. Abrams, 2004.

Hariman, Robert, and John L. Lucaintes. *No Caption Needed. Iconic Photographs, Public Culture, and Liberal Democracy*. Chicago: University of Chicago Press, 2007.

Haskell, Francis. *History and Its Image*. New Haven: Yale University Press, 1993.

Hayles, N. Katherine. "Translating Media: Why We Should Rethink Textuality." *Yale Journal of Criticism* 16, no. 2 (2003): 263–290.

Heesen, Anke te. *Der Weltkasten. Die Geschichte einer Bildenzyklopädie*. Göttingen: Wallstein, 1997.

Heilbut, Anthony. *Exiled in Paradise: German Refugee Artists and Intellectuals in America from the 1930s to the Present*. Weimar and Now: German Cultural Criticism, no. 16. Berkeley: University of California Press, 1997.

Heller, Steven. "Advertising Arts: Advertising Becomes Modern(istic)." *Typotheque*, (Online: http://www.typotheque.com/articles/advertising_arts_america_becomes_modernistic), accessed on November 13, 2010.

Hoffmann, Barbara. *Exploiting Images and Image Collections: Goldmine or Legal Minefield?* London: Kluwer Law International, 1999.

Holmes, Oliver Wendell. "The Stereoscope and the Stereograph." [1859]. In *Classic Essays on Photography*, edited by Alan Trachtenberg. New Haven: Leete's Island Books, 1980: 81–82.

Hopkins, Judith. "The 1791 French Cataloging Code and the Origins of the Card Catalog." *Libraries & Culture. A Journal of Library History* 27, no. 4 (1992): 378–391.

Jacobsohn, Kurt. "Fortschritte in der Herstellung und Verarbeitung höchstempfindlichen und höchstfarbenempfindlichen Aufnahmematerials." *Deutscher Kamera-Almanach. Ein Jahrbuch für die Photographie unserer Zeit*, vol. 20 (1930): 129–140.

Jäger, Jens, and Martin Knauer, eds. *Bilder als historische Quellen? Dimensionen der Debatten um historische Bildforschung*. München: Fink, 2009.

Janin, Jules. "Le Daguerotype. [sic], L'Artiste, [1838–39]." In *La Photographie en France: Textes et Controverses: une anthologie, 1816-1871*, edited by André Rouillé. Paris: Macula, 1989: 145–148.

Jones, Julie. "L' avant-garde européenne au service du capitalisme. Walter P. Paepke et le couple art/commerce aux États-Unis (1930–1950)." *Etudes Photographiques* 24 (November 2009): 42–71.

Kaplan, Louis. "Photo Globe: The Family of Man and the Global Rhetoric of Photography." In *American Exposures. Photography and Community in the Twentieth Century*. Minneapolis: University of Minnesota Press, 2005. 55–79.

Keeler, Nancy. "Inventors and Entrepreneurs." *History of Photography* 26, no. 1 (2002): 26–33.

Kelsey, Robin. *Archive Style: Photographs & Illustrations for U. S. Surveys*. Berkeley: University of California Press, 2007.

Kerbs, Diethard. "Die Epoche der Bildagenturen." In *Die Gleichschaltung der Bilder. Zur Geschichte der Pressefotografie 1930–1936*, edited by Diethard Kerbs, Walter Uka, and Brigitte Walz-Richter. Berlin: Froelich & Kaufmann, 1983: 32–46.

Kerbs, Diethard. "Die illustrierte Presse am Ende der Weimarer Republik." In *Berlin 1932. Das letzte Jahr der Weimarer Republik*, edited by Diethard Kerbs and Henrick Stahr. Berlin: Edition Hentrich, 1992: 68–89.

Kitzmann, Andreas. "The Page, the Camera and the Network. Media and the Materiality of Memory." In *Memory Work: The Theory and Practice of Memory*, edited by Andreas Kitzmann, Conny Mithander, and John Sundholm. Frankfurt am Main: Peter Lang Publ., 2005: 35–49.

Knortz, Heike. *Wirtschaftsgeschichte der Weimarer Republik. Eine Einführung in Ökonomie und Gesellschaft der ersten deutschen Republik*. Göttingen: Vandenhoeck und Ruprecht, 2010.

Kramer, Cheryce. "© Bettmann/CORBIS—Techniken der Sichtbarmachung von historischem Bildmaterial." In *Konstruieren, kommunizieren, präsentieren. Bilder von Wissenschaft und Technik*, edited by Alexander Gall. Göttingen: Wallstein, 2008: 245–291.

Kohler, Josef. *Kunstwerkrecht, Gesetz vom 9. Januar 1907*. Stuttgart, 1908.

Kolb, Eberhard. *Die Weimarer Republik*. 6th edition. München, Oldenburg: Wissenschaftsverlag, 2002.

Korff, Kurt. "Die Berliner Illustrirte Zeitung." In *50 Jahre Ullstein. 1877–1927*. Berlin: Ullstein, 1927.

Kracauer, Siegfried. "Die Photographie." [1927]. In *Das Ornament der Masse*. Frankfurt am Main: Suhrkamp, 1963.

Krajewski, Markus. *Zettelwirtschaft. Die Geburt der Kartei aus dem Geiste der Bibliothek*. Berlin: Kulturverlag Kadmos, 2003.

———. "Der Privatregistrator. Franz Maria Feldhaus und seine Geschichte der Technik." In *Bürokratische Leidenschaften. Kultur und Mediengeschichte im Archiv*, edited by Sven Spieker. Berlin: Kadmos, 2004: 295–318.

———. Restlosigkeit. *Weltprojekte um 1900*. Berlin: Fischer, 2006.

Kranzfelder, Ivo. "Idylle—Aufbruch—Propaganda. Fotografie in Deutschland 1900–1938." *Fotogeschichte. Beiträge zur Geschichte und Ästhetik der Fotografie* 113 (2009): 5–20.

Krass, Stephan. "Alexandria—London und zurück. Via Oberried, Bukarest, Paris. Kleine Exkursion für Bibliothekare, Brandstifter und Bunkerspezialisten." *Kunstforum International* 127 (1994): 126–133.

Kuhlmann, Augustus F. "The Place of Microphotography in Research and Library Work." *Peabody Journal of Education* 17. no. 4 (January 1940): 223–235.

Kühn, Christine. "Kunstbibliothek und Neues Sehen. Die Wahrnehmung moderner Fotografie im Berlin der Weimarer Republik." In *Neues Sehen in Berlin. Fotografie der Zwanziger Jahre*, edited by Bernd Evers. Berlin: Staatliche Museen Preussischer Kulturbesitz, 2005.

Ladwig, Perdita. "Das wirtschaftliche Fundament der Renaissance. Alfred Doren 1869–1934." In *Das Renaissancebild deutscher Historiker 1898–1933*. Frankfurt am Main: Campus Forschung, 2004: 34–114.

Lager Vestberg, Nina. "From Filing Cabinet to the Internet: Digitising Photographic Libraries." In *Fotografie als Instrument und Medium der Kunstgeschichte*, edited by Costanza Caraffa. Berlin, München: Deutscher Kunstverlag, 2009: 129–143.

———. "Archival Value." *Photographies* 1, no. 1 (March 2008). (Online: http://dx.doi.org/10.1080/17540 760701786725), accessed on March 2, 2009.

Lebart, Luce. "Penser / classer les images. Histoire de l'archivage des photographies et émergence de la documentation iconographique (1888–1906)." In *Paul Otlet, fondateur du Mundaneum (1868–1944), Architecte du savoir, artisan de la paix*. Bruxelles: Les nouvelles impressions, 2010: 89–101.

Lenman, Robin ed. *The Oxford Companion to the Photograph*. Oxford and New York: Oxford University Press, 2005.

Lugon, Olivier. "La photographie des typographes." *Etudes Photographiques*, no. 20 (June 2007): 100–119.

———. *La Photographie en Allemagne. Anthologie de textes, 1919–1939*. Nîmes: Editions Jacqueline Chambon, 1997.

Malraux, André. *Le Musée Imaginaire*. [1965]. Paris: Gallimard, 1996.

Manoff, Marlene. "Theories of the Archive from across the disciplines." *Libraries and the Academy* 4, no. 1 (2004): 9–25.

———. "The Materiality of Digital Collections: Theoretical and Historical Perspectives." *Libraries and the Academy* 6, no.3 (2006): 311–325.

Manovich, Lev. *The Language of New Media*. Boston: MIT Press, 2001.

Marchand, Roland. *Advertising the American Dream: Making Way for Modernity 1920–1940*. Berkeley: University of California Press, 1985.

Marckwardt, Wilhelm. *Die Illustrierten der Weimarer Zeit. Publizistische Funktion, ökonomische Entwicklung und inhaltliche Tendenzen*. München: Minerva, 1982.

Matyssek, Angela. *Kunstgeschichte als fotografische Praxis. Richard Hamann und Foto Marburg*. Berlin: Gebr. Mann, 2009.

McCauley, Elizabeth Anne. *Industrial Madness. Commercial Photography in Paris, 1848–1871*. New Haven: Yale University Press, 1994.

McKinney, J. R. "What has happened to modern art in advertising?" *Printer's Ink Monthly* 19 (1929).

Mendelsohn, Peter de. *Zeitungsstadt Berlin. Menschen und Mächte in der Geschichte der deutschen Presse*. Berlin: Ullstein, 1985.

Mente, Otto. "Über einige Erfahrungen beim Photographieren mit Filmen." *Deutscher Kamera. Ein Jahrbuch für die Photographie unserer Zeit*, vol. 18 (1928): 147–157.

Middell, Matthias. *Weltgeschichtsschreibung im Zeitalter der Verfachlichung und Professionalisierung. Das Leipziger Institut für Kultur- und Universalgeschichte 1890–1990*. 3 vols. Leipzig: Akademische Verlagsanstalt, 2005.

Miller, J. Abbott. "Pictures for Rent: From Stereoscope to Stereotype." In *Design Writing Research. Writing on Graphic Design,* edited by Ellen Lupton and J. Abbott Miller. New York: Kiosk, Princeton Architectural Press, 1996: 121–134.

Mitchell, William J. T. *Picture theory, Essays on Verbal and Visual Representation*. Chicago: The University of Chicago Press, 1994.

Moholy-Nagy, László. *Malerei, Fotografie, Film*. Bauhausbücher, vol. 8. München: Albert Langen Verlag, 1925.

———. "Die Photographie in der Reklame." In *Film und Foto der zwanziger Jahre. Eine Betrachtung der Internationalen Werkbundausstellung Film und Foto 1929*, edited by Ute Eskildsen and Jan-Christopher Horak. Stuttgart: Verlag Gerd Hatje, 1979: 146–156.

Molderings, Herbert. "Eine Schule der modernen Fotoreportage. Die Fotoagentur Dephot

(Deutscher Photodienst) 1928 bis 1933." *Fotogeschichte. Beiträge zur Geschichte und Ästhetik der Fotografie* 28, no. 107 (2008): 4–21.

Mondenard, Anne de. "La mission héliographique: mythe et histoire." *Études Photographiques* 2 (May 1997). (Online: http://etudesphotographiques.revues.org/index127.html), accessed on December 28, 2010.

Moreau, Nathalie, and Dominique Sagot-Duvauroux. "La construction du marché des triages." *Études Photographiques* 22 (September 2008): 78–99.

Morel, Gaëlle. "La figure de l'auteur. L'accueil du photoreporter dans le champ culturel français (1981–1985)." *Études Photographiques* 13 (July 2003): 35–55.

Moriarty, Catherine. "A Backroom Service? The Photographic Library of the Council of Industrial Design, 1945–1965." *Journal of Design History* 13, no. 1 (2000).

Naumann, Heinz. "Kleinbildaufnahmen und Vergrößerungen: hohe Tiefenschärfe, Notwendigkeit des qualitativ hochwertigen Films (Feinkornemulsionen) für die Vergrößerung." *Deutscher Kamera-Almanach. Ein Jahrbuch für die Photographie unserer Zeit*, vol. 21 (1931): 87–105.

Negroponte, Nicolas. *Being Digital*. New York: Vintage Books, 1996.

Olson, Erik L. "How Magazine Articles Portrayed Advertising from 1900 to 1940." *Journal of Advertising* 24, no. 3 (1995): 41–54.

Ong, James. *Photography Best Sellers: One Hundred Top Moneymaking Photos*. New York: Moore & Moore, 1987.

Panofsky, Erwin. "Iconography and Iconology: An Introduction to the Study of Renaissance Art." In *Meaning in the Visual Arts*. New York: Doubleday, 1955: 26–54.

———. "Zum Problem der Beschreibung und Inhaltsdeutung von Werken der Bildenden Kunst." *Logos* XXI (1932): 103–199.

———. *Studies in Iconology. Humanistic Themes in the Art of the Renaissance*. New York: Oxford University Press, 1939.

Paul, Gerhard. *Visual History. Ein Studienbuch*. Göttingen: Vandenhoeck und Ruprecht, 2006.

Phéline, Christian. *L'image accusatrice*. Paris: Cahiers de la Photographie, 1985.

———. "Portraits en règle." In *Identités. De Disdérie au Photomaton*. Paris: Centre national de la Photographie, 1985: 53–59.

Philipps, Christopher. "The Judgment Seat of Photography." *October* 22 (Autumn, 1982): 27–83.

Pinney, Christopher. "The Parallel Histories of Anthropology and Photography." In *Anthropology and Photography 1860–1920*, edited by Elizabeth Edwards. New Haven and London: Yale University Press in association with the Royal Anthropological Institute, 1992: 74–95.

Pollay, Richard W. "The Subsiding Sizzle: A Descriptive History of Print Advertising, 1900–1980." *The Journal of Marketing* 49, no. 3 (Summer 1985): 24–37.

Popplow, Markus. "Franz Maria Feldhaus—die Weltgeschichte der Technik auf Karteikarten." In *Cut and Paste: Der Zeitungsausschnitt um 1900*, edited by Anke te Heesen, *Kaleidoskopien* 4, (2002).

Potter, David M. *People of Plenty. Economic Abundance and the American Character.* Chicago: University of Chicago Press, 1958.

Pretzl, Otto. "Die Leica im Dienste der Handschriftenforschung." *Zentralblatt für Bibliothekswesen* 49 (1932): 182–187.

Raizman, David. *History of Modern Design. Graphics and Products Since the Industrial Revolution*. London: Laurence King Publishing, 2003: 229–232.

Raney, M. Llewellyn, ed. *Microphotography for Libraries.* Papers presented at the Microphotography Symposium at the 1936 Conference of the American Library Association. Chicago: American Library Association, 1937.

Rayward, W. Boyd. "Melvil Dewey and Education for Librarianship." *The Journal of Library History* 3, no. 4 (Oct. 1968): 297–312.

———. "Visions of Xanadu: Paul Otlet (1868–1944)." *Journal of the American Society for Information Science* 45, no. 4 (1994): 235–250.

Reed, David. *The Popular Magazines in Britain and the United States 1880–1960*. Toronto: University of Toronto Press, 1997.

Reismann, János. *Nyugtalan évek*. Budapest: Corvina Kiadó, 1982.

Rénie, Pierre-Lin. "De l'imprimerie photographique à la photographie imprimée. Vers une diffusion internationale des images 1850–1880." *Études Photographiques* 20 (June 2007). (Online: http://etudesphotographiques.revues.org/index925.html), accessed on May 3, 2007.

Rijper, Els. *Kodachrome: The American Invention of Our World, 1939–1959*. New York: Delano Greenidge Editions, 2002.

Roesler, Andreas, and Bernd Stiegler. *Mircosoft. Medien, Macht, Monopol*. Frankfurt am Main: Suhrkamp, 2002.

Rose, Gillian. "Practising Photography: an Archive, a Study, some Photographs and a Researcher." *Journal of Historical Geography* 26, no. 4 (2000): 555–571.

Ruchatz, Jens. "Fotografische Gedächtnisse. Ein Panorama medienwissenschaftlicher Fragestellungen." In *Medien des kollektiven Gedächtnisses. Historizität—Konstrukivität – Kulturspezifität*, edited by Astrid Erll and Ansgar Nünning. Berlin: New York: De Gruyter, 2004.

Sachsse, Rolf. "Die Fotografie in der Werbung." In *Strategien der Werbekunst 1850–1933*, edited by Jörg Meißner. Berlin: Deutsches Historisches Museum, Bönen Kettler, 2004: 78–87.

Sassoon, Joanna. "Photographic Materiality in

the Age of Digital Reproduction." In *Photographs Objects Histories: On the Materiality of Images*, edited by Elizabeth Edwards and Janice Hart. London: Routledge, 2004: 186–202.
Schramm, Percy Ernst. "Über Illustrationen zur mittelalterlichen Kulturgeschichte." *Historische Zeitschrift* 137, no. 3 (1928): 425–441.
Schreiber, Heinrich. "Pflicht und Recht der Bibliotheksphotokopie." *Sonderdruck aus Archiv für Urheber- Film und Theaterrecht* 7, no. 5 and 6. Berlin: Springer Verlag, 1935: 442–463.
Schwartz, Joan M. "Records of Simple Truth and Precision: Photography, Archive, and the Illusion of Control." *Archives, Documentation and Institutions of Social Memory*, edited by Francis. X. Blouin and William G. Rosenberg. Chicago: University of Michigan Press, 2006: 61–84.
Schwartzkoppen, Luise von. "Die rechtliche Zulässigkeit der Photokopie im Rechte des Auslandes und nach dem Entwurf zu einem neuen Urheberrechtsgesetz." *Zentralblatt für Bibliothekswesen* 51 (1934): 297–311.
Searl, Edward Austin. "The £'s of advertising photography." *Advertising Monthly,* January (1938).
Sekula, Allan. "The Body and the Archive." In *The Contest of Meaning: Critical Histories of Photography*, edited by Richard Bolton. Cambridge: MIT Press, 1992.
———. "Traffic in Photographs." *Art Journal* 41, no. 1, Photography and the Scholar/Critic (Spring, 1981): 15–25.
———. "Between the Net and the Deep Blue Sea (Rethinking the Traffic of Photographs)." *October* 102 (Fall 2002): 3–34.
———. "Reading an Archive: Photography Between Labour and Capital." In *The Photography Reader,* edited by Liz Wells. London: Routledge, 2003: 443–452.
Shapiro, Carl, and Hal R. Varian. *Information Rules: A Strategic Guide to the Network Economy*. Boston: Harvard Business School Press, 1998.
Simmons, Sherwin. "Advertising seizes control of life: Berlin Dada and the power of advertising." *Oxford Art Journal* 22, no. 1 (1999): 121–146.
Smith, Zoe C. *The History of Black Star Picture Agency: Life's European Connection*. Paper presented at the annual meeting of the Association for Education in Journalism and Mass Communication, Gainesville, Florida, August 7, 1984. Published online by the U. S. Department of Education: (http://www.eric.ed.gov/ERIC WebPortal/search/detailmini.jsp?_nfpb=true& _& ERICExtSearch_SearchVaue_0= ED244 286&ERICExtSearch_SearchType_0=no&accno= ED24428), accessed on March 30, 2009).
Sobieszek, Robert. *The Art of Persuasion: A History of Advertising Photography*. New York: Harry N. Abrams, 1988.
Starl, Timm. "Hinter den Bildern. Zur Datierung und Identifizierung von Fotografien der Jahre 1839 bis 1945." *Fotogeschichte. Beiträge zur Geschichte und Ästhetik der Fotografie* 26, no. 99 (2006).
Steinberg, Sigfrid. "Die internationale und die deutsche ikonographische Kommission." *Historische Zeitschrift* 144, no. 2 (1931): 287–296.
Stenger, Erich. *Die Geschichte der Kleinbildkamera bis zur Leica*. Frankfurt am Main: Umschau Verlag, 1949.
Stiegler, Bernd. "Das Typophoto. Jan Tschichold und die epistemologischen Grundlagen der Typografie." *Fotogeschichte. Beiträge zur Geschichte und Ästhetik der Fotografie* 28, no. 108 (2008): 39–46.
Stroble, Andreas. *Curt Glaser. Kunsthistoriker—Kunstkritiker—Sammler. Eine Deutsch-jüdische Biographie*. Köln: Böhlau Verlag, 2006.
Sundt, Christine L. "The quest for access to images. History and development." *Advances in librarianship* 22 (1998): 87–106.
Tagg, John. *The Burden of Representation: Essays on Photographies and Histories*. London: Palgrave Macmillan, 1988.
Tietjen, Friedrich. *Bilder einer Wissenschaft. Kunstreproduktion und Kunstgeschichte*. Doctoral thesis, Institute for Art History, Universität Trier, 2007. (Online: http://ubtt.opus.hbz-nrw.de/volltext/2007/417/pdf/diss_ft_cover_web.pdf), accessed on March 2, 2007.
Tobias, Jenny. "Re-use Value." *Cabinet* 22 (2006): 44–47.
Trace, Ciaran B. "What is Recorded is Never Simply 'What Happened': Record Keeping in Modern Organizational Culture." Archival Science 2 (2002): 137–159.
Trant, Jennifer. "The Getty AHIP Imaging Initiative: A Status Report." *Archives and Museum Informatics* 9, no. 3 (1995): 262–278.
Tschichold, Jan. "Fotografie und Typografie." *Die Form. Zeitschrift des deutschen Werkbundes* 3 (1928): 140–150.
———. *Die Neue Typographie. Ein Handbuch für zeitgemäß Schaffende*. [1928]. Berlin: Brinkmann & Bose, 1987.
Tucker, Jennifer. "The Historian, the Picture and the Archive." *Isis* 97 (2006): 111–120.
Valéry, Paul. "La conquête de l'ubiquité." [1928]. In *Œuvres. Pièces sur l'art*, vol. 2. Paris: Gallimard, Bibliothèque de la Pléiade, 1960: 1283–1287.
———. "The Conquest of Ubiquity." [1928]. In *Aesthetics*, translated by Ralph Manheim. New York: Pantheon Books, Bollingen Series, 1964: 225–228.
Vogt, Ralf-M. *Die urheberrechtlichen Reformdiskussionen in Deutschland während der Weimarer Republic und des Nationalsozialismus*. Frankfurt am Main: Peter Lang Verlag, 2004.
Ward, Janet. "The Display Window. Designs and Desires of Weimar Consumerism." *New German Critique*, no. 76 (1999): 115–160.

———. *Weimar Surfaces: Urban Visual Culture in 1920s Germany.* Weimar and Now: German Cultural Criticism, no. 27. Berkeley: University of California Press, 2001.
Warner, Colston E. "Present-Day Advertising. The Consumers' Viewpoint." *Annals of the American Academy of Political and Social Science* 173 (May 1934): 70–79.
Warstat, Willi. "Die Photographie in der Werbekunst." *Deutscher Kamera-Almanach. Ein Jahrbuch für die Photographie unserer Zeit*, vol. 20 (1930), 85–100.
Weise, Bernd. "Pressefotografie I. Die Anfänge in Deutschland, ausgehend von einer Kritik bisheriger Forschungsansätze." *Fotogeschichte. Beiträge zur Geschichte und Ästhetik der Fotografie* 31 (1989): 15–40.
———. "Pressefotografie II: Fortschritte der Fotografie- und Drucktechnik und Veränderungen des Pressemarktes im Deutschen Kaiserreich." *Fotogeschichte. Beiträge zur Geschichte und Ästhetik der Fotografie* 33 (1989): 27–62.
———. "Pressefotografie III. Das Geschäft mit dem aktuellen Foto: Fotografen, Bildagenturen, Interessenverbände, Arbeitstechnik. Eine Entwicklung in Deutschland bis zum Ersten Weltkrieg." *Fotogeschichte. Beiträge zur Geschichte und Ästhetik der Fotografie* 37 (1990): 13–36.
———. "Pressefotografie IV. Die Entwicklung des Fotorechts und der Handel mit der Bildnachricht." *Fotogeschichte. Beiträge zur Geschichte und Ästhetik der Fotografie* 52 (1994): 27–40.
———. "Pressefotografie V. Probleme zwischen Fotografen und Redaktionen und der Beginn der Bildtelegrafie in Deutschland bis 1914." *Fotogeschichte. Beiträge zur Geschichte und Ästhetik der Fotografie* 59 (1994): 33–50.
Weiss, Karl, ed. *Deutscher Kamera-Almanach. Ein Jahrbuch für die Photographie unserer Zeit*, vol. 23 (1933).
Welky, David. *Everything was Better in America: Print Culture in the Great Depression*. Urbana and Chicago: University of Illinois Press, 2008.
Westbrook, Robert. "Consuming Images." *Reviews in American History* 16, no. 1 (March 1988): 85–92.
White, Christopher. "Julius Held (1905–2002)." *The Burlington Magazine* 145, no. 1200 (2003): 219–220.
Wiegand, Wilfried, ed. *Die Wahrheit der Photographie. Klassische Bekenntnisse zu einer neuen Kunst*. Frankfurt am Main: Fischer, 1981.
Wilkenson, Helen. "The New Heraldry: Stock Photography, Visual Literacy, and Advertising in the 1930s Britain." *Journal of Design History* 10, no. 1 (1997): 28–38.
Wolf, Herta. "Das Denkmälerarchiv Fotografie." In *Paradigma Fotografie. Fotokritik am Ende des fotografischen Zeitalters*, edited by Herta Wolf. Frankfurt am Main: Suhrkamp, 2002: 349–375.

Bettmann Archive—Sources

Baker, John F. "Living in the past with Dr. Otto Bettmann." *Publishers Weekly*, November 25, 1974: 24–25.
Banks, William J. "Fixing Friendly Frontiers." *The Rotarian* (September 1941): 19–25.
Bettmann, Otto. *Die Entstehung buchhändlerischer Berufsideale im Deutschland des XVIII. Jahrhunderts*. Doctoral thesis, Philosophy Department, University of Leipzig, 1927.
———. "Elements of the New German Typography." *The Penrose Annual* 32 (1930): 116–121.
———. *Staat und Menschheit. Ideengeschichte des Verlags Dr. Walter Rothschild*. Berlin: Dr. Walter Rothschild Verlag, 1930.
———. "A Picture Index." *Wilson Bulletin for Librarians* (April 1939): 535–536.
———. *Bettmann Portable Archive*. New York: Picture House Press, 1966.
———. *The good old times—they were terrible!* New York: Random House, 1974.
———. *Bettmann: The Picture Man*. Gainsville: University Press of Florida, 1992.
Bettmann Archive, ed. *The Stechert Portfolio. Libraries through the ages. A collection of old prints presented by G. E. Stechert & Co. and Alfred Hafner*. New York, 1939.
———. *The educational forum portfolio*. 4 vols. "The Story of the Wheel" (Nov. 1940); "The Story of Roads" (Jan. 1941); "The Story of Vehicles" (March 1941); Street Life and Inns Through the Ages (May 1941). New York, 1940–1941.
———. "The Bettmann Archive Newsletter." no. 1–4. New York, 1941–42.
———. *The Bettmann Archive Picture History of the World. The Story of Western Civilization retold in 4460 pictures*. New York: Random House, 1978.
"Calendars: Once Laboriously Calculated and Carved in Stone, They Are Printed Today by the Millions." *Life*, Jan 1, 1945: 42–33; [no author credited].
"Dr. Bettmann and his Picture Archive." *Publishers Weekly* (December 1961): 22–23; [no author credited].
Greenstein, David, and Catherine G. Bang. *The Bettmann Portable Archive*. New York, 1993.
Hanscom, Leslie. "A 'little Bettmann Archive' for Everyone." *Newsday*, November 19, 1978: 32–33.
"Iran: Ancient Land is Seat of Trouble." *Life,* April 8, 1946: 30–36; [no author credited].
Iron Mountain Corbis Film Preservation Facility. "Draft of a promotional letter by the Bettmann Archive to its clients." Un-catalogued item, ca. 1960.
———. "Letter by the Bettmann Archive to its clients." Un-catalogued item, ca. 1960.
"Orbituary Leon Daniel." *New York Times*, December 3[illegible], 1974; [no author credited].

Seitlin, Percy M. "Bettmann's Index. A Picture History of Civilization." *PM Production Manager Magazine* 2, no. 7 (1936).
"She's Still a Thriller." *The Rotarian* (May 1949): 16–19; [no author credited].

Corbis—Sources

Battiata, Mary. "Buried Treasures. Why has Bill Gates stashed millions of the greatest images of the 20th century under a mountain in Pennsylvania?" *The Washington Post Magazine*, May 18, 2003.
Bearman, David. "The Challenge of the Acquisition of the Bettmann Archive by Corbis." *Archives & Museums Informatics* 9, no. 3 (1995).
Birnbaum, Jesse, David Bjerklie and Patrick E. Cole. "Gates Snaps Top Pix." *Time*, October 23, 1995.
Boxer, Sarah. "A Century's Photo History Destined for Life in a Mine." *New York Times*, April 15, 2001.
———. "Moving From Scruffy Quarters to a Limestone Labyrinth." *New York Times*, April 15, 2001.
Corbis Factsheet. "Film Preservation and the Bettmann Archive." Updated in 2007, 2009, and 2010. (Online: http://www.corbis.com/corporate/Press-Room/PressFactSheet.asp), last accessed on June 22, 2011.
Corbis Press Release. "Corbis to Build Premiere Sub-Zero Photographic Film Preservation Facility." Seattle, April 16, 2001. (Online: www.wilhelm-research.com/corbis/Corbis_PressRelease_4_16_01.pdf), last acccessed on June 21, 2011.
———. "Corbis Unveils Vision for Future." New York, March 16, 2006. (Online: http://www.corbis.com/corporate/pressroom/PressReleases-Det.asp?ID=19), last accessed on June 22, 2011.
Failing, Patricia. "Brave New World or Just More Profitable?" *Artnews*, no. 9 (October 1996): 114–118.
Gates, Bill, with Nathan Myrvold and Peter Rinearson. *The Road Ahead*. New York: Viking Penguin, 1995.
Halstead, Dirck. "A Visit to the Corbis Picture Mine." *The Digital Journalist* (June 2003). (Online: http://www.digitaljournalist.org/issue0306/cpmine.html), accessed on March 25, 2007.
Hayes, Gary. "Under Iron Mountain: Corbis stores 'Very Important Photographs' at zero degrees Fahrenheit." *NPPA (National Press Photographer's Association) website*. (Online: http://www.nppa.org/news_news_and_events/2005/01/corbis_cave.html), accessed on March 25, 2007.
Kapor, Mitch. "Where is the digital highway really heading? The case for a Jeffersonian Information Policy." *Wired* 1, no. 3 (2009).
Kelly, Kevin. "Rockin' With Mr. Bill." *Wired* 2, no. 12 (1994).
Koval, John, ed. *Corbis Images. Speaking in Visual*. Corbis, 1997.
Lusaka, Jane, Susannah Cassedy O'Donnell and John Strand. "Whose 800-lb Gorilla is it? Corbis Corporation Pursues Museums." *Museum News*, May/June (1996): 34–37 and 76–79.
Rapaport, Richard. "In His Image." *Wired* 2, no. 11 (1996). (Online: http://yoz.com/wired/2.11/features/corbis.html), accessed on May 23, 2007.
Schmiederer, Ernst. "Alle Macht geht vom Bild aus." In *Ars Electronica: Information. Macht. Krieg. Infowar-Theorie*, vol. 2, edited by Gerfried Stocker and Christine Schöpf. Wien, New York: Springer, 1998.
"The Press. Picture Battle." *Time Magazine*, September 24, 1934; [no author credited]. (Online: html://www.time.com/time/magazine/article/0,9171,754452,00.html), accessed on November 7, 2009.
Wilhelm, Henry, et al. *High-security, sub-zero cold storage for the permanent preservation of the Corbis-Bettmann Archive photography collection*. Final Program and Proceedings: IS&T Archiving Conference. The Society for Imaging Science and Technology, April 20–23, San Antonio, USA, 2004: 122–127.
Williams, Scott. "Freezing Time." *Washington CEO Magazine* 15, no. 5 (May 2004): 69–70.

Consulted Magazines

Berliner Illustrirte Zeitung: 1926–30.
Die Dame: 1924–32.
Life: 1938–42.
PM Magazine: 1936.
Scherl's Magazin: 1926–33.
The Rotarian: 1936–48.

Interviews

Otto Bettmann, interview recorded for the William E. Wiener Oral History Library of the American Jewish Committee. New York, June 12 and June 24, 1971; published in 1972; revised and authorized in 1974.
Nathalie Doury (La Parisienne de Photographie), interview by the author. Paris, November 2, 2009.
Sébastien Dupuy (Corbis Sygma Initaitive), interview by the author. Paris, November 5, 2010.
Ann Hartmann and Sarah Scott Kubiak (Corbis), interview by the author. Boyers, April 5–6, 2009 and April 16–17, 2010.
Kenneth Johnston (Corbis), interview by the author. New York, March 28–29, 2009 and April 18–20, 2010.
Dominique Lecourt (Roger Viollet), interview by the author. Paris, November 5, 2009.
Els Rijper (Corbis), interview by the author. New York, April 19, 2010.
Ulrich Ramershoven (Ullstein Bild), interview by the author. Berlin, September 14, 2009.

Databases, Directories, Dictionaries, Handbooks and Works of Art

Association des Amis d'Albert Robida. Website (http://www.robida.info/), last accessed on June 17, 2011.

Brown Brothers. Website (http://www.brownbrothersusa.com/), last accessed on June 17, 2011.

BVPA Bundesverband der Pressebildagenturen und Bildarchivare e. V., ed. *Der Bildermarkt. Handbuch der Bildagenturen*: Berlin: Ed. Organon, 2007.

Charles, David. *Commercial photography; a practical handbook explaining modern methods and appliances for the production of high-grade commercial photographs*. London, New York: Pitman & Sons, 1933.

Cresswell, Julia. *Oxford Dictionary of Word Origins*. 2nd edition. Oxford: Oxford University Press, 2010.

Culver Pictures. Website (http://www.culverpictures.com/), last accessed on June 17, 2011.

De Montfort University. *The correspondence of William Henry Fox Talbot*. (Online: http://foxtalbot.dmu.ac.uk), last accessed on April 17, 2011.

"Die Leica in Wissenschaft und Technik." Published by the optical manufacturer Ernst Leitz, Wetzlar, (1939); [no author credited].

Gant, Tina, ed. *International Directory of Company Histories*, vol. 31. St. James Press, 2000. (Partly accessible online: http://www.fundinguniverse.com/company-histories/c.html), last accessed on June 22, 2011.

Goedeken, Edward E., ed. *Second Supplement to the Dictionary of American Library Biography*. Westport: Pub. Libraries, 2003: 29–32.

Guess, Jeff. *Bank of Nature: Concepts* (2002). Digital print. Exhibited at La Vitrine de la Société française de photographie. Paris, 2007.

Harvey, Lewis S. "Commercial Photography and Its Adaptation to Modern Advertising." *Western Camera Notes*, no. 7 (1905).

Hungarian Museum of Photography. *Database of Photographers*. (Online: http://fotomuzeum.hu/fotografiak.), accessed on August 15, 2009.

Institut international de coopération intellectuelle. Coordination des bibliothèques. *Guide des services nationaux de renseignements du prêt et des échanges internationaux*. Paris, 1933.

Jaar, Alfredo. *Lament of the Images* (2002). Video installation, photographs. Exhibited at Documenta XI. Kassel, 2002.

Krichbaum, Jörg. *Lexikon der Fotografen*. Frankfurt am Main: Fischer, 1981.

Ryerson University. *Black Star collection Ryerson University*. (Online: http://www.imagearts.ryerson.ca/collection/), accessed on August 8, 2009.

Sears, Minnie Earl. *List of Subject Headings for Small Libraries*. [1923]. 4th edition. New York: The H. W. Wilson Company, 1944.

Snyder, Henry Rossiter. *Cash from your camera; how to make and sell photographic prints, with a market list*. Boston: American Photographic Publishing Company, 1929.

———. *Fifty dollars a week with car and camera; being an account of a delightful out-of-doors occupation for the photographer with his camera.* New York: Rossiter Synder Publishing Company, 1936.

Sorensen, Lee, ed. "Held, Julius." In *Dictionary of Art Historians*. (Online: http://www.dictionaryofarthistorians.org/heldj.htm), accessed on July 30, 2009.

Strauss, Herbert A., and Werner Röder, eds. *Biographisches Handbuch der deutschsprachigen Emigration nach 1933*, vol. 2. München: Saur, 1983: 100.

Thomas J. Watson Library, Metropolitan Museum of Art. Website (http://libmma.org/portal/library-history/).

Universität Leipzig. *Geschichte der Universität Leipzig*. (Online: http://www.uni-leipzig.de/unigeschich- te/professorenkatalog/), accessed on July 15, 2009.

Wendland, Ulrike, ed. *Biographisches Handbuch deutschsprachiger Kunsthistoriker im Exil: Leben und Werk der unter dem Nationalsozialismus verfolgten und vertriebenen Wissenschaftler*, vol. 1. München: Saur, 2009: 284–289.

Willis, Arthur G. *Photography as a business*. London: New York: Pitman & Sons, 1928.

List of Illustrations and Credits

Fig. 1: Advertisements. In *Die Dame* 55, no. 21, 1928, 48.
Fig. 2: Advertisements. In *Die Dame* 55, no. 21, 1928, 46–47.
Fig. 3: Michael O'Connor, "Portrait of Otto Bettmann with Magnifying Glass," ca. 1988. In Bettmann, *Picture Man*, 1992: 3. Photo courtesy of University Press of Florida
Fig. 4: Eduard Sauer, "Business Emblem, Bildarchiv Dr. Otto Bettmann, Berlin." Photograph, ca. 1933. Photo courtesy of Bettmann Archive / Corbis
Fig. 5: Advertisement "We're not so young" for Columbia Broadcasting System. In *Fortune*, February 17, 1938.
Fig. 6: Bettmann Archive, "Otto Bettmann on Office Copy Stand." Photograph, ca. 1940. Photo courtesy of Bettmann Archive / Corbis
Fig. 7: Bettmann Archive, "Otto Bettmann with Pictorial Magazine Master Files." Photograph, ca. 1960. Photo courtesy of Bettmann Archive / Corbis
Fig. 8: Bettmann Archive, Item 350–19, "Thomas L. Luder's Pedespeed, 1870." Clipping from *London Illustrated News* on cardboard, ca. 1940. Photo courtesy of Bettmann Archive / Corbis
Fig. 9: Bettmann Archive, Reverse side of item Pg. 9469, "The Ladder. Early Photo by Fox Talbot, ca. 1843." Photograph, ca. 1945. Photo courtesy of Bettmann Archive / Corbis
Fig. 10: "Photography Category." In Bettmann, *Bettmann Portable Archive*, 1966: 161. Photo courtesy of Bettmann Archive / Corbis
Fig. 11: Bettmann Archive, Item 22DC, "Cook Buying Meat. Woodcut by Susanna von Sandrart." Photographic print on cardboard, ca. 1935–40, (left); Bettmann Archive, Item A VI/22, "Fleischkaufende Köchin." Index card, cardboard, ca. 1933, (right). Both photo courtesy of Bettmann Archive / Corbis
Fig. 12: Minnie Earl Sears, *List of Subject Headings for Small Libraries*, 1944: 373. Detail with handwritten annotations, ca. 1944. Photo courtesy of Bettmann Archive / Corbis
Fig. 13: Arthur Rothstein, "Magazines at Newsstand, Saint Louis, Missouri" Photograph, 1939. Photo courtesy of Farm Security Administration—Office of War Information Photograph Collection (Library of Congress)
Fig. 14: "Absurdities Category." In Bettmann, *Bettmann Portable Archive*, 1966: 11. Photo courtesy of Bettmann Archive / Corbis
Fig. 15: Albert Robida, *Le Vingtième Siècle. La Vie Eléctrique*, 1890. Front cover, drawn illustration.
Fig. 16: Bettmann Archive, "Otto Bettmann in His Office with Magnifying Glass." Photograph, ca. 1935–40. In Bettmann, *Picture Man*, 1992: 31. Photo courtesy of University Press of Florida
Fig. 17: Bettmann Archive, "Otto Bettmann Viewing an Illustrated Book." Photograph, ca. 1980. Photo courtesy of Bettmann Archive / Corbis
Fig. 18: Anne Clopet / Corbis, "Lepidomterist Jacques Pierre Doing Research." Photograph, ca. 1990–98. © Anne Clopet / Corbis
Fig. 19: Maurice Maurel, "Man Marking Diamond with India Ink." Photograph, June 24, 1961 © Bettmann / Corbis
Fig. 20: Bettmann Archive, "Bettmann as Sherlock Holmes." Photographic, ca. 1980–90. Photo courtesy of Bettmann Archive / Corbis
Fig. 21: "Speaking of Pictures . . A Frenchman Foresaw Mechanized War n 1883." In *Life*, June 15, 1942: 12–13.
Fig. 22: "Mulberry Bend." In *Saturday Evening Post*, August 2, 1958: 34–35.
Fig. 23: "She's Still a Thriller." In *The Rotarian*, May 1949: 16–19.
Fig. 24: Bettmann Archive, "Otto Bettmann with Clients." Photograph, ca. 1965. Photo courtesy of Bettmann Archive / Corbis
Fig. 25: "You Can't Patent That." In *The Rotarian*, September 1946: 29.
Fig. 26: Toni Zepf, "Advertisement for Container Corporation of America." Photograph, ca. 1938. Photo courtesy of Bettmann Archive / Corbis
Fig. 27: Bettmann Archive, "Advertisement for the Bettmann Archive." Imprint on paper, ca. 1945. Photo courtesy of Bettmann Archive / Corbis
Fig. 28: Business emblem, "The Bettmann Archive, New York, ca. 1936." In Bettmann, *Picture Man*, 51. Photo courtesy of University Press of Florida
Fig. 29: Bettmann Archive, Index card B. 35/23, "Werkstatt eines mittelalterlichen Schreibers. Miniatur. K. K. Berlin." Cardboard, ca. 1933. Photo courtesy of Bettmann Archive / Corbis
Fig. 30: Bettmann Archive, Index card B. 34/19, "Pain: Hands in painful convulsion, Detail from Grunewald, Isenheim Altar, Strassburg." Cardboard, ca. 1936. Photo courtesy of Bettmann Archive / Corbis
Fig. 31: Bettmann Archive, Index card B. 34/19, "Grünewald, Händepaar vom Isenheimer Altar." Detail of recto side, cardboard, ca. 1933. Photo courtesy of Bettmann Archive / Corbis
Fig. 32: Bettmann Archive, Index card 09820, "Travel equipment of a photographer around 1870. Wood engraving." Cardboard, ca. 1940. Photo courtesy of Bettmann Archive / Corbis
Fig. 33: Bettmann Archive, Index card 136–15, "Photography, Mr. Fenton's Photographic Van, as used during the Crimean War." Cardboard, ca. 1940. Photo courtesy of Bettmann Archive / Corbis
Fig. 34: Bettmann Archive, Index card 09817, "Daumier, Honoré (1808–1879) Photography, Lithography from Nouveau Procede." Cardboard, ca. 1940. Photo courtesy of Bettmann Archive / Corbis

Fig. 35: Bettmann Archive, Index card F. 8406, "Fenton, Roger / Crimean War / Photograph." Detail of front side, paper, ca. 1945. Photo courtesy of Bettmann Archive / Corbis
Fig. 36: Bettmann Archive, ID: F. 8406, "Roger Fenton' photographic darkroom van used during the Crimean war." Photograph, ca. 1945. Photo courtesy of Bettmann Archive / Corbis
Fig. 37: Alphonse Bertillon. Index card "Mr. Galton 19.4.93, no. 277." Cardboard, ca. 1893
Fig. 38: National Museum of Film and Television, Accession card, "Lens with which the pictures of Henry Fox Talbot's Pencil of Nature were taken." Front and reverse side. In Finn, *Presenting Pictures,* 2004: 160. © National Media Museum
Fig. 39: Roneo Ltd., "Roneodex filing system, 1951." In Moriarty, "A Backroom Service?" 2000: 51 © Design Council / University of Brighton Design Archives
Fig. 40: Bettmann Archive, "Card Catalogue in Alphabetical Order, ca. 1940." Photo courtesy of Bettmann Archive / Corbis
Fig. 41: Bettmann Archive, "Logbook, ca. 1945." Photo courtesy of Bettmann Archive / Corbis
Fig. 42: Bettmann Archive, Bettmann collection 35 mm negative roll film, ca. 1945 (left); Bettmann collection diapositve, ca. 1950 (top right); ACME Pictures glass negative, ca. 1920 (bottom right). Both photo courtesy of Bettmann Archive / Corbis
Fig. 43: Bettmann Archive, 35 mm negative roll film in transparent sleeve, ca. 1945. Photo courtesy of Bettmann Archive / Corbis
Fig. 44: Bettmann Archive, Model index card C 54/7 "Mielot, Jean: Miracles de Notre Dame." In *Wilson Bulletin for Librarians*, 1939: 536–537.
Fig. 45: Bettmann Archive, "One Word is Worth a Million Pictures." Illustration by Bernard Bloom, imprint on cardboard, ca. 1955. Photo courtesy of Bettmann Archive / Corbis
Fig. 46: Bettmann Archive, Purchase Order Form with Extract of Index. Imprint on paper, ca. 1955. Photo courtesy of Bettmann Archive / Corbis
Fig. 47: "Photography Category, 'Walker Evans' Penny Picture Display.'" In Bettmann, Bettmann Portable Archive, 1966: 160. Photo courtesy of Bettmann Archive / Corbis
Fig. 48: "Girls Hats." In Eaton Fall / Winter mail order catalogue, 1917.
Fig. 49: "Wall Decoration." Eaton Fall / Winter catalogue, 1917.
Fig. 50: "Men's suits," Manufrance mail order catalogue, 1931.
Fig. 51: Louie Psihoyos, "The Information Revolution, 500 Monitors." Digital composite, 2003 © Louie Psihoyos / Corbis
Fig. 52: The Presidio Modelo in Cuba, inspired by Bentham's panopticon. Source: Wikimedia Commons.
Fig. 53: Christopher J. Morris, "Data Computer Center at Corbis, Bellevue." Photograph, 2001 © Christopher J. Morris / Corbis
Fig. 54: Corbis website, Array of collections distributed through the Corbis website. Screenshot. Available from: Corbis, http:// www.corbisimages.com (accessed March 25, 2009.)
Fig. 55: Bettmann Archive, ID: 566420BACME, Weegee masterprint, "Massive Crowd on Beach at Coney Island." Photographic print, ca. 1940. Photo courtesy of Bettmann Archive / Corbis
Fig. 56: Corbis website, ID: U566420BACME, Display of scanned image "Massive Crowd on Beach at Coney Island." Screenshot. Available from: Corbis, http://www.corbisimages.com (accessed December 8, 2010)
Fig. 57: Corbis website, ID: U566420BACME, Available formats for "Massive Crowd on Beach at Coney Island." Screenshot. Available from: Corbis, http://www.corbisimages.com (accessed December 8, 2010)
Fig. 58: Corbis website, ID: U566420BACME, Indexing "Massive Crowd on Beach at Coney Island." Screenshot. Available from Corbis, http://www.corbisimages.com (accessed December 8, 2010)
Fig. 59: Corbis website (French version), Portal "24|7, 365." Screenshot. Available from: Corbis, http://www.corbisimages.com (accessed December 8, 2010)
Fig. 60: Corbis website, Portal April 5, 1997. Screenshot. Available from: Internet Archive https://web.archive.org/web/199704051 23317/http://www.corbis.com/ (accessed May 9, 2015)
Fig. 61: Corbis Images, Speaking in Visuals, 1997: 106–107. Photo courtesy of Bettmann Archive / Corbis
Fig. 62: Corbis Film Preservation Facility, Deterioration process of cellulose acetate film, 2009. Photo courtesy of Bettmann Archive / Corbis
Fig. 63: Corbis Film Preservation Facility, Deterioration process of cellulose nitrate film, 2009. Photo courtesy of Bettmann Archive / Corbis
Fig. 64: Corbis Film Preservation Facility, Negative evaluation of colour negative, ca. 2002. Photo courtesy of Bettmann Archive / Corbis
Fig. 65: Office and catalogue space at Iron Mountain Corbis Film Preservation Facility, Boyers, Pennsylvania. Photograph, 2009 © Estelle Blaschke
Fig. 66: Storage vault at Iron Mountain Corbis Film Preservation Facility. Photograph, 2009 © Estelle Blaschke
Fig. 67: "Corbis office New York." Photograph, ca. 1996. Photo courtesy of Bettmann Archive / Corbis
Fig. 68: Corbis website, Portal December 6, 2002 "The possibilities are endless." Screenshot. Available from: Internet Archive https://web.archive.org/web/20001206041500/http:// corbis.com/ (accessed May 9, 2015)

Fig. 69: Jane Wexler, "Picture this!" In Newsweek, June 26, 1996 © Jayne Wexler

Fig. 70: Corbis website, Portal November 12, 1999. Screenshot. Available from: Internet Archive https://web.archive.org/web/19991105133839/http://www.corbis.com/ (accessed May 9, 2015)

Fig. 71: Corbis website, Portal May 25, 2002. Screenshot. Available from: Internet Archive https://web.archive.org/web/20020525133828/http://corbis.com/ (accessed May 9, 2015)

Fig. 72: Corbis website, Search options. Screenshot. Available from: Corbis, http://www.corbisimages.com (accessed May 22, 2010)

Fig. 73: Corbis website, Search results for "weegee, coney, crowd." Screenshot. Available from: Corbis, http://www.corbisimages.com (accessed May 22, 2010)

Fig. 74: Corbis website, "Standard Archival Collection." Screenshot. Available from: Corbis, http://www.corbisimages.com (accessed January 28, 2008)

Fig. 75: Corbis, ID: IH081187, Premium Rights Managed "Migrant Mother by Dorothea Lange." Screenshot. Available from: Corbis, http://www.corbisimages.com (accessed August 22, 2009)

Fig. 76: Corbis, ID: BE064808, Standard Rights Managed "Migrant Mother by Dorothea Lange." Screenshot. Available from: Corbis, http://www.corbisimages.com (accessed August 22, 2009)

Fig. 77: Getty Images, "Migrant Mother." Screenshot, ID 2665346. Available from: Getty Images http://www.gettyimages.com (accessed August 22, 2009)

Fig. 78: National Media Museum "Migrant Mother, Nipomo, California." Screenshot. Available from: Flickr Commons https://www.flickr.com/photos/nationalmediamuseum/3588771589 (accessed August 24, 2009)

Fig. 79: George Eastman House, "Migrant Mother, Nipomo, California." Screenshot. Available from: Flickr Commons https://www.flickr.com/photos/george_eastman_house/3334095096 (accessed August 24, 2009)

Fig. 80: Library of Congress, "Destitute Pea Pickers in California. Mother of Seven Children. Age Thirty-Two. Nipomo, California, LOC." Screenshot. Available from: Flickr Commons https://www.flickr.com/photos/library_of_congress/3551599565 (accessed August 24, 2009)

Imprint

Estelle Blaschke
Banking on Images: The Bettmann Archive
and Corbis

Design Concept “Analysis & Excess”:
Florian Lamm, Helmut Völter
www.lamm-kirch.com
Graphic Design “Banking on Images”:
Helmut Völter
Lithography: Licht + Tiefe, Berlin
Printing: PögeDruck, Leipzig
Binding: Mönch OHG, Leipzig

Published by Spector Books
Harkortstraße 10, 04107 Leipzig
www.spectorbooks.com

Distribution
Germany, Austria: GVA, Gemeinsame
Verlagsauslieferung Göttingen GmbH & Co. KG,
www.gva-verlage.de
Switzerland: AVA Verlagsauslieferung AG,
www.ava.ch
France, Belgium: Interart Paris, www.interart.fr
UK: Central Books Ltd, www.centralbooks.com
USA, Canada: RAM Publications + Distribution Inc.,
www.rampub.com
Australia, New Zealand: Perimeter Distribution,
www.perimeterdistribution.com
Other countries: Motto Distribution,
www.mottodistribution.com

First edition
Printed in Germany
ISBN 978-3-944669-63-2